Statistische Methoden für die Geschichtswissenschaften

Helmut Thome · Volker Müller-Benedict

Statistische Methoden für die Geschichtswissenschaften

 Springer VS

Helmut Thome
Marburg, Deutschland

Volker Müller-Benedict
Göttingen, Deutschland

ISBN 978-3-658-30953-4   ISBN 978-3-658-30954-1   (eBook)
https://doi.org/10.1007/978-3-658-30954-1

Die Deutsche Nationalbibliothek verzeichnet diese Publikation in der Deutschen Nationalbibliografie; detaillierte bibliografische Daten sind im Internet über http://dnb.d-nb.de abrufbar.

Lektorat: Frank Schindler
Springer VS ist ein Imprint der eingetragenen Gesellschaft Springer Fachmedien Wiesbaden GmbH und ist ein Teil von Springer Nature.
Die Anschrift der Gesellschaft ist: Abraham-Lincoln-Str. 46, 65189 Wiesbaden, Germany

Inhalt

Vorwort

In jedem wissenschaftlichen Fachgebiet werden fortlaufend, wenn auch mit wechselnder Intensität, projektspezifische oder fachübergreifende Debatten über sinnvolle oder weniger sinnvolle, brauchbare oder weniger brauchbare methodische Vorgehensweisen geführt. Ein durchgängiges Thema in den Geschichts- und Sozialwissenschaften sind Fragen zu Relevanz und Aussagekraft „qualitativer" versus „quantitativer", Sinn deutender oder Daten analysierender Methodik. Einen knappen Überblick zur Entwicklung entsprechender Positionen und Debatten bieten z. B. Jarausch et al. 1985, S. 192–206; Rahlf 1998, S. 235–262; Rahlf 2015, S. 5–7).

Auch in den Geschichtswissenschaften ist wohl inzwischen die ganz überwiegende Mehrheit der Forscherinnen und Forscher der Ansicht, dass grundsätzlich beide Vorgehensweisen benötigt werden, wenn auch mit unterschiedlicher themenspezifischer oder auch themenübergreifender Gewichtung. Die resümierende Einschätzung von Jürgen Kocka aus dem Jahre 1990 dürfte auch heute noch zutreffen: „Einerseits sind die Legitimität und die Nützlichkeit quantifizierender Verfahren … unter Fachhistorikern … unumstritten, so unterschiedlich sie den Grad des Nutzens der Quantifizierung bestimmen mögen. Andererseits sind die meisten Historiker davon überzeugt, dass die Geschichtswissenschaft nie in eine primär quantifizierende Sozialwissenschaft überführt werden kann" (Kocka 1990: 22). Er weist sodann darauf hin, dass „in den sechziger und siebziger Jahren sozial- und wirtschaftsgeschichtliche Fragerichtungen die älteren politikgeschichtlichen Ansätze ergänzten und teilweise verdrängten", was den „Bedarf an quantifizierenden Methoden und quantifizierbaren Daten" erhöht habe (ebd., S. 25). Mit dieser „Ausweitung des untersuchenswerten Gegenstandsbereichs ging eine Umakzentuierung in der Herangehensweise Hand in Hand. Die Beobachtung und Beschreibung von Regelmäßigkeiten – nicht nur von Individualitäten und Entwicklungen; die Untersuchung von Prozessen und Strukturen – nicht nur die Rekonstruktion von Handlungen und Motiven und Begebenheiten; die kausale Analyse und der systematische Vergleich – nicht nur die erzählende Rekonstruktion: all dies hat an Boden gewonnen (trotz einiger Rückschläge in letzter Zeit). All das ließ den potentiellen Bedarf an quantifizierenden Verfahren und quantifizierenden Daten anwachsen" (ebd., S. 22; s. auch Kocka 2011; Wehler 1973).

Wir möchten mit diesem Skript – nicht zuletzt mit Hilfe entsprechend ausgewählter Beispiele – in die Methodik der statistischen Datenanalyse in einer Weise einführen, die deren Brauchbarkeit zumindest für Teilbereiche der historischen Forschung erkennbar macht. Dabei sollen nicht nur die analytischen Konzepte und Modelle, sondern auch die praktischen Verfahrensschritte und somit auch die arithmetischen Berechnungen unter Zuhilfenahme des weit verbreiteten Programmsystems SPSS ausführlich erläutert werden. Wir setzen keinerlei statistisches Fachwissen voraus, lediglich elementare mathematische Kenntnisse, wie sie in jedem Zweig der gymnasialen Oberstufe vermittelt werden.

Der nun vorgelegte Buch-Text beruht auf langjährigen Erfahrungen, die beide Autoren in ihren Lehrveranstaltungen zur empirischen Methodenlehre und der angewandten Statistik gewonnen haben: im Rahmen der studentischen Grundausbildung sowie spezifischer Fortbildungsseminare innerhalb der Geschichts- und Sozialwissenschaften, darüber hinaus aber auch in zahlreichen Gesprächs- und Diskussionsrunden (bspw. im Rahmen des Arbeitskreises „Historische Kriminalitätsforschung in der Vormoderne" und in Colloquien zur neuzeitlichen Entwicklung von Bildung und Wissenschaft). Ausgangspunkt ist ein umfangreiches Skript des Erstautors, das Ende der 1980er Jahre im Rahmen seiner damaligen Tätigkeit im Zentrum für Historische Sozialforschung, einer Abteilung des Zentralarchivs für Empirische Sozialforschung an der Universität zu Köln (heute Teil von GESIS – Leibniz-Institut für sozialwissenschaftliche Forschung), entstand und in zwei Sonderheften der Zeitschrift „Historical Social Research/Historische Sozialforschung" veröffentlicht wurde (Thome 1989; 1990). Die nun erfolgte gründliche Überarbeitung und Erweiterung dieser Vorlage stützt sich zudem auf Konzepte und Erfahrungen, die der Ko-Autor schon in sein Lehrbuch zur „Statistik in den Sozialwissenschaften" hat einbringen können (Müller-Benedict 2011).

Im Buch werden zahlreiche Analysebeispiele aus historischen Forschungsprojekten ausführlich präsentiert, meistens auf der Basis von Dateien, die im Schlussteil der Einführung zusammenfassend vorgestellt werden und auszugsweise auch als Online-Angebot den Leserinnen und Lesern zur Verfügung stehen. Wir danken den Kollegen Heinrich Best und Wilhelm H. Schröder, die diese Datensätze und einige zusätzliche Erläuterungen hierzu für uns bereitgestellt haben. Für weitere Hinweise und Anregungen danken wir Thomas Rahlf.

Abschließend noch ein Hinweis zur Wahl einer Gender-gerechten Sprachform. Wir haben uns gegen die beiden technischen Lösungsvarianten mit Sternchen oder großem „I" (wie in Historiker*in oder HistorikerIn) entschieden, wie sie derzeit gängig sind; stattdessen verwenden wir entweder die weibliche und die männliche Sprachform gemeinsam nebeneinander („die Historikerin oder der Historiker …")

oder in unregelmäßiger Abfolge entweder die eine oder die andere dieser beiden Formen jeweils für sich.

Helmut Thome
Volker Müller-Benedict

Literatur

Jarausch, Konrad H., Gerhard Arminger, Manfred Thaller. 1985. *Quantitative Methoden in der
Geschichtswissenschaft*. Darmstadt: WBG.

Kocka, Jürgen. 1990. Die Bedeutung historischer Statistikdaten für die Geschichtswissenschaft.
In *Historische Statistik in der Bundesrepublik Deutschland*, hrsg. N. Diederich, E. Hölder, A.
Kunz, 22–26. Band 15 der Schriftenreihe Forum der Bundesstatistik, hrsg. vom Statistischen
Bundesamt. Stuttgart: Metzler-Poeschel.

Kocka, Jürgen. 2011. Historische Sozialwissenschaften zu Anfang des 21. Jahrhundert. In *Arbeiten an der Geschichte. Gesellschaftlicher Wandel im 19. Und 20. Jahrhundert*, hrsg. J. Kocka,
78–93. Göttingen: Vandenhoeck u. Ruprecht.

Müller-Benedict, Volker 2011. *Grundkurs Statistik in den Sozialwissenschaften*. Wiesbaden: VS
Verlag für Sozialwissenschaften (5. Auflage).

Rahlf, Thomas. 1998. Deskription und Inferenz. Methodologische Konzepte in der Statistik
und Ökonometrie. *Historical Social Research/Historische Sozialforschung*, Supplement No. 9,
S. 235–262.

Rahlf, Thomas. 2015. Einleitung. In *Deutschland in Daten*, hrsg. Thomas Rahlf, 5–12. Bonn:
Bundeszentrale für politische Bildung.

Thome, Helmut. 1989. Grundkurs Statistik für Historiker, Teil I. *Historical Social Research/His-
torische Sozialforschung*. Supplement No. 2.

Thome, Helmut. 1990. Grundkurs Statistik für Historiker, Teil II. *Historical Social Research/
Historische Sozialforschung*. Supplement No. 3.

Wehler, Hans-Ulrich. 1973. *Geschichte als Historische Sozialwissenschaft*. Frankfurt a. M.: Suhrkamp.

Einführung

Was ist „Statistik"?

(1) „Statistik" als Etikett für Datensammlungen

Der Ausdruck „Statistik" lässt sich etymologisch auf das lateinische Wort „statisticum" („den Staat betreffend") und die italienische Bezeichnung „statista" für „Staatsmann" zurückführen. Als einer der Gründerväter der Statistik in Deutschland gilt der Historiker und Jurist Gottfried Achenwall, der sie Mitte des 18. Jahrhunderts als „Lehre von den Daten über den Staat" ausarbeitete. Der Zusammenhang zwischen „Statistik" und „Staat" (s. den kurzgefassten Überblick in Grohmann 1990) geht historisch viel weiter zurück; staatlich (oder herrschaftlich) initiierte Datensammlungen in Form von Volkszählungen gab es in Ägypten, China und Mesopotamien schon im 3. Jahrtausend vor Christus, später auch in anderen „Reichen", vereinzelt kamen zudem schon früh Landvermessungen und Viehzählungen hinzu. Aus der Zeit des europäischen Mittelalters sind vor allem die „Inventarien" Karls des Großen und Wilhelms des Eroberers bekannt geworden. Die erste Volkszählung auf dem Gebiet des heutigen Deutschland fand 1449 in Nürnberg statt (s. Scholz 2014); die dortige Stadtverwaltung wollte auf der Basis der Bevölkerungszahlen und der verfügbaren Lebensmittelvorräte über die weitere Aufnahme von Kriegsflüchtlingen im ersten „Markgrafenkrieg" entscheiden. Der französische Finanzminister Colbert ging 1665 mit der Einrichtung einer umfassenden Handelsstatistik über die Themenbereiche der Bevölkerungsstatistiken und Kirchenbücher hinaus. In Preußen ließ Kurfürst Friedrich Wilhelm ab 1683 Bevölkerungsstatistiken zu Geburten, Eheschließungen und Todesfällen erstellen; aber auch dort wurde der Themenbereich ständig erweitert, und andere deutsche Staaten und Städte folgten. Außerdem entwickelte sich in Deutschland neben der staatlichen Verwaltungsstatistik auch eine sog. „Universitätsstatistik" mit zusätzlichen Daten über „Staatsmerkwürdigkeiten" und vielen anderen Themenbereichen wie Kirchenwesen, Wissenschaften und Künste, Manufakturen,

© Springer Fachmedien Wiesbaden GmbH, ein Teil von Springer Nature 2021
H. Thome und V. Müller-Benedict, *Statistische Methoden für die Geschichtswissenschaften*,
https://doi.org/10.1007/978-3-658-30954-1_1

Handel und Finanzen. Anders als die etwa zeitgleich sich entwickelnde „politische Arithmetik" (s. unten) blieb die Universitätsstatistik weitgehend beschreibend und ideografisch ausgerichtet (Diekmann 2007, S. 94 f.). Im 19. Jahrhundert entwickelte sich sodann auch außerhalb staatlicher Institutionen ein zunehmend breiter werdendes Spektrum von Ansätzen zu einer empirischen Sozialforschung (ebd., S. 99–115). In seinem großen Werk „Die Verwandlung der Welt" konstatiert Jürgen Osterhammel: „Das 19. Jahrhundert war das Jahrhundert des Zählens und Messens" (Osterhammel 2011, S. 62). Zudem stellt er fest: „Die Statistik war doppelgesichtig: einerseits ein Instrument zur Beschreibung und soziologischen Aufklärung, andererseits eine große Stereotypisierungs- und Etikettierungsmaschine" (ebd.). Dafür, wie sich Zahlen für die Analyse gesellschaftlicher Entwicklungsprozesse nutzen lassen, liefert sein Buch eindrucksvolle Beispiele.

Mit der Gründung des Kaiserlichen Statistischen Amtes im Jahre 1872 wurde eine statistische Zentralbehörde für den gesamten deutschen Staatsbereich eingerichtet und 1873 die „Statistik des Deutschen Reichs" als offizielle Publikationsreihe begründet. Ein großer Teil der in amtlichen Statistiken gesammelten Daten ist heute über das Statistische Bundesamt für die breite Öffentlichkeit (und die wissenschaftliche Forschung) zu drei übergreifenden, vielfach ausdifferenzierten Themenblöcken – Gesamtwirtschaft & Umwelt, Wirtschaftsbereiche, Gesellschaft & Staat – online verfügbar (www.destatis.de/genesis). Über diese Quellen sind auch regionale und internationale Statistiken erreichbar. Hinzuweisen ist zudem auf das Statistische Amt der Europäischen Union („Eurostat") mit Sitz in Luxemburg, dessen Datensammlungen umfassende Vergleiche zwischen europäischen Ländern und Regionen ermöglichen (http://ec.europa.eu/eurostat).

In den vergangenen Jahrzehnten hat es zudem eine Reihe von Projekten und Unternehmungen gegeben, die historische Statistikdaten zusammengestellt haben. Hierüber informiert der von Thomas Rahlf (2015) herausgegebene Sammelband, in dem für den Zeitraum von 1834 bis 2013 über 1000 Zeitreihen zu 22 Themenbereichen zusammengestellt wurden, eingebettet in kommentierende und interpretierende Artikel entsprechend ausgewiesener Fachleute (darunter auch Volker Müller-Benedict mit einer Arbeit über Bildung und Wissenschaft). Datensatz und Dokumentation sind online über www.deutschland-in-daten.de verfügbar. Hinzuweisen ist außerdem auf die fortlaufend erweiterte Sammlung historischer Studien, die über das GESIS-Institut abrufbar sind (http://www.gesis.org/unser-angebot/daten-analysieren/daten-historischer-studien/). Die meisten der von uns verwendeten Beispiele stammen von dort (s. den folgenden Kapitelabschnitt über die Online-Materialien). Hierzu gehört vor allem die Zeitreihendatenbank „histat". Unter den historischen Studien befinden sich solche, in denen Mikrodaten erhoben wurden (Merkmale zu Personen, erhoben aus verschiedenen Archivalien, wie z. B. die Geburts- und Sterbedaten aus Kirchenbüchern) als auch solche, die Makrodaten beinhalten (vor allem sog. Aggregatdaten, z. B. Wahlergebnisse oder sozialökonomische und politische Merkmale, bezogen auf die jeweils herangezogene Raumeinheit, bspw. Wahlkreise). Für die zeitgeschichtliche Forschung dürften zudem repräsentative Bevölkerungs-(Meinungs-)Umfragen zunehmend interessant werden. Auch hierzu bietet das GESIS-Institut umfangreiche und detailliert dokumentierte Datensammlungen an (aus über 5000 nationalen und internationalen Erhebungen), so z. B. die seit 1980 alle zwei Jahre durchgeführten „Allgemeinen Bevölkerungsumfragen der Sozialwissenschaften – ALLBUS". Insbesondere für Historiker und Historikerinnen dürften aber auch frühere Erhebungen relevant sein, wie z. B. die Daten zu 157 Umfragen aus der Zeit zwischen 1952 bis 1981, die von verschiedenen Instituten mit dem Schwerpunktthema Berlin erhoben wurden (http://www.gesis.org/unser-angebot/daten-analysieren/umfragedaten/spezielle-datenkollektionen/hurwitz-berlin-nach-1945/). Initiator dieser Sammlung ist der Politologe Harold Hurwitz, der in seinem mehrbändigen Werk über „Demokratie und Antikommunismus in Berlin nach 1945" eine Fülle von Datenmaterialien anbietet und in eindrucksvoller Weise qualitative und quantitative Analyseansätze verbindet (Hurwitz 1983–1990). Dabei verwendet er auch Partei- und Wahlstatistiken ab 1929, Materialien aus Berliner Tageszeitungen ab 1945 sowie biografische Texte.

(2) „Statistik" als eine Methodenlehre für die Analyse von Daten
Der Begriff „Statistik" bezieht sich nicht nur auf amtliche oder nicht-amtliche Ansammlungen von Daten, die quantifizierte oder quantifizierbare Informationen über Regionen, Staaten und sonstige Untersuchungseinheiten liefern. Er bezeichnet auch ein wissenschaftliches Fachgebiet, das auf der Basis mathematischer Konzepte und Modelle Instrumente bereitstellt, mit denen sich der Aussagegehalt von Daten hinsichtlich bestimmter Fragestellungen detaillierter herauspräparieren und analysieren lässt. Für die Geschichts- und Sozialwissenschaften relevante Daten mögen, wie im vorigen Abschnitt angedeutet, aus sehr unterschiedlichen Quellen stammen, und sie können für unterschiedliche Untersuchungseinheiten (wie einzelne Personen, Organisationen, Regionen, Nationen) erhoben werden. Zunächst aber war die Entwicklung mathematisch angeleiteter Analyseverfahren unter der Bezeichnung „Politische Arithmetik" eng mit der amtlichen Statistik verbunden. So berechnete der englische Demograph John Graunt schon Mitte des 17. Jahrhunderts aus der Analyse von Geburts- und Sterbedaten u. a. die ersten „Sterbetafeln", die für unterschiedliche Altersstufen die jeweiligen Überlebenswahrscheinlichkeiten auswiesen. Darüber hinaus erforschte er weitere Regelmäßigkeiten in der Bevölkerungsentwicklung. In Deutschland gilt der Statistiker (und Theologe) Johann Peter Süßmilch (1707–1767) als wichtiger Wegbereiter dieser Art von politischer Arithmetik. Zwischen den Vertretern der im vorigen Abschnitt erwähnten Universitätsstatistik und denen der politischen Arithmetik entwickelten sich schon damals Debatten, die als Vorläufer heutiger Diskussionen über die Aussagekraft qualitativer versus quantitativer Forschungsmethoden gelten können (s. Diekmann 2007, S. 95).

Für die weitere Entwicklung besonders bedeutsam wurden sodann die Fortschritte in der Wahrscheinlichkeitstheorie (Pascal, Bernoulli, Laplace, Gauß). Nachdem sie schon erfolgreich bei der Analyse astronomischer Beobachtungsreihen eingesetzt worden waren, demonstrierte der belgische Astronom Quetelet Anfang/Mitte des 19. Jahrhunderts die fruchtbare Anwendbarkeit wahrscheinlichkeitstheoretischer Modelle auch auf Daten der sog. „Moralstatistik" (ein damals gebräuchliches Etikett für die numerische Erfassung persönlicher Eigenschaften und sozialer Verhaltensweisen). Dadurch ebnete er den Weg, ein Problem zu bearbeiten, mit dem jede nach Regelmäßigkeiten suchende Geschichts- und Sozialforschung unweigerlich konfrontiert ist: die gesuchten Regelmäßigkeiten sind überlagert von Zufallsfehlern (Beobachtungs- bzw. Messfehlern) sowie sonstigen, nicht erfassten Einflussgrößen.

Innerhalb der Statistik als einem inzwischen weitgefächerten Satz von Instrumenten für die Analyse von Daten unterscheidet man heute üblicherweise zwei Hauptkategorien: die *deskriptive*[1] (oder *beschreibende*) und die *induktive* (oder *schließende*) Statistik (auch *Inferenzstatistik* genannt). Während die ersten sechs Kapitel unseres Textes ausschließlich im Rahmen der deskriptiven Statistik angelegt sind, werden ab dem 7. Kapitel elementare Konzepte und Vorgehensweisen der schließenden Statistik anhand zahlreicher Beispiele schrittweise mit einbezogen. In der beschreibenden Statistik (s. Kap. 1–Kap. 6) wird der Aussagegehalt vorliegender Daten, die für eine kleinere oder größere Zahl von Untersuchungseinheiten erhoben wurden, mit Hilfe bestimmter Kennzahlen verdichtet. Es wird z. B. ermittelt, wie hoch der jeweilige (Prozent-)Anteil von Jungen oder Mädchen unter den registrierten Neugeborenen ist oder wie hoch das Durchschnittseinkommen in einer Bevölkerung oder Bevölkerungsgruppe – soweit erfasst – ausfällt. Beim Einkommen und vielen anderen Merkmalen interessieren aber nicht nur die Mittelwerte (als Kennzahl einer zentralen Tendenz), sondern auch die Streuung, das Muster der Verteilung der einzelnen Werte einer Variablen. Man kann z. B. fragen: Wie hoch ist das durchschnittliche Einkommen derer, die zu den reichsten 10 Prozent gehören, im Vergleich zum durchschnittlichen Einkommen derer, die zu den 10 Prozent der ärmsten Personen gehören? Der jeweilige Abstand dieser beiden Einkommen zum Durchschnittseinkommen insgesamt sagt etwas aus über die Schiefe und Ungleichheit der Einkommensverteilung (wofür eine ganze Reihe weiterer Kennzahlen entwickelt worden sind).

Neben der zentralen Tendenz sowie der Streuung und Schiefe der Verteilung einer einzelnen Variablen (man spricht hier von *univariaten* Verteilungen, s. Kap 1 bis Kap. 3) interessieren auch Zusammenhänge (*Korrelationen*) zwischen verschiedenen Merkmalen (als einem Kennzeichen von *bi-* oder *multivariaten* Verteilungen, s. Kap. 4–6). Man möchte z. B. wissen, ob die politischen Einstellungen hierzu befragter Personen mit der Höhe ihres persönlichen Einkommens zusammenhängen und wie stark dieser Zusammenhang ausgeprägt ist. Oder man möchte herausfinden, ob die Kriminalitätsraten verschiedener Länder oder kleinerer regionaler Einhei-

---

[1]   Statistische Fachbegriffe werden in diesem Buch bei der ersten Nennung kursiv gesetzt und im Stichwortverzeichnis (am Ende des Buches) verortet. Darüber hinaus werden die besonders wichtigen Schlüsselbegriffe jeweils am Ende des Kapitels, in dem sie erstmals eingeführt wurden, mit knappen Erläuterungen (Definitionen) in einem Glossar zusammengefasst.

ten mit dem Durchschnittseinkommen der jeweiligen Bevölkerung oder dem Urbanisierungsgrad der verschiedenen Regionen zusammenhängen. Auch für die Beantwortung derartiger Fragen bietet die deskriptive Statistik eine Reihe von Kennzahlen an – mit unterschiedlichen Interpretationsmöglichkeiten und Anwendungsvoraussetzungen.

Dabei ist auch zu bedenken, dass sich nicht nur das Niveau einzelner Variablen (wie Kriminalitätsraten oder Urbanisierungsgrad), sondern auch deren Zusammenhänge über Zeit verändern können. So z. B. lag Ende des 19. Jahrhunderts in Deutschland, anders als in der heutigen Bundesrepublik (und den meisten anderen Ländern), das Niveau der Gewaltkriminalität in ländlichen Regionen im Durchschnitt deutlich über demjenigen, das für Stadtkreise registriert wurde (worauf wir später noch näher eingehen werden). Zeitliche Veränderungen in der Stärke und Richtung solcher Zusammenhänge mögen sich aus unterschiedlichen Gründen ergeben. So z. B. können sich die urbanen und ländlichen Strukturen, die Formen des gesellschaftlichen Zusammenlebens, die sie jeweils ermöglichen oder hindern, über längere Zeiträume erheblich verändern. Außerdem dürften weitere Einflussgrößen zur Gewaltkriminalität ins Spiel kommen, z. B. ethnische Konflikte oder Veränderungen im Umfang der Arbeitslosigkeit und der (relativen) Armut; auch davon können ländliche und städtische Regionen in unterschiedlichem Maße und in unterschiedlicher Weise betroffen sein – mit Auswirkungen auf die berechnete Stärke des Zusammenhangs zwischen Urbanisierungsgrad und Gewaltkriminalität. Das heißt, dritte oder noch weitere Variablen können evtl. die den Forscher interessierenden Zusammenhänge modifizieren (und „erklären"), die man zunächst vielleicht nur zwischen zwei anderen Variablen ermittelt hat (s. Kap. 5 u. 10). Die statistische Datenanalyse kann somit ein wichtiges Hilfsmittel für die Konstruktion oder Überprüfung theoretisch relevanter Kausalhypothesen sein.

Mit der Suche nach erklärungskräftigen theoretischen Aussagen und deren empirischer Überprüfung wird der Bereich der rein deskriptiven Statistik überschritten – allerdings mit denjenigen Informationen im Gepäck, die eben sie zu liefern vermag, also vor allem dem Satz von Kennzahlen, mit denen sich uni- und multivariate Verteilungen der beobachteten Werte verschiedener Variablen (erfasster Merkmalsdimensionen) charakterisieren lassen. Diese Kenngrößen (z. B. Mittelwerte, Streuungsmaße, Korrelationskoeffizienten) sind (deskriptiv) aus den Daten berechnet worden, die für die gegebene Menge von Untersuchungseinheiten vorliegen, bspw. für eine *Stichprobe* von Personen, die man nach bestimmten Prinzipien aus der Grundgesamtheit (einer *Population*, z. B. der Bevölkerung Deutschlands) ausgewählt hat. Bei den allseits bekannten repräsentativen Meinungsumfragen sind das oft weniger als 2000 Erwachsene. Die für sie ermittelten Ergebnisse – bspw. hinsichtlich der Verteilung der Parteipräferenzen oder der Fremdenfeindlichkeit – möchte man dann aber in der Regel auf die Gesamtbevölkerung (die *Grundgesamtheit*), aus der die Stichprobe gezogen wurde, übertragen. Die *schließende* Statistik (s. Kap. 7 bis Kap. 11) liefert mit ihren *wahrscheinlichkeitstheoretischen* Konzepten und Modellen (s. Kap. 7 bis Kap. 9) die Kriterien und Methoden, mit denen sich solche Übertragungen begründen und durchführen lassen.

Der Schluss von der Stichprobe auf die empirische Grundgesamtheit wird für Historiker und Historikerinnen allerdings eher selten von Belang sein, obwohl z. B. länger zurückreichende Serien von demoskopischen Umfragedaten durchaus gehaltvolle Informationen (in Form von Stichproben-Daten) für die zeitgeschichtliche Forschung anbieten. Der Anwendungsbereich der schließenden Statistik geht jedoch, wie oben schon angedeutet, über diese Fragestellung hinaus, wodurch sie dann doch auch für die Geschichtswissenschaft insgesamt relevant wird. Nicht nur Soziologen und Soziologinnen, sondern auch Historiker und Historikerinnen sind daran interessiert, strukturelle (kausale) Zusammenhänge zu identifizieren, theoretisch zu deuten und die entsprechenden Hypothesen anhand empirischer Daten zu überprüfen. Man bemüht sich z. B. darum, bestimmte gesellschaftliche Entwicklungsprozesse (wie Industrialisierung, Rationalisierung, Individualisierung) zu benennen, die in ihrem Zusammenhang eine bestimmte geschichtliche Epoche von einer anderen unterscheidbar machen (siehe z. B. Bauer 2004; Wehler 1975). Oder, um ein spezifischeres Beispiel zu nennen: Man prüft, ob das registrierte Ausmaß der Gewaltkriminalität in verschiedenen Gesellschaften auf nationaler und regionaler Ebene sich in Reaktion auf die Durchsetzung des staatlichen Gewaltmonopols, politischer Demokratisierung und zunehmender Individualisierung verändert hat. Emile Durkheim z. B. hat schon vor etwa 130 Jahren angenommen, dass die Mordraten mit dem „Fortschritt der Zivilisation", insbesondere mit der Erosion kollektivistischer Gesellschaftsstrukturen zurückgehen.

Mit einer solchen verallgemeinernden Hypothese spezifiziert und relationiert man Merkmalsdimensionen, die in dieser Konfiguration eine *theoretische* Population realisierbarer (oder auch ausgeschlossener) Möglichkeiten konstituieren. Anhand einer größeren Zahl empirisch verfügbarer Untersuchungseinheiten, die in den Geltungsbereich der theoretischen Aussagen fallen, kann sodann überprüft werden, ob die theoretisch postulierten Annahmen tatsächlich realisiert wurden (zumindest annähernd) oder ob die beobachteten Merkmalsausprägungen ihnen widersprechen. Alle oder eine Auswahl von empirischen Untersuchungseinheiten, die als Träger dieser Merkmalsdimensionen identifizierbar sind (bezogen auf die obige Frage zur Gewaltkriminalität z. B. die Stadt- und Landkreise des Deutschen Reiches gegen Ende des 19. Jahrhunderts, s. Johnson 1995; Thome 2002) werden dann zu einer potentiellen Stichprobe, die Informationen (Daten) über die Ausprägungen und Zusammenhänge der interessierenden Merkmalsdimensionen (Variablen) liefert. Je nachdem, welche Fälle (Menge von Untersuchungseinheiten, also Stichproben) in diesem Sinne tatsächlich erfasst werden, können die empirischen Ergebnisse (bspw. über die Stärke eines Zusammenhangs zweier Variablen) variieren und von den theoretisch postulierten Größen abweichen. Auch wenn die Hypothese korrekt ist, ist mit Abweichungen in den empirischen Ergebnissen zu rechnen – Abweichungen, die von Stichprobe zu Stichprobe, aber auch von einer zur anderen empirischen Grundgesamtheit unter-

schiedlich ausfallen können: zum einen aufgrund von Messfehlern bei der Erfassung
der Merkmalsausprägungen, zum anderen aufgrund von nicht spezifizierten – nicht
bekannten oder datenmäßig nicht erfassten – zusätzlichen Einflussgrößen. Zu fragen
ist folglich: Wie groß dürfen die beobachteten Abweichungen sein, bevor man die
Hypothese als falsche Annahme betrachten muss (will)? Die wahrscheinlichkeitstheoretischen Modelle der schließenden Statistik liefern bestimmte Kriterien, an denen sich diese Entscheidung orientieren kann. (Eine solche Entscheidung kann im
konkreten Falle sowohl aus deduktiver als auch als induktiver Perspektive erfolgen.)

   Wenn mehrere empirische Indikatoren (z.B. die Geburtenrate, die durchschnittliche Haushaltsgröße, der Anteil der Beschäftigten im Dienstleistungssektor) für die
„Messung" eines theoretischen Konstrukts (z.B. des in den verschiedenen Regionen
Ende des 19. Jahrhunderts jeweils erreichten Individualisierungsgrades) zur Verfügung stehen, wird es im Prinzip auch möglich, mit Hilfe wahrscheinlichkeitstheoretischer Modelle die Indikatoren in einer einzigen Messgröße (einem *Faktor* bzw.
einer *latenten Variablen*) zusammenzufassen, den Umfang des Messfehlers einzuschätzen und die ansonsten in den Messfehlern implizite Abschwächung der empirischen Zusammenhänge zwischen den interessierenden Variablen zu neutralisieren. (Allerdings werden wir derartige, relativ komplexe Verfahren, die zur Bildung
latenter Variablen führen, hier nicht weiter vorstellen).

   Der analytische Gehalt der wahrscheinlichkeitstheoretischen und sonstiger formaler Konzepte kann in einem Einführungstext wie diesem allerdings nur grob um-
rissen werden. Auch die wissenschaftstheoretischen Argumentationen, die mit diesen Modellvorstellungen verbunden sind, können hier nicht näher erörtert werden.
Wir konzentrieren uns darauf, elementare Bestandteile analytisch-statistischer Konzepte und die auf sie gründenden Verfahrensschritte möglichst weitgehend in natürlicher Sprache soweit zu vermitteln, dass sie einen Einstieg in die empirisch-quan-
tifizierende Forschungspraxis innerhalb der Geschichtswissenschaften ermöglichen
und den Zugang zu weiterführender Literatur erleichtern. Dabei nehmen wir gele-
gentliche Einschränkungen bzw. Lücken hinsichtlich der formalen (mathematisch-
logischen) Präzisierung der vorgestellten Konzepte in Kauf. In die ergänzende und
weiterführende Literatur, auf die wir im Text immer wieder verweisen, beziehen wir
auch Arbeiten ein, die schon vor längerer Zeit veröffentlicht wurden, die wir aber
weiterhin nicht nur wegen ihres fachlichen, sondern gerade auch wegen ihres didaktischen Niveaus für besonders nützlich halten.

Mit dem Buch verbundene Online-Materialien

Im Buch werden zahlreiche Analyse-Beispiele schrittweise vorgestellt. Die Daten hierzu stammen aus geschichtswissenschaftlichen Projekten zu Wahlen und sozialen Strukturen aus der Kaiserzeit. Sie sind in 5 Dateien vorhanden, die bei der GESIS[2] nach einer Anmeldung abrufbar sind. Sie haben die folgenden Namen und Inhalte:

ZA8003: Abgeordnete der Frankfurter Nationalversammlung 1848–1849

ZA8006: Abgeordnete der Reichstage des Kaiserreichs 1867/71–1918

ZA8010: Sozialdemokratische Reichstagskandidaten und Reichstagswahlen von 1898 bis 1918 (BIOKAND)

ZA 8100: Sozialökologische Analyse der Kriminalität in Deutschland am Ende des 19. Jahrhunderts unter besonderer Berücksichtigung der Jugendkriminalität

ZA8145_wdk_1912: Wählerbewegung im Wilhelminischen Deutschland. Die Reichstagswahlen von 1890 bis 1912

Ein Ausschnitt aus jeder dieser Dateien, der die in unseren Beispielanalysen benutzten Daten enthält, ist in den Online-Materialien zu diesem Buch vorhanden und kann dort heruntergeladen werden. Diese Dateien unterscheiden sich von den Originaldaten dadurch, dass an den Namen ein _ThMB angehängt wurde:

ZA8003_ThMB, ZA8006_ThMB, ZA8010_ThMB, ZA8100_ThMB, ZA8145_wdk_1912_ThMB.

Zu den Beispielen wird im Buch an geeigneten Stellen angegeben, wie die Berechnungen auf Grundlage dieser Daten mit Hilfe des Programmpakets SPSS durchgeführt werden können[3]. Für Leser und Leserinnen ist die praktische Umsetzung der theoretischen Vorgaben in die operativen Schritte der Datenanalyse oft schwierig. Um diese Schwierigkeit so gering wie möglich zu halten, sind die vollständigen Kommando-Sequenzen (sog. Syntax) zur Durchführung der Analysen sowie zur Erzeugung von Tabellen und von Grafiken ebenfalls in den Online-Materialien zum Buch abrufbar. Die Dateien dafür sind für jedes Kapitel einzeln vorhanden und haben die Namen

Kapitel2_ThMB.sps, Kapitel3_ThMB.sps usw. bis Kapitel11_ThMB.sps.

---

2   GESIS: Leibniz-Institut für Sozialwissenschaften (https://www.gesis.org/home)
3   SPSS ist ein weit verbreitetes Statistik-Programm. Kostenlose Testversionen für einen Monat können auf der Homepage (https://www.ibm.com/de-de/analytics/spss-trials) abgerufen werden.

Durch einen Doppelklick auf eine dieser Dateien öffnen sich zwei Fenster: das Daten-
fenster von SPSS sowie das sog. Syntaxfenster, in dem nun die Kommandosequenzen
für das Kapitel stehen[4]. Sie sind mit Kommentaren versehen, die zwischen einem *
am Anfang und einem Punkt am Ende der Zeile stehen. Die Kommentare geben u. a.
die Gleichungs- oder Grafiknummer im Buch an, auf die sich die folgende Komman-
do-Sequenz bezieht. So können z. B. die Tabellen 2.1a und 2.1b in Kap. 2 mit dem folgenden Ausschnitt aus der Datei „Kapitel2.sps" erzeugt werden:

```
*tab 2.1a, 2.1b.
FREQUENCIES VARIABLES=konf4, bildung4.
```

Um eine solche Kommandosequenz ausführen zu lassen, muss sie markiert werden[5]
und dann der grüne dreieckige Pfeil angeklickt werden (s. folgende Abb.)

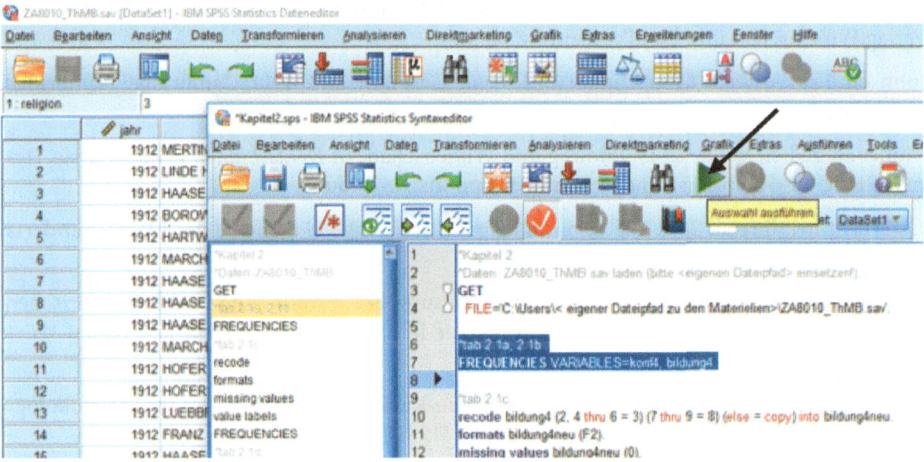

Vorher muss die für das Kapitel benötigte Datei geladen werden, die Kommandosequenz ist ebenfalls enthalten:

```
*Kapitel 2.
*Daten: ZA8010_ThMB.sav laden (bitte <eigenen Dateipfad> einsetzen!).
GET
    FILE='C:\Users\<eigener Dateipfad>\ZA8010_ThMB.sav'.
```

---

4 Diese Syntaxdateien sind auch mit jedem anderen Editor (u. a. mit WORD) lesbar.
5 Markieren geschieht wie in jedem anderen Programm, z. B. in WORD: linke Maustaste gedrückt halten, dann über das zu markierende Textstück fahren, Maustaste loslassen.

Damit können die Leserinnen und Leser alle empirischen Anwendungen im Buch leicht selbst nachvollziehen, ohne sich in die Bedienung des Programmsystems SPSS vertiefen zu müssen. Darüber hinaus lernen sie die Programmiersprache direkt an relevanten Beispielen kennen. Das Buch bietet keine weitere Einführung in SPSS an. Dafür gibt es einschlägige Literatur.

Literatur

Bauer, Franz J. 2004. *Das „lange" 19. Jahrhundert*. Profil einer Epoche. Stuttgart: Reclam.

Grohmann, Heinz. 1990. Die Entwicklung der statistischen Datenproduktion und der amtlichen Statistik. In *Historische Statistik in der Bundesrepublik Deutschland*, hrsg. N. Diederich, E. Hölder, A. Kunz, 10–21. Band 15 der Schriftenreihe Forum der Bundesstatistik, hrsg. vom Statistischen Bundesamt. Stuttgart: Metzler-Poeschel.

Hurwitz, Harold. 1983–1990. Demokratie und Antikommunismus in Berlin nach 1945. Köln: Verlag Wissenschaft und Politik (mehrere Bände).

Johnson, Eric A. 1995. *Urbanization and crime*. Germany 1871–1914. Cambridge: Cambridge University Press.

Müller-Benedict, Volker 2015. Bildung und Wissenschaft. In *Deutschland in Daten*, hrsg. Thomas Rahlf, 60–73. Bonn: Bundeszentrale für politische Bildung.

Osterhammel, Jürgen. 2011. *Die Verwandlung der Welt*. Eine Geschichte des 19. Jahrhunderts. München: Beck.

Scholz, Volker 2014. Die Zählung und die Erfassung der Bevölkerung in ihrer historischen Entwicklung. Vom römischen Imperium bis zur 1871. *Statistisches Monatsheft Baden-Württemberg* 2: 45–53.

Thome, Helmut. 2002. Kriminalität im Deutschen Kaiserreich, 1883–1902. Eine sozialökologische Analyse. *Geschichte und Gesellschaft* 28(4): 519–553.

Wehler, Hans-Ulrich. 1975. *Modernisierungstheorie und Geschichte*. Göttingen: Vandenhoeck & Ruprecht.

Untersuchungseinheiten, Merkmale, Messniveaus

Ausgangsmaterial für die Anwendung statistischer Analyseverfahren ist eine vorliegende Sammlung von Daten, die quantifizierte oder quantifizierbare Informationen über begrifflich festgelegte Eigenschaften (Merkmale und Merkmalsausprägungen) einer größeren oder kleineren Menge von Untersuchungseinheiten (Merkmalsträgern, Fällen, Untersuchungsobjekten) liefern. Wie können die jeweils interessierenden Merkmale und ihre spezifischen Ausprägungen so identifiziert und erfasst („gemessen") werden, dass sie für statistische Analyseverfahren zugänglich werden? Hierzu liefert das vorliegende Kapitel einen ersten, einführenden Überblick.

1.1 Varianten von Untersuchungseinheiten

Beginnen wir mit den verschiedenen Typen von *Untersuchungseinheiten*. Sie werden synonym als *Untersuchungsobjekte, Merkmalsträger oder Fälle* bezeichnet[6]. Diese können als Individuen oder Kollektive gegeben sein: einzelne Personen oder Rollenträger (z. B. Abgeordnete), Organisationen oder sonstige Gruppierungen (z. B. politische Parteien, Vereine, Verbände, Unternehmen), kleinere oder größere regionale Einheiten (wie Kreise, Bezirke, Länder, Staaten). Auch Textdokumente (wie Zeitungsartikel, Parteiprogramme, Sitzungsprotokolle, Tagebücher, Heirats- und Todesanzeigen) werden als Untersuchungseinheiten herangezogen, denen Informationen über andere Untersuchungsobjekte (wie Parteien, Verbände, sonstige soziale Gruppierungen und (Sub-)Kulturen) zu entnehmen sind. Die interessierenden Merkmale müssen für alle Untersuchungseinheiten in gleicher Weise gemäß der die Untersuchung anleiten-

---

6   In der empirischen Sozialforschung wird als Untersuchungseinheit auch der „Ort" der Datenerhebung bezeichnet. Eine Untersuchungseinheit kann dann mehrere Untersuchungsobjekte beinhalten, z. B. kann die Untersuchungseinheit „Schulklasse" alle Schüler der Klasse als Fälle umfassen.

Zusatzmaterial online
Zusätzliche Informationen sind in der Online-Version dieses Kapitel (https://doi.org/10.1007/978-3-658-30954-1_2) enthalten.

den Fragestellung definiert und erhoben worden sein. Jedes Merkmal enthält mindestens zwei (häufiger mehrere) *Merkmalsausprägungen* bzw. *Werte;* anderenfalls wäre es nicht in eine statistische Datenanalyse einzubeziehen. Einem Merkmal wie der Parteimitgliedschaft könnten bspw. folgende Merkmalsausprägungen zugeordnet sein: SPD, CDU, Grüne, Linke, AfD, FDP, sonstige Parteien, keine Partei. Im Extremfall gibt es eine einzige (substantielle) Untersuchungseinheit und ein einziges Merkmal, das für sie erfasst worden ist, aber dennoch eine Mehrzahl von „Fällen" mit unterschiedlichen Merkmalsausprägungen, die zu unterschiedlichen Zeitpunkten erhoben worden sind. Daraus ergibt sich eine *Zeitreihe,* bspw. die Rate der Gewaltkriminalität, die jährlich für eine bestimmte Region (oder eine andere Untersuchungseinheit) über einen längeren Zeitraum erhoben worden ist; sie kann dann hinsichtlich ihrer evtl. wechselnden Trendverläufe und Niveauverschiebungen untersucht werden. Liegt eine größere Zahl von Untersuchungseinheiten vor, für die bei jedem Merkmal wiederholt über verschiedene Zeitpunkte die jeweiligen Ausprägungen erhoben worden sind, spricht man von *Panel*daten (und dem entsprechend auch von *Panel*analysen[7]).

1.2   Datenerhebung und Messung von Merkmalen

Der Messbegriff (dessen wissenschaftslogischen Status wir hier nicht erörtern werden) wird in den Sozialwissenschaften rein pragmatisch in zweierlei Weise verwendet. Zum einen wird er auf den Vorgang der Datenerhebung bezogen, auf die Auswahl der Quellen und Verfahrensweisen, mit deren Hilfe die angestrebte Information erworben werden soll. Das mag in manchen Fällen ein ziemlich unproblematischer (dennoch nicht unbedingt fehlerfreier) Vorgang sein, z. B. wenn es darum geht, das Geburtsjahr und die konfessionelle Zugehörigkeit eines Parlamentsabgeordneten zu registrieren: Es ist klar oder lässt sich relativ leicht klären, was mit diesen Merkmalen begrifflich gemeint ist und welcher Quelle (z. B. Parlamentsarchivalien) die entsprechenden Informationen zu entnehmen sind. Schwieriger wird es z. B. schon bei der Erfassung von Mordfällen oder Tötungsdelikten innerhalb einer Region oder eines Landes und innerhalb eines bestimmten Zeitraums. Auch wenn eine theoretisch klare Definition für das Vorliegen eines solchen Vorfalls gegeben ist (was soll als „Mord" oder „Totschlag" gelten?), bleibt zu fragen, inwieweit die entsprechenden Informationen, die der herangezogenen Datenquelle (bspw. der polizeilichen Kriminalstatistik) entnommen werden, im Sinne dieser Definitionen korrekt sind, also dem gemeinten (begrifflich gefassten) Sachverhalt „entsprechen". Was jewels als „Mord" registriert wird, mag von der theoretisch vorgegebenen Definition abweichen, und einige Mord-

---

7   Von Panelanalyse spricht man in der Regel dann, wenn viele Untersuchungseinheiten (meist auf der Individualebene), aber nur wenige (z. B. 3 od. 4) Mess-Zeitpunkte vorliegen (bspw. auf der Basis von wiederholten Meinungsumfragen). Wenn nur wenige Untersuchungseinheiten (meist auf der Aggregatebene, z. B. verschiedene Länder), aber relativ viele Messzeitpunkte (Zeitreihen) vorliegen, spricht man eher von *Time-Series Cross-Sectional Analysis*

fälle mögen unerfasst bleiben. Gelegentlich können zusätzliche Informationsquellen (in diesem Falle bspw. Obduktionsstatistiken) helfen, das Ausmaß und vielleicht auch eine gewisse Systematik von potentiellen *Messfehlern* einzuschätzen.

Das gilt auch für andere Fragestellungen, in denen die *Korrespondenz* zwischen dem begrifflich Gemeinten (dem *Konstrukt*) und dem empirisch Beobachtbaren unsicher, aber hypothetisch als sog. *Korrespondenzregel* (die auch die Erhebungsmethodik spezifiziert) festzulegen ist. Zum Beispiel kann es in kulturgeschichtlichen Forschungsarbeiten darum gehen, begrifflich ausdifferenzierte ideologische Orientierungen und kulturelle Deutungsmuster anhand verschiedener Textdokumente so zu erfassen, dass sie für quantifizierende Analysen (oft in Ergänzung zu qualitativen) zugänglich werden, etwa indem man bestimmte Stichwörter, Redewendungen, Stilmerkmale, adressierte Akteursgruppen usw. erfasst und auszählt. Die Psychologin Patricia M. Greenfield (2013) hat z. B. eine Liste von Stichwörtern zusammengestellt, deren häufiges oder weniger häufiges Vorkommen in der einschlägigen Literaur das relative und sich über Zeit verändernde Gewicht „kollektivistischer" und „individualistischer Werte" repräsentieren sollen. Sodann hat sie mit Hilfe entsprechender Computer-Algorithmen die Häufigkeit des Auftretens dieser Schlüsselwörter (z. B. „obliged" und „choose", „give" und „get", „self" und „authority") in mehr als einer Million Bücher (verfügbar über Google Books *Ngram Viewer*) ausgezählt, die zwischen 1800 und 2000 in den USA und Großbritannien (United Kingdom) erschienen sind. Die Häufigkeitsangaben zu den einzelnen Stichwörtern wurden in entsprechenden Zeitreihen zusammengefasst, die sich dann mit dem Verlauf weiterer Variablen in ihrer jeweiligen Trendentwicklung vergleichen ließen, einschließlich solchen, die als potentielle Erklärungsfaktoren in Betracht gezogen wurden (z. B. dem Urbanisierungsgrad). Die Autorin stellt z. B. fest, dass das Stichwort „obliged" (als mutmaßlicher Repräsentant kollektivistischer Orientierungen) seit Anfang des 19. Jahrhunderts in der US-amerikanischen Literatur ziemlich kontinuierlich zurückgeht und dann auch ab etwa 1930 zunehmend weniger oft auftaucht als das Stichwort „choose" (als mutmaßlicher Repräsentant einer individualistischen Orientierung). Dass die angezielten theoretischen Konstrukte mit Hilfe der ausgewählten Stichwörter (*Indikatoren*) adäquat erfasst (gemessen) werden, kann umso eher angenommen werden, je mehr weitere Indikatoren der anvisierten Konstrukte zu gleichen oder zumindest ähnlichen Ergebnissen führen. In der angesprochenen Studie zeigten sich z. B. ähnliche (aber nicht linear) abfallende Trendentwicklungen bei den Stichwörtern „duty" und „obliged", während „decision" und „choose" hierzu (beide, wie erwartet) langfristig gegenläufige Entwicklungsrichtungen aufweisen (für die Periode von 1800 bis 2000).

Die in verschiedenen Dokumenten oder amtlichen Statistiken jeweils gesuchten Informationen (bspw. zu ideologischen Orientierungen oder – deutlich einfacher – zu Partei- und Konfessionszugehörigkeit eines Abgeordneten) müssen nicht unmittelbar in numerischer Form gegeben sein. Um sie dennoch in eine statistisch auswertbare *Datenmatrix* (s. Kap. 2) einzubauen, ist es aber sinnvoll, auch solche nicht-numerischen Merkmalsausprägungen durch Zahlen zu repräsentieren (s. unten). Der Mess-

begriff bezieht sich somit, zweitens, auch auf einen Vorgang, welcher der ursprünglichen Informationsgewinnung hinzugefügt wird: die jeweiligen Ausprägungen der
erfassten Merkmalsdimensionen werden auch dann in Zahlen übertragen, wenn
die ursprüngliche Information hierzu nicht in numerischer Form gegeben ist. Diese
Übersetzung von Merkmalsausprägungen in Zahlen wird üblicherweise als *Codierung* (auch *Kodierung*) bezeichnet. Hierdurch werden Merkmale zu *Variablen* (*variables*) und Merkmalsausprägungen zu *Werten* (*values*), die einer statistischen Datenanalyse zugänglich sind. Die jeweilige Zuordnung von Zahlen zu bestimmten
Merkmalsausprägungen wird in einem *Codeplan* festgehalten. Abb. 1.1 präsentiert als
Beispiel einen Auszug aus einem Codeplan, der für einen Datensatz zu den SPD-
Reichstagskandidaten der Jahre 1898–1918 entwickelt wurde. Er ist in eine umfassendere Datenbeschreibung eingearbeitet, die zusätzlich zu den Codes auch Erläuterungen zu den einzelnen Variablen enthält.

In sozialwissenschaftlichen Methoden-Lehrbüchern wird häufig ein sehr abstrak-
ter Messbegriff zitiert. Ihm zufolge ist *Messung* die „Zuordnung von Zahlen zu Objekten nach bestimmten Regeln" (Diekmann 2007, S. 239. Man kann ihn in dieser
generalisierten Form, wie oben schon angedeutet, als zweistufigen Vorgang interpretieren, der mit den eben skizzierten Verfahren der Informationsgewinnung beginnt
und mit der Zuordnung von Zahlen endet. Die erste Stufe des Messvorgangs wird
auch als *Operationalisierung*, die zweite, wie schon erwähnt, als *Codierung* bezeichnet. Der Messbegriff setzt hier – anders als in den Naturwissenschaften – keine klar
definierte Maßeinheit (wie sie bspw. bei der Längen- oder Gewichtsmessung eingesetzt wird) voraus; solche Einheiten sind in weiten Bereichen der historisch-so-
zialwissenschaftlichen Forschung schlicht nicht gegeben. Die logisch-mathemati-
schen Probleme, die sich daraus ergeben, und die verschiedenen Lösungsstrategien,
die hierfür (unter den Stichwörtern *Messtheorie, Skalierungsverfahren*) entwickelt
worden sind, werden wir hier nicht erörtern. Wir beschränken uns auf elementare
Verfahrensweisen und Interpretationen, wie sie in der historisch-sozialwissenschaft-
lichen Forschung allgemein praktiziert werden.

Die in der Operationalisierung ausgewählten empirisch beobachtbaren Sachverhalte, in denen etwas theoretisch Gemeintes – ein begrifflich ausgearbeitetes Konstrukt – mehr oder weniger adäquat sichtbar und erfassbar wird, bezeichnet man
üblicherweise als *Indikatoren* – wie z. B. die oben erwähnten Stichwörter für kollektivistische oder individualistische Werte. Die gemessenen Ausprägungen der verschiedenen, einem einzelnen Konstrukt zugeordneten Indikatoren sind sodann in
der einen oder anderen Weise wieder zu einer einzigen Größe zusammenzufassen
(s. unten).

Die so erfolgte Übersetzung eines Konstrukts in einen oder mehrere Indikatoren,
die dafür ausgewählten Quellen und praktizierten Vorgehensweisen lassen sich, wie
schon erwähnt, in sog. Korrespondenzregeln festhalten (was in der Praxis nicht immer explizit geschieht), die für alle Untersuchungseinheiten gleichermaßen gelten.
Der unten abgebildete Codeplan enthält unter dem Buchstaben „E" auch einige sol-

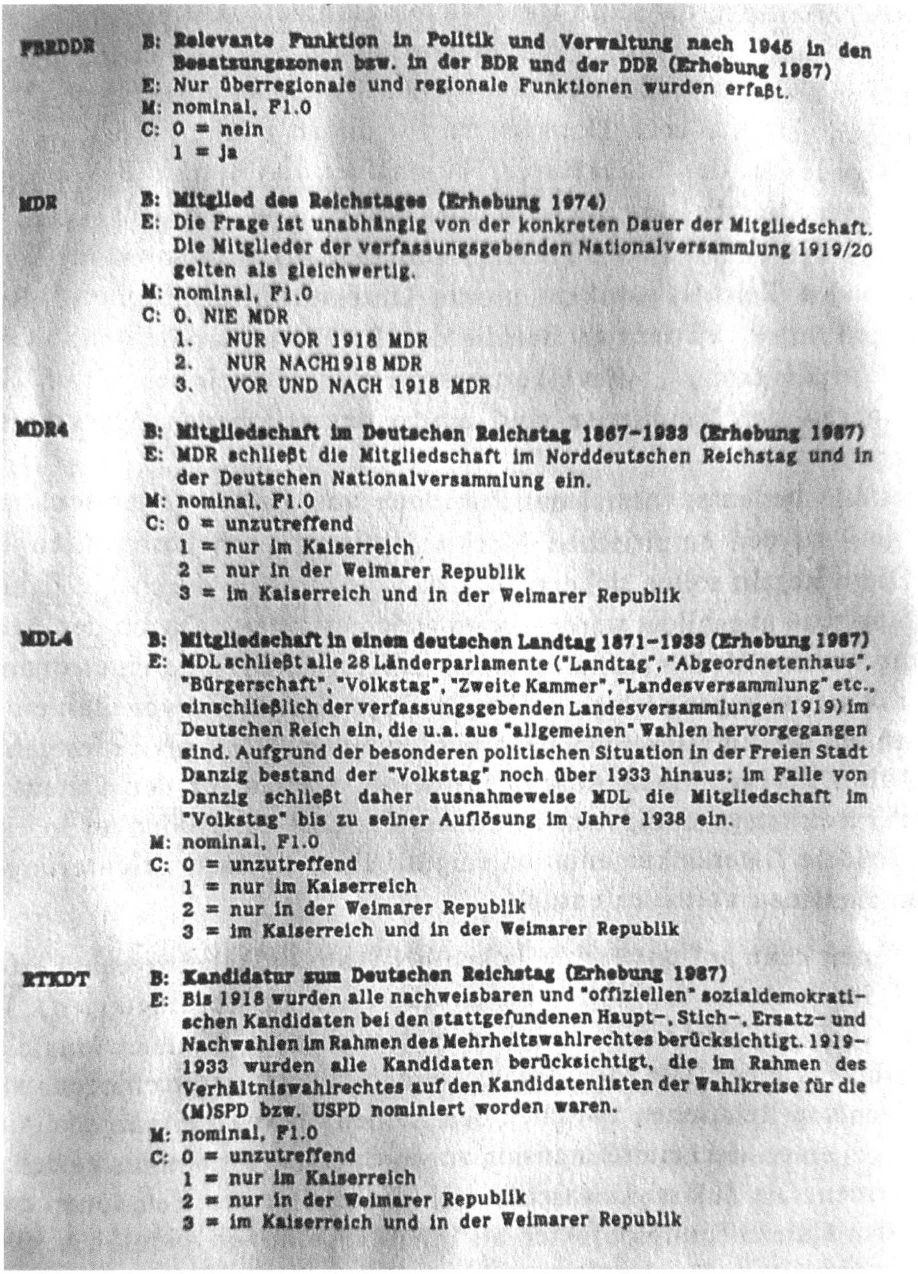

FBRDDR B: **Relevante Funktion in Politik und Verwaltung nach 1945 in den Besatzungszonen bzw. in der BDR und der DDR (Erhebung 1987)**
E: Nur überregionale und regionale Funktionen wurden erfaßt.
M: nominal, F1.0
C: 0 = nein
   1 = ja

MDR B: **Mitglied des Reichstages (Erhebung 1974)**
E: Die Frage ist unabhängig von der konkreten Dauer der Mitgliedschaft. Die Mitglieder der verfassungsgebenden Nationalversammlung 1919/20 gelten als gleichwertig.
M: nominal, F1.0
C: 0. NIE MDR
   1.   NUR VOR 1918 MDR
   2.   NUR NACH 1918 MDR
   3.   VOR UND NACH 1918 MDR

MDR4 B: **Mitgliedschaft im Deutschen Reichstag 1867–1933 (Erhebung 1987)**
E: MDR schließt die Mitgliedschaft im Norddeutschen Reichstag und in der Deutschen Nationalversammlung ein.
M: nominal, F1.0
C: 0 = unzutreffend
   1 = nur im Kaiserreich
   2 = nur in der Weimarer Republik
   3 = im Kaiserreich und in der Weimarer Republik

MDL4 B: **Mitgliedschaft in einem deutschen Landtag 1871–1933 (Erhebung 1987)**
E: MDL schließt alle 28 Länderparlamente ("Landtag", "Abgeordnetenhaus", "Bürgerschaft", "Volkstag", "Zweite Kammer", "Landesversammlung" etc., einschließlich der verfassungsgebenden Landesversammlungen 1919) im Deutschen Reich ein, die u.a. aus "allgemeinen" Wahlen hervorgegangen sind. Aufgrund der besonderen politischen Situation in der Freien Stadt Danzig bestand der "Volkstag" noch über 1933 hinaus; im Falle von Danzig schließt daher ausnahmsweise MDL die Mitgliedschaft im "Volkstag" bis zu seiner Auflösung im Jahre 1938 ein.
M: nominal, F1.0
C: 0 = unzutreffend
   1 = nur im Kaiserreich
   2 = nur in der Weimarer Republik
   3 = im Kaiserreich und in der Weimarer Republik

RTKDT B: **Kandidatur zum Deutschen Reichstag (Erhebung 1987)**
E: Bis 1918 wurden alle nachweisbaren und "offiziellen" sozialdemokratischen Kandidaten bei den stattgefundenen Haupt-, Stich-, Ersatz- und Nachwahlen im Rahmen des Mehrheitswahlrechtes berücksichtigt. 1919–1933 wurden alle Kandidaten berücksichtigt, die im Rahmen des Verhältniswahlrechtes auf den Kandidatenlisten der Wahlkreise für die (M)SPD bzw. USPD nominiert worden waren.
M: nominal, F1.0
C: 0 = unzutreffend
   1 = nur im Kaiserreich
   2 = nur in der Weimarer Republik
   3 = im Kaiserreich und in der Weimarer Republik

Abbildung 1.1 Auszug aus Datendokumentation/Codebuch zum Handbuch Schröder: Sozialdemokratische Reichtagsabgeordnete und Reichstagskandidaten 1898–1912 (hier zitiert nach Thome 1989, S. 6; s.a. Schröder 1986 und Datensatz ZA8010).

cher Korrespondenzregeln, die angeben, wo und wie die jeweiligen Indikatoren zu erfassen sind.

Für die Qualität der Operationalisierung bzw. der Messung insgesamt sind verschiedene Gütekriterien entwickelt worden, insbesondere: *Objektivität, Reliabilität* (Zuverlässigkeit) und *Validität* (Gültigkeit). Der Grad der Objektivität bezieht sich auf das Ausmaß, in dem das Messergebnis unabhängig ist von derjenigen Person oder Instanz, die die Messung jeweils vornimmt. Das Kriterium der Reliabilität bezieht sich auf die Frage, in welchem Maße das eingesetzte Messinstrument (oder auch mehrere Messinstrumente) bei wiederholtem Einsatz zum jeweils gleichen Ergebnis führen. Bei der Validität geht es letztlich um die Frage, ob tatsächlich das gemessen wird, was gemessen werden soll, was also dem Sinngehalt des theoretischen Konstrukts entspricht. Dies kann z. B. dadurch belegt werden, dass die gemessene Variable empirisch mit weiteren Variablen korreliert ist, mit denen sie gemäß den theoretischen Sinndeutungen zusammenhängen sollte (sog. *Kriteriumsvalidität*). Für die Überprüfung dieser Kriterien sind Testtheorien und Testverfahren (insbesondere Skalierungsverfahren) entwickelt worden, die wir, wie schon erwähnt, in diesem Einführungstext nicht vorstellen werden. Leserinnen und Leser seien auf die einschlägigen Lehrbücher zur empirischen Sozialforschung verwiesen (z. B. Diekmann 2007, Kap. VI, Schnell et al. 2018, Kap. 4).

1.3   Unterscheidung verschiedener Messniveaus

Auf ein Qualitätserfordernis, das insbesondere die letzte Phase der Messung, also die Codierung betrifft, ist hier aber noch einzugehen: die Zuordnung der Zahlen zu den bei den Untersuchungsobjekten registrierten Merkmalsausprägungen hat *strukturkonform* zu erfolgen. Das heißt, die Relationen, also die interpretierbare Gleichheit oder Unterschiedlichkeit, die zwischen den Merkmalsausprägungen der verschiedenen Untersuchungsobjekte (im Paarvergleich) bestehen (man spricht hier vom *empirischen Relativ*), müssen sich in den Relationen der den Merkmalsausprägungen jeweils zugeordneten Zahlen (dem *numerischen Relativ*) wiedergeben lassen. Dieses Erfordernis führt zur Unterscheidung unterschiedlicher Mess- bzw. Skalenniveaus. Das gegebene Niveau hängt davon ab, welche Relationen zwischen den Untersuchungsobjekten bzw. ihren Merkmalsausprägungen als inhaltlich sinnvoll anzusehen sind. Zum Beispiel wäre es nicht sinnvoll, zwischen den Ausprägungen des Merkmals „Konfessionszugehörigkeit" Relationen vom Typ „größer/kleiner" (in Symbolen: > oder <) herzustellen; lediglich die Relationen „gleich/ungleich" (=, ≠) sind hier angemessen.[8] Nehmen wir an, die Variable „Konfessionszugehörigkeit" sei in einer Untersuchung wie folgt kodiert worden:

---

8   Allerdings könnten andere Merkmalsdimensionen, die mit der Konfession eng zusammenhängen (z. B. Umfang der vorgeschriebenen Kulthandlungen), auch weitere Relationen (hier: >, <) zulas-

Katholisch	1
Evangelisch	2
Jüdisch	3
Muslimisch	4
Andere	5
Keine	6
Unbekannt	7

Personen mit gleicher Konfessionszugehörigkeit (z. B. alle Katholiken) erhalten den gleichen Variablenwert (hier: 1). Werden zwei Personen mit unterschiedlicher Konfessionszugehörigkeit identifiziert, so spiegelt sich diese Verschiedenheit in der Ungleichheit der ihnen zugeordneten Zahlen wider. Das wäre auch dann der Fall, wenn den einzelnen Konfessionskategorien ganz andere Zahlen zugeordnet würden, z. B. (in der obigen Reihenfolge): 4, 3, 2, 8, 6, 9, 10. Auch in diesem Falle würde das numerische Relativ die Gleichheit/Ungleichheit der Zugehörigkeit zu den verschiedenen Konfessionen (also des empirischen Relativs) strukturgleich abbilden. Zwar sind wir es gewohnt, Zahlen nicht nur als gleich/ungleich, sondern auch als größer oder kleiner zu relationieren. In dem gegebenen Beispiel entspräche diese numerische Relationierung jedoch keiner sinnvollen Relationierung innerhalb des empirischen Relativs – was bei der Auswahl und Anwendung statistischer Analyseverfahren zu berücksichtigen ist.

Im Allgemeinen unterscheidet man vier Mess- oder Skalenniveaus, die wir nun anhand einfacher Beispiele erläutern wollen: *Nominal-, Ordinal-, Intervall-* und *Ratioskala.*

Nominalskala:
Hierzu haben wir oben mit der Konfessionszugehörigkeit schon ein Beispiel eingeführt, das wir nun noch etwas weiter ausbauen wollen. Dazu betrachten wir die Kategorisierung des Religionsbekenntnisses der Reichstagsabgebordneten des Jahres 1912, wie sie von Wilhelm Schröder (1986) vorgenommen wurde: evangelisch (1); evangelisch, später dissident (2); katholisch (3); katholisch, später dissident (4); jüdisch (5); jüdisch, später dissident (6); dissident, frühere Konfession unbekannt (7); sonstiges Bekenntnis (8). Die in Klammern gesetzten Zahlen sind ihnen laut Codeplan zugeordnet; hinzugefügt wurde auch die Kategorie „keine Angabe (0)". Reichstagsabgeordnete (oder auch Reichstagskandidaten), die die gleiche Konfession aufweisen, erhalten auf dieser Variablen den gleichen Wert, Abgeordnete mit unterschiedlicher Konfession ungleiche Werte. Es sind nur die Relationen gleich/ungleich sinnvoll interpretierbar. Im empirischen Relativ ist keine Ausprägung als grö-

---

sen. Es hängt also von der genauen Definition der Merkmalsdimension (Variablen) und der in sie eingegangenen theoretischen Perspektive ab, welche Relationen (und damit welches Messniveau) als sinnvoll anzusehen sind.

ßer oder kleiner als eine andere zu verstehen. Auch wenn sich die Zahlen als solche als größer oder kleiner unterscheiden lassen, so gibt es für diese Relationierung keine Entsprechung im substantiellen Vergleich der Religionsbekenntnisse. Allerdings kann man für jeden einzelnen Skalenwert (für jede Kategorie getrennt) auszählen, wie häufig er in der Menge der Untersuchungsobjekte vorkommt (*Häufigkeitsauszählung*, s. Kap. 2).

Statt der Zahlen hätte man somit auch andere Kürzel verwenden können (z. B. einzelne Buchstaben); für die elektronische Datenverarbeitung ist es jedoch sinnvoll, die Ausprägungen aller Merkmalsdimensionen durch Zahlen zu repräsentieren. Der mehrdeutige Begriff der *Skala* bezeichnet dabei die Reihe der hierbei verwendeten Zahlen. Man muss sich eben merken, d. h. im Codeplan dokumentieren, wofür die Zahlen stehen, und welche Relationen zwischen ihnen inhaltlich sinnvoll sind. In dem obigen Beispiel hätten, wie schon erwähnt, auch andere Zahlen verwendet werden können. Das heißt, die gegebene Skala könnte *transformiert* werden. Zugelassen wären hier – bei nominal gemessenen Variablen – alle Transformationen, die umkehrbar eindeutig sind, so dass ungleiche Zahlen nicht in gleiche Zahlen überführt und gleiche Zahlen nicht in ungleiche verwandelt werden. Statt der „1" für „evangelisch" hätte man beispielsweise auch die „9" einsetzen können, statt der „3" für „katholisch" die „10", statt der „7" die „1" usw. Zu fordern ist lediglich, dass auch bei Anwendung der neuen Skala Reichstagsabgeordnete mit ungleichen Variablenwerten verschiedenen und Reichstagsabgeordnete mit gleichen Variablenwerten unterschiedlichen Konfessionen angehören bzw. angehört haben.

Ordinal- oder Rangskala:
Ein Beispiel hierfür ist das Niveau der Schulbildung der Reichstagskandidaten (oder Reichstagsabgeordneten), das mit den Werten „niedrig" (1) „mittel" (2) „hoch" (3) erfasst wurde (welche damaligen Schulabschlüsse hinter diesen drei Werten stehen, wird in Kap. 2 erläutert). Neben den Relationen gleich/ungleich sind jetzt auch die Relationen größer/kleiner (höher/niedriger) sinnvoll interpretierbar, so dass man die Werte vom niedrigsten zum höchsten Rang auflisten kann. Die so geordneten Werte werden deshalb auch als *Ränge* bezeichnet. Die Rangrelationen der numerischen Skala müssen den substantiellen Rangrelationen der Merkmalsausprägungen entsprechen. Aber die Größe der numerischen Abstände zwischen benachbarten Rangplätzen ist nicht (jedenfalls nicht bei der in diesem Beispiel vorgenommenen Kodierung) inhaltlich interpretierbar. Auch wenn die numerischen Differenzen gleich groß sind, kann die substantielle Differenz bspw. zwischen den Rangplätzen 2 und 3 genauso groß, kleiner oder größer sein als die substantielle Differenz zwischen den Rangplätzen 1 und 2[9]. Allerdings wird der Abstand zwischen benachbarten Rangplät-

---

9   Diese Divergenz mag auch der Unvollkommenheit des eingesetzten Messinstruments geschuldet sein. Es kann sein, dass wir nur ordinal messen, aber theoretisch im Sinne einer Intervallskala denken, s. unten.

zen (z. B. 1 und 2, 2 und 3) auch substantiell als geringer angesehen als derjenige zwischen nicht benachbarten Rangplätzen (z. B. 1 und 3). Je weiter die Rangplätze auseinanderliegen, desto größer ist der Abstand nicht nur im numerischen, sondern bei korrekter Messung strukturkonform auch im empirischen Relativ gegeben.

Die zulässigen Relationierungen zwischen den Rangplätzen würde sich nicht ändern, wenn die Bildungskategorien wie folgt umkodiert würden: $1 \rightarrow 2$, $2 \rightarrow 4$, $3 \rightarrow 7$. Die Zahlendifferenzen sind nun andere; aber was vorher gleich oder ungleich, kleiner oder größer war, ist es auch weiterhin. Zulässig sind also alle Veränderungen der Skalenwerte, die deren Rangordnung unverändert lassen, sog. *positiv-monotone* Transformationen, z. B. Exponentialfunktionen mit der natürlichen Basis e. Eine Transformation wie das Quadrieren der Werte: $X \rightarrow X^2$ wäre nur dann zulässig, wenn die zu transformierende Skala X keine negativen Zahlen enthielte. Die positiv-monotonen Transformationen enthalten als Untermenge alle Transformationen, die auf den höheren Skalenniveaus zulässig sind (siehe die folgenden Abschnitte).

Intervallskala:
Ein Beispiel für dieses Messniveau ist das Geburtsjahr der Reichstagsabgeordneten. Die Relationen ($=$, $\neq$) und ($>$, $<$) sind jetzt nicht nur für die einzelnen Skalenwerte zugelassen, sondern sind auch zum Vergleichen von Differenzen, also auf ein Zahlenquadrupel ($x_1 - x_2$) und ($x_3 - x_4$), anwendbar. Das heißt, das Subtrahieren unterschiedlicher Variablenwerte (im Rahmen statistischer Datenanalysen) ist nun sinnvoll, da die Zahlendifferenzen die Größe der Abstände zwischen den theoretisch interpretierten Merkmalsausprägungen widerspiegeln und quantitativ präzisieren; gleiche Zahlendifferenzen bedeuten inhaltlich hinsichtlich der jeweiligen Merkmalsdimension gleich große substantielle Abstände zwischen den Untersuchungsobjekten, deren Merkmalsausprägungen diese Zahlen zugeordnet sind. Außerdem können unterschiedliche Differenzen (nicht aber unterschiedliche Einzelwerte) ins Verhältnis zueinander gesetzt werden. Der 1860 geborene Abgeordnete ist im Vergleich zu einem 1870 geborenen Abgeordneten genauso viel früher geboren wie der 1870 Geborene im Vergleich zu einem 1880 Geborenen. Oder, der 1880 Geborene ist im Vergleich zum 1860 Geborenen doppelt so viele Jahre später geboren als der 1870 Geborene (aber nicht doppelt so alt).

Das definierende Kriterium für das Intervallskalenniveau ist also die zusätzlich erreichte Vergleichbarkeit der *Differenzen*, deren Relationierung erhalten bleibt, wenn die Messwerte *linear* transformiert werden: $X' = aX + b$, mit $a > 0$. Zur Illustration einer solchen Transformation sei hier das oft zitierte Beispiel zweier Temperaturskalen herangezogen: Die Celsius-Skala, $C°$, wird mit $a = 1,84$ und $b = 32$ in die Fahrenheit-Skala, $F°$, überführt. In der Tabelle 1.1 ist zusätzlich als Beispiel für eine nicht legitime Transformation die quadratische Transformation der Celsius-Werte mit aufgeführt.

Tabelle 1.1   Vergleich Temperaturskalen

C°	F°	Z° = (C°)²
0	32	0
10	50	100
37	100	1369
100	216	10000

Wie ersichtlich, lässt sich eine Temperatur von 37 Grad Celsius in die Temperatur von 1,84 · 37 + 32 = 100 Grad Fahrenheit umrechnen. Dass dies eine adäquate Transformation ist, lässt sich daran erkennen, dass das Verhältnis der Differenzen zwischen Temperaturwerten der einen Skala (Celsius) exakt dem Verhältnis der entsprechenden Differenzen gleicht, die sich bei der anderen Skala (Fahrenheit) ergeben. Auf der Celsiusskala ist z. B. das Differenzenverhältnis (100 − 37)/(37 − 10) = 2,3 gegeben. Für die Fahrenheitskala erhalten wir für die gleichen Wärmeintensitäten das gleiche Ergebnis: (216 − 100)/(100 − 50) = 2,3. Hätten wir eine nichtlineare, z. B. eine quadratische Transformation $Z° = (C°)^2$ vorgenommen, wäre eine nichtäquivalente Skala entstanden, denn (10000 − 1369)/(1369 − 100) = 6,8 ≠ 2,3.

Aus der Vergleichbarkeit der Differenzen von Werten ergibt sich, dass die Skala zwischen dem kleinsten und dem größten Wert als *kontinuierlich* angenommen werden kann. Dann machen auch Werte zwischen den erhobenen Ausprägungen Sinn, z. B. das Durchschnittsalter der Abgeordneten für jede Fraktion, das meist keine ganze Zahl ist, auch wenn die einzelnen Altersangaben ganzzahlig eingesetzt sind.

Es kann aber auch so sein, dass – wie in Fn. 8 angedeutet – ein theoretisch anvisiertes Merkmal in seinen möglichen Ausprägungen als kontinuierlich gedacht wird, das verfügbare Messinstrument aber keine eindeutige Maßeinheit hierfür enthält, statt einer intervallskalierten also nur eine ordinale Einstufung erlaubt. Ein Beispiel hierfür wäre die Einschätzung verschiedener politischer Systeme als „mehr", „halbwegs" oder „gar nicht" demokratisch (zu verschiedenen Möglichkeiten, den in einer Gesellschaft erreichten Grad der Demokratie zu erfassen, siehe z. B. Campbell/Barth 2009). Wenn keine exakten quantifizierbaren Kriterien gegeben sind, könnte man eine solche Einschätzung evtl. auch im Sinne einer Notenvergabe mit den Ziffern 1 („sehr demokratisch") über 4 („halb demokratisch, halb undemokratisch/autoritär) bis 7 („überhaupt nicht demokratisch") vornehmen und die dazwischenliegenden Stufen 2 und 3 sowie 5 und 6 zu weiteren Verfeinerungen nutzen, die nicht unbedingt etikettiert werden müssen. Bei solchen Notenvergaben ist normalerweise nicht davon auszugehen, dass gleiche Zahlenabstände aufeinanderfolgender Noten gleich große inhaltliche Differenzen implizieren; der Unterschied zwischen „5" und „6" z. B. kann substantiell geringer sein als der zwischen „1" und „2". In einem solchen Fall wird in der Forschungspraxis aber häufig auch die Faustregel in Anspruch genommen, dass bei einer Stufenzahl von 5 oder höher eine ordinale *Ratingskala* in den statistischen Auswertungen wie eine Intervallskala behandelt werden kann (für ausführlichere Erläuterungen hierzu siehe Döring/Bortz 2016, S. 239–253) – eine Vorgabe, der jedoch nicht alle Experten zustimmen. Bevor wir das Beispiel der Demokratie-Messung noch etwas weiter ausführen, kommen wir zunächst noch einmal zum Merkmal „Geburtsjahr" zurück.

Möglicherweise ist bezüglich der Reichstagsabgeordneten nicht deren Geburtsjahr das eigentlich interessierende Merkmal, sondern das Lebensalter, das sich auf dieser Basis berechnen und dann auch einem noch höheren Messniveau zuordnen ließe, nämlich dem der *Ratioskala* (s. unten). Andererseits könnten das Geburtsjahr oder eher noch verschiedene Zeiträume, die mehrere Jahrgangsgruppen umfassen, auch als Indikator für unterschiedliche gesellschaftliche Lebensbedingungen eingesetzt werden, unter denen Personen aufgewachsen sind, bspw. in einer Kriegs- oder in einer Nachkriegsperiode oder in einer Zeit des wirtschaftlichen Niedergangs oder des wirtschaftlichen Aufschwungs. Man spricht in diesem Zusammenhang auch von „Perioden"- bzw. „Kohorten-Effekten", wobei die Perioden oder Kohorten in der Regel nur qualitativ (also auf nominalem Messniveau) einzuordnen sind (hierzu mehr in Kap. 5.2.1).

Die Beanspruchung eines Intervallskalenniveaus im Rahmen sozialwissenschaftlicher Datenerhebungen kann also durchaus problematisch sein. Um dieses Messniveau zu erreichen bzw. zu beanspruchen, werden gelegentlich mehrere ursprünglich ordinale Messungen zum gleichen Konstrukt vorgenommen und mit Hilfe bestimmter „Skalierungsverfahren" zusammengefasst (die wir aber, wie schon angemerkt, in diesem Einführungstext nicht behandeln werden, s. z. B. Schnell et al 2018, Kap. 4.4). Werden mehrere Sub-Skalen durch einfache Rechenoperationen gebündelt, z. B. durch eine gewichtete oder ungewichtete Summierung der jeweiligen Skalenwerte, spricht man auch von *Indexbildung*[10]. Ein Beispiel hierfür bildet der „Demokratie-Index" („democracy-index"), der von der „Economist Intelligence Unit" jedes Jahr für zahlreiche Länder weltweit erhoben wird (zugänglich z. B. über *https:// en.wikipedia.org.wiki/Democracy_Index*). Dieser Index ist mehrstufig zusammengesetzt. Ausgangspunkt ist die Unterscheidung mehrerer Merkmalsdimensionen, die als Komponenten (Sub-Kategorien) des übergeordneten Merkmals „Demokratie" angesehen werden. In diesem Falle sind fünf Sub-Kategorien eingeführt worden (Einschätzungen u. a. zu „civil liberties" und „functioning of government"), deren Ausprägungen jeweils mit Hilfe von mehreren Indikatoren gemessen werden, die zwei oder drei Ausprägungen (kodiert mit „0", „0,5" oder „1") aufweisen. Für jedes Land werden die Zahlenwerte der Indikatoren für jede dieser Merkmalsdimensionen getrennt summiert (bis zur Höchstsumme von „10"). Der Gesamt-Indexwert für das

---

10 Die terminologische Abgrenzung von Verfahren der „Indexbildung" und der „Skalierung" wird in der Literatur nicht einheitlich und oft auch in unklarer Weise vorgenommen (siehe z. B. Latcheva & Davidov 2019).

erreichte Demokratie-Niveau ergibt sich sodann als arithmetisches Mittel der Summenwerte, die für die 5 Subkategorien ermittelt wurden.

Kehren wir zum Schluss dieses Abschnitts noch einmal kurz zur Temperaturmessung zurück: Es wäre offenkundig nicht sinnvoll zu sagen, es sei bei einer Temperatur von 20 Grad Celsius „doppelt so warm" wie bei 10 Grad Celsius. Die Sinnlosigkeit dieser Operation zeigt sich, wenn wir diese Celsius-Werte in die entsprechenden Fahrenheit-Werte transformieren (die die gleichen Temperaturen anzeigen) und ins Verhältnis zueinander setzen: $(68^\circ \text{ F}/50^\circ \text{ F}) \neq 2$. Es hat also keinen Sinn, bei einer Skala ohne „natürlichen" Nullpunkt Verhältnisgrößen zweier einzelner Skalenwerte x_1/x_2 zu bilden.[11] Dies ist dagegen bei dem Skalentyp möglich, den wir als nächstes vorstellen, die

Ratio- oder Verhältnisskala:
Sie verfügt zusätzlich zu den Eigenschaften, die der Intervallskala zugeschrieben sind, auch noch über einen „natürlichen" Nullpunkt, der theoretisch interpretiert werden kann. Beispiele hierfür sind das Bruttosozialprodukt, das persönliche Einkommen oder das Lebensalter (letzteres mit einer Einschränkung, s. unten). Es sind alle numerischen Relationierungen zulässig, die auch für die Intervallskala sinnvoll sind, darüber hinaus aber auch die Bildung von Verhältnisgrößen zwischen beliebigen Skalenwerten (nicht nur zwischen Differenzen von Skalenwerten). So kann man z. B. feststellen, dass jemand, der 3000 Euro im Monat verdient, doppelt so viel verdient wie jemand, der 1500 Euro erhält; und ein 60jähriger ist doppelt so alt wie ein 30jähriger. Wenn eine Ratioskala vorliegt, kann sie – wenn dieses Niveau erhalten bleiben soll – nur durch eine *proportionale* Transformation $X' = aX$ mit $a > 0$ (ohne Hinzufügen einer Konstanten) in eine neue, äquivalente Ratioskala transformiert werden. Das wäre z. B. der Fall, wenn die Eurobeträge X in Dollarbeträge Y (bspw. zum Kurs $a = 1,15$) umgerechnet würden. Dadurch verändern sich zwar die numerischen Abstände zwischen den einzelnen Werten, aber die Verhältnisse entsprechender Differenzen und Einzelwerte bleiben gleich.

Ebenso könnte man die Lebensjahre in Lebensjahrzehnte $(a = 1/10)$ umrechnen, was allerdings kaum sinnvoll wäre. Das Beispiel Lebensalter verdeutlicht zudem erneut, wie problematisch die Zuerkennung dieses Skalenniveaus (oder auch nur des Intervallskalenniveaus) sein kann. In welchem Sinne ist ein 60jähriger „doppelt" so alt wie ein 30jähriger – biologisch? (kaum), soziologisch? (fragwürdig). Stattdessen könnte das Lebensalter (wie oben schon erwähnt) als Indikator für unterschiedliche Generationszugehörigkeiten herangezogen werden, die über historische Periodisierungen (z. B. das Aufwachsen in einer Vor- oder Nachkriegszeit) definiert werden; oder es könnte auch als Indikator für unterschiedliche Lebensphasen in der persönlichen Entwicklung gelten. In diesen Fällen würde man sich nicht auf dem Niveau von

---

11 Die Physiker haben bekanntlich für die Temperatur auch einen absoluten Nullpunkt definiert, der bei −273 Grad Celsius liegt.

Ratio- oder Intervallskala bewegen, sondern auf dem der Nominal- oder Ordinalskala.

Auch die Einkommensdifferenz zwischen 3000 und 3500 Euro muss nicht (kann
aber) das gleiche bedeuten wie die Differenz zwischen 1500 und 2000 Euro. Theoretische Erwägungen müssen hier das Skalenniveau festlegen. Manche Forscher oder
Forscherinnen (und Tarifpolitiker) möchten z. B. Einkommensdifferenzen nur dann
als gleichwertig betrachten, wenn sie gleiche prozentuale Veränderungen ausdrücken.
In diesem Sinne wäre zum Beispiel ein Anstieg von 2000 auf 3000 Euro „gleich" dem
Anstieg von 4000 auf 6000 DM; in beiden Fällen wäre dies ein Zuwachs um 50 Prozent. Gleiche Prozentzuwächse führen also zu größeren Differenzen in den Absolut-
beträgen.[12]

Einen Sonderfall stellen Variablen dar, deren Werte sich über Häufigkeitsauszäh-
lungen ergeben, bspw. die Mitgliederzahl einer Gewerkschaft oder einer politischen
Partei, die Anzahl der Geburten oder Sterbefälle, der Gewalt- oder Diebstahlsdelikte
innerhalb eines Jahres. Man spricht in solchen Fällen auch von *Absolutskalen* oder
Zählvariablen, deren Skaleneinheiten nicht frei wählbar, sondern mit dem Auszählen
der Fälle gegeben sind, somit auch nicht durch eine beliebige lineare, proportionale
oder sonstige Skalentransformation verändert werden dürfen. Allerdings können die
absoluten Häufigkeiten in *relative Häufigkeiten* übertragen werden, bspw. in Geburten
pro 1000 Einwohner oder in Gewaltdelikte pro 100.000 Einwohner. Sowohl mit den
absoluten als auch mit den relativen Häufigkeiten lassen sich sodann auch Relationierungen im Sinne der Verhältnisskala vornehmen.

Zusammenfassend lässt sich feststellen: Von dem gegebenen bzw. gewählten Skalenniveau hängt ab

a) welche numerischen Transformationen X' = T(X) zulässig sind, um eine bereits
   vorliegende Skala (X) in eine andere, äquivalente Skala (X') zu transformieren;
b) welche numerischen Operationen mit den Werten (Ausprägungen) x_1, x_2, ..., x_m
   einer Variablen X zulässig sind, um Vergleiche zwischen den Untersuchungsobjekten hinsichtlich ihrer Ausprägungen vorzunehmen.

Der Typ algebraischer Operationen (wie z. B. Addieren, Multiplizieren, Potenzieren
oder Logarithmieren), der legitimerweise bei Skalentransformationen anwendbar ist
und bei denen alle Werte einer Skala *verändert* werden (a), ist von den zulässigen Rechenoperationen zu unterscheiden, mit denen bei gegebenem Skalenniveau einzel-

---

12 Zuwachsraten kann man durch *Logarithmieren* der Ausgangsskala abbilden. So ist z. B. log(4000) =
    3,602; log(6000) = 3,778; log(6000) − log(4000) = 0,176. Die gleiche Differenz erhält man durch
    log(3000) − log(2000) = 3,477 − 3,301 = 0,176. Gleiche Log-Differenzen bedeuten somit gleiche Ein-
    kommens*proportionen.* Zu beachten ist, dass der Logarithmus keine lineare Transformation der
    Ausgangsdaten darstellt. Wenn sich der Log-Wert um den Faktor „a" vervielfacht, vervielfachen sich
    die Einkommensbeträge um die Potenz „a"

ne Untersuchungsobjekte hinsichtlich ihrer spezifischen Skalenwerte *verglichen* werden (b).

Je höher das Skalenniveau, umso geringer die Menge der zulässigen Skalentransformationen, die das Messniveau erhalten. Andererseits steigt eben damit der Informationsgehalt: mit höherem Skalenniveau erweitert sich das Spektrum zugelassener Rechenoperationen, mit denen Relationen zwischen den Skalenwerten hergestellt und sinnvoll interpretiert werden können. Die Tabelle 1.2 gibt hierzu einen Überblick.

Tabelle 1.2   Skalentypen und ihre Eigenschaften

Skalentyp	Zulässige Transformationen	Interpretation relationierter Skalenwerte	Beispiele
Nominalskala	beliebige, solange unterschiedlichen Ausprägungen unterschiedliche Zahlen eindeutig zugeordnet bleiben	gleich/ungleich	Konfessionszugehörigkeit
Ordinalskala	positiv monotone (die Rangfolge bewahrende)	größer (höher), kleiner (niedriger) oder gleich	Bildungsstufen
Intervallskala	positiv lineare $X' = aX + b, a > 0$	Vergleichbarkeit von Differenzen	Geburtsjahre
Ratioskala	positiv proportionale $X' = aX, a > 0$	prozentuale Vergleiche	Einkommen Lebensalter

Statistische Analyseverfahren implizieren häufig Skalentransformationen, und sie relationieren Skalenwerte mittels mathematischer Operationen. Deshalb ist jeweils zu prüfen, welches Messniveau dabei vorausgesetzt und erhalten oder verändert wird. Skalen höheren Niveaus lassen sich stets wie Skalen niedrigeren Niveaus behandeln (also auf das niedrigere Niveau herabstufen), das Umgekehrte gilt nicht. Ein Merkmal X mit einem gegebenen Skalenniveau besitzt deshalb automatisch auch die geringeren Skalenniveaus.

Intervallskala und Ratioskala fasst man auch unter der Bezeichnung *metrische Skalen* oder *Kardinalzahlen* zusammen; nominale und ordinale Variablen bezeichnet man auch als *topologische* sowie auch als *qualitative* oder *kategoriale* Variablen.

Eine Sonderrolle spielen

dichotome Variablen,

also Variablen, die nur zwei Ausprägungen aufweisen, wie z. B. die ausschließliche Einstufung politischer Systeme als „demokratisch" oder „nicht-demokratisch" oder die (ebenfalls vereinfachende) Kategorisierung der Geschlechtszugehörigkeit als „männlich" oder „weiblich". Inhaltlich ist in solchen Fällen eine qualitative Variable gegeben. Wenn man „weiblich" mit 1 und „männlich" mit 0 kodiert (sog. *Dummy-Kodierung*), kann man jedoch anhand dieser Zahlen beim paarweisen Vergleich nicht nur die Gleichheit oder Unterschiedlichkeit feststellen. Darüber hinaus ist auch, wie bei metrischen Variablen, das arithmetische Mittel sinnvoll interpretierbar, nämlich als Anteilswert. Wenn von 100 Personen 55 den Wert „1" aufweisen (also Frauen sind) und 45 den Wert „0" haben (also Männer sind), so ergibt sich daraus eine Summe von 55 und ein arithmetisches Mittel von 0,55. Dichotome Variablen werden in der statistischen Analyse gelegentlich wie metrische Skalen behandelt (u. U. auch mit anderer Kodierung, z. B. −1 und +1), und es gibt einige Verfahren und Kennwerte, die speziell für dichotome Variablen eingesetzt werden (darauf werden wir in späteren Kapiteln noch eingehen). Auch Variablen, die ursprünglich mehr als zwei Ausprägungen aufweisen, können im Verlauf der Analyse (bspw. aus Vereinfachungsgründen) zu dichotomen Variablen zusammengefasst werden, so z. B. die Variable „Einkommen", indem man nur noch zwischen Beziehern von niedrigem (bspw. unterdurchschnittlichem) und höherem Einkommen unterscheidet. Auch qualitative Variablen mit mehr als zwei Ausprägungen lassen sich mit Hilfe mehrerer Dummy-Variablen darstellen (s. hierzu Kapitelabschn. 6.2).

Literatur

Diekmann, Andreas. 2007. *Empirische Sozialforschung*. Reinbek: Rowohlt (seit der erweiterten Neuauflage von 2007 sind die Auflagen in den folgenden Jahren nicht weiter überarbeitet worden).

Döring, Nicola, Jürgen Bortz. 2016. *Forschungsmethoden und Evaluation in den Sozial- und Humanwissenschaften*. München: Oldenbourg (5., überarb. Auflage).

Greenfield, Patricia M. 2013. The changing psychology of culture from 1800 through 2000. *Psychological Science*. 24: 1722–31.

Latcheva, Rossalina, Eldad Davidov. 2019. Skalen und Indizes. In *Handbuch Methoden der empirischen Sozialforschung*, Band 2, hrsg. N. Baur, J. Blasius, 893–905. Wiesbaden: Springer VS (2. Auflage).

Schnell, Rainer, Paul B. Hill, Elke Esser. 2018. *Methoden der empirischen Sozialforschung*. München: Oldenbourg (11., erweiterte Auflage).

Schröder, Wilhelm H. 1986. *Sozialdemokratische Reichstagsabgeordnete und Reichstagskandidaten, 1998–1918. Biographisch-statistisches Handbuch*. Handbücher zur Geschichte des Parlamentarismus und der politischen Parteien, 2. Düsseldorf: Droste. Siehe auch die Datenbank BIOKAND im GESIS-Parlamantarierportal: http://zhsf.gesis.org/biokand.htm sowie http://www.bioparl.de

Glossar zu Kapitel 1

Absolutskala (auch als *Zählvariable* bezeichnet): Ihre Werte resultieren aus der Aus-
zählung von Häufigkeiten, bspw. von Mordfällen, die innerhalb eines Jahres in verschiedenen Regionen aufgetretenen sind. Eine Absolutskala hat den Informationsgehalt einer *Ratio-Skala* (s. *Messniveau*), der aber nur erhalten bleibt, wenn keine
Transformationen der Skalenwerte vorgenommen werden. Allerdings lassen sich die
Absolutwerte in relative Größen umrechnen, z. B. indem man die absolute Häufigkeit der Morde durch die Zahl der Einwohner dividiert und diese Verhältniszahl wiederum mit 1000 multipliziert, so dass man eine Mordrate erhält: die Anzahl der Morde pro 1000 Einwohner.

Codeplan (auch „Kodeplan"): Eine listenförmige Zusammenstellung von Regeln, die
für alle → *Merkmale* festlegen, welche Zahlen deren jeweiligen Ausprägungen zuzuordnen sind, siehe *Messen*.

Empirisches Relativ: siehe *Messniveau*

Indexbildung: die additive Zusammenfassung der Skalenwerte (der codierten Merkmalsausprägungen, → *Messniveau*) verschiedener → *Indikatoren*, die den gleichen
theoretisch anvisierten Sachverhalt repräsentieren sollen. Man geht davon aus, dass
mit der Messung mehrerer solcher *Indikatoren* die → *Reliabilität* und →*Validität* der
Messergebnisse erhöht werden können, insbesondere dann, wenn der Bedeutungs-
gehalt des angepeilten theoretischen Konstrukts relativ komplex angelegt ist (wie z. B.
im Falle des „Demokratie-Niveaus"). Einige Autoren begrenzen den Index-Begriff
nicht auf die additive Zusammenfassung mehrerer Skalenwerte, sondern ordnen ihm
auch andere mathematische Formen des Verknüpfens zu.

Indikatoren: siehe *Operationalisierung*

Merkmal: Eine empirisch identifizierbare Eigenschaft, die bei den Untersuchungsobjekten (UO) in unterschiedlicher Weise ausgeprägt ist (*Merkmalsausprägungen*),
z. B. die Parteimitgliedschaft der Reichstagsabgeordneten. Für jedes Merkmal müssen
mindestens zwei verschiedene Ausprägungen definiert sein, die in der Menge der UO
mit unterschiedlicher Häufigkeit realisiert sein können. Man bezeichnet Merkmale
mit den für sie jeweils festgelegten Ausprägungen auch als *Variablen* und *Variablenwerte*, die auf unterschiedlichen Niveaus messbar sind (s. *Messen* und *Messniveau*).

Merkmalsausprägung: siehe *Merkmal*

Messen, Messung: Der Messvorgang im engeren Sinne besteht in der Zuordnung von
Zahlen zu den bei den Untersuchungsobjekten jeweils feststellbaren Merkmalsauprä-

gungen nach bestimmten Regeln, die für alle Merkmale in einem → *Codeplan* festgelegt sind. Die Zahlen und ihre Relationen können dabei je nach Merkmal einen unterschiedlichen Informationsgehalt aufweisen, siehe *Messniveau*. In der Literatur wird der Messbegriff gelegentlich auch in einem weiter gefassten Sinne verwendet, der die → *Operationalisierung* mit einschließt.

Messniveau, auch als Skalenniveau bezeichnet: Informationsgehalt der geordneten Menge von Zahlen, die den verschiedenen Ausprägungen eines → *Merkmals* zugeordnet sind (siehe *Messen*) und in dieser Funktion eine *Skala* bilden. Der Informationsgehalt beruht auf der Art der Vergleiche, die sinnvollerweise zwischen den einzelnen Ausprägungen gemäß ihrer inhaltlichen Bedeutung (*empirisches Relativ*) und demzufolge auch zwischen den ihnen zugeordneten Zahlen (*numerisches Relativ*) vorzunehmen sind. Auf dem *nominalen Messniveau* können die Ausprägungen nur im Sinne von „gleich"/„ungleich", auf dem *ordinalen Messniveau* zusätzlich als „größer"/ „kleiner" relationiert werden. Auf dem *Intervallskalen-Niveau* sind darüber hinaus die numerischen Differenzen zwischen beliebigen Paaren von Merkmalsausprägungen in ihrem Verhältnis zueinander interpretierbar; bei den *Ratio-Skalen,* die von einem theoretisch interpretierbaren Nullpunkt ausgehen, können zusätzlich auch einzelne Skalenwerte ins Verhältnis zueinander gesetzt werden. Vom jeweiligen *Messniveau* hängt ab, welche mathematischen Transformationen (z. B. lineare oder nichtlineare) der Skalenwerte möglich sind, ohne dass das Skalenniveau verändert wird.

Numerisches Relativ: siehe *Messniveau*

Objektivität: Der Grad der Objektivität bezieht sich auf das Ausmaß, in dem das Messergebnis unabhängig ist von derjenigen Person oder Instanz, die die → *Messung* jeweils vornimmt.

Operationalisierung: Auswahl eines oder mehrerer messbarer → *Merkmale,* einschließlich der Bestimmung ihrer Ausprägungen, die einen theoretisch interessierenden Sachverhalt, der als solcher nicht direkt beobachtbar ist (z. B. „Demokratie-Niveau", „ideologische Orientierung", „Lebensalter"), empirisch identifizierbar machen. Dazu gehört auch die Festlegung der Datenquellen und Zugangsstrategien, mit deren Hilfe die entsprechenden Informationen zu erlangen sind. Bezüglich ihrer Funktion, theoretische Konstrukte mit empirisch identifizierbaren Sachverhalten zu verbinden, bezeichnet man *Merkmale* auch als *Indikatoren*.

Reliabilität: Sie bezieht sich auf die Frage, in welchem Maße die → *Messungen,* die wiederholt mit dem gleichen → *Indikator* oder gleichzeitig mit Hilfe verschiedener, aber das gleiche theoretische Konstrukt repräsentierender Indikatoren vorgenommen werden, zu einem mehr oder weniger gleichen Ergebnis führen.

Skala, Skalenniveau: siehe *Messniveau.*

Validität: Hierbei geht es um die Frage, ob bei der → *Messung* tatsächlich der Sachverhalt erfasst wird, der erfasst werden soll, der also dem Sinngehalt des interessierenden theoretischen Konstrukts entspricht.

Variable: siehe *Merkmal*

Darstellung univariater Häufigkeitsverteilungen 2

Um Daten statistisch auswerten zu können, müssen sie in bestimmter Weise geordnet und in einer Datenmatrix dargestellt werden (Kapitelabschn. 2.1). Einer der ersten Schritte in der Datenanalyse ist das Auszählen der (absoluten und relativen) Häufigkeiten, mit denen die verschiedenen Ausprägungen (Werte) einer Variablen in der Menge der Untersuchungseinheiten realisiert sind (Kapitelabschn. 2.2), sowie die in verschiedenen Varianten mögliche graphische Darstellung dieser Häufigkeitsverteilungen (Kapitelabschn. 2.3). Im Falle metrischer Variablen können bei der graphischen Darstellung Probleme auftreten, wenn die Werteintervalle, für die die Häufigkeitszahlen vorliegen, unterschiedlich groß sind. Die Lösungsstrategie hierfür führt zum Konzept der Häufigkeitsdichte, das in Kapitelabschn. 2.4 erläutert wird.

2.1 Die Datenmatrix

Bevor man die Daten statistisch analysieren kann, müssen sie in geeigneter Weise geordnet werden: in einem rechteckigen Schema („Matrix"), das aus n Zeilen und m Spalten besteht. Die n Zeilen repräsentieren die n Untersuchungseinheiten (Objekte, Fälle, Merkmalsträger), die m Spalten die erhobenen Merkmale (Variablen), deren Werte (Merkmalsausprägungen) in ein- oder mehrstelligen Zahlen (Codeziffern) angegeben sind, gelegentlich auch in alphanumerischer Form (mit einer Folge von Buchstaben, z. B. Namen). Das Schema der *Datenmatrix* lässt sich also wie in Abb. 2.1 skizzieren.

Die Symbole W_{ij} repräsentieren den Wert, der für eine bestimmte Untersuchungseinheit UE_i (i = 1, 2, ..., n) bei einer bestimmten Variablen Vj (j = 1, 2, ..., m) beobachtet bzw. registriert („gemessen") wurde.

Zusatzmaterial online
Zusätzliche Informationen sind in der Online-Version dieses Kapitel (https://doi.org/10.1007/978-3-658-30954-1_3) enthalten.

		Variablen				
	V_1	V_2	...	V_j	...	V_m
UE_1	W_{11}	W_{12}	...	W_{1j}	...	W_{1m}
UE_2	W_{21}	W_{22}	...	W_{2j}	...	W_{2m}
Fälle UE_i	W_{i1}	W_{i2}	...	W_{ij}	...	W_{im}
UE_n	W_{n1}	W_{n2}	...	W_{nj}	...	W_{nm}

Abbildung 2.1   Schema einer Datenmatrix

Um das Schema der Abb. 2.1 zu konkretisieren bringen wir in Abb. 2.2 einen Auszug aus der Datenmatrix der SPD-Reichstagskandidaten (aus der in Kap. 1 erwähnten Studie).

Eine solche Datenmatrix wird auf der Grundlage des Codeplans (s. Abb. 1.1) mit Hilfe einer Formatvorgabe des gewählten Computerprogramms erstellt. Für jeden Fall, von Zeile zu Zeile, werden die Messwerte (also die Codeziffern, die den jeweils registrierten Merkmalsausprägungen zugeordnet sind, s. Kap. 1) eingegeben. Die Variablennamen sind oft Abkürzungen der von ihnen bezeichneten Merkmale, z.B. „gebjahr" für das Geburtsjahr (hier ohne Angabe des Jahrtausends vercodet, z.B. 871 statt 1871); häufig werden aber auch im Codeplan dokumentierte numerische Abkürzungen (wie V1, V2 usw.) für die Variablennamen eingegeben. In unserem Beispiel bezeichnet die Variable „alpha" mit ihren Zahlengrößen die alphabetisch-numerische Position der Anfangsbuchstaben des jeweiligen Nachnamens eines Abgeordneten (wozu auch immer).

Die gängigen Computer-Programme lassen für die Merkmalsausprägungen auch *alphanumerische* Zeichen zu, also Zeichenkombinationen, die (auch oder ausschließlich) Buchstaben enthalten, z.B. enthält die Variable „name" die ausgeschriebenen Namen der Kandidaten. Solche Zeichenkombinationen bezeichnet man als *String* und die mit ihnen angesprochenen Variablen als *String-Variablen*.

In den ersten Spalten einer Datenmatrix sollte stets Platz gelassen werden für eine oder mehrere Angaben, mit denen die jeweilige Untersuchungseinheit identifiziert werden kann. In dem vorliegenden Beispiel (Abb. 2.2) werden die Untersuchungseinheiten über mehrere Merkmale in ziemlich komplexer Weise identifiziert; die Angaben schließen Charakteristiken der Datenquellen und der Erhebungsmethodik mit

system	seite	cardnr	bioind1	jahr	nummer	alpha	stammnr	name	sex	gebjahr	todjahr	todursa
1	1	1	3	1912	358	20	61	STOESSEL PAUL	1	871	0	0
1	1	1	4	1912	112	7	124	GRUNOW WILHELM	1	870	961	1
1	1	2	4	1912	317	18	88	SREMSKI ADALBERT	1	862	915	1
1	1	3	4	1912	318	18	88	SREMSKI ADALBERT	1	862	915	1
1	1	1	3	1912	6	1	41	AUERBACH MAX	1	872	947	0
1	1	1	3	1912	294	17	97	ROESLER HEINRICH	1	868	0	0
1	1	2	4	1912	347	19	179	SCHULZ WILHELM	1	870	915	5
1	1	1	3	1912	216	11	61	LEPITZ WILHELM	1	872	0	0
1	1	3	3	1912	360	20	61	STOESSEL PAUL	1	871	0	0
1	1	1	3	1912	40	2	228	BUDZINSKI BRUNO	1	865	0	0
1	1	2	3	1912	240	12	36	MATUSZEWSKI THADDAEU	1	879	0	0
1	1	1	3	1912	305	18	41	SENK PAUL	1	873	0	0
1	1	2	3	1912	295	17	97	ROESLER HEINRICH	1	868	0	0
1	1	1	3	1912	187	10	73	KLIPPEL MAX	1	877	0	0
1	1	1	4	1912	260	12	169	MUELLER THEODOR	1	871	0	0
1	1	1	3	1912	262	13	15	NEUKIRCH EMIL	1	871	0	0
1	1	1	4	1912	8	2	33	BAUER GUSTAV ADOLF	1	870	944	1
1	1	1	4	1912	19	2	86	BERNSTEIN EDUARD	1	850	932	1
1	1	1	4	1912	340	19	128	SCHOLICH GUSTAV	1	873	924	11
1	1	1	4	1912	73	6	19	FELDMANN FRANZ FR TH	1	868	937	1
1	1	1	4	1912	298	18	1	SACHSE HERMANN G	1	862	942	1
1	1	1	4	1912	203	10	181	KUEHN AUGUST HERMANN	1	846	916	1
1	1	1	3	1912	341	19	144	SCHOENWAELDER WILHEL	1	875	0	0
1	1	1	3	1912	53	4	80	DRIESCHNER ADOLF	1	877	0	0
1	1	1	4	1912	47	4	14	DAVIDSOHN GEORG	1	872	942	1
1	1	1	3	1912	85	6	112	FRITSCH OTTO	1	870	0	0
1	1	1	4	1912	393	27	27	ZIMMER HERMANN	1	867	928	1
1	1	2	2	1912	326	19	20	SCHEBS REINHOLD	1	0	914	3
1	1	1	3	1912	276	15	69	POHNER RUDOLF	1	882	915	9
1	1	1	4	1912	50	4	45	DIFTRICH KARL	1	873	0	0

Abbildung 2.2 Auszug aus der Datenmatrix der Reichstagskandidaten der SPD (Datensatz ZA8010)

kreis	kreis nr	bezirk	lan d	regi on1	regi on2	status	sam ple8 pre9 0 5	sam ple9 pre0 0 5	sam ple9 pre0 0 5	sam ple1 pre1 0 4	kr9397	kv9397	ds9397	kr9397j
MEMEL	1	KOENIGSB	PRE	1	1 s1885		1	1	1	1	704	115	185	67
FISCHHAU	2	KOENIGSB	PRE	1	1 s1885		1	1	1	1	449	85	97	45
KOENIG_S	3	KOENIGSB	PRE	1	1 s1885		1	1	1	1	2322	279	453	192
KOENIG_L	4	KOENIGSB	PRE	1	1 s1885		1	1	1	1	669	159	131	55
LABIAU	5	KOENIGSB	PRE	1	1 s1885		1	1	1	1	859	125	228	70
WEHLAU	6	KOENIGSB	PRE	1	1 s1885		1	1	1	1	436	89	111	32
GERDAUEN	7	KOENIGSB	PRE	1	1 s1885		1	1	1	1	223	54	38	18
RASTENBU	8	KOENIGSB	PRE	1	1 s1885		1	1	1	1	307	36	88	25
FRIEDLAN	9	KOENIGSB	PRE	1	1 s1885		1	1	1	1	275	56	60	23
PR_EYLAU	10	KOENIGSB	PRE	1	1 s1885		1	1	1	1	302	104	71	21
HEILBEIL	11	KOENIGSB	PRE	1	1 s1885		1	1	1	1	296	55	63	22
BRAUNSBE	12	KOENIGSB	PRE	1	1 s1885		1	1	1	1	319	56	71	33
HEILSBRG	13	KOENIGSB	PRE	1	1 s1885		1	1	1	1	278	35	78	26
ROESSEL	14	KOENIGSB	PRE	1	1 s1885		1	1	1	1	294	50	60	29
ALLENSTE	15	KOENIGSB	PRE	1	1 s1885		1	1	1	1	774	116	200	74
ORTELSBU	16	KOENIGSB	PRE	1	1 s1885		1	1	1	1	1021	150	242	63
NEIDENBU	17	KOENIGSB	PRE	1	1 s1885		1	1	1	1	988	220	256	86
OSTER_OP	18	KOENIGSB	PRE	1	1 s1885		1	1	1	1	1053	219	245	83
MOHRUNGE	19	KOENIGSB	PRE	1	1 s1885		1	1	1	1	396	90	97	32
PRHOLLAN	20	KOENIGSB	PRE	1	1 s1885		1	1	1	1	258	75	50	23
HEYDEKRG	21	GUMBINNE	PRE	1	1 s1885		1	1	1	1	798	118	218	67
NIEDERNG	22	GUMBINNE	PRE	1	1 s1885		1	1	1	1	753	137	178	62
TILSIT_S	23	GUMBINNE	PRE	1	1 s1900		0	0	0	0	-99	-99	-99	-99
TILSIT_L	24	GUMBINNE	PRE	1	1 s1900		0	0	1	0	-99	-99	-99	-99
RAGNIT	25	GUMBINNE	PRE	1	1 s1885		1	1	1	1	547	119	136	57
PILLKALL	26	GUMBINNE	PRE	1	1 s1885		1	1	1	1	373	83	105	31
STALLUPO	27	GUMBINNE	PRE	1	1 s1885		1	1	1	1	348	48	85	30
GUMBINNE	28	GUMBINNE	PRE	1	1 s1885		1	1	1	1	359	60	104	37
INSTERBU	29	GUMBINNE	PRE	1	1 b1900		1	1	1	1	746	108	179	58

Abbildung 2.3   Auszug aus der Datenmatrix „Sozialökologische Analyse der Kriminalität in Deutschland" (Datensatz ZA8100)

ein, worauf wir hier nicht eingehen wollen (der Leser sei auf die entsprechenden GE-SIS-Dokumente verwiesen, die in der Einführung genannt wurden).

Stattdessen präsentieren wir in Abb. 2.3 noch ein weiteres Beispiel einer Datenmatrix, in der nicht Individuen (wie z. B. Reichstagskandidaten), sondern regionale Einheiten, nämlich die wechselnde Anzahl von rund 1000 Stadt- und Landkreisen des Deutschen Reiches in der Zeit von 1883–1902 als Untersuchungsobjekte auftreten. Der Datensatz enthält Informationen über Strukturmerkmale der Kreise (z. B. Urbanisierungsgrad und Steueraufkommen) und über verschiedene Kriminaldelikte (wie schwere Körperverletzung und Diebstahl), jeweils für 5-Jahres-Perioden zusammengefasst (einführende Erläuterungen hierzu finden sich in Thome 2002; zur Kodierung der verschiedenen Variablen siehe den Datensatz ZA8100).

2.2   Häufigkeitsverteilungen

Einer der ersten Schritte in der Datenanalyse ist das Auszählen von Häufigkeiten: Man möchte wissen, wie häufig die einzelnen Werte der Variablen in der Menge der Untersuchungsobjekte vorkommen. Indem man die Häufigkeiten für alle Werte einer Variablen zusammenstellt, erhält man eine *Häufigkeitsverteilung.* Sie ist also die Zuordnung von Merkmalsausprägungen (Variablenwerten) zu der beobachteten Häufigkeit ihres Vorkommens in einer Menge von Untersuchungseinheiten. Bei Nominal- und Ordinalskalen bereitet diese Zusammenstellung keinerlei Schwierigkeiten, da die Skalen in der Regel nur eine geringe Zahl *diskreter,* auf dem (kontinuierlichen) Zahlenstrahl deutlich voneinander getrennter Werte aufweisen. Man bezeichnet sie deshalb auch als *diskrete* oder *kategoriale* Variablen. Metrische Variablen (wie z. B. Einkommen oder Alter) sind in der praktischen Messung eigentlich ebenfalls diskrete Größen, da die Messung nicht so fein ist, dass jeder beliebige Punkt auf dem Zahlenstrahl besetzt werden könnte. Dennoch behandelt man sie in den weitergehenden statistischen Analysen als *kontinuierliche* oder *stetige* Variablen (wie auch – im vorigen Kapitel erläutert – einige Ratingskalen). Um die Häufigkeitsverteilung auch in diesen Fällen übersichtlich zu gestalten, fasst man benachbarte Ausprägungen zu *Werteklassen* oder *Gruppen* mit bestimmter *Intervallbreite* zusammen. Folglich spricht man auch von *klassierten* oder *gruppierten* Daten.

In den Tabellen 2.1a bis 2.1f präsentieren wir für jedes Messniveau, beginnend mit der Nominal-Variable „Religionsbekenntnis" (die im Datensatz mit dem Variablennamen „konf4" bezeichnet wird), eine Häufigkeitsverteilung aus dem Datensatz der SPD-Kandidaten für die Wahl zum Reichstag in 1912. Im Programmsystem SPSS enthält man den entsprechenden Ausdruck mit dem Befehl

```
FREQUENCIES VARIABLES = KONF4
   /BARCHART = FREQ
   /STATISTICS = MODE MEDIAN MEAN RANGE STDDEV VARIANCE
```

Das Subkommando BARCHART erzeugt Säulendiagramme, die wir in Abschn. 2.3 besprechen; über das Subkommando STATISTICS erhält man statistische Kennzahlen, die in Kap. 3 erörtert werden. Es können noch weitere Subkommandos in den Befehl FREQUENCIES eingebaut werden, die uns an dieser Stelle aber nicht interessieren sollen. Vor den Prozedurbefehl FREQUENCIES wurde noch das Kommando

MISSING VALUES KONF4 (0)

eingesetzt, mit dem diejenigen Werte als *fehlend* (oder auch *missing, invalide*) gekennzeichnet werden, die bei der Berechnung von Statistiken nicht berücksichtigt werden sollen. Falls man sie bei einer späteren Prozedur doch berücksichtigen möchte, kann das bei der Prozedur FREQUENCIES mit dem zusätzlichen Subkommando /MISSING = INCLUDE bewerkstelligt werden. Wird /MISSING = INCLUDE bei FREQUENCIES nicht angegeben, sorgt die Voreinstellung des Programms dafür, dass die als „missing" deklarierten Werte zwar in den Häufigkeitstabellen erscheinen, aber beim Berechnen der Statistiken ausgelassen werden.

Wie schon erwähnt, kommt es bei fast allen Datenerhebungen vor, dass bei einigen Merkmalen für einige Fälle keine Beobachtungen vorliegen. Solange diese Fälle auf anderen Variablen valide Werte aufweisen, wäre es unsinnig, sie aus der Datenmatrix auszuschließen. Stattdessen sollte den fehlenden Beobachtungen im Datensatz eine besondere Codeziffer zugeordnet werden. In unserem ersten Beispiel (siehe Tab. 2.1a) fehlen von 80 Reichstagskandidaten Angaben zum Religionsbekenntnis. Für sie ist schon bei der Konstruktion des Datenfiles die besondere Kategorie „Keine Angabe" mit dem Wert „0" eingerichtet worden. Es kann natürlich auch ein anderer Wert hierfür angegeben werden; er darf aber nicht mit einem Wert für gültige Beobachtungen identisch sein. Fehlende Werte sollten zumindest bei der Konstruktion des Datensatzes und bei einer ersten Häufigkeitsauszählung von den Kategorien „weiß nicht", „Klassifikation nicht eindeutig" und Ähnlichem getrennt bleiben. Bei späteren Auswertungen kann man jeweils entscheiden, ob oder wie man diese Fälle berücksichtigen will. Ein höheres als das nominale Messniveau ist bei einer statistischen Analyse in der Regel nur erreichbar, wenn Kategorien wie „unbekannt", „andere", „nicht zutreffend" ausgeschlossen werden.

Tab. 2.1a zeigt nun die Verteilung des Religionsbekenntnisses der Reichstagskandidaten.

In der linken Spalte stehen vor den einzelnen Ausprägungen die Codeziffern, denen, wie oben erläutert, bei Nominalvariablen keine numerische Bedeutung zukommt. Die zweite Spalte („Häufigkeit") enthält die absoluten Häufigkeiten: die Anzahl der Fälle, denen ein bestimmter Wert (die Codeziffer) zugewiesen wurde.

Tabelle 2.1a   Nominalvariable: Religionsbekenntnis (Reichstagskandidaten SPD 1912)

		Häufigkeit	Prozent	Gültige Prozente	Kumulierte Prozente
Gültig	1 EVANGELISCH	83	20,9	26,2	26,2
	2 EV-->DISSIDENT	84	21,2	26,5	52,7
	3 KATHOLISCH	34	8,6	10,7	63,4
	4 KATH-->DISSIDENT	30	7,6	9,5	72,9
	5 JUEDISCH	11	2,8	3,5	76,3
	6 JUED-->DISSIDENT	8	2,0	2,5	78,9
	7 DISSIDENT	65	16,4	20,5	99,4
	8 SONSTIGES	2	,5	,6	100,0
	Gesamt	317	79,8	100,0	
Fehlend	0 K. A.	80	20,2		
Gesamt		397	100,0		

Bezeichnet man mit $f(x_i)$ $(i = 1, \ldots, k)$ die absolute Häufigkeit der Ausprägung i einer Variablen X, die k Ausprägungen oder Klassen aufweist, so gilt:

$$(2\text{-}1) \quad f(x_i) + f(x_2) + \cdots + f(x_k) = \sum_{i=1}^{k} f(x_i) = n$$

wobei *n* für die Gesamtzahl der Untersuchungseinheiten steht, für die entsprechende Daten vorliegen.

Die *relative Häufigkeit* $f_r(x_i)$, ist definiert durch:

$$(2\text{-}2) \quad f_r(x_i) = \frac{f(x_i)}{n}$$

Man erhält sie also, indem man die absolute Häufigkeit durch die Anzahl der Fälle dividiert. Die Summe der relativen Häufigkeiten muss somit offensichtlich 1 ergeben:

$$(2\text{-}3) \quad \sum_{i=1}^{k} f_r(x_i) = 1$$

Prozentanteile (prozentuierte Häufigkeiten) $f_p(x_i)$, $i = 1, 2, \ldots k$, erhält man, indem man die relativen Häufigkeiten mit 100 multipliziert. Sie stehen in der dritten und vierten Spalte der Häufigkeitsverteilung (s. Tab. 2.1a). Spalte 3 „Prozent" enthält die Prozentuierungen auf der Basis aller Fälle, einschließlich der Fälle mit fehlenden Be-

obachtungen („Fehlend"). In der vierten Spalte „Gültige Prozente" stehen die Prozentanteile, die sich ergeben, wenn man die fehlenden Beobachtungen nicht mitzählt.
Die letzte Spalte „Kumulierte Prozente" enthält die sog. *kumulierten Häufigkeiten* (zur
formalen Definition s. unten). Sie sind nur bei ordinalem oder höherem Messniveau
aussagekräftig. Tab. 2.1b präsentiert mit dem Merkmal „Schulbildung" (Variablenname „bildung4") ein Beispiel für ein – im Prinzip – ordinales Messniveau, da „niedrigere" und „höhere" Bildungsstufen vorliegen. Tab. 2.1b zeigt die Häufigkeitsverteilung der Schulbildung der SPD-Kandidaten.

Tabelle 2.1b   Variable Schulbildung (Reichstagskandidaten SPD 1912)

		Häufigkeit	Prozent	Gültige Prozente	Kumulierte Prozente
Gültig	1 VOLKSSCHULE	253	63,7	74,2	74,2
	2 MITTELSCH O ABSCHL	35	8,8	10,3	84,5
	4 HOEH SCH O EINJAEHR	10	2,5	2,9	87,4
	5 HOEH SCH M EINJAHR	1	,3	,3	87,7
	6 HOEH SCH M ABITUR	1	,3	,3	88,0
	7 LEHRERSEM M ABSCHL	6	1,5	1,8	89,7
	8 UNIV O ABSCHLUSS	8	2,0	2,3	92,1
	9 UNIV M ABSCHLUSS	27	6,8	7,9	100,0
	Gesamt	341	85,9	100,0	
Fehlend	0 K. A.	56	14,1		
Gesamt		397	100,0		

Der so kodierten Variablen kann jedoch kein ordinales Messniveau zugeschrieben
werden. Den erfolgreichen Abschluss einer Lehrerausbildung („Lehrerseminar")
sollte man wohl nicht niedriger einstufen (hier mit Codeziffer 7) als den Besuch einer
Universität ohne Abschluss (8), vielleicht sogar eher umgekehrt.

Man kann in diesem Fall eine ordinal interpretierbare Verteilung erreichen, indem man einige Kategorien zusammenfasst, z. B. die Codeziffern 2 bis 6 = „mittlerer
Abschluss" und die Codeziffern 7 bis 9 = „akademische Bildung" (s. Tab 2.1c)

Als Beispiel für eine Intervallskala dient uns das Jahr der beruflichen Ersteinstellung (s. Tab. 2.1d).

Für die Darstellung in der Häufigkeitstabelle sind jeweils zehn Jahre der ursprünglichen Variable mit dem Namen „zeitanst" zu einer Werteklasse zusammengefasst
und mit einer fortlaufenden Codeziffer versehen worden. Der entsprechende SPSS-
Befehl zur Bildung dieser neuen Variablen „beruf1" lautet:

Tabelle 2.1c   Ordinalskala: Variable Schulbildung zusammengefasst

		Häufigkeit	Prozent	Gültige Prozente	Kumulierte Prozente
Gültig	1 Volksschule	253	63,7	74,2	74,2
	3 mittlerer Abschluss	47	11,8	13,8	88,0
	8 akademische Bildung	41	10,3	12,0	100,0
	Gesamt	341	85,9	100,0	
Fehlend	0	56	14,1		
Gesamt		397	100,0		

Tabelle 2.1d   Gruppierte Intervallskala: Variable „Jahr berufliche Ersteinstellung"

		Häufigkeit	Prozent	Gültige Prozente	Kumulierte Prozente
Gültig	1 1869 bis 1878	9	2,3	3,0	3,0
	2 1879 bis 1888	12	3,0	3,9	6,9
	3 1889 bis 1898	90	22,7	29,5	36,4
	4 1899 bis 1908	167	42,1	54,8	91,1
	5 1909 bis 1918	27	6,8	8,9	100,0
	Gesamt	305	76,8	100,0	
Fehlend	0	92	23,2		
Gesamt		397	100,0		

RECODE ZEITANST (69 THRU 78 = 1) (79 THRU 88 = 2) (89 THRU 98 = 3) (99, 0 THRU 8 = 4) (9 THRU 18 = 5) (ELSE = 0) INTO BERUF1.

Für die Bildung von Werteklassen gibt es zwar einige Faustregeln, aber je nach Datenlage und Fragestellung weicht man von ihnen ab. Sie seien trotzdem hier genannt:

1) Man bilde möglichst Klassen mit gleicher Intervallbreite.
2) Man vermeide nach Möglichkeit offene Klassen, also Klassen bei denen eine (untere oder obere) Klassengrenze nicht spezifiziert ist.
3) Die Werte der Klassengrenzen sollten nach Möglichkeit nicht oder nur schwach besetzt sein.

Die Klassenbildung erhöht die Übersichtlichkeit; es gehen aber andererseits auch Informationen verloren. Deshalb kann man als „Oberregel" formulieren: Wähle die Klasseneinteilung so, dass das Charakteristische der originären Häufigkeitsverteilung (ohne Klassenbildung) erhalten bleibt. Das bedeutet z. B., dass eine etwaige Massierung der Fälle am Anfang, in der Mitte oder am Ende der nicht klassierten Skala auch nach der Klassierung in dieser Form einigermaßen erkennbar bleiben sollte.

An diesem Beispiel können wir nun auch das Konzept der *kumulierten Häufigkeiten* erläutern, die in prozentuierter Form in der letzten Spalte der Häufigkeitstabelle aufgelistet sind (unter Ausschluss der Fälle mit „Fehlend" oder „K(eine) „A(ngabe)"). Wie schon erwähnt, sind sie für Ordinaldaten und höhere Messniveaus sinnvoll interpretierbar. Um sie zu errechnen, müssen die k Ränge bzw. Werte oder Werteklassen zunächst ihrer Größe nach geordnet sein. Sodann zählt man zu den Häufigkeiten der einzelnen Ränge, Werte oder Klassen die Häufigkeiten aller davorliegenden (rangniederen) Werte (Ausprägungen) hinzu. Die bis zur Klasse oder Ausprägung x_j ($j \leq k$) kumulierte Häufigkeit f_{cum} (x_j) lässt sich formal definieren durch

$$(2\text{-}4) \quad f_{cum}(x_j) = \sum_{i=1}^{j} f(x_i)$$

Die Kumulation kann auf der Basis der absoluten (f), der relativen Häufigkeiten (f_r) oder – wie in den obigen Häufigkeitstabellen 2.1a bis 2.1d – der prozentualen Anteile (f_p) erfolgen. In unserem Beispiel in Tab 2.1d ist $k = 5$. Wählen wir $j = 3$, so erfahren wir, dass von den SPD-Kandidaten der Wahl von 1912, für die entsprechende Angaben vorliegen, 36,4 % ihre berufliche Ersteinstellung bis spätestens 1898 gefunden hatten.

Auf ähnliche Weise erfahren wir in der nächsten Häufigkeitstabelle als Beispiel für eine gruppierte Ratioskala, dass 26,8 % der SPD-Kandidaten bei dieser Wahl höchstens 39 Jahre alt waren (Tab. 2.1e, Variablenname „alter5").

Wenn man Operationen gemäß Gleichung (2-4) durchführt und dabei den Index „j" von 1 bis k schrittweise erhöht, erhält man eine Folge kumulierter Häufigkeiten, wie sie in den letzten Spalten der obigen Häufigkeitsverteilungen aufgelistet sind. Eine Folge kumulierter relativer Häufigkeiten bezeichnet man auch als *empirische Verteilungsfunktion* $\widehat{F}(x) = f_r(x \leq x_i)$, i = 1,2, ...,k (zu ihrer grafischen Darstellung s. unten in Abschn. 2.3 die Abb. 2.8). Die theoretischen Varianten von Verteilungsfunktionen spielen in der Inferenzstatistik eine wichtige Rolle (s. Kap. 8). Da man in diesem Kontext in der Regel den Buchstaben F für die theoretische Verteilungsfunktion verwendet, benutzt man zur Kennzeichnung der empirischen Verteilungsfunktion häufig entweder einen anderen Buchstaben (z. B. H) oder versieht den Buchstaben F mit einer zusätzlichen Kennzeichnung: $\widehat{F}$. (Dies wird nicht einheitlich gehandhabt.)

Bevor wir einige (längst nicht alle) Formen der graphischen Darstellung von Häufigkeitsverteilungen vorstellen, sei zunächst noch eine numerische Häufigkeitsverteilung für eine dichotome Variable präsentiert (Tab. 2.1f).

Aus ihr geht hervor, dass von den Reichstagskandidaten der SPD im Jahre 1912 nur noch 12,3 % ihren ursprünglich erlernten Beruf weiterhin ausgeübt haben.

Tabelle 2.1e Ratioskala: Variable „Alter zur Zeit der Wahl" (Reichstagskandidaten SPD 1912)

		Häufigkeit	Prozent	Gültige Prozente	Kumulierte Prozente
Gültig	1 25 bis 29	3	,8	,8	,8
	2 30 bis 34	28	7,1	7,3	8,1
	3 35 bis 39	71	17,9	18,6	26,8
	4 40 bis 44	89	22,4	23,4	50,1
	5 45 bis 49	85	21,4	22,3	72,4
	6 50 bis 54	45	11,3	11,8	84,3
	7 55 bis 59	32	8,1	8,4	92,7
	8 60 bis 64	12	3,0	3,1	95,8
	9 65 bis 69	9	2,3	2,4	98,2
	10 70 u. älter	7	1,8	1,8	100,0
	Gesamt	381	96,0	100,0	
Fehlend	0	16	4,0		
Gesamt		397	100,0		

Tabelle 2.1f Dichotome Variable „Ausübung des erlernten Berufs"

		Häufigkeit	Prozent	Gültige Prozente	Kumulierte Prozente
Gültig	1 uebt ihn noch aus	49	12,3	12,3	12,3
	2 uebt ihn nicht mehr aus	348	87,7	87,7	100,0
	Gesamt	397	100,0	100,0	

2.3 Graphische Darstellung von Häufigkeitsverteilungen

Mehr noch als die Häufigkeitstabellen vermitteln graphische Darstellungen einen unmittelbaren Eindruck von den charakteristischen Merkmalen einer Häufigkeitsverteilung. Je nach Messniveau gibt es hierzu unterschiedliche Möglichkeiten.

Häufigkeitsverteilungen gruppierter metrischer Daten stellt man in der Regel in Form eines *Histogramms* dar. Dabei werden die Häufigkeiten in Form von *Säulen* im ersten Quadranten (also auf den positiven Achsenabschnitten) eines Koordinatenkreuzes eingetragen, die Variablenwerte bzw. Klassen auf der X-Achse (Abszisse), die Häufigkeiten auf der Y-Achse (Ordinate) lokalisiert. Einige Computer-Programme zeichnen die Säulen über der jeweiligen Klassenmitte ein und lassen zwischen ihnen Lücken im Bereich der Klassengrenzen; andere beseitigen die Lücken und lassen die Säulen das gesamte Klassenintervall abdecken. SPSS bezeichnet mit „barchart" ein Histogramm mit Platz zwischen den Säulen und mit „histogram" das eigentliche Histogramm mit anliegenden Säulen. Die Höhe der Säulen sind also proportional zu den jeweiligen Häufigkeiten festgelegt. Die Abbildung 2.4 präsentiert ein Histogramm (hier in Form des „barcharts") der gruppierten Altersverteilung der Reichstagsabgeordneten gemäß der in Tab. 2.1e präsentierten Häufigkeitsverteilung aus unserem Datensatz.

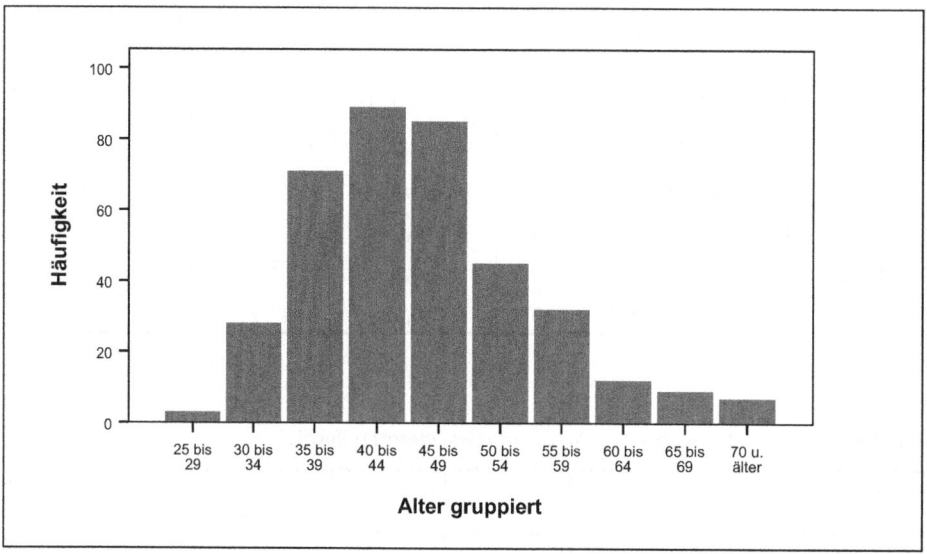

Abbildung 2.4   Histogramm der gruppierten Altersverteilung (s. Tab. 2.1.e)

Verbindet man die Schnittpunkte der Koordinaten in den Klassenmitten mit Linien, erhält man den sog. *Polygonzug,* s. Abb. 2.5.

Die Darstellungsform des Histogramms benutzt man häufig auch bei Ordinal- und Nominalskalen. Bei nominalskalierten Daten sollt man auf jeden Fall Lücken zwischen den Säulen einrichten, um nicht den falschen Eindruck aufkommen zu lassen, es liege ein Wertekontinuum vor. Das „barchart" Subkommando richtet diese Lücken (wie schon erwähnt) automatisch ein. Bei ordinalen Daten ist die Reihenfolge der Kategorien (Rangplätze) zu beachten; bei nominalen Daten spielt sie natürlich keine Rolle. Im Folgenden wieder zwei Beispiele aus unserem Datensatz: Abb. 2.6 präsentiert die Häufigkeitsverteilung der Religionsbekenntnisse (vgl. Tab. 2.1a), Abb. 2.7 die Häufigkeitsverteilung der Bildungsstufen (vgl. Tab. 2.1c)

Kumulierte Häufigkeitsverteilungen im Sinne der oben erläuterten empirischen Summen- bzw. Verteilungsfunktion setzen mindestens ordinales Messniveau voraus,

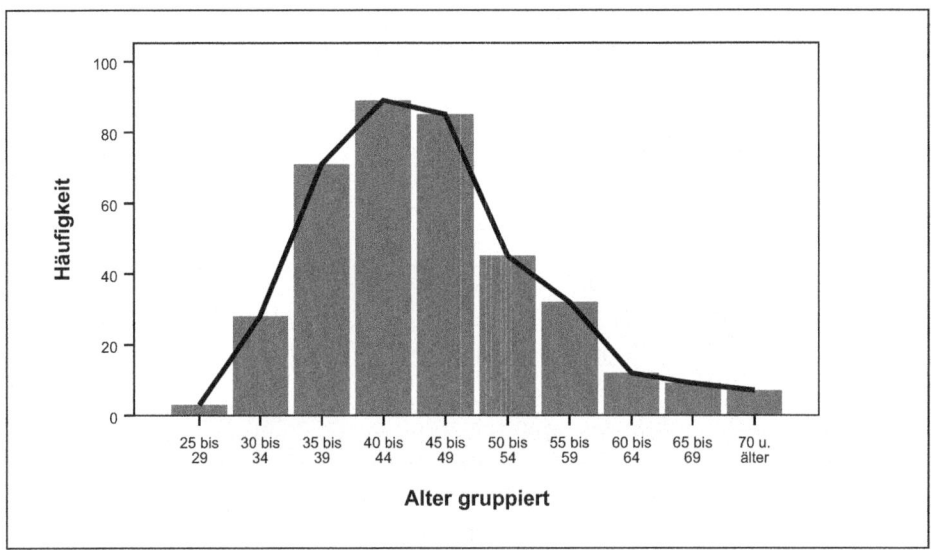

Abbildung 2.5   Polygonzug zum Histogramm in Abb. 2.4.

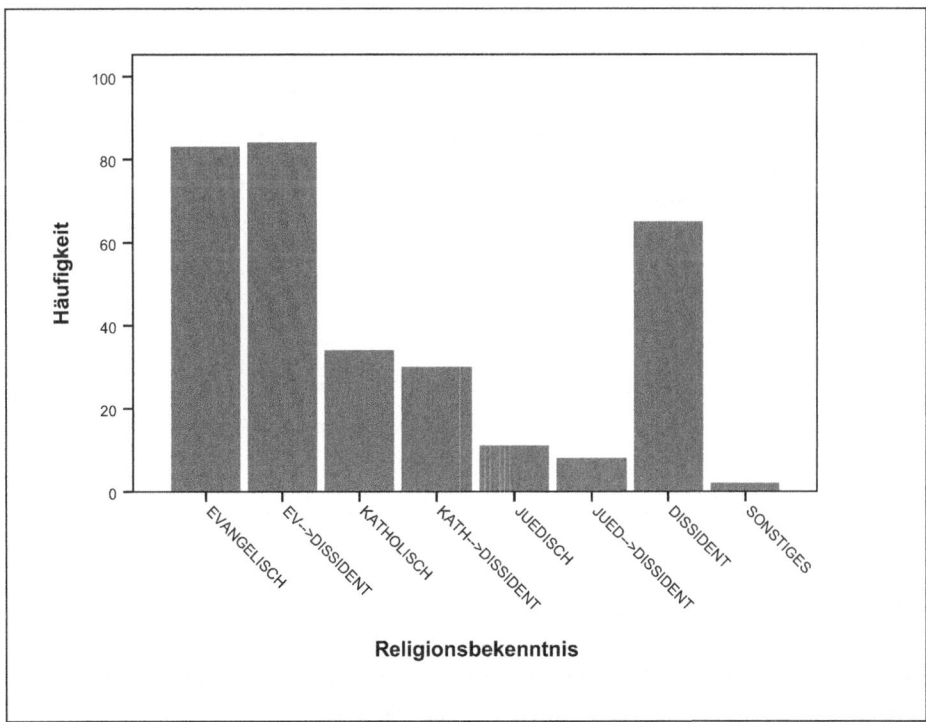

Abbildung 2.6   Histogramm zu Tab. 2.1a

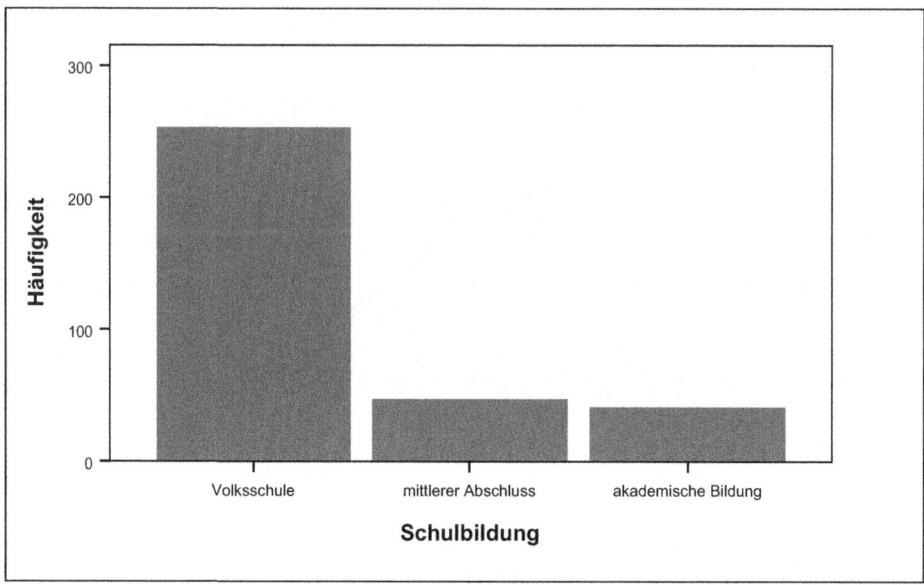

Abbildung 2.7   Histogramm zu Tab. 2.1c

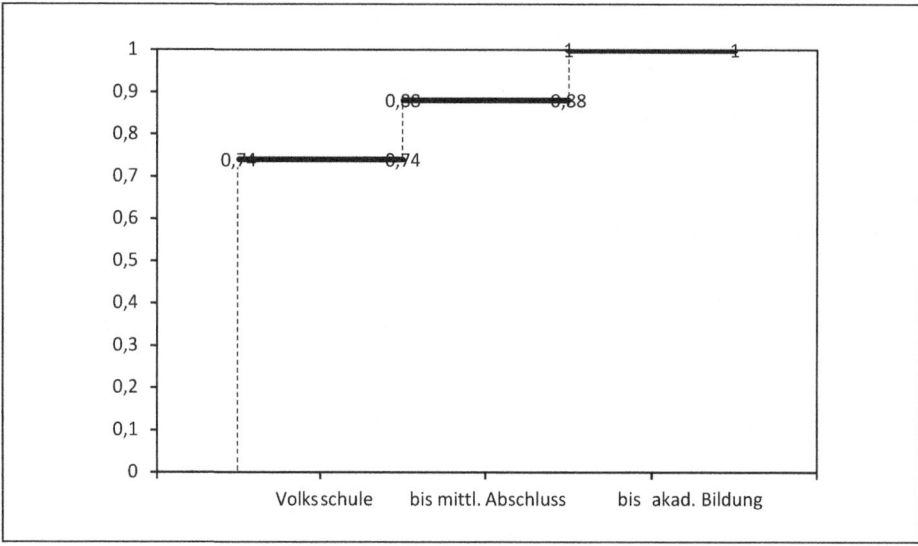

Abbildung 2.8   Empirische Verteilungsfunktion der dreistufigen Schulbildung (s. Tab 2.1c, kumulierte Werte); diese Abb. stellt die Treppenfunktion in der Form dar, wie sie in statistischen Einführungstexten (siehe z.B. Kühnel/Krebs 2018, S. 50) üblicherweise als empirische Verteilungsfunktion für ordinale Variablen präsentiert wird – diese Darstellungsform halten wir für etwas problematisch, weil sie visuell ein nicht gegebenes Wertekontinuum auf der X-Achse suggeriert)

das z. B. für die Schulbildung anzunehmen ist. Eine solche Funktion lässt sich grafisch als Treppenfunktion darstellen, indem man auf der Ordinate die Summenwerte relativer Häufigkeiten und auf der Abszisse die entsprechenden Kategorien einträgt. Aus dem Histogramm für die Schulbildung ergibt sich eine Darstellung der empirischen Verteilungsfunktion wie in Abb. 2.8.

An dieser Stelle sei aber noch auf eine weitere Variante der empirischen Verteilungsfunktion wenigstens hingewiesen, die sich anbietet, wenn metrische Daten in gruppierter Form und mit „exakten" Klassengrenzen vorliegen (s. hierzu unten auf S. 59, Tab. 3.1 das Beispiel der in Zehnjahresgruppen zusammengefassten Zeiten beruflicher Ersteinstellung von Reichstagsabgeordneten). Dann können die von Klasse zu Klasse ansteigenden kumulativen Häufigkeiten nicht nur in Form von Treppenstufen veranschaulicht werden, sondern auch in Form von linearen Verbindungslinien, die von Klassengrenze zu Klassengrenze aufsteigend eingezogen werden. Man bezeichnet eine solche Darstellung als „Summenkurve" oder „Summenfunktion", gelegentlich auch als „Summenpolygon"; ein Beispiel hierzu bieten Kühnel/Krebs (2018, S. 56). Solche Darstellungen sind hilfreich, wenn es darum geht, Medianwerte (oder andere Prozent-Quantile) einer Verteilung zu bestimmen und zu veranschaulichen (s. Kap. 3).

Liegen nur wenige Merkmalsausprägungen bzw. Kategorien vor (wie üblicherweise bei Nominal- und Ordinalskalen), sind auch Kreisdiagramme häufig gewählte Darstellungsformen. Mit ihnen lassen sich besonders gut zeitliche Veränderungen im Verteilungsmuster oder Unterschiede zwischen verschiedenen Fallgruppen verdeutlichen. Dies sei zunächst anhand eines Beispiels zum Familienstand der Bevölkerung in Deutschland in den Jahren 1880 und 1983 gezeigt (Quelle: Datenreport 1985, S. 47).

Graphische Darstellungen können leicht für manipulative Zwecke missbraucht werden. Krämer (2009) erläutert einige Beispiele.

In der Literatur werden verschiedene Verteilungsformen unterschieden (s. Abb. 2.10). Einstweilen benötigen wir sie vor allem zur terminologischen Verständigung;

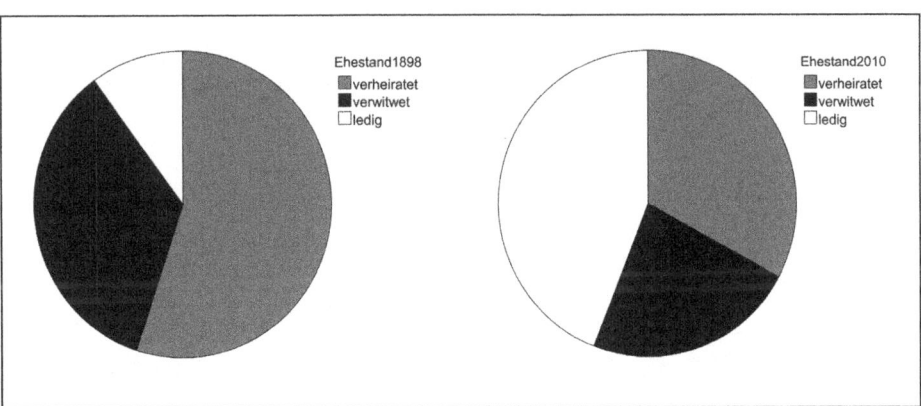

Abbildung 2.9   Familienstand Vergleich 1898 und 1985

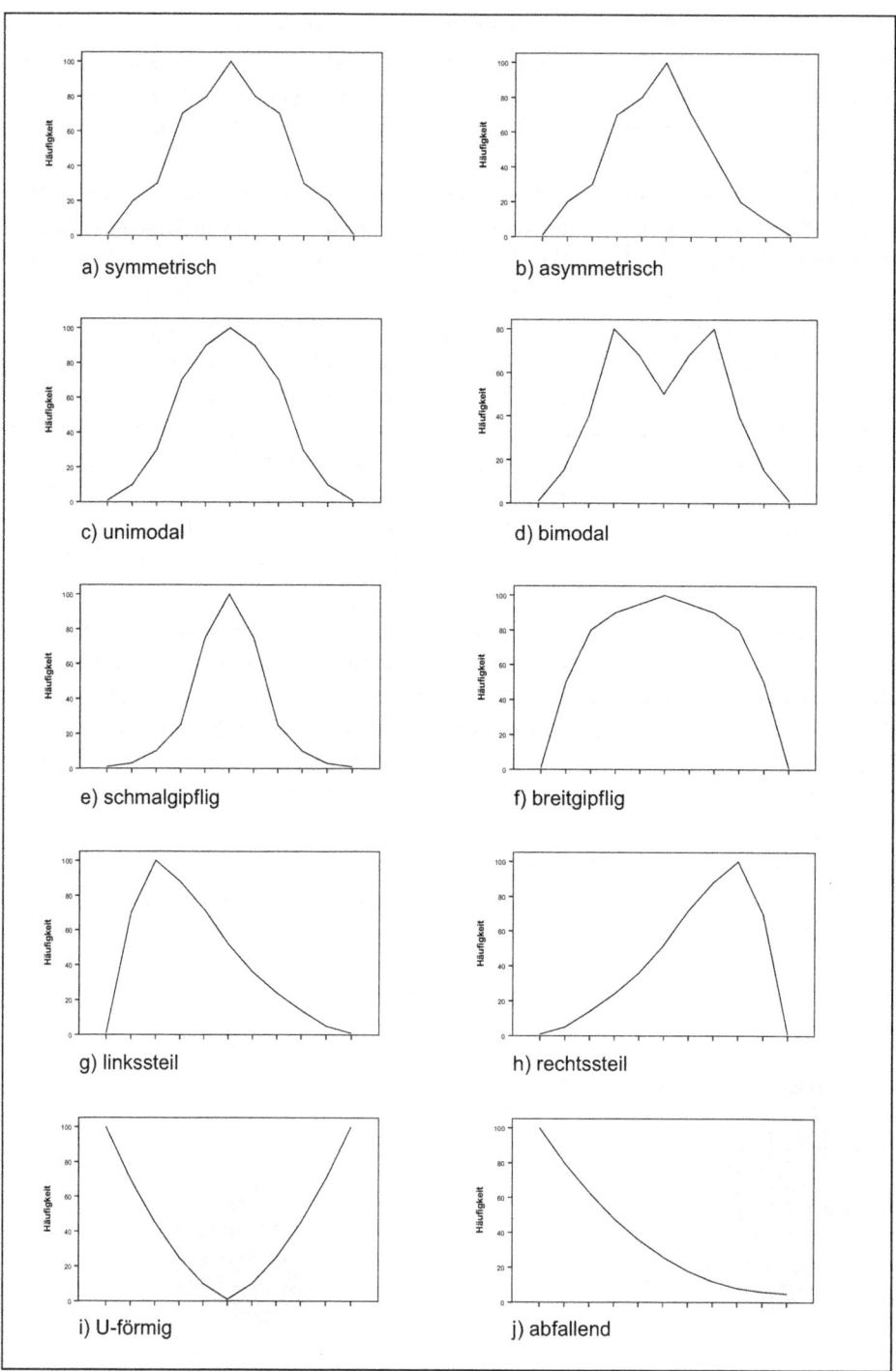

Abbildung 2.10   Verteilungsformen (hier als Polygonzüge)

doch hängt auch die Angemessenheit bestimmter Kennzahlen u. a. von den Verteilungsformen ab (und sie spielen eine besonders wichtige Rolle bei Modellbildungen
im Rahmen der Inferenzstatistik).

Die in der Abbildung als rechts- und linkssteil bezeichneten Verteilungsformen werden andernorts in der Literatur auch als links- und rechtsschief bezeichnet
(rechtssteil = linksschief).

2.4   Die Häufigkeitsdichte

Histogramm-Darstellungen können bei metrischen Daten missverständlich werden,
sobald die auf der X-Achse eingetragenen Intervalle, also die Grundlinien der Säulen, unterschiedlich lang sind. Wird nämlich die Säulenhöhe weiterhin proportional
zu den Häufigkeiten gehalten, müssen in diesem Fall die von den Säulenkanten eingeschlossenen Flächen zu ihnen **dis**proportional sein. Ein doppelt so breites Intervall z. B. verdoppelt bei gleichbleibender Häufigkeit (gleicher Säulenhöhe) die ein-
geschlossene Fläche. Die Abb. 2.11 veranschaulicht diesen Vorgang.

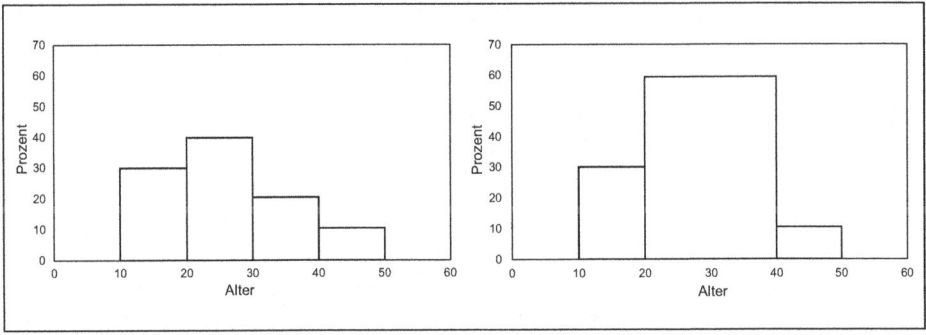

Abbildung 2.11   Zusammenlegung der beiden Säulen 20–30 (40 %) und 30–40 (20 %) zu einer
Säule 20–40 (60 %) (fiktive Daten).

Die größere Fläche suggeriert unwillkürlich auch eine doppelte Häufigkeit, da sich
das Auge nun einmal nicht nur an Höhen (bzw. Längen), sondern auch an Flächen
orientiert. Tatsächlich würde aber die gleiche Häufigkeit bei doppelt so großem Intervall bedeuten, dass die Fälle in diesem Wertebereich „dünner" gestreut sind, dass
die Fläche gleichsam weniger „dicht besiedelt" ist. Das führt zu der Idee, nicht die
Höhen, sondern die Flächenprojektionen der Säulen proportional zu den Häufigkeiten zu gestalten und die Höhen entsprechend anzupassen. Die Abb. 2.12 „korrigiert"
in diesem Sinne die Abb. 2.11.

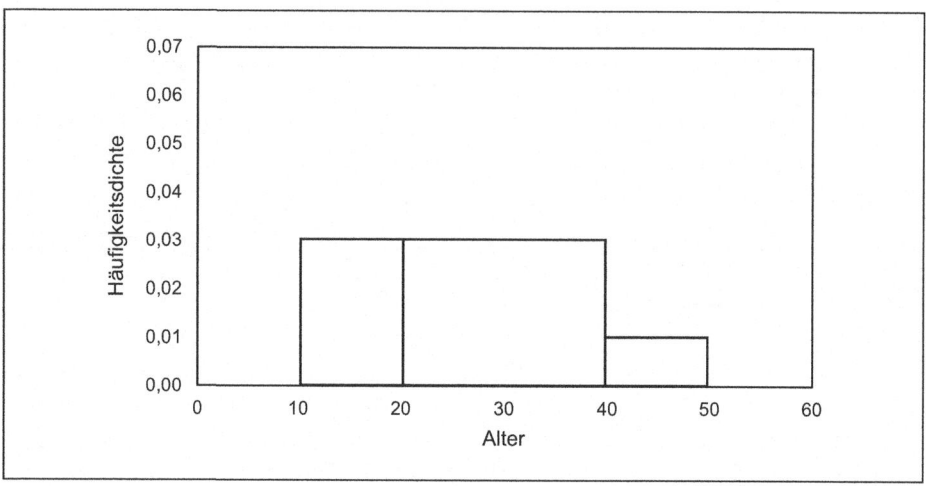

Abbildung 2.12   Relative Häufigkeitsdichten (Fläche proportional zur Häufigkeit)

Numerisch erreicht man dies, indem man von der relativen (oder prozentualen) Häufigkeit ausgeht, und diese durch die jeweiligen Intervall-Längen (Klassenbreiten) dividiert. Dadurch erhalten wir als neue Größe die

$$(2\text{-}5) \quad \text{relative Häufigkeitsdichte} = \frac{\text{relative Häufigkeit}}{\text{Klassenbreite}}$$

Auf der Ordinate werden nun nicht mehr die Häufigkeits-, sondern die Dichtewerte f_d eingetragen. So wie zuvor die relativen Häufigkeiten sich zum Betrag „1" summierten, so summieren sich auch die Flächensegmente über den Intervallen zum Betrag „1" (Einheitsfläche). Das ergibt sich aus der Umformung der Definitionsgleichung (2-5):

$$(2\text{-}6) \quad \text{relative Häufigkeit} = \text{relative Häufigkeitsdichte} \cdot \text{Klassenbreite}$$
$$= \text{Säulenfläche}$$

Werden alle Flächensegmente (rechte Seite der Gleichung) summiert, muss sich die Größe „1" ergeben, da die Summe der relativen Häufigkeiten (linke Seite der Gleichung) gleich 1 ist (bzw. wenn sie in % abgegeben werden, gleich 100 ist).

Bei einer kontinuierlichen Variablen lassen sich die Klassenintervalle beliebig verkleinern. Die oberen Säulenkanten nähern sich dann der Form einer stetigen Kurve (s. Abb. 2.13).

Der Begriff der Häufigkeitsdichte wird zwar hier im Rahmen der deskriptiven Statistik vorgestellt. Seine wichtigere Bedeutung erhält er aber dadurch, dass er ein zentrales Konzept der Inferenzstatistik, nämlich das der Wahrscheinlichkeitsdichte (siehe Kap. 7) vorbereitet (und verständlicher macht).

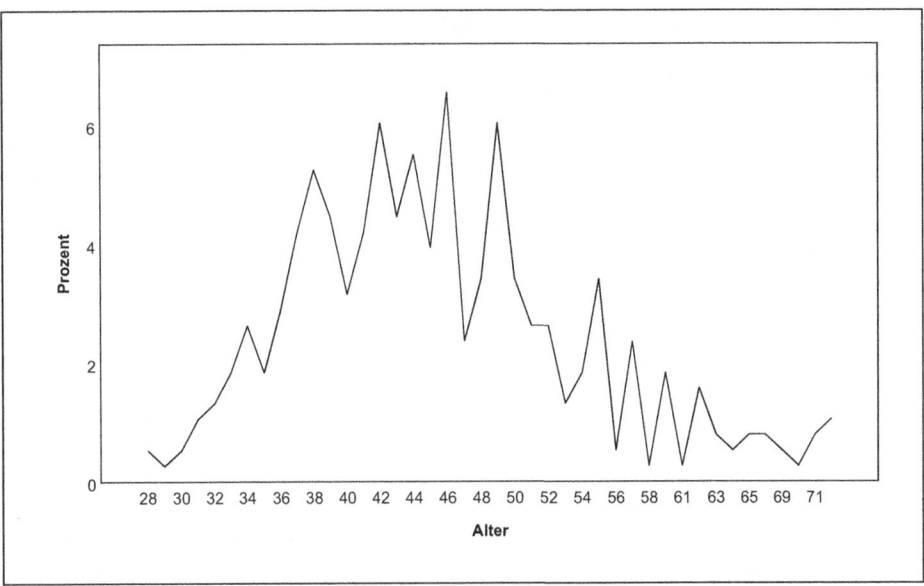

Abbildung 2.13   Häufigkeitsdichte (in %) der Variable „Alter" (Flächeninhalt unter der Kurve = 100 %)

Literatur

Bundeszentrale für politische Bildung. 1985. *Datenreport 1985,* hrsg. in Zusammenarbeit mit dem Statistischen Bundesamt und dem Sonderforschungsbereich 3 der Universitäten Frankfurt und Mannheim.

Krämer, Walter. 2009. *So lügt man mit Statistik.* München: Piper.

Kühnel, Steffen, Dagmar Krebs. 2018. *Statistik für die Sozialwissenschaften.* Grundlagen, Methoden, Anwendungen. Reinbek: Rowohlt (8. Auflage).

Thome, Helmut. 2002. Kriminalität im Deutschen Kaiserreich, 1883–1902. Eine sozialökologische Analyse. *Geschichte und Gesellschaft* 28(4): 519–553.

Glossar zu Kapitel 2

Absolute Häufigkeiten: siehe *Häufigkeitsverteilung.*

Bedingte Häufigkeitsverteilung: siehe *Häufigkeitsverteilung.*

Datenmatrix: rechteckiges, tabellenförmiges Schema („Matrix") mit *n* Zeilen und *m* Spalten. Die *n* Zeilen repräsentieren die *n* Untersuchungsobjekte, die *m* Spalten die erhobenen Merkmale (Variablen), deren Werte in ein- oder mehrstelligen Zahlen (Codeziffern) angegeben sind, gelegentlich auch in alphanumerischer Form (→ *String-Variablen*).

Empirische Verteilungsfunktion: die Summenfolge von kumulierten *relativen Häufigkeiten* (s. *Häufigkeitsverteilung*). Mit jeder der geordneten Ausprägungen einer Variablen steigt die Kurve um den relativen (oder auch prozentualen) Anteilswert dieser Ausprägung an. Zur *theoretischen Verteilungsfunktion* s. Kap. 7.

Häufigkeitsdichte: siehe *Histogramm*

Häufigkeitsverteilung: Die Auflistung der registrierten Häufigkeiten, mit denen die verschiedenen Merkmalsausprägungen einer Variablen (s. Kap. 1) oder auch die möglichen Kombinationen der Merkmalsausprägungen verschiedener Variablen in der Gesamt- oder einer Teilmenge der Untersuchungsobjekte auftreten. Im ersten Falle spricht man von *univariaten,* im zweiten Falle von *bi-* oder *multi-variaten* Verteilungen (s. Kap. 4). Wird die Häufigkeitsverteilung für eine oder mehrere Variablen nur für eine Teilmenge von Untersuchungsobjekten angegeben, die bei einer weiteren Variablen alle die gleiche Ausprägung aufweisen, so spricht man von *bedingten (Häufigkeits-)Verteilungen.* Werden die *absoluten Häufigkeiten,* die die Summe der Fälle angegeben, die eine bestimmte Merkmalsausprägung oder eine bestimmte Kombination von Merkmalsausprägung aufweisen, durch die Anzahl aller Untersuchungsobjekte dividiert, für die die Häufigkeitsverteilung registriert wurde, spricht man von *relativen Häufigkeiten.* Werden diese mit 100 multipliziert, spricht man von *prozentuierten Häufigkeiten.* Werden die Häufigkeiten schrittweise über mehrere oder alle Merkmalsausprägungen addiert, spricht man von *kumulierten Häufigkeiten.*

Histogramm: Graphische Darstellung der Verteilung von Häufigkeiten für einzelne oder gruppierte Werte einer Variablen (Merkmalsausprägungen) mit Hilfe eines rechtwinkligen Koordinatenkreuzes. Die Länge von Balken (Säulen) oder Linien, die parallel zur Ordinate über den jeweiligen auf der Abszisse eingetragenen Werten hochgezogen werden, spiegeln die *relativen Häufigkeiten* wieder, die für die einzelnen Werte bzw. Werte-Klassen (gruppierte Daten) registriert wurden. Falls die Werte-Klassen metrischer Variablen ungleiche Intervall-Längen aufweisen, wird in der Regel nicht die Höhe der Balken oder Säulen, sondern deren jeweiliger Flächenumfang zur Widerspiegelung der relativen Größe eingesetzt. Die neu zu berechnende Höhe der Balken (und damit die Ordinatenwerte) erhält man in diesem Falle, indem man die jeweilige *relative Häufigkeit* durch die Klassen-(Intervall-)Breite dividiert. Die daraus resultierende numerische Größe bezeichnet man als (empirische) *Häufigkeitsdichte;* wird sie mit der jeweiligen Intervallbreite multipliziert, repräsentiert das

Produkt – also die Größe des jeweiligen Flächensegments – die relative Häufigkeit. Daraus folgt, dass die Größen der Flächensegmente sich zur Summe von „1" addieren. Bei einer kontinuierlichen Variablen (s. Kap. 1) lassen sich die Klassenintervalle beliebig verkleinern. Die oberen Säulenkanten nähern sich dann der Form einer stetigen Kurve.

Kumulierte Häufigkeiten: siehe *Häufigkeitsverteilung.*

Multivariate Häufigkeitsverteilung: siehe *Häufigkeitsverteilung.*

Polygonzug: Die mit geraden Linien verbundenen Schnittpunkte der Koordinaten eines *Histogramms.* Die Schnittpunkte sind über den einzelnen Werten oder der Mitte der jeweiligen Werte-Intervalle eingetragen.

Relative Häufigkeiten: siehe *Häufigkeitsverteilung.*

String-Variablen: Variablen (s. Kap. 1), deren Ausprägungen in der Datenmatrix nicht durch Zahlen, sondern mit Hilfe von Wörtern bzw. Buchstabenfolgen angegeben sind.

Univariate Häufigkeitsverteilung: siehe *Häufigkeitsverteilung.*

Maßzahlen univariater Häufigkeitsverteilungen

3

Nachdem wir Häufigkeitsverteilungen graphisch dargestellt haben, können wir fragen, in welcher Weise sich deren charakteristische Merkmale auch numerisch ausdrücken lassen. Damit wäre zwar einerseits ein gewisser Informationsverlust im Vergleich zur Datenmatrix oder zur tabellarischen und graphischen Darstellung verbunden; andererseits verdichten sich in solchen *Maßzahlen* oder *Parametern* vielerlei Einzelinformationen zu besonders wichtigen Charakterisierungen, die Vergleiche zwischen mehreren Variablen oder, bei wiederholten Erhebungen, ihrer jeweiligen zeitlichen Entwicklung ermöglichen. Und es ist ja gerade die Aufgabe von Wissenschaftlern, aus einer Vielzahl von Informationen das „Wesentliche" herauszugreifen und zusammenzufassen.

Häufigkeitsverteilungen lassen sich zunächst einmal nach ihren zentralen Werten (z. B. Mittelwerten) und nach dem Ausmaß der Streuung, der Variabilität der einzelnen Werte kennzeichnen. Man spricht also von Maßzahlen der *zentralen Tendenz,* der *Lage* oder *Lokalisation* (Kapitelabschn. 3.1), sowie von *Streuungs-* bzw. *Dispersionsmaßen* (Kapitelabschn. 3.2); beide Typen lassen sich zudem in die begrifflich übergeordnete Systematik der sog. *Momente* einfügen (Kapitelabschn. 3.3). Je nach Messniveau sind unterschiedliche Kennzahlen definiert; die gebräuchlichsten wollen wir nun kurz vorstellen:

Zusatzmaterial online
Zusätzliche Informationen sind in der Online-Version dieses Kapitel (https://doi.org/10.1007/978-3-658-30954-1_4) enthalten.

H. Thome und V. Müller-Benedict, *Statistische Methoden für die Geschichtswissenschaften*,
https://doi.org/10.1007/978-3-658-30954-1_4

3.1   Lagemaße (Lokalisationsmaße)

Modus (h)[13]

Der *Modus,* auch als *Modalwert* oder *dichtester Wert* bezeichnet, ist definiert als der am häufigsten vorkommende Wert einer Verteilung. In unserem Beispiel aus Kap. 2, Tab. 2.1a (Nominalskala mit numerisch kodierten Ausprägungen) ist das der Wert h = 2 = ev. Dissident; im Beispiel aus Tab. 2.1b (Ordinalskala) haben wir einen Extremfall mit h = 1 = Volksschule. Bei gruppierten Werten wird die Mitte derjenigen Klasse, die die größte Häufigkeit aufweist, als Modalwert betrachtet. In unserem Beispiel aus Tab. 2.1d (Intervallskala) ist dies also h = 4 bzw. die Jahreszahl 1903,5. Der Modus ist in einem solchen Falle also abhängig von der gewählten Klassenbreite. Bei metrischen Daten sind andere Lagemaße aussagekräftiger (s. unten)

Wenn nebeneinander liegende Werte gleich häufig vorkommen und diese Häufigkeit größer ist als die der anderen Werte, so ist das arithmetische Mittel dieser Werte höchster Häufigkeit als Modus definiert. In dem in Abb. 3.1 präsentierten fiktiven Beispiel ist er mit h = (5 + 6)/2 = 5,5 gegeben.

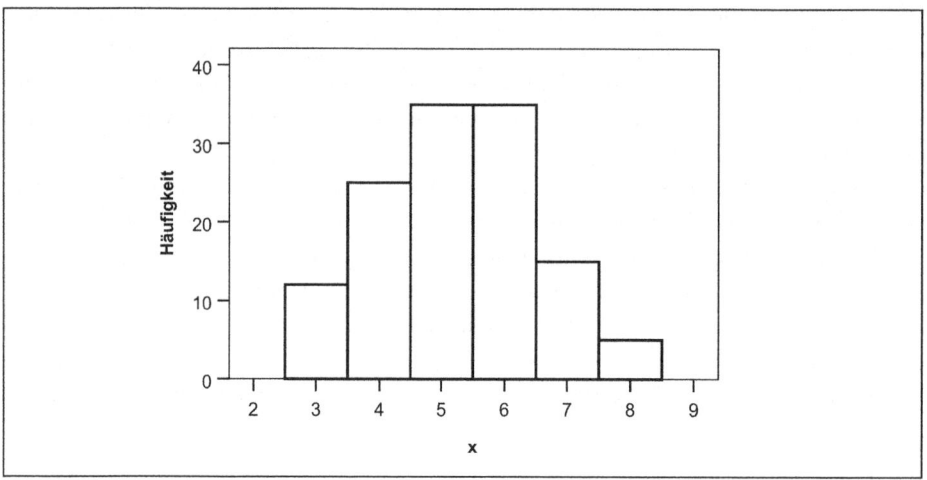

Abbildung 3.1   Fiktives Beispiel zur Bestimmung des Modus (Quelle: eigene Darstellung)

Wenn eine Verteilung mehrere auseinanderliegende „Gipfel", also mehrere relative Häufigkeitsmaxima (höhere Häufigkeiten im Vergleich zu den jeweils benachbarten) aufweist, spricht man von *bi-* oder *multimodalen* Verteilungen – wie in Abb. 3.2:

---

13 In der Literatur werden neben „h" auch andere (groß oder klein geschriebene) Buchstabenkürzel
    verwendet

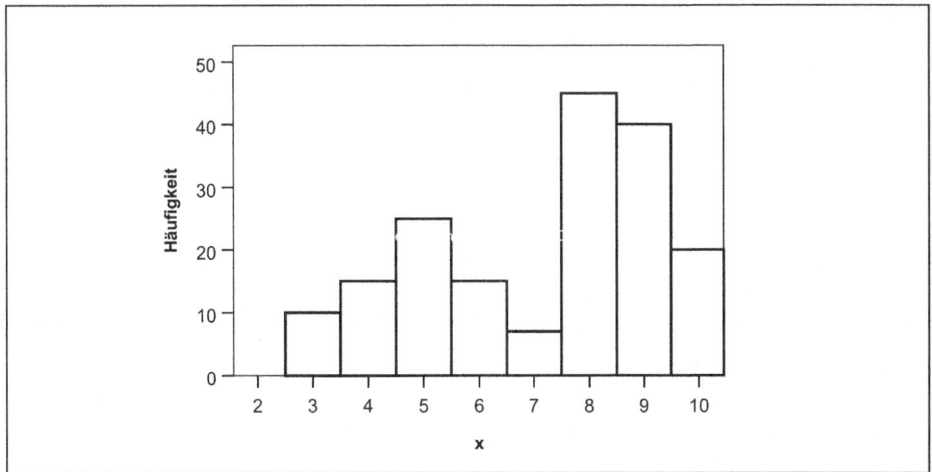

Abbildung 3.2   Fiktives Beispiel für eine bimodale Verteilung (Quelle: eigene Darstellung)

In einem solchen Fall gibt man für jedes relative Häufigkeitsmaximum den Modalwert an, hier also $h_1 = 5$ und $h_2 = 8$.

Für Nominalskalen ist der Modus das alleinige Lokalisationsmaß, das als solches definiert ist. Alle folgenden Lagemaße setzen ein höheres Messniveau voraus.

Der Median ($\tilde{x}$):

Der Median setzt ein mindestens ordinales Messniveau voraus. Wenn alle Fälle, für die gültige Messwerte vorliegen, nach der Größe ihres jeweiligen Messwertes geordnet sind, lässt er sich als Wert des „mittleren" Falls definieren, der die Gesamtheit der ranggeordneten Fälle in zwei möglichst gleich große Hälften teilt: die untere Hälfte mit niedrigeren Werten, die obere Hälfte mit höheren Werten. Die etwas formalere Definition lautet (s. Kühnel/Krebs 2018, S. 76): Der Wert des Medians entspricht der Ausprägung, bei der die kumulierte relative Häufigkeit erstmalig den Wert 0.5 oder die kumulierte prozentuale Häufigkeit erstmalig den Wert von 50 % überschreitet (s. oben Kap. 2.4). Wenn die Anzahl n aller Fälle eine ungerade Zahl aufweist, lässt sich ein „mittlerer" Fall leicht bestimmen durch die Rechnung $(n + 1)/2$. Betrachten wir hier zunächst ein Beispiel mit $n = 7$ Fällen, die folgende Werte aufweisen:

   5   6   9   **11**   12   14   15

Der vierte Fall ist hier der mittlere: $(7 + 1)/2 = 4$. Der Median ist folglich $\tilde{x} = 11$; drei Fälle haben niedrigere und drei Fälle haben höhere Werte. Außerdem ist leicht er-

kennbar, dass dies der erste Fall (in der gegebenen Rangfolge) ist, mit dem die kumulierte Häufigkeit von 50 % überschritten wird: $(4/7)100 \approx 57$.

Bei einer geraden Zahl von Fällen lassen sich zwei mittlere Fälle identifizieren, der
$n/2$-te und der $(n/2 + 1)$-te Fall. Als Beispiel fügen wir der obigen Reihe noch einen
weiteren Fall mit dem Wert 15 hinzu, so dass $n = 8$:

5   6   9   **11   12**   14   15   15

Der 4. Fall (mit dem Messwert 11) ist nun der untere mittlere Fall $(8/2 = 4)$, der 5. Fall
(mit dem Messwert 12) der obere $(8/2 + 1 = 5)$. Der Median wird nun in der Weise
ermittelt, dass man die Summe der Werte der beiden mittleren Fälle halbiert, hier
also: $\tilde{x} = (11 + 12)/2 = 11,5$ (was allerdings ein „künstlicher" Wert ist). Auch hier haben
wir unterhalb des Medians genauso viele Fälle wie oberhalb (vier). Außerdem liegt
11,5 leicht oberhalb des Wertes („11"), also desjenigen Falles (hier des vierten), mit
dem die 50-Prozent-Marke der kumulierten Häufigkeit erstmals überschritten wird.

Bei hohen Fallzahlen und einer im Vergleich dazu geringen Anzahl von Ausprägungen bzw. Rangplätzen müssen offenkundig viele Fälle jeweils gleiche Werte aufweisen; folglich wird es schwierig, die 50-Prozent-Markierung genau festzulegen und
mit einem spezifischen Wert zu verbinden. Im folgenden Beispiel mit einer geraden
(und noch sehr niedrigen) Zahl von $n = 10$ Fällen, ist das noch relativ einfach:

5   6   7   7   7   8   9   10   10   11

Die kumulierte Häufigkeit von 50 % wird hier exakt bei dem Fall Nr. $(n/2) = 5$ mit
dem Wert 7 erreicht. Allerding teilt dieser Wert die Fälle nicht in zwei gleich große
Hälften mit niedrigeren und höheren Werten. Das lässt sich aber wiederum erreichen,
wenn man die beiden mittleren Fälle (den fünften und den sechsten) mit den Werten 7 und 8 heranzieht und somit den Median mit $\tilde{x} = 7,5$ bestimmt, der den Wert „7"
desjenigen Falls – Nr. 5 – leicht überschreitet, mit dem die kumulierte Häufigkeit von
exakt 50 % erreicht wird.

Betrachten wir nun noch folgendes Beispiel mit $n = 10$ Fällen, in denen statt der
Ausprägung 8 ein weiteres Mal die Ausprägung 7 auftritt:

5   6   7   7   7   7   9   10   10   11

Die beiden mittleren Fälle Nr. 5 und Nr. 6 weisen jetzt den gleichen Wert 7 auf; demnach ist nach den bisherigen – und auch bei einem solchen Fall üblichen – Rechenregeln der Median mit $\tilde{x} = 7$ gegeben: $(7 + 7)/2 = 7$; dies ist wiederum der Wert, mit
dem erstmals die kumulierte Häufigkeit von 50 % überschritten wird. (Daran würde
sich auch dann nichts ändern, wenn noch ein weiterer Fall mit dem Wert 7 hinzukä-
me). Allerdings ist man jetzt mit dem Tatbestand konfrontiert, dass unterhalb und
oberhalb des Medianwertes nicht mehr die gleiche Zahl von Fällen vorliegt: unter-

halb des Medians sind es nur noch 2 Fälle (mit den Messwerten 5 und 6), oberhalb
dagegen 4 Fälle (mit den Messwerten 9, 10 (2mal) und 11). Diese Problematik lässt
sich mit dem folgenden Beispiel anhand gruppierter Messwerte weiter verdeutlichen
und bearbeiten. Hierzu reproduzieren wir in Tab. 3.1 die Häufigkeitsverteilung des
Jahres der beruflichen Ersteinstellung von Reichstagsabgeordneten aus Tab. 2.1d.

Tabelle 3.1   wie Tab 2.1d, mit exakten Intervallgrenzen (Quelle: eigene Darstellung)

		Häufigkeit	Prozent	Gültige Prozente	Kumulierte Prozente
Gültig	1 1868,5 bis 1878,5	9	2,3	3,0	3,0
	2 1878,5 bis 1888,5	12	3,0	3,9	6,9
	3 1888.5 bis 1898,5	90	22,7	29,5	36,4
	4 1898,5 bis 1908,5	167	42,1	54,8	91,1
	5 1908,5 bis 1918,5	27	6,8	8,9	100,0
	Gesamt	305	76,8	100,0	
Fehlend	0	92	23,2		
Gesamt		397	100,0		

Ähnlich wie bei den Einzelfällen mit nicht gruppierten Daten wird hierbei dasjenige Intervall als *Medianintervall* bestimmt, mit dessen Fällen die kumulierte Häufigkeit erstmals über 50 % ansteigt. In unserem Beispiel ist dies in Tab. 2.1d das mit der
Codeziffer 4 versehene Jahresintervall von 1899 bis 1908, das diese Marke mit 91,1 %
weit übersteigt, während mit dem darunter liegenden Intervall mit der Codeziffer 3
eine kumulierte Häufigkeit von 36,4 % erreicht wird. Bei der weiteren Berechnung
geht man aber von *exakten Intervallgrenzen* aus, die jetzt in Tab. 3.1 in der ersten Spalte stehen. Der Sinn dieser Modifikation deutet sich schon dadurch an, dass die Intervallbreite unmittelbar aus der Differenz dieser exakten Intervallgrenzen bestimmt
werden kann. Jedes Intervall enthält hier 10 Jahreswerte. Die Differenz der nicht exakten Intervallgrenzen – z. B. 1908 minus 1899 – ist dagegen 9, während die Differenz
der exakten Grenzen – hier: 1908,5 minus 1898,5 in der Tat 10 ist. Mit den 167 Fällen
dieses Intervalls wird am Ende eine kumulative Häufigkeit von 91,1 % erreicht. Die
obere Intervallgrenze liegt also erheblich weiter von der 50-Prozent-Marke entfernt
(über 40 %) als die untere Intervallgrenze (knapp 14 %). Dem entsprechend wird man
den Median-Wert per Interpolation näher an die untere als an die obere heranrücken
wollen unter der Annahme, dass die Fälle innerhalb des Intervalls gleichmäßig über
die Einzelwerte verteilt sind). Die Interpolationsformel hierfür lautet (s. Benninghaus 2005, S. 130):

$$(3\text{-}1) \quad U = \left(\frac{\frac{1}{2}n - F(u)}{F(m)} \right) K(b)$$

Wobei U = exakte untere Grenze des Medianintervalls

      n = Anzahl aller gültigen Fälle, hier 305

     F(u) = kumulierte Häufigkeit aller Fälle unterhalb des Medianintervalls, hier 111

     F(m) = Anzahl der Fälle im Medianintervall, hier 167

     K(b) = Intervallbreite, hier 10

Damit lässt sich der Medianwert wie folgt bestimmen:

$$\tilde{x} = 1898,5 + \frac{\frac{305}{2} - 111}{167} \cdot 10 = 1901$$

Diese Interpolation lässt sich natürlich auch mit den relativen (oder auch prozentuierten) Häufigkeiten ausführen:

$$\tilde{x} = 1895,5 + \frac{0,5 - 0,364}{0,584} \cdot 10 = 1901$$

In der Forschungspraxis wird man jedoch den Median (wie auch das arithmetische Mittel, s. unten) im Normalfall, wenn immer möglich, auf der Basis der Messwerte aller einzelnen Fälle (vor jeder Intervallbildung) berechnen.

Der Median ist (anders als das arithmetische Mittel, siehe unten) gegenüber einzelnen *Ausreißern* (also extrem vom Durchschnitt abweichenden Werten) unempfindlich. Man bezeichnet ihn deshalb auch als *robusten* Lageparameter. (Das wird im Abschnitt über das arithmetische Mittel näher verdeutlicht.)

Er hat zudem die mathematische Eigenschaft, die Summe der Abweichungen, $\sum_{i=1}^{n} |x_i - \tilde{x}|$, zu einem Minimum zu machen. Das heißt, wenn man statt des Medians irgendeinen anderen positiven Betrag einsetzt (z. B. das arithmetische Mittel), wird die Summe der absoluten Abweichungsbeträge größer. Ein Beispiel zur Illustration: Gegeben seien die Werte 1,2,3. In dieser Verteilung ist $\tilde{x} = 2$, also gleich dem arithmetischen Mittel. Nehmen wir weiter an, infolge eines Kodierfehlers sei statt der 3 eine 33 eingetragen worden. Dann ist der Median unverändert $\tilde{x} = 2$, das arithmetische Mittel aber $\bar{x} = 12$. Die Summe der absoluten Abweichungsbeträge ist, bezogen auf den Median, 1 + 31 = 32, bezogen auf das arithmetische Mittel 11 + 21 = 42.

Das arithmetische Mittel

Es wird ebenso als *Mittelwert* bezeichnet und ist definiert als Summe der Messwerte aller Fälle, dividiert durch ihre Anzahl:

$$(3\text{-}2) \quad \bar{x} = \frac{1}{n} \sum_{i=1}^{n} x_i$$

Seine Berechnung setzt metrische Daten voraus. Kommen einzelne oder auch alle Messwerte mehr als einmal vor (mehrere Fälle haben die gleiche Ausprägung), gibt es also nur k < n verschiedene Werte, müssen sie nicht einzeln addiert, sondern können mit ihrer jeweiligen Häufigkeit f_i multipliziert werden, mit der sie auftreten:

$$(3\text{-}3) \quad \bar{x} = \frac{1}{n} \sum_{i=1}^{k} x_i \cdot f_i, \quad k < n, \quad \sum_{i=1}^{k} f_i = n$$

Nach den algebraischen Regeln des Rechnens mit Summenzeichen, kann der Faktor 1/n hinter das Summenzeichen gesetzt werden:

$$(3\text{-}3)' \quad \bar{x} = \sum_{i=1}^{k} x_i \frac{f_i}{n}$$

Daraus folgt: Das arithmetische Mittel lässt sich berechnen, indem man die Messwerte mit ihrer jeweiligen relativen Häufigkeit gewichtet und die einfache Summe der so gewichteten Messwerte bildet.

Falls statt der einzelnen Messwerte für alle Fälle lediglich gruppierte Werte für *k* Intervalle mit ihren jeweiligen Häufigkeiten zur Verfügung stehen, lässt sich das arithmetische Mittel näherungsweise wie folgt bestimmen: Man berechnet zunächst die „Mitte" m_i jeder Klasse. Bei einer Altersgruppe zwischen 20 und 29 bzw. 19,5 und 29,5 Jahren ergäbe sich bspw. eine Klassenmitte von 24,5 Jahren. Diese Klassenmitten m_i multipliziert man mit den für das entsprechende Werte-Intervall registrierten absoluten oder relativen Häufigkeiten gemäß der Gleichungen (3-3) oder (3-3)':

$$(3\text{-}3)'' \quad \bar{x} = \sum_{i=1}^{k} m_i \frac{f_i}{n}$$

Freilich sollte man das arithmetische Mittel nach Möglichkeit aus den ungruppierten Daten berechnen, da man nicht voraussetzen kann, dass die Klassenmitte identisch ist mit dem arithmetischen Mittel der tatsächlich gegebenen Werte innerhalb der jeweiligen Klasse.

Das arithmetische Mittel hat folgende mathematische Eigenschaften, von denen man z. B. bei Skalentransformationen (s. Kap. 1) Gebrauch machen kann:

a) Addiert man eine Konstante c ≠ 0 zu allen Werten einer Verteilung, vergrößert (bzw. verkleinert) sich das arithmetische Mittel um diesen Betrag:
Aus x' = x + c folgt: $\bar{x}'$ = $\bar{x}$ + c

b) Multipliziert man jeden Wert einer Verteilung mit dem Faktor b ≠ 0, so vervielfacht sich das arithmetische Mittel um den gleichen Faktor:
Aus x' = bx folgt: $\bar{x}'$ = b $\bar{x}$

c) Somit gilt auch: Aus x' = c + bx, [b, c ≠ 0] folgt $\bar{x}'$ = c + b $\bar{x}$.

d) Die Summe der Abweichungen aller Messwerte von ihrem arithmetischen Mittel ist Null:

$$\sum_{i=1}^{n}(x_i - \bar{x}) = 0.$$

e) Die Summe der *quadrierten* Abweichungen aller Messwerte von ihrem arithmetischen Mittel (man bezeichnet sie auch als *Variation*) ist ein Minimum. Das heißt, sie ist kleiner als die Summe der quadrierten Abweichungen aller Messwerte von einer anderen Konstanten c ≠ $\bar{x}$:

$$\sum_{i=1}^{n}(x_i - \bar{x})^2 = \text{min.}$$

Das ist eine Eigenschaft, die die *Methode der Kleinstquadrate* bei der Bestimmung der Regressionskoeffizienten (siehe Kap. 6) mitbegründet

Das arithmetische Mittel kennzeichnet eine Verteilung umso unvollkommener, je asymmetrischer (*schiefer*) sie ist. Einzelne Ausreißer (wenige extrem hohe oder niedrige Werte) verschieben das arithmetische Mittel leicht nach oben oder unten, so dass die *zentrale Tendenz* der Verteilung in diesem Falle eher durch den Median auszudrücken wäre. Wenn bspw. in einer Gruppe von fünf Personen monatliche Einkommen von 2000 €, 2500 €, 3000 €, 3500 € und 64.000 € vorlägen, ergäbe sich daraus ein arithmetisches Mittel von 15.000 €, was man in diesem Falle wohl kaum als zentrale Tendenz der Verteilung individueller Einkommen interpretieren wollte. Angemessener für diese Charakterisierung im Sinne eines *mittleren* Wertes wäre hier wohl der Median in Höhe von 3000 €. Dieses Beispiel zeigt auch, dass man über die Differenz von arithmetischem Mittel und Median einen Hinweis für eine rechts- oder linksschiefe (bzw. links- oder rechtssteile) Verteilung erhält (s. Abb. 3.3, s. a. Abb. 2.10).

Ist eine Verteilung sowohl symmetrisch als auch unimodal (Abb. 3.3 oben links), fallen Modus, Median und arithmetisches Mittel zusammen. Bei links und rechtssteilen Verteilungen (Abb. 3.3 oben rechts bzw. unten) ergeben sich umgekehrte Rangfolgen für diese Maßzahlen.

Gelegentlich berechnet man auch ein *getrimmtes* arithmetisches Mittel, indem man jeweils einen (geringen) Anteil der kleinsten und der größten Werte ausschließt. Würde man in dem eben präsentierten Beispiel einer Einkommensverteilung den niedrigsten und den höchsten Wert (2000 und 64.000 €) nicht in die Berechnung mit

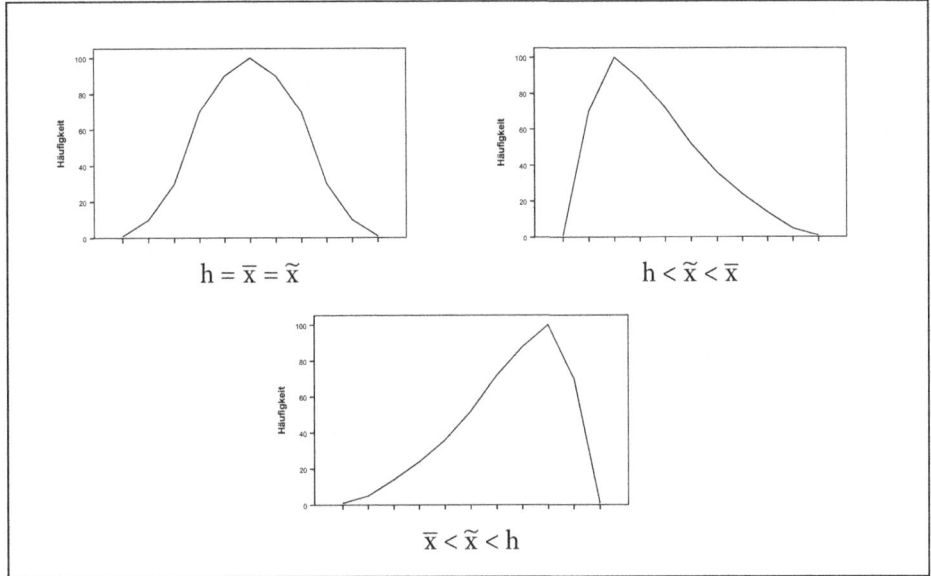

Abbildung 3.3   Lokalisationsmaße in Abhängigkeit von der Verteilungsform

einbeziehen, erhielte man in diesem Falle ein getrimmtes arithmetisches Mittel in Höhe von 3000 € (in diesem Falle identisch mit dem Median der gesamten Verteilung).

Geometrisches Mittel

Gelegentlich liegen Datenreihen in Form von Änderungsraten vor, z. B. eine Zeitreihe jährlicher Inflationsraten. Nehmen wir an, für drei Jahre würden sukzessive folgende Inflationsraten registriert: 1,5 %, 2,0 % und 2,2 %. Ein Gut, das am Ende eines bestimmten Jahres 100 € kostete, hätte also ein Jahr später 101,5 €, ein zweites Jahr später 101,5 € · 1,02 = 103,53 € und ein drittes Jahr später 103,53 € · 1,022 = 105,81 € gekostet. Die mit der Inflations*rate* angegebene Geldentwertung wird also nicht additiv, sondern multiplikativ berechnet. Die mittlere Inflationsrate ergibt sich also nicht aus dem arithmetischen Mittel, das in diesem Beispiel gleich (1,5 + 2,0 + 2,2)/3 = 1,9 wäre. Diese scheinbar mittlere Inflationsrate würde nach drei Jahren nicht zu einem Kaufpreis von 105,81 €, sondern zu einem (falsch errechneten) Preis in Höhe von $100(1,9)^3 = 106,859$. führen. Die korrekte mittlere Inflationsrate ergibt sich dagegen aus der Wurzel des Produkts der Inflationsfaktoren:

(3-4) $\sqrt[3]{1,015 \cdot 1,02 \cdot 1,022} = 1,019$

Probe: $100,00 \cdot (1,019)^3 = 105,81$.

3.2   Streuungsmaße

Wie wir sahen, kennzeichnen die Lokalisationsmaße (Lageparameter) allein eine Verteilung nur sehr unvollkommen. Bei gleichem arithmetischem Mittel z. B. können
die einzelnen Werte sehr unterschiedlich streuen. Deshalb sollte zumindest noch ein
Streuungsmaß als zusätzliche Kennzahl mit angegeben werden. Hierzu sind verschiedene Konzepte vorgeschlagen worden, von denen wir nun einige erläutern wollen.
Sie setzen alle ein mindestens ordinales Messniveau voraus. Für nominal gemessene Variablen ist ebenfalls ein Streuungsmaß entwickelt worden, die sog. „Devianz"
(s. Kühnel/Krebs 2018, S. 110–112). Es wird in der sozialwissenschaftlichen Forschungspraxis nur selten eingesetzt und ist mathematisch relativ kompliziert, so dass
wir es in diesem Einführungstext nicht erörtern werden.

Spannweite (Range)
Ein naheliegendes Streuungsmaß ist die *Spannweite* bzw. der *Range* (R), der als die
Differenz zwischen dem größten und dem kleinsten Messwert einer Verteilung de-
finiert ist:

(3-5) $R = x_{max} - x_{min}$

Die Spannweite ist als Kenngröße nur für metrische Daten sinnvoll. Sie ist aber auch
dort wenig aussagekräftig, da völlig offenbleibt, wie die Verteilung zwischen den Extremwerten aussieht. Deshalb hat man auch Spannweiten für eingeschränktere Wertebereiche definiert, die man mit Hilfe von sog. Quantilen festlegt.

Quantile, Quartile und Quartilsabstände
Wir haben den Median als eine Maßzahl kennengelernt, die eine Menge von Untersuchungseinheiten, geordnet nach der ansteigenden Größe ihrer Messwerte, in zwei
gleich große Hälften mit Werten unterhalb oder oberhalb des Medianwertes teilt (was,
wie wir sahen, je nach der Lokalisation und Häufung von Fällen mit gleichen Messwerten nicht immer exakt zu erreichen ist). Für bestimmte Zwecke kann es sinnvoll
sein, eine größere Anzahl von Unterteilungen vorzunehmen, statt der Halbierung
bspw. eine Vierteilung. In diesem Falle benötigt man drei Markierungspunkte, die
man als *Quartile* bezeichnet. Das erste Quartil, Q_1, ist derjenige Wert, den mindestens 25 % der Untersuchungseinheiten höchstens erreichen. In der geordneten Reihe
der Untersuchungseinheiten (1, 2, …, n) bestimmt man also den Fall, der den Rangplatz n/4 einnimmt. Der Messwert, der dieser Untersuchungseinheit zugeschrieben
ist, liefert dann den ersten Quartilswert: $Q_1 = x_{n/4}$. Wenn die Division n/4 kein ganz-
zahliges Ergebnis hat – wie z. B. bei n = 13, n/4 = 3,25 – wird der Messwert des nächsten Falls, hier also von Fall Nr. 4 als Quartilswert bestimmt.
    Entsprechend verfährt man bei der Bestimmung des 2. Quartils, Q_2, also desje-
nigen Werts, den mindestens 50 % der Untersuchungseinheiten höchstens erreichen.

Hier ergibt sich der maßgebende Rangplatz durch die Division n/2, somit: $Q_2 = x_{n/2}$. Bei einer geraden Zahl n ergibt sich also eine eindeutige Fallnummer. Insofern kann der Wert Q_2, der ja ebenfalls eine hälftige Markierung der Fallreihe anzeigt, von dem Medianwert abweichen, da dieser, wie wir oben sahen, in einer solchen Situation stets als arithmetisches Mittel aus den *beiden* mittleren Werten errechnet wird.

Bleibt noch das dritte Quartil, Q_3, zu erwähnen, das mit dem Wert gegeben ist, den mindestens 75 % der Untersuchungseinheiten höchstens erreichen; die maßgebende Fallnummer ergibt sich aus dem Produkt n(3/4), somit ist $Q_3 = x_{3n/4}$. Führt die Division 3n/4 nicht zu einem ganzzahligen Ergebnis, wird auch hier wieder die nächste Fallnummer gewählt.[14]

Falls für eine größere Zahl von Untersuchungseinheiten nur wenige Messwerte vorliegen (wie im Falle von Rangskalen, die man wie eine metrische Variable behandeln möchte, s. Kap. 1), stoßen wir auch hier wieder auf das Problem, dem wir schon bei der Bestimmung des Medians begegnet sind: die Menge der Fälle mit gleichen Werten kann so groß sein, dass ihre empirisch gegebenen Summenhäufigkeiten die theoretisch anvisierten Quartilsgrenzen deutlich unter- oder überschreiten. Mit anderen Worten, die Anzahl der Fälle, die einen bestimmten Quartilswert (z. B. Q_1) nicht überschreiten, kann erheblich von der Anzahl der nachfolgenden Fälle abweichen, deren Messwerte zwar größer als Q_1 sind, aber den Wert des nächst höheren Quartils (hier Q_2) nicht überschreiten; d. h., die vier Abschnitte der Verteilung, die durch die drei Quartilswerte markiert sind, können sehr unterschiedliche Fallzahlen aufweisen. Das lässt sich anhand der Tab. 3.1 erläutern, die wir hier noch einmal darstellen (mit n = 305 gültigen Fällen).

Tabelle 3.1   (Wiederholung, s. oben) (Quelle: eigene Darstellung)

		Häufigkeit	Prozent	Gültige Prozente	Kumulierte Prozente
Gültig	1 1868,5 bis 1878,5	9	2,3	3,0	3,0
	2 1878,5 bis 1888,5	12	3,0	3,9	6,9
	3 1888.5 bis 1898,5	90	22,7	29,5	36,4
	4 1898,5 bis 1908,5	167	42,1	54,8	91,1
	5 1908,5 bis 1918,5	27	6,8	8,9	100,0
	Gesamt	305	76,8	100,0	
Fehlend	0	92	23,2		
Gesamt		397	100,0		

---

14 Einige Autoren schlagen vor, bei großen Fallzahlen die Berechnung der maßgebenden Fallnummer zu modifizieren, um Rundungsfehler zu vermeiden (s. Müller-Benedict 2011, S. 97). Darauf werden wir weiter unten bei der Bestimmung des mittleren Quartilsabstandes zurückkommen.

Nach den bisherigen Regeln ergeben sich daraus folgende Quartilswerte:

$Q_1 = 3$ (= 77. Wert), $Q_2 = 4$ (= 153. Wert), $Q_3 = 4$ (= 229. Wert)

Wir sehen, die Fallzahlen zwischen den Quartilen sind sehr unterschiedlich und weichen erheblich von der Idee einer gleichmäßigen Vierteilung ab; zweites und drittes Quartil sind sogar identisch, denn sowohl die 50-Prozent als auch die 75-Prozent-Marke der kumulierten Häufigkeiten werden innerhalb der Kategorie „1898,5–1908,5" überschritten.

Man kann durchaus in Frage stellen, ob die Bestimmung von Quartilen bei Skalen mit einer kleinen Zahl von Rangplätzen überhaupt sinnvoll ist, auch wenn man davon ausgehen will, dass ihnen ein Wertekontinuum zugrunde liegt. Ein Problem ergibt sich vor allem dann, wenn man die Abstände zwischen verschiedenen Quartilen ermitteln will, um bspw. die Streuung verschiedener Variablen miteinander zu vergleichen oder um zu sehen, wie sich die Streuungen für unterschiedliche Gruppen von Untersuchungseinheiten (z. B. Ältere vs. Jüngere, Frauen vs. Männer) unterscheiden. Eine gängige Maßzahl für solche Vergleiche ist der *mittlere Quartilsabstand*:

(3-6) $QA = Q_3 - Q_1$

In unserem Beispiel ist $QA = 4 - 3 = 1$. Gelegentlich findet man in der Literatur auch noch eine weitere Formel für den sog. *Semiquartilsabstand,* den man über QA/2 berechnet; er ist also rein rechnerisch (ohne großen Informationsgehalt) der „durchschnittliche Abstand" zwischen dem Medianwert und den beiden angrenzenden Quartilswerten. Des Weiteren ist ein sog. *Quartilsdispersionskoeffizient* definiert: $QA/\bar{x}$.

Aber bleiben wir hier zunächst einmal bei dem Quartilsabstand gemäß Gleichung (3-6), der in unserem Beispiel zu einem unbefriedigenden Ergebnis geführt hat, denn von einer gleichmäßigen Vierteilung – mit 50 % der Fälle im mittleren Bereich – sind wir weit entfernt. Wie schon bei der Besprechung des Medians erwähnt, kann diesem Sachverhalt dadurch Rechnung getragen werden, dass man die Quartilswerte per Interpolation ermittelt. Die Interpolationsformel ähnelt derjenigen, die wir schon bei der Bestimmung des Medians auf der Basis gruppierter Werte eingesetzt haben, siehe Gleichung (3-1).[15]

Allerdings wollen wir hier dem (schon in Fn. 14 erwähnten) Vorschlag folgen, bei großen Fallzahlen (Daumenregel: n > 100) die Rangplätze bzw. Fallnummern, auf deren Basis die Quartilswerte zu ermitteln sind, in etwas anderer Weise als bisher erläutert zu bestimmen: Die für Q_1 maßgebliche Fallnummer wird nicht mehr über n/4, sondern über (n + 3)/4 errechnet, diejenige für Q_3 nicht mehr über 3n/4, sondern über (3n + 1)/4. In unserem Beispiel (Tab. 3.1) ergeben sich mit diesen Formeln für Q_1

---

15   Für einen ersten Lektüredurchgang reicht es, die folgenden Passagen nur flüchtig durchzusehen.

und Q_3 dieselben Fallnummern ($(n + 3)/4 = (305 + 3)/4 = 77$ und $(915 + 1)/4 = 229$) wie oben schon errechnet und deshalb auch dieselben Quartilswerte. Diese Werte können wir nun per Interpolation durch (quasi künstliche) Quartilswerte (IntQ) ersetzen – nach folgender Formel (vgl. Müller-Benedict 2011, S. 99):

(3-7) $IntQ_1 = Q_1 + ((n + 3)/4 - F(u1))/F(m1)$

Dabei steht F(u1) für die Anzahl der Fälle, deren Messwert(e) kleiner sind als Q_1 (in unserem Beispiel ist diese Zahl $9 + 12 = 21$), und F(m1) für die Anzahl aller Fälle, deren Messwert mit Q_1 identisch ist (hier: 90). Für Q_3 ergibt sich analog:

(3-8) $IntQ_3 = Q_3 + ((3n + 1)/4 - F(u3))/F(m3)$

F(u3) steht nun für die Anzahl der Fälle, deren Messwerte kleiner sind als Q_3 (in unserem Beispiel $9 + 12 + 90 = 111$), und F(m3) für die Anzahl aller Fälle, deren Messwert mit Q_3 identisch ist, hier also 167 Fälle. Für unser Beispiel ergeben sich also folgende interpolierte Quartilswerte:

$$IntQ_1 = 3 + (77 - 21)/90 = 3 + 0,62 = 3,62$$

$$IntQ_3 = 4 + (229 - 111)/167 = 4 + 0,71 = 4,71$$

Daraus ergibt sich ein Quartilsabstand von

$$IntQA = 4,71 - 3,62 = 1,09.$$

Mit dieser genaueren Zahl lassen sich Variablen mit wenigen Werten in Bezug auf ihre Streuung besser vergleichen.

Abschließend sei noch auf Folgendes hingewiesen: Quartile sind ein Spezialfall des allgemeineren Konzepts der *Quantile,* mit denen man sich in der Regel auf prozentuierte Summenhäufigkeiten („*p-Quantile*") bezieht. Das Quartil Q_1 z. B. ist identisch mit dem 25-Prozent-Quantil ($Q_{0,25}$), das dritte Quartil mit dem 75-Prozent-Quantil ($Q_3 = Q_{0,75}$). Aufteilungen in 10-Prozent-Intervalle – $Q_{0,10}$; $Q_{0,20}$ ... $Q_{0,90}$ – bezeichnet man auch als *Dezile,* Aufteilungen in 1-prozentige Abschnitte als *Centile.* In den Diskussionen über Einkommens- oder Vermögensungleichheit benutzt man solche Einteilungen oder Markierungen, um bspw. den Reichtum der obersten 1 Prozent (also derjenigen, deren Einkommen oder Vermögen über dem 99-Prozent-Centil, C_{99}, liegt), mit dem der restlichen 99 Prozent (also dem kumulierten Einkommen aller anderen Personen, deren Einkommen nicht über den Betrag von C_{99} hinaus geht) zu vergleichen. Häufig vergleicht man auch den Reichtum des obersten Fünftels (auch *Ventil* genannt: $> Q_{0,80}$) mit dem Einkommen/Vermögen des unteren Fünftels, $\leq Q_{0,20}$.

Box-Plot

Eine informativere Charakterisierung der Streuung der Messwerte, als sie mit dem Quartilsabstand gegeben wird, liefern für metrische Daten die sog. Box-Plots. Die Abbildung 3.4 präsentiert die Grundform dieser Grafik.

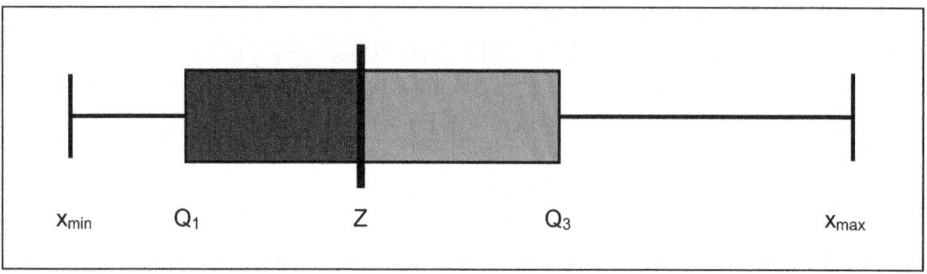

Abbildung 3.4 Elementarer Boxplot (Quelle: eigene Darstellung)

Als erstes verdeutlicht das eingezeichnete Rechteck (die „Box") die Lage und Spannweite der in der Mitte der Verteilung liegenden 50 Prozent der Beobachtungen mit Werten zwischen dem ersten und dem dritten Quartil. Die Länge der Box markiert somit den mittleren Quartilsabstand (s. oben Gleichung (3-6)). Die gleichen oder ungleichen Abstände des Medians – hier mit Z bezeichnet – zu den beiden Quartilen Q_1 und Q_3 vermittelt zudem einen ersten Eindruck über die Symmetrie oder Asymmetrie der Verteilung. Dieser Eindruck wird noch verfeinert durch die zwei Linien (den *whiskers*), die von der Box-Rändern ausgehen. Deren Endpunkte (markiert durch senkrechte Linien, den *fences*) sind durch den kleinsten und den größten Wert der Verteilung vorgegeben, sofern diese um nicht mehr als das 1,5-fache des Quartilsabstandes unterhalb von Q_1 oder oberhalb von Q_3 platziert sind. Sollten Werte vorliegen, die im unteren oder im oberen Bereich noch extremer ausfallen, werden die *fences* weiterhin auf den Positionen (Q_1 – 1,5 QA) und (Q_3 + 1,5 QA) eingezeichnet; die *whiskers* werden aber mit spezifischen Markierungen erweitert. So z. B. markiert SPSS mit Angabe der jeweiligen Fallnummern Werte mit Hilfe des *-Zeichens als „extrem", wenn sie mehr als drei Quartilsabstände und mit Hilfe kleiner Kreise als „Ausreißer", wenn sie mehr als eineinhalb aber weniger als drei Quartilsabstände von den *fences* entfernt liegen. In der Abbildung 3.5 präsentieren wir den Box-Plot, der darstellt, wie sich die Rate der gefährlichen Körperverletzungsdelikte in den rund 1000 Stadt- und Landkreisen des Deutschen Reiches am Ende des 19. Jahrhunderts verteilt (durchschnittliche Zahl der rechtskräftig Verurteilten pro 100.000 der strafmündigen Zivilbevölkerung, berechnet für die Jahre 1893–1897; Quelle ist der Datensatz ZA 8100).

Der Median dieser Verteilung ist mit einer Deliktrate von 212 gegeben, er liegt näher bei Q_1 = 149 als bei Q_3 = 316, was schon auf eine rechtsschiefe (linkssteile)

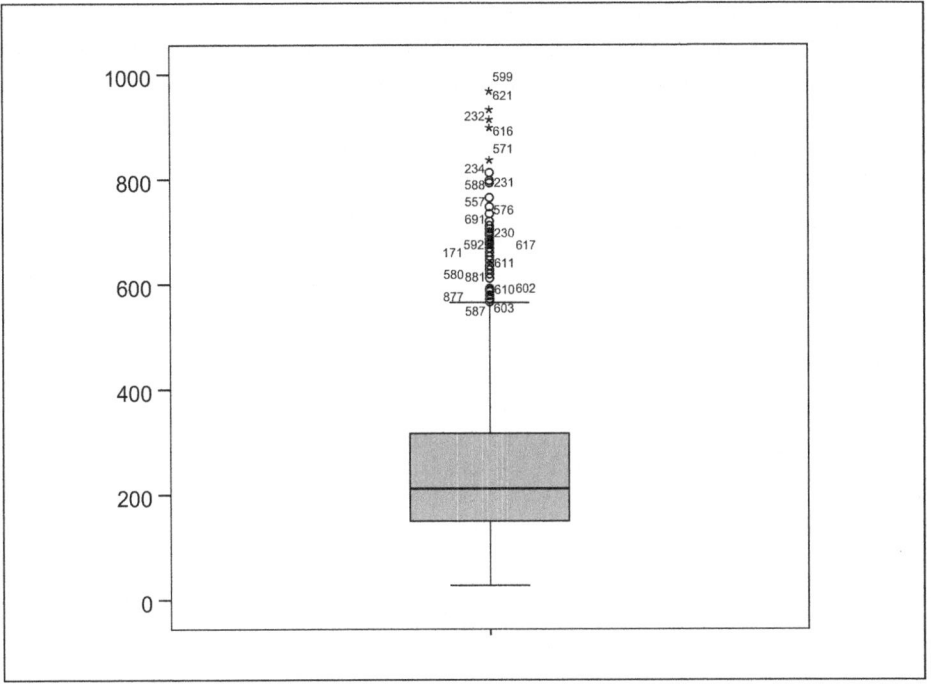

Abbildung 3.5 Boxplot der Körperverletzungsdelikte pro 100.000 erwachsene Einwohner aller Stadt- und Landkreise des Deutschen Reiches 1893–1897 (Quelle: eigene Darstellung)

Verteilung hinweist. Die niedrigste Deliktrate liegt bei 27, ist also weniger als das 1,5-fache des mittleren Quartilsabstands QA = 316 − 149 = 167 von Q_1 = 149 entfernt; deshalb ist die untere *whisker*-Linie nur bis dorthin ausgezogen. Im oberen Werte-Bereich gibt es aber eine größere Zahl von Ausreißern und Extremwerten. Der *fence* der *whisker*-Linie ist hier bei Q_3 + 1,5QA = 316 + 1,5 · 167 = 567 eingezeichnet. Diese *whisker*-Linie wird darüber hinaus nochmals zunächst um die Länge des 1,5-fachen Quartilsabstand weiter nach oben ausgezogen, um die kreisförmig angezeigten Ausreißerwerte (mit den Fallnummern der entsprechenden Land-/Stadtkreise) erkennbar zu machen. Allerdings gibt es im oberen Bereich noch extremere Deliktraten, die mehr als das Dreifache des mittleren Quartilsabstandes von Q_3 entfernt liegen und – beginnend mit Fall-Nr. 571 – durch das Sternzeichen (*) markiert sind. Insgesamt ergibt sich also bei den Körperverletzungsdelikten eine stark rechtsschief angelegte Verteilung. Würde man in den Box-Plot nicht alle Stadt- und Landkreise des Deutschen Reiches einbeziehen, sondern getrennte Darstellungen bspw. für verschiedene Regionen vornehmen oder die Box-Plots getrennt für Stadt- und Landkreise aufzeichnen, so wäre leicht erkennbar, dass die Deliktraten jeweils unterschiedlich verteilt sind. Auf mögliche Erklärungen hierzu werden wir in späteren Kapiteln noch eingehen (s. hierzu auch Thome 2002; 2010a).

Gelegentlich werden Box-Plots auch für gruppierte Daten konstruiert und weisen dann wiederum die Probleme auf, die wir oben im Anschluss an Tab. 3.1 für solche Beispiele schon bei der Bestimmung von Median und Quartilswerten erläutert haben. In der Abb. 3.6 betrachten wir (anders als in Tab. 3.1) die Verteilung der jeweiligen Jahrzehnte (kodiert mit den Werten 1 bis 5) der beruflichen Ersteinstellung getrennt für SPD-Kandidaten mit herkömmlichem religiösen Bekenntnis (linke Abb.) und für solche, die als religiöse „Dissidenten" kategorisiert wurden (rechte Abb.).

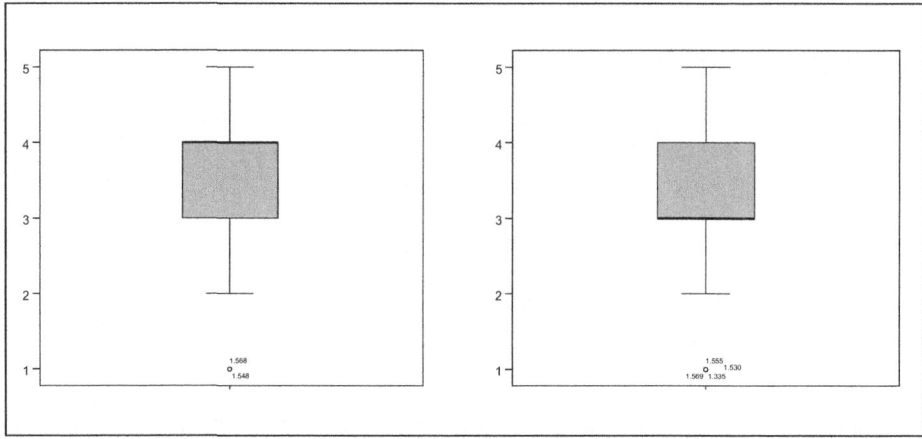

Abbildung 3.6 Boxplots der Variable „Jahr der beruflichen Ersteinstellung" (s. Tab. 3.1, dort die Bedeutung der Codeziffern 1 bis 5): links nur Fälle (SPD-Kandidaten) mit herkömmlichem religiösen Bekenntnis (s. Tab 2.1a, Codeziffern 1,3 und 5, n = 42) und rechts nur „Dissidenten" (s. Tab 2.1.a, Codeziffern 2,4,6 und 7, n = 122) (Quelle: eigene Darstellung)

Im ersten Falle fällt der Median (stärkere Linie) mit dem dritten Quartilswert $Q_3 = 4$ (1899–1908), im zweiten Falle mit dem ersten Quartilswert $Q_1 = 3$ (1889–1898) zusammen (interpolierte Werte sind in diese Box-Plots nicht eingebaut). Der mittlere Quartilsabstand (der 50 % der Fälle umfasst) beträgt also in beiden Fällen QA = 1, wobei aber die erste Gruppe (linke Grafik) im Mittel später ersteingestellt wurde (bis 1908) als die zweite Gruppe (bis 1898). Der 1,5-fache Quartilsabstand weist somit rechnerisch den Wert von 1,5 auf, den es aber real nicht gibt. Die *whiskers* sind deshalb in beiden Fällen im oberen Bereich bis zu dem Wert 5 und im unteren Bereich bis zu dem Wert 2 ausgezogen. Da keine Werte größer 5 möglich sind, gibt es im oberen Bereich auch keine Ausreißer. In beiden Fällen sind aber im unteren Bereich Werte von 1 realisiert, die rechnerisch um mehr als das 1,5-Fache des Quartilsabstandes (QA = 1) vom Wert $Q_1 = 3$ entfernt sind und somit als „Ausreißer" (mit der jeweiligen Fall-Nr.) eingestuft werden.

Durchschnittliche Abweichung
Sie ist definiert als arithmetisches Mittel der Absolutbeträge der Abweichungen aller Messwerte vom arithmetischen Mittel einer Variablen X. Als Abkürzung verwendet man die Buchstaben „AD" (von der englischen Bezeichnung „Average Distance") oder auch „MAD" (Mittlere Absolute Distanz):

$$(3\text{-}9) \qquad AD = \frac{1}{n} \sum_{i=1}^{n} |x_i - \overline{x}|$$

Die Absolutbeträge werden eingesetzt, weil sich sonst positive und negative Abweichungen ausgleichen und zu Null summieren würden (siehe oben). Damit liegt ein sehr anschauliches Maß für die Streuung vor. Es ist aber in der Statistik von anderen Kennzahlen, die wir im folgenden Abschnitt darstellen, weitgehend verdrängt worden. Wir werden diese Kennzahlen zunächst vorstellen und dann beide Konzepte miteinander vergleichen.

Variation, Varianz und Standardabweichung
Um zu vermeiden, dass sich bei der Summierung über alle Fälle die positiven und negativen Abweichungen vom arithmetischen Mittel am Ende aufheben, kann man die Abweichungsbeträge auch quadrieren. Die Summe dieser Abweichungsquadrate bezeichnet man gelegentlich als *Variation*,[16] benutzt aber häufig auch das Kürzel *SS* (engl.: *Sum of Squares*, oder auch deutsch als *SAQ: Summe der Abstandsquadrate*):

$$(3\text{-}10) \qquad SS_x = \sum_{i=1}^{n} (x_i - \overline{x})^2$$

Ein aussagekräftigeres deskriptives Streuungsmaß, die *Mittlere Quadratische Abweichung* (*MQA* oder auch *MSD: Mean Squared Deviation*) erhält man, indem man SS_x durch die Fallzahl n dividiert. Diesen Ausdruck bezeichnet man häufig auch als *Varianz*, abgekürzt s_x^2:

$$(3\text{-}11) \qquad MSD = s_x^2 = \frac{1}{n} \sum_{i=1}^{n} (x_i - \overline{x})^2$$

oder bei *gruppierten* Daten mit *k* Klassen und den absoluten Häufigkeiten f_i (i = 1, 2, ..., k)

---

16 Etwas weiter unten werden wir auch den sog. Variations*koeffizienten* einführen, der (terminologisch verwirrend) nicht von der Variation im Sinne der SS_x ausgeht, sondern auf der Standardabweichung beruht.

$$(3\text{-}11)' \quad \text{MSD} = s_x^2 = \frac{1}{n} \sum_{i=1}^{k} (x_i - \overline{x})^2 \, f_i = \sum_{i=1}^{k} (x_i - \overline{x})^2 \frac{f_i}{n}$$

Dabei steht x_i für den Wert der jeweiligen Klassenmitte, die auf Basis der exakten Klassengrenzen (s. oben) berechnet wird. Stellen die Klassen z. B. Altersgruppen dar, so würden für die Gruppe der 18- bis 29-Jährigen die Klassengrenzen mit 17,5 und 29,5 Jahren und folglich die Klassenmitte mit 23,5 Jahren festgelegt werden. Wenn es sich bei X um eine Variable mit nur zwei Ausprägungen handelt, die mit „0" und „1" kodiert sind (s. Kap. 1, letzter Absatz), ist die relative Häufigkeit der mit „1" kodierten Ausprägung mit ihrem Anteilswert p gegeben, der zudem identisch ist mit dem arithmetischen Mittel. Die relative Häufigkeit der mit „0" kodierten Ausprägung ist mit $(1 - p)$ gegeben. Aus Gleichung (3-11)' wird somit eine Summe von nur zwei Größen ($k = 2$): $s_x^2 = [(0 - p)^2(1 - p) + (1 - p)^2 \, p]$; ausmultipliziert wird daraus das Produkt $s_x^2 = p(1 - p)$.

Es lässt sich beweisen (was wir hier nicht ausführen), dass auch folgende Beziehung gilt (die sich als Rechenformel benutzen lässt)

$$(3\text{-}10)' \quad \text{SS}_x = \left(\sum_{i=1}^{n} x_i \right)^2 - \overline{x}^2$$

In der Inferenzstatistik wird der Begriff der (dort über Stichproben zu schätzenden) Varianz algebraisch etwas anders definiert als die MSD. Die Summe der Abweichungsquadrate wird dann nicht durch n, sondern durch $(n - 1)$ dividiert. Um beide Kontexte zu unterscheiden (worauf wir in späteren Kapiteln noch ausführlich eingehen), bleibt in der Fachliteratur der Begriff der Varianz im Allgemeinen dem inferenzstatistischen Kontext vorbehalten und somit auch terminologisch von der MSD bzw. MQA im deskriptiv-statistischen Kontext abgegrenzt. Oder man spricht von *theoretischer* versus *empirischer* Varianz. Der thematische Kontext sorgt hier aber in der Regel auch ohne diese sprachlichen Differenzierungen für hinreichende Klarheit.

Um aus der Varianz (MQA) eine lineare Maßzahl zu erhalten, zieht man aus ihr die Quadratwurzel. Den neuen Ausdruck bezeichnet man als *Standardabweichung „s"*:

$$(3\text{-}12) \quad s_x = \sqrt{\frac{1}{n} \sum_{i=1}^{n} (x_i - \overline{x})^2}$$

Im Gegensatz zur Varianz hat die Standardabweichung die gleiche Messdimension wie die Daten, aus denen sie berechnet wurde.

Varianz und Standardabweichung sind in ihrem jeweils errechneten Betrag abhängig von der Größe der Skaleneinheit, mit der die Ausprägungen der jeweiligen

Variable X gemessen werden. Um beim Vergleich der Streuung verschiedener Variablen diesen Effekt zu neutralisieren dividiert man s_x durch das arithmetische Mittel und erhält damit den sog. *Variationskoeffizienten* (V_x):

(3-13) $V_x = \dfrac{s_x}{\overline{x}}$

Standardabweichung und durchschnittliche Abweichung (AD, s. Gleichung (3-9)) unterscheiden sich als deskriptive Maßzahl vor allem in zweierlei Hinsicht:

a) Durch das Quadrieren erhalten die größeren Abweichungsbeträge ein relativ größeres Gewicht in der Summenbildung. Machen wir uns das an einem kleinen Zahlenbeispiel deutlich:

Gegeben seien die Werte: 2, 2, 2, 4, 4, 4
Für diese Verteilung ist $\overline{x} = 3$, AD = 1 und s = 1.

Betrachten wir nun eine zweite Verteilung: 2, 8, 2, 4, 4, 4
Sie unterscheidet sich von der ersten nur durch den größeren zweiten Wert. Jetzt ist $\overline{x} = 4$, AD = 1,33 und s = 2,0. Die Standardabweichung ist also wesentlich stärker angewachsen (relativ und absolut) als AD.

b) AD und *s* reagieren unterschiedlich auf Umverteilungen. AD reagiert nicht auf Umverteilungen, wenn sie sich innerhalb der gleichen Hälfte (oberhalb oder unterhalb des Mittelwertes) abspielen. Wir wollen das anhand der folgenden Verteilungen dreier Merkmalsdimensionen X, Y und Z demonstrieren:

x	f(x)	y	f(y)	z	f(z)
3	2	3	2	3	0
4	2	4	2	4	0
5	0	5	0	5	2
6	3	6	3	6	5
7	5	7	5	7	5
9	4	9	0	9	4
10	3	10	7	10	7
11	0	11	4	11	0
12	4	12	0	12	0
Σ:	23		23		23
$\overline{x}$	7,87		7,87		7,87
AD:	2,39		2,39		1,69
s:	2,79		2,66		1,80

Wir können uns unter X, Y und Z die Verteilungen von fiktiven Stundenlöhnen für Gruppen aus unterschiedlichen Populationen vorstellen. Die Y-Verteilung unterscheidet sich von der X-Verteilung nur dadurch, dass die 4 Personen, die bisher 9 Geldeinheiten pro Stunde verdient haben, nun 10 Einheiten erhalten; dafür bekommen die 4 Personen mit dem höchsten Einkommen eine Geldeinheit weniger als zuvor. Die Umverteilung findet also nur in der oberen Hälfte der Einkommensverteilung statt. Arithmetisches Mittel und durchschnittliche Abweichung bleiben somit (bei gleicher Verteilungsmasse) unverändert. Die Streuung ist aber dennoch geringer geworden, ein Tatbestand, der durch den reduzierten s-Wert angezeigt wird, nicht aber durch AD. In der Z-Verteilung sind sowohl die unteren als auch die oberen Einkommensklassen von X nicht mehr besetzt; die Umverteilung spielt sich in beiden Hälften der Einkommensverteilung ab. Die reduzierte Streuung spiegelt sich nun sowohl in s als auch in AD wider.

Dieser Vergleich zweier Kennzahlen soll über das gegebene Beispiel hinaus eine wichtige Funktion der Formalisierung theoretischer Konzepte verdeutlichen: Ausgangspunkt für die Definition von mittlerer Abweichung und Standardabweichung war ein zunächst nur diffuses Verständnis von „Streuung". Der Versuch, diese Vorstellung zu formalisieren, führte zu zwei Alternativen, die, auf den ersten Blick besehen, vielleicht gleichwertig erschienen. Eine Analyse der formalen Eigenschaften zeigte jedoch wichtige Unterschiede auf. Jetzt muss also der Theoretiker entscheiden, welche Formalisierung am ehesten seiner Vorstellung entspricht. Auf diese Weise wird er dazu gezwungen, seine Überlegungen in einer Richtung zu präzisieren, an die er zuvor vielleicht gar nicht gedacht hat. Wir können diesen Punkt zusätzlich verdeutlichen, indem wir weitere formale Eigenschaften der Standardabweichung s (s. oben Gleichung 3-12) und des Variationskoeffizienten V_x (s. oben Gleichung 3-13) miteinander vergleichen.

Besonderheiten dieser beiden Koeffizienten werden deutlich, wenn man sich anschaut, welche Konsequenzen sich jeweils im Falle von Datentransformationen ergeben. Betrachten wir zunächst den Fall, in dem allen Werten x_i ein konstanter Betrag c hinzugefügt wird. Dann gilt:

(3-14)   Aus $x' = x + c$ folgt $s_{x'} = s_x$,
            aber $V_{x'} < V_x$, falls c > 0, und $V_{x'} > V_x$, falls c < 0

Wenn zu allen Werten einer Verteilung eine Konstante c hinzuaddiert wird, verändert sich auch der Mittelwert um diese Konstante, die Standardabweichung bleibt jedoch (wegen gleichbleibender Differenzenbeträge) gleich. In V aber verändert sich (bei gleichbleibendem Zähler) der Nenner ($\bar{x}$), folglich auch V selbst.

Anders verhält es sich, wenn alle Werte mit einem bestimmten Faktor b > 0 multipliziert werden:

(3-15)   Aus $x' = bx$ folgt $s_{x'} = b \cdot s_x$ und $(s_{x'})^2 = b^2(s_x)^2$, aber $V_{x'} = V_x$, denn Zähler (Standardabweichung) und Nenner (arithm. Mittel) vergrößern sich um den gleichen Faktor *b*.

Wenn alle Werte sich um das b-fache vergrößern, vervielfachen sich auch die Differenzen zwischen den einzelnen Werten um den Faktor b, und die Streuung (Standardabweichung) vergrößert sich folglich ebenfalls in diesem Maße. Die Verhältnisse zwischen den Messwerten verändern sich aber nicht. Wenn eine Person A doppelt so viel verdient hat wie Person B (z. B. 20 Euro pro Stunde versus 10 Euro pro Stunde), so gilt das Verhältnis von 2:1 auch nach der Multiplikation mit, beispielsweise, dem Faktor 1,5 : (30/15) = 2. Wenn einem die Konstanz der Verhältnisse wichtiger ist (aussagekräftiger erscheint) als die Konstanz der absoluten Beträge, wird man beim Vergleich zweier Verteilungen den Variationskoeffizienten statt der Standardabweichung als Maßzahl nehmen. Ob einem die Konstanz der Proportionen wichtiger ist als die Konstanz der Differenzen, muss aber der Theoretiker oder die Theoretikerin (oder Politiker) entscheiden, nicht der Statistiker. Der sagt nur, durch welche Maßzahl welches theoretische Konzept eher realisiert wird.

Eine Datentransformation, die man bei statistischen Analyseverfahren häufig vornimmt (wie wir in späteren Kapiteln noch sehen werden), ist die sog. *Standardisierung* der Messwerte; sie werden dann oft als „z-Werte" bezeichnet:

(3-16) $z_i = (x_i - \bar{x}) / s_x$

Durch diese Transformation schafft man für unterschiedlich skalierte Variablen eine einheitliche Maßeinheit: Jede Ausprägung erhält nun ihren Messwert z_i dadurch, dass man feststellt, wie viele Standardabweichungen (in ganzen oder gebrochenen Zahlen) sie vom arithmetischen Mittel entfernt liegt (oberhalb oder unterhalb, positiv oder negativ). Die so standardisierten Messwerte erhalten dadurch als arithmetisches Mittel den Wert 0 und als Standardabweichung den Wert „1". (Weiteres hierzu in Kap. 4.2.4)

3.3   Exkurs: Momente

Arithmetisches Mittel und Varianz lassen sich in die begrifflich übergeordnete Systematik der sog. *Momente* einfügen. Wir wollen hier lediglich die Terminologie erläutern, ohne die Sache selbst näher zu erörtern. Man unterscheidet *Momente um den Ursprung* und *Momente um den Mittelwert* bzw. *zentrale Momente*. Das arithmetische Mittel wird als *Moment 1. Ordnung um den Ursprung* bezeichnet, die Varianz als *zentrales Moment 2. Ordnung*. Das *zentrale Moment 1. Ordnung* ist gleich Null definiert (da die Summe der Abweichungen der beobachteten Werte vom arithm. Mittel gleich null ist). Mit dieser Systematik gewinnt man zusätzliche Kenngrößen, die noch andere Aspekte der Verteilung summarisch beschreiben. So z. B. wird aus dem zentralen Moment dritter Ordnung, M(3), ein sog. *Schiefekoeffizient* (engl. *scewness*) abgeleitet:

$$(3\text{-}17) \quad M(3) = \frac{1}{n} \sum_{i=1}^{n} (x_i - \bar{x})^3$$

Den Schiefekoeffizienten erhält man, indem man M(3) durch die dritte Potenz der Standardabweichung dividiert:

$$(3\text{-}18) \quad \text{Schiefe} = \frac{1}{s_x^3} \frac{1}{n} \sum_{i=1}^{n} (x_i - \bar{x})^3 = \frac{1}{n} \sum_{i=1}^{n} z_i^3$$

Positive Schiefewerte zeigen an, dass die X-Werte *rechtsschief* (= *linkssteil,* s. Abb. 2.10g)) verteilt sind; negative Schiefewerte indizieren eine linksschiefe (= *rechtssteile,* s. Abb. 2.10 h)) Verteilung. Im Falle einer symmetrischen Verteilung ergibt sich ein Schiefekoeffizient von Null. Die Schiefe der Verteilung spielt, wie wir noch sehen werden, u. a. im Kontext wahrscheinlichkeitstheoretischer (inferenzstatistischer) Überlegungen eine Rolle[17].

Analog zu (3-18) ist auch für die *Steilheit* oder *Wölbung* (engl. *excess* oder *kurtosis*) eine Kennzahl definiert:

$$(3\text{-}18) \quad \text{Kurtosis} = \frac{1}{n} \sum_{i=1}^{n} z_i^4$$

Eine Kurtosis < 3 indiziert eine mehr nach außen gewölbte (also flachere, breitgipflige Verteilung), eine Kurtosis > 3 eine mehr nach innen gewölbte (also steile, schmalgipflige) Verteilung. Um den Trennungspunkt nicht bei „3", sondern bei „0" anzusiedeln, fügen einige Autoren der Gleichung (3-19) die Konstante (3) hinzu.

Literatur

Benninghaus, Hans. 2005. *Einführung in die sozialwissenschaftliche Datenanalyse.* München: Oldenbourg (7. Auflage).

Kühnel, Steffen und Dagmar Krebs. 2018. *Statistik für die Sozialwissenschaften.* Grundlagen, Methoden, Anwendungen. Reinbek: rowohlt (8. Auflage).

Müller-Benedict, Volker. 2011. *Grundkurs Statistik für Sozialwissenschaften.* Wiesbaden: Springer VS (5. Auflage).

---

17 Hinzuweisen ist auch auf ein intuitiv leichter zugängliches Schiefemaß (von Pearson): PSM = ($\bar{x}$ − Modus)/s_x (siehe z. B. Litz 1997, S. 98).

Litz, Peter. 1997. *Statistische Methoden in den Wirtschafts- und Sozialwissenschaften*. München: Oldenbourg.

Thome, Helmut. 2002. Kriminalität im Deutschen Kaiserreich, 1883–1902. Eine sozialökologische Analyse. *Geschichte und Gesellschaft* 28: 519–553.

Thome, Helmut. 2010a. Violent crime (and suicide) in Imperial Germany, 1883–1902: Quantitative analyses and a Durkheimian interpretation. *International Criminal Justice Review* 20: 5–34.

Glossar zu Kapitel 3

Arithmetisches Mittel: ein spezifisches → *Lagemaß*, das für Variablen mit metrischem Messniveau berechnet werden kann: Summe aller Werte einer Variablen dividiert durch die Zahl der Fälle, für die die Summe gebildet wurde.

Box-Plot: Grafische Darstellung wichtiger Verteilungsmerkmale einer metrischen Variablen. Das Wertespektrum, in dem die mittleren 50 % aller Fälle lokalisiert sind, wird durch einen rechteckigen Kasten (*Box*) dargestellt, dessen äußere Kanten beim 25 % – und beim 75 % – Quantil (→ *Quantil*) liegen und somit den → *mittleren Quartilsabstand* markieren. Innerhalb der Box ist der → *Median* (bzw. das 50 %-Quantil) eingezeichnet. Weitere Markierungen außerhalb der Box dienen der Kennzeichnung von besonders niedrigen oder hohen Werten innerhalb der Verteilung.

Centile: →*Quantile*

Dezile: → *Quantile*

Geometrisches Mittel: Durchschnittlicher Multiplikator einer Serie von n multiplikativ miteinander verknüpften Zuwachsgrößen (siehe z. B. die Abfolge jährlicher Inflationsraten), berechnet als die n-te Wurzel des Produkts der n Multiplikatoren.

Häufigkeitsdichte: relative Häufigkeit all der Fälle, deren Werte innerhalb eines bestimmten Intervalls (Werte-Klasse) liegen, dividiert durch die Klassenbreite.

Lagemaße (Lokalisationsmaße): Sammelbegriff für Maßzahlen, die die die „zentrale Tendenz" der Verteilung der Werte einer Variablen kennzeichnen, insbes. → *Modus*, → *Median* und → *arithmetisches Mittel*.

Median: Ausgangspunkt für die Bestimmung des Medians ist die nach der Größe ihrer jeweiligen Werte geordnete Auflistung aller gegebenen Fälle. Der Median soll so bestimmt werden, dass unterhalb seines Wertes ebenso viele Fälle (mit niedrigeren Werten) wie oberhalb seines Wertes (mit höheren Werten) registriert sind. Bei einer ungeraden Anzahl von Fällen ist als „Median" der Wert desjenigen Falles definiert, der genau in der Mitte dieser Verteilung positioniert ist. Bei einer geraden Anzahl von Fällen ist der Median gleich dem → *arithmetischen Mittel* der Werte, die die beiden mittleren Fälle aufweisen. Komplikationen bei der Bestimmung des Medians können sich ergeben, wenn viele im mittleren Bereich lokalisierten Fälle den gleichen Wert aufweisen, was vor allem bei gruppierten (klassierten) Daten zu erwarten ist (wie im Text erläutert).

Medianintervall: Der Begriff kennzeichnet die zentrale Tendenz in der Häufigkeitsverteilung gruppierter (klassierter) Daten. Ähnlich wie bei nicht gruppierten Daten wird hierbei diejenige Werteklasse als *Medianintervall* bestimmt, in der die kumulierte Häufigkeit erstmals über 50 % ansteigt.

Mittlere Quadratische Abweichung (MQA), engl. *Mean Squared Deviation,* MSD): Streuungsmaß, das sich ergibt, wenn die → *Summe der Abweichungsquadrate* (SAQ) durch die Zahl n der in sie einbezogenen Fälle dividiert wird. Diese Größe wird häufig auch als → *Varianz* bezeichnet.

Modus (auch *Modalwert*): derjenige Wert, der unter den registrierten Werten einer Variablen am häufigsten auftritt.

Momente: Man unterscheidet *Momente um den Ursprung* und *Momente um den Mittelwert.* Momente des ersten Typs bezeichnen den Durchschnitt aller realisierten Werte einer Variablen, die mit unterschiedlichen Exponenten k = 0, 1, 2 … potenziert sein mögen (x^k). Das → *arithmetische Mittel* ist somit das Moment 1. Ordnung (da k = 1); der Durchschnitt der quadrierten X-Werte ist das Moment 2. Ordnung usw. Momente des zweiten Typs beziehen sich auf den jeweiligen Durchschnittswert, den man für unterschiedlich potenzierte Differenzen zwischen den einzelnen Beobachtungswerten und ihrem arithmetischen Mittel berechnen kann. Die → *Varianz* ist somit das zweite Moment um den Mittelwert (die Differenzen werden quadriert, k = 2). Das *erste* Moment um den Mittelwert ist immer gleich null, da die Summe der Abweichungen der beobachteten Werte vom arithm. Mittel gleich null ist. Das *dritte* Moment um den Mittelwert (mit k = 3) ist Ausgangsgröße für die Definition des → *Schiefekoeffizienten,* den man erhält, indem man das Moment 3. Ordnung durch die 3. Potenz der → *Standardabweichung* dividiert.

Quantil (Quantilswert): ist die kleinste Ausprägung einer Variablen, für die gilt, dass bei ihr ein (aus welchen Gründen auch immer) vorgegebener Anteilswert der kumulierten Verteilung erreicht wird. In der Praxis betrachtet man vor allem die als *Dezile* (von 10 %, 20 %, …, 90 %, 100 %) oder *Centile* (1 %, 2 %, …, 99 %, 100 %) bezeichneten kumulierten Anteilsgrößen.

Quartile (Quartilswerte): Als solche bezeichnet man diejenigen → *Quantilswerte,* mit denen die gemäß ihrer Variablen-Werte aufsteigend angeordneten Fälle sich in vier gleich große Teilgruppen einordnen lassen. Das erste Quartil, (Q_1) entspricht somit dem 25 %-Quantil der Verteilung, das zweite (Q_2) dem Median (50 %-Quantil), das dritte (Q_3) dem 75 %-Quantil.

Quartilsabstand (mittlerer): Differenz zwischen dem ersten und dem dritten → *Quartilswert* ($Q_3 - Q_1$) in der kumulierten relativen Häufigkeitsverteilung.

Schiefekoeffizient: Maßzahl, die den Grad der Schiefe in der Häufigkeitsverteilung der Variablenwerte anzeigt. Positive Schiefewerte (s. Gleichung (3-18) indizieren rechtsschiefe (linkssteile), negative eine linksschiefe (rechtssteile) Verteilung. Je näher die Schiefewerte bei null liegen, umso geringer die Schiefe; der Wert „0" zeigt eine symmetrische Verteilung an (s. Abb. 2.10, Kap. 2).

Spannweite (engl. „range"): ein relativ grobes → *Streuungsmaß,* das als die Differenz zwischen dem größten und dem kleinsten Messwert einer Verteilung definiert ist.

Standardabweichung: die Quadratwurzel der → *Varianz.*

Streuungsmaße: Kenngrößen, die angeben, wie breit die realisierten Werte einer Variablen um deren zentrale Tendenz (bspw. das arithm. Mittel) verteilt sind. Beispiele hierfür sind der → *Quartilsabstand* oder die → *Varianz.*

Summe der Abstands-Quadrate (SAQ_x), engl. *Sum of Squares* (SS_x): Summe der quadrierten Abweichungen der beobachteten (interessierenden) Werte um das arithmetische Mittel. Diese Kenngröße wird auch als *Variation* bezeichnet.

Varianz: wird in der deskriptiven Statistik häufig gleichgesetzt mit der → *Mittleren Quadratischen Abweichung* (MQA). Einige Autoren reservieren den Begriff der „Varianz" als Kennzeichnung einer (inferenzstatistischen) Schätzgröße, die sich aus einer modifizierten Berechnung ergibt: die → *Summe der Abstandsquadrate* (SAQ) wird dann nicht durch die Fallzahl n, sondern durch n − 1 dividiert.

Variation: → *Summe der Abstandsquadrate* (SAQ_x)

Variationskoeffizient: Kennzahl (V_x) für die „relative Streuung" innerhalb einer Häufigkeitsverteilung; sie ergibt sich aus der Division der → *Standardabweichung* durch das → *arithmetische Mittel.*

Bivariate Verteilungen I: Elementare Tabellenanalyse und Zusammenhangsmaße

4

Historische und sozialwissenschaftliche Fragestellungen, sofern man ihnen überhaupt auf der Basis empirischer Daten nachgehen möchte, sind selten allein durch die Analyse univariater Verteilungen zu bearbeiten. Sie richten sich vielmehr auf vermutete Beziehungen zwischen zwei und mehr Variablen. Man möchte z. B. nicht nur wissen, wie sich die Frankfurter Nationalversammlung konfessionell zusammensetzte, sondern auch, ob das Abstimmungsverhalten der Abgeordneten mit ihrer Konfessionszugehörigkeit „zusammenhing". Des Weiteren möchte man vielleicht untersuchen, ob der eventuelle Einfluss der Konfessionszugehörigkeit auf das Abstimmungsverhalten je nach Wahlregionen unterschiedlich stark ausgeprägt war (siehe Kap. 5). Solche Fragen können nur mit Hilfe *gemeinsamer* Verteilungen (*joint distributions*) mehrerer Variablen beantwortet werden. Wir wollen in diesem und dem folgenden Kapitel einige elementare Techniken erläutern, derer man sich bei solchen Analysen bedienen kann.

In Kap. 4 beschränken wir uns auf die Betrachtung gemeinsamer Verteilungen von zwei Variablen (bivariate Verteilungen). Trivariate Verteilungen werden ausführlich in Kap. 5 erörtert.

In Abschn. 4.1 wird gezeigt, wie sich gemeinsame Verteilungen a) nichtmetrischer und b) metrischer Variablen anschaulich darstellen lassen. Die folgenden Abschnitte erläutern (zunächst nur deskriptiv benutzte) statistische Kennzahlen, die charakteristische Merkmale gemeinsamer Verteilungen zweier Variablen ausdrücken.

Zusatzmaterial online
Zusätzliche Informationen sind in der Online-Version dieses Kapitel (https://doi.org/10.1007/978-3-658-30954-1_5) enthalten.

4.1 Darstellungsformen bivariater Verteilungen: Zweidimensionale Tabellen und Streudiagramme

Gemeinsame Verteilungen von Variablen mit nichtmetrischem Skalenniveau können in Form sog. *Kontingenztabellen* (Kreuz-, Assoziations-, Korrelationstabellen) dargestellt werden (Abschn. 4.1.1). Metrische Daten lassen sich durch Punkte in einem Koordinatenkreuz repräsentieren (Abschn. 4.1.2).

4.1.1 Zweidimensionale Tabellen: Struktur und Terminologie

Mit dem Schema Abb. 4.1 und dem konkreten Beispiel in Tab. 4.1 lässt sich das Format zweidimensionaler Tabellen erläutern.

	Spaltenvariable X ($n_{.j}$)			
	x_1	x_2	x_3	
y_1	f_{11}	f_{12}	f_{13}	$n_{1.}$
y_2	f_{21}	f_{22}	f_{23}	$n_{2.}$
Zeilenvariable Y ($n_{i.}$) $\quad y_3$	f_{31}	f_{32}	f_{33}	$n_{3.}$
y_4	f_{41}	f_{42}	f_{43}	$n_{4.}$
	$n_{.1}$	$n_{.2}$	$n_{.3}$	n

Abbildung 4.1 Schema des Aufbaus einer zweidimensionalen Tabelle. f_{ij} = Häufigkeit der Fälle mit Ausprägung y_i und x_j (Quelle: eigene Darstellung)

Tabelle 4.1 Formale Schulbildung und Wanderungsintensität (Reichstagsabgeordnete 1912, (Datensatz ZA8006) (Quelle: eigene Darstellung)

			Bildung			
			niedrig	mittel	hoch	Gesamt
Wanderungsintensität	niedrig	Anzahl	35	25	103	163
						38,9%
	mittel	Anzahl	38	15	114	167
						39,9%
	hoch	Anzahl	16	13	60	89
						21,2%
Gesamt		Anzahl	89	53	277	419
			21,2%	12,6%	66,1%	100,0%

Die Tabelle besteht aus einer Kreuzung von r Zeilen ($r \geq 2$) und c Spalten ($c \geq 2$). Deshalb spricht man auch von einer (r mal c)-Tabelle (*row* = Zeile, *column* = Spalte). Die Zahl der Spalten und Zeilen richtet sich nach der Zahl der Ausprägungen (evtl. nach Zusammenfassung vorher getrennter Kategorien) der beteiligten Variablen. In unserem Beispiel haben die Spaltenvariable „Schulbildung" und die Zeilenvariable „Wanderungsintensität" jeweils drei Ausprägungen, nachdem einige Kategorien zusammengefasst worden sind. Das ergibt eine (3×3)-Tabelle mit neun *Zellen* (den inneren Feldern). Jede Zelle ist durch einen doppelten Index gekennzeichnet. In diesem Falle bezeichnen wir mit dem ersten Index „i" die durchnummerierten Ausprägungen der Zeilenvariable, mit dem zweiten Index „j" die Ausprägungen der Spaltenvariable. (Gelegentlich benutzen wir „i" auch als Fallindex und andere Buchstaben als Variablenindex; das ist aber aus dem jeweiligen Kontext ersichtlich.) Die Angabe $f_{32} = 13$ in Tab. 4.1 besagt also, dass 13 der 419 klassifizierbaren Abgeordneten (für einige Abgeordnete fehlen entsprechende Informationen) einen hohen Grad an räumlicher Mobilität aufweisen und eine mittlere Schulbildung erreicht haben. Die an den Zeilen- und Spaltenenden eingetragenen Häufigkeiten $n_{i.}$ und $n_{.j}$ bezeichnet man als *Randverteilungen* (*marginal distributions*). Das sind (im Falle zweidimensionaler Tabellen) die univariaten Häufigkeitsverteilungen der Zeilenvariable und der Spaltenvariable, s. Tab 2.1c für die Variable „Schulbildung". Die Zusammenstellung der Häufigkeiten in einer Spalte oder einer Zeile innerhalb der Tabelle nennt man *bedingte Häufigkeitsverteilungen* (*conditional distributions*). So finden wir in Spalte 2 unserer Beispieltabelle (Tab. 4.1) die Häufigkeitsverteilung der Wanderungsintensität ausschließlich für diejenigen Abgeordneten, die eine mittlere Schulbildung aufweisen. Mit anderen Worten: es handelt sich um die (bedingte) Häufigkeitsverteilung $f(Y|x_2)$ der Zeilenvariable Y unter der Bedingung, dass die Fälle bzgl. der Spaltenvariable X die zweite Ausprägung aufweisen.

Welche Variable als Zeilen- und welche als Spaltenvariable eingesetzt wird, ist im Prinzip gleichgültig. Für den Fall, dass der Forscher eine Merkmalsdimension als die (kausal) bedingende („unabhängige") Variable X ansehen will, die einen „Einfluss" auf die andere Merkmalsdimension („abhängige" Variable Y) ausübt, hat sich in den Sozialwissenschaften die Konvention eingespielt, X als Spalten- und Y als Zeilenvariable einzusetzen. Wenn die Variablen auf nominalem Niveau gemessen worden sind, ist die Anordnung der jeweiligen Merkmalsausprägungen (der qualitativen Kategorien) gleichgültig. Bei ordinalen Daten (wie in unserem Beispiel) muss die Rangordnung der Ausprägungen eingehalten werden. Dabei folgt man üblicherweise der Regel, die Rangstufen, beginnend mit dem niedrigsten Rang, von links nach rechts (Spaltenvariable) und von oben nach unten (Zeilenvariable) anzuordnen. Das ermöglicht es, Aussagen über „Beziehungen", „Zusammenhänge" zwischen Variablen auf ein einheitliches Grundmuster zu beziehen (siehe vor allem Abschn. 4.2.3).

Die Tabelle 4.1 wurde mit dem Kommando

CROSSTABS TABLES = Wandern BY Bildung.

erzeugt. Man kann mit Subkommandos u. a. verschiedene Prozentuierungen (z. B. Spalten- oder Zeilenprozentuierung oder beides) und mit dem Subkommando STATISTICS verschiedene Assoziationsmaße anfordern. Davon werden wir später noch Gebrauch machen.

Auf den ersten Blick ist es nicht leicht, in unserer Beispieltabelle eine Beziehung zwischen den beteiligten Variablen zu entdecken oder eine entsprechende Hypothese als nicht bestätigt zu erkennen (Hypothesentests im formalen Sinne gehören allerdings in den Bereich der schließenden Statistik). Nimmt die Migrationsneigung mit dem Grad der Schulbildung zu oder nicht? Bei großen Tabellen (mit mehr Zellen) wird es im Allgemeinen noch schwieriger, die Vielzahl der Informationen, die den Zellenbesetzungen zu entnehmen sind, so zu verdichten, dass die für die jeweilige Fragestellung entscheidenden Merkmale deutlich hervortreten. Wie schon im Falle univariater Verteilungen helfen uns auch hier wieder spezifische Kennzahlen, von denen wir einige in Abschn. 4.2 besprechen werden.

4.1.2 Streudiagramme (*Scatterplots*)

Metrische Daten lassen sich nur dann in Tabellen darstellen, wenn sie gruppiert sind, also in wenigen Merkmalsklassen zusammengefasst sind. Will man einen solchen Informationsverlust nicht als Voraussetzung der Darstellungsweise akzeptieren, bleibt der Ausweg des Streudiagramms (*Scatterplot*). Abb. 4.2 zeigt die bivariate Verteilung der Variablen Y: Prozentanteile der SPD-Stimmen in den Wahlkreisen bei der Reichstagswahl 1912 und X: Prozentanteile der in Industrie und Gewerbe Beschäftigten (nebst Angehörigen) an der Bevölkerung im jeweiligen Wahlkreis (Erhebung im Jahr 1907).

Ein solches Streudiagramm kann in SPSS in der einfachsten Version wie folgt angefordert werden (hier mit den Variablennamen, die im Datensatz vorgegeben sind):

```
GRAPH
   /SCATTERPLOT(BIVAR) = kbe07igp WITH spd12p
```

Für jeden der n Wahlkreise ist a) auf der Abszisse der Wert x_j (j = 1,2, …,n) des Industrialisierungsgrades, b) auf der Ordinate der Stimmenanteil y_i (i = 1,2, …,n) des jeweiligen SPD-Kandidaten abzulesen. Die von den Werten x_j und y_i ausgehenden Koordinaten bilden Schnittpunkte $(x_j; y_i)$, die im Diagramm als Punkte wiedergegeben werden und jeweils einen Wahlkreis repräsentieren. Wir folgen der Konvention, die als *unabhängig* angesehene Variable durch die Abszissenwerte, die *abhängige* Variable durch die Ordinatenwerte darzustellen. Im Unterschied zu den vorangegangenen Beispielen sind die Untersuchungseinheiten diesmal nicht Personen (Individualdaten), sondern Wahlkreise (Kollektive, Aggregatdaten).

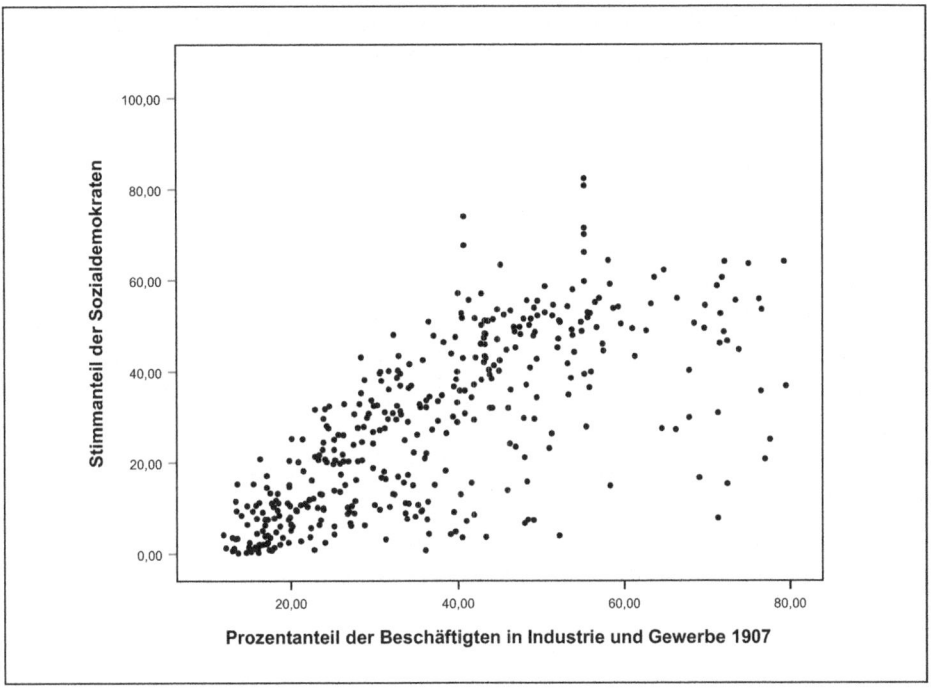

Abbildung 4.2   Industriebeschäftigte (1907) vs. SPD-Stimmenanteil (1912). (Datensatz ZA8145_
wdk_1912, Industrieb. = Variable kbe07igp, SPD-Stimmen = Variable spd12p) (Quelle: eigene
Darstellung)

Das abgebildete Streudiagramm zeigt, wenig überraschend, dass die SPD tendenziell
(durchschnittlich) umso mehr Stimmen erhielt, je größer der Anteil der in Industrie
und Gewerbe Beschäftigten war. In Abschn. 4.2.4 und in Kap. 6 werden wir Verfahren erläutern, einen solchen Zusammenhang durch statistische Kennzahlen genauer
zu charakterisieren.

4.2   Statistische Kennziffern für den Zusammenhang zweier Variablen

Mit bi- und mehr-variaten (multi-variaten) Verteilungen will man die Struktur der
Beziehung zwischen mehreren Variablen aufdecken. Nun kann man aber eine Variablenbeziehung in recht unterschiedlicher Weise theoretisch deuten und formulieren.
So drückt z. B. die These: „Je größer X, desto größer Y" einen *monotonen* (im Spezialfall einen *linearen*) Zusammenhang aus, in diesem Falle einen *positiven*. Die These: „Je größer X, desto kleiner Y" zielt dagegen auf einen *negativen* Zusammenhang.
Für manche Variablenbeziehungen wird man aber eher einen zwar monotonen, aber

nichtlinearen, oder einen nicht monotonen, *kurvenförmigen* Zusammenhang annehmen wollen, z. B. nach den in Abb. 4.3 gezeigten Mustern.

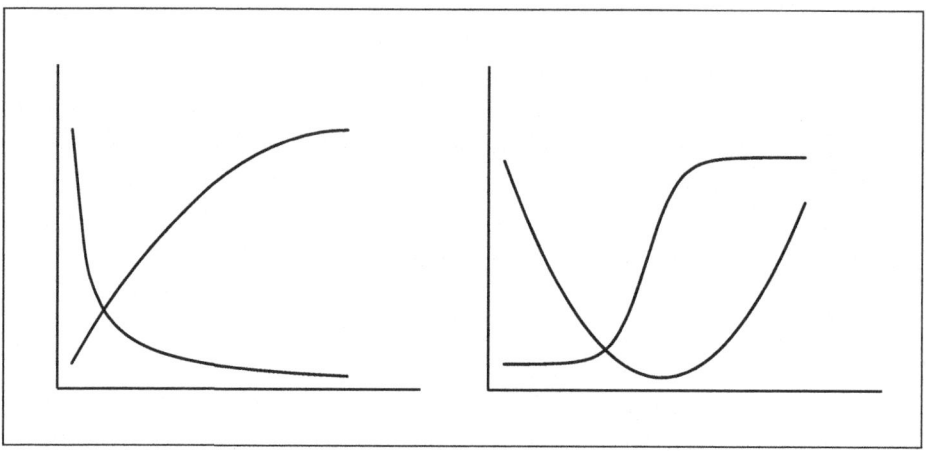

Abbildung 4.3   Nichtlineare bzw. kurvenförmige Beziehungen (Quelle: eigene Darstellung)

Gleichgültig, ob die Beziehung eine lineare oder irgendeine nichtlineare Form aufweist, man wird in den Sozialwissenschaften nicht davon ausgehen, dass der Zusammenhang *deterministischer* Natur ist. Man wird „Ausnahmen" oder „Fehler" (nicht
korrekte Messungen, fehlende Informationen) einräumen, den vermuteten Zusammenhang als „Tendenz" interpretieren, die Abweichungen zulässt. Dann ist es aber
auch nötig, von der unterschiedlichen *Stärke* eines Zusammenhangs zu sprechen und
Maßzahlen zu entwickeln, die die Stärke relativ zur Form der Beziehung ausdrücken.
Aussagen über lineare bzw. monotone Beziehungen setzen aber ein metrisches oder
zumindest ordinales Messniveau voraus. Was kann man also überhaupt unter einem
Zusammenhang nominal skalierter Variablen verstehen? Das werden wir weiter unten noch zu klären versuchen.

    Für jedes Messniveau ist eine Vielzahl statistischer Maßzahlen entwickelt worden,
die die Stärke des Zusammenhangs zweier (oder mehrerer) Variablen ausdrücken
sollen, dabei aber auch unterschiedliche Aspekte gemeinsamer Verteilungen diffe-
rentiell hervorheben. Das bedeutet, dass der Theoretiker sich über seine Hypothesen
und Fragestellungen im Klaren sein sollte, wenn er sich für bestimmte Maßzahlen
entscheidet. Es bedeutet aber auch, dass er über einige formale Eigenschaften der
Maßzahlen Bescheid wissen muss, um sie theorieadäquat einsetzen zu können. Vielleicht wird er sogar erst über die Kenntnis formaler Eigenschaften statistischer Maßzahlen dazu angeregt, seine theoretischen Überlegungen zu präzisieren.

    Wir beschränken uns in diesem Skript auf eine kleine Auswahl konventioneller
Maßzahlen, die innerhalb der Geschichts- und Sozialwissenschaften bis heute relativ häufig eingesetzt werden. (Einen breiter angelegten Überblick gibt z. B. Reynolds

1977a) Komplexere Analysemodelle (siehe z. B. Hildebrand/Laing/Rosenthal 1977; Fienberg 2007) werden wir hier nicht darstellen, da das nur mit einem größeren technischen und mathematischen Aufwand möglich wäre. Wir wollen aber wenigstens auf eine besonders relevante Modellgruppe hinweisen, die *log-linearen* und *logistischen Modelle*, mit denen der auf metrische Variablen ausgerichtete regressionsanalytische Ansatz (s. Kap. 6 und 11.2) auch für Zusammenhangsanalysen auf der Basis von Kontingenztabellen nutzbar gemacht werden kann (siehe z. B. den Sammelband von Andreß et al. 1997).

4.2.1 Zum Einstieg: Prozentsatzdifferenz und Odds-Ratio

Die Prozentsatzdifferenz dürfte für Nicht-Statistiker wohl die anschaulichste und formal einfachste Maßzahl darstellen, mit der ein Zusammenhang zweier Variablen ausgedrückt werden kann, zumindest wenn diese jeweils nur zwei Ausprägungen aufweisen. Die gemeinsame Verteilung zweier Variablen mit jeweils zwei Ausprägungen lässt sich, wie in Abschn. 4.1.1 gezeigt, in Form einer Vier-Felder-Tafel, einer (2×2)-Tabelle, darstellen. Betrachten wir als Beispiel die Kreuzklassifizierung der Variablen „Konfession" (Variable Y) und „Stand" (Variable X) der Reichstagsabgeordneten von 1912. Die Variable Y wurde dichotomisiert: alle Nicht-Protestanten wurden zu einer Gruppe zusammengefasst. Auch der „Stand" weist nur zwei Kategorien auf: „bürgerlich" und „adelig".

Tabelle 4.2 Bivariate Verteilung von Konfession und Stand der Reichstagsabgeordneten (Spaltenprozentuierung) (Quelle: eigene Darstellung)

			Stand		
			bürgerlich	adelig	Gesamt
Konfession	protestantisch	Anzahl	172	40	212
		% innerhalb von Stand	43,4%	60,6%	45,9%
	andere	Anzahl	224	26	250
		% innerhalb von Stand	56,6%	39,4%	54,1%
Gesamt		Anzahl	396	66	462
		% innerhalb von Stand	100,0%	100,0%	100,0%

In jeder Zelle sind die absoluten Häufigkeiten eingetragen, mit der eine bestimmte Merkmalskombination auftritt. So z. B. ist erkennbar, dass von den 462 Abgeordneten 172 bürgerlich *und* protestantisch sind. Außerdem erfahren wir, dass damit 43,4 % aller 396 bürgerlichen Abgeordneten protestantisch sind (wieviel Prozent der

212 Protestanten dem bürgerlichen Lager angehören, zeigt Tab. 4.3). Mit den bedingten bivariaten Verteilungen der relativen bzw. der prozentuierten Häufigkeiten kann
die Frage beantwortet werden: Besteht ein „Zusammenhang" zwischen den beiden
Variablen X (Standeszugehörigkeit) und Y (Konfessionszugehörigkeit)? Wenn *alle*
396, also 100 % der bürgerlichen Abgeordneten, aber kein einziger (0 %) der 66 adligen Abgeordneten protestantisch wären, läge es nahe, dies als einen „perfekten" Zusammenhang anzusehen. (Die Zellen rechts oben und links unten wären mit keinem
einzigen Fall besetzt) Wenn dagegen z. B. 60 % der bürgerlichen Abgeordneten wie
auch 60 % der adligen Abgeordneten Protestanten wären, läge es ebenso nahe, dies
als einen perfekten Nicht-Zusammenhang zu interpretieren. Und der läge auch dann
vor, wenn statt der 60 % in *beiden* Gruppen 40 % oder 30 % oder irgendein anderer
gleicher Prozentanteil der bürgerlichen wie der adligen Abgeordneten Protestanten
wären. In der Realität wird man sich in der Regel zwischen diesen beiden Extremen
bewegen, so wie in Tab. 4.2: 60,6 % der Adligen, aber „nur" 43,4 % der Bürgerlichen
sind Protestanten.

Damit kommen wir zu einer ersten formalen Bestimmung des statistischen Zusammenhangsbegriffs: Ein Zusammenhang zwischen zwei kreuzklassifizierten Variablen liegt vor, wenn die bedingten Verteilungen ihrer relativen Häufigkeiten unterschiedlich sind – wie in unserem Beispiel: die Konfessionszugehörigkeit ist bei den
Adligen anders verteilt als bei den Bürgerlichen. Äquivalent hierzu: Falls *kein* Zusammenhang besteht, sind die bedingten Verteilungen gleich und folglich auch mit
den jeweiligen Randverteilungen identisch. Während man die perfekte Unabhängigkeit (Nicht-Zusammenhang) zweier Variablen über die Identität der bedingten Verteilungen exakt definieren kann, lässt sich, wie noch deutlich werden wird, ein perfekter Zusammenhang nur für solche Variablen eindeutig definieren, die die gleiche
Zahl von Ausprägungen aufweisen, in ihrer Kreuzklassifikation also quadratische Tabellen bilden. Mit *bedingt* ist hier zunächst einmal noch keine Kausalitätsbehauptung,
sondern nur eine verteilungsstatistische Beobachtung gemeint. In der Tab. 4.2 liegen
zum einen zwei bedingte Verteilungen der Variablen Y (Konfession) vor: die Verteilung der Protestanten und Nicht-Protestanten a) unter den bürgerlichen, b) unter
den adligen Abgeordneten, $f(Y|x_1)$ und $f(Y|x_2)$. Hinzu kommen zwei bedingte Ver-
teilungen der Variablen X (Stand): diejenige der bürgerlichen und adligen Abgeord-
neten a) unter den Protestanten: $f(X|y_1)$, b) unter den Nicht-Protestanten: $f(X|y_2)$,
s. unten in Tab. 4.3 die entsprechenden Prozentangaben. Ob überhaupt und, wenn ja,
in welcher Richtung man eine kausale Interpretation vornehmen will, bleibt zunächst
einmal eine offene Frage, die vor allem der Theoretiker oder die Theoretikerin beantworten muss, auch wenn er oder sie dazu empirisch-statistische Informationen heranziehen kann.

Der bis hierhin noch sehr allgemeinen Explikation des Zusammenhangsbegriffs
fügen die verschiedenen *Assoziations-* oder *Korrelationskoeffizienten* (von denen wir
hier noch einige vorstellen werden) bestimmte mehr oder weniger einschneidende
Spezifikationen (oder Restriktionen) hinzu. Aber Unterschiede der bedingten Vertei-

lungen bleiben ein zentraler Bezugspunkt jeder Zusammenhangsanalyse. Die Frage ist also, wie man Unterschiede der bedingten Verteilungen zusammenfasst und quantitativ präzisiert.

Im Falle einer Vier-Felder-Tafel ist das mit Hilfe der *Prozentsatzdifferenz* in einem ersten Schritt einfach zu bewerkstelligen. Relative Häufigkeiten lassen sich unmittelbar in prozentuierte Häufigkeiten umrechnen. Da jede der beiden Variablen mit zwei Ausprägungen auftritt, kann der Unterschied der beiden bedingten Verteilungen mit einer einzigen Prozentsatzdifferenz ausgedrückt werden, denn die relativen Häufigkeiten müssen sich ja zu 1 bzw. zu 100 % summieren. In unserem Beispiel (Tab 4.2) sind 60,6 % der adeligen, aber nur 43,4 % der bürgerlichen Abgeordneten protestantisch. Daraus ergibt sich eine Prozentsatzdifferenz von

$$(4\text{-}1) \quad d\% = 60{,}6\,\% - 43{,}4\,\% = 17{,}2\,\%$$

Die zweite Prozentsatzdifferenz: $39{,}4\,\% - 56{,}6\,\% = -17{,}2\,\%$ hat den gleichen Absolutbetrag, drückt also dieselbe Zusammenhangsstärke aus. In der Vier-Felder-Tafel hat d % als Zusammenhangsmaß klar definierte Ober- und Untergrenzen, wie wir oben erläutert haben: 100 %, wenn alle Protestanten bürgerlich wären und alle anderen nicht, und 0 %, wenn ein gleicher Prozentsatz von Protestanten bürgerlich und adelig wäre, z. B. beide zu 46 %.

Derartig extreme Verteilungen kommen natürlich in der Praxis der Sozial- oder Geschichtsforschung kaum vor. Sie verdeutlichen aber die Grenzfälle des *perfekten* Zusammenhangs und des perfekten Nicht-Zusammenhangs. Ein perfekter Zusammenhang kann, wie schon erwähnt, nur vorliegen, wenn die Randverteilungen der Häufigkeiten beider Variablen gleich sind. Das Vorzeichen der Prozentsatzdifferenz d % gibt lediglich an, ob die Fälle sich entlang der sog. Hauptdiagonalen von links oben nach rechts unten oder entlang der Nebendiagonalen von links unten nach rechts oben konzentrieren. Da die Kategorien dichotomer oder nominaler Variablen jederzeit umzustellen sind, kann das Vorzeichen nur in Bezug auf eine gegebene (aber auch veränderbare) Kategorienanordnung interpretiert werden.

Die Prozentsatzdifferenz ist eine *asymmetrische* Maßzahl. Wenn die beiden Randverteilungen nicht gleich sind, ist sie davon abhängig, welche der beiden Variablen als Basis für das Prozentuieren benutzt wird. In unserem Falle haben wir bisher in Richtung der Spalten prozentuiert, also die beiden Ausprägungen der Standesvariable als die jeweiligen Bedingungen für die Verteilung der Y-Werte, der Konfessionsvariable, betrachtet. Wenn wir in Richtung der Zeilenvariable prozentuieren, also die Rollen der bedingenden und der bedingten Variablen umkehren, erhalten wir Tabelle 4.3.

Die Prozentsatzdifferenz beträgt nun d % = 81,1 % - 89,6 % = -8,5 %. Will man sich nicht auf eine einseitige (Kausal-)Beziehung festlegen, steht man also in der Regel vor dem Problem, wegen unterschiedlicher Randverteilungen zwei unterschiedliche Prozentsatzdifferenzen zu erhalten. Falls man die Beziehung einseitig (nicht wechselseitig) kausal interpretieren will und folglich die eine Variable als *unabhängige* (bestim-

Tabelle 4.3 Bivariate Verteilung von Konfession und Stand der Reichstagsabgeordneten 1912 (Zeilenprozentuierung) (Quelle: eigene Darstellung)

			Stand		
			bürgerlich	adelig	Gesamt
Konfession	protestantisch	Anzahl	172	40	212
		% innerhalb von Konfession	81,1%	18,9%	100,0%
	andere	Anzahl	224	26	250
		% innerhalb von Konfession	89,6%	10,4%	100,0%
Gesamt		Anzahl	396	66	462
		% innerhalb von Konfession	85,7%	14,3%	100,0%

mende), die andere als *abhängige* ansehen möchte, liegt es nahe, die Randhäufigkeiten der unabhängigen Variablen X (hier der Standesvariable) als Prozentuierungsbasis zu verwenden, unabhängig davon, ob sie als Spalten- oder als Zeilenvariable dargestellt wird. Denn die Hypothese, dass X auf Y „wirkt", können wir nur überprüfen, indem wir die bedingten relativen Y-Häufigkeiten in den einzelnen Kategorien von X miteinander vergleichen. Keineswegs kann man aber d % oder andere asymmetrische Kennzahlen als beweiskräftige Indikatoren oder Belege für die *Richtung* einer eventuell vorliegenden Kausalbeziehung heranziehen. Welcher der beiden Koeffizienten (bei Vertauschen von abhängiger und unabhängiger Variabler) größer oder kleiner ist, hängt nur von den jeweiligen Randverteilungen ab, nicht von der Richtung des kausalen Einflusses.[18]

Wenn man sich nicht auf eine einseitige Kausalbeziehung festlegen will, ist die einfache Prozentsatzdifferenz also kein adäquates Maß für die Stärke des Zusammenhangs. Aber auch bei asymmetrisch interpretierten Kausalbeziehungen ist man mit einem Problem unterschiedlicher Prozentsatz-Differenzen konfrontiert, wenn zumindest die „abhängige" Variable mehr als zwei Kategorien aufweist, wie im Beispiel der Tab. 4.4, in dem nicht zwei, sondern fünf Konfessionskategorien aufgelistet sind

Hier können wir von Zeile zu Zeile fünf unterschiedliche d %-Werte bilden (mit den Häufigkeiten der Standesvariable als Prozentuierungsbasis). Hätte die Standesvariable drei Ausprägungen, müssten drei Paare bedingter Verteilungen mit Hilfe von dreimal fünf Prozentsatzdifferenzen miteinander verglichen werden. Man könnte auf

---

18 Es sei schon an dieser Stelle auf ein inferenzstatistisches Problem hingewiesen: Wenn eine Maßzahl wie d % auf ihre statistische *Signifikanz* überprüft werden soll (siehe Kap. 9), sucht man allzu schiefe Verteilungen der Randhäufigkeiten zu vermeiden (evtl. indem man schwach besetzte Kategorien zusammenlegt). Als Daumenregel gilt, dass die einzelnen Kategorien nicht ungleicher als im Verhältnis 1:10 besetzt sein sollten.

Tabelle 4.4 Bivariate Verteilung von differenzierter Konfession und Stand der Reichstagsabgeordneten 1912 (Spaltenprozentuierung) (Quelle: eigene Darstellung)

			Stand		
			bürgerlich	adelig	Gesamt
Konfession	protestantisch	Anzahl	172	40	212
		% innerhalb von Stand	43,4%	60,6%	45,9%
	katholisch	Anzahl	126	26	152
		% innerhalb von Stand	31,8%	39,4%	32,9%
	mosaisch	Anzahl	9	0	9
		% innerhalb von Stand	2,3%	0,0%	1,9%
	Dissident	Anzahl	77	0	77
		% innerhalb von Stand	19,4%	0,0%	16,7%
	andere	Anzahl	12	0	12
		% innerhalb von Stand	3,0%	0,0%	2,6%
Gesamt		Anzahl	396	66	462
		% innerhalb von Stand	100,0%	100,0%	100,0%

den Gedanken kommen, ein einziges summarisches Maß dadurch zu erhalten, dass man den Durchschnitt aller d %-Werte errechnet. Das wäre aber insofern unbefriedigend, als sich die Prozentsatzdifferenzen jeweils auf unterschiedliche Fallzahlen bezögen. Selbst wenn man Gewichtungsregeln einführte, die die Ober- und Untergrenze bewahrten, bliebe offen, ob die neue Maßzahl auch in ein inferenzstatistisches Modell integriert werden könnte (was anzustreben ist, wie in späteren Kapiteln noch deutlich werden wird). Wir wollen diese Frage hier nicht weiterverfolgen. Die Statistiker haben sowohl für Vierfelder-Tafeln als auch für größere Tabellen andere Kennzahlen vorgeschlagen, mit denen sich die bisher genannten Probleme umgehen lassen.

Bevor wir einige davon vorstellen, wollen wir hier noch ein weiteres Problem skizzieren, das mit der Interpretation von Prozentsatzdifferenzen (als Maß für die Stärke eines Zusammenhangs zwischen zwei Variablen) verbunden ist, aber auch darüber hinaus bedeutsam ist. Dazu betrachten wir zunächst die beiden Tabellen in Tab. 4.5.

Die Tabellenwerte sind nicht empirisch erhoben, sondern so erdacht worden, dass sie die Rechnungen vereinfachen. Die erste Tabelle stellt eine Situation dar, in der zu einem bestimmten Zeitpunkt nur 10 % der Arbeiterkinder, aber 30 % der Angestelltenkinder das Abitur erreichen. Die Prozentsatzdifferenz beträgt also 20 %. Auch in der zweiten Tabelle, die die (fiktive) Verteilung zu einem späteren Zeitpunkt abbildet, ist d % = 20. Aber soll man deshalb sagen, die Stärke des Zusammenhangs sei in beiden Tabellen die gleiche? Wohl kaum. Der Anteil der Abiturienten hat sich in der Zwischenzeit insgesamt um 20 % erhöht, von 40 auf 60 Prozent, und davon ha-

Tabelle 4.5   Beispieltabellen (s. Text) (Quelle: eigene Darstellung)

	Arbeiter	Angestellte			Arbeiter	Angestellte	
Abitur	10	30	40	Abitur	20	40	60
kein Abi	90	70	160	kein Abi	80	60	140
	100	100	200		100	100	200

ben beide Gruppen gleichermaßen profitiert, jede mit einem Plus von 10 Prozent; die Benachteiligung der Arbeiterkinder hat sich also nicht einfach fortgesetzt. Insgesamt liegt ihr Anteil an Abiturienten immer noch 20 % unter dem der Angestelltenkinder, aber die Relationen haben sich verändert. In der ersten Tabelle ist der Abiturienten-Anteil der Angestelltenkinder mit 30 % dreimal so hoch wie der der Arbeiterkinder (10 %); in der zweiten Tabelle ist er nur noch zweimal so hoch (20 versus 40 Prozent). Die Statistik sagt natürlich nicht, welche Betrachtungsweise hier die korrekte ist; aber sie bietet für den Vergleich bedingter Verteilungen eine Alternative an, indem sie neben den einfachen Prozentsatzdifferenzen auch einen Koeffizienten vorlegt, der die Differenzen anhand der Niveaus relativiert. Eine Basis hierfür ist die sog. *Odds-Ratio* (OR), deren Definition sich anhand der Bezeichnungen in Abb. 4.1 erläutern lässt: f_{11} ist der Wert der oberen linken Zelle, f_{12} derjenige der oberen rechten Zelle, f_{21} der Wert der unteren linken Zelle, f_{22} der Wert in der unteren rechten Zelle.

Die *Odds* ergeben sich aus den Divisionen f_{11}/f_{21} sowie f_{12}/f_{22}, die Odds-Ratio ist somit:

$$(4\text{-}2) \qquad OR = \frac{\dfrac{f_{11}}{f_{21}}}{\dfrac{f_{12}}{f_{22}}} = \frac{f_{11}\,f_{22}}{f_{12}\,f_{21}}$$

Für die erste Teil-Tabelle in Tab. 4.5 ergibt sich also folgende Rechnung:

$$(4\text{-}2') \qquad OR = \frac{10 \cdot 70}{90 \cdot 30} = 0{,}259$$

Für die zweite Teil-Tabelle erhalten wir:

$$(4\text{-}2'') \qquad OR = \frac{20 \cdot 60}{80 \cdot 40} = 0{,}375$$

In der zweiten Teiltabelle sind die *Odds* (also die relationierten Häufigkeiten von Abiturienten und Nicht-Abiturienten) der Arbeiter näher an diejenigen der Angestellten herangerückt. Der Zusammenhang zwischen der Schicht- und der Bildungsvariable hat sich somit verringert. Eine Odds-Ratio von 1,0 würde einen perfekten Nicht-Zusammenhang indizieren. Außerhalb dieses Extremfalles ist die Odds-Ratio selbst aber noch keine geeignete Maßzahl für die Stärke des Zusammenhangs. Sie schwankt asymmetrisch zwischen 0 und ∞. Im Falle eines „negativen" Zusammenhangs ergäbe sich ein Wert im Bereich zwischen 0 und 1 ($0 \leq OR < 1$), im Falle eines „positiven" Zusammenhangs gäbe es jedoch keinen oberen Grenzwert, mit zunehmender Zusammenhangsstärke würde OR immer weiter gegen „unendlich" gehen. Und die Richtung des Zusammenhangs ist eine willkürliche Festlegung; sie ändert sich, wenn Zeilen- und Spaltenvariable miteinander getauscht werden.

Mit Hilfe weiterer mathematischer Transformationen (insbesondere ihrer Logarithmierung) lässt sich die Odds-Ratio aber als Basis für die Konstruktion brauchbarer statistischer Maßzahlen für die Stärke eines Zusammenhangs heranziehen (siehe z. B. Fienberg 2007). Im Falle einer Vierfeldertafel gelingt dies schon mit einer recht einfachen Operation, mit der sich die Odds-Ratio in ein Zusammenhangsmaß transformieren lässt, das in der Literatur als *Yules Q* bezeichnet wird (s. Fienberg 2007: 18; Reynolds 1977a: 25 f.):

$$(4\text{-}3) \quad Q = \frac{OR - 1}{OR + 1}$$

Für die erste Teiltabelle unseres Beispiels (Tab. 4.5) erhalten wir also den Wert

(4-3') $Q = (0{,}259 - 1)/(0{,}259 + 1) = -0{,}59$

Für die zweite Teiltabelle ergibt sich

(4-3") $Q = (0{,}375 - 1)/(0{,}375 + 1) = -0{,}45$

Yules Q indiziert also für die zweite Teiltabelle sinnvollerweise (und anders als die einfache Prozentdifferenz) eine etwas schwächere Zusammenhangsstärke.

4.2.2 Nominales Messniveau: Zusammenhangsmaße auf der Basis von Chi-Quadrat

Statt bedingte relative Häufigkeitsverteilungen untereinander zu vergleichen, also Subgruppendifferenzen zu ermitteln, kann man die beobachteten Häufigkeiten auch mit einer theoretisch bestimmten Größe vergleichen. Man kann z. B. fragen: Mit welchen Häufigkeiten müssten die einzelnen Zellen der Tabelle bei gegebenen Randverteilungen besetzt sein, wenn überhaupt kein Zusammenhang zwischen den Variablen bestünde, wenn sie unabhängig voneinander wären? Kann man diese Frage beantworten, so lassen sich die unter der Unabhängigkeitsthese „erwarteten" Häufigkeiten mit den beobachteten Häufigkeiten vergleichen. Die dabei ermittelten Differenzenbeträge (die noch in einer bestimmten Weise zusammengefasst und standardisiert werden müssen) erlauben Schlussfolgerungen über die Stärke eines Zusammenhangs.

Mit dem damit angedeuteten Konzept der statistischen Unabhängigkeit bewegen wir uns erneut in Richtung inferenzstatistischer Modellüberlegungen, die wir explizit erst in späteren Kapiteln behandeln. Anhand eines konkreten Anwendungsbeispiels im Rahmen der deskriptiven Statistik lässt sich die entsprechende inferenzstatistische Auslegung dieses Konzepts etwas anschaulicher vorbereiten. Als Beispiel betrachten wir wiederum die Kreuztabellierung der Standes- und der Konfessionszugehörigkeit der Reichstagsabgeordneten, diesmal mit jeweils drei Ausprägungen. Da es dabei keine Rolle spielt, welche Merkmalsdimension als Spalten- und welche als Zeilenvariable fungiert, vertauschen wir in Tab. 4.6 ihre Positionen im Vergleich zu denen in den unmittelbar vorangegangenen Abbildungen.

Die Tabelle enthält die beobachteten absoluten Häufigkeiten sowie die prozentuierten Häufigkeiten. Die erste Prozentangabe in einer Zelle resultiert aus einer Prozentuierung zur Basis der Zeilenvariable, die zweite Angabe bezieht sich auf die Basis der Spaltenvariable. Unter den 462 erfassten Abgeordneten befinden sich zum Bei-

Tabelle 4.6 Bivariate Verteilung von Konfession und Stand, Reichstagsabgeordnete 1912 (Quelle: eigene Darstellung)

			Konfession			
			protestantisch	katholisch	andere	Gesamt
Stand	bürgerlich	Anzahl	172	126	98	396
		% innerhalb von Stand	43,4%	31,8%	24,7%	100,0%
		% innerhalb von Konfession	81,1%	82,9%	100,0%	85,7%
	adelig	Anzahl	24	10	0	34
		% innerhalb von Stand	70,6%	29,4%	0,0%	100,0%
		% innerhalb von Konfession	11,3%	6,6%	0,0%	7,4%
	Hochadel	Anzahl	16	16	0	32
		% innerhalb von Stand	50,0%	50,0%	0,0%	100,0%
		% innerhalb von Konfession	7,5%	10,5%	0,0%	6,9%
Gesamt		Anzahl	212	152	98	462
		% innerhalb von Stand	45,9%	32,9%	21,2%	100,0%
		% innerhalb von Konfession	100,0%	100,0%	100,0%	100,0%

spiel 212 Protestanten und 396 Bürgerliche. Wie groß müsste – bei den gegebenen Randverteilungen – die Zahl derjenigen Abgeordneten sein, die sowohl protestantisch als auch bürgerlich wären, wenn zwischen den beiden Variablen kein Zusammenhang bestünde?

Nach unserer allgemeinen Definition des Zusammenhangs (s. oben) müssten alle bedingten Verteilungen der relativen Häufigkeiten gleich, also auch identisch mit der betreffenden (nicht bedingten) Randverteilung sein, falls die beiden Variablen (völlig) unabhängig voneinander wären. Wir können also die relative bzw. prozentuierte Randverteilung der einen Variable, sagen wir der Konfessionsvariable, als Maßstab oder Kriterium für ihre bedingten Häufigkeitsverteilungen in jeder der drei Standesgruppen benutzen. Die Konfessionsvariable weist folgende Verteilung auf: 45,9 % Protestanten, 32,9 % Katholiken, 21,2 % Andere. Wenn kein Zusammenhang bestünde, müssten also bei den bürgerlichen Abgeordneten ebenso wie bei denen aus dem niederen und dem hohen Adel jeweils 45,9 % protestantisch, 32,9 % dagegen katholisch sein, und 21,2 % dürften keiner dieser beiden Konfessionen angehören. Im linken oberen Feld der Tabelle wären also 45,9 % der 396 bürgerlichen Abgeordneten, somit

$$(4\text{-}4) \quad f_{11}(e) = \frac{396 \cdot 45,9}{100} \approx 182$$

Abgeordnete zu erwarten. Auf die gleiche Zahl kommen wir auch durch folgende Rechnung:

$$(4\text{-}4') \quad f_{11}(e) = \frac{396 \cdot 212}{462} \approx 182$$

Wir multiplizieren also die beiden Randhäufigkeiten $f(x_1)$ und $f(y_1)$ und dividieren das Produkt durch die Gesamtzahl der Fälle (im Folgenden: N). Allgemein ergibt sich die unter der Unabhängigkeitsthese zu erwartende Zellenhäufigkeit („Erwartungswert") durch folgende Rechnung:

$$(4\text{-}5) \quad f_{ij}(e) = \frac{f(y_i) \cdot f(x_j)}{N}$$

Auf diese Weise können wir für jede Zelle ij (hier i = 1,2,3; j = 1,2,3) die *erwartete Häufigkeit* $f_{ij}(e)$ berechnen. Für die unterste Zelle rechts, derzeit mit 0 Fällen besetzt, ergibt sich also eine erwartete Häufigkeit $f_{33}(e) = (32 \cdot 98)/462 \approx 6,8$.

Im Vorgriff auf das spätere Kapitel 7 zur Wahrscheinlichkeitstheorie lässt sich die Rechenformel (4-5) wie folgt interpretieren: Wenn unter 462 Abgeordneten 396 als bürgerliche eingestuft sind, dann gäbe es eine Wahrscheinlichkeit P(Bürgerlich) = 396/462 = 0,857, dass wir bei einer rein zufallsgesteuerten Auswahl aus der Gesamtheit der Abgeordneten einen aus dem bürgerlichen Lager „herauszögen". Die Wahrscheinlichkeit, einen Protestanten zufällig auszuwählen, wäre P(Protestant) = 212/462 = 0,459. Die Wahrscheinlichkeit, zufällig einen Abgeordneten auszuwählen, der sowohl bürgerlich als auch protestantisch ist, wäre nach dem sog. Multiplikationstheorem der Wahrscheinlichkeitsrechnung (siehe Kap. 7)

$$(4\text{-}6)\quad P(B \text{ und } PR) = \frac{396}{462} \cdot \frac{212}{462} = 0{,}394$$

Wenn wir diesen Zufallsvorgang 462-mal unabhängig voneinander wiederholen könnten, wäre damit zu rechnen, dass wir

$$(4\text{-}6')\quad f_{11}(e) = 0{,}394 \cdot 462 = \frac{396}{462} \cdot \frac{212}{462} \cdot 462 = \frac{396 \cdot 212}{462} = 182$$

protestantisch-bürgerliche Abgeordnete erhielten. Gleichung (4-6) ist identisch mit Gleichung (4-4').

Wenn wir die erwarteten Häufigkeiten $f_{ij}(e)$ für alle Zellen zusammenstellen, erhalten wir die sog. *Indifferenztabelle*, s. Tab. 4.7

Tabelle 4.7   Indifferenztabelle zur Kontingenztabelle Tab. 4.6 (Quelle: eigene Darstellung)

Erwartete Anzahl

| | | Konfession | | | |
		protestan-tisch	katholisch	andere	Gesamt
Stand	bürgerlich	181,7	130,3	84,0	396,0
	adelig	15,6	11,2	7,2	34,0
	Hochadel	14,7	10,5	6,8	32,0
Gesamt		212,0	152,0	98,0	462,0

Sie ist nun mit der Tabelle zu vergleichen, die die beobachteten Häufigkeiten f_{ij} enthält und die man in diesem Zusammenhang, wie schon erwähnt, als *Kontingenztabelle* bezeichnet (s. Tab 4.6).

Der Vergleich der beiden Tabellen geschieht numerisch nach folgender Formel (wobei wir die in den K Zellen beobachteten Häufigkeiten mit f_b und die erwarteten Häufigkeiten mit f_e bezeichnen):

$$(4\text{-}7)\quad \sum_{k=1}^{K} \frac{(f_{b_k} - f_{e_k})^2}{f_{e_k}} = \chi^2 = 24{,}6$$

Man ermittelt also für jede der K Zellen (hier K = 9) die Differenz zwischen erwarteter und beobachteter Häufigkeit und quadriert sie.[19] Dadurch wird vermieden, dass sich positive und negative Beträge bei der Summenbildung ausgleichen. Sodann *standardisiert* man das Gewicht dieser Differenz durch die jeweils erwartete Häufigkeit. Ein bestimmter (absoluter) Differenzbetrag zählt also umso mehr, je kleiner die erwartete Häufigkeit ist.

Die Größe *Chi-Quadrat* (χ^2) ist aber noch kein geeignetes Maß für die Stärke des Zusammenhangs. Wie die Formel (4-7) zeigt, ist Chi-Quadrat abhängig von der Anzahl der Fälle. Multipliziert man die Häufigkeitszahlen in allen Zellen (und damit auch in den Randverteilungen) einer Tabelle mit demselben Faktor a, ergibt (4-7) einen um den Faktor a höheren Chi-Quadrat-Wert. Dabei hat sich die Zusammenhangsstärke jedoch nicht verändert, denn die Verteilung der bedingten relativen Häufigkeiten ist die gleiche geblieben. Da Forscher ständig Tabellen vergleichen, die auf unterschiedlichen Fallzahlen beruhen, ist dies natürlich ein unerwünschter Effekt. Die Statistiker haben im Laufe der Zeit eine ganze Reihe von Vorschlägen gemacht, wie man die Größe (χ^2) weiter bearbeiten kann, um diesen Effekt zu beseitigen.

Ein naheliegender Vorschlag ist, (χ^2) einfach durch die Gesamtzahl N der Fälle zu dividieren und aus diesem Quotienten die Wurzel zu ziehen. Die so konstruierte Maßzahl bezeichnet man als *Phi*-Koeffizienten (φ):

$$(4\text{-}8) \quad \varphi = \sqrt{\frac{\chi^2}{N}} \; ; \; \varphi^2 = \frac{\chi^2}{N}$$

In einer (2×2)-Tabelle erreicht φ (bzw. φ^2) den maximalen Wert 1, wenn zwei Diagonalzellen unbesetzt sind. Das ist nur möglich (wie schon erwähnt), wenn die Randverteilungen der Zeilen und der Spaltenvariable gleich sind. Für größere als (2×2)-Tabellen kann Phi sogar größer als 1 werden, wodurch es als Vergleichsmaß in solchen Fällen praktisch untauglich wird. Aber auch seine Anwendung bei der Analyse von 4-Felder-Tafeln hat ihre Tücken. Der Koeffizient ist nicht *stabil*, er reagiert empfindlich auf Veränderungen in den Randverteilungen, also den uni-variaten Häufigkeitsverteilungen der einbezogenen Variablen. Auch wenn ein klarer Zusammenhang besteht, wird das theoretisch erreichbare maximale Phi umso kleiner, je unterschiedlicher die Randverteilungen der Spalten und der Zeilenvariable sind. Sind z.B. die beiden Ausprägungen der Spaltenvariable mit der relativen Häufigkeit von jeweils 0,5 besetzt und die Ausprägungen der Zeilenvariable mit den relativen Häufigkeiten von 0,1 und 0,9, so ergibt sich ein maximales Phi von lediglich 0,33.[20] Bei einer einseitigen

---

19 Hier ist also eine gewisse formale Ähnlichkeit mit dem in Kap. 3.2 besprochenen Variationskoeffizienten gegeben.

20 Eine Berechnungsformel hierfür findet sich in Guilford (1954, S. 358 f.): $\varphi_{max} = \sqrt{(p_j/q_j \cdot q_i/p_i)}$, wobei p_i und p_j die jeweils größte relative Häufigkeit in den beiden Variablen der 4-Felder Tabelle darstel-

(asymmetrischen) Kausalbeziehung, lassen sich unterschiedliche Randverteilungen der beiden Variablen u. U. schon als Hinweis dafür deuten, dass die Beziehung in der Tat nicht perfekt ist; allerdings kann diese Unterschiedlichkeit auch Folge einer eher willkürlichen Kategorisierung der Variablen sein. Wie auch immer, bei Vergleichen von Zusammenhangsstärken in unterschiedlichen Tabellen sollte man darauf achten, wie unterschiedlich die Randverteilungen sind und in welcher Weise der verwendete Koeffizient abhängig ist von den jeweiligen Randverteilungen. Beispielsweise sind Maßzahlen, die auf Chi-Quadrat beruhen, alle abhängig von den gegebenen Randverteilungen. (Das gilt allerdings in mehr oder weniger starker Ausprägung auch für andere Zusammenhangsmaße, die auf dem Markt sind). In den meisten Fällen kann man sich helfen, indem man Tabellen mit unterschiedlichen Randverteilungen *standardisiert*. Im Falle von (hypothetisch) einseitigen Kausalbeziehungen lässt sich dies z. B. bewerkstelligen, indem man sämtliche Zellenhäufigkeiten zur Basis der Randhäufigkeiten der (mutmaßlich) unabhängigen Variable prozentuiert (damit die Randhäufigkeiten praktisch alle gleich 100 setzt) und mit den Prozenthäufigkeiten, statt der absoluten Häufigkeiten weiterrechnet (s. Reynolds 1977a, S. 17 f., 50 f.; Liebetrau 1983, S. 88). Für den Fall, dass keine einseitige Kausalbeziehung vorliegt, sind auch iterative Verfahren vorgeschlagen worden, die eine Tabelle hinsichtlich der Randverteilungen *beider* Variablen standardisieren (s. Reynolds 1977b, S. 32 ff.).

Ein Zusammenhangsmaß für 4-Felder-Tafeln, das unabhängig ist von Randverteilungsänderungen, ist im Übrigen die schon erwähnte Größe „Yules Q", ein Spezialfall von „Gamma" (s. unten Abschnitt 4.2.3.1). Diese Koeffizienten sind vom Ansatz her für ordinal gemessene Variablen entwickelt worden, aber (wie in Kap. 1 erläutert) gelten für dichotom kodierte Variablen bezüglich des Messniveaus nicht die üblichen Restriktionen für nominal angelegte Variablen. Zunächst besprechen wir aber noch zwei weitere, recht gebräuchliche Maßzahlen, die auf Chi-Quadrat beruhen, als erstes den sog. *Kontingenzkoeffizienten „C"*:

$$(4\text{-}9) \qquad C = \sqrt{\frac{\chi^2}{\chi^2 + N}}$$

Für die (3×3)-Tabelle 4.6 mit $N = 462$ Fällen und $\chi^2 = 24{,}6$ (s. Gleichung 4-7) ergibt sich somit:

$$(4\text{-}9') \qquad C = \sqrt{\frac{24{,}6^2}{24{,}6^2 + 462}} = 0{,}225$$

len und $q = 1 - p$ ist. Nur wenn $p_i = p_j$, wird der Wurzelausdruck gleich 1. Phi ist übrigens identisch mit dem in Abschn. 4.2.4 zu besprechenden Produkt-Moment-Korrelationskoeffizienten von Pearson, wenn die beiden Ausprägungen der dichotomen Variablen mit „0" und „1" kodiert sind.

Der Kontingenzkoeffizient hat zwar eine klar definierte Untergrenze von 0, erreicht aber nie den Wert 1, nähert sich ihm nur mit größer werdender Tabelle an. Der maximale Wert, der sich nur für quadratische Tabellen angeben lässt, ist:

$$(4\text{-}10) \qquad C_{max} = \sqrt{\frac{r-1}{r}} = \sqrt{\frac{c-1}{c}}$$

Der Buchstabe r steht für die Anzahl der Zeilen (*rows*), c für die Anzahl der Spalten (*columns*). Für eine (3×3)-Tabelle ergibt sich somit ein maximales C von

$$(4\text{-}10') \qquad C_{max} = \sqrt{\frac{3-1}{3}} = 0{,}816$$

Für nicht-quadratische Tabellen gilt das zweite Gleichheitszeichen in (4-10) nicht. Man behilft sich, indem man zwei C_{max}-Werte ausrechnet (einmal mit der Anzahl r der Zeilen, einmal mit der Anzahl c der Spalten) und anschließend das arithmetische Mittel daraus bildet. Aber das sind ziemlich fragwürdige Behelfskrücken.

In der Fachliteratur eher akzeptiert ist eine weitere auf Chi-Quadrat beruhende Maßzahl, die als *Cramers* V bezeichnet wird:

$$(4\text{-}11) \qquad V = \sqrt{\frac{\chi^2}{N \cdot \min(r-1, c-1)}}$$

Bezogen auf die in Tab. 4.6 wiedergegebene (3×3)-Tabelle ergibt sich daraus folgender Wert:

$$(4\text{-}11') \qquad V = \sqrt{\frac{24{,}6^2}{462 \cdot 2}} = 0{,}163$$

Dieser Koeffizient hat den Vorteil, dass er für Tabellen unterschiedlicher Größe den Wert 1 annehmen und nicht überschreiten kann, sowohl bei quadratischen als auch bei rechteckigen Tabellen ($r \neq c$). V ist also eine brauchbare Vergleichsgröße für die Stärke eines Zusammenhangs in unterschiedlichen Tabellen, solange sich die Randverteilungen nicht stark voneinander unterscheiden. Angewandt auf 4-Felder-Tafeln ist V allerdings identisch mit Phi, weil dann der Klammerausdruck im Nenner von Gleichung (4-11) den Wert 1 erhält (wie in (4-8)).

Wenn man auf der Basis von Chi-Quadrat statistische Tests durchführt (siehe Kap. 9), müssen hinsichtlich der Größe der Zellenbesetzungen bestimmte Voraussetzungen erfüllt sein, die wir dort noch erläutern werden.

Alle Zusammenhangsmaße, die auf Chi-Quadrat beruhen, kranken daran, dass ihre Werte zwischen Null und Eins inhaltlich nicht interpretierbar sind. Man kann lediglich sagen, der Zusammenhang (im Sinne der Abweichung von der statistischen Unabhängigkeit) sei umso stärker (kleiner), je größer (kleiner) der jeweils errechnete Koeffizient ist (unter Beachtung unterschiedlicher Randverteilungen).

Eine inhaltlich interpretierbare Maßzahl für Nominaldaten (interpretierbar im Sinne der PRE-Maße, die wir in Kapitelabschn. 4.2.3 vorstellen) haben Goodman und Kruskal mit dem Koeffizienten „Lambda" vorgeschlagen (s. Müller-Benedict 2011, S. 202 f.). Er hat aber auch gravierende Nachteile; vor allem kann er den Wert „0" selbst dann annehmen, wenn die beobachteten Zellenbesetzungen deutlich von denen der oben erläuterten Indifferenztabelle abweichen (wenn also u. a. C oder V größer 0 sind). Deshalb werden wir ihn hier nicht besprechen. Ein Vorteil der Konstruktion von Indifferenztabellen liegt im Übrigen darin, dass sie den Vergleich erwarteter und beobachteter Häufigkeiten nicht nur summarisch, sondern auch für einzelne Zellen ermöglichen. Man kann so leicht feststellen, in welchen Zellen große oder kleine Differenzen zwischen dem jeweils beobachteten und dem für diese Zelle erwarteten Wert (relativ zu dessen jeweiliger Größe) vorkommen; man sollte sich nicht allein mit der summarischen Maßzahl zufriedengeben.

Die Möglichkeiten, interpretierbare Maßzahlen für Zusammenhänge zwischen nominalen Variablen zu konstruieren, sind dadurch begrenzt, dass sich eine (z. B. lineare oder monotone) „Form" des Zusammenhangs bei diesem Messniveau nicht formulieren lässt, da die einzelnen Ausprägungen nicht in eine Größenordnung zueinander gebracht werden können, ihre Anordnung also beliebig ist. Dadurch fehlt der Aussage über die „Stärke" der Beziehung ein klarer inhaltlicher Bezugspunkt.

Klar definiert ist immerhin das Modell der „Unabhängigkeit", des Nicht-Zusammenhangs zweier Variablen, das zur Maßzahl $\chi^2 = 0$ führt. Wie groß die Differenz zwischen dem theoretischem Modell (den *erwarteten* Häufigkeiten der Indifferenztabelle) und der empirischen Realität (den beobachteten Häufigkeiten) sein muss, um (unter Berücksichtigung von möglichen „Zufallsfehlern" bei der Messung und/oder der Stichprobenziehung) als „überzufällig" gelten zu können, werden wir (wie schon erwähnt) später noch erörtern, wenn wir das Konzept statistischer *Signifikanz* (und entsprechende Testverfahren) behandeln (s. Kap. 9).

Mit diesem Beispiel ist eine typische Vorgehensweise der quantitativen Sozialforschung illustriert: Theoretische Hypothesen (wie die der Unabhängigkeit zwischen zwei Merkmalsdimensionen) werden in ein formales Modell „übersetzt", das anschließend mit den empirischen Daten konfrontiert wird; die Hypothese kann auf diese Weise bestätigt oder widerlegt werden. In den folgenden Abschnitten werden den Modellen für Unabhängigkeit oder Zusammenhang zweier Variablen weitere Elemente hinzugefügt. Sie erlauben es, die jeweilige numerische Ausprägung der Maßzahlen für die Zusammenhangsstärke inhaltlich zu interpretieren.

4.2.3 Proportionale Fehlerreduktion: Einige Zusammenhangsmaße für ordinale Variablen

Liegen Rangskalen vor, lässt sich die Form einer Beziehung als monoton oder nicht-monoton kennzeichnen. Bei einer positiven monotonen Beziehung sind höhere Ränge in der X-Variablen tendenziell auch mit höheren oder – zwischendurch – evtl. auch mit gleichbleibenden Rängen der Y-Variable verbunden: Je höher der Rangplatz von X desto höher ist bei den betreffenden Untersuchungseinheiten (Fällen) tendenziell auch der Rangplatz, den sie bei der Y-Variable einnehmen. Bei negativen monotonen Beziehungen sind höhere Ränge in der X-Variablen tendenziell mit niedrigeren oder (zwischendurch) gleichbleibenden Rängen der Y-Variable verknüpft. Nichtmonotone Beziehungen können z. B. U-förmig verlaufen. Steigende Rangplätze in X gehen dann zunächst mit höheren, danach mit niedrigeren Rangplätzen in Y einher. Schematisch lassen sich mögliche Beziehungsformen für Ordinalvariablen wie in Abb. 4.4 kennzeichnen.

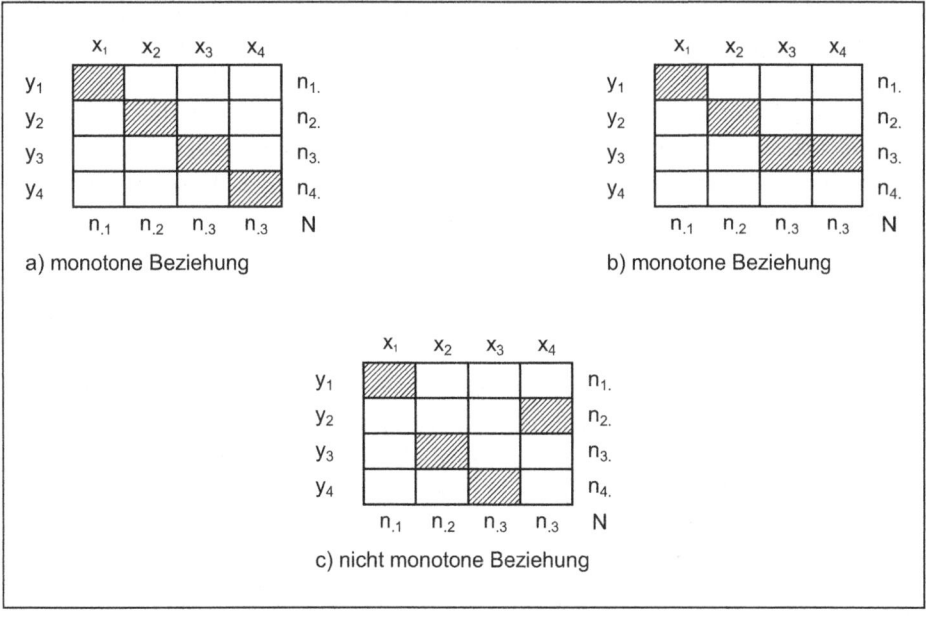

Abbildung 4.4   Beziehungsmuster von zwei ordinalen Variablen (Quelle: eigene Darstellung)

In den schraffierten Zellen sind die relativen Häufigkeiten besonders hoch. Alle Maßzahlen für die Stärke eines Zusammenhangs, die wir in diesem Abschnitt besprechen, beziehen sich auf monotone Zusammenhänge. Sollte also ein nichtmonotoner Zusammenhang vorliegen, der theoretisch plausibel interpretierbar ist, so würde er durch diese Koeffizienten nicht adäquat erfasst.

Wie lassen sich die Ranginformationen bei der Konstruktion von bivariaten Kennzahlen verwenden, obwohl die Rangdifferenzen (bei ordinalen Daten) nicht quantifizierbar sind? Zwei Konzeptionen sind für die hier vorgestellte Lösungsstrategie zentral: Erstens wird der Zusammenhangsbegriff im Sinne einer Prognosemöglichkeit interpretiert. Zweitens vergleicht man nicht Einzelfälle miteinander, sondern Paare. (Zur Kritik an dieser Konzeption siehe Wilson 1970; Hildebrand et al. 1977)

Wenn ein Zusammenhang zwischen zwei Variablen, X und Y, besteht, dann muss es möglich sein, die Werte der einen Variablen (Y) bei Kenntnis der Werte der anderen Variablen (X) besser zu prognostizieren, als das ohne diese Kenntnis möglich wäre. Gedanklich führen wir also zwei Prognosen durch:

a) Die Prognose von Y-Werten ohne Kenntnis der X-Werte. Wir verhalten uns also wie Roulettespieler. Dabei unterlaufen uns bei wiederholten Versuchen Prognosefehler, deren Summe wir mit E_1 (*Error* des Typs 1) bezeichnen wollen (man findet in der Literatur auch die Abkürzung E_0).

b) Die Prognose von Y-Werten auf der Basis der bekannten X-Werte. Wenn ein Zusammenhang zwischen X und Y besteht und wenn wir uns rational verhalten, dann müssen dabei weniger Fehler (des Typs 2) auftreten als zuvor: $E_2 < E_1$.

Unabhängig davon, wie man im Einzelnen die Prognosen praktisch durchführt und die Fehler definiert (s. unten), lässt sich schon an dieser Stelle sagen: Wenn die beiden Fehlermengen bestimmt sind, lassen sie sich in folgender Weise ins Verhältnis zueinander setzen:

$$(4\text{-}12) \qquad \frac{E_1 - E_2}{E_1} = PRE$$

Auf diese Weise lässt sich eine *proportionale Fehlerreduktion* (*Proportional Reduction of Error, PRE*) feststellen, die man beim Übergang vom ersten zum zweiten Prognoseverfahren erreicht. Sie kann als Maß für die Stärke des Zusammenhangs dienen, denn sie hat klar definierte Unter- und Obergrenzen. Wenn $E_1 = E_2$, wenn sich also die Prognose der Y-Werte (Rangplätze) durch die Kenntnis der X-Werte nicht verbessern lässt, liegt offensichtlich kein (monotoner) Zusammenhang der beiden Variablen vor und PRE ist folgerichtig null. $E_2 = 0$ würde bedeuten, dass bei Kenntnis der X-Werte die Y-Werte fehlerfrei vorausgesagt werden könnten; es bestünde somit ein perfekter Zusammenhang. PRE würde in diesem Falle – gemäß Gleichung (4-12) – zu $(E_1 - 0)/E_1 = 1$.

Geklärt werden müssen nun aber noch die Regeln, die angeben, wie die Prognosen im Einzelnen vorzunehmen sind und welche Fehlerdefinitionen daraus folgen. Da die Prognosen nur gedanklich durchgeführt werden, dienen diese Regeln nicht der praktisch-technischen Instruktion, sondern explizieren eine bestimmte Deutung des Zusammenhangsbegriffs, mit anderen Worten: sie bilden ein (theoretisches) Modell.

Eine (nicht konkurrenzlose aber meistangewandte) Strategie hat ihren Ausgangspunkt im Konzept der Paare, das wir nun als erstes erläutern wollen. Nehmen wir an, wir ziehen aus unserer Stichprobe (oder Grundgesamtheit) einen beliebigen Fall A heraus und registrieren seinen Rangplatz sowohl auf der X- als auch auf der Y-Variable: $(X_A;Y_A)$. Nun wählen wir einen zweiten beliebigen Fall, B, aus und registrieren ebenfalls dessen X- und Y-Ränge: $(X_B;Y_B)$. Die X- und Y-Werte dieses Paares (A,B) von Untersuchungseinheiten können unterschiedliche Relationen bilden. Wir wollen das anhand eines Beispiels aus unserem Datensatz demonstrieren. Dazu präsentieren wir erneut die Tabelle, in der die Variablen X = Schulbildung und Y = Wanderungsintensität (residentielle Mobilität) kreuzklassifiziert und die Zellen fortlaufend mit Buchstaben identifiziert sind (s. Tab. 4.8).

Tabelle 4.8   s.Tab. 4.1, mit Zellbezeichnungen a bis i (Quelle: eigene Darstellung)

			Bildung			
			niedrig	mittel	hoch	Gesamt
Wanderungsintensität	niedrig	Anzahl	35	25	103	163
			a	b	c	38,9%
	mittel	Anzahl	38	15	114	167
			d	e	f	39,9%
	hoch	Anzahl	16	13	60	89
			g	h	i	21,2%
Gesamt		Anzahl	89	53	277	419
			21,2%	12,6%	66,1%	100,0%

Folgende Paarbeziehungen sind möglich:

a) Die Untersuchungseinheiten können im Hinblick auf X und Y *gleichsinnig* geordnet sein, z. B.

(4-13) $(X_A < X_B)$ und $(Y_A < Y_B)$

Der zweite Fall (B) nimmt also nicht nur auf der X-, sondern auch auf der Y-Dimension den höheren Rangplatz ein. Gleichsinnig wären auch folgende Anordnungen:

(4-13') $(X_A > X_B)$ und $(Y_A > Y_B)$

Solche Relationen bezeichnet man als *konkordante Paare*. Ihre Gesamtzahl wird mit dem Symbol N_c angegeben. Ein konkordantes Paar bilden bspw. ein Abgeordneter aus Zelle a und ein Abgeordneter aus Zelle e.

b) Die Untersuchungseinheiten können im Hinblick auf X und Y *gegensinnig* geordnet sein:

(4-14) $(X_A < X_B)$ und $(Y_A > Y_B)$ oder: $(X_A > X_B)$ und $(Y_A < Y_B)$

Wer auf der X-Variablen den niedrigeren (höheren) Rangplatz einnimmt, hat auf der Y-Variable den höheren (niedrigeren) Rang. Solche Relationen bezeichnet man als *diskordante Paare*, N_d. Ein solches Paar bilden bspw. ein Abgeordneter aus Zelle c und ein Abgeordneter aus Zelle e.

c) Die Untersuchungseinheiten können in ihren X-Werten gleich (verknüpft, gebunden, *tied*), in ihren Y-Werten jedoch verschieden sein:

(4-15) $(X_A = X_B)$ und $(Y_A \neq Y_B)$

Die Menge dieser (einseitig) in X verknüpften Paare erhält das Symbol T_x. Ein solches Paar bilden bspw. ein Abgeordneter aus Zelle a und ein Abgeordneter aus Zelle d.

d) Die Untersuchungseinheiten können sich in ihren X-Rangplätzen unterscheiden, aber den gleichen Y-Rangplatz einnehmen:

(4-15') $(X_A \neq X_B)$ und $(Y_A = Y_B)$

Diese (einseitig) in Y verknüpften Paare erhalten das Symbol T_y. Ein solches Paar bilden bspw. ein Abgeordneter aus Zelle a und ein Abgeordneter aus Zelle b.

e) Die Untersuchungseinheiten können sowohl auf der X- als auch auf der Y-Dimension jeweils den gleichen Rangplatz einnehmen:

(4-16) $(X_A = X_B)$ und $(Y_A = Y_B)$

Diese (zweiseitig, doppelt) „in X und in Y verknüpften Paare" erhalten das Symbol T_{xy}. Wenn beide Abgeordnete der gleichen Zelle zugehören, bilden sie ein doppelt verknüpftes Paar.

Andere Paartypen sind nicht möglich. Nach den Regeln der Kombinatorik (siehe Kapitelabschn. 7.1) lassen sich aus N Fällen $N(N-1)/2$ unterschiedliche Paare bilden, die man jeweils einem der fünf Paartypen zuordnen kann. In unserem Tabellenbeispiel erhalten wir folgende Paare (s. Abb. 4.5, die Buchstaben stehen nun für die absoluten Häufigkeiten in den entsprechenden Zellen):

Paartyp	Rechengang	Anzahl aller Paare
N_c	a(e+f+h+i) + b(f+i) + d(h+i) + e·i	15094
N_d	c(d+e+g+h) + b (d+g) + f(g+h) + e·g	13342
T_x	a(d+g) + b(e+h) + c(f+i) + d·g + e·h + f·i	28155
T_y	a(b+c) + d(e+f) + g(h+i) + b·c + e·f + h·i	15615
T_{xy}	1/2(a(a-1) + ... + i(i-1)	15365
alle	N(N-1)/2	87571

Abbildung 4.5   Berechnung der Paartypen zu Tab. 4.8 (Quelle: eigene Darstellung)

Es gibt unterschiedliche Möglichkeiten, diese Paar-Informationen zur Konstruktion von PRE-Maßzahlen zu nutzen. Drei von ihnen wollen wir in den folgenden Abschnitten vorstellen:

4.2.3.1 Die Maßzahlen „Gamma" und „Yules Q"

Die Konstruktion dieser Kennzahlen beruht ausschließlich auf Angaben über konkordante und diskordante Paare. Informationen über andere Paartypen werden ignoriert (s. den vorangegangenen Kapitelabschn.).

Überlegen wir zunächst, wie man die konkordanten und diskordanten Paare benutzen kann, um Prognoseregeln zu formulieren. Für unser konkretes Beispiel nehmen wir an, es bestehe ein positiver Zusammenhang zwischen Schulbildung und Wanderungsintensität: Abgeordnete mit einer höheren Schulbildung weisen tendenziell auch einen höheren Grad an Wanderungsintensität auf. Nehmen wir weiter an, für ein bestimmtes Abgeordnetenpaar (A,B) seien die Rangplätze der X-Variable bekannt und sie bildeten folgende Relation:

(4-17) $X_A < X_B$

Die Hypothese, es bestehe eine positive Beziehung zwischen den beiden Variablen, wird uns daraufhin zu der Prognose veranlassen,

(4-18) $Y_A < Y_B$

Wenn B auf der X-Variablen den höheren Rangplatz einnimmt, sagen wir voraus, dass B auch auf der Y-Variablen den höheren Rangwert aufweist. So werden wir bei beliebigen Paaren (A', B') verfahren, wenn sie auf der X-Dimension unterschiedliche Ränge einnehmen: Bei vermuteter positiver Beziehung prognostizieren wir für die Y-Variable die gleiche Relation wie die, die wir für X_A und X_B beobachtet haben. Wenn wir uns an diese Regel halten, machen wir immer dann einen Fehler, wenn nicht die gleichsinnige, sondern in Y die zu X gegensinnige Relation beobachtet wird, wenn das Paar also „diskordant" ist, da wir ja gemäß unserer Hypothese stets die konkordante Relation prognostizieren. Insgesamt wird die Zahl unserer Fehler der Menge der diskordanten Paare entsprechen, also gleich N_d sein. Fehler werden bei diesem Verfahren (bei dieser Kennzahl) nur als „vorgekommen" oder „nicht vorgekommen" gezählt. Es gibt keine „größeren" oder „kleineren" Fehler, da nicht registriert wird, um wie viele Rangplätze man sich verschätzt hat.

Wenn wir keinen positiven, sondern einen negativen Zusammenhang zwischen X und Y vermuten, ändern wir unsere Prognoseregel: Falls (4-17) gegeben ist, prognostizieren wir für Y nicht die Relation (4-18), sondern die gegensinnige Relation

(4-19) $Y_A > Y_B$

Jetzt machen wir jedes Mal eine falsche Voraussage gerade dann, wenn das jeweilige Paar konkordant ist. Das bedeutet, die Menge unserer Fehler ist nun gleich N_c.

Aus all dem können wir folgenden Schluss ziehen: Wenn wir bei einer gegebenen bivariaten Verteilung die Kenntnis der unterschiedlichen X-Werte zweier Untersuchungseinheiten optimal für die Prognose ihrer Werterelation auf der Y-Dimension verwenden, ist unsere Fehlermenge gleich dem Minimum von N_c und N_d:

(4-20) $E_2 = \min(N_c, N_d)$

Jetzt benötigen wir noch die Vergleichsgröße E_1, die Menge der Fehler, die uns unterlaufen, wenn wir ohne Kenntnis der X-Rangplätze prognostizieren, welche der beiden Untersuchungseinheiten aus einem beliebigen Paar (A,B) den höheren (oder niedrigeren) Rangplatz auf der Y-Dimension einnimmt. Da wir nur von konkordanten und diskordanten Paaren ausgehen, muss eine der beiden Untersuchungseinheiten einen höheren Y-Rangplatz einnehmen als die andere. Wenn die Paare „gut gemischt" sind (bzw. zufällig ausgewählt werden), ist es gleichgültig, ob wir prognostizieren: das erstgenannte Paarelement hat den höheren Rangplatz, oder ob wir prognostizieren: das zweitgenannte Paarelement hat den höheren Rangplatz in Y. Auf jeden Fall werden wir auf lange Sicht 50 % richtige und 50 % falsche Prognosen abgeben. Folglich ist

(4-21) $E_1 = 0{,}5(N_c + N_d)$

Somit können wir den PRE-Koeffizienten gemäß (4-12) bilden:

$$(4\text{-}22) \qquad PRE = \frac{E_1 - E_2}{E_2} = \frac{0{,}5(N_c + N_d) - \min(N_c, N_d)}{0{,}5(N_c + N_d)}$$

Wenn Zähler und Nenner mit 2 multipliziert werden, wird daraus

$$(4\text{-}22') \qquad PRE = \frac{(N_c + N_d) - 2\min(N_c, N_d)}{N_c + N_d}$$

Wenn Nc > Nd, wenn also eine „positive" Beziehung vorliegt, erhalten wir

$$(4\text{-}22'') \qquad PRE = \frac{N_c + N_d - 2N_d}{N_c + N_d} = \frac{N_c - N_d}{N_c + N_d}$$

Wenn Nc < Nd, wenn also eine „negative" Beziehung vorliegt, ergibt sich

$$(4\text{-}22''') \qquad PRE = \frac{N_c + N_d - 2N_c}{N_c + N_d} = \frac{N_d - N_c}{N_c + N_d} = -\frac{N_c - N_d}{N_c + N_d}$$

Die proportionale Fehlerreduktion lässt sich sinnvoller Weise stets mit einem positivem bzw. einem Absolutbetrag ausdrücken. Den Assoziationskoeffizienten möchte man aber gerne so gestalten, dass sein Vorzeichen angibt, ob eine „positive" oder eine „negative" Beziehung vorliegt, ob also die konkordanten Paare überwiegen ($N_c > N_d$) oder die diskordanten ($N_d > N_c$). Deshalb definiert man den *Gamma*-Koeffizienten γ als Zusammenhangsmaß wie folgt

$$(4\text{-}23) \qquad \gamma = \frac{N_c - N_d}{N_c + N_d}$$

Der Zähler – und damit auch der Quotient – wird negativ, wenn $N_d > N_c$; er wird positiv, wenn $N_c > N_d$. In unserem Beispiel gibt es fast gleich viele konkordante und diskordante Paare; es liegt zwar eine negative Beziehung vor – hohe Werte der einen Variable sind ein wenig öfter mit entsprechend niedrigen Werten der anderen Variable verbunden –,

$$(4\text{-}23') \qquad \gamma = \frac{15094 - 13342}{150944 + 13342} = 0{,}062$$

aber dieser (negative) Zusammenhang ist nur schwach ausgeprägt. Die Vorhersagefehler reduzieren sich lediglich um 6,2 %, wenn die Prognose auf der Kenntnis der X-Werte aufbaut. Wenn wir vorher einen stärkeren Zusammenhang erwartet haben, müssen wir nun nach möglichen Erklärungen für das überraschende Ergebnis suchen. Eine Erklärung könnte z. B. darin liegen, dass andere, bisher nicht berücksichtigte Faktoren den Einfluss der Schulbildung überlagern und modifizieren. Dieser Gedanke führt uns bereits in Richtung einer multivariaten Analyse, mit der wir uns erst im nächsten Kapitel eingehender beschäftigen wollen. Wir können aber einen bestimmten Aspekt schon an dieser Stelle einführen, ohne den Rahmen der bivariaten Tabellenanalyse auch im technischen Sinne zu überschreiten.

Sehen wir uns zunächst noch einmal die bivariate Tabelle 4.8 genauer an, nachdem wir die entsprechenden Prozentangaben hinzugefügt haben (s. Tab. 4.9):

Der Gamma-Wert, der nur den *monotonen* Zusammenhang widerspiegelt, ist nicht höher, sondern noch etwas niedriger als der Betrag der formunspezifischen Maßzahlen C = 0,069 und V = 0,097 (s. oben Abschn. 4.2.2). Dies deutet darauf hin, dass der Zusammenhang eher nicht-monoton als monoton verläuft. Das wird deutlich im Vergleich der Spaltenprozente (unterste Prozentangaben in jeder Zelle). Die Abgeordneten mit mittlerer Schulbildung weisen häufiger (zu 47,2 %) eine niedrige Wanderungsintensität (1. Zeile) auf als die Abgeordneten mit niedriger oder hoher Schulbildung (39,3 bzw. 37,2 %). Ähnlich kurvenförmig (aber in diesem Muster schwächer ausgeprägt) verlaufen die Spalten-Prozentuierungen in der dritten Zeile (hohe Wanderungsintensität). Folglich weisen die Abgeordneten mit mittlerer Bildungsstufe den geringsten Anteil (28,3 %) bei denen auf, für die eine mittlere Wanderungsintensität registriert ist (zweite Zeile).

Tabelle 4.9 Zusammenhang von Schulbildung und Wanderungsintensität aller Reichstagsabgeordneten 1912 (Quelle: eigene Darstellung)

			Bildung			
			niedrig	mittel	hoch	Gesamt
Wanderungsintensität	niedrig	Anzahl	35	25	103	163
		% innerhalb von Wanderungsintensität	21,5%	15,3%	63,2%	100,0%
		% innerhalb von Bildung	39,3%	47,2%	37,2%	38,9%
	mittel	Anzahl	38	15	114	167
		% innerhalb von Wanderungsintensität	22,8%	9,0%	68,3%	100,0%
		% innerhalb von Bildung	42,7%	28,3%	41,2%	39,9%
	hoch	Anzahl	16	13	60	89
		% innerhalb von Wanderungsintensität	18,0%	14,6%	67,4%	100,0%
		% innerhalb von Bildung	18,0%	24,5%	21,7%	21,2%
Gesamt		Anzahl	89	53	277	419
		% innerhalb von Wanderungsintensität	21,2%	12,6%	66,1%	100,0%
		% innerhalb von Bildung	100,0%	100,0%	100,0%	100,0%

C = 0,069   V = 0,097   γ = 0,062

Nichtmonotone (oder nichtlineare) Beziehungen zwischen zwei Variablen sind häufig ein Hinweis darauf, dass ein weiterer Faktor wirksam ist, der identifiziert werden müsste. In unserem Analysebeispiel liegt folgende Überlegung nahe: Unter den SPD-Abgeordneten befinden sich wahrscheinlich erheblich mehr Abgeordnete mit formal niedriger Schulbildung als unter den Parlamentariern bürgerlicher Parteien. (Das wäre also ein weiterer bivariater Zusammenhang.) Aber die SPD-Abgeordneten sind von ihrer Parteizentrale häufig in Wahlkreise außerhalb ihrer Heimatbezirke geschickt worden; politische und ökonomische Pressionen mögen zusätzliche Wanderschaften hervorgerufen haben. Somit entstand hier unabhängig von Bildungs- und entsprechenden Berufserfahrungen eine zusätzliche und relativ hohe Mobilität, die in dieser Form über derjenigen der bürgerlichen Abgeordneten liegen sollte. Wir können diese Überlegung indirekt überprüfen, indem wir den Zusammenhang zwischen Schulbildung und Wanderungsintensität für SPD-Abgeordnete und für Abgeordnete anderer Parteien getrennt untersuchen. Hierzu betrachten wir die beiden Tabellen 4.10a und 4.10b.

Zunächst entnehmen wir den Randverteilungen, dass die „bürgerlichen" Abgeordneten in der Tat einen erheblich größeren Anteil (82,4 %) mit hoher Schulbildung aufweisen als die SPD-Abgeordneten (24,6 %). Außerdem bestätigt sich, dass auf jeder Bildungsstufe die SPD-Abgeordneten einen höheren Anteil an mittlerer oder hoher Wanderungsintensität aufweisen als ihre bürgerlichen Kollegen. Auch der Zusammenhang zwischen Schulbildung und Wanderungsintensität tritt nun deutlich stärker, aber auch differenzierter in Erscheinung. Bei den bürgerlichen Abgeordneten ist er mit einem $\gamma = 0{,}466$ indiziert, bei den SPD-Abgeordneten erwartungsgemäß deutlich schwächer mit einem $\gamma = 0{,}151$. In beiden Teiltabellen liegt der Koeffizient Gamma über den formunspezifischen Maßzahlen Cramers V und Kontingenzkoeffizient C, bei den SPD-Abgeordneten aber nur mit einer sehr geringen Differenz. In Kapitel 5 werden wir solche Kausalkonstellationen unter den Stichworten „Interaktion" und „Suppression" näher erläutern. Zunächst aber wollen wir die formale Erörterung von Gamma und anderen Maßzahlen noch etwas weitertreiben.

Angewandt auf die 4-Felder-Tafel ist *Gamma* identisch mit dem am Ende des Abschnitts 4.2.1 bereits eingeführten Koeffizienten *Yules Q*:

$$(4\text{-}24) \qquad Q = \frac{N_c - N_d}{N_c + N_d} = \frac{ad - bc}{ad + bc}$$

Die Produkt-Buchstaben bezeichnen hier die vier beobachteten Zellenhäufigkeiten (wie in Tab. 4.8, erste Zeile: a und b, zweite Zeile: c und d). Diese Maßzahl ist mit der dort ebenfalls schon besprochenen Maßzahl der Odds-Ratio (OR) wie folgt verbunden:

$$(4\text{-}24') \qquad Q = \frac{OR - 1}{OR + 1}$$

Tabelle 4.10a Zusammenhang von Schulbildung und Wanderungsintensität, SPD-Reichstagsabgeordnete 1912 (Quelle: eigene Darstellung)

| | | | Bildung | | | |
			niedrig	mittel	hoch	Gesamt
Wanderungs-intensität	niedrig	Anzahl	17	6	5	28
		% innerhalb von Wanderungsintensität	60,7%	21,4%	17,9%	100,0%
		% innerhalb von Bildung	26,2%	25,0%	17,2%	23,7%
	mittel	Anzahl	33	10	15	58
		% innerhalb von Wanderungsintensität	56,9%	17,2%	25,9%	100,0%
		% innerhalb von Bildung	50,8%	41,7%	51,7%	49,2%
	hoch	Anzahl	15	8	9	32
		% innerhalb von Wanderungsintensität	46,9%	25,0%	28,1%	100,0%
		% innerhalb von Bildung	23,1%	33,3%	31,0%	27,1%
Gesamt		Anzahl	65	24	29	118
		% innerhalb von Wanderungsintensität	55,1%	20,3%	24,6%	100,0%
		% innerhalb von Bildung	100,0%	100,0%	100,0%	100,0%

C = 0,127   V = 0,091   γ = 0,151

Tabelle 4.10b Zusammenhang von Schulbildung und Wanderungsintensität bei Reichstagsabgeordneten außerhalb der SPD 1912 (Quelle: eigene Darstellung)

| | | | Bildung | | | |
			niedrig	mittel	hoch	Gesamt
Wanderungs-intensität	niedrig	Anzahl	18	19	98	135
		% innerhalb von Wanderungsintensität	13,3%	14,1%	72,6%	100,0%
		% innerhalb von Bildung	75,0%	65,5%	39,5%	44,9%
	mittel	Anzahl	5	5	99	109
		% innerhalb von Wanderungsintensität	4,6%	4,6%	90,8%	100,0%
		% innerhalb von Bildung	20,8%	17,2%	39,9%	36,2%
	hoch	Anzahl	1	5	51	57
		% innerhalb von Wanderungsintensität	1,8%	8,8%	89,5%	100,0%
		% innerhalb von Bildung	4,2%	17,2%	20,6%	18,9%
Gesamt		Anzahl	24	29	248	301
		% innerhalb von Wanderungsintensität	8,0%	9,6%	82,4%	100,0%
		% innerhalb von Bildung	100,0%	100,0%	100,0%	100,0%

C = 0,235   V = 0,172   γ = 0,466

In (2×2)-Tabellen ist $\gamma = Q$ nicht abhängig von den Randhäufigkeiten. Bei größeren Tabellen reagiert Gamma allerdings auf Veränderungen in den Randhäufigkeiten. Gamma reagiert auch, wenn die Zahl der Variablenausprägungen durch Zusammenlegen von Kategorien vermindert wird: es wird (unter sonst gleichen Bedingungen) größer und zwar in höherem Ausmaß als die in den beiden folgenden Abschnitten besprochenen Koeffizienten von Kendall und Somers. Diese Eigenschaft ist vor allem deshalb beklagenswert, weil die Zahl der Kategorien vom Forscher oft willkürlich festgelegt wird, vor allem dann, wenn die theoretisch gemeinte Merkmalsdimension kontinuierlich ist, das Intervallskalenniveau aber lediglich aus messtechnischen Gründen nicht realisiert werden kann. Selbst bei „natürlichen" Dichotomien (wie „Geschlecht"), die kreuztabelliert werden, führt Gamma zu Problemen, weil es den Höchstwert auch dann erreicht, wenn nur eine Zelle unbesetzt ist. Man wird aber kaum eine gemeinsame Verteilung wie die in Tab 4.11 als Nachweis eines perfekten Zusammenhangs interpretieren wollen (für ein Gegenargument siehe Davis 1971: 42).

Tabelle 4.11   Bivariate Verteilung mit Gamma = 1 (Quelle: eigene Darstellung)

	x_1	x_2	
y_1	50	0	50
y_2	50	100	150
	100	100	200

Auch bei größeren Tabellen führen solche „Eckkorrelationen", bei denen nur eine äußere Spalte und eine äußere Zeile besetzt sind, zum Höchstwert bei Gamma (wiederum im Unterschied zu Kendalls Tau und Somers' d, s. unten). Dieses Problem entsteht dadurch, dass Gamma die Informationen über Verknüpfungen (tied pairs) ignoriert. „By treating much of the data (ties) as irrelevant, gamma achieves large and perhaps misleading measures of error reduction. For this reason, even though it appeared earlier in the literature and, as a consequence, has been used more widely than any of the d measures, gamma seems inadequate for evaluating ‚The more X, the more Y'" (Hildebrand/Laing/Rosenthal 1977: 46).

4.2.3.2 Kendalls Tau-Koeffizienten

Die Maßzahl *Tau(b)* bzw. $\tau(b)$ beruht ebenfalls auf einem Vergleich konkordanter und diskordanter Paare, berücksichtigt aber im Nenner des Quotienten auch die einseitig verknüpften Paare T_x und T_y (s. oben die Erläuterungen zu den Gleichungen 4-15 und 4-15'):

$$(4\text{-}25) \quad \tau_b = \frac{N_c - N_d}{\sqrt{(N_c + N_d + T_x)(N_c + N_d + T_y)}}$$

In unserem Beispiel (Tab. 4.8a) ist $\tau(b) = 0,036$, also noch kleiner als *Gamma* = 0,062.

Für die einseitig gebundenen Paare (Ties) gibt es bei Tau eine Art Punktabzug. Das erscheint als sinnvoll, wenn man eine perfekte Beziehung nur dann als gegeben betrachtet, wenn jede Erhöhung des X-Wertes mit einer Erhöhung des Y-Wertes einhergeht (positive Beziehung) oder jede Erhöhung des X-Wertes mit einer Minderung des Y-Wertes verbunden ist (negative Beziehung). Tau(b) erreicht also den Höchstbetrag 1 nur in einer quadratischen Tabelle, wenn entweder ausschließlich die Zellen der Hauptdiagonalen oder ausschließlich die Zellen der Nebendiagonalen besetzt sind (sodass keine ties vorliegen).[21]

Man mag es aber auch als Nachteil empfinden, dass Tau(b) den Höchstwert nur in einer quadratischen Tabelle erreichen kann; schließlich will der Sozialforscher nicht ausschließlich Variablen mit einer gleichen Zahl von Kategorien kreuztabellieren. Deshalb hat Kendall eine Modifikation des Tau-Koeffizienten *Tau(c)* vorgeschlagen:

$$(4\text{-}26) \quad \tau_c = \frac{N_c - N_d}{\frac{1}{2} N^2 \left(\frac{m-1}{m}\right)}, \quad \text{wobei } m = \min(r, c)$$

Der Tau(c)-Koeffizient nimmt in einer rechteckigen Tabelle gegenüber der Tau(b)-Version im Allgemeinen einen etwas höheren Betrag an und kann auch in diesem Falle die Maximalwerte +1 oder −1 erreichen. Hildebrand et al. (1977, S. 52) merken hierzu kritisch an: „the procedure appears ad hoc from the viewpoint of prediction analysis". Im Gegensatz zu Tau(b) kann Tau(c) nicht im Sinne eines PRE-Maßes interpretiert werden (ebd.).[22]

Mit dem Namen Kendalls ist noch ein weiterer Tau-Koeffizient, Tau(a), verbunden. Wir wollen ihn hier aber nicht weiter erörtern, da er nur dann aussagekräftig ist, wenn überhaupt keine Ties (auch keine beidseitigen) vorkommen, wenn also kein einziger Rangplatz der beteiligten Variablen von mehr als einer Untersuchungseinheit besetzt ist. Für diesen Fall ist auch der sog. *Rangkorrelationskoeffizient* von Spearman definiert worden. Er lässt Anpassungskorrekturen zu, wenn die Zahl der Ties sehr gering ist. Er ist aber mit Vorsicht zu verwenden, da er die Rangplätze wie Werte von Intervallskalen behandelt. (Wir werden ihn hier nicht weiter besprechen)

---

21 Anzumerken ist, dass in einer (2×2)-Tabelle mit 0/1kodierten Variablen *Tau*(b) den gleichen Wert annimmt wie *Phi* (s. oben) und der Produkt-Moment-Korrelationskoeffizient von Pearson, den wir in Abschn. 4.2.4 besprechen werden.

22 Zur Frage einer PRE-Interpretation von *Tau*(b) sei der Leser auch auf den Artikel von Wilson (1968) hingewiesen.

4.2.3.3 Somers' d-Koeffizient

Im Unterschied zu den symmetrischen Koeffizienten Gamma und Kendalls Tau hat Somers zwei asymmetrisch angelegte Koeffizienten vorgeschlagen, *Somers' d*:

$$(4\text{-}27) \qquad d_{yx} = \frac{N_c - N_d}{N_c + N_d + T_y}$$

$$d_{xy} = \frac{N_c - N_d}{N_c + N_d + T_x}$$

In unserem Beispiel (Tab. 4.8a) ist $d_{yx} = -0,031$ und $d_{xy} = -0,040$, also wiederum etwas kleiner als Gamma $= 0,062$.

Wenn Y als abhängige und X als unabhängige Variable angesehen werden können, scheint es sinnvoll, den Koeffizienten durch Einsetzen der nur in Y gebundenen Paare zu mindern (im Vergleich zu Gamma), also d_{yx} heranzuziehen. Denn bei einer perfekten Beziehung, die von X nach Y verläuft, dürften keine Paare auftreten, die sich hinsichtlich ihrer X-Werte unterscheiden, nicht aber hinsichtlich ihrer Y-Werte. Entsprechendes gilt bei umgekehrter Kausalrichtung. Hier sollten bei perfekter Beziehung keine Fälle auftreten, die sich in den Y-Werten unterscheiden, nicht aber in ihren X-Werten. Deshalb erscheinen diese einseitig gebundenen Paare in der als „abhängig" angesehenen Variablen jeweils im Nenner des entsprechenden Quotienten.

In einer (2×2)-Tabelle entspricht Somers' d_{yx} der entsprechenden Prozentsatzdifferenz: $d\% = 100 \cdot d_{yx}$. Somers' d ist in der Literatur auch als „Regressionskoeffizient" (s. unten Kap. 6) für ordinale Variablen bezeichnet worden (siehe z. B. Jarausch et al. 1985, S. 166).

Allgemein gilt auch die Beziehung

$$(4\text{-}28) \qquad d_{xy} \cdot d_{yx} = \tau_b^2$$

Wenn wir die in den Kapitelabschnitten 4.2.1 bis 4.2.3.3 vorgestellten Maßzahlen für die Stärke eines Zusammenhangs zwischen zwei Variablen im Überblick betrachten, lässt sich bezüglich ihrer Verwendbarkeit knapp zusammengefasst Folgendes sagen:[23] Sind beide Variablen nominal gemessen und hat zumindest eine der beiden Variablen mehr als zwei Ausprägungen, empfiehlt sich die Verwendung von Cramers V (eher als der Kontingenzkoeffizient C). Liegt ein ordinales Messniveau vor und erscheint eine asymmetrische Beziehung zwischen den beiden Variablen theoretisch plausibel, empfiehlt es sich, Somers' d-Koeffizienten heranzuziehen. Möchte man sich aber nicht auf eine einseitige Wirkungsrichtung (von X nach Y oder umgekehrt) festlegen,

---

23   Zu möglichen Fehlinterpretationen s. auch Müller-Benedict 2011, S. 233–238.

empfiehlt sich im Allgemeinen Kendalls Tau(b)-Koeffizient, der eindeutiger zu interpretieren ist als Tau(c). Auf jeden Fall sollte auch überprüft werden, ob statt eines monotonen auch ein nicht-monotoner Zusammenhang gegeben sein könnte. In diesem Falle wären die hier besprochenen Maßzahlen für ordinale Variablen inadäquat. Man könnte in einem solchen Falle auf χ^2-basierte Maßzahlen (wie Cramers V) zurückgreifen. Falls Cramers V größer ist als eine der PRE-Maßzahlen, wäre damit auch ein Hinweis dafür gegeben, dass keine monotone, sondern eher eine nicht-monotone Beziehung vorliegt. Wenn beide Variablen jeweils nur zwei Ausprägungen aufweisen, ihre gemeinsame Verteilung also in einer 4-Felder-Tafel gegeben ist, kann man sie wie eine ordinale Variable behandeln, ihre Zusammenhangsstärke also ebenfalls mit Kendalls Tau(b) oder mit Somers' d-Koeffizienten darstellen.

4.2.4 Ein Zusammenhangsmaß für metrische Variablen: Pearsons Produkt-Moment-Korrelationskoeffizient

Die Ableitung dieses Korrelationskoeffizienten lässt sich am besten anhand eines Streudiagramms erläutern. Deshalb reproduzieren wir an dieser Stelle die Abb. 4.2 (als Abb. 4.6):

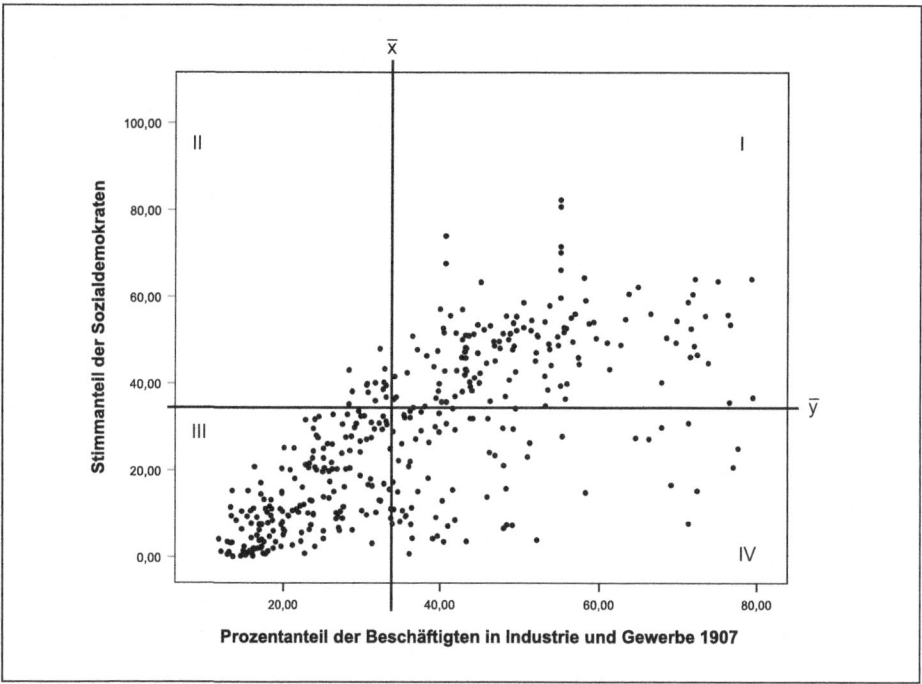

Abbildung 4.6 SPD-Stimmenanteil (1912) Y vs. Industrialisierungsgrad der Wahlkreise(1907) X. (Datensatz ZA8145_wdk_1912) (Quelle: eigene Darstellung)

In das Koordinatenkreuz sind die Koordinaten der arithmetischen Mittel $\bar{y}$ und $\bar{x}$ neu eingezeichnet. Dadurch werden alle Punkte (die mit ihren Koordinaten die Y- und X-Werte der Wahlkreise markieren) einer von vier „Regionen", den sog. Quadranten, zugeteilt:

> Quadrant I: alle $(y_i > \bar{y}, x_i > \bar{x})$
> Quadrant II: alle $(y_i > \bar{y}, x_i < \bar{x})$
> Quadrant III: alle $(y_i < \bar{y}, x_i < \bar{x})$
> Quadrant IV: alle $(y_i < \bar{y}, x_i > \bar{x})$
> $i = (1, 2, \ldots, n)$

Mit dieser Flächeneinteilung soll folgender Gedankengang veranschaulicht werden: Wenn ein Zusammenhang zwischen zwei Variablen besteht, kann er sich in einer von zwei „Tendenzen" ausdrücken:

1) Untersuchungseinheiten mit relativ großen (kleinen) X-Werten haben auch relativ große (kleine) Y-Werte (positive Beziehung, entspricht einem Überwiegen konkordanter Paare bei Ordinalvariablen),
2) Untersuchungseinheiten mit relativ großen (kleinen) X-Werten haben relativ kleine (große) Y-Werte (negative Beziehung, entspricht einem Überwiegen diskordanter Paare bei Ordinaldaten).

Als Kriterium für „relativ groß" oder „relativ klein" wollen wir den Abstand vom arithmetischen Mittel betrachten. Wir müssen also eine Maßzahl konstruieren, die

a) bei positiver Beziehung einen umso größeren Wert annimmt, je größer der Anteil der Fälle im 1. und 3. Quadranten im Vergleich zum Anteil der Fälle im 2. und 4. Quadranten ist;
b) bei negativer Beziehung einen umso niedrigeren Wert (größeren Absolutbetrag) annimmt, je größer der Anteil der Fälle im 2. und 4. Quadranten im Vergleich zum Anteil der Fälle im 1. und 3. Quadranten ist.

Damit ist das Konzept der *Kovariation* formuliert. Dessen formaler Ausdruck ist:

$$(4\text{-}29) \qquad \text{Kovariation}(y,x) = \sum_{i=1}^{n}(y_i - \bar{y})(x_i - \bar{x})$$

Fälle im 1. und 3. Quadranten tragen positiv, Fälle im 2. und 4. Quadranten negativ zur Summe bei. Je gleichgewichtiger die Fälle über alle Quadranten gestreut sind, umso stärker nähert sich die Summe, die Kovariation, dem Wert null.

Die Kovariation ist aber noch kein geeignetes Maß für die Zusammenhangsstärke. Offensichtlich ist sie von der Zahl n der Fälle abhängig (es sei denn, es bestehe völlige Unabhängigkeit der Variablen, wodurch sich positive und negative Summanden in der Summe aufheben würden). Das kann man ändern, indem man die Kovariation durch die Zahl der Fälle dividiert:

$$(4\text{-}30) \qquad \frac{1}{n} \sum_{i=1}^{n} (y_i - \overline{y})(x_i - \overline{x}) = \text{Cov}(y, x) = s_{yx}$$

Diesen Ausdruck bezeichnet man als (empirische) *Kovarianz*.[24] Er ist einer der Schlüsselbegriffe der Statistik. Aber als Maß für die bivariate Zusammenhangsstärke hat er noch Nachteile: Offensichtlich hängt die Größe des Produkts in (4-31) jeweils davon ab, wieweit die beobachteten Werte von x und y entfernt sind, gemessen in irgendwelchen Maßeinheiten. Das bedeutet, dass die Größe Cov(y,x) von den jeweils verwendeten Skalen und den mit ihnen gegebenen Maßeinheiten abhängt. In unserem Beispiel erhalten wir also ganz unterschiedliche Ergebnisse, je nachdem, ob wir unsere Variablen in Prozent oder in Promilleanteilen messen. Im ersten Falle ist Cov(y,x) = 217,55, im zweiten Falle ist Cov(y,x) = 21755 (s. hierzu den Exkurs in Abschn. 4.2.7 über das Rechnen mit Kovarianzen).

Ein Maß für die bivariate Zusammenhangsstärke sollte also von den skaleninduzierten univariaten Streuungsumfängen unabhängig sein. Man kann diese Forderung wie folgt interpretieren: Der noch zu findende *Korrelationskoeffizient* sollte in seinem Absolutbetrag in dem Maße steigen, wie den relativen Abweichungen der einzelnen x_i-Werte vom arithmetischen Mittel $\overline{x}$ gleich große relative Abweichungen des jeweiligen y_i-Wertes von $\overline{y}$ korrespondieren. Unter der *relativen Abweichung* kann man das Verhältnis der Abweichung $(x_i - \overline{x})$ bzw. $(y_i - \overline{y})$ zur durchschnittlichen Abweichung, also zur Standardabweichung (s. Kap. 3.2), verstehen:

$$(4\text{-}31) \qquad z(x_i) = \frac{x_i - \overline{x}}{s_x}, \quad z(y_i) = \frac{y_i - \overline{y}}{s_y},$$

Man bezeichnet die gemäß (4-31) transformierten X- und Y-Variablen als *standardisierte* Variablen (s. Gleichung (3-16)). Eine solche lineare Transformation ist, wie wir in Kap. 1 gesehen haben, für Intervallskalen zulässig. Das heißt, die internen Differenzenverhältnisse einzelner Wertepaare werden durch diese Transformation nicht berührt. Die standardisierten Variablen haben alle das arithmetische Mittel Null und eine Standardabweichung von Eins; denn es gilt allgemein (siehe die entsprechenden Ausführungen in Kapitelabschnitten 3.1 und 3.2):

$$(4\text{-}32) \qquad x^* = a + bx \;\Rightarrow\; \overline{x}^* = a + b\overline{x}, \quad s_{x^*} = |b|\, s_x$$

---

24 Auch hier ist wieder anzumerken, dass die Definitionsformel der „Kovarianz" leicht modifiziert werden muss: (n − 1 statt n), wenn sie im inferenzstatistischen Kontext als zu schätzende bzw. als zu testende Größe auftritt.

Bei der Standardisierung von Variablen gemäß Gleichung (4-31) ist der Multiplikator $b = 1/s_x$ und die Konstante $a = (-\bar{x})/s_x$, folglich $\bar{z} = (1/s_x)\,\bar{x} - \bar{x}/s_x = 0$ und $s_z = (1/s_x)s_x = 1$.

Wenn wir die Kovarianzen nicht mit den beobachteten, sondern mit den z-transformierten Werten ausrechnen, erhalten wir somit

$$(4\text{-}33) \qquad \text{Cov}(z(y), z(x)) = \frac{1}{n} \sum_{i=1}^{n} \left(z(y_i) - \overline{z(y)}\right)\left(z(x_i) - \overline{z(x)}\right)$$

$$= \frac{1}{n} \sum_{i=1}^{n} \left(\frac{y_i - \bar{y}}{s_y}\right)\left(\frac{x_i - \bar{x}}{s_x}\right),$$

$$= \frac{1}{n} \frac{1}{s_y} \frac{1}{s_x} \sum_{i=1}^{n} (y_i - \bar{y})(x_i - \bar{x}) = \frac{s_{yx}}{s_y\,s_x} = r$$

den *(Pearson-)Produkt-Moment-Korrelationskoeffizienten r* als Maß für die Stärke eines Zusammenhangs zweier Variablen X und Y. Der Korrelationskoeffizient r ist also gleich der Kovarianz der beiden Variablen dividiert durch das Produkt ihrer Standardabweichungen, und dieser Ausdruck ist identisch mit der Kovarianz der beiden z-standardisierten Variablen z_y und z_x. In unserem Beispiel (siehe Abb. 4.6) erhalten wir ein $r = 0{,}709$.

Die letzte Zeile in (4-33) enthält die „klassische" Formulierung des Pearson'schen Produkt-Moment-Korrelationskoeffizienten. Sie zeigt, dass man die Variablen nicht vorgängig standardisieren muss, um *r* berechnen zu können. Man erhält das gleiche Ergebnis, wenn man die Kovarianz der ursprünglichen Variablen durch die beiden Standardabweichungen dividiert. Die Division durch die Standardabweichungen beider Variablen macht *r* zu einem symmetrischen Koeffizienten, d. h. für seine Berechnung spielt es keine Rolle, ob wir X oder Y als abhängige (oder unabhängige) Variable betrachten. Das SPSS-Kommando hierzu lautet (die Bezeichnungen spd12p und kbe07igp sind die in der GESIS-Datei vorgegebenen Namen der beiden Variablen in Abb.4.6)

CORRELATIONS spd12p with kbe07igp.

Der Koeffizient *r* misst die Zusammenhangsstärke im Sinne einer *linearen* Beziehung zwischen den beiden Variablen. Das folgt daraus, dass lediglich die einfachen Differenzen zwischen beobachtetem Wert und arithmetischem Mittel in die Produktbildung eingehen und die Produktsumme anschließend nur noch linear transformiert wird. Das bedeutet auch, dass extreme Variablenwerte bei der Kovarianzberechnung ein stärkeres Gewicht erhalten als jene Werte, die nahe beim arithmetischen Mittel liegen. Dies kann jedoch als wünschenswert angesehen werden. Wenn ein Wert, der von der zentralen Tendenz der einen Variablen stark abweicht, mit einem ebenfalls extremen Wert der anderen Variablen verbunden ist, so mag dies als ein „gewichtigerer" Beleg für einen systematischen Zusammenhang der beiden Variablen gelten als eine Korrespondenz von X- und Y-Werten, die beide nahe bei ihren jeweiligen arithmetischen Mitteln liegen.

Der Korrelationskoeffizient r erreicht maximal den Betrag 1 (bei einer positiven Beziehung) und minimal den Betrag −1 (bei einer negativen Beziehung). *Lineare Unabhängigkeit* der beiden Variablen ist durch r = 0 angezeigt. (Ein nichtlinearer Zusammenhang kann dennoch bestehen.) Die Zwischenwerte sind nicht inhaltlich interpretierbar. Beim Vergleich zweier Koeffizienten kann man lediglich sagen, dass der größere r-Betrag einen stärkeren (linearen) Zusammenhang ausdrückt als der kleinere r-Betrag. Man kann aber, beispielsweise, nicht sagen, ein doppelt so großes |r| indiziere einen doppelt so starken Zusammenhang. Der Koeffizient r kann jedoch im Rahmen des Regressionsmodells noch auf andere Weise abgeleitet werden. Die Größe r^2 wird dadurch inhaltlich interpretierbar und zwar wiederum als PRE-Maß (siehe hierzu Kap. 6).

Wie bereits angemerkt, muss der Zusammenhang zwischen zwei Variablen nicht unbedingt linear verlaufen. In vielen Gesellschaften nimmt z. B. das persönliche Einkommen (Y) in den ersten Jahren (X) nach Beginn des Erwerbslebens durchschnittlich zu, geht dann aber im weiteren Lebensverlauf (mit größer werdendem X) tendenziell wieder etwas zurück. Metrische Variablen erlauben grundsätzlich auch die Spezifikation nicht-linearer (kurvenförmiger) Beziehungen. Dies werden wir im Kap. 11.2 bei der Darstellung nicht-linearer Regressionsmodelle näher erläutern. Dort wird auch gezeigt werden, dass die Linearitätsannahme bei Messwerten, die als Prozent- (oder sonstige Verhältnis-) Größen vorliegen, grundsätzlich problematisch ist. Hier sei aber zunächst noch einmal betont: der Pearson'sche Korrelationskoeffizient setzt eine lineare Beziehung voraus.

4.2.5 Zusammenhang zwischen einer nominalen und einer metrischen Variablen: Pearsons Eta

Bisher haben wir nur Beziehungen von Variablen untersucht, die beide das gleiche Messniveau aufweisen. Sollte eine Variable mit höherem Messniveau mit einer Variablen niedrigeren Messniveaus kreuztabelliert werden, so müsste die Variable mit hohem Messniveau nach den bisher besprochenen Analysemodellen auf das niedrigere Messniveau der anderen Variablen herabgestuft werden. Wir wollen nun den Zusammenhang zwischen einer als „abhängig" gedachten metrischen Variablen und einer als „unabhängig" betrachteten Nominalvariablen untersuchen, dabei aber das metrische Messniveau nicht herabstufen, sondern die metrischen Informationen nutzen.

Als Beispiel hierzu betrachten wir den Zusammenhang zwischen dem Lebensalter der Reichstagsabgeordneten und ihrer Fraktionszugehörigkeit – unter der Annahme, dass die politischen Parteien bei der Auswahl ihrer Kandidaten deren Lebensalter in unterschiedlicher Weise berücksichtigen. Neben der Restgruppe („Sonstige") stellen wir hier nur zwei Fraktionen einander gegenüber: Sozialdemokraten und Konservative. Um die Ableitung des Zusammenhangsmaßes *Eta* leichter nachvollziehen zu können, gehen wir zunächst jedoch mit fiktiven Daten von einer nominalen Variablen aus, die nur zwei Kategorien, A und B, umfasst. (Man kann sich hierunter natürlich wiederum zwei Fraktionen vorstellen) Und wir begrenzen die Zahl der Untersuchungseinheiten auf 4 Fälle, die der Gruppe A angehören, und auf weitere 5 Fälle, die der Gruppe B angehören.

Die Daten lassen sich so anordnen, dass man zunächst das Lebensalter y_i aller Untersuchungseinheiten i (i = 1,2,3,4) auflistet, die der Gruppe A angehören, danach die Lebensaltersangaben der Untersuchungseinheiten i (i = 5,6,7,8,9), die der Gruppe B angehören (siehe Abb. 4.7); der Buchstabe G steht für die Gesamtheit der Fälle).

Fall	y_i	$y_i - \bar{y}_A$	$(y_i - \bar{y}_A)^2$	$y_i - \bar{y}_G$	$(y_i - \bar{y}_G)^2$		
1	53	3,25	10,56	-1,33	1,77	$\bar{y}_A =$	49,75
2	61	11,25	126,56	6,67	44,49	$s_A =$	8,41
3	38	-11,75	138,06	-16,33	266,67		
4	47	-2,75	7,56	-7,33	53,73		
A			282,75		366,66		
	y_i	$y_i - \bar{y}_B$	$(y_i - \bar{y}_B)^2$	$y_i - \bar{y}_G$	$(y_i - \bar{y}_G)^2$		
5	69	11,00	121,00	14,67	215,21	$\bar{y}_B =$	58
6	56	-2,00	4,00	1,67	2,79	$s_B =$	6,9
7	49	-9,00	81,00	-5,33	28,41		
8	54	-4,00	16,00	-0,33	0,11		
9	62	4,00	16,00	7,67	58,83		
B			238,00		305,34	$\bar{y}_G =$	54,33
G					672,00	$s_G =$	8,75

Abbildung 4.7 Schema zur Berechnung von Eta (Quelle: eigene Darstellung)

Unsere Frage nach dem Zusammenhang zwischen der Gruppenzugehörigkeit und dem Lebensalter können wir wiederum im Sinne der Prognosefähigkeit interpretieren: Wenn wir wissen, ob eine Person i Mitglied der Gruppe A (z. B. ein SPD-Mitglied) oder Mitglied der Gruppe B (der konservativen Fraktion) ist, sollten wir ihr Lebensalter im Falle des Zusammenhangs der beiden Variablen besser (d. h. mit einem geringeren Fehler) prognostizieren können als ohne diese Information. Also müssen wir zunächst wieder festlegen, wie der Prognosefehler zu berechnen ist. Bei metrischen Daten bietet sich hierfür die Differenz zwischen dem tatsächlich gegebenen und dem prognostizierten Wert an. Da wir die Fehler summieren wollen, quadrieren wir sie, so dass sich positive und negative Beträge nicht ausgleichen. Wir wissen aus Kap. 3, dass die Summe der quadrierten Differenzen $(y_i - \bar{y})^2$ ein Minimum ergibt. Wenn wir die Y-Werte ohne Kenntnis der X-Werte (hier: ohne Kenntnis der Gruppenzugehörigkeit) prognostizieren, erhalten wir die geringste Fehlerquadratsumme also dann, wenn wir in jedem einzelnen Fall stets den Mittelwert der Y-Verteilung als Prognosewert verwenden. Laut Abb. 4.7 ist das

$$(4\text{-}34) \quad \bar{y}_G = \frac{1}{9} (4\,\bar{y}_A + 5\,\bar{y}_B) = 54{,}33$$

Diese erste Prognosestrategie führt in unserem Beispiel zu folgender Fehlerquadratsumme:

$$(4\text{-}35) \quad E_1 = \sum_{i=1}^{9}(y_i - \bar{y}_G)^2 = 672$$

(siehe wiederum Abb. 4.7). Wenn wir bei einem zweiten Prognosedurchgang die Gruppenzugehörigkeit der einzelnen Personen und die arithmetischen Mittel der beiden Gruppen kennen, prognostizieren wir nicht mehr $y_i = \bar{y}_G$, sondern $y_i = \bar{y}_A$, falls die betreffende Person der Gruppe A angehört, und $y_i = \bar{y}_B$, falls sie zur Gruppe B gehört. Als Prognosefehler erhalten wir somit

$$(4\text{-}36) \quad E_2 = \sum_{i=1}^{4}(y_i - \bar{y}_A)^2 + \sum_{i=5}^{9}(y_i - \bar{y}_B)^2 = 282{,}75 + 238 = 520{,}75$$

Somit können wir auch hier wieder die proportionale Fehlerreduktion (PRE) als Indikator für die Zusammenhangsstärke angeben:

$$(4\text{-}37) \quad PRE = \frac{E_1 - E_2}{E_1}$$

Um diesen Ausdruck besser interpretieren zu können, formen wir die Summen E_1 und E_2 um. Dazu führen wir neben dem Personenindex i (i = 1, 2, …, n) einen zweiten Index, j, (j = 1, 2, …, k) ein, der bei jeder Person die Gruppenzugehörigkeit angeben soll. In unserem bisherigen Zahlenbeispiel ist k = 2; j = 1 steht für Gruppe A und j = 2 steht für Gruppe B; n_j steht für die Fälle der Gruppe j. Somit ist

$$(4\text{-}38) \quad E_1 = \sum_{j=1}^{k} \sum_{i=1}^{n_j}(y_{ij} - \bar{y}_G)^2$$

$$E_2 = \sum_{j=1}^{k} \sum_{i=1}^{n_j}(y_{ij} - \bar{y}_j)^2$$

Das doppelte Summenzeichen bedeutet: Wir addieren die Differenzen über alle Personen i aus allen Gruppen j. Man hält zunächst den Gruppenindex j = 1 fest und addiert über alle $n_1 = 4$ Personen dieser ersten Gruppe. Dann erhöht man den Gruppenindex auf j = 2 und addiert über alle $n_2 = 5$ Personen.

Die Differenz des Beobachtungswertes y_{ij} zum Prognosewert $\overline{y}_G$ in E_1 lässt sich in zwei Komponenten zerlegen: (a) den Abstand von y_{ij} zum Gruppenmittelwert $\overline{y}_j$ und (b) den Abstand des Gruppenmittelwertes $\overline{y}_j$ zum arithmetischen Mittel der Gesamtheit $\overline{y}_G$:

$$(4\text{-}39) \quad y_{ij} - \overline{y}_G = (y_{ij} - \overline{y}_j) + (\overline{y}_j - \overline{y}_G)$$

Da $\overline{y}_j$ einmal mit positivem und einmal mit negativem Vorzeichen auftritt, ist die Summe auf der rechten Gleichungsseite identisch mit der Differenz auf der linken Gleichungsseite. Wir benötigen aber diese neue Schreibweise, um Folgendes zeigen zu können: Wenn wir beide Seiten quadrieren und die Summe über alle Fälle in allen Gruppen (hier im Beispiel nur zwei Gruppen) bestimmen, erhält man folgenden Ausdruck für die Variation:

$$(4\text{-}40) \quad E_1 = \sum_{j=1}^{k} \sum_{i=1}^{n_j} (y_{ij} - \overline{y}_G)^2 = \sum_{j=1}^{k} \sum_{i=1}^{n_j} (y_{ij} - \overline{y}_j)^2 + \sum_{j=1}^{k} n_j (\overline{y}_j - \overline{y}_G)^2$$

Gesamtvariation	nicht-erklärte Variation	erklärte Variation

Die Binom-Komponente $\Sigma\Sigma[2(\overline{y}_j - \overline{y}_G)(y_{ij} - \overline{y}_j)]$ wurde weggelassen[25], da sie Null ergibt: Für jede Gruppe j ist die Komponente $(\overline{y}_j - \overline{y}_G)$ für alle Gruppenmitglieder i eine Konstante; sie kann also vor das Summenzeichen gezogen werden. Die Summe $\Sigma(y_{ij} - \overline{y}_j)$ wird aber in jeder Gruppe Null, so dass das ganze Produkt gleich Null wird.

Wir können somit nicht nur die einfachen Distanzen in zwei Komponenten zerlegen (siehe (4-39)), sondern auch die Variationen (siehe (4-40)) oder Varianzen. (Die Varianz bzw. – im Kontext der deskriptiven Statistik – die mittlere quadratische Abweichung erhält man bekanntlich, indem man die Variation durch die Zahl der Fälle dividiert) Daran können wir folgende Überlegung knüpfen: Wenn die Y-Variable vollständig durch die X-Variable „determiniert" wäre, dürfte die Variation der Y-Werte nur durch eine Variation der X-Werte ausgelöst werden. Die Variation der Y-Werte müsste, wie man sagt, vollständig *zurückführbar, erklärbar* sein durch die Variation der X-Werte.

---

25 Das Quadrieren des Klammer-Ausdrucks auf der linken Gleichungsseite folgt der Regel: $(a - b)^2 = a^2 - 2ab + b^2$. In diesem speziellen Falle wird aber der mittlere Ausdruck (2ab) gleich Null.

In den Geschichts- und Sozialwissenschaften lassen sich in der Regel keine Experimente durchführen. Wir können die Veränderungen der Variablenwerte gleichsam nur „simulieren", indem wir bei Fällen mit unterschiedlichen X-Werten prüfen, ob konsistent gleichsinnige oder konsistent gegensinnige Unterschiede auch in den Y-Werten feststellbar sind. (Selbst wenn wir Konsistenz beobachten, dürfen wir nicht sicher sein, dass wirklich eine kausale Beziehung zwischen X und Y vorliegt, da andere, nicht kontrollierte bzw. nicht bekannte Einflussfaktoren den statistischen Zusammenhang zwischen den beiden beobachteten Variablen herbeigeführt oder beeinflusst haben können. Hierzu mehr in Kap. 5.) Diese Überlegungen bleiben auch dann gültig, wenn wir nicht von einer asymmetrischen Kausalbeziehung, sondern von einer wechselseitigen Art des Zusammenhangs ausgehen.

In unserem Beispiel hat X nur wenige Ausprägungen, die Gruppenzugehörigkeiten ausdrücken. Bezogen auf diesen Fall bedeutet *vollständiger* oder *perfekter* Zusammenhang, dass die Y-Werte (in welchem Ausmaß auch immer) nur *zwischen* den Gruppen variieren, dass aber *innerhalb* jeder Gruppe die Variation von Y gleich Null ist, die Y-Werte innerhalb der jeweiligen Gruppe konstant sind. Alle Mitglieder der SPD-Fraktion müssten also das gleiche Lebensalter aufweisen, und alle Konservative müssten das untereinander auch. Ob sich die beiden Gruppen in ihrem Lebensalter um 2 Jahre oder um 10 Jahre unterschieden, wäre hinsichtlich des perfekten Zusammenhangs (im Sinne der fehlerfreien Prognosemöglichkeit) irrelevant. Einen solchen Zusammenhang wird man nicht nur in diesem Beispiel, sondern generell in den Geschichts- und Sozialwissenschaften so gut wie nie beobachten können. Aber eine Grenzfallbetrachtung wie diese lässt die Konzeption des Zusammenhangsbegriffs bzw. den Aussagehalt entsprechender Korrelationsmaße schärfer hervortreten. Wenn ein perfekter Zusammenhang durch vollständige „Varianzreduktion" im eben erläuterten Sinne charakterisiert werden kann, dann lassen sich unterschiedliche Grade der Zusammenhangsstärke durch den *Anteil* der reduzierten Variation an der Gesamtvariation numerisch schlüssig kennzeichnen.

Um dies zu verdeutlichen, betrachten wir nochmals die Variationskomponenten, wie sie in Gleichung (4-40) auftreten. Der erste Ausdruck auf der rechten Seite bezeichnet die Variation in Y *innerhalb* jeder Gruppe. Das ist also derjenige Anteil an der Gesamtvariation, der nicht durch die Gruppenzugehörigkeit „erklärt" werden kann (denn es werden ja nur die individuellen Differenzen der Gruppenmitglieder zum jeweiligen Gruppenmittelwert summiert, die sog. *within variation*). Der zweite Ausdruck bezeichnet denjenigen Variationsanteil, der sich aus den Gruppendifferenzen ergibt, der Variation der Gruppenmittelwerte um den Gesamtmittelwert (*between variation*). Die Summe dieser quadrierten Abweichungsquadrate gibt an, um welchen Betrag wir die Prognosefehler insgesamt (für alle Fälle) reduzieren, wenn wir statt des Gesamtmittelwertes $\overline{y}_G$ bei jeder Prognose den Mittelwert $\overline{y}_j$ derjenigen Gruppe einsetzen, der die Fälle jeweils angehören. Im Durchschnitt kommen wir mit jedem prognostizierten Wert $y_{ij} = \overline{y}_j$ dem wahren Wert y_{ij} um die Strecke $\overline{y}_j - \overline{y}_G$ näher.

Wir stellen nun die Gleichung (4-40) um, indem wir den ersten Ausdruck der rechten Seite von beiden Gleichungsseiten subtrahieren und die neue Gleichung durch den ersten Ausdruck dividieren:

$$(4\text{-}41) \quad \frac{\displaystyle\sum_{j=1}^{k}\sum_{i=1}^{n_j}(y_{ij}-\overline{y}_G)^2 - \sum_{j=1}^{k}\sum_{i=1}^{n_j}(y_{ij}-\overline{y}_j)^2}{\displaystyle\sum_{j=1}^{k}\sum_{i=1}^{n_j}(y_{ij}-\overline{y}_G)^2} = \frac{\displaystyle\sum_{j=1}^{k}n_j(\overline{y}_j-\overline{y}_G)^2}{\displaystyle\sum_{j=1}^{k}\sum_{i=1}^{n_j}(y_{ij}-\overline{y}_G)^2} = \eta^2$$

Der Ausdruck auf der linken Gleichungsseite ist offensichtlich eine spezifische Ausformung (siehe Gleichungen (4-37) und (4-38)) des allgemeinen PRE-Maßes (E_1 – E_2)/E_1. Es lässt sich in diesem Falle zu dem Ausdruck auf der rechten Seite der Gleichung (4-41) verkürzen: im Zähler steht die erklärte Variation, im Nenner die gesamte Variation. Mit diesem Koeffizienten erhält man einen Korrelationskoeffizienten (*correlation ratio*), der in der Literatur als *Eta²* mit dem griechischen Buchstabe η^2 bezeichnet wird. Da er unmittelbar den Anteil der erklärten Variation an der Gesamtvariation ausdrückt, kann er nur Werte zwischen 0 und 1 annehmen.

Wir präsentieren nun noch (in Tab. 4.12) den Computerausdruck, der das Ergebnis aus der realen Analyse des Zusammenhangs zwischen dem Alter der Reichstags-

Tabelle 4.12 Ergebnisausdruck zur Berechnung von Eta (Quelle: eigene Darstellung)

Alter

Partei	Mittelwert	N	Std.-Abweichung
Sonstige	50,5307	309	10,17365
Konservative	55,1224	49	8,15637
SPD	48,7573	103	9,34991
Insgesamt	50,6226	461	9,92826

			Quadratsumme
Alter * Partei	Zwischen den Gruppen	(Kombiniert)	1353,170
	Innerhalb der Gruppen		43989,155
	Insgesamt		45342,325

	Eta	Eta-Quadrat
Alter * Partei	,173	,030

abgeordneten und ihrer (hier nur grob ausgewählten) Fraktionszugehörigkeit wiedergibt.

Es zeigt sich, dass die Sozialdemokraten mit knapp 49 Jahren die durchschnittlich jüngste und die Konservativen mit gut 55 Jahren die durchschnittlich älteste Abgeordnetengruppe stellen, dass aber insgesamt nur 3 % der Altersvariation der Abgeordneten mit der unterschiedlichen Fraktionszugehörigkeit verbunden sind, $\eta^2 =$ 1353,170/45342,325 = 0,030.

Die vorangegangene Diskussion sollte auch deutlich gemacht haben, dass der Begriff der Zusammenhangsstärke insofern nicht eindeutig ist, als er zwei Komponenten enthält, die nicht aufeinander zurückführbar sind:

1) den Grad der Zuverlässigkeit oder Sicherheit, mit der eine Änderung der X-Werte mit einer Änderung der Y-Werte (in gleicher oder in entgegengesetzter Richtung, positiv oder negativ) verbunden ist, wobei das quantitative Ausmaß dieser Änderung (zunächst noch) offenbleibt. Dieser Aspekt des Zusammenhangsbegriffs (die Prognosefähigkeit) kann durch das Konzept der Varianzreduktion oder der „Bindung" der Varianz in Y durch die Varianz in X operationalisiert werden, im vorliegenden Beispiel durch Eta bzw. Eta-Quadrat

2) das Ausmaß, die „Strecke", um die sich die Y-Werte im Durchschnitt verändern, wenn die X-Werte um eine bestimmte „(Maß-)Einheit" zu- oder abnehmen oder wenn sich (bei Nominalvariablen) die Kategorien oder (bei Ordinalvariablen) die Rangplätze ändern. Diese Strecke lässt sich zum Beispiel durch die Größe der Mittelwertdifferenz zweier Gruppen, im Beispiel 55 − 49 = 6 Jahre, ausdrücken. Der Eta-Koeffizient liefert eine solche Information nicht. Ein hoher Eta-Koeffizient wäre durchaus vereinbar mit geringen Mittelwertdifferenzen.

Die Geschichts- oder Sozialforscherin, nicht der Statistiker muss entscheiden, welche der beiden Komponenten ihm bei einer spezifischen Forschungsfrage die wichtigere ist. Im Modell der Regressionsanalyse werden beide Komponenten aus einem integrierten Ansatz heraus entwickelt und in zwei Koeffizienten numerisch spezifiziert. Dies wird in Kapitel 6 erläutert.

Wir wollen die beiden Aspekte des Zusammenhangsbegriffs aber auch im bisherigen Bezugsrahmen noch mit einem weiteren Beispiel erläutern. Dabei geht es um die regionale Verteilung der Körperverletzungsdelikte pro 100.000 Einwohner (KV-Delikte), gemittelt über die Jahre 1898 und 1902, in den 554 Stadt- und Landkreisen Preußens.[26] Da Preußen zu dieser Zeit in seiner regionalen Differenzierung kulturell und ökonomisch recht unterschiedlich ausgerichtet war, stellt sich die Frage, ob sich diese Differenzen auch in unterschiedlichen Kriminalitätsraten niederschlagen, ob also ein Zusammenhang zwischen Region und Ausmaß der Gewaltkriminalität gege-

---

26 Die Daten sind der Statistik des Deutschen Reiches entnommen (s. Thome 2002).

ben ist. Um sie zu beantworten, kann man zunächst einmal die Mittelwerte der KV-Delikte für vier Groß-Regionen berechnen:

Region	Zahl der Kreise	KV-Delikte/100000
Äußerer Osten	202	283
Mittlerer Osten	86	176
Nord-Westen	101	139
Westen	165	191
Durchschn. insges.	554	213

Die regionalen Differenzen sind unterschiedlich stark ausgeprägt, am größten ist Differenz zwischen dem äußeren Osten und dem Nordwesten.

Darüber hinaus stellt sich die Frage: Wie bedeutsam sind diese regionalen Differenzen im Vergleich zur Gesamtvariation, also im Vergleich zur Unterschiedlichkeit der Delikt-Niveaus über alle 554 Kreise betrachtet? Mit anderen Worten: Wie hoch ist der Anteil an der Gesamtvariation der KV-Delikte, der sich auf diese regionalen Unterschiede zurückführen lässt? Die Antwort hierauf liefert der Eta-Koeffizient: $\eta^2 = 0{,}208$. Der Anteil der durch regionale Zugehörigkeit „erklärten" Variation (hier 1.745.308) an der Gesamtvariation der abhängigen Variable (hier: 8.391.217) beträgt also gut ein Fünftel.

Substantiell betrachtet liefern diese Ergebnisse zur regionalen Unterschiedlichkeit der KV-Delikte natürlich noch keine „Erklärung", sondern regen eine weitere Frage an: Auf welche strukturellen Merkmale lassen sich denn diese regionalen Unterschiede in den durchschnittlichen Kriminalitätsraten zurückführen? Mit dieser Frage werden wir uns in Kap. 6 u. 10 beschäftigen. Dabei wird sich zeigen, dass die regionalen Niveau-Unterschiede in den KV-Delikten nahezu verschwinden, wenn die unterschiedlichen Effekte verschiedener Strukturmerkmale wie Urbanisierungsgrad, ökonomischer Wohlstand und ethnische Konfliktkonstellationen in die Rechnung mit einbezogen werden.

Zum Schluss noch zwei Hinweise:

1) Eta^2 wird tendenziell umso größer, je mehr Kategorien die Nominalvariable umfasst, je mehr Teilgruppen von Untersuchungseinheiten betrachtet werden.
2) Eta^2 wird in der Regel nur im Kontext eines umfassenderen Analysedesigns, der sog. Varianzanalyse, verwendet, die wir hier aber nicht weiter erörtern. Allerdings lässt sich die Varianzanalyse als Sonderfall der Regressionsanalyse auffassen, in die wir in Kap. 6 einführen. Dabei spielt das eben erläuterte Konzept der Varianzzerlegung eine wichtige Rolle.

4.2.6 Exkurs: Folgen eingeschränkter Variation der abhängigen Variable

Kehren wir noch einmal zu Tab 4.10a zurück, die den Zusammenhang zwischen der formalen Schulbildung (hier als ein möglicher Bedingungsfaktor betrachtet) und der Wanderungsintensität (abhängige Variable) der SPD-Reichstagsabgeordneten von 1912 darstellt (hier als Tab. 4.13).

Tabelle 4.13 Zusammenhang von Schulbildung und Wanderungsintensität, SPD-Reichstags-abgeordnete 1912 (Quelle: eigene Darstellung)

| | | | Bildung | | | |
			niedrig	mittel	hoch	Gesamt
Wanderungs-intensität	niedrig	Anzahl	17	6	5	28
		% innerhalb von Bildung	26,2%	25,0%	17,2%	23,7%
	mittel	Anzahl	33	10	15	58
		% innerhalb von Bildung	50,8%	41,7%	51,7%	49,2%
	hoch	Anzahl	15	8	9	32
		% innerhalb von Bildung	23,1%	33,3%	31,0%	27,1%
Gesamt		Anzahl	65	24	29	118
		% innerhalb von Bildung	100,0%	100,0%	100,0%	100,0%

Nehmen wir an, aus irgendeinem Grunde wären die Unterlagen für die Abgeordneten mit niedriger Schulbildung verloren gegangen. Dann erhielten wir eine neue Tabelle, die sich von der bisherigen nur durch das Fehlen der ersten Spalte unterschiede. Nicht nur die absoluten, sondern auch die relativen Häufigkeiten in den verbleibenden Zellen blieben unverändert, insbesondere blieben die Prozentdifferenzen zwischen den Abgeordneten mit mittlerer und den Abgeordneten mit hoher Schulbildung stabil. Wir müssten lediglich unsere Aussage: Bei Abgeordneten mit höherer Schulbildung zeigt sich eine etwas stärkere Wanderungsintensität als bei Abgeordneten mit niedrigerer Schulbildung auf den tatsächlich untersuchten Personenkreis einschränken, also anmerken: Dies ist nur für Abgeordnete nachgewiesen, die mindestens ein mittleres Niveau formaler Schulbildung erreicht haben.

Nehmen wir nun einen zweiten Fall des Datenverlusts (oder auch einer bewusst reduzierten Datenauswahl) an, in dem aus irgendwelchen Gründen keine Angaben von SPD-Abgeordneten mit hoher Wanderungsintensität vorliegen. Dann ergäbe sich Tabelle 4.14.

In der neuen Tabelle entfällt nun gegenüber der alten nicht eine Spalte, sondern eine Zeile. Wenn die Zeilenvariable die abhängige Variable ist, wird durch diesen „Schnitt" der Aussagegehalt der bivariaten Verteilung verändert, denn zwischen den bedingten Verteilungen ergeben sich nun (von Spalte zu Spalte) andere (Prozent-)

Tabelle 4.14 Zusammenhang von Schulbildung und Wanderungsintensität ohne die Daten zu hoher Wanderungsintensität, SPD-Reichstagsabgeordnete 1912 (Quelle: eigene Darstellung)

| | | | Bildung | | | Gesamt |
			niedrig	mittel	hoch	
Wanderungs- intensität	niedrig	Anzahl	17	6	5	28
		% innerhalb von Bildung	34,0%	37,5%	25,0%	32,6%
	mittel	Anzahl	33	10	15	58
		% innerhalb von Bildung	66,0%	62,5%	75,0%	67,4%
Gesamt		Anzahl	50	16	20	86
		% innerhalb von Bildung	100,0%	100,0%	100,0%	100,0%

Differenzen. So ist z. B. nicht mehr erkennbar, dass SPD-Abgeordnete mit mittlerer Schulbildung eine höhere Wanderungsintensität aufweisen als SPD-Abgeordnete mit niedriger Bildungsstufe. Die Prozentdifferenz zwischen der mittleren und der hohen Bildungsstufe verändert ihren Betrag: in Tab. 4.13 sind es 51,7 minus 41,7 Prozent, in Tab. 4.14 75,0 minus 62,5 Prozent. Das bedeutet: Wenn die vollständige Tabelle 4.13 zu gültigen Ergebnissen führt, gelangen wir mit der unvollständigen Tabelle 4.14 zu einer nichtvaliden „Schätzung" der Prozentdifferenzen. Im vorliegenden Falle mag die Verzerrung substantiell unerheblich sein. Wichtig ist aber zu erkennen, dass dieser Defekt (wie groß auch immer) nicht dadurch zu korrigieren ist, dass man die Aussage auf Abgeordnete begrenzt, die lediglich eine niedrigere oder mittlere Wanderungsintensität aufweisen. Unser simples Beispiel beleuchtet somit ein wichtiges Problem, das gerade für die historische Sozialforschung besonders relevant ist, da sie es häufig mit unvollständigen Quellen zu tun hat. Solange diese Quellendefekte lediglich den Wertebereich bzw. die Varianz der unabhängigen Variablen X einschränken, nicht aber die Variation der abhängigen Variable Y bei gegebenen X-Werten, bleiben gültige Aussagen über den „strukturellen" Zusammenhang der beiden Variablen möglich, sofern die Aussage auf den tatsächlich erhobenen Wertebereich in X eingeschränkt wird. (Der Begriff des strukturellen Zusammenhangs wird in späteren Kapiteln noch näher verdeutlicht.) Wird dagegen die Variation der Y-Werte begrenzt, sind sogar bestimmte Wertebereiche oberhalb oder unterhalb eines „Schwellenwertes" regelrecht „abgeschnitten", so sind selbst diejenigen Strukturkoeffizienten (Zusammenhangsmaße) nicht mehr valide, die für den begrenzten Y-Wertebereich ermittelt wurden.

Es ist z. B. nicht (oder nur mit Hilfe zusätzlicher Modellannahmen) möglich, zu gültigen Aussagen über den Zusammenhang zwischen sozialstrukturellen Faktoren (wie Industrialisierungsgrad, X) und SPD-Stimmenanteilen (Y) zu gelangen, wenn für die Untersuchung lediglich Wahlbezirke mit einem SPD-Stimmenanteil von mindestens x % (geplant oder ungeplant) ausgewählt wurden. Auch kann man, um ein anderes Beispiel zu erwähnen, den Einfluss bestimmter Faktoren auf die Wahrscheinlichkeit des Auftretens krimineller Handlungen allgemein bei Personen oder Kollektiven nicht zuverlässig ermitteln, wenn nur solche Untersuchungseinheiten erhoben wurden, bei denen ein bestimmtes Niveau (Delikthäufigkeit) der kriminellen Handlungen über- oder unterschritten wird. Das heißt, eine Selektion von Untersuchungseinheiten darf nicht über den Wertebereich der abhängigen Variablen erfolgen. Davon zu unterscheiden ist die Spezifikation der Fragestellung. Ein Forscher mag sich speziell mit der Entwicklung der Gewaltkriminalität (und nicht mit anderen Formen der Kriminalität oder mit „Kriminalität allgemein" beschäftigen); das ist völlig in Ordnung, solange er dies nicht als Kriterium für die Auswahl von Untersuchungseinheiten einsetzt. Wer z. B. die Raten der Gewaltkriminalität in verschiedenen Stadt- und Landkreisen untersuchen will, darf nicht Kreise ausschließen, in denen keine oder nur eine niedrige Rate von Gewaltkriminalität vorliegt. Eine genauere Erörterung dieser Problematik (siehe z. B. Berk 1983; Berk/Ray 1982) setzt weiterführende Statistik-Kenntnisse voraus, insbesondere eine gründliche Vertrautheit mit dem Regressionsmodell (s. Kap 6).

4.2.7   Exkurs: Das Rechnen mit Kovarianzen[27]

In Lehrbüchern zur fortgeschrittenen Statistik und Datenanalyse, aber auch in Forschungsberichten und Zeitschriftenartikeln wird häufig mit Kovarianzen gerechnet, ohne dass die entsprechenden algebraischen Regeln vorgestellt werden. Ihre Kenntnis wird schlicht vorausgesetzt, obwohl die einführenden Texte zur statistischen Datenanalyse sie ebenfalls nur selten erläutern. Wir wollen die wichtigsten Regeln und Ableitungen ohne ausführliche Beweisführung hier wenigstens kurz vorstellen, um eine spätere Lektüre fortgeschrittener Texte in diesem Punkte zu erleichtern.

Zunächst wiederholen wir die Definitionen für Varianzen (im Folgenden: Var) und Kovarianzen (Cov) aus vorangegangenen Abschnitten:[28]

$$(4\text{-}42) \quad \text{Cov}(x,y) = \frac{1}{n} \sum_{i=1}^{n} (x_i - \overline{x})(y_i - \overline{y})$$

$$\text{Var}(x) = \frac{1}{n} \sum_{i=1}^{n} (x_i - \overline{x})^2 = \frac{1}{n} \sum_{i=1}^{n} (x_i - \overline{x})(x_i - \overline{x})$$

Die Varianz lässt sich mathematisch als „Autokovarianz", als Kovarianz einer Variablen mit sich selbst, verstehen. So werden wir frühere Aussagen über Varianz und Standardabweichungen (s. Kap. 3) in den folgenden Regeln wiederfinden.

---

27 Vergl. zum Folgenden Kenny (1979, S. 17 ff.)
28 Wir ersparen uns hier wiederum die inferenzstatistische Korrektur des Nenners von n zu n − 1.

Regel 1 (4-43) $Cov(aX,bY) = a \cdot b \cdot Cov(X,Y); a,b > 0$

Werden die Werte der Variablen X und Y mit dem Faktor a oder/und b multipliziert, verändert sich die Kovarianz um den Faktor a oder b oder $a \cdot b$ („Konstantenregel").

Diese Regel lässt sich auf die Varianz anwenden, indem man Y = X und a = b = k setzt:

(4-44) $Var (kX) = Cov(kX,kX) = k^2 Cov(X,Y) = k^2 Var(X)$

Regel 2 (4-45) $Cov(X,Y + Z) = Cov(X,Y) + Cov(X,Z)$

Die Kovarianz einer Variablen X mit der Summe zweier anderer Variablen, Y und Z, ist gleich der Summe der Kovarianz dieser Variablen X mit jeder der Komponenten der Summe.

Aus der Summenregel (4-45) folgt unmittelbar

(4-46) $Cov(aX + bY, X + cZ) = Cov(aX + bY, X) + Cov(aX + bY, cZ)$,

wobei zunächst (aX + bY) als erste und (X + cZ) als zweite (Summen-)Variable behandelt werden. In den beiden Klammerausdrücken auf der rechten Gleichungsseite steht nun jeweils eine Variable, X bzw. cZ, die erneut mit einer Summenvariable jeweils „gekoppelt" ist. Eine neuerliche Anwendung der Summenregel führt somit zu folgender Erweiterung der Gleichung (4-46):

(4-46a)   ... = $Cov(aX,X) + Cov(bY,X) + Cov(aX,cZ) + Cov(bY,cZ)$

Eine zusätzliche Erweiterung ergibt sich durch die Anwendung der Konstantenregel (4-43):

(4-46b)   ... = $a \cdot Cov(X,X) + b \cdot Cov(Y,X) + a \cdot c \cdot C(X,Z) + b \cdot c \cdot C(Y,Z)$,

wobei der erste Ausdruck definitionsgemäß (siehe (4-42)) zu $a \cdot Var(X)$ zu verkürzen wäre. (Man beachte, dass in den Klammern die Elemente der Kreuzprodukte aus (X + Y)(X + Z) = XX + YX + XZ + YZ stehen)

Ein sehr wichtiges Theorem ist

Regel 3 (4-47) $Var(aX + bY) = a^2 Var(X) + b^2 V(Y) + 2ab Cov(X,Y)$

Wenn a = b = 1, wird daraus:

(4-47a) $Var(X + Y) = Var(X) + Var(Y) + 2Cov(X,Y)$

Die Varianz der Summe zweier Variablen ist gleich der Summe der Varianzen dieser beiden Variablen plus des Zweifachen ihrer Kovarianz. Handelt es sich nicht um die Summe, sondern um die Differenz zweier Variablen, wird, wegen b = −1 die doppelte Kovarianz nicht addiert, sondern subtrahiert.

Dieses Theorem folgt aus der oben vorgestellten Definition der Varianz als Auto-Kovarianz: $Var(X + Y) = Cov(X + Y, X + Y)$ und der Anwendung der Summenregel (s. oben „Regel 2"):

$$(4\text{-}48) \quad Cov(X + Y, X + Y) = Cov(X,X) + Cov(X,Y) + Cov(Y,X) + Cov(Y,Y)$$

Da die Kovarianz symmetrisch ist, $C(X,Y) = C(Y,X)$, folgt (4-47a) aus (4-48) nach Anwendung der Varianzdefinition. Das Theorem (4-47a) lässt sich im Übrigen auf mehr als zwei Variablen verallgemeinern: Die Varianz einer Summe ist gleich der Summe der Varianzen der einzelnen Variablen plus dem Zweifachen aller möglichen Kovarianzen, die sich aus diesen Variablen bilden lassen.

Literatur

Andreß, Hans-Jürgen, Jacques A. Hagenaars und Steffen Kühnel. 1997. *Analyse von Tabellen und kategorialen Daten. Log-lineare Modelle, latente Klassenanalyse, logistische Regression und GSK-Ansatz.* Berlin u. a.: Springer.

Berk, Richard A. 1983. An introduction to sample selection bias in sociological data. *American Sociological Review* 48: 386–398.

Berk, Richard A. und C. Ray Subhash. 1982. Selection biases in sociological data. *Social Science Research* 11: 352–398.

Davis, James A. 1971. *Elementary survey analysis.* Englewood Cliffs, N. J.: Prentice-Hall, Inc.

Fienberg, Stephen E. 2007. *The analysis of cross-classified categorical data.* New York: Springer (reprint der 2. Auflage von 1980, erschienen in MIT Press, Cambridge, Mass.).

Guilford, Joy P. 1954. *Psychometric methods.* New York u. a.: McGraw-Hill.

Hildebrand, David K., James D. Laing und Howard Rosenthal. 1977. *Analysis of ordinal data.* Sage University Papers 8. Beverly Hills u. a.: Sage Publications.

Jarausch, Konrad H., Gerhard Arminger und Manfred Thaller. 1985. *Quantitative Methoden in der Geschichtswissenschaft.* Darmstadt: WBG.

Kenny, David A. 1979. *Correlation and causality.* New York u. a.: Wiley.

Liebetrau, Albert M. 1983. *Measures of association.* Sage University Paper 32. Beverly Hills u. London: Sage Publications.

Müller-Benedict, Volker. 2011. *Grundkurs Statistik in den Sozialwissenschaften.* Wiesbaden: VS-Verlag (5. Auflage).

Reynolds, Henry T. 1977a. *Analysis of nominal data*. Sage University Paper 7. Beverly Hills u. London: Sage Publications.

Reynolds, Henry T. 1977b. *The analysis of cross-classifications*. New York: Free Press.

Somers, Robert H. 1968. An approach to multivariate analysis of ordinal data. *American Sociological Review* 33: 171–177.

Thome, Helmut. 2002. Kriminalität im Deutschen Kaiserreich, 1883–1902. Eine sozialökologische Analyse. *Geschichte und Gesellschaft* 28(4): 519–553.

Wilson, Thomas P. 1968. A proportional-reduction-in-error interpretation for Kendall's tau-b. *Social Forces* 47: 340–342.

Wilson, Thomas P. 1970. A critique of ordinal variables. *Social Forces* 49: 432–444.

Glossar zu Kapitel 4

Asymmetrischer Zusammenhang zwischen zwei Variablen: Korrelation zwischen zwei Variablen, die dadurch zustande kommt, dass eine Variable (X), die dann auch als „erklärende" oder „unabhängige" („Prädiktor"-)Variable bezeichnet wird, einseitig kausal auf eine andere („abhängige") Variable (Y) einwirkt.

Bedingte Verteilung: Häufigkeitsverteilung der Ausprägungen einer Variablen (Y), die sich ergibt, wenn nur diejenigen Fälle betrachtet werden, die auf einer anderen Variablen (X) eine bestimmte Ausprägung oder auch bei verschiedenen anderen Variablen (X1, X2 …) eine bestimmte Kombination einzelner Ausprägungen aufweisen. In einer → Kreuztabelle sind das die relativen oder absoluten Häufigkeiten, die durchgängig in jeweils einer der Zeilen oder Spalten notiert sind.

Bivariate oder multivariate Häufigkeitsverteilung: gemeinsame Verteilung zweier oder mehrerer Variablen, die die Häufigkeiten aller Kombinationen von Ausprägungen der einbezogenen Variablen wiedergibt.

Chi-Qudrat: → *Erwartungswerte*.

Erwartungswerte für die → *Zellen einer* → *Kreuztabelle* werden unter der Annahme berechnet, dass zwischen den Ausprägungen zweier Variablen (Y,X) keinerlei Zusammenhang bestehe: Mit welcher relativen Häufigkeit eine bestimmte Ausprägung y_i der Variablen Y auftritt, sei völlig unabhängig davon, mit welcher Häufigkeit die verschiedenen Ausprägungen x_j der Variablen X jeweils auftreten – und umgekehrt. Für jede Zelle der Tabelle werden die Erwartungswerte aus dem Produkt $n_{i.} n_{.j}$ der entsprechenden univariaten Randhäufigkeiten (→ *Randverteilung*), dividiert durch die Gesamtzahl N aller Fälle, berechnet. Summiert man über alle Zellen die quadrierten Differenzen von Beobachtungs- und Erwartungswerten, erhält man die Kenngröße

Chi-Quadrat, auf deren Basis sich verschiedene Maßzahlen (wie *Phi* oder der *Kontingenzkoeffizient C*) für die Stärke eines Zusammenhangs konstruieren lassen.

Kreuztabelle (auch Kontingenztabelle): Die tabellarische Darstellung der → *bi- oder multivariaten Häufigkeitsverteilung,* also der Häufigkeitsverteilung aller Ausprägungskombinationen der einbezogenen Variablen (→ *Zellen*).

Proportionale Fehlerreduktion (PRE): Das Verhältnis zweier Fehlergrößen, die sich aus zwei unterschiedlichen Prognosestrategien ergeben. Im ersten Falle werden die Y-Werte der einzelnen Fälle ohne Kenntnis ihrer jeweiligen X-Werte prognostiziert mit einer Fehlergröße E_1. Im zweiten Falle beruht die Prognose der Y-Werte auf der Kenntnis der gegebenen X-Werte mit einer Fehlergröße E_2. Falls ein Zusammenhang der beiden Variablen vorliegt, ist $E_1 > E_2$. Daraus ergibt sich die Größe PRE = $(E_1 - E_2)/E_1$. Im Einzelnen lassen sich unterschiedliche Strategien für Prognosen und Fehlerberechnungen vorschlagen, aus denen sich unterschiedliche Maßzahlen für die Stärke eines → *symmetrischen* oder → *asymmetrischen Zusammenhangs* herleiten lassen.

Randverteilung: die univariate Häufigkeitsverteilung der Spaltenvariable (abgebildet in der Folge der Spaltensummen in der unteren Randzeile einer → *Kreuztabelle*) oder der Zeilenvariablen (Folgen der Zeilensummen in der rechten Randspalte).

Spaltenvariable: Variable, deren Ausprägungen in den Spalten einer → *Kreuztabelle* notiert sind: innerhalb der Tabelle als → *bedingte Verteilungen,* am unteren Rand der Tabelle als → *Randverteilung.*

Symmetrischer Zusammenhang zwischen zwei Variablen: Korrelation zwischen zwei Variablen, für die keine einseitige Kausalrichtung (→ *asymmetrischer Zusammenhang*) angenommen werden kann.

Zeilenvariable: Variable, deren Ausprägungen in den Zeilen einer → *Kreuztabelle* notiert sind: innerhalb der Tabelle als → *bedingte Verteilungen,* am rechten Rand der Tabelle als → *Randverteilung.*

Zellen einer → *Kreuztabelle:* die einzelnen Felder einer Kreuztabelle, in denen die jeweiligen Häufigkeiten notiert sind, mit denen die verschiedenen Ausprägungen y_i der Variablen Y in Kombination mit den verschiedenen Ausprägungen x_j der Variablen X auftreten.

Dreidimensionale Tabellenanalyse: Drittvariablenkontrolle und Kausalmodelle

5

Beim Übergang von eindimensionalen (univariaten) zu zweidimensionalen (bivariaten) Verteilungen haben wir gesehen, wie sich die bedingten Häufigkeiten einer Variablen Y (oder X) unterscheiden können je nach Wert oder Kategorie y_j (oder x_i) einer zweiten Merkmalsdimension X (oder Y), die gleichzeitig realisiert sind. Wenn die bedingten Verteilungen (Y|x_i bzw. X|y_i, i,j = 1, 2, …), die sich für die verschiedenen Zeilen bzw. Spalten der Kreuztabelle ergeben, nicht identisch sind, sprechen wir von einem (stärkeren oder schwächeren) Zusammenhang der beiden Variablen X und Y (s. Kap. 4). In diesem Kapitel wollen wir darstellen, wie sich eine bivariate Verteilung verändern kann, wenn über die Ausprägungen einer dritten Variablen Z unterschiedliche Bedingungen vorgegeben werden. Mit der Einführung einer solchen *Kontrollvariablen* (auch *Test-* oder *Drittvariable* genannt) bewegen wir uns ein Stück weit in Richtung einer kausaltheoretischen Betrachtungsweise.

5.1   Ein einführendes Beispiel

Wir beginnen mit einem Beispiel, das wir der Habilitationsschrift von Heinrich Best über „Struktur und Handeln parlamentarischer Führungsgruppen in Deutschland und Frankreich 1848/49" (Universität Köln 1986, veröffentlichte Fassung: Best 1990) entnehmen. Auf Grund einer Analyse des Abstimmungsverhaltens konnten den Abgeordneten der Frankfurter Nationalversammlung von 1848/49 unterschiedliche Positionen auf einer Skala zur politischen Orientierung zugewiesen werden, die durch die Pole „linke" vs. „rechte" Orientierung definiert war. Diese Skala haben wir für die Zwecke unseres Beispiels am arithmetischen Mittel dichotomisiert: Abgeordnete, die eher linke Positionen unterstützten, erhalten hier den Wert „1", Abgeordnete mit

Zusatzmaterial online
Zusätzliche Informationen sind in der Online-Version dieses Kapitel (https://doi.org/10.1007/
978-3-658-30954-1_6) enthalten.

eher rechten Präferenzen den Wert „–1“.[29] Indikatoren für eine Rechtsorientierung sind z. B.

- die Zustimmung zu einem Versammlungsverbot bei Gefahren für die öffentliche Sicherheit und Ordnung (Abstimmung v. 26. 9. 48)
- die Forderung nach Ausschluss der Empfänger von Armenunterstützung vom Wahlrecht (20. 2. 49)

Beispiele „linker“ Forderungen sind dagegen:

- Die Grundrechte sollen unabhängig vom Wohnsitz gelten (6. 12. 48)
- Keine Staatssteuer ohne periodische Bewilligung durch das Parlament (13. 2. 49)

Wie sich die Voten bei einer langen Serie von Abstimmungen zu einer quasi-metrischen Links/Rechts-Skala zusammenfassen lassen (die sodann auch anhand des Mittelwertes dichotomisiert werden kann), werden wir hier nicht erörtern. Dazu sind komplexere Verfahren nötig, die wir in diesem Einführungsskript nicht erläutern können (s. hierzu Diekmann 2007 Kap. VI, Schnell et al. 2018, Kap. 4.4.; einige einführende Hinweise haben wir in Kap. 1 gegeben).

Im Rahmen der Überprüfung eines sozialisationstheoretischen Erklärungsmodells untersucht Best u. a., in welchem Ausmaß unterschiedliche politische Tätigkeiten vor 1848 das Abstimmungsverhalten der späteren Abgeordneten vorgeprägt haben. Diese politischen Erfahrungen lassen sich in vereinfachter Form in der Variablen POLERF mit folgenden Kategorien und Codeziffern zusammenfassen:

Vor 1848 in politischen Ämtern tätig gewesen (1 = „Amtsinhaber“)
Illegale od. oppositionelle Aktivitäten vor 1848 (3 = „nur Opposition“))
In beiden Bereichen tätig gewesen (2 = „inkonsistent“)
In keinem der beiden Bereiche tätig gewesen (0 = „keine pol. Erfahrungen“)

Hiermit war die Erwartung verbunden, dass Abgeordnete der Gruppe 1, die schon vor 1848 politische Entscheidungspositionen innehatten, eher dem rechten Flügel, Abgeordnete der Gruppe 3 hingegen eher dem linken Flügel zugehören würden (Best 1986, S. 501). Für die Abgeordneten der Gruppe 2 mit „gemischten“ politischen Erfahrungen erwartete man eine Position zwischen den beiden anderen Gruppen. Diese Hypothese kann man in der Vermutung zusammenfassen, dass sich zwischen den Variablen „Politische Erfahrung vor 1848“ (POLERF) und der aktuellen Links/Rechts-Orientierung (Variablenname LRO) ein statistischer Zusammenhang zeigen werde.

---

29 Die Codeziffern für die beiden Ausprägungen einer dichotomen Variablen können, wie in Kap. 1 erläutert, in unterschiedlicher Weise festgelegt werden; die entgegengesetzten Vorzeichen sollen in diesem Beispiel an die Bipolarität der Skala erinnern: links vs. rechts.

Es wurde aber auch damit gerechnet, dass der Einfluss der so kategorisierten früheren politischen Erfahrungen auf das aktuelle Abstimmungsverhalten durch den jeweiligen politisch-territorialen Kontext modifiziert worden sein könnte, in dem sich der einzelne Abgeordnete vor seiner Frankfurter Zeit oppositionell oder affirmativ bewegt hat. Im Hinblick auf diese Dimension werden wir später die Dritt- oder Testvariable definieren. Zunächst präsentieren wir die zweidimensionale Kontingenztabelle der Variablen „Politische Erfahrung vor 1848" und „Links/Rechts-Orientierung" (s. Abb. 5.1)[30].

Tabelle 5.1 Zusammenhang von politischer Erfahrung und Links-/Rechts-Orientierung (Quelle: eigene Darstellung)

			Politische Erfahrung				
			keine pol. Erfahrungen	Amtsinhaber	inkonsistent	nur Opposition	Gesamt
L-R-O	rechts	Anzahl	249	83	40	59	431
		% innerhalb von L-R-O	57,8%	19,3%	9,3%	13,7%	100,0%
		% innerhalb von Politische Erfahrung	60,1%	56,5%	50,6%	46,8%	56,3%
	links	Anzahl	165	64	39	67	335
		% innerhalb von L-R-O	49,3%	19,1%	11,6%	20,0%	100,0%
		% innerhalb von Politische Erfahrung	39,9%	43,5%	49,4%	53,2%	43,7%
Gesamt		Anzahl	414	147	79	126	766
		% innerhalb von L-R-O	54,0%	19,2%	10,3%	16,4%	100,0%
		% innerhalb von Politische Erfahrung	100,0%	100,0%	100,0%	100,0%	100,0%

Cramers V = 0,10

Die fehlenden Werte (43 Fälle) ergeben sich daraus, dass nicht alle 809 Abgeordneten nach ihrer Links/Rechts-Einstellung klassifiziert werden konnten.

Bevor wir mit der Analyse beginnen, sei noch einmal betont, dass es uns hierbei lediglich darum geht, die Grundelemente mehrdimensionaler Tabellenanalyse zu verdeutlichen. Der theoretischen und historischen Komplexität des Gegenstandes, den wir als Demonstrationsmaterial benutzen, werden wir dabei nicht gerecht.

---

30 Da die Konstruktion der Variablen in den Tabellen dieses Kapitels aus dem allgemein verfügbaren Datensatz ZA8003 nicht möglich ist, werden im Folgenden die Zellenbesetzungen der Tabellen aus der Habilitationsschrift von Heinrich Best (1986) so entnommen, wie sie in Thome (1989, S. 94 ff.) zitiert sind. Sie sind aus einem eigens hierzu eingerichteten Datensatz „ZA8003_ThMB.sav" (s. Online-Materialien zu diesem Kapitel) abrufbar.

Dazu müssten auch komplexere statistische Verfahren eingesetzt werden. Der interessierte Leser sei auf die entsprechenden Kapitel in der Schrift von Best (1986; 1990) verwiesen.

Die Tabelle 5.1 bestätigt die Hypothese wenigstens der Tendenz nach. Die Abgeordneten der Gruppe 3 (nur Opposition) stellen mit 53,2 % einen um ca. 10 % höheren Anteil an Linksorientierten dar als die der Gruppe 1 (Amtsinhaber); Gruppe 2 (inkonsistente Erfahrungen) liegt mit 49,4 % dazwischen. Unter den „Unpolitischen" (1. Spalte) findet man mit 39,9 % den geringsten Anteil an „linken" Abgeordneten. (Wir betrachten die Variable POLERF nicht als Ordinalskala, da zumindest den Unpolitischen a priori, vor der Zusammenhangsanalyse, keine eindeutige Rangposition im Verhältnis zu den drei anderen Gruppen zugewiesen werden konnte.)

Dass der Zusammenhang zwischen den beiden Variablen so schwach erscheint (der Wert für Cramers V = 0,10 ist niedrig), muss noch nicht bedeuten, dass vorgängige persönliche Erfahrungen das spätere Abstimmungsverhalten der Abgeordneten tatsächlich in so geringem Maße beeinflusst hätten. Ein Grund für die schwache Variablenbeziehung könnte in einer fehlerhaften Messung der Variablen zu finden sein. In unserem Beispiel mögen vor allem die Erfahrungskategorien zu grob zusammengefasst sein. Tatsächlich zeigt die Best'sche Detailanalyse mit der ursprünglich metrisch gebildeten LRO-Skala, dass Abgeordnete, die vor 1848 Funktionen in der *lokalen* Selbstverwaltung ausgeübt hatten, im Durchschnitt eher nach links votierten (ein arithmetisches Mittel über Null erreichten) als Abgeordnete, die Parlamentsmandate oder hohe Staatsämter innehatten oder in anderer Weise als Regierungs- und Standesvertreter tätig gewesen waren (und einen LRO-Wert unter Null erreichten). In unserer Erfahrungsvariablen sind diese beiden Abgeordnetengruppen jedoch zu einer einzigen Kategorie zusammengefasst worden.

Wir wollen aber unser Augenmerk vor allem auf einen anderen Umstand richten, der die Schwäche des (bivariaten) Zusammenhangs zweier Variablen u. U. zu erklären vermag: Die Wirkung eines Faktors (hier POLERF) auf eine abhängige Variable (hier LRO) kann selbst wiederum durch einen weiteren („dritten") Faktor (oder mehrere „dritte" Faktoren) beeinflusst sein. In unserem Beispiel könnten, wie schon erwähnt, die regional unterschiedlichen Verfassungstraditionen, in deren Kontext die individuellen politischen Erfahrungen gemacht wurden, eine solche modifizierende Funktion ausgeübt haben. Best schreibt hierzu u. a.: „In Deutschland war die Verfassungstradition der Einzelstaaten das vermutlich wichtigste Differenzierungsmerkmal einer territorialen Segmentation politischer Erfahrungsmöglichkeiten. Nur dort, wo es Verfassungen und Volksvertretungen gab, war auch im unmittelbaren Umfeld der künftigen Abgeordneten der Nationalversammlung das Anschauungsmaterial für eine kompetitive Politik vorhanden, mit einer wenn auch begrenzten Konkurrenz zwischen Personen, Problemdefinitionen und Problemlösungen. Wir erwarten, dass ein solcher Wahrnehmungshintergrund auch ohne eigene Parlamentserfahrung Präferenzen für die Ausweitung und rechtliche Garantie von politischen Partizipationsmöglichkeiten begünstigte, also in unserem Untersuchungszusammenhang eine ‚linke' Prädisposition setzte" (Best 1986, S. 503). Hier wird zunächst einmal ein zusätzlicher bivariater Zusammenhang zwischen der (neuen) Variablen „Verfassungskontext bis 1848" (Variablenname VK) und der (schon eingeführten) Variablen LRO vermutet. An anderer Stelle wird aber auch die weitergehende Hypothese geäußert, dass der Verfassungskontext die *Beziehung* zwischen den vorgängigen politischen Erfahrungen der Abgeordneten und ihrem eher linken oder eher rechten Abstimmungsverhalten beeinflusst haben könnte. Man kann erwarten, dass in einer absoluten Monarchie die politischen Einstellungen von Amtsinhabern von den Einstellungen der oppositionell Tätigen weiter entfernt waren und dass sie in dem so erfahrenen Gegensatz stärker und länger bei den Betroffenen nachwirkten als die vermutlich geringeren Einstellungsdifferenzen, die in Verfassungsstaaten zwischen politischen Amtsträgern und oppositionellen Kräften auftraten. Es sind also zwei Fragestellungen analytisch zu unterscheiden: (1) Hat die spezifische regionale Verfassungstradition, in der sich die Abgeordneten vor ihrer Frankfurter Zeit bewegt haben, deren Abstimmungsverhalten in der Nationalversammlung nachhaltig beeinflusst? (2) Hat der jeweilige Kontext der unterschiedlichen Verfassungstraditionen (auch) das Ausmaß mitbestimmt, in dem die vorgängigen persönlichen politischen Erfahrungen das Abstimmungsverhalten geprägt haben? Mit anderen Worten: ist der Zusammenhang zwischen den Variablen POLERF und LRO unterschiedlich, je nachdem, mit welchem Verfassungskontext diese Erfahrungen verbunden waren? Analog hierzu lässt sich auch eine dritte Frage stellen, deren Beantwortung aber, wie wir noch sehen werden, mit der der zweiten Frage zusammenfällt: (3) Ist der Zusammenhang zwischen VK und LRO unterschiedlich stark ausgeprägt, je nachdem, welche persönlichen Erfahrungen vorliegen? Diesen Fragen werden wir mit Hilfe der folgenden Tabellenanalysen nachgehen.

Die Variable „Verfassungskontext vor 1848" enthält in unserer vereinfachten Version nur zwei Ausprägungen: (1) Absolute Monarchien, (2) Wahlregionen, die schon vor 1848 eine verfassungsstaatliche Ordnung erhielten.

Wie die Tabelle 5.2 belegt, besteht ein deutlicher Zusammenhang zwischen dem Verfassungskontext, in den die Abgeordneten vor 1848 eingebunden waren, und ihrer Links/Rechts-Orientierung bei den Abstimmungen in der Frankfurter Nationalversammlung. 56,1 % der Abgeordneten aus Regionen mit verfassungsstaatlicher Ordnung, aber nur 36,3 % der Abgeordneten aus absoluten Monarchien tendierten nach „links".[31] Dies könnte die Annahme unterstützen, dass es einen direkten Einfluss von VK auf LRO gegeben hat. Allerdings stellt sich auch die Frage, ob oder in wel-

---

31 Der Zusammenhang wäre vermutlich noch ausgeprägter, wenn nicht Bayern zwar schon vor 1830 eine Verfassungstradition entwickelt hätte, aber auch 1848 noch zum konservativen Kerngebiet gehörte. Eine detailliertere Analyse (s. Best 1986) zeigt, dass Abgeordnete aus den „altkonstitutionellen" Einzelstaaten insgesamt weniger stark nach links tendierten als Abgeordnete aus Staaten, die erst während der 1830er Jahre Verfassungen erhalten hatten. Dies mag damit erklärbar sein, dass die politische Radikalisierung, die diese zweite Konstitutionalisierungswelle mit sich brachte, 1848/49 noch unmittelbar nachwirkte.

Tabelle 5.2 Zusammenhang von Verfassungskontext der Wahlregion vor 1848 und Links-Rechts-Orientierung (Quelle: eigene Darstellung)

| | | | Verfassungskontext | | |
			absolute Monarchie	Verfassung vor 1848	Gesamt
L-R-O	rechts	Anzahl	305	126	431
		% innerhalb von Verfassungskontext	63,7%	43,9%	56,3%
	links	Anzahl	174	161	335
		% innerhalb von Verfassungskontext	36,3%	56,1%	43,7%
Gesamt		Anzahl	479	287	766
		% innerhalb von Verfassungskontext	100,0%	100,0%	100,0%

Cramers V = 0,193

chem Maße dieser Zusammenhang überlagert oder vermittelt wurde durch die unterschiedlichen persönlichen Erfahrungen, die in den jeweiligen Kontexten vollzogen wurden. Die Antwort hierauf erfordert eine dreidimensionale Tabellenanalyse mit POLERF als „Kontrollvariable". Wir werden sie gleich vorlegen, wollen aber zunächst zur Ausgangsfrage zurückkommen: ob sich die Wirkung vorgängiger persönlicher politischer Erfahrungen auf das Abstimmungsverhalten unterschiedlich gestaltete, je nachdem, in welchem Verfassungskontext sich diese Erfahrungen vollzogen hatten.

Auch diese Frage kann nur mit Hilfe einer dreidimensionalen Tabellenanalyse beantwortet werden (s. Tab. 5.3), diesmal mit VK als Kontrollvariable. Die dreidimensionale Tabelle wird in SPSS mit dem gleichen CROSSTABS-Kommando angefordert wie die zweidimensionale Tabelle (siehe Kap. 4). Die TABLES Spezifikation wird lediglich mit einem weiteren BY um die Kontrollvariable erweitert. Für jede Kategorie der Kontrollvariable werden die Teiltabellen untereinander ausgedruckt.

CROSSTABS / TABLES = LRO BY POLERF BY VK

Die Beziehung zwischen LRO und POLERF wird dabei getrennt untersucht: zum Einen für Abgeordnete aus Wahlregionen unter einer absoluten Monarchie (obere Kreuztabelle), zum Anderen für Abgeordnete aus Wahlregionen mit verfassungsstaatlicher Ordnung (untere Kreuztabelle). Man sagt auch, die „Kontrollvariable" (hier: der Verfassungskontext) werde „konstant gehalten". Dieser Ausdruck ist vielleicht etwas missverständlich, könnte er doch suggerieren, man wolle irgendwelche Daten versteckt manipulieren. Dem ist aber nicht so. Gemeint ist lediglich, dass die Beobachtungen in einer bestimmten Weise geordnet werden: Der Zusammenhang

Tabelle 5.3 Dreidimensionale Verteilung von Links-Rechts-Orientierung, politischer Erfahrung und Verfassungskontext (Quelle: eigene Darstellung)

Verfassungskontext			Politische Erfahrung				Gesamt
			keine pol. Erfah-rungen	Amtsin-haber	inkon-sistent	nur Oppo-sition	
abso-lute Monar-chie	L-R-O	rechts	200	41	21	43	305
			63,9%	73,2%	80,8%	51,2%	63,7%
		links	113	15	5	41	174
			36,1%	26,8%	19,2%	48,8%	36,3%
	Gesamt		313	56	26	84	479
			100,0%	100,0%	100,0%	100,0%	100,0%
Verfas-sung vor 1848	L-R-O	rechts	49	42	19	16	126
			48,5%	46,2%	35,8%	38,1%	43,9%
		links	52	49	34	26	161
			51,5%	53,8%	64,2%	61,9%	56,1%
	Gesamt		101	91	53	42	287
			100,0%	100,0%	100,0%	100,0%	100,0%
Ge-samt	L-R-O	rechts	249	83	40	59	431
			60,1%	56,5%	50,6%	46,8%	56,3%
		links	165	64	39	67	335
			39,9%	43,5%	49,4%	53,2%	43,7%
	Gesamt		414	147	79	126	766
			100,0%	100,0%	100,0%	100,0%	100,0%

Cramers V (abs. Mon.) = 0,153   Cramers V (Verf. v. 1848) = 0,103

zwischen den beiden Ausgangsvariablen Y und X, hier LRO und POLERF, wird nun spezifisch innerhalb von Teilgruppen untersucht, deren jeweilige Fälle sich hinsichtlich ihrer Werte (Kategorien) z_i[32] auf der dritten Merkmalsdimension Z (hier VK) nicht unterscheiden, „konstant" sind. Damit wird der mögliche Einfluss dieser dritten Variablen Z auf die Beziehung zwischen den beiden anderen Variablen X und Y innerhalb jeder Teilgruppe (innerhalb jeder *Partialtabelle*) ausgeschaltet. Auf diese Weise, mit diesen bedingten bivariaten Verteilungen $(Y,X|z_i)$ wird es u. a. möglich festzustellen, ob die Zusammenhänge zwischen den Variablen Y und X unterschiedlich ausgeprägt sind (nicht nur hinsichtlich der Stärke, sondern auch hinsichtlich ihrer positiven oder negativen Richtung), je nachdem welcher Wert (welche Kategorie)

---

32 Im Folgenden indizieren wir die Ausprägungen der verschiedenen Variablen Y; X; Z mit dem einheitlichen Index „i" = 1, 2, …

z_i der Kontrollvariable vorliegt. Falls Unterschiede zwischen den bedingten Verteilungen der Teilgruppen auftreten, können diese somit dem Einfluss der Drittvariablen Z zugeschrieben werden.

Die dreidimensionale Verteilung in Tab. 5.3 bestätigt die Ausgangshypothese: Der
Zusammenhang zwischen POLERF und LRO ist unter den wechselnden Bedingungen des Verfassungskontextes unterschiedlich stark ausgeprägt. Von den Abgeordneten aus absoluten Monarchien, die vor 1848 politisch-oppositionell tätig gewesen
waren (Gruppe 3), zeigten sich in der Nationalversammlung 48,8 % als links-orientiert, während unter den vormaligen Amtsträgern (Gruppe 1) nur 26,8 % in dieser
Richtung votierten. Ein anderes Bild erhält man in der zweiten Teiltabelle: Der Zusammenhang zwischen POLERF und LRO ist für Abgeordnete aus Wahlregionen mit
verfassungsstaatlicher Ordnung deutlich schwächer. Insbesondere verringert sich
unter dieser Voraussetzung der Unterschied zwischen den Abgeordneten mit Amts-
erfahrung und den Abgeordneten aus der politischen Opposition; die Prozentdifferenz ist um 14 Punkte von 22 (48,8 − 26,8) auf 8 Punkte (61,9 − 53,8) gesunken;
darüber hinaus zeigen sich beide Teilgruppen stärker links-orientiert als die Abgeordneten, die vor 1848 im Rahmen einer absoluten Monarchie in der einen oder anderen Weise politisch aktiv waren.[33] Die beiden bedingten Cramers V-Koeffizienten
(V = 0,15 und V = 0,10) liegen in ihrer einfachen numerischen Differenz nicht gerade
weit auseinander, relativ schon etwas mehr. Ob die Unterschiede substanziell relevant sind, kann natürlich nicht der Statistiker oder die Statistikerin entscheiden. Die
Inferenzstatistik kann allerdings weitere Hinweise geben, indem sie (wie in späteren
Kapiteln noch gezeigt wird) erläutert, in welchem Maße eine solche Differenz (unter
bestimmten Modellannahmen) „zufallsbedingt" sein könnte.

Wenn sich der Zusammenhang zweier Variablen, Y und X, bei wechselnden Bedingungen, die mit den Ausprägungen z_i der Drittvariablen Z gegeben sind, in re-
levantem Maße ändert, spricht man von einer *Interaktion* der Variablen X und Z in
ihrer Wirkung auf Y: In welcher Richtung und/oder in welcher Stärke sich der Zusammenhang zwischen Y und X darstellt, hängt davon ab, welcher Wert z_i der Kontrollvariable Z gleichzeitig realisiert ist.

Man kann, wie oben schon angedeutet, in der dreidimensionalen Tabelle auch die
Perspektive wechseln, indem man X- und Z-Variable, in unserem Beispiel VK und
POLERF, in ihren Positionen tauscht (s. Tab. 5.4)

---

33 Die Ergebnisse der dreidimensionalen Tabellenanalyse (Tab. 5.3) dürften ebenfalls durch Messfehler im weitesten Sinne beeinträchtigt sein. Bei der VK-Variablen handelt es sich um eine territoriale
   Einteilung nach Wahlregionen. Wegen der Mobilität der Abgeordneten ist aber nicht sichergestellt,
   dass sie ihre Erfahrungen vor 1848 innerhalb des Verfassungskontextes machen konnten, der auch
   in ihrer Wahlregion gegeben war. Eine lückenlose Rekonstruktion der biographischen Mobilität ist
   jedoch nicht möglich. Solche Messfehler mindern die Zusammenhangsstärke, können aber auch,
   wenn sie über die Kategorien der beteiligten Variablen in unterschiedlicher Weise verteilt sind, die
   lineare oder nicht-lineare, positive oder negative Richtung des Zusammenhangs beeinflussen.

Tabelle 5.4 Dreidimensionale Verteilung von politischer Erfahrung, Verfassungkontext und Links-Rechts-Orientierung (Quelle: eigene Darstellung)

Politische Erfahrung			Verfassungskontext		Gesamt
			absolute Monarchie	Verfassung vor 1848	
keine pol. Erfahrungen	L-R-O	rechts	200	49	249
			63,9%	48,5%	60,1%
		links	113	52	165
			36,1%	51,5%	39,9%
	Gesamt		313	101	414
			100,0%	100,0%	100,0%
Amtsinhaber	L-R-O	rechts	41	42	83
			73,2%	46,2%	56,5%
		links	15	49	64
			26,8%	53,8%	43,5%
	Gesamt		56	91	147
			100,0%	100,0%	100,0%
inkonsistent	L-R-O	rechts	21	19	40
			80,8%	35,8%	50,6%
		links	5	34	39
			19,2%	64,2%	49,4%
	Gesamt		26	53	79
			100,0%	100,0%	100,0%
nur Opposition	L-R-O	rechts	43	16	59
			51,2%	38,1%	46,8%
		links	41	26	67
			48,8%	61,9%	53,2%
	Gesamt		84	42	126
			100,0%	100,0%	100,0%
Gesamt	L-R-O	rechts	305	126	431
			63,7%	43,9%	56,3%
		links	174	161	335
			36,3%	56,1%	43,7%
	Gesamt		479	287	766
			100,0%	100,0%	100,0%

Wir haben es nun nicht mehr mit zwei bedingten bivariaten Verteilungen in zwei Teiltabellen (wie in Tab. 5.3) zu tun, sondern mit vier bedingten Verteilungen in vier Teiltabellen, da die Kontrollvariable POLERF vier Kategorien aufweist. Allerdings hat sich die Zahl der inneren Zellen (sechzehn) nicht verändert und vor allem: ihre Inhalte haben sich nicht verändert. Die Zellen beider dreidimensionaler Tabellen sind inhaltlich identisch, lediglich anders angeordnet. Alle Informationen, die in Tab. 5.3 enthalten sind, liefert auch Tab. 5.4 – und umgekehrt. Welche der beiden bedingenden Variablen man als Kontrollvariable fungieren lässt, ist im Falle der Interaktion eine Frage der Perspektive. Fragt man: Wie verändert sich die Beziehung zwischen LRO und POLERF je nach Ausprägung des Verfassungskontexts? Oder fragt man: Wie verändert sich der Zusammenhang von Verfassungskontext und Abstimmungsverhalten je nach den persönlichen Erfahrungen? Die erste der beiden Fragen haben wir oben auf Basis der Tab. 5.3 beantwortet, die zweite werden wir nun mit Hilfe der Tab. 5.4 beantworten.

Beginnen wir mit der letzten der vier Teiltabellen. Sie zeigt: Der Verfassungskontext der Wahlregion wirkte sich auf die Links/Rechts-Einstellungen der Abgeordneten relativ geringfügig aus, wenn diese über ausschließlich systemoppositionelle politische Erfahrungen verfügten; die Prozentdifferenz zwischen Abgeordneten aus Verfassungsstaaten und denen aus absoluten Monarchien beträgt in diesem Falle nur 13,1 Prozentpunkte (61,9 – 48,8 Prozent). Stärker differenzierte der Verfassungskontext die politischen Orientierungen derjenigen Abgeordneten, die vor 1848 ausschließlich innerhalb der Amtshierarchie tätig gewesen waren (zweite Partialtabelle); die Prozentdifferenz beträgt nun 27 Punkte (53,8 – 26,8 Prozent). Wiederum zeigen diese unterschiedlichen Prozentdifferenzen die interaktive Wirkung der Variablen VK und POLERF auf LRO an: Auch hier beträgt die Prozentdifferenz zweiter Ordnung wiederum (aufgerundet) 14 Punkte (27 % – 13,1 %). Die Aussage, Z spezifiziert den Einfluss von X auf Y, ist also „statistisch" identisch mit der Aussage: X spezifiziert den Einfluss von Z auf Y. Diese Identität führt zu der abstrakteren Formulierung: X und Z „interagieren" in ihrem Einfluss auf Y: Wie X (Z) auf Y wirkt, hängt davon ab, welcher Z-Wert (X-Wert) gleichzeitig gegeben ist. Wie wir später noch sehen werden, bedeutet das nicht unbedingt, dass X und Z auch untereinander korrelieren. Die interaktive Beziehung der beiden Variablen X und Z in ihrer Wirkung auf Y setzt keine Kausalbeziehung zwischen X und Z voraus. Im vorliegenden Beispiel könnte sie als ein Sinn-Zusammenhang gedeutet werden: oppositionelle oder das Regime unterstützende Verhaltensweisen „bedeuten" etwas Anderes, je nachdem ob sie im Rahmen einer absoluten Monarchie oder innerhalb einer verfassungsstaatlichen Ordnung vollzogen werden.

Die dreidimensionale Kontingenztabelle enthält alle Informationen, die auch in den univariaten und bivariaten Häufigkeitsverteilungen der beteiligten Variablen zu finden sind, und ergänzt sie durch neue Einsichten: die Veränderbarkeit oder Stabilität der bivariaten Verteilungen unter wechselnden Bedingungen, die mit den Kategorien der dritten Variable gesetzt sind, wird erkennbar. So wie die univariaten Verteilungen als Randverteilungen der bivariaten Tabellen erscheinen, bilden die bivariaten Tabellen (hier POLERF mit LRO, VK mit LRO, VK mit POLERF) die *Marginalverteilungen* („Marginaltabellen") zur trivariaten Häufigkeitsverteilung. Und so, wie aus den bivariaten Verteilungen (also den Zellenhäufigkeiten der zweidimensionalen Tabelle) die univariaten Verteilungen der beiden Variablen durch einfaches Summieren über die Zeilen und Spalten hinweg zu errechnen sind, lassen sich auch die bivariaten Verteilungen aus der dreidimensionalen Tabelle rekonstruieren. Die bivariate Verteilung von POLERF und VK zum Beispiel (s. Tab. 5.5) ergibt sich aus der dreidimensionalen Verteilung in Tab. 5.3 ebenso wie aus derjenigen in Tab. 5.4.

Tabelle 5.5 Rekonstruktion der bivariaten Verteilung von politischer Erfahrung und Verfassungskontext aus den dreidimensionalen Verteilungen Tab. 5.3 bzw. 5.4 (Quelle: eigene Darstellung)

		Politische Erfahrung				
		keine pol. Erfahrungen	Amtsinhaber	inkonsistent	nur Opposition	Gesamt
Verfassungs-kontext	absolute Monarchie	313	56	26	84	479
		75,6%	38,1%	32,9%	66,7%	62,5%
	Verfassung vor 1848	101	91	53	42	287
		24,4%	61,9%	67,1%	33,3%	37,5%
Gesamt		414	147	79	126	766
		100,0%	100,0%	100,0%	100,0%	100,0%

Die Zellenbesetzungen der bivariaten Verteilung der beiden unabhängigen Variablen sind identisch mit den entsprechenden Spaltensummen der dreidimensionalen Tabellen. Aus den drei bivariaten Tabellen lässt sich aber nicht umgekehrt die dreidimensionale Tabelle konstruieren – ebenso wenig, wie sich aus den univariaten Randverteilungen die Zellenhäufigkeiten der zweidimensionalen Tabelle erschließen lassen.

Die Kennzahlen, mit denen man die Stärke des statistischen Zusammenhangs zweier Variablen in den Partialtabellen ausdrückt, bezeichnet man als *bedingte* Korrelations- oder Assoziationskoeffizienten. So erhalten wir in unserem Beispiel neben den bedingten Prozentdifferenzen, wie schon erwähnt, zwei bedingte Cramers V-Werte für den Zusammenhang (a) zwischen POLERF (X) und LRO (Y): $V(Y,X|z_1) = 0,15$ unter der Bedingung $z_1 =:$ absolute Monarchie und $V(Y,X)|z_2) = 0,10$ unter der Bedingung $z_2 =:$ verfassungsstaatliche Ordnung (s. Tab. 5.3). Für den bivariaten statistischen Zusammenhang (*zero-order correlation*) war zuvor ein $V(Y,X) = 0,10$ ermittelt worden (siehe Tab. 5.1). Bei dem numerischen Vergleich solcher Assoziationsmaße sollte deren eventuelle Abhängigkeit von den Randverteilungen bedacht werden (wie sie für Cramers V gegeben ist); die Teiltabellen können (wie in unserem Beispiel) sehr unterschiedliche Randverteilungen aufweisen. Insofern kann bezweifelt werden, ob tatsächlich eine relevante Interaktion von persönlichen Erfahrungen und konstitutionellem Kontext vorgelegen hat oder ob eine andere Kausalkonstellation anzunehmen ist.[34] (Im nächsten Abschnitt werden wir ein Beispiel mit eindeutigerem Ergebnis vorstellen)

Der Einfluss der dritten Variable Z auf die korrelative Beziehung zwischen zwei anderen Variablen X und Y kann also an zwei Stellen sichtbar werden: einmal in der oder in den Differenzen zwischen den nicht-konditionierten (bivariaten) und den bedingten Assoziationskoeffizienten (einschließlich der Prozentdifferenzen) und zum anderen in den Differenzen zwischen den bedingten Assoziationsmaßen. Wenn keine deutlichen Differenzen zwischen den bedingten Koeffizienten (untereinander) bestehen, wenn vor allem keine Richtungsänderung des Zusammenhangs in den verschiedenen Teiltabellen zu beobachten ist, können die bedingten Koeffizienten im Prinzip zu einer neuen summarischen Maßzahl zusammengefasst werden. In ihr sollte sich das spezifische Einflussgewicht einer Variable X auf eine andere Variable Y ausdrücken, das registrierbar bleibt, nachdem der Einfluss einer (oder mehrerer) Kontrollvariablen Z neutralisiert, *herauspartialisiert* worden ist. Für die Konstruktion solcher *partiellen* Assoziationsmaße sind unterschiedliche Vorschläge gemacht worden (vor allem bezüglich der Gamma-, Tau- und Somers' d-Koeffizienten), die sich darin unterscheiden, wie die bedingten Koeffizienten zu diesem Zweck jeweils gewichtet und gemittelt werden sollen. Die Konstruktion solcher Maßzahlen, die im Rahmen der konventionellen Tabellenanalyse einsetzbar sind, stößt jedoch auf erhebliche Schwierigkeiten (hierzu s. Hildebrand et al. 1977, S. 70–76). Wenn keine metrischen Daten vorliegen, begnügt man sich in der Praxis meistens mit den bedingten Koeffizienten.

Fassen wir das bisher Gesagte in den wesentlichen Punkten zusammen: Ausgangspunkt unserer Betrachtung ist der Zusammenhang oder Nicht-Zusammenhang zweier Variablen, X und Y, wie er sich in einer zweidimensionalen Tabelle darstellt. Mit Hilfe einer dreidimensionalen Tabelle lässt sich überprüfen, ob diese Assoziation bestätigt, aufgehoben oder modifiziert wird, wenn der Einfluss einer dritten Variablen Z durch Konstanthalten ihrer Kategorien neutralisiert wird. „Konstanthalten" bedeutet: die Beziehung zwischen X und Y wird innerhalb von k Teilgruppen untersucht, die durch die k Ausprägungen (Werte) der Z-Variablen definiert sind. Innerhalb jeder Teilgruppe haben alle Fälle dieselbe Ausprägung z_i (i = 1, 2, …, k) auf der Merkmalsdimension Z; aber die Elemente unterschiedlicher Teilgruppen haben unterschiedliche Z-Ausprägungen. Die bivariate Verteilung von X und Y, die innerhalb jeder Teilgruppe beobachtet wird, ist somit eine bedingte Verteilung $(Y,X|z_i)$:

---

34 Einige Autoren gehen davon aus, dass Interaktionseffekte im Rahmen der Tabellenanalyse nur mit Vorbehalt zu identifizieren sind, wenn die Randhäufigkeiten stärker als im Verhältnis 70:30 voneinander abweichen (Davis 1971, S. 100).

sie kommt unter der Bedingung zustande, dass alle ihre Fälle eine bestimmte Z-Ausprägung (z_i) aufweisen. Die in den bedingten Verteilungen (Partialtabellen) jeweils sichtbar werdende Assoziation von X und Y kann nicht mehr von Z beeinflusst sein, da Z innerhalb der Teilgruppen konstant ist; unterschiedliche X- und Y-Werte bei den einzelnen Fällen einer Teilgruppe können also nicht durch unterschiedliche Z-Werte hervorgerufen worden sein. Wenn alle bedingten Assoziationen zwischen X und Y (nahezu) gleich sind und sich nicht von der unbedingten (bivariaten) Assoziation unterscheiden, hat Z offensichtlich keinen Einfluss auf die Beziehung zwischen X und Y (es sei denn, er würde durch eine unbekannte bzw. nicht erfasste weitere Variable lediglich verdeckt). Wenn die bedingten Assoziationskoeffizienten „stark" voneinander abweichen, ist anzunehmen, dass sich X und Z in ihrer Beziehung zu Y wechselseitig beeinflussen. (Was „stark" in diesem Zusammenhang heißen soll, kann sowohl nach fallspezifischen Kriterien der theoretischen Relevanz als auch nach inferenzstatistischen Kriterien der *Überzufälligkeit* einer Differenz festgelegt werden; siehe Kap. 9) Wir sprechen dann von einer *Interaktion* oder *Spezifikation*. Unterscheiden sich die bedingten Assoziationskoeffizienten nur in geringem Maße, ist es im Prinzip sinnvoll, sie zu „mitteln" und in einem *partiellen* Koeffizienten zusammenzufassen. (Bei den konventionellen für die Tabellenanalyse entwickelten Koeffizienten stößt dies allerdings, wie schon erwähnt, auf erhebliche Schwierigkeiten) Die partiellen Assoziationskoeffizienten $r_{yx.z}$ indizieren die *spezifische* Einflussstärke einer Variablen X auf die Variable Y, wenn der Einfluss einer Drittvariablen Z durch Konstanthalten „ausgeschaltet" (neutralisiert) worden ist („r" steht hier für irgendeinen der Assoziations- oder Korrelationskoeffizienten, der bei den gegebenen Messniveaus in Frage kommt). Wechselt man die Position von X und Z in der dreidimensionalen Verteilung, erhält man mit $r_{yz.x}$ den spezifischen Einfluss von Z auf Y, wenn der Einfluss von X neutralisiert worden ist. Die beiden partiellen Assoziationsmaße können numerisch voneinander abweichen. (Wir erinnern uns: für die Ermittlung des Interaktionseffekts ist es unbedeutend, welche der beiden Variablen als unabhängige Variable X und welche als Kotrollvariable Z eingesetzt wird.) Im folgenden Abschnitt 5.2 werden wir neben der Interaktion noch andere typische Beziehungsmuster für drei Variablen erläutern, wie sie beim Übergang von der zweidimensionalen zur dreidimensionalen Kontingenztabelle sichtbar werden können.

5.2   Interpretationsschemata für Drei-Variablen-Modelle

In dem einführenden Beispiel des vorigen Abschnitts haben wir gezeigt, wie eine neu eingeführte dritte Variable Z den zunächst beobachteten bivariaten Zusammenhang zwischen zwei Variablen Y und X spezifizieren kann, je nachdem, welche der möglichen Ausprägungen z_i der zusätzlich eingeführten dritten Variable Z gegeben ist. Die dort beobachtete Veränderung war durch unterschiedliche Zusammenhangsstärken in den Teiltabellen (Y,X|z_i) gekennzeichnet. Dieses Muster haben wir als Interaktion (oder Spezifikation) bezeichnet. Es sind aber noch andere Beziehungsmuster möglich; die wichtigsten wollen wir in den folgenden Abschnitten vorstellen.

5.2.1 Interaktion und additive Multikausalität

Wir beginnen aber zunächst mit einem weiteren Beispiel zur Interaktion. Wir haben es ausgewählt, weil in ihm mit dem „Lebensalter" bzw. der „Generationenzugehörigkeit" eine in den Geschichts- und Sozialwissenschaften häufig herangezogene Kontrollvariable auftritt, deren inhaltliche Interpretation aber oft unklar ist.

Die Daten stammen aus einer Berliner Meinungsumfrage, die kurz vor der 1981er Wahl zum Abgeordnetenhaus durchgeführt wurde.[35] Als abhängige Variable Y dient ein Index ALTEPOL, in dem Meinungsäußerungen zur Wichtigkeit traditioneller politischer Ziele (wie ökonomischer Wohlstand, innere und äußere Sicherheit) relativ zu (damals) „neuen" politischen Zielvorstellungen (wie saubere Umwelt, Unterstützung alternativer Lebensformen) zusammengefasst sind (s. Thome 1985a). Als unabhängige Variable X wird die formale Schulbildung betrachtet, für die hier nur zwei Ausprägungen definiert sind: *kein Abitur* versus *Abitur und mehr*. Die Vermutung eines korrelativen Zusammenhangs der beiden Variablen ergibt sich aus der Hypothese, dass der mit höherer Schulbildung in der Regel verbundene höhere sozio-ökonomische Status und das (im Durchschnitt) höhere kognitive Niveau offener machen für neue, postmaterialistische Politik-Ziele, da die Befriedigung materieller Bedürfnisse in dieser Gruppe weitgehend gesichert ist, sie somit als weniger wichtig angesehen werden.[36] Die bivariate Tabelle 5.6 scheint diese Annahme zu bestätigen.

Traditionelle Politik-Ziele werden von den Befragten mit hoher Schulbildung seltener für wichtig (18 %), häufiger für unwichtig (36 %) gehalten als von den Befragten ohne Abitur. Durch Einführen der Kontrollvariable „Alter" wird dieses Bild jedoch erheblich modifiziert (s. Tab. 5.7).

Unter der Kontrollbedingung „alt" verschwindet die Beziehung zwischen formaler Schulbildung und politischer Einstellung völlig: die bedingten prozentualen Verteilungen sind bei den „Alten" mit hoher Schulbildung die gleichen wie für die „Alten" mit niedriger Schulbildung (drei Prozent). In der mittleren Altersgruppe ist der entsprechende Zusammenhang schon deutlich erkennbar (anhand der Prozentsatz-

---

35 Die in diesem Abschnitt vorgestellte Teil-Analyse entstand im Rahmen eines Forschungsprojekts „Wählerschaft und Führungsschicht in Berlin. Eine Analyse gesellschaftlich-politischer Konflikte anlässlich der Wahlen 1981", das am Zentralinstitut für sozialwissenschaftliche Forschung der Freien Universität Berlin unter Leitung von H.-D. Klingemann und D. Herzog durchgeführt wurde (s. Thome 1985a). Die Bevölkerungsumfrage, aus der die hier präsentierten Daten hervorgingen, wurde in Zusammenarbeit mit der Forschungsgruppe Wahlen e. V., Mannheim, durchgeführt.

36 Dahinter steht die viel diskutierte „Theorie des Wertewandels" von Ronald Inglehart (s. hierzu Thome 1985b; Thome 2005a sowie den Sammelband von Dietz, Neumaier und Rödder 2014)

Tabelle 5.6   Zusammenhang zwischen Schulbildung und Alten Politikpräferenzen (Berliner Umfrage 1981) (Quelle: eigene Darstellung)

| | | Schulbildung | | |
		niedrig	hoch	insg.
	unwichtig	87	60	147
		11,30%	35,95%	15,70%
Alte Politik-präferenzen	mittel	370	77	447
		48,20%	46,10%	47,80%
	wichtig	311	30	341
		40,50%	18,00%	36,50%
	insg.	768	167	935
		100%	100%	100%

Tabelle 5.7   Dreidimensionale Verteilung von Alter/Generation, Schulbildung und Politikpräferenz; Spezifikation der bivariaten Verteilung in Tab. 5.6 (Quelle: eigene Darstellung)

		Alter/Generation						
		alt		mittel		jung		
		Schulbildung						
		niedrig	hoch	niedrig	hoch	niedrig	hoch	insg.
	unwichtig	12	1	34	17	41	42	147
		3,30%	3,10%	13,60%	28,80%	27,30%	55,30%	15,70%
Alte Politik-präferenzen	mittel	185	16	120	30	65	31	447
		50,10%	50,00%	48,21%	50,80%	43,30%	40,80%	47,80%
	wichtig	172	15	95	12	44	3	341
		46,60%	46,90%	38,20%	20,40%	29,40%	3,90%	36,50%
	insg.	369	32	249	59	150	76	935
		100%	100%	100%	100%	100%	100%	100%

Differenz: 28,8 % – 13,6 %) und in der jüngsten Altersgruppe am stärksten ausgeprägt (55,3 % – 27,3 %). Es liegt also eindeutig eine Interaktion (Spezifikation) vor: Der Zusammenhang zwischen Schulbildung und (post-)materialistischen Politikpräferenzen ist je nach Altersgruppe unterschiedlich stark ausgeprägt (ohne Richtungsänderung).

Unterschiede zwischen Altersgruppen können in mindestens zweierlei Weise theoretisch gedeutet werden: einmal als sog. Lebenszyklus-Effekt (mit zunehmendem Alter werden Menschen tendenziell konservativer) und zum anderen als sog. Generationen-Effekt. Die verschiedenen Jahrgangsgruppen (*Kohorten*) unseres Beispiels sind unter sehr unterschiedlichen gesellschaftlichen Bedingungen aufgewachsen: die älteste Gruppe vor dem Ende des 2. Weltkrieges, die mittlere während der

Wiederaufbauphase bis Mitte der 60er Jahre, die jüngste Gruppe in der folgenden Zeit mit rasch ansteigendem ökonomischem Wohlstand (und sozialliberaler Regierungsdominanz). Um diese Interpretation zu ermöglichen, erfolgte die kategoriale Alterseinstufung nicht kontinuierlich und nicht nur nach dem Geburtsjahr der Befragten, sondern danach, in welche dieser drei Zeitperioden die individuellen Lebensjahre zwischen 14 und 18 einzuordnen waren. Solche unterschiedlichen Erfahrungen während der Jugendzeit prägen, so lautet eine oft vertretene sozialisationstheoretische Hypothese, die gesamte weitere Lebensführung einschließlich der politischen Einstellungen (wenn auch gewisse Modifikationen möglich bleiben). Es sind diese unterschiedlichen Lebenserfahrungen, hervorgerufen durch Diskontinuitäten in der gesellschaftlichen Entwicklung, durch die sich *Generationen* herausbilden. Die Mitglieder verschiedener Generationen unterscheiden sich in ihren politischen Präferenzen nicht nur, weil sie sich zu einem gegebenen Zeitpunkt (hier Ende der 1980er Jahre) in unterschiedlichen Phasen ihres *individuellen* Lebenslaufs befinden (Lebenszyklus-Effekte), sondern weil sie während ihrer jugendlichen Lebensphase stark unterschiedliche Erfahrungen gemacht haben, deren Effekte andauern und somit die Lebenszyklus-Effekte überlagern.

Wenn die Untersuchungsdaten nur zu einem einzigen Zeitpunkt erhoben worden sind, können Generationen- und Lebenszykluseffekte nicht statistisch voneinander getrennt werden (Zugehörigkeit zur älteren Generation impliziert auch höheres Lebensalter). Die statistischen Kontrollmöglichkeiten verbessern sich, wenn wiederholte Datenerhebungen über längere Zeiträume vorliegen, mit denen der Entwicklungspfad von Angehörigen unterschiedlicher Geburtsjahrgänge über verschiedene Lebensaltersstufen hinweg verfolgt werden kann (*Kohortenanalyse*).[37] In diesem Skript können wir nur auf die unterschiedlichen Möglichkeiten der Interpretation der Altersvariable aufmerksam machen, ohne die Problematik weiter zu vertiefen. Im Folgenden werden wir die Altersvariable vor allem im Sinne von „Generationen" interpretieren.

Damit kehren wir zur Analyse der dreidimensionalen Tabelle in Abb. 5.7 zurück. Wir hatten schon festgestellt, dass die (bedingten) Prozentsatzdifferenzen in den drei Teiltabellen (definiert über die drei Kategorien der Generationenzugehörigkeit) in deutlichem Maße unterschiedlich groß sind. Man kann nun die Rolle von X und Z visuell vertauschen, ohne eine neue Tabelle zu produzieren: Hält man nun die Schulvariable (X) konstant und variiert die Altersvariable (Z), zeigt sich, dass in jeder der

---

37 Dabei kann zusätzlich ein sog. Periodeneffekt ins Spiel kommen. Er tritt auf, wenn sich auf Grund irgendwelcher aktuellen Ereignisse die Variablenwerte (Häufigkeitsverteilungen) der einzelnen Jahrgangsgruppen über Zeit gleichermaßen im Niveau verschieben. Jeder der drei Effekte – resultierend aus Lebenszyklus, Kohortenzugehörigkeit und Spezifik historischer Perioden – lässt sich, mathematisch betrachtet, stets als Linearkombination der beiden anderen Effekte darstellen, so dass, wenn alle drei Effekte zur Debatte stehen, eine Trennung letztlich nur mit Hilfe theoretischer Zusatzannahmen und Interpretationen möglich ist. Zu dieser Thematik siehe z. B. Klein (2016, S. 29 ff.).

beiden Bildungsgruppen die traditionellen Politikziele umso eher für unwichtig gehalten werden, je niedriger das Alter ist. Die generationelle Differenz („jung" vs. „alt")
ist bei den Befragten mit niedrigem Bildungsniveau geringer (27,3 % – 3,3 %) als bei
den Befragten mit hohem Bildungsniveau (55,3 % – 3,1 %). Hier zeigt sich also erneut
die Symmetrie der interaktiven Beziehung: Z spezifiziert die Wirkung von X auf Y
und X spezifiziert die Wirkung von Z auf Y. Die Spezifikation geht hier nicht so weit,
dass in den Teiltabellen bedingte Zusammenhänge mit umgekehrter Wirkungsrichtung sichtbar würden. Sowohl innerhalb der Teilgruppe mit niedriger Schuldbildung
als auch innerhalb der Teilgruppe mit höherer Schulbildung werden die traditionalen
Politikziele von den Jüngeren für weniger wichtig gehalten als von den Älteren. Solange kein Richtungswechsel vorkommt, kann man also trotz des interaktiven Effekts
verallgemeinernd auch zwei *additive* Effekte feststellen, die X und Z bei wechselseitiger Kontrolle zuzuschreiben sind: (1) Unabhängig von der Schulbildung gilt: die Angehörigen der jüngeren Generation halten die traditionalen Politikziele seltener für
wichtig als die Angehörigen der älteren Generation. (2) Unabhängig von der genera-
tionellen Zugehörigkeit gilt: Personen mit niedriger Schulbildung halten die traditionalen Politikziele eher für wichtig als Personen mit hoher Schulbildung. Allerdings
ist diese zweite Verallgemeinerung im gegebenen Beispiel nicht ganz korrekt; sie gilt
zwar für die mittlere und die jüngere Generation, aber in der ältesten Generation liegt
die Differenz praktisch bei Null (s. die prozentuierten Häufigkeiten in den beiden
ersten Spalten der Tab. 5.7). Weisen X und Z eine unterschiedliche Anzahl von Ausprägungen auf (wie in unserem Beispiel), ist die Interaktionssymmetrie numerisch
nicht perfekt abgebildet.

Auch in diesem Beispiel gibt es (wie in dem des vorigen Kapitelabschnitts) neben
der Interaktion eine Korrelation der beiden unabhängigen Variablen untereinander:
Die jüngere Kohorte hat einen höheren Abiturienten-Anteil als die ältere. Dass eine
Interaktion von X und Z auch ohne Korrelation zwischen X und Z (in der bivaria-
ten Marginaltabelle) möglich ist, soll anhand des folgenden fiktiven Zahlenbeispiels
(Tab. 5.8a und 5.8b) demonstriert werden (s. Schmierer 1975, S. 122 f.).

Tabelle 5.8 Interaktion zwischen X und Z ohne Korrelation zwischen X und Z (Quelle: eigene
Darstellung)

a)	x_1	x_2	b)	z_1		z_2	
				x_1	x_2	x_1	x_2
z_1	49	13	y_1	12	7	11	10
z_2	45	12	y_2	37	6	34	2
	94	25		49	13	45	12

Dass die bivariate Marginaltabelle Tab. 5.8a mit Phi = 0 aus der dreidimensionalen Tabelle 5.8b rekonstruiert wurde, ist, wie in Abschn. 5.1 gezeigt, daran erkennbar, dass die Spaltensummen der trivariaten Verteilung mit den Zellenbesetzungen der bivariaten Verteilung identisch sind (49 u. 45 sowie 13 u. 12). Während sich in beiden Teiltabellen (je nach Z-Kategorie) deutlich unterschiedliche Zusammenhänge zwischen X- und Y-Variable zeigen (also eine Interaktion zwischen X und Z gegeben ist), ist der bivariate Zusammenhang gleich null.

Um die unterschiedlichen Strukturmuster von Variablenbeziehungen anschaulich darstellen zu können, führt man Pfeil- oder *Pfad-Diagramme* ein, wobei der Pfeil die vermutete Kausalrichtung angibt. Bisher haben wir folgende Beziehungsmuster kennengelernt:

(1) Interaktion von X und Z in ihrer Wirkung auf Y mit (bivariater) Korrelation zwischen X und Z (s. Abb. 5.1):

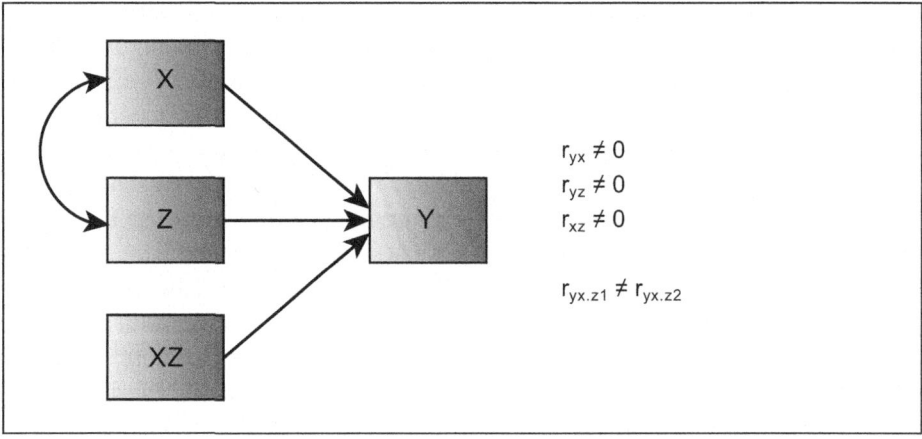

Abbildung 5.1 Interaktion mit Korrelation zwischen unabhängiger Variable und Kontroll variable (Quelle: eigene Darstellung)

Die Variable XZ, die die X- und Z-Variable multiplikativ verknüpft, steht für den Interaktionseffekt (die Multiplikation soll auf die Symmetrie wechselseitiger Spezifikation verweisen). Der gekrümmte Doppelpfeil deutet an, dass man die kausale Interpretation der Korrelation r_{xz} (zunächst) offenlässt; „r" steht hier für ein beliebiges Zusammenhangsmaß.

(2) Interaktion von X und Z in ihrer Wirkung auf Y ohne (bivariate) Korrelation zwischen X und Z (s. Abb. 5.2):

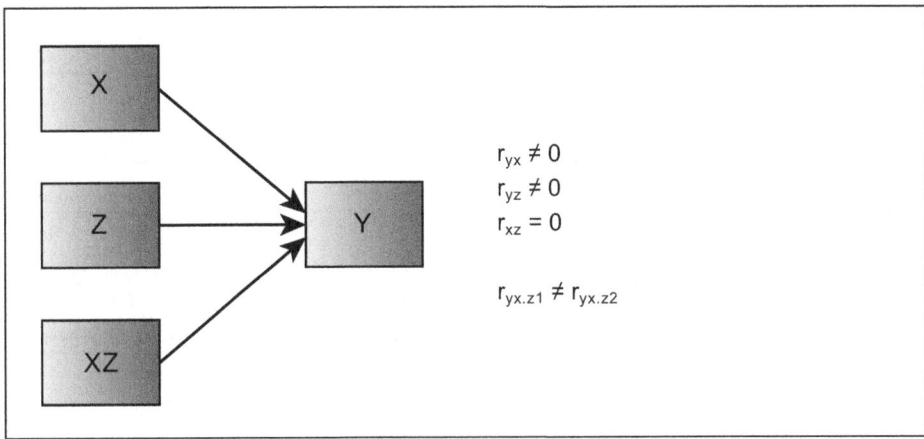

Abbildung 5.2   Interaktion ohne Korrelation zwischen unabhängiger Variable und Kontrollvariable (Quelle: eigene Darstellung)

So wie eine Interaktion ohne Korrelation zwischen X und Z auftreten kann, kann es auch eine Korrelation zwischen X und Z geben, ohne dass eine Interaktion zwischen X und Z vorliegt. Ein Beispiel hierfür liefern die Tabellen 5.9, 5.10.

Tabelle 5.9   Zusammenhang zwischen Reichsidee und territorialer Zuordnung (Quelle: eigene Darstellung auf Basis von Best 1986)

| | | territoriale Zuordnung | | | |
		südliche Region	mittlere Region	nördliche Region	Gesamt
Reichsidee	großdeutsch	167	107	89	363
		74,6%	54,0%	24,7%	46,4%
	kleindeutsch	57	91	271	419
		25,4%	46,0%	75,3%	53,6%
Gesamt		224	198	360	782
		100,0%	100,0%	100,0%	100,0%

Cramers V = 0,429

Tabelle 5.10 Dreidimensionale Verteilung von Reichsidee, territorialer Zuordnung und Konfession (Quelle: eigene Darstellung auf Basis von Best 1986)

Konfession			südliche Region	mittlere Region	nördliche Region	Gesamt
			territoriale Zuordnung			
nicht Katholisch	Reichsidee	großdeutsch	11	51	74	136
			57,9%	47,7%	23,2%	30,6%
		kleindeutsch	8	56	245	309
			42,1%	52,3%	76,8%	69,4%
	Gesamt		19	107	319	445
			100,0%	100,0%	100,0%	100,0%
katholisch	Reichsidee	großdeutsch	156	56	15	227
			76,1%	61,5%	36,6%	67,4%
		kleindeutsch	49	35	26	110
			23,9%	38,5%	63,4%	32,6%
	Gesamt		205	91	41	337
			100,0%	100,0%	100,0%	100,0%
Gesamt	Reichsidee	großdeutsch	167	107	89	363
			74,6%	54,0%	24,7%	46,4%
		kleindeutsch	57	91	271	419
			25,4%	46,0%	75,3%	53,6%
	Gesamt		224	198	360	782
			100,0%	100,0%	100,0%	100,0%

Cramers V (nicht-kath.) = 0,258   Cramers V (kath.) = 0,278

Die Tabellen sind wiederum der schon erwähnten Studie von Best (1986) entnommen (wobei wir allerdings Tab. 5.9 aus Tab. 5.10 rekonstruiert haben, so dass die Zahl der fehlenden Werte in beiden Tabellen gleich ist, n = 27). Die abhängige Variable Y wurde erneut aus dem Abstimmungsverhalten der Abgeordneten der Frankfurter Nationalversammlung konstruiert, diesmal aber im Hinblick auf die Bevorzugung „großdeutscher" oder „kleindeutscher Lösungen" des Verfassungskonflikts. Erste unabhängige Variable X ist eine territoriale Aufteilung, bei der die einzelnen Wahlregionen wie folgt gruppiert wurden:

Gruppe 1:   Österreich, Böhmen, Altbayern (südliche Region)
Gruppe 2:   Rheinpreußen, Franken, süddeutsche Klein- und Mittelstaaten (mittlere Region)
Gruppe 3:   Altpreußen, Schlesien, Sachsen, mittel- und norddeutsche Klein- und Mittelstaaten (nördliche Region)

Die bivariate Tabelle 5.9 zeigt den erwarteten Zusammenhang. Die Abgeordneten der nördlichen Staaten präferieren mehrheitlich die kleindeutsche, die Abgeordneten aus Österreich usw. wollen mehrheitlich die großdeutsche Lösung. 75,3 % der Abgeordneten aus nördlichen Regionen, aber nur 25,4 % der Abgeordneten aus südlichen Regionen votieren für die kleindeutsche Lösung.

Sicherlich besteht auch 1848 noch ein starker Zusammenhang zwischen der regionalen und der konfessionellen Zugehörigkeit der Abgeordneten. Es entsteht also die Frage, ob das Votum für großdeutsche oder kleindeutsche Antworten eher durch Konfessions- als durch Staatsloyalität bestimmt war. Best (1986) schreibt hierzu: „Es zeichnet sich hier eine komplizierte Gemengelage konfessioneller und nichtkonfessioneller Determinanten ab, die sich erst klärt, wenn man die Ebene territorialer Aggregate verlässt und die individuellen Variablenzusammenhänge im Rahmen eines kausalanalytischen Ansatzes überprüft. Exemplarisch zugespitzt lautet die Frage, ob ein preußischer Abgeordneter kleindeutsch votierte, weil er Preuße oder weil er Protestant war. Die Antwort liegt bei den preußischen Abgeordneten katholischer Konfession" (ebd., S. 601). Wir führen demgemäß die Konfessionszugehörigkeit der Abgeordneten als Kontrollvariable ein (s. Tab. 5.10).

Da die Regionen der Gruppe 2 in beiden Teiltabellen dieselbe Position zwischen den beiden anderen Territorien einnehmen, beschränken wir uns im Folgenden auf den Vergleich der Regionalgruppen 1 und 3. Die Prozentdifferenzen, 57,9 % – 23,2 % und 76,1 % – 36,6 %, sind in beiden Konfessionsgruppen ähnlich groß; es liegt also keine nennenswerte Interaktion vor. Das wird auch durch die beiden bedingten Assoziationskoeffizienten $V = 0,26$ und $V = 0,28$ belegt. Die territoriale Zugehörigkeit beeinflusst das groß- oder kleindeutsche Votum weitgehend unabhängig von der Konfessionszugehörigkeit. Dem entsprechend wirkt sich auch die Konfessionszugehörigkeit nahezu unabhängig von der territorialen Zugehörigkeit auf das Abstimmungsverhalten in dieser Frage aus. In jeder der drei territorialen Gruppierungen übersteigt der Prozentsatz der Protestanten, die für die kleindeutsche Lösung votieren, den Prozentanteil der Katholiken, die ebenfalls für sie stimmen, um (rund) 13 bis 18 Punkte. Wir wollen diese geringfügigen Schwankungen in den Prozentdifferenzen als unerheblich betrachten. Die beiden Variablen (konfessionelle und territoriale Zugehörigkeit) wirken also nicht interaktiv bzw. *multiplikativ*, sondern vor allem *additiv* auf die Voten zu groß- versus kleindeutschen Konzeptionen. Die größte Prozentsatzdifferenz beobachten wir somit zwischen südlichen Katholiken (76,1 % für die großdeutsche Lösung) und nördlichen Protestanten (von denen 23,2 % für dieses Verfassungsmodell votieren). Graphisch lässt sich dieses Muster wie in Abb. 5.3 darstellen.

Dass die bedingten Assoziationskoeffizienten ($V = 0,26$ und $V = 0,28$) in diesem Falle niedriger sind, als die nichtkonditionierte (bivariate) Korrelation zwischen X und Y ($V = 0,43$), ist auf die Korrelation zwischen X und Z, den beiden bedingenden Variablen, zurückzuführen. Man spricht in diesem Falle davon, dass die bivariate Korrelation (zwischen X und Y) *konfundiert* sei, wenn eine weitere bedingende Variable Z nicht nur mit Y, sondern auch mit X korreliert ist. Die bivariate Korrelation

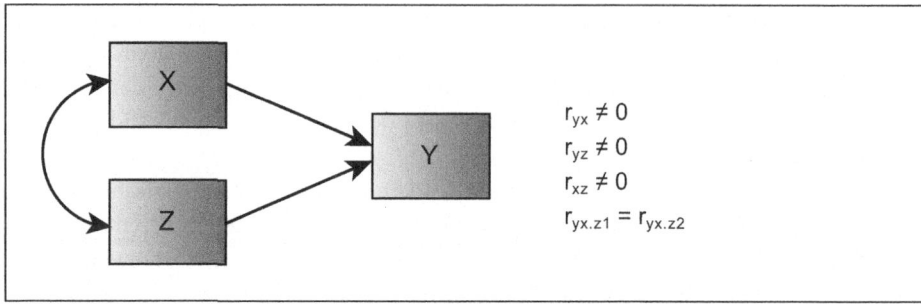

Abbildung 5.3   Additive Multikausalität mit Korrelation, aber ohne Interaktion der beiden unabhängigen Variablen (Quelle: eigene Darstellung)

r_{yx} absorbiert dann sozusagen einen Teil des Einflusses, den Z auf Y ausübt – auf dem Wege der Korrelation zwischen X und Z. Wenn (bei nominal skalierten Variablen) Assoziationsmaße wie Cramers V eingesetzt werden, sind die bedingten Koeffizienten kleiner als die bivariaten. Das gilt auch, wenn (bei ordinal oder metrisch skalierten Variablen) bivariate Korrelationskoeffizienten vorliegen, die in allen drei Fällen ein positives Vorzeichen aufweisen. Bei anderen Vorzeichenkonstellationen kann aber auch eine Situation auftreten, in der der partielle Korrelationskoeffizient größer ist als der bivariate, $r_{yx.z} > r_{yx}$. Dies wird in den Kapitelabschnitten 6.3 und 10.5 noch näher erläutert werden.

Auch wenn die Drittvariable Z nicht mit der unabhängigen Variablen X korreliert (und auch keine Interaktion vorliegt) – siehe Abb. 5.4 – hängt das genaue Verhältnis zwischen bivariaten und bedingten bzw. partiellen Korrelationskoeffizienten vom Messniveau der Variablen ab.

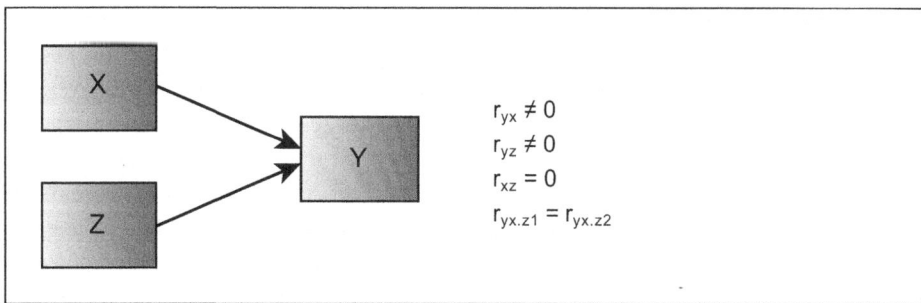

Abbildung 5.4   Additive Multikausalität ohne Korrelation und ohne Interaktion der beiden unabhängigen Variablen (Quelle: eigene Darstellung)

Wenn z. B. beide Variablen nur zwei Ausprägungen aufweisen, müssen, gemessen anhand von Prozentsatzdifferenzen, die beiden bedingten Assoziationen zwischen X und Y (unter Konstanthalten von Z) wie auch die bivariate Assoziation zwischen X und Y (ohne Konstanthalten von Z) gleich groß sein: $r_{yx.z1} = r_{yx.z2} = r_{yx}$. Analog hierzu gilt auch $r_{yz.x1} = r_{yz.x2} = r_{yz}$. Es liegen hier also zwei reine, nicht konfundierte additive Effekte vor.

Wenn aber metrische Variablen gegeben sind, deren korrelative Beziehungen mit Pearson's r gemessen wird, so gilt bei Unabhängigkeit von X und Z: $r_{yx.z} > r_{yx}$. Darauf werden wir in Kap. 6 noch zurückkommen.

In diesem Zusammenhang soll noch auf ein weiteres, vielleicht überraschendes Phänomen hingewiesen werden: Wenn das Modell der additiven Multikausalität gemäß Abb. 5.4 korrekt ist, gilt auch $|r_{xz.y}| > |r_{xz}|$. Bei (irrtümlichem) Konstanthalten der abhängigen Variablen Y wird in den Partialtabellen eine Korrelation zwischen X und Z beobachtet, auch wenn die bivariate Korrelation $r_{xz} = 0$ ist. Das heißt, es entsteht eine „unechte" partielle Korrelation, wenn eine kausal abhängige Variable konstant gehalten wird (zur näheren Erläuterung siehe Davis 1971, S. 118 f.).

5.2.2 Scheinkausalität

Dieses Beziehungsmuster wird in vielen Statistik-Lehrbüchern mit folgendem Beispiel erläutert: Bei einer Erhebung von regionalen Einheiten im Deutschland der Zwischenkriegszeit konnte man feststellen, dass ein starker Zusammenhang besteht zwischen der Anzahl der Störche, die in den einzelnen Regionen nisteten, und der Höhe der dort registrierten Geburtenziffern. Je geringer die Zahl der Störche, desto weniger Babys wurden geboren. Die Korrelation war zweifelsfrei vorhanden, obwohl eine Kausalbeziehung zwischen diesen beiden Variablen auszuschließen ist. Wie aber kann eine Korrelation zwischen zwei Variablen auftreten, ohne dass zwischen ihnen ein kausaler Zusammenhang besteht? Des Rätsels Lösung liegt – in diesem Beispiel – in der Funktion der Drittvariablen „Industrialisierungsgrad", die in der bivariaten Beziehung nicht berücksichtigt wurde und deshalb ihren Einfluss unkontrolliert geltend machen konnte: Ein höherer Industrialisierungsgrad mindert sowohl die Zahl der Störche als auch die Zahl der Babys. Wird der Industrialisierungsgrad als Kontrollvariable (Drittvariable) mitberücksichtigt, verschwinden in den Teiltabellen die Korrelationen zwischen Storchenzahl und Geburtenziffer. Wenn solche Phänomene auftreten, sprechen wir von *Scheinkausalität*. Gebräuchlicher ist der Ausdruck *Scheinkorrelation* (*spurious correlation*). Er ist aber missverständlich, da nicht die Korrelation „scheinbar" ist (sie besteht tatsächlich), sondern die daraus gefolgerte Kausalbeziehung. (Gelegentlich wird auch der Begriff *Unechte Korrelation* benutzt.)

Eine scheinkausale Beziehung kommt in der Forschungspraxis nur selten in reiner, idealtypischer Form vor, in der eine Korrelation nach Einführen einer Kontroll-

variable völlig verschwindet. In vielen Untersuchungen erhält man jedoch Variablen-
konstellationen, die sich diesem Muster nähern. Da ihre Logik am deutlichsten
in der idealtypischen Form sichtbar wird, wollen wir die Scheinkausalität anhand
eines fiktiven Zahlenbeispiels erläutern. Dazu konstruieren wir eine andere Beziehung zwischen dem neu kodierten Abstimmungsverhalten (0 = kleindeutsches, 1 =
großdeutsches Verfassungskonzept), der Konfessionszugehörigkeit (0 = katholisch,
1 = nicht-katholisch) und der territorialen Zugehörigkeit (0 = südliche Region, 1 =
nördliche Region. Die bivariate Ausgangstabelle 5.11 a) liefert nun die Assoziation
zwischen Abstimmungsverhalten und Konfessionszugehörigkeit (bei veränderten
Randverteilungen). Der trivariaten Verteilung geben wir (in diesem konstruierten
Beispiel) das Aussehen wie in Tab. 5.11 b).

Tabelle 5.11   Fiktives Zahlenbeispiel zur Scheinkausalität (vgl. Abb. 5.1 u. 5.2) (Quelle: eigene
Darstellung)

a) Bivariater Zusammenhang zwischen präferierter Reichsidee und Konfessionszugehörigkeit

	kath.(0)	nicht-kath.(1)	
klein-deutsch(0)	240	128	368
groß-deutsch(1)	192 / 44,4%	208 / 61,9%	400
	432	336	768

b) Zusammenhang zwischen präferierter Reichsidee und Konfessionszugehörigkeit unter Kontrolle der territorialen Zuordnung

	Südl. Region(0)		Nördl. Region(1)		
	kath.(0)	nicht-kath.(1)	kath.(0)	nicht-kath.(1)	
klein-deutsch(0)	224	96	16	32	368
groß-deutsch(1)	112 / 33,3%	48 / 33,3%	80 / 83,3%	160 / 83,3%	400
	336	144	96	192	768

$$\varphi_{yx} = 0.16 \qquad \varphi_{yx.z0} = 0.0 \qquad \varphi_{yx.z1} = 0.0$$

Die in der bivariaten Tabelle enthaltene Assoziation zwischen Konfessionszugehörigkeit und Abstimmungsverhalten verschwindet in den beiden Partialtabellen (Tab.
5.11b)). Sie wird durch den Einfluss der Regionalvariablen vollständig „erklärt". Die
Grundzüge dieser Numerik lassen sich (ohne formale Ableitung) wie folgt nachvollziehen:

1) Bei der hier verwendeten Kodierung (Zuordnung der Zahlen 0 und 1 zu den jeweiligen dichotomen Ausprägungen) besteht eine „positive" Beziehung zwischen Region (Z) und Konfession (X). Das zeigt die Marginaltabelle Tab 5.12a, die wir aus
   der dreidimensionalen Tabelle 5.11 b rekonstruiert haben. In den südlichen Regionen ist der Anteil an Katholiken (70,0 %) deutlich höher als im Norden (33,3 %),

ein niedrig kodierter Regionalwert geht tendenziell zusammen mit einem niedrig kodierten Konfessionswert.

2) Ebenso korreliert die Regionalvariable (Z) „positiv" (auf Grund der gewählten Kodierung) mit dem Abstimmungsverhalten (Y). Abgeordnete aus den nördlichen Regionen votieren eher großdeutsch als süddeutsche Abgeordnete (siehe Abb. 5.12 b)

Tabelle 5.12   Fiktives Zahlenbeispiel zur Scheinkausalität (2) (Quelle: eigene Darstellung)

a) Bivariater Zusammenhang zwischen präferierter Reichsidee und Konfessionszugehörigkeit				b) Bivariater Zusammenhang zwischen präferierter Reichsidee und territorialer Zugehörigkeit			
	südl. Region (0)	nördl. Region (1)			südl. Region (0)	nördl. Region (1)	
kath. (0)	336 70,0%	96 33,3%	432	klein-deutsch (0)	320	48	368
nicht-kath. (1)	144	192	336	groß-deutsch (1)	160 33,3%	240 83,3%	400
	480	288	768		480	288	768

Diese Beziehungen lassen sich im Diagramm (Abb. 5.5a) veranschaulichen.

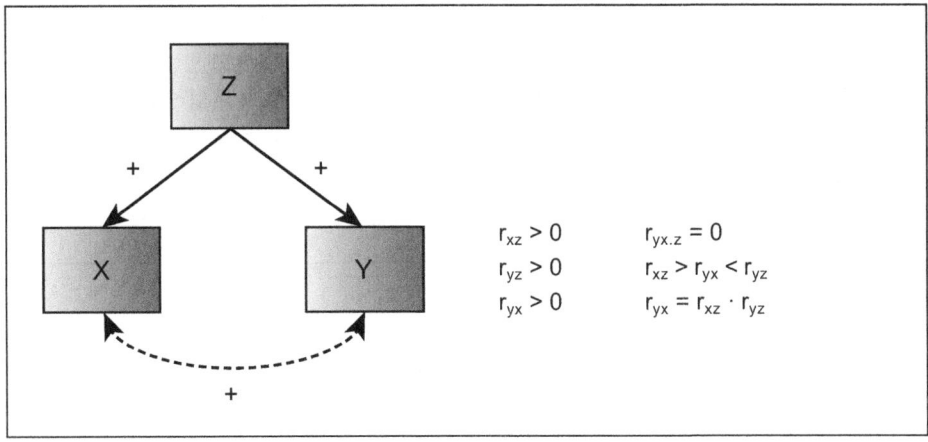

$$r_{xz} > 0 \qquad r_{yx.z} = 0$$
$$r_{yz} > 0 \qquad r_{xz} > r_{yx} < r_{yz}$$
$$r_{yx} > 0 \qquad r_{yx} = r_{xz} \cdot r_{yz}$$

Abbildung 5.5a   Scheinkausalität (Quelle: eigene Darstellung)

Das idealtypische Modell der *Scheinkausalität* (bezogen auf drei Variablen) ist durch folgende Merkmale charakterisiert: (1) Es gibt eine Variable Z (in unserem Beispiel die regionale Zugehörigkeit), die den beiden anderen Variablen X (Konfessionszugehörigkeit) und Y (Reichsidee) kausal vorgelagert ist. (2) Es besteht keine kausale Beziehung zwischen den Variablen X und Y.

Die Ableitung der Korrelationskoeffizienten aus dem Strukturmodell in Abb. 5.5 a) kann man sich wie folgt plausibel machen: Wenn hohe (niedrige) Werte in Z hohe (niedrige) Werte in X und in Y nach sich ziehen, bedeutet dies, dass hohe (niedrige) Werte in X mit hohen (niedrigen) Werten in Y korrespondieren. Das aber heißt nichts anderes, als dass eine positive Korrelation zwischen X und Y gegeben ist, obwohl diese beiden Variablen untereinander nicht kausal verknüpft sind. Diese Korrelation (r_{yx}) entspricht dem Produkt der beiden anderen Korrelationen ($r_{xz} \cdot r_{yz}$).[38] Sie verschwindet, wenn der Einfluss von Z auf die beiden anderen Variablen durch Konstanthalten von Z ausgeschaltet wird: $r_{yx.z} = 0$.

Übrigens änderte sich an der Sachlage nichts, würden wir die dichotomen Variablen so kodieren (die Nullen und Einsen für die Kategorien so vertauschen), dass negative Beziehungen zwischen Z und X sowie zwischen Z und Y zustände kämen. Da das Produkt zweier negativer Koeffizienten positiv ist, wäre r_{yx} auch in diesem Falle positiv (siehe Abb. 5.5b).

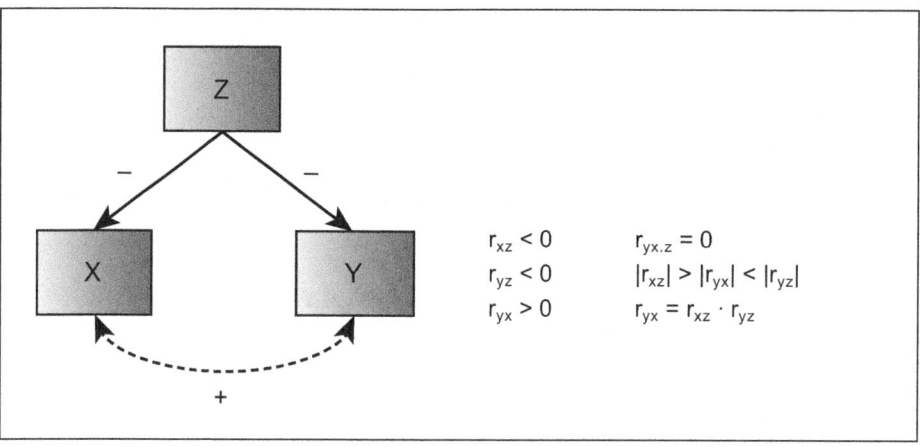

Abbildung 5.5b   (Quelle: eigene Darstellung)

---

38   Exakt gilt diese Identität für den Phi- und den Pearson'schen Korrelationskoeffizienten. (Wie schon in Kapitel 4.2.2 angemerkt, sind diese beiden Koeffizienten identisch, wenn sie für eine 4-Felder-Tafel mit 0/1-Kodierungen berechnet werden). Für andere Koeffizienten wie Cramers V oder Gamma gilt sie nur näherungsweise.

Möglich sind auch Muster, in denen die Kontrollvariable Z mit einer der beiden Variablen (z. B. X) positiv und mit der anderen (Y) negativ korreliert. Diese umgekehrten Vorzeichen würden eine negative („Schein"-)Korrelation in der bivariaten Verteilung von X und Y implizieren: $r_{yx} < 0$ (s. Abb. 5.5 c).

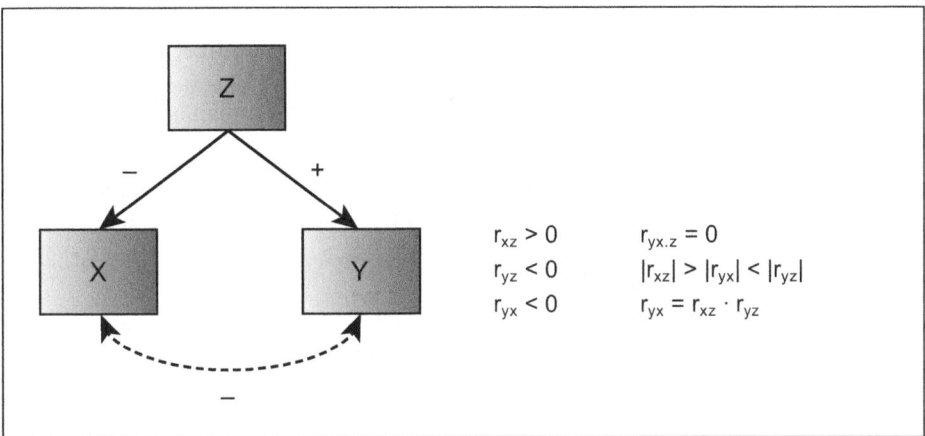

Abbildung 5.5c   (Quelle: eigene Darstellung)

Ausschlaggebend für die Interpretation einer Assoziation als „scheinkausal" sind nicht nur die numerischen Relationen zwischen bivariaten und bedingten bzw. partiellen Korrelationskoeffizienten, sondern die Stichhaltigkeit, mit der die Kontrollvariable theoretisch als Faktor interpretiert werden kann, der den beiden anderen Variablen kausal vorgeordnet ist. In unserem fiktiven Beispiel nehmen wir also an, dass die territoriale Zugehörigkeit der Abgeordneten sowohl deren Konfession als auch deren Abstimmungsverhalten (mit)bestimmt.

Grundsätzlich ist das theoretische Konzept der *Kausalität* von dem empirisch-statistischen Konzept der *Korrelation* analytisch zu trennen (s. Kühnel/Dingelstedt 2019). Es ist aber nicht so, dass beide nichts miteinander zu tun hätten. Empirisch ermittelte Zusammenhangsmaße sind ein wichtiger Indikator für das Vorliegen (oder Fehlen) einer kausalen Beziehung zwischen zwei oder mehr Größen. Bivariate Korrelationen allein sind allerdings ein recht unzuverlässiger Indikator für das Vorliegen kausaler Beziehungen. Bessere Indikatoren erhalten wir mit den bedingten Koeffizienten, d. h. nach Einführung einer oder (häufiger noch) mehrerer Kontrollvariablen. Eine bestimmte Hypothese, ein *Modell* über kausale Beziehungen zwischen drei oder mehr Variablen, führt zu bestimmten Deduktionen hinsichtlich der bedingten (partiellen) und unbedingten (bivariaten) Korrelationskoeffizienten. Indem diese Koeffizienten empirisch ermittelt werden, lässt sich das Modell testen. Stimmen die deduzierten Korrelationskoeffizienten nicht mit den empirischen überein, ist das Modell (oder ein Teil davon) widerlegt (allerdings können alle empirisch ermittelten

Parameter fehlerbehaftet sein). Stimmen sie überein, ist es (vorläufig) bestätigt, aber nicht endgültig bewiesen, denn man kann nie sicher sein, dass nichtberücksichtigte Variablen das beobachtete Zusammenhangsmuster beeinflussen, dass es sich erneut ändert, wenn andere Variablen zusätzlich in das Modell aufgenommen werden.

Nicht jede nach Konstanthalten der Kontrollvariable Z beobachtete Minderung der Assoziation zwischen X und Y belegt eine Scheinkausalität im hier besprochenen Sinne. Wir hatten ja weiter oben gesehen, dass auch bei additiver Multikausalität (siehe Abb. 5.3) die bedingten bzw. partiellen Korrelationskoeffizienten $r_{yx.z}$ niedriger sein können als die nicht-bedingten Koeffizienten r_{yx}, falls die beiden unabhängigen Variablen X und Z miteinander korrelieren. Der Unterschied zwischen den beiden Modellen liegt darin, dass bei Scheinkausalität eine Drittvariable kausal auf die beiden anderen einwirkt, die aber untereinander nicht kausal verknüpft sind. Bei additiver (und interaktiver) Multikausalität wirken dagegen zwei unabhängige Variablen kausal auf eine dritte (s. Abb. 5.4).

Im folgenden Abschnitt stellen wir eine Beziehungsstruktur vor, die sich theoretisch von der Scheinkausalität erheblich unterscheidet, dennoch mit ihr oft verwechselt wird, weil beide Modelle zu gleichen Deduktionen hinsichtlich der Korrelationskoeffizienten führen.

5.2.3 Intervention

Bei der Intervention wird die Kontrollvariable Z nicht wie im Modell der Scheinkausalität den beiden anderen Variablen kausal vorgeordnet, auch nicht (siehe additive Multikausalität) einer anderen unabhängigen Variablen kausal gleichgeordnet, sondern der unabhängigen Variablen X kausal nachgeordnet. Z nimmt also eine „vermittelnde" Position zwischen X und Y ein. Deshalb bezeichnet man dieses Modell auch als Kausalkette oder als Interventionsmodell und Z in dieser Funktion auch als *Mediator*-Variable (siehe Abb. 5.6):

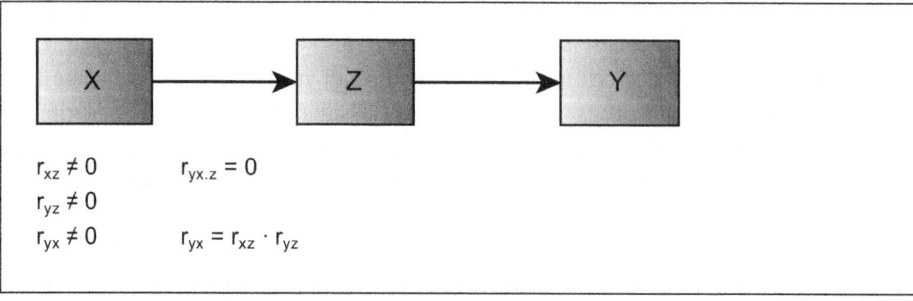

$r_{xz} \neq 0$ \qquad $r_{yx.z} = 0$

$r_{yz} \neq 0$

$r_{yx} \neq 0$ \qquad $r_{yx} = r_{xz} \cdot r_{yz}$

Abbildung 5.6   Intervention (Quelle: eigene Darstellung)

Ein Beispiel hierfür könnte die Beziehung zwischen der sozialen Schichtzugehörigkeit der Eltern (X), dem schulischen Bildungsniveau der Kinder (Z) und dem (später
erzielten) Einkommen des Sohnes oder der Tochter (Y) sein. Die Stärke dieser Beziehungen ist historisch variabel, ihre Richtungstendenzen haben sich jedoch erhalten: (1) Je höher die soziale Schicht der Eltern, desto höher das durchschnittlich von
den Kindern erreichte Bildungsniveau. (2) Je höher das Bildungsniveau umso höher
das durchschnittlich erreichte Einkommen. Wenn tatsächlich keine weiteren kausalen Einflüsse auf Z und Y wirken sollten, ließen sich aus diesem Modell die gleichen
Muster von Korrelationskoeffizienten ableiten wie beim Modell der Scheinkausalität.
Insbesondere müssten die bedingten Assoziationskoeffizienten in den Partialtabel-
len (Y,X$|z_i$) auch hier gleich Null werden. Intuitiv kann man sich dies durch folgende
Überlegung klarmachen: Wenn X, wie im Modell vorausgesetzt, nur über Z auf Y einwirkt, wird diese Einflusslinie „unterbrochen", wenn man Z konstant hält. Dann variiert Y allenfalls noch aufgrund von Einflüssen, die das Modell als „zufällig" behandelt
und deshalb nicht expliziert.

Da sich aus dem Interventionsmodell (Abb. 5.6) die gleichen Muster von Assoziationskoeffizienten deduzieren lassen wie aus dem Modell der Scheinkausalität
(s. Abb. 5.5a), werden beide Modelle oft auch in ihrem theoretischen Gehalt fälschlicherweise gleichgesetzt. So versuchen Sozialwissenschaftler gelegentlich den Einfluss von Strukturvariablen X (wie der sozialen Schichtzugehörigkeit) auf persönliche Einstellungen oder Verhaltensmerkmale (Y) bspw. dadurch zu testen, dass sie
abstraktere Wertorientierungen (wie auch immer operationalisiert) als Kontrollvariable Z einsetzen. Werden daraufhin die bedingten Assoziationen (bzw. die partielle Assoziation $r_{yx.z}$) gleich oder nahe Null, sehen sich manche Interpreten veranlasst,
auch die kausale Relevanz der sozialen Schichtzugehörigkeit in der Nähe von Null
anzusiedeln, da doch lediglich eine Scheinkorrelation $r_{yx} \neq 0$ zwischen ihr und der
abhängigen Variablen bestehe. Eine solche Interpretation ist nicht korrekt, wenn die
Wertevariable (oder eine andere intervenierende Variable Z) theoretisch begründet
kausallogisch zwischen Schichtzugehörigkeit und Verhalten einzuordnen ist. Die
partielle Assoziation $r_{yx.z} = 0$ widerlegt dann nicht, sondern bestätigt diese Hypothese einer Kausalkette (wenn außerdem $r_{zx} \neq 0$ und $r_{yz} \neq 0$ gilt).

In der Realität wird die reine Kausalkette die empirisch gegebenen strukturellen
Beziehungen zwischen drei Variablen häufig nicht adäquat widerspiegeln. Realisti-
scher ist in vielen Fällen das in Abb. 5.7 dargestellte Modell.

Die Variable X wirkt nicht nur indirekt, vermittelt über die intervenierende Variable Z auf Y, sondern zusätzlich auch direkt – oder scheinbar direkt, wenn weitere
vermittelnde Variablen faktisch gegeben, aber nicht bekannt sind oder nicht erfasst
werden konnten. Wenn immer eine intervenierende Variable Z nicht ausreicht, um
die partielle Korrelation $r_{yx.z}$ in die Nähe von Null zu bringen, kann sich der Theoretiker oder die Theoretikerin herausgefordert fühlen, weitere intervenierende Variablen
aufzuspüren, die den Einfluss von X auf Y vermitteln. Der sozioökonomische Status
der Eltern könnte sich z. B. auch noch über soziale Kontaktfelder unabhängig von der

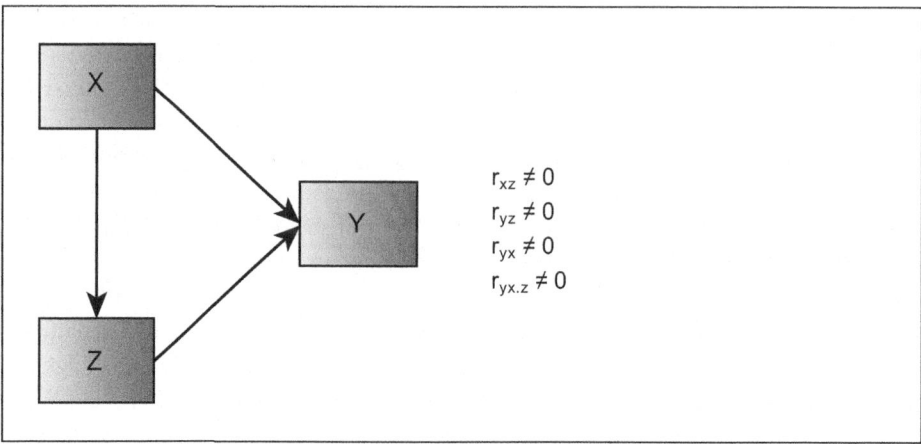

Abbildung 5.7   Intervention plus direkter Effekt (Quelle: eigene Darstellung)

formalen Schulbildung positiv auf den beruflichen und finanziellen Erfolg des Sohnes oder der Tochter auswirken. Auch der Pfad zwischen Sozialschicht und Schulbildung könnte durch weitere Faktoren, z. B. die schichtspezifische Sprachkompetenz,
vermittelt sein. Wenn immer wir fragen, warum eine Variable X auf eine Variable
Y wirkt, fragen wir letztlich nach intervenierenden Variablen. Das gilt vor allem,
wenn X eine jener globalen Strukturvariablen darstellt (wie „Industrialisierungsgrad",
„ökonomischer Wohlstand", „soziale Ungleichheit", „ethnische Heterogenität", „De-
mokratisierungsgrad") mit denen man Gesellschaften insgesamt als Wirkungskom-
plexe zu charakterisieren versucht. Je stärker wir einen zunächst direkt gemessenen
Effekt in sukzessive oder parallel wirksame indirekte Effekte zerlegen können, desto
vollständiger wird unser (interpretatives) Wissen. Hinzu kommt dann natürlich noch
die Möglichkeit, nicht nur eine einzige *exogene* Variable X1, sondern weitere Variablen X2, X3, … in die Analyse einzubeziehen. (Dazu mehr in Kap. 10.5.)

5.2.4 Suppression

Das Konzept der *Suppression* verdeutlichen wir zunächst wieder in einem idealtypischen Modell, das eine Umkehrung des Modells der Scheinkausalität darstellt: In der
bivariaten Verteilung zwischen zwei Variablen X und Y wird kein (oder nur ein sehr
schwacher) korrelativer Zusammenhang festgestellt. Nach Einführung einer Kontrollvariablen Z, die als kausal vorrangig zu den beiden anderen Variablen einzustu-
fen ist, wird jedoch in den Partialtabellen ein deutlicher Zusammenhang beobachtet
(s. Abb. 5.8):

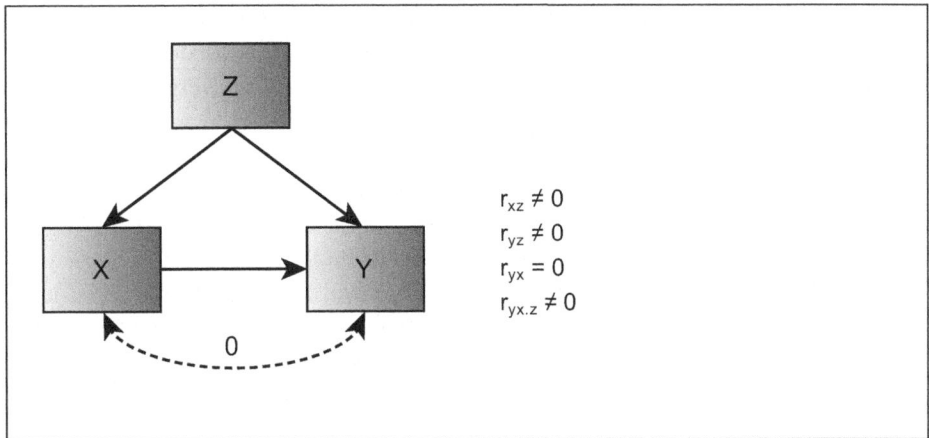

Abbildung 5.8   Suppression (Quelle: eigene Darstellung)

Ein Beispiel hierfür bietet eine Variablenkonstellation, die Durkheims berühmten Analysen zur Entwicklung und regionalen Verteilung von Selbstmordraten im 19. Jahrhundert zu entnehmen ist (Durkheim 1983[1897]: Y sei die Selbstmordrate in verschiedenen Regionen, X der Anteil der dort lebenden Juden, Z der jeweilige Grad der Verstädterung. Durkheims Annahmen über die Form und Intensität sozialer Integration in städtischen versus ländlichen Regionen und in unterschiedlichen religiösen Vergemeinschaftungen führten ihn zunächst zu der Vermutung, es bestehe ein negativer kausaler Zusammenhang zwischen X und Y (s. Abb. 5.8a):

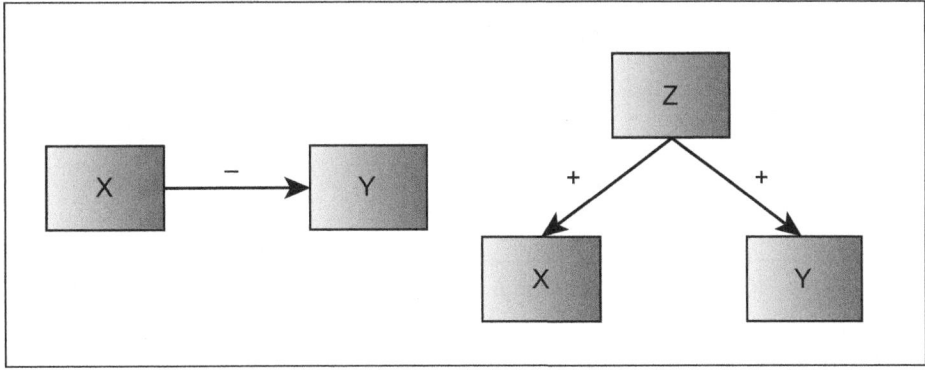

Abbildung 5.8a   **Abbildung 5.8b**   (Quelle: eigene Darstellung)

Gleichzeitig vermutete er (s. Abb. 5.8 b) positive Zusammenhänge zwischen Z und X (Juden lebten vor allem in Städten) sowie zwischen Z und Y (die dominante Form und der höhere Grad an Individualisierung in den Städten – im Vergleich zu ländlichen Regionen – begünstige eine höhere Selbstmordrate).

Gäbe es nur die beiden letztgenannten Kausalbeziehungen, nicht auch eine zwischen X und Y, so müsste sich eine positive bivariate Korrelation zwischen X und Y beobachten lassen: Wenn Z ansteigt, nehmen die X- und Y-Werte gleichzeitig zu: $r_{yx} = r_{xz} \cdot r_{yz}$. Nun wirkt aber die tatsächlich bestehende negative Kausalbeziehung von X nach Y in Richtung einer negativen Korrelation zwischen X und Y: Wenn X (der Anteil an Juden) ansteigt, fällt Y (die Selbstmordrate) tendenziell ab. Die beiden Korrelationskomponenten, die auf gegenläufigen Kausallinien beruhen, heben sich, je nach Stärke der beiden Komponenten, tendenziell auf. Wenn man Z konstant hält, diesen kausalen Einfluss in den Partialtabellen somit ausschaltet bzw. neutralisiert, kann sich der von X ausgehende Einfluss auf Y sozusagen frei in den bedingten bzw. in dem partiellen Korrelationskoeffizienten $r_{yx.z}$ entfalten.

Wenn zwischen X und Y nicht eine negative Kausalbeziehung (wie in dem Selbstmordbeispiel) besteht, sondern eine positive, so kann sie in der bivariaten Assoziationstabelle unterdrückt werden, wenn eine dritte Variable Z kausal vorrangig mit jeweils umgekehrtem Vorzeichen auf X und Y wirkt (s. Abb. 5.9):

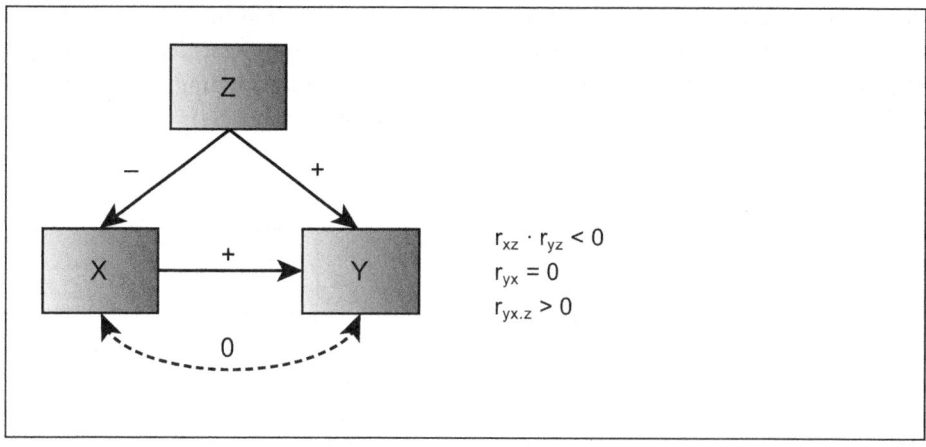

Abbildung 5.9   (Quelle: eigene Darstellung)

Eine Spezialform der Suppression ist die sog. *Verzerrung*, bei der sich das (irreführende) Vorzeichen eines bivariaten Zusammenhangs zwischen X und Y nach Einführung einer Kontrollvariablen Z in den Partialtabellen umkehrt. Gehen wir z. B. davon aus (wie in Abb. 5.9), dass X kausal positiv auf Y einwirkt, dass aber beide Variablen mit umgekehrtem Vorzeichen von Z beeinflusst sind. Dann könnte das negative Produkt $r_{xz} \cdot r_{yz}$ in seinem Absolutbetrag so groß sein, dass auch die bivariate

Korrelation r_{yx} deutlich negativ ausgeprägt ist, obwohl tatsächlich ein (schwächerer) positiver Kausalzusammenhang zwischen X und Y gegeben ist. Der würde erst bei statistischer Kontrolle von Z in dem partiellen Korrelationskoeffizienten $r_{yx.z}$ sichtbar hervortreten.

In der sozialwissenschaftlichen Forschungspraxis kommt die Suppression seltener in diesen idealtypischen Formen, häufiger vermischt mit Interaktionen vor. Einem entsprechenden Beispiel sind wir schon in Kap. 4, in den Tabellen 4.10a bis 4.10c begegnet: Zwischen formaler Bildung (X) und Wanderungsintensität (Y) der Reichstagsabgeordneten haben wir zunächst nur einen schwachen (monotonen) Zusammenhang beobachtet. Nach Einführung der Kontrollvariablen (Z) „Fraktionszugehörigkeit", wurde in den beiden Partialtabellen ein stärkerer Zusammenhang erkennbar; bei den SPD-Abgeordneten war er jedoch schwächer ausgeprägt als bei den Abgeordneten anderer Parteien. Der dort beobachtete Suppressionseffekt lässt sich nun leicht anhand der Abb. 5.10 erklären:

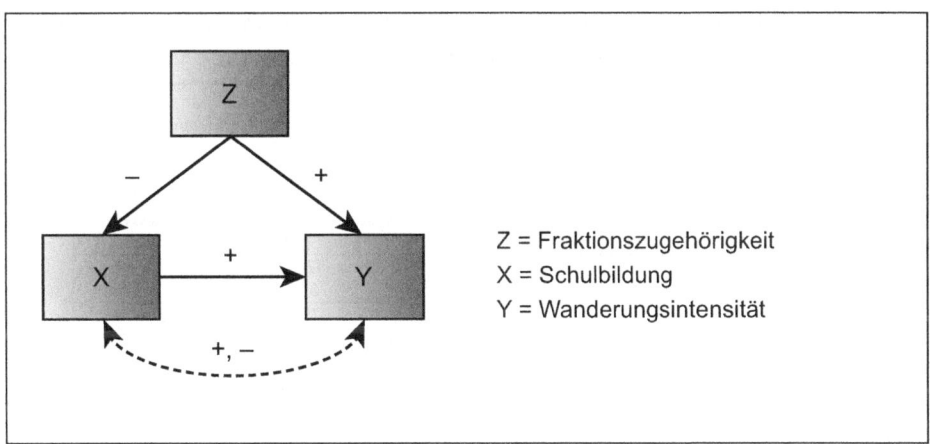

Abbildung 5.10 Suppressionsbeispiel (Quelle: eigene Darstellung)

Wenn die dichotomisierte Fraktionszugehörigkeit mit „1" für die SPD und mit „0" für andere Parteien kodiert wird, gibt es einen positiven Zusammenhang zwischen dieser Kontrollvariablen Z und der Wanderungsintensität Y (die SPD hat eher als andere Parteien ihre Abgeordneten in heimatferne Wahlkreise geschickt). Negativ ist hingegen der Zusammenhang zwischen Fraktionszugehörigkeit und formaler Bildung X (die SPD hat einen überdurchschnittlich hohen Anteil an Abgeordneten ohne Hochschulreife). Aus diesen beiden Kausalbeziehungen mit umgekehrten Vorzeichen entsteht eine negative Korrelationskomponente für den Zusammenhang zwischen Schulbildung und Wanderungsintensität. (Die gleiche Situation wäre gegeben, wenn die Fraktionszugehörigkeit mit „0" für die SPD und „1" für die anderen Parteien kodiert worden wäre.) Diese negative Korrelationskomponente wird überlagert von einer positiven, die aus der Kausalbeziehung zwischen Schulbildung und Wanderungsintensität resultiert. Die beiden Korrelationskomponenten mit umgekehrtem Vorzeichen heben sich in der bivariaten Tabelle nicht völlig auf, führen aber zu einem betragsmäßig sehr niedrigen Assoziationskoeffizienten (siehe Tab. 4.10 a). Nach Konstanthalten der Fraktionszugehörigkeit, wenn also der von der Parteizugehörigkeit ausgehende kausale Einfluss ausgeschaltet ist, werden für die Partialtabellen höhere Assoziationskoeffizienten errechnet (Tab. 4.10b und c).

Das Suppressionsmodell kann auch mit dem Interventionsmodell vermischt sein, wenn die Kontrollvariable (Z) nicht beiden anderen Variablen (X und Y) kausal vorgelagert ist, sondern eine vermittelnde Position zwischen ihnen einnimmt. Ein fiktives Zahlenbeispiel hierzu ist einem Aufsatz von Kühnel/Terwey (1990) zu entnehmen. In der bivariaten Verteilung von Geschlecht (X) und Parteipräferenz (Y: CDU oder andere) zeigt sich keinerlei Zusammenhang (Tab. 5.13a).

Tabelle 5.13 Vermischung von Suppressions- und Interventionsmodell (Quelle: eigene Darstellung auf Basis von Kühnel/Terwey 1990, fiktives Beispiel)

a) Bivariate Verteilung von Geschlecht und Parteipräferenz				b) Partialtabellen nach Einführung der Kontrollvariable „Bildung"				
					niedr.Bildung (0)		höh. Bildung (1)	
	männl. (0)	weibl. (1)			männl. (0)	weibl. (1)	männl. (0)	weibl. (1)
andere (0)	220	220		andere (0)	120	175	100	45
CDU (1)	180	180			80%	70%	40%	30%
	400	400		CDU (1)	30	75	150	105
					20%	30%	60%	70%
					150	250	250	150

Nach Einführung der Kontrollvariable „Bildung" ergeben sich die Partialtabellen 5.13b. Die in ihnen beobachten Prozentdifferenzen bestätigen die Erwartung, dass eine originäre (wenn auch schwache) Kausalbeziehung von Geschlecht zu Wahlabsicht verläuft – unabhängig von der Bildungsstufe: innerhalb jeder Bildungsgruppe wählen die Frauen die CDU (etwas) häufiger als die Männer. Nach der hier vorgenommenen Kodierung entsteht dadurch eine positive Korrelationskomponente für den Zusammenhang zwischen Geschlecht und Parteipräferenz (siehe Abb. 5.11):

Aus der negativen Kausalbeziehung zwischen Geschlecht X und Bildung Z sowie der positiven zwischen Bildung und Parteipräferenz Y (für die CDU) resultiert aber (im Produkt) auch eine negative Korrelationskomponente für den (bivariaten) Zusammenhang zwischen X und Y. In dem fiktiven Zahlenbeispiel heben sich positive und negative Korrelationskomponenten auf.

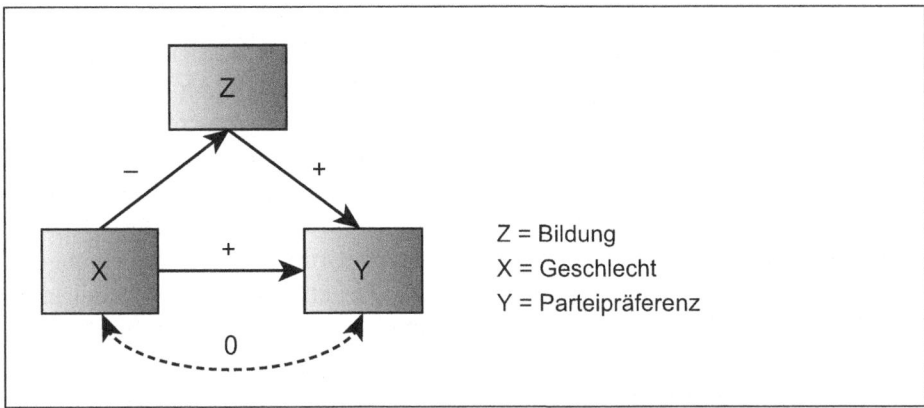

Abbildung 5.11   Suppression über Intervention (Quelle: eigene Darstellung)

5.2.5 Abschließende Bemerkungen

Wir haben in diesem Abschnitt Kausalmodelle vorgestellt, die lediglich drei Variablen involvieren. Theorien so geringer Komplexität reichen aber kaum jemals aus, ein interessierendes Phänomen adäquat zu erklären. In der Regel muss eine größere Zahl von Variablen aufeinander bezogen werden, wobei oft auch die erklärenden Variablen untereinander in hierarchischer Weise kausal verknüpft sind. Die explorative Konstruktion oder die empirische Überprüfung solcher Modelle erfordern komplexere Methoden der (multivariaten) Datenanalyse. Etwas weiter als in diesem Kapitel gehen wir in unseren Erläuterungen zur Pfad-Analyse (s. Kapitelabschn. 10.5). Hierbei, aber auch im Rahmen komplexerer Ansätze, die wir in diesem Grundkurs nicht behandeln können, bleiben die oben erläuterten Schemata kausaler Beziehungen zumindest heuristisch durchaus anwendbar. Sie können Teilbeziehungen innerhalb eines komplexeren Modells adäquat erfassen; mehrere Variablen des Gesamtmodells bilden u. U. Bündel oder Blocks, die als solche zueinander in Relationen stehen, wie wir sie für Drei-Variablen-Modelle definiert haben.

Historiker oder Sozialforscher werden nie in der Lage sein, die Werte einer abhängigen Variablen, die Häufigkeit mit der sie vorkommen, vollständig mit den Werten der jeweils spezifizierten unabhängigen Variablen zu erklären. Das bedeutet, es wird immer eine Reihe von Einflussfaktoren geben, die in dem jeweils eingesetzten Erklärungsmodell nicht auftreten. Unbekannte oder nicht erfassbare Einflüsse behandelt man als *Zufallsfaktoren* (zu denen auch sog. *Messfehler* gehören.) Man kann sie in der Forschung nicht einfach ignorieren, auch dann nicht, wenn die Forscherin oder der Forscher eine vollständige Erklärung gar nicht anstreben. Das Problem liegt u. a. darin, dass aus einem gegebenen Erklärungsmodell empirisch überprüfbare Kennzahlen (wie Korrelationskoeffizienten) nur dann korrekt abzuleiten sind, wenn bestimmte zutreffende Annahmen über Eigenschaften dieser Zufallskomponenten eingebracht werden. Zwei der wichtigsten Annahmen sind, dass sich die Messfehler „im Mittel" (auf „lange Sicht") ausgleichen und dass die nicht berücksichtigten Einflussfaktoren, die auf die abhängige Variable wirken, nicht mit den im Modell berücksichtigten Einflussfaktoren korrelieren. Diese Problematik wird in späteren Kapiteln (insbesondere Kap. 10) näher erläutert. Die bisherigen Bemerkungen sollten aber schon an dieser Stelle andeutungsweise darauf aufmerksam machen, dass wahrscheinlichkeitstheoretische und inferenzstatistische Konzepte nicht nur benötigt werden, um Stichprobenergebnisse auf umfassendere empirische Grundgesamtheiten zu übertragen; sie werden darüber hinaus auch für die Konstruktion theoretisch verallgemeinerter Erklärungsmodelle benötigt, deren Gültigkeit grundsätzlich nicht auf einen gegebenen Anwendungsfall begrenzt sein kann.

Mehr Details und weiterführende Darstellungen zur Kausalanalyse mit Hilfe mehrdimensionaler Tabellen findet der Leser in Rosenberg (1968), Davis (1971), Hellevik (1988), Kühnel/Dingelstedt (2019).

5.3 Ausblick auf die Analyse höherdimensionaler Tabellen

Nachdem wir uns in diesem Kapitel relativ ausführlich mit dreidimensionalen Tabellen und den darauf bezogenen Kausalmodellen beschäftigt haben, wollen wir zum Schluss wenigstens noch andeuten, welche analytischen Möglichkeiten, aber auch, welche praktischen Probleme entstehen, wenn man mehr als drei Variablen gleichzeitig berücksichtigt. Zu diesem Zweck erweitern wir in unserem Analysebeispiel zur Links-/Rechtsorientierung der Abgeordneten die bisherige dreidimensionale Verteilung um die Variable „Konfessionszugehörigkeit der Abgeordneten (KONF)" zu einer vierdimensionalen Tabelle. (KONF war auch zuvor schon in Tabellenanalysen einbezogen, in der das Votum für die groß- oder kleindeutsche Verfassungskonzeption als abhängige Variable diente, s. Tab. 5.10) Da diese Variable einige fehlende Werte aufweist, reduziert sich die Fallzahl geringfügig.

Über die Einsichten hinaus, die die dreidimensionalen Tabellen 5.3 und 5.4 vermitteln, macht die vierdimensionale Tabelle 5.14 folgende Informationen zusätzlich verfügbar:

a) Die univariate Häufigkeitsverteilung der konfessionellen Zugehörigkeit der Abgeordneten (hier nur in zwei Ausprägungen, katholisch ./. nichtkatholisch, kodiert). Dazu müssen lediglich die entsprechenden Spaltensummen addiert werden.
b) Alle bivariaten Verteilungen, die die Konfessionsvariable mit jeder der anderen beteiligten Variablen bildet.
c) Alle trivariaten Verteilungen, die die Konfessionsvariable mit jeweils zwei der anderen drei Variablen bildet. Sie wiederum enthalten die verschiedenen bivariaten Verteilungen unter wechselnden Bedingungen der jeweiligen Drittvariablen.

Tabelle 5.14 Abhängigkeit der Links-Rechts-Orientierung von politischer Erfahrung, Verfassungskontext und Konfessionszugehörigkeit (Quelle: eigene Darstellung)

Konfession	Verfassungskontext	LRO	Politische Erfahrung				Gesamt
			keine pol. Erfahrungen	Amtsinhaber	inkonsistent	nur Opposition	
Nicht katholisch	absolute Monarchie	rechts	94	29	15	29	167
			72,9%	78,4%	83,3%	64,4%	72,9%
		links	35	8	3	16	62
			27,1%	21,6%	16,7%	35,6%	27,1%
		Gesamt	129	37	18	45	229
			100,0%	100,0%	100,0%	100,0%	100,0%
	Verfassung vor 1848	rechts	23	23	19	12	77
			37,7%	39,7%	43,2%	34,3%	38,9%
		links	38	35	25	23	121
			62,3%	60,3%	56,8%	65,7%	61,1%
		Gesamt	61	58	44	35	198
			100,0%	100,0%	100,0%	100,0%	100,0%
	Gesamt	rechts	117	52	34	41	244
			61,6%	54,7%	54,8%	51,2%	57,1%
		links	73	43	28	39	183
			38,4%	45,3%	45,2%	48,8%	42,9%
		Gesamt	190	95	62	80	427
			100,0%	100,0%	100,0%	100,0%	100,0%
Katholisch	absolute Monarchie	rechts	103	11	5	13	132
			58,9%	64,7%	83,3%	37,1%	56,7%
		links	72	6	1	22	101
			41,1%	35,3%	16,7%	62,9%	43,3%
		Gesamt	175	17	6	35	233
			100,0%	100,0%	100,0%	100,0%	100,0%
	Verfassung vor 1848	rechts	26	19	0	4	49
			70,3%	59,4%	0,0%	66,7%	59,0%
		links	11	13	8	2	34
			29,7%	40,6%	100,0%	33,3%	41,0%
		Gesamt	37	32	8	6	83
			100,0%	100,0%	100,0%	100,0%	100,0%
	Gesamt	rechts	129	30	5	17	181
			60,8%	61,2%	35,7%	41,5%	57,3%
		links	83	19	9	24	135
			39,2%	38,8%	64,3%	58,5%	42,7%
		Gesamt	212	49	14	41	316
			100,0%	100,0%	100,0%	100,0%	100,0%

Zusätzlich zum Informationsgehalt der in ihr eingeschlossenen trivariaten Verteilungen beantwortet die vierdimensionale Verteilung noch zwei weitere Fragen, die analytisch zu trennen sind:

a) Es kann der spezifische Einfluss jeweils einer der drei unabhängigen Variablen (POLERF, VK, KONF) auf die abhängige Variable (LRO) unter Konstanthalten der *beiden* anderen Variablen untersucht werden, so z. B. der Einfluss des Verfassungskontextes auf die Links/Rechts-Orientierung bei den diversen Parlamentsabstimmungen unter Kontrolle (Konstanthalten) der vorgängigen politischen Erfahrungen *und* der Konfession der Abgeordneten.

b) Es kann überprüft werden, ob die in der trivariaten Verteilung von LRO, POLERF und VK gefundene *Interaktion* zwischen POLERF und VK unter Konstanthalten der Konfessionsvariable erhalten bzw. stabil bleibt. Ebenso kann überprüft werden, ob auch Interaktionen zwischen zwei anderen Variablen, z. B. zwischen VK und KONF, bestehen und ob sie unter Konstanthalten der (dann) vierten Variable (POLERF) stabil bleiben (ob also Interaktionen höherer Ordnung vorliegen, die mehr als zwei bedingende Variablen involvieren).

Zunächst zum spezifischen Einfluss von VK auf LRO unter Konstanthalten von POLERF und KONF. Um die Interpretation einigermaßen übersichtlich zu halten, vergleichen wir hier nur die Erfahrungsgruppen 1 und 3, also die früheren Amtsinhaber und die seinerzeit ausschließlich oppositionell bzw. subversiv Tätigen. Kombiniert mit den beiden Konfessionsgruppen ergeben sich somit $2 \cdot 2 = 4$ Bedingungen, die jeweils konstant zu halten sind:

1) Nicht-katholische Amtsinhaber: Ist ihre Wahlregion eine absolute Monarchie, tendieren sie mit einem Anteil von 21,6 % nach „links"; kommen sie aus einem Verfassungsstaat, sind es 60,3 %. Das ergibt eine Prozentdifferenz von 38,7.

2) Bei katholischen Amtsinhabern bewirkt der unterschiedliche Verfassungskontext eine LRO-Differenz von lediglich 40,6 % − 35,3 % = 5,3 %.

3) Nicht-katholische Oppositionelle: Derselbe Vergleich führt zu einer Prozentdifferenz von 65,7 % − 35,6 % = 30,1 %.

4) Bei den katholischen Oppositionellen führt dieser Vergleich zu einem Vorzeichenwechsel: 33,3 % − 62,9 % = −29,6 %. Allerdings ist hier die Fallzahl sehr niedrig, nur 6 katholische Oppositionelle kommen aus Verfassungsstaaten. Rechnet man die 8 Abgeordneten hinzu, die neben ihrer oppositionellen Tätigkeit auch schon Erfahrungen als Amtsinhaber aufweisen (und ebenfalls katholisch sind und aus Verfassungsstaaten kommen), so verändert sich diese Differenz auf 71,4 % − 62,9 % = 8,5 % (da diese 8 Abgeordneten alle „links" votieren).

Ein Einfluss des Verfassungskontextes auf die Links/Rechts-Orientierung im Abstimmungsverhalten bleibt also auch unter den erweiterten Kontrollbedingungen (nicht einer, sondern zweier Variablen) erhalten. Dieser Einfluss wird jedoch durch die Konfessionszugehörigkeit der Abgeordneten erheblich modifiziert. Am stärksten wirkt sich der Verfassungskontext auf das Abstimmungsverhalten der *nicht*-katholischen Amtsinhaber aus (d% = 38,7 – s. oben Ziff. 1); auch bei den nicht-katholischen Oppositionellen ist die Differenz (d% = 30,1 % – s. oben Ziff. 3) ähnlich hoch. Am schwächsten beeinflusst der Verfassungskontext das Abstimmungsverhalten der katholischen Amtsinhaber (d% = 5,3 – s. oben Ziff. 2); ähnlich schwach ist diese Differenz bei den katholischen Oppositionellen, wenn man diejenigen Abgeordneten mit einbezieht, die neben ihrer oppositionellen Tätigkeit auch über Amtserfahrungen verfügen (allerdings auch dann noch mit problematisch niedriger Fallzahl). Für die Links/Rechts-Orientierung der *katholischen* Abgeordneten, sowohl der Amtsinhaber wie auch der Oppositionellen, spielt der Verfassungskontext somit kaum eine Rolle. Es gibt also eine Interaktion zwischen VK und KONF in ihrer Wirkung auf LRO. Sie wird durch die Differenz der Prozentsatzdifferenzen 1. Ordnung ausgedrückt: Bei den Amtsinhabern beträgt sie 38,7 % – 5,3 % = 33,4 % (Differenz 2. Ordnung), bei den Oppositionellen ist sie mit 30,1 % – 8,5 % = 21,6 % gegeben. Man kann nun auch noch eine Differenz 3. Ordnung bilden: 33,4 % – 21,6 % = 11,8 %. Sie zeigt an, dass die Interaktion (1. Ordnung) zwischen Verfassungskontext und Konfessionszugehörigkeit ihrerseits durch die politischen Erfahrungen der Abgeordneten modifiziert wird: Bei den Amtsinhabern ist sie etwas stärker als bei den Oppositionellen. Eine solche Verflechtung bezeichnet man als Interaktion 2. Ordnung. Sie lässt aber in unserem Falle weiterhin die Feststellung zu, dass die Konfessionszugehörigkeit den Einfluss des Verfassungskontextes auf die Links/Rechts-Orientierung der Abgeordneten weitgehend unabhängig von deren vorgängigen persönlichen Erfahrungen spezifiziert. Dabei stellen die katholischen Abgeordneten aus absoluten Monarchien anteilsmäßig mehr „Linke" (sowohl bei den Amtsinhabern (35,3 %) wie auch bei den Oppositionellen (62,9 %)) dar als ihre nichtkatholischen Kollegen (21,6 % und 35,6 %). Kommen sie hingegen aus Verfassungsstaaten, tendieren sie anteilsmäßig stärker nach „rechts" als ihre nichtkatholischen Kollegen.

Überprüfen wir nun noch ein früheres Ergebnis aus der dreidimensionalen Tabellenanalyse, wonach auch persönliche Erfahrungen und Verfassungskontext in ihrem Einfluss auf die Links/Rechts-Orientierung miteinander „interagieren" (angezeigt durch eine Differenz 2. Ordnung von 14 %, s. Tab. 5.4). Die vierdimensionale Tabelle zeigt nun, dass bei konstant gehaltener Konfessionszugehörigkeit dieser Interaktionseffekt nur noch sehr schwach auftritt. Wir beschränken uns wiederum auf Amtsinhaber und Oppositionelle. Bei den *Nichtkatholiken aus Verfassungsstaaten* unterscheiden sich diese beiden Erfahrungsgruppen nur geringfügig in ihrem Anteil an Linksorientierten (65,7 % – 60,3 % = 5,4 %). Bei den *Nichtkatholiken aus absoluten Monarchien* ist diese Differenz, wie gehabt, größer: 35,6 % – 21,6 % = 14 %. Der (schwache) Interaktionseffekt 1. Ordnung zwischen VK und POLERF im Hinblick auf LRO bei den nicht-katholischen Abgeordneten ist durch die Differenz der Prozentsatzdifferenzen (Prozentdifferenzen „2. Ordnung"), 14 % – 5,4 % = 8,6 % indiziert. Bei den *katholischen* Abgeordneten aus *absoluten Monarchien* ist die Differenz (1. Ordnung) der Linksanteile zwischen den beiden Erfahrungsgruppen größer als bei den Nicht-Katholiken: 62,9 % – 35,3 % = 27,6 %. Bei den *Katholiken aus Verfassungsstaaten* ist der entsprechende Vergleich wiederum durch die geringe Fallzahl der Oppositionellen beeinträchtigt. Fassen wir sie erneut mit den „Inkonsistenten" zu einer Gruppe zusammen (siehe oben) ergibt sich eine Differenz von 71,4 % – 40,6 % = 30,8 %, also eine ähnlich hohe Differenz wie bei den katholischen Abgeordneten aus absoluten Monarchien (27,6 %). Die Prozentdifferenz 2. Ordnung (30,8 – 27,6 %) ist also nahe Null. Das heißt, innerhalb der Katholiken gibt es keinen nennenswerten Interaktionseffekt zwischen Verfassungskontext und politischer Erfahrung. Die persönliche politische Erfahrung hat bei ihnen in beiden Verfassungskontexten einen etwa gleich starken Einfluss auf die LRO; er ist deutlich höher als der Einfluss der persönlichen Erfahrungen bei den Nicht-Katholiken (bei denen, wie wir sahen, der Verfassungskontext stärker auf die ideologische Orientierung einwirkte). Der Interaktionseffekt zwischen Politischer Erfahrung und Verfassungskontext ist also bei Konstanthalten der Konfessionsvariable kaum noch vorhanden, während die Interaktion zwischen VK und KONF sowie POLERF und KONF in der vierdimensionalen Tabelle zusätzlich identifizierbar wird.

Die Interpretation vier- und mehrdimensionaler Tabellen mit der konventionellen Methode der Prozentvergleiche ist, wie das Beispiel zeigt, ziemlich mühsam. Leicht verfängt man sich im unübersichtlichen Gestrüpp immer neuer Kombinationen von Spaltendifferenzen, Differenzen von Differenzen usw. Die verschiedenen Haupt- und Interaktionseffekte unterschiedlicher Ordnung sind kaum auseinanderzuhalten. Um die vielfältigen Zusammenhangslinien besser voneinander trennen zu können, benötigt man stärker formalisierte Verfahren, wie *Loglineare* bzw. *Logit-Modelle,* die aber mathematisch zu anspruchsvoll sind, um in diesem einführenden Skript ausführlich vorgestellt zu werden. Im Kern geht es um die Anwendung des Regressionsmodells (s. Kap. 6) auf die Analyse von Kontingenztabellen. In Kapitelabschn. 11.2.3 geben wir hierzu einige einführende Erläuterungen, um den Zugang zur entsprechenden Literatur (siehe z. B. Aldrich/Nelson 1984; Knoke/Burke 1980; Andreß et al. 1997) zu erleichtern.

Zum Schluss noch eine Bemerkung, die an das oben aufgetretene Problem geringer Fallzahlen in einigen Spalten der vierdimensionalen Tabelle anknüpft. Es gibt z. B. nur 6 Abgeordnete, die katholisch sind, aus Wahlregionen mit verfassungsstaatlicher Tradition stammen und ausschließlich oppositionell politisch tätig gewesen sind. Von ihnen haben nur zwei, rechnerisch also 33,3 %, bei Abstimmungen in der Frankfurter Nationalversammlung tendenziell „links" votiert. Andererseits haben 40,6 % der 32 katholischen Abgeordneten, die *nicht* oppositionell, sondern als Amtsinhaber tätig waren und ebenfalls in Regionen mit Verfassungstradition gewählt worden sind, „links" votiert. Erwarten würde man aber wohl eher eine Prozentdifferenz in umgekehrter Richtung. Was lässt eine Historikerin oder Sozialforscherin zögern, ein solches Ergebnis als Tatsache zu akzeptieren und die theoretische Annahme als widerlegt oder ergänzungsbedürftig zu betrachten?

Handelte es sich bei der Untersuchungsgruppe nur um eine „Stichprobe", eine „zufällige" Auswahl aus einer viel größeren (Grund-)Gesamtheit von Abgeordneten, über die man letztlich Aussagen machen möchte, wäre die Antwort ziemlich klar: Von den 6 ausgewählten Personen mit dieser Merkmalskombination könnte man kaum annehmen, sie seien für die Gesamtheit aller Abgeordneten gleicher Merkmalskombination „repräsentativ". Jedenfalls wäre man bei einer Auswahl von, sagen wir, 50 oder 100 Personen eher bereit anzunehmen, dass ihre „Durchschnittsmeinung" mit der Durchschnittsmeinung der größeren Gesamtheit (nahezu) deckungsgleich wäre. In unserem Analysebeispiel haben wir es jedoch (wenn wir von den ungeplant fehlenden Werten einmal absehen) mit der Gesamtheit der Fälle zu tun, über die wir Aussagen machen möchten: mehr Abgeordnete mit dieser Merkmalskombination gab es nicht. So ist der Befund: „Von ihnen votierten 33,3 %, von den vormaligen Amtsinhabern votierten dagegen (bei sonst gleicher Merkmalkombination) 40,6 % links" als deskriptive Aussage über die Grundgesamtheit gültig (wenn wir vom Problem möglicher Messfehler einmal absehen). Sie steht aber im Widerspruch zu der sozialisationstheoretischen Hypothese, wonach das Abstimmungsverhalten (die Links/Rechts-Orientierung) der Abgeordneten unbeschadet sonstiger Einflussfaktoren (wie Verfassungskontext und damit verbundene regionale Interessenlagen) von vorgängigen persönlichen Erfahrungen geprägt sei: Wer ausschließlich als Oppositioneller politisch tätig gewesen ist, wird in seinem Abstimmungsverhalten eher eine linke Orientierung zeigen als ein Kollege, der keine politischen Erfahrungen als Oppositioneller, sondern nur als Amtsinhaber gemacht hat. Aus dieser Hypothese war für die beiden hier betrachteten Gruppen eine Prozentdifferenz mit umgekehrtem Vorzeichen erwartet worden.

Ein erstes Argument, das dennoch für die Beibehaltung der Theorie spricht, könnte darauf verweisen, dass die oben präsentierten Kreuztabellen auch eine Reihe von Daten (Prozentdifferenzen) enthalten, die die Theorie bestätigen. Zudem ließen sich unabhängig von diesem Datensatz Ergebnisse aus anderen Untersuchungen zitieren, die die fragliche Theorie stützen. Es ist nicht sinnvoll, eine Theorie T1 auf Grund eines einzigen Gegenbeispiels zu verwerfen, solange nicht eine alternative Theorie T2 gefunden ist, die all das erklärt, was T1 bisher zu erklären schien, und außerdem mit der Beobachtung vereinbar ist, an der T1 scheiterte.

Weitere Argumente ergeben sich aus folgenden Überlegungen: Um alternative Theorien an einem Datensatz testen zu können, müssen sie in Modelle übersetzt werden, die aus den vorliegenden Hypothesen „erwartbare" Beobachtungen, statistische Kenngrößen, ableiten, die mit den empirischen Beobachtungen verglichen werden können. So haben wir z. B. in Kap. 4 aus der Hypothese der Unabhängigkeit zwischen zwei Variablen Erwartungswerte für die Fallhäufigkeiten der einzelnen Zellen einer Kontingenztabelle abgeleitet und sie mit den tatsächlich beobachteten Häufigkeiten verglichen. Die Vergleichsergebnisse wurden in der Kennzahl „Chi-Quadrat" zusammengefasst, aus der dann weitere Maßzahlen abgeleitet wurden. In diesem Kapitel haben wir einfache Kausalmodelle erläutert, die Deduktionen hinsichtlich der Gleichheit oder Ungleichheit bedingter (bzw. partieller) und nicht-konditionierter Korrelationskoeffizienten ermöglichten. Auch komplexere Modelle, die eine Vielzahl von Variablen umfassen, lassen sich überprüfen, indem man die aus ihnen gewonnenen „Erwartungswerte" verschiedener Art mit den entsprechenden Beobachtungen vergleicht. Man spricht in diesem Zusammenhang von der „Anpassungsgüte", dem „Fit" eines Modells, der sich in bestimmten Kennzahlen (wie Chi-Quadrat) ausdrücken lässt. Bei der Beurteilung, ob ein gegebenes Modell hinreichend gut oder besser als ein Alternativmodell an die beobachteten Werte „angepasst" ist, können inferenzstatistische Kriterien zu Rate gezogen werden. Mit ihrer Hilfe lässt sich, sehr grob gesagt, feststellen, wieweit die Differenz zwischen (theoretisch) erwarteten und beobachteten Ergebnissen oder die Differenz zwischen der Anpassungsgüte des Modells A und der Anpassungsgüte eines konkurrierenden Modells B den Zufallseinflüssen zuzuschreiben ist, die bei einer Stichprobenziehung wirksam werden.

Die Frage, ob ein Erklärungsmodell (bei dem es immer um Zusammenhänge zwischen verschiedenen Variablen geht) mit den empirischen Daten vereinbar ist (besser oder schlechter als alternative Hypothesen), stellt sich aber nicht nur dann, wenn die Daten einer „Stichprobe" entnommen worden sind; sie stellt sich auch dann, wenn sie auf Basis aller Fälle gewonnen wurden, die eine (vermeintliche) empirische Grundgesamtheit bilden (wie z. B. alle Abgeordneten des deutschen Reiches während einer bestimmten zeitlichen Periode). Kein theoretisch konstruiertes Erklärungsmodell wird alle in irgendeinem gesellschaftlichen Zusammenhang faktisch wirksamen Einflussgrößen und deren Beziehungen untereinander vollständig erfassen; außerdem können sie durch Messfehler beeinflusst sein. Auch bei einer Vollerhebung und einem korrekt spezifizierten Erklärungsmodell ist also damit zu rechnen, dass Modell-Parameter und empirische Daten nicht völlig übereinstimmen. Die Inferenzstatistik liefert ihrerseits Modelle und Kriterien, mit deren Hilfe man einschätzen kann, ob die Abweichungen als unsystematisch und zufällig anzusehen sind oder ob Intensität und Muster der Abweichungen eher dafürsprechen, dass das Erklärungsmodell falsche Hypothesen enthält.

Im Verhältnis zur Allgemeinheit des theoretischen Modells sind alle empirischen Daten, die aus einer räumlich und zeitlich eingegrenzten empirischen Teil- oder Gesamtpopulation stammen, Stichprobendaten. Dieses Konzept lässt sich mit der wissenschaftslogischen These untermauern, jede kausaltheoretische Erklärung sei in dem Sinne allgemein, dass sie keinerlei räumlich-zeitliche Beschränkungen ihrer Gültigkeit vorsehe. Auch wenn das zu erklärende Phänomen historisch einmalig sein sollte, impliziert die erklärende Theorie die Behauptung, dass jenes Phänomen wieder aufträte, wenn die in der Theorie spezifizierten Bedingungen nochmals erfüllt wären. Die Theorie besteht ja in der *Relationierung* von Sachverhalten in Form probabilistischer Wenn-Dann-Aussagen: Wenn A gegeben ist, ist das Auftreten von B wahrscheinlicher, als wenn A nicht gegeben ist.[39] Die Allgemeinheit dieser Relationierung wäre nicht beeinträchtigt, wenn die Sachverhalte A und B historisch singulär wären, nur ein einziges Mal (zu einem bestimmten Zeitpunkt, an einem bestimmten „Ort") aufträten.

Mit diesen Überlegungen soll übrigens nicht behauptet werden, theoretisch-allgemeine Erklärungen im eben skizzierten Sinne seien das einzige legitime oder das vorrangige Forschungsziel der Geschichtswissenschaft. Wenn jedoch erklärende Theorien angestrebt werden (und sie werden angestrebt), sollte man auch für statistische Testverfahren offen sein.

Literatur

Andreß, Hans-Jürgen, Jacques A. Hagenaars, Steffen M. Kühnel. 1997. *Analyse von Tabellen und kategorialen Daten. Log-lineare Modelle, latente Klassenanalyse, logistische Regression und GSK-Ansatz.* Berlin u. a.: Springer.

Aldrich, John H., Forrest D. Nelson. 1984. *Linear probability, logit and probit models.* Sage University Paper 45. Beverly Hills u. a.: Sage.

Best, Heinrich. 1986. *Struktur und Handeln parlamentarischer Führungsgruppen in Deutschland und Frankreich 1848/49.* Habilitationsschrift. Universität zu Köln (Veröffentlichung unter neuem Titel: Best 1990).

Best, Heinrich. 1990. *Die Männer von Bildung und Besitz. Struktur und Handeln parlamentarischer Führungsgruppen in Deutschland und Frankreich 1848/49.* Düsseldorf: Droste-Verlag.

Davis, James A. 1971. *Elementary survey analysis.* Englewood Cliffs, N. J.: Prentice-Hall, Inc.

Diekmann, Andreas. 2007. *Empirische Sozialforschung.* Reinbek: Rowohlt (seit der erweiterten Neuauflage von 2007 sind die Auflagen in den folgenden Jahren nicht weiter überarbeitet worden).

Dietz, Bernhard, Christopher Neumaier, Andreas Rödder (Hrsg.). 2014. *Gab es den Wertewandel? Neue Forschungen zum gesellschaftlich-kulturellen Wandel seit den 1960er Jahren.* München: Oldenbourg.

Durkheim, Emile. 1983 [1897]. *Der Selbstmord.* Frankfurt a. M.: Suhrkamp (3. Aufl.: 1990)

Hellevik, Ottar. 1988. *Introduction to causal analyses. Exploring survey data by crosstabulation.* Oxford: Norwegian University Press.

---

39 Soll diese Relationierung im Sinne einer Kausalbeziehung (und nicht lediglich im Sinne einer empirischen Korrespondenz) verstanden werden, kommen zwei weitere Annahmen hinzu (s. von Wright 1974, S. 72 f.): (1) In einer Situation, in der A und B (zunächst) nicht gegeben sind, könnte B herbeigeführt werden, wenn A einträte oder durch entsprechende Handlungen (experimentell) herbeigeführt würde. (2) B wäre nicht aufgetreten, wenn A nicht eingeführt worden wäre (denkbar wäre auch, dass nicht A, sondern eine nicht kontrollierte, nicht registrierte „zufällig" und gleichzeitig auftretende Bedingung C das Ereignis B herbeigeführt haben könnte.

Hildebrand, David K., James D. Laing, Howard Rosenthal. 1977. *Analysis of ordinal data.* Sage University Papers 8. Beverly Hills u. a.: Sage Publications.

Klein, Thomas. 2016. *Sozialstrukturanalyse. Eine Einführung.* Weinheim, Basel: Beltz-Juventa (2. Auflage).

Knoke, David, Peter J. Burke. 1980. *Log-linear models.* Sage University Paper 20. Beverly Hills u. a.: Sage.

Kühnel, Steffen, André Dingelstedt. 2019. Kausalität. In *Handbuch Methoden der empirischen Sozialforschung,* Bd. 2, hrsg. N. Baur, J. Blasius, 1401–1412. Wiesbaden: Springer Fachmedien (2. Auflage).

Kühnel, Steffen, Michael Terwey. (1990). Einflüsse sozialer Konfliktlinien auf das Wahlverhalten im gegenwärtigen Vierparteiensystem der Bundesrepublik. In *Blickpunkt Gesellschaft. Einstellungen und Verhalten der Bundesbürger,* hrsg. W. Müller, P. Ph. Mohler, B. Ergbslöh, M. Wasmer, 63–94. Opladen: Westdeutscher Verlag.

Rosenberg, Morris. 1968. *The logic of survey analysis.* New York u. London: Basic Books.

Schmierer, Christian. 1975. Tabellenanalyse. In *Die Befragung 2,* hrsg. K. Holm. München: Francke-UTB.

Schnell, Rainer, Paul B. Hill, Elke Esser. 2018. *Methoden der empirischen Sozialforschung.* München: Oldenbourg Oldenbourg (11., erweiterte Auflage).

Thome, Helmut. 1985a. *Wertorientierungen und Parteipräferenzen in der Berliner Wählerschaft. Ein Forschungsbericht.* Presse- und Informationsstelle der Freien Universität Berlin.

Thome, Helmut. 1985b. Wandel zu postmaterialistischen Werten? Theoretische und empirische Einwände gegen Ingleharts Theorie-Versuch. *Soziale Welt* 36, 27–59.

Thome, Helmut. 1989. Grundkurs Statistik für Historiker. Teil 1: Deskriptive Statistik. *Historical Social Research/Historische Sozialforschung,* Supplement 2.

Thome, Helmut. 2005a. Wertewandel in Europa aus der Sicht der empirischen Sozialforschung. In *Die kulturellen Werte Europas,* hrsg. H. Joas, K. Wiegand, 386–443. Frankfurt a. M.: Fischer.

von Wright, Georg H. 1974. *Erklären und Verstehen.* Frankfurt a. M.: Athenäum.

Glossar zu Kapitel 5

Additiver Effekt: Die Wirkung einer Variablen X auf die Variable Y variiert nicht in Abhängigkeit von den jeweils realisierten Ausprägungen einer → *Drittvariablen Z,* anders als im Falle eines → *multiplikativen Effekts,* d. h. einer → *Interaktion* von X und Z

Bedingter Effekt: Korrelativer Zusammenhang zwischen zwei Variablen X und Y ermittelt unter der Bedingung, dass eine bestimmte Ausprägung einer → *Drittvariablen Z* (oder bestimmte Ausprägungen mehrerer Drittvariablen) gegeben ist (gegeben sind). Diese bedingten Effekte lassen sich im Rahmen der Tabellenanalyse mit Hilfe von *Partialtabellen* bestimmen, in denen der Zusammenhang zwischen X und Y jeweils nur für die Fälle dargestellt wird, die eine bestimmte Ausprägung von Z (oder eine spezifische Kombination von Ausprägungen mehrerer Z-Variablen) aufweisen. Bei einigen Assoziationsmaßen (Korrelationskoeffizienten) lassen sich die verschiedenen bedingten Effekte, ausgedrückt in *bedingten* Korrelationskoeffizienten, zu einem *partiellen* Korrelationskoeffizienten zusammenfassen

Direkter Effekt: Wirkung einer Variablen X auf eine Variable Y, die nicht – oder nur unbekannter Weise – durch eine oder mehrere andere Variablen (→ *Mediatorvariable*) vermittelt wird

Drittvariable: Variable Z, die bei der Analyse des Zusammenhangs zwischen zwei Variablen X und Y zusätzlich berücksichtigt wird („Drittvariablenkontrolle"), vor allem dann, wenn davon auszugehen ist, dass sie den korrelativen Zusammenhang zwischen X und Y beeinflusst. Z kann in unterschiedlicher Weise mit X und Y verbunden sein, z. B. auch als → *intervenierende Variable*

Indirekter Effekt: Effekt von X auf Y, der über eine oder mehrere andere Variablen Z (→ *Drittvariable*) vermittelt wird. Z steht dabei in einem korrelativen Zusammenhang sowohl mit X als auch mit Y, wobei Z als kausal abhängig von X und Y als kausal abhängig von Z interpretiert werden kann.

Interaktion: die gemeinsame Wirkung zweier kausal vorrangiger Variablen X und Z auf eine abhängige Variable Y. Dabei fällt die Wirkung von X (Z) auf Y unterschiedlich aus, je nachdem, welche Ausprägung von Z (X) jeweils gegeben ist. Man spricht in diesem Falle auch von einem → *multiplikativen Effekt* im Unterschied zum → *additiven Effekt*

Intervenierende Variable: eine Variable Z, die den kausalen Zusammenhang zwischen zwei Variablen X und Y im Sinne eines → *indirekten Effekts* von X auf Y vermittelt. Z wird in dieser Funktion auch als → *Mediatorvariable* bezeichnet

Konfundierung: liegt vor, wenn die Stärke der Korrelation zwischen einer bedingenden Variablen X und einer abhängigen Variablen Y durch eine nicht berücksichtigte → *Drittvariable* beeinflusst ist, die ebenfalls auf Y einwirkt und auch mit X korreliert ist

Kontrollvariable: → *Drittvariable*

Mediatorvariable: → *intervenierende Variable*

Multiplikativer Effekt: → *Interaktion*

Partieller Korrelationskoeffizient: siehe die Ausführungen zu „bedingter Effekt"

Scheinkausalität: Beobachtete korrelative Beziehung zwischen zwei Variablen X und Y, die nicht als kausale Ursache-Wirkungs-Beziehung zu interpretieren ist

Suppressoreffekt: Effekt einer als kausal vorrangig interpretierbaren Variablen Z („Suppressorvariable"), der dazu führt, dass der für die bivariate Beziehung zwischen X und Y ermittelte Korrelationskoeffizient deutlich geringer ist als der → *partielle Korrelationskoeffizient,* der sich ergibt, wenn Z als → *Kontrollvariable* eingesetzt wird

Verzerrung: Spezialfall des → *Suppressoreffekts:* Bei Konstanthalten der →*Drittvariablen* Z erhält der partielle Korrelationskoeffizient (→ *bedingter Effekt*) ein zur bivariaten Korrelation zwischen X und Y gegenläufiges Vorzeichen (Umkehrung des Zusammenhangs)

Basiskonzepte der deskriptiven Regressionsanalyse

6

In den vorangegangenen Kapiteln haben wir schon mehrere Maßzahlen (Assoziationsmaße, Korrelationskoeffizienten) vorgestellt, mit denen sich die Stärke eines Zusammenhangs zwischen zwei Variablen, evtl. auch unter Kontrolle sog. Drittvariablen, darstellen lässt – in unterschiedlicher Weise je nach gegebenem Messniveau der einbezogenen Variablen. Regressionsmodelle erweitern die Möglichkeiten, strukturelle (kausal interpretierbare) Zusammenhänge zwischen zwei und mehr Variablen zu spezifizieren und mit zusätzlichen Kenngrößen zu charakterisieren. In den meisten Lehrbüchern zur sozialwissenschaftlichen Datenanalyse werden die Regressionsmodelle erst dann eingeführt, wenn wahrscheinlichkeitstheoretische und inferenzstatistische Konzepte in vorangegangenen Kapiteln bereits abgehandelt worden sind. Wir gehen hier (aus didaktischen Gründen) etwas anders vor, indem wir elementare Konzepte und Verfahrenstechniken der linearen Regressionsanalyse zunächst in einem *deskriptiv*-statistischen Kontext darstellen. Allerdings stoßen wir dabei immer wieder auch auf Punkte, die einen Übergang von der Deskription hin zur theoretischen Modellinterpretation und zu daran anknüpfenden inferenzstatistischen Überlegungen nahelegen. Test- und Schätzverfahren, mit denen sich die *Güte* eines Regressionsmodells und die *Signifikanz* der entsprechenden Parameter in der Konfrontation von theoretischen Hypothesen und empirischen Daten einschätzen lassen, werden wir aber erst in Kap. 10 vorstellen – nach der in den Kapiteln 7–9 gegebenen Einführung in die Inferenzstatistik, die für solche Einschätzungen heranzuziehen ist. Auch die analytische Aussagekraft des Regressionsmodells werden wir dort und in Kap. 11 um einige Varianten erweitern.

Das vorliegende Kapitel beginnt in Abschnitt 6.1 mit der Einführung in das Basismodell der Regressionsanalyse, in dem eine lineare Beziehung zwischen der abhängigen Variablen Y und der bedingenden (unabhängigen) Variablen X vorausgesetzt wird. Im folgenden Kapitelabschnitt 6.2 wird erläutert, in welcher Weise auch dichotome oder qualitative Variablen als bedingende Größen (Regressorvariablen) in ein

Zusatzmaterial online
Zusätzliche Informationen sind in der Online-Version dieses Kapitel (https://doi.org/10.1007/ 978-3-658-30954-1_7) enthalten.

H. Thome und V. Müller-Benedict, *Statistische Methoden für die Geschichtswissenschaften*, https://doi.org/10.1007/978-3-658-30954-1_7

solches Modell eingebaut werden können. In Abschnitt 6.3 wird das bivariate Modell zu dem der multiplen Regression erweitert, die zwei oder mehrere bedingende Variablen (mit metrischem oder nominalem Messniveau) in die Analyse einbezieht. Dabei kann auch geprüft werden, ob die bedingenden Variablen additiv oder interaktiv auf die abhängige Variable einwirken.

6.1 Lineare Regressionsanalyse mit zwei Variablen

In diesem Kapitelabschnitt stellen wir das Regressionsmodell zunächst als Spezifikation einer bivariaten Verteilung zweier metrischer Variablen dar; eine von ihnen (Y) wird als *abhängige,* die andere (X) als *bedingende* Variable betrachtet. Hierbei ergibt sich eine zusätzliche Interpretationsmöglichkeit für den in Kapitel 4.2.4 bereits vorgestellten Pearsonschen Korrelationskoeffizienten. Dieses Modell lässt sich, wie oben schon angemerkt, auch so anlegen, dass es statt der metrischen eine qualitative Variable mit zwei oder mehr nominalen Ausprägungen als bedingende Variable einbeziehen kann (s. Abschn. 6.2).

Für unser erstes Beispiel zur Regressionsanalyse greifen wir auf das Streudiagramm zurück, das uns schon in Kap. 4.2.4 bei der Ableitung des Pearsonschen Produkt-Moment-Korrelationskoeffizienten r als Vorlage diente, hier reproduziert als Abb. 6.1. Es zeigt die bivariate Verteilung der Variable Y:= „Stimmenanteile der SPD in den einzelnen Wahlbezirken bei der Wahl zum Reichstag 1912" und der Variable X: = „Anteil der Wahlberechtigten, die 1907 in Industrie oder Gewerbe beschäftigt sind".

In der beschreibenden Analyse versuchen wir, die Vielfalt der Informationen zu reduzieren, das Wesentliche einer uni- oder mehrvariaten Verteilung in wenigen statistischen Kennzahlen auszudrücken. Bei zwei- und mehr-variaten Verteilungen gehen wir von bestimmten Annahmen (einem *Modell*) über Form und Struktur der Beziehung zwischen den Variablen aus. So setzt man häufig voraus, dass die Beziehung linear verläuft (oder durch entsprechende Transformationen linear gemacht werden kann). Ein Blick auf unser Streudiagramm Abb. 6.1 lässt diese Annahme als vertretbar erscheinen. Es vermittelt den Eindruck, dass die Stimmenanteile der SPD in den einzelnen Wahlbezirken der Tendenz nach proportional zur jeweils erreichten industriellen Entwicklung zunehmen. Allerdings könnte sich die Steigung nach rechts ein wenig abflachen. Wir wollen aber zunächst mit dem Modell einer linearen Beziehung arbeiten[40].

---

40 Die Linearitätsannahme und andere Modellvoraussetzungen (siehe Kap. 10) sind in diesem Beispiel aus theoretischen Gründen nicht unproblematisch, da die Prozentangaben für die Stimmenanteile der SPD nach unten (0 %) und oben (100 %) begrenzt sind. In der sozialwissenschaftlichen Forschungspraxis bleiben daraus resultierende Probleme oft unbeachtet. Wir wollen sie auch hier vorläufig übergehen, aber in Kap. 11 ausführlich behandeln. – Ein weiterer Problempunkt unseres Analysebeispiels liegt darin, dass nicht Individuen, sondern Kollektive (Wahlkreise) die Unter-

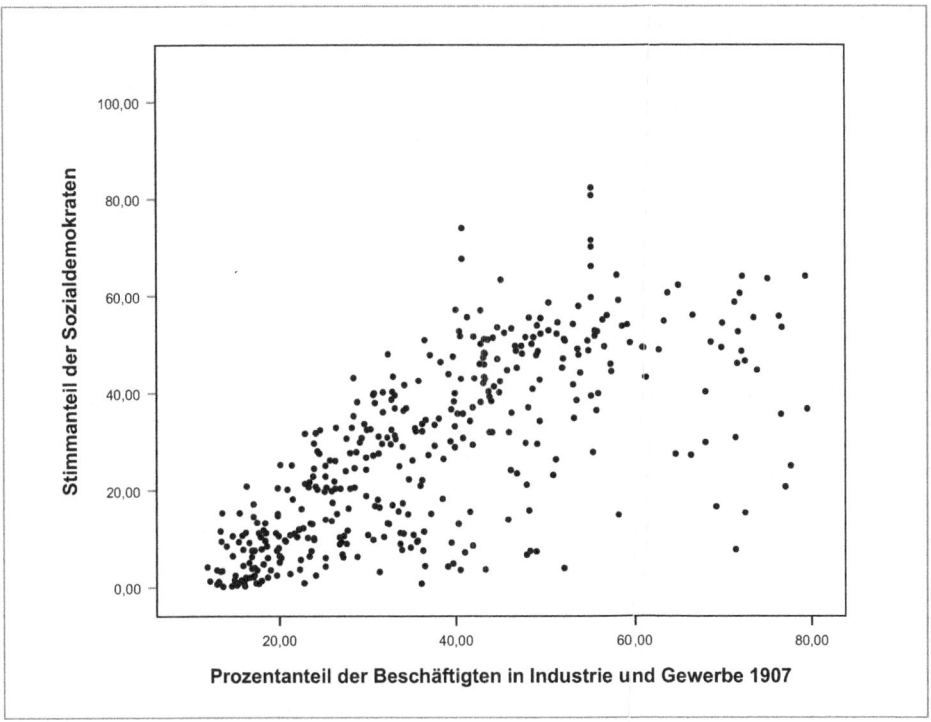

Abbildung 6.1   Streudiagramm der SPD-Stimmenanteile mit Industrialisierungsgrad
(s. Abb. 4.2) (Quelle: eigene Darstellung)

Die Annahme einer linearen Beziehung lässt sich durch eine einfache Gleichung formalisieren:

(6-1) $\widehat{Y} = a + bX$

Wir haben die abhängige Variable Y mit einem Dach-Zeichen versehen, weil wir zunächst nur eine Tendenzaussage machen wollen über „durchschnittliche" Y-Werte
bei unterschiedlichen X-Werten. Diese Tendenz lässt sich durch eine Gerade ausdrücken, die wir nach bestimmten Kriterien durch den Punktschwarm des Streudiagramms (siehe Abb. 6.1) ziehen. Diese *Regressionsgerade* soll den Punktschwarm
möglichst gut repräsentieren (was das heißt, wird sogleich deutlich werden). Sie ist

---

suchungseinheiten darstellen. Zwar ist die einzelne Stimmabgabe für eine bestimmte Partei Merkmal
einer Person; aber die Stimmen*anteile* für die SPD (oder eine andere Partei) sind (analytische) Kollektivmerkmale der Wahlkreise. Das muss bei der Interpretation der Ergebnisse berücksichtigt werden. Darauf werden wir ebenfalls in Kap. 11 noch eingehen (s. auch unten, Fn. 46).

eindeutig bestimmt, wenn gemäß Gleichung (6-1) die sog. *Regressionskoeffizienten,* a und b, festgelegt sind. Schematisch wird das in Abb. 6.2 verdeutlicht.

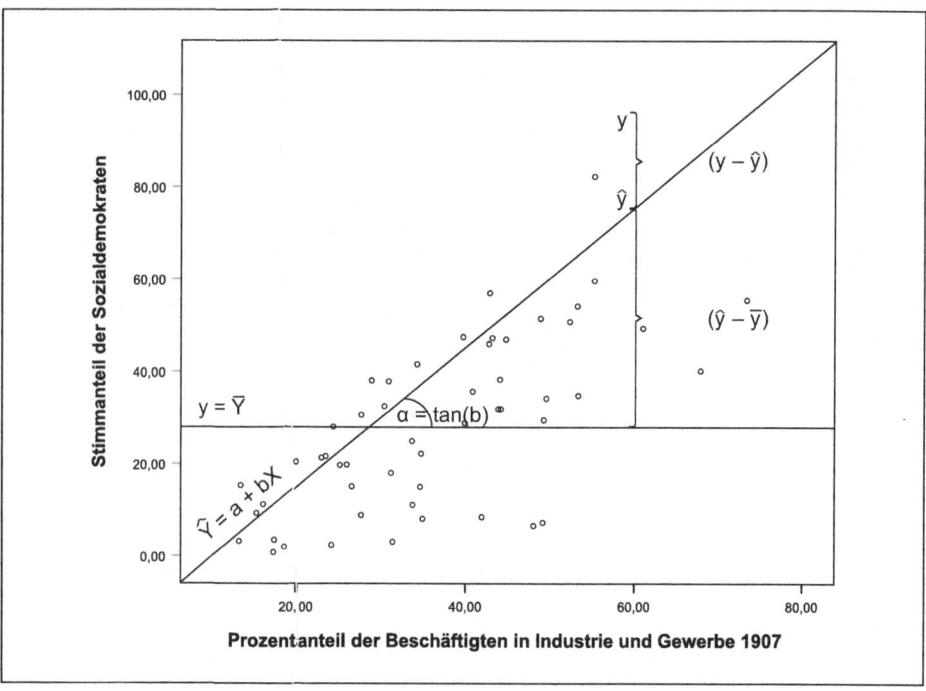

Abbildung 6.2   Streudiagramm und Regressionsgerade (Quelle: eigene Darstellung)

Man bezeichnet a als *Ordinatenabschnitt (intercept),* als *Regressionskonstante* oder *Absolutglied* (in Abb. 6.2 eine negative Größe) und b als *Steigungskoeffizienten (slope)* oder *Regressionsgewicht.* Der Ausdruck Steigungskoeffizient verdankt sich dem Tatbestand, dass b gleich dem Tangens des Winkels α ist, den die Regressionsgerade mit einer Abszissenparallele bildet. Für zwei beliebige Punkte $(x_1; \hat{y}_1)$ und $(x_2; \hat{y}_2)$ auf der Geraden gilt:

(6-2) $\hat{y}_1 = a + b\,x_1$

$\hat{y}_2 = a + b\,x_2$

$\hat{y}_1 - \hat{y}_2 = b(x_1 - x_2)$

$\dfrac{\hat{y}_1 - \hat{y}_2}{(x_1 - x_2)} = b$

Die Differenzen $(\hat{y}_1 - \hat{y}_2)$ und $(x_1 - x_2)$ bilden Gegenkathete und Ankathete in einem von der Regressionsgeraden als Hypotenuse vervollständigten Dreieck. Das

Verhältnis von Gegenkathete zu Ankathete in einem rechtwinkligen Dreieck bezeichnet man bekanntlich als „Tangens" des Winkels α, der durch Hypotenuse und Ankathete eingeschlossen wird. Der Steigungskoeffizient b gibt also an, um wie viele Einheiten sich Y im Durchschnitt verändert, wenn der Wert von X um eine Maßeinheit ansteigt.[41] Wenn $x_1 - x_2 = 1$, wird die letzte Zeile in Gleichung (6-2) zu $\hat{y}_1 - \hat{y}_2 = b$. Rein deskriptiv gilt diese Aussage nur innerhalb der beobachteten Spannweite der X-Werte. Der errechnete Ordinatenabschnitt a ist in der Praxis häufig nicht inhaltlich interpretierbar. Wenn der Wert x = 0 nicht beobachtet wurde, könnte man daran denken, ihn hypothetisch als denjenigen mittleren Y-Wert zu betrachten, der unter der Bedingung x = 0 zu erwarten wäre. In unserem Beispiel wird die Gerade allerdings mit einem *negativen* Ordinatenabschnitt bestimmt, woraus die Prognose eines negativen Y-Werts folgen würde, der aber in der Realität (bezüglich der SPD-Stimmenanteile) ausgeschlossen ist (darauf werden wir zurückkommen).

Wie wird nun die Gerade, d. h., wie werden die Regressionskoeffizienten a und b bestimmt? Ein naheliegendes Kriterium ist die Forderung, die Gerade so zu platzieren, dass die einzelnen Beobachtungspunkte möglichst gering von ihr abweichen. Um diese Forderung in ein formales Kriterium zu übersetzen, um die Aufgabe also rechnerisch lösbar zu machen, müssen wir Gleichung (6-1) erweitern, indem wir eine sog. *Fehler-* oder *Störgröße, e_i,* mit berücksichtigen:

$$(6\text{-}3) \quad y_1 = a + bx_1 + e_1$$
$$\cdot \qquad \cdot$$
$$\cdot \qquad \cdot$$
$$\cdot \qquad \cdot$$
$$y_n = a + bx_n + e_n$$

Der Index i bezeichnet wiederum die durchnummerierten Untersuchungseinheiten von 1 bis n. Für jede von ihnen lässt sich der beobachtete Wert $Y = y_i$ als eine Funktion a) der X- Variablen und b) einer *Fehler-* oder *Residualvariable (error, e)* darstellen. Wir erhalten also nicht nur eine Gleichung, sondern ein System von Gleichungen. Wir verzichten hier aber darauf, die Matrizenschreibweise einzuführen. In der Regel stellt man den Satz der Gleichungen in der vereinfachten Form dar:

$$(6\text{-}3') \quad Y = a + bX + e$$

Der Begriff des „Fehlers" folgt auch in diesem Falle (wie schon bei den in Kap. 4 besprochenen PRE-Maßzahlen) aus einer Prognosekonzeption: Wenn man die Y-Wer-

---

41 Formal erhält man die Steigung einer Kurve oder Geraden über die 1. Ableitung der entsprechenden Funktion, hier bezogen auf Gleichung (6-1): $\frac{\delta \hat{y}}{\delta x} = b$. In dem Falle einer Geraden ist die Steigung eine Konstante, verändert sich also nicht mit den X-Werten.

te mit Hilfe der X-Werte und der Regressionskoeffizienten prognostiziert, lassen sich gewisse Fehlerbeträge nicht vermeiden, wenn Y nicht vollständig durch X determiniert ist. Auf diese Prognosekonzeption werden wir gleich noch zurückkommen. Wenn wir nun fordern, die Gerade so zu legen, dass der Fehler möglichst gering wird, lässt sich diese Forderung formal in Gleichung (6-4) ausdrücken:

$$(6\text{-}4) \quad \sum_{i=1}^{n} |e_i| = \sum_{i=1}^{n} |y_i - (a + bx_i)| = \min.$$

Aus Gründen, die wir an dieser Stelle noch nicht erörtern wollen, wird aber in der Regel ein etwas anderes Kriterium vorgezogen:

$$(6\text{-}5) \quad \sum_{i=1}^{n} e_i^{\,2} = \min.$$

Die Koeffizienten a und b sollen so gewählt werden, dass die Summe der Fehlerquadrate ein Minimum darstellt (Methode der kleinsten Fehlerquadrate – KFQ; „Ordinary Least Squares" – OLS). Wir interpretieren folglich $\sum e_i^{\,2}$ als eine Funktion der zu bestimmenden Regressionskoeffizienten bei gegebenen (beobachteten) X- und Y-Werten. Wir betrachten vorübergehend nicht X und Y, sondern die Fehlersumme als abhängige und die Regressionskoeffizienten als bedingende Variablen mathematischer Gleichungen. Die Fehlerquadratsumme wird bei extrem niedrigen oder extrem hohen Regressionskoeffizienten extrem groß und irgendwo dazwischen minimal (Ein Vorteil des Quadrierens: positive und negative Abweichungen heben sich nicht auf). Dieses Minimum müssen wir bestimmen: bei welchem a und welchem b wird es erreicht? Abbildung 6.3 veranschaulicht diese Fragestellung im Hinblick auf den Steigungskoeffizienten b bei konstant gehaltenem Ordinatenabschnitt a.

In entsprechender Weise können wir auch a variieren und b konstant halten. Wenn wir von sehr kleinen a- und b-Werten ausgehen und diese kontinuierlich vergrößern, nimmt die davon abhängige Fehlerquadratsumme zunächst fortlaufend ab, erreicht bei einer bestimmten Kombination von a- und b-Werten ein Minimum und steigt dann wieder an. Aus der Schulmathematik ist bekannt, dass man maximale und/oder minimale Werte einer Funktionsgleichung allgemein mit Hilfe der ersten beiden Ableitungen dieser Gleichung bestimmt. Die Ableitungen geben die punktuellen Steigungswerte der Ausgangsgleichung an; erreicht die Steigung den Wert „null", muss in der Ausgangsgleichung (hier Gleichung (6-4) in Verbindung mit Gleichung (6-5)) ein Minimum oder ein Maximum vorliegen. In unserem Beispiel benötigen wir nur die 1. Ableitungen, denn die Summe der quadrierten Störgrößen erreicht bei variierenden a- und b-Werten nur ein einziges Minimum:

$$(6\text{-}6) \quad \frac{\delta\left[\displaystyle\sum_{i=1}^{n}(y_i - a - b\,x_i)^2\right]}{\delta a} = -2\sum_{i=1}^{n}(y_i - a - b\,x_i)$$

$$\frac{\delta\left[\displaystyle\sum_{i=1}^{n}(y_i - a - b\,x_i)^2\right]}{\delta b} = -2\sum_{i=1}^{n}x_i(y_i - a - b\,x_i)$$

Setzt man diese partiellen Ableitungen gleich Null, erhält man (indem man die positiven und negativen Summanden gleichsetzt) die sog. *Normalgleichungen*

$$(6\text{-}7) \quad na + \sum_{i=1}^{n}x_i\,b = \sum_{i=1}^{n}y_i$$

$$\sum_{i=1}^{n}x_i\,a + \sum_{i=1}^{n}x_i^2\,b = \sum_{i=1}^{n}x_i\,y_i$$

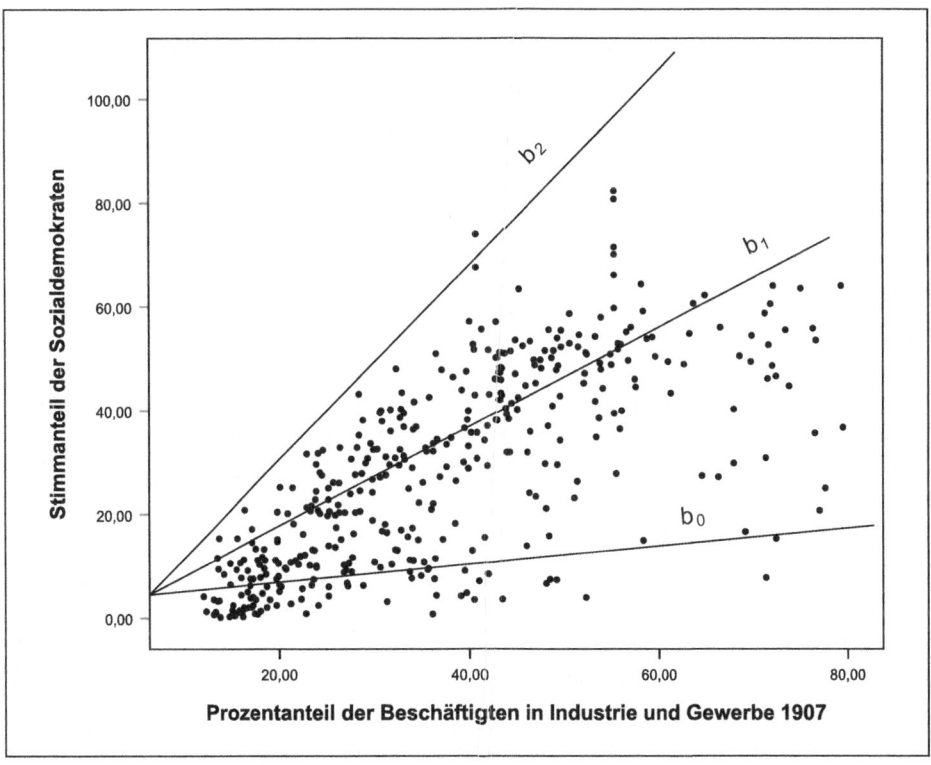

Abbildung 6.3 Zur Ableitung der Regressionskoeffizienten (Quelle: eigene Darstellung)

Deren Lösungen für a und b lauten:

$$(6\text{-}8) \quad a = \bar{y} - b\bar{x}$$

$$b = \frac{\dfrac{1}{n}\sum_{i=1}^{n}(x_i - \bar{x})(y_i - \bar{y})}{\dfrac{1}{n}\sum_{i=1}^{n}(x_i - \bar{x})^2}$$

Der Steigungskoeffizient b ergibt sich somit aus der Kovarianz von X und Y dividiert durch die Varianz von X (der bedingenden Variablen). Wird der Mittelwert von X mit ihm gewichtet und vom Mittelwert der abhängigen Variablen abgezogen, erhält man den Ordinatenabschnitt a. Diese Informationen können wir mit dem Analyseprogramm SPSS abrufen; die Standardprozedur (in ihrer einfachsten Ausführung und mit den im Datensatz gegebenen Variablennamen gemäß Abb. 4.6) ist:

REGRESSION
  /DEPENDENT spd12p
  /METHOD=ENTER kbe07igp.

Die Prozedur kann durch eine Reihe von Subkommandos ergänzt werden, die weitere Informationen liefern, von denen wir noch einige kennenlernen werden.

In unserem Beispiel erhalten wir die folgenden (empirischen) Regressionskoeffizienten:

$$(6\text{-}9) \quad a = -2{,}57$$
$$\qquad\quad b = 0{,}83$$

Die erste Zeile in Gleichung (6-8) zeigt, dass der Ordinatenabschnitt a durch die univariaten Verteilungen in X und Y (ihrem jeweiligen arithmetischen Mittel) bestimmt ist – und somit über die Beziehung der beiden Variablen nichts aussagt. Der unrealistische negative Betrag für den unter der (hypothetischen) Bedingung X = 0 prognostizierten SPD-Stimmenanteil kann aber im Hinblick auf eine verallgemeinernde theoretische Modellinterpretation u. U. auch als Hinweis darauf betrachtet werden, dass die Variablen-Beziehung mit dieser einfachen linearen Form evtl. nicht korrekt spezifiziert ist (siehe obige Fn. 40). Der Steigungskoeffizient b besagt, dass die SPD im Schnitt pro Prozentpunkt Beschäftigtenzuwachs in der Industrie 0,83 Prozentpunkte an Stimmen gewonnen hat. Für einen Wahlkreis, in dem 40 % der Bevölkerung in Industrie und Gewerbe beschäftigt sind, würde man also laut Modell einen SPD-Stimmenanteil von $\hat{y} = -2{,}57\,\% + 0{,}83 \cdot 40\,\% = 31{,}44\,\%$ erwarten. (Eine solche

„Erwartung" könnte man theoretisch auch für einen X-Wert ermitteln, der gar nicht beobachtet wurde) Leider liegen uns keine fortlaufenden Erhebungen zum Industrialisierungsgrad vor, so dass wir die Stabilität dieser Beziehung über Zeit (im Vergleich mehrerer Reichstagswahlen) nicht untersuchen können. Allerdings ergäbe sich dann auch die Frage, ob evtl. beobachtete Veränderungen theoretisch relevant (und inferenzstatistisch betrachtet „signifikant") wären.

Die Bestimmungsgleichung (6-8) für a lässt erkennen (wenn man sie nach $\overline{y}$ umstellt), dass die nach der Kleinstquadratmethode ermittelte Gerade stets durch den Koordinaten-Punkt $(\overline{x};\overline{y})$ verläuft. Man bezeichnet ihn als den „Schwerpunkt" der bivariaten Verteilung von X und Y.

Die Bestimmungsgleichung (6-8) für den Steigungskoeffizienten b enthält im Zähler den gleichen Ausdruck wie Pearsons Produkt-Moment-Korrelationskoeffizient, nämlich die Kovarianz der beiden Variablen (siehe die Gleichungen (4-30) und (4-33) in Kap. 4):

$$(6\text{-}10) \quad r = \frac{\frac{1}{n}\sum_{i=1}^{n}(x_i - \overline{x})(y_i - \overline{y})}{\sqrt{\frac{1}{n}\sum_{i=1}^{n}(x_i - x)^2 \frac{1}{n}\sum_{i=1}^{n}(y_i - \overline{y})^2}} = \frac{\text{Cov}(x,y)}{s_x \cdot s_y}$$

Während zur Berechnung des Korrelationskoeffizienten die Kovarianz der beiden Variablen durch das Produkt der Standardabweichungen *beider* Variablen $(s_y \cdot s_x)$ dividiert wird, wird zur Ermittlung des Steigungskoeffizienten die Kovarianz durch die Varianz der *unabhängigen* Variablen (s_x^2) dividiert. Damit wird b zu einem asymmetrischen Maß. Wenn die Varianzen der beiden Variablen nicht identisch sind, erhält man bei der Regression von Y auf X einen anderen Steigungskoeffizienten, b_{yx}, als bei der Regression von X auf Y, b_{xy}. Um eventuelle Zweifel auszuschließen, auf welches *Kriterium* (abhängige Variable) und welchen *Regressor* (unabhängige Variable, auch *Regressorvariable*) sich der Steigungskoeffizient bezieht, kann man ihn mit einem doppelten Index versehen, in dem die Kriteriumsvariable (Y) zuerst genannt wird. Somit gelten die Beziehungen

$$(6\text{-}11) \quad b_{yx} = r(s_y/s_x) \quad r = b_{yx}(s_x/s_y)$$

Nachdem wir die (im Sinne der minimalen Fehlerquadratsumme) optimale Regressionsgerade bestimmt haben, benötigen wir noch eine Kennzahl, die angibt, wie gut die Gerade die Punktwolke repräsentiert, in welchem Umfang die beobachteten Werte um sie streuen. Es liegt zunächst nahe, hierzu den mittleren quadratischen Fehler (MQF oder MSQ – *Mean Square Error*) heranzuziehen:

$$(6\text{-}12) \quad MQF = \frac{1}{n} \sum_{i=1}^{n} (y_i - \hat{y})^2$$

Auch wenn man im Kontext deskriptiver Analysen verbleiben will, verwendet man statt des in Gleichung (6-12) definierten MQF (bzw. MSE) häufig eine leicht modifizierte Fassung, die bei inferenzstatistischen Erwägungen heranzuziehen ist. Wenn man statt durch die Fallzahl n durch die sog. Freiheitsgrade (*degrees of freedom*) df = n − 2 dividiert (wenn zwei Regressionsparameter, a und b, bestimmt werden, können nur n − 2 Fälle unabhängig voneinander variieren), erhält man die sog. *Residualvarianz*, s_e^2.

Bisher (in Kap. 3) waren Streuung bzw. Varianz definiert im Hinblick auf die Abweichung der einzelnen Werte vom arithmetischen Mittel der Variablen. Mit dem MQF wird sie im Hinblick auf die Abweichung der einzelnen Werte y_i (i = 1,2, …, n) von den entsprechenden Punkten der Regressionsgeraden, den sog. bedingten Erwartungswerten, $E(Y|x_i) = \hat{y}_i$, definiert. Die Regressionsgerade wird ja unter der Bedingung ermittelt, dass die Summe der quadrierten Differenzen $(y_i - (a + bx_i))^2$ minimiert wird. Das bietet einen Ansatzpunkt, nicht bei dem mittleren quadratischen Fehler (oder der Residualvarianz) als Gütemaß für die Regressionsgerade stehenzubleiben, sondern ein PRE-Maß analog zu den Ausführungen in Kap. 4.2.3 und 4.2.5 zu entwickeln. Der numerische Wert des MQF ist ja offensichtlich abhängig von der skalenbedingten Größe der Y-Werte, hat also keine normierte Größenordnung.

Dazu fingieren wir wieder eine Prognosesituation, in der wir die einzelnen y_i-Werte auf zweierlei Weise voraussagen: a) ohne Kenntnis der x_i-Werte, b) auf Basis der x_i-Werte. Bei wiederholt und viele Male durchgeführten Prognosen ohne Kenntnis der x_i-Werte minimieren wir die Summe der quadrierten Fehler, indem wir bei jeder einzelnen Prognose das arithmetische Mittel $\bar{y}$ als Schätzer für y_i (i = 1, 2, …, n) verwenden. Falls wir die x_i-Werte kennen (und die vorausgesetzte Linearität der Beziehung zutrifft), ist unsere beste Prognose (im Sinne des mittleren quadratischen Fehlers) der jeweilige Punkt $\hat{y}_i$ auf der Regressionsgeraden; denn unter dieser Voraussetzung wurde sie ja abgeleitet (siehe nochmals Abb. 6.2). Wir haben also wiederum zwei Fehlertypen, E_1 und E_2, vorliegen, die wir ins Verhältnis zueinander setzen können:

$$(6\text{-}13) \quad PRE = \frac{E_1 - E_2}{E_1} = \frac{\sum (y_i - \bar{y})^2 - \sum (y_i - \hat{y})^2}{\sum (y_i - \bar{y})^2}$$

Analog zur Ableitung des Koeffizienten Eta² (siehe Kap. 4.2.5) können wir auch dieses PRE-Maß, das man als *Determinationskoeffizienten* bezeichnet, als Resultat einer Zerlegung der Variation $\sum (y_i - \bar{y})^2$, der Summe der Abweichungsquadrate, betrachten. Statt der Gruppenmittelwerte $\bar{y}_j$ in den Gleichungen (4-40 ff.) setzen wir hier die $\hat{y}_1$ als Prognosewerte ein. Die Zerlegung sieht somit wie folgt aus: Die Differenz $(y_i - \bar{y})$ kann in zwei Komponenten, zwei Streckenabschnitte, eingeteilt werden:

(6-14) $(y_i - \bar{y}) = (y_i - \hat{y}_i) + (\hat{y}_i - \bar{y})$

Durch Quadrieren, Ausmultiplizieren des Binoms (der mittlere Ausdruck des Binoms wird Null[42]) und Summieren erhält man daraus folgende Gleichung:

(6-15) $\sum (y_i - \bar{y})^2 = \sum (y_i - \hat{y}_i)^2 + \sum (\hat{y}_i - \bar{y})^2$

Gesamtvariation = nicht-erklärte Variation + erklärte Variation

Durch Einsetzen von (6-15) in (6-13) ergibt sich

$$(6\text{-}16) \quad PRE = \frac{\sum (y_i - \bar{y})^2 - \sum (y_i - \hat{y}_i)^2}{\sum (y_i - \bar{y})^2}$$

$$= \frac{\sum (y_i - \hat{y}_i)^2 + \sum (\hat{y}_i - \bar{y})^2 - \sum (y_i - \hat{y}_i)^2}{\sum (y_i - \bar{y})^2}$$

$$= \frac{\sum (\hat{y}_i - \bar{y})^2}{\sum (y_i - \bar{y})^2}$$

$$PRE = \frac{\text{erklärte Variation}}{\text{Gesamtvariation}}$$

Es lässt sich zeigen, dass dieser Determinationskoeffizient gleich dem quadrierten Pearsonschen Korrelationskoeffizienten r ist. Man verwendet deshalb für ihn im Allgemeinen das Symbol r^2 oder R^2. In unserem Analysebeispiel ist $R^2 = 0{,}52$. Demnach werden unter der Voraussetzung eines bivariaten linearen Modells 52 % der Varianz der SPD-Stimmenanteile durch den Industrialisierungsgrad der Wahlkreise erklärt. Komplementär zum Determinationskoeffizienten (auch als *Bestimmtheitsmaß* bezeichnet) ist ein *Unbestimmtheitsmaß* (*coefficient of alienation*) definiert: $1 - R^2$. Es gibt an, wie groß der Anteil der nicht-erklärten Variation an der Gesamtvariation ist.

Damit haben wir den etwas vagen Begriff des (linearen) „Zusammenhangs" zwischen zwei Variablen nach zwei Aspekten differenziert (vergl. Schluss des Kapitel-Abschnitts 4.2.5):

---

42 Voraussetzung hierfür ist, dass die Störgröße e_i und die Prognosewerte $\hat{y}_i$ nicht miteinander korrelieren; hierauf werden wir in Kap. 10 noch zurückkommen.

1) in ein Maß dafür, wie stark sich Y pro Einheitsänderung in X verändert (Steigungskoeffizient b)
2) in ein Maß dafür, wie groß die Abweichungen von dieser durchschnittlichen Änderung sind, wie stark die Variation der Y-Werte durch die Variation der X-Werte *erklärt* ist (Determinationskoeffizient R^2).

Eine wichtige Eigenschaft, in der sich Steigungskoeffizient und Determinationskoeffizient unterscheiden, beleuchtet Abbildung 6.4 (s. Blalock 1960, S. 291).

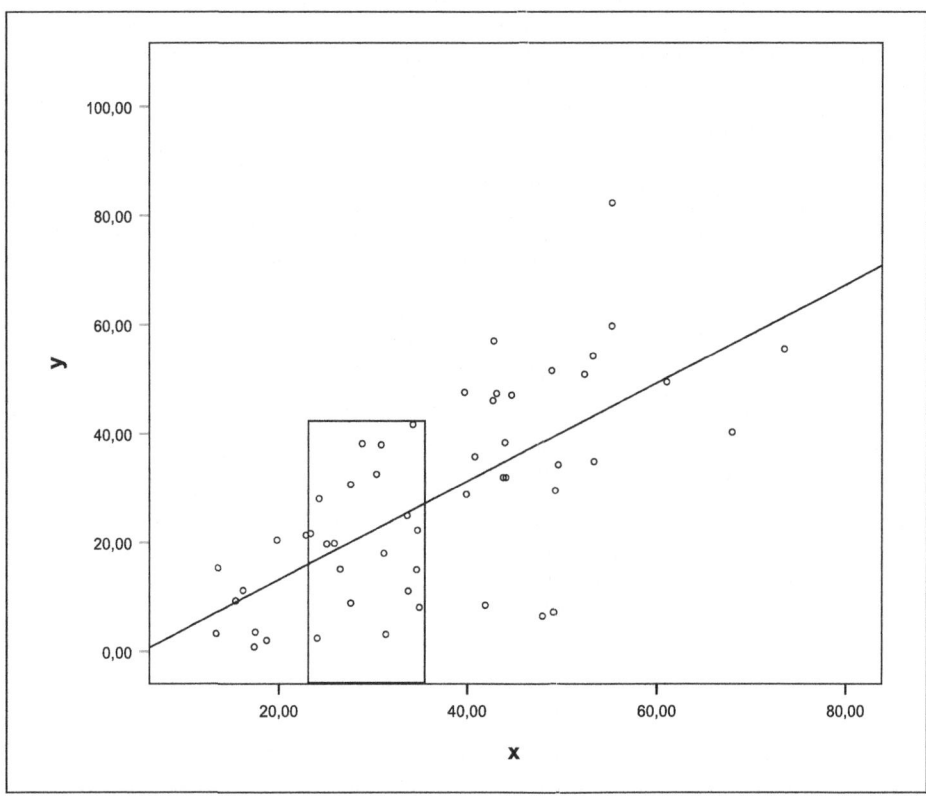

Abbildung 6.4   Zum Zusammenhang von X-Varianz und Größe des Determinationskoeffizienten (Quelle: eigene Darstellung auf Basis von Blalock 1960, S. 291)

In ihr werden zwei Situationen voneinander unterschieden. In der ersten liegen Daten vor, die die volle Spannweite der X-Werte darstellen. In der zweiten liegen zu den gleichen Variablen nur die eingerahmten Daten mit einer deutlich geringeren Spannweite der X-Variablen vor, während die Variation der Y-Werte um die Regressionsgerade einigermaßen konstant ist. In beiden Situationen hat die Regressionsgerade dieselbe Steigung. Im ersten Fall ist der Anteil der nicht-erklärten Varianz an der Gesamtvarianz offenkundig viel geringer als im zweiten Fall. Bei gleichem Steigungskoeffizienten ergeben sich somit unterschiedlich große Determinations-koeffizienten. Allgemein gilt: bei gegebener Steigung der Geraden und konstanter Variation der Y-Werte um die Regressionsgerade ist der Determinationskoeffizient umso geringer, je geringer die Varianz in X; offensichtlich wird das *Verhältnis* der durch X nicht-erklärten Varianz zur Gesamtvarianz umso größer (bei sonst gleichen Bedingungen), je kleiner die Spannbreite der beobachteten X-Werte ist. Hier haben wir eine Entsprechung zur Abhängigkeit vieler Koeffizienten der Tabellenanalyse (s. Kap. 4) von den univariaten Randverteilungen der jeweiligen Variablen. Das ist vor allem zu beachten, wenn Korrelationsergebnisse miteinander verglichen werden, die aus unterschiedlichen Populationen bzw. Stichproben stammen, in denen die Varianzen der X-Variable stark differieren.

Der Steigungskoeffizient b hingegen ist nicht von der Varianz der X-Werte abhängig. Wenn die X-Werte gegeben sind, ist er als Linearkombination der Y-Werte darstellbar (siehe z. B. Schlittgen 2012, S. 422 f.). An dieser Stelle ist ein neuerlicher Hinweis Richtung Inferenzstatistik fällig: Der Steigungskoeffizient b ist von Stichprobe zu Stichprobe umso weniger stabil, sein *Standardfehler* (die durchschnittliche Abweichung von dem entsprechenden Populationsparameter) ist umso größer, je geringer die Varianz in X ist (Näheres hierzu in Kap. 10.2). Daraus ergibt sich die Forderung an den Empiriker: Maximiere die Varianzen der unabhängigen Variablen.

In unserem Beispiel müssen wir noch beachten, dass die Wahlkreise nicht die jeweils gleiche Zahl von Wahlberechtigten repräsentieren. Dadurch können sowohl der Ordinatenabschnitt als auch der Steigungskoeffizient beeinflusst sein, falls die Größe der Wahlkreise mit dem Industrialisierungsgrad und dem SPD-Stimmenanteil korreliert. Das ist in unserem Beispiel der Fall: Die Zahl der Wahlberechtigten korreliert sowohl mit dem Industrialisierungsgrad (r = 0,44) als auch mit dem SPD-Stimmen-anteil (r = 0,43). Wenn es darum geht, die spezifische Bedeutung der Industrialisierung für den Stimmenanteil der SPD richtig einzuschätzen, möchte man den Einfluss ungleicher Wahlkreisgrößen ausschalten.[43] Das lässt sich bewerkstelligen, indem man die 397 Wahlkreise (also die einzelnen Fälle) proportional zur Zahl der Wahlberechtigten im jeweiligen Wahlkreis (im GESIS-Datensatz eingespeister Variablenname wbr12abs), also im Verhältnis zur Zahl der Wahlberechtigten insgesamt (hier 14.442.387) gewichtet. Das bedeutet, dass man einen Wahlkreis A praktisch zweimal zählt, wenn er doppelt so groß ist wie der Durchschnittswahlkreis.

Die Gewichtungsvariable wird in SPSS durch einen COMPUTE-Befehl gebildet und durch das WEIGHT-Kommando ausgeführt:

COMPUTE GEWICHT = (wbr12abs/14442387)*397.
WEIGHT BY GEWICHT.

---

43 Die Wahlkreisgröße kann als eine „Stellvertreter"-Variable für weitere Einflussfaktoren dienen, die mit ihr verbunden sind, s. unten.

Diese beiden Befehle müssen vor das Prozedurkommando REGRESSION (s. oben) gesetzt werden. Es empfiehlt sich, nicht einfach mit der Zahl der Wahlberechtigten in dem jeweiligen Wahlkreis (wbr12abs) zu gewichten, sondern eine Gewichtung zu wählen, die die Gesamtzahl der Fälle (gegeben über die Anzahl der Wahlkreise, n = 397) unverändert lässt. Das wird erreicht, indem man zunächst die Zahl der Wahlberechtigten des Wahlkreises ins Verhältnis setzt zur Zahl der Wahlberechtigten in allen 397 Wahlkreisen und dann diesen Ausdruck mit der Zahl der Wahlkreise multipliziert. Würde man jeden Wahlkreis nur mit der Zahl seiner Wahlberechtigten gewichten, ergäbe sich eine rechnerische Fallzahl von über 14 Millionen, was Signifikanztests im Rahmen der Inferenzstatistik sinnlos machen würde. Die Regressionskoeffizienten selbst würden aber im Vergleich dazu nicht anders geschätzt, wenn man die Gewichtung mit WEIGHT BY wbr12abs, also ohne Normierung auf 397 Fälle, eingäbe, da die Proportionalitäten die gleichen blieben.

Die Gewichtung führt dazu, dass wir mit dem neuen Regressionsmodell diejenigen Stimmenanteile schätzen, die die SPD in Abhängigkeit vom Industrialisierungsgrad erhalten hätte, wenn, unter sonst gleichbleibenden Voraussetzungen, die Größe der Wahlkreise konstant gewesen wäre. Da die Zahl der Wahlberechtigten in den einzelnen Wahlkreisen positiv mit den SPD-Stimmenanteilen korreliert (s. oben), erhöht sich deren Mittelwert von knapp 24 % auf etwas über 29 %. Der Niveauanstieg zeigt sich auch in dem Ordinatenabschnitt, der von a = −2,57 auf a = 2,71 zunimmt. Allerdings vermindert sich der Steigungskoeffizient von b = 0,83 (s. oben Gleichungen (6-3) und (6-9)) auf b = 0,75. Das heißt, der Industrialisierungsvariable wird nun ein etwas vermindertes Einflussgewicht zugeschrieben: Bei einer einprozentigen Zunahme der industriell Beschäftigten nimmt der SPD-Stimmenanteil im Schnitt nicht (mehr) um 0,83, sondern um 0,75 Prozentpunkte zu. Auch der Determinationskoeffizient vermindert sich von r = 0,50 auf r = 0,39. Das erscheint durchaus als sinnvoll, da zuvor der Industrialisierungsvariablen ein Teil des Einflusses zugeschrieben wurde, die der Größe der Wahlkreise (bzw. den nicht berücksichtigten Einflussfaktoren, die mit dieser Größe verbunden sind) zukommt. Die Größe der Wahlkreise fungiert hier lediglich als eine „Stellvertreter"-Variable, die empirisch mit weiteren potentiellen Einflussfaktoren – wie Urbanisierungsgrad und ethnischer Zusammensetzung – assoziiert sein dürfte. Dies macht wieder einmal darauf aufmerksam (vgl. Kap. 4), dass aus bivariaten Verteilungen ermittelte Variablen-Zusammenhänge sich in der Regel nicht für Kausalinterpretationen eignen. Kapitelabschnitt 6.3 wird in die multiple Regressionsanalyse mit mehreren Einflussfaktoren (*Prädiktorvariablen*) einführen. In einem Vorgriff darauf lässt sich hier schon anmerken, dass in einer multiplen Regression, in der die Zahl der Wahlberechtigten neben dem Industrialisierungsgrad als weitere unabhängige Variable explizit in das Modell mit aufgenommen und auf eine Gewichtung verzichtet wird, für den Industrialisierungsgrad wiederum ein Steigungskoeffizient von b = 0,75 ermittelt wird.

6.1.1 Exkurs: Korrelation als Regression mit z-standardisierten Variablen

Wir haben bereits in Kapitelabschnitt 4.2.4 gezeigt, dass die klassische Definition des Korrelationskoeffizienten durch Pearson formal identisch ist mit der Kovarianz der z-standardisierten Variablen (siehe die dortige Gleichung (4-33)). Wir können nun zeigen, dass die Kovarianz z-standardisierter Werte identisch ist mit dem Steigungskoeffizienten der z-transformierten Variablen.

Die z-Transformation $z(x) = (x - \bar{x})/s_x$ und $z(y) = (y - \bar{y})/s_y$ führt dazu (wie in Kap. 4 erläutert), dass die transformierte Variable ein arithmetisches Mittel von 0 und eine Standardabweichung bzw. Varianz von 1 aufweist. Wenden wir nun die Bestimmungsgleichung (6-8) für den Regressionskoeffizienten b auf die transformierte Variable Z an, so erhalten wir:

$$(6\text{-}17) \quad b_{z(y)z(x)} = \frac{\frac{1}{n} \sum (z(x)_i - \overline{z(x)})(z(y)_i - \overline{z(y)})}{\frac{1}{n} \sum (z(x)_i - \overline{z(x)})^2}$$

$$= \frac{1}{n} \sum z(x)_i \, z(y)_i$$

Dieser Ausdruck lässt sich, wie in (4-34) gezeigt wurde und hier (leicht modifiziert) noch einmal wiederholt wird, zu der klassischen Definitionsformel von Pearson (s. Gleichung (6-10) erweitern:

$$(6\text{-}18) \quad \frac{1}{n} \sum z(x)_i \, z(y)_i = \frac{1}{n} \sum \left(\frac{x_i - \bar{x}}{s_x} \right) \left(\frac{y_i - \bar{y}}{s_y} \right)$$

$$= \frac{1}{n} \frac{1}{s_x} \frac{1}{s_y} \sum (x_i - \bar{x})(y_i - \bar{y})$$

$$= r$$

Die z-Transformation ist eine lineare Transformation, die, Intervallskalenniveau vorausgesetzt, die Konfiguration der einzelnen Werte innerhalb der Punktwolke des Streudiagramms nicht verändert (siehe Abb. 6.5 im Vergleich zu Abb. 6.1). Da sich aber die Skaleneinheiten verändern, ändert sich die Neigung der Geraden. (Wegen des relativ groben Plot-Rasters können einzelne Werte auch ihre Position zueinander im Computerausdruck verschieben).

Die Interpretation der Korrelation als Regression z-standardisierter Werte macht deutlich: bei perfekter Korrelation, $r = |1|$, müssen nicht nur alle Punkte auf einer Geraden liegen (denn andernfalls wäre $r^2 < 1$), sondern diese Gerade muss identisch sein mit der Winkelhalbierenden in einem Koordinatenkreuz, auf dessen Achsen die z-standardisierten Werte abgetragen sind. Für die Punkte auf der Winkelhalbieren-

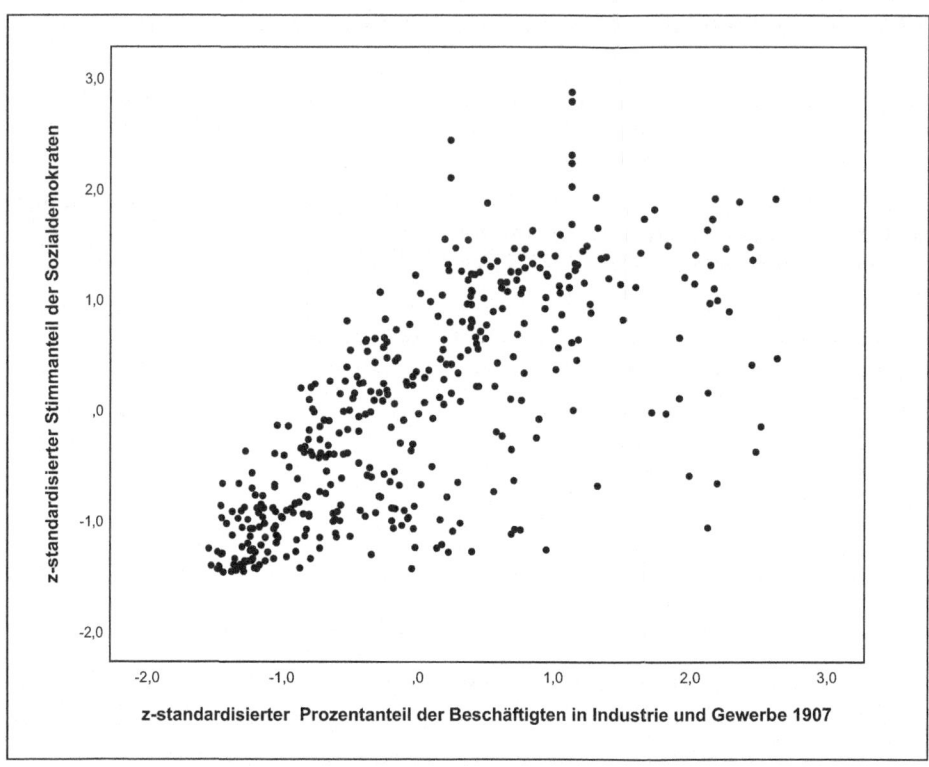

Abbildung 6.5   Streudiagramm der z-standardisierten SPD-Stimmenanteile mit z-standardi-
siertem Industrialisierungsgrad (Quelle: eigene Darstellung)

den gilt $z(x)_i = z(y)_i$, d. h. sie hat einen standardisierten Steigungskoeffizienten von
$b_{z(y)z(x)} = 1$. Im bivariaten Modell ist dieser auch bei nicht-perfektem Zusammenhang
der Variablen identisch mit dem Korrelationskoeffizienten (s. Gleichungen (6 17)
und (6-18); mehr dazu in Abschn. 6.3).

Auf diese Weise wird gezeigt, wie neben der PRE-Interpretation von r^2 auch Pearsons Korrelationskoeffizient r gedeutet werden kann: der Koeffizient r ist so konstruiert, dass er eine perfekte Korrelation nur für den Fall anzeigt, dass eine „relative"
Abweichung der einzelnen x_i-Werte (i = 1,2, ..., n) von $\bar{x}$ (gemessen in Einheiten z
der Standardabweichung) bei jedem beliebigen Fall i mit einer gleich großen relativen
Abweichung der n y_i-Werte von $\bar{y}$ verbunden ist.

6.2   Qualitative und dichotome Variablen als Regressoren

Häufig sind Einflussfaktoren nicht auf metrischem Niveau messbar oder überhaupt definierbar. Solange aber die abhängige Variable metrisch gemessen ist, lässt sich die Regressionsanalyse, wie wir sie im vorangegangenen Kapitelabschnitt besprochen haben, auch in diesen Fällen anwenden. Als Beispiel nehmen wir die Variable „Dominante Konfession im Wahlkreis" (nkonf12) als Regressor des SPD-Stimmenanteils. In einem Wahlkreis sind entweder die Katholiken oder die Protestanten dominant. Die Variable hat also nur zwei Ausprägungen. Sie können, wie in Kap. 1 und Kap. 5 schon erwähnt, auf verschiedene Weise kodiert werden. Am häufigsten ist die sog. Dummy-Kodierung, bei der eine der Ausprägungen eine Null erhält, die andere eine Eins. Alternativ hierzu gibt es auch eine sog. „Effekt-Kodierung", bei der eine Ausprägung mit „–1" und die andere mit „+1" kodiert wird (dazu unten mehr)

Wir wollen in unserem Beispiel zur Reichstagswahl von 1912 den vom Katholizismus dominierten Wahlkreisen (etwa ein Drittel aller Wahlkreise) bei der Variablen nkonf12 eine Null zuordnen, den anderen, in denen der Protestantismus stärker vertreten ist, eine Eins. Eine Variable, die nur Nullen und Einsen aufweist, heißt *Dummy-Variable* und kann als normaler Regressor verwendet werden – alleine in einer bivariaten Regression oder auch zusammen mit anderen Variablen in einer multiplen Regression. In der bivariaten Regression hat die Prognosegleichung mit einem dichotomen Regressor folgendes Aussehen (vgl. Gleichung (6-1)):

(6-19) $\hat{y}_1 = a + b1$ für alle Fälle mit x = 1 (hier: protestantisch dom. Wahlkreis)

$\hat{y}_2 = a + b0$ für alle Fälle mit x = 0 (hier: katholisch dom. Wahlkreis)

Es gibt aber nach wie vor nur eine einzige Gleichung zur Bestimmung der Regressionskoeffizienten:

(6-20) $y_i = a + bx_i + e_i$ (s. oben Gleichung (6-3) und (6-3'))

Ihre Kennwerte a und b werden nach dem üblichen Kleinstquadrateverfahren (KFQ, OLS, s. oben, Abschn. 6.1) ermittelt, wobei die Regressorvariable jetzt nur zwei Werte, null oder eins, annimmt. Die Prognosegleichung (6-19) zeigt, wie diese Kennwerte nun zu interpretieren sind: Der Ordinatenabschnitt (im Ergebnisausdruck der Tab. 6.1 als „Konstante" bezeichnet) gibt (wie bei einer metrischen X-Variable) den zu erwartenden Y-Wert ($\hat{y}\,|x_i = 0$) derjenigen Fälle an, die mit x = 0 kodiert wurden. In unserem Beispiel ist dies der durchschnittliche Stimmenanteil der SPD-Kandidaten in katholisch dominierten Wahlkreisen; er beträgt, laut dem SPSS-Ergebnisausdruck in Tab 6.1 18,4 Prozent (wiederum nach einer Fallgewichtung gemäß der Zahl der Wahlberechtigten). Die Null-Kategorie der Dummy-Variablen wird auch als *Referenz-* oder *Basiskategorie* bezeichnet.

Tabelle 6.1   Ergebnisausdruck zur Dummy-Regression SPD-Stimmenanteil in Abhängigkeit von dominanter Konfession (Basiskategorie: katholisch) (Quelle: eigene Darstellung)

	Nicht standardisierte Koeffizienten		Standardisierte Koeffizienten		
Modell	Regressionsko effizientB	Std.-Fehler	Beta	T	Sig.
1 (Konstante)	18,374	1,498		12,267	,000
Dominante Konfession	24,096	1,831	,552	13,159	,000

Modell	R	R-Quadrat	Korrigiertes R-Quadrat	Standardfehler des Schätzers
1	,552[a]	,305	,303	17,16804

a. Einflußvariablen : (Konstante), Dominante Konfession

In der Spalte „Regressionskoeffizient B" wird neben dem Ordinatenabschnitt auch angegeben, um wie viele Y-Einheiten (hier: SPD-Prozente) sich der Mittelwert der mit x = 1 kodierten Fälle (protestantisch dominierte Wahlkreise) vom Mittelwert derjenigen Fälle unterscheidet, die mit x = 0 kodiert wurden (also den Fällen der Referenzkategorie). Laut Ergebnisausdruck in Tab. 6.1 beträgt diese mit dem Steigungskoeffizienten gegebene Differenz b = 24,1 Prozentpunkte. Das bedeutet, dass in den protestantisch dominierten Wahlkreisen die SPD-Kandidaten im Durchschnitt 18,4 % + 24,1 % = 42,5 % der Stimmen erhielten. Der Determinationskoeffizient „R-Quadrat" = 0,31 = 31 % (im zweiten Kasten) entspricht hier der Kennzahl Eta-Quadrat, die wir in Kap. 4.2.5 besprochen haben. Auf die in Tab. 6.1 zusätzlich angegebenen inferenzstatistischen Kenngrößen werden wir in späteren Kapiteln eingehen.

Dieses Verfahren lässt sich auf qualitative Regressorvariablen ausdehnen, die mehr als zwei Kategorien enthalten. So könnte man beispielsweise eine Variable kreieren, die die Wahlkreise danach klassifiziert, welche industriellen Branchen in ihnen am stärksten entwickelt waren. Nehmen wir an, wir hätten hierzu vier Kategorien (K = 4) definiert: Bergbau, Metallindustrie, Textilindustrie, Andere. In diesem Falle müssten K − 1 = 3 Dummy-Variablen (D_1, D_2, D_3) konstruiert werden. Zunächst wählt man eine Basiskategorie (Referenzkategorie), z. B. Bergbau. Die Wahlkreise, in denen der Bergbau am stärksten entwickelt ist, erhalten auf allen K − 1 Dummy-Variablen den Wert Null. Für die verbleibenden Kategorien werden die Dummy-Variablen in folgender Weise definiert:

D_1 = 1 für alle Wahlkreise, in denen die Metallindustrie am stärksten vertreten ist
     = 0 für alle anderen Wahlkreise
D_2 = 1 für alle Wahlkreise, in denen die Textilindustrie am stärksten vertreten ist
     = 0 für alle anderen Wahlkreise

D_3 = 1 für alle Wahlkreise, in denen keine der drei spezifizierten Industrien (ein-
schließl. Bergbau), sondern eine andere Branche am stärksten vertreten ist
= 0 für alle anderen Wahlkreise

Daraus ergibt sich folgendes Kodierschema:

Dominante Industriebranche	D_1	D_2	D_3
Metallindustrie	1	0	0
Textilindustrie	0	1	0
Andere	0	0	1
Bergbau	0	0	0

Mit Hilfe ihrer Wertekombinationen in den K − 1 Dummy-Variablen sind also alle
Wahlkreise eindeutig einem der K qualitativen Merkmale zugeordnet. Die Prognosegleichung für die durchschnittlichen Y-Werte, die sich für die verschiedenen Indus-
trie-Branchen ergeben, sieht nun wie folgt aus:

(6-21) $\hat{y} = a + b_1 D_1 + b_2 D_2 + b_3 D_3$

Für einzelne Wahlkreise spezifiziert, nimmt diese Gleichung folgende Gestalt an:

(6-22) $\hat{y} = a + b_1\,0 + b_2\,0 + b_3\,0$ $= a$ für Wahlkreise „Bergbau"
$\hat{y} = a + b_1 D + b_2\,0 + b_3\,0$ $= a + b_1$ für Wahlkreise „Metallindustrie"
$\hat{y} = a + b_1\,0 + b_2 D_2 + b_3\,0$ $= a + b_2$ für Wahlkreise „Textilindustrie"
$\hat{y} = a + b_1\,0 + b_2\,0 + b_3 D_3$ $= a + b_3$ für Wahlkreise „Andere"

Der Ordinatenabschnitt gibt also den zu erwartenden SPD-Stimmenanteil (das arithmetische Mittel der Y-Variable) für diejenigen Wahlkreise an, in denen der Bergbau die am stärksten vertretene Industriebranche darstellt. Sie dient als Basis- oder
Bezugskategorie für die anderen Wahlkreis-Kategorien. Die für sie jeweils anzuneh-
menden durchschnittlichen SPD-Stimmenanteile erhält man aus den durch die Steigungskoeffizienten b_k (k = 1,2,3) angegebenen Differenzen zu den „Bergbau"-Wahl-
kreisen. Für die durch die Textilindustrie geprägten Wahlkreise ergibt sich somit:
$\hat{y} = a + b_2$.
Diese Form der Dummy-Regression ist hinsichtlich der substantiellen Ergebnisse
weitgehend identisch mit einem Analysedesign, das in der Literatur als *einfaktorielle
Varianzanalyse* bezeichnet wird, das wir in diesem Einführungstext aber nicht näher
besprechen werden (s. Kühnel/Krebs 2018, Kap. 16). Die beiden Designs kommen
sich formal noch näher, wenn die K Ausprägungen der qualitativen (auch dichotomen) Variablen nicht in Form der Dummy-Kodierung, sondern in Form der oben
schon erwähnten „Effekt-Kodierung" in das Regressionsmodell einbezogen werden.

Hierbei wird die Referenzkategorie nicht mit „0", sondern mit „–1" kodiert. Die Anzahl der sog. „Design"-Variablen, die die verschiedenen Ausprägungen repräsentieren, ist auch hier gleich K – 1. Im Falle einer dichotomen Variablen (K = 2), ist also
nur eine Designvariable mit den Ausprägungen „–1" und „1" zu bilden. Bei K > 2
weisen die K – 1 Designvariablen jeweils 3 Ausprägungen auf. Die Referenzkategorie
(im obigen Beispiel „Bergbau") ist in jeder der Designvariablen D_k mit „–1" kodiert;
der Wert „1" wird der jeweils ausgewählten Kategorie k (z. B. „Metallindustrie") zugeordnet, während die sonstigen Kategorien (außer der Referenzkategorie) den Wert
„0" erhalten (s. Kühnel/Krebs 2018, S. 626 ff.).

Da im Falle einer nominalen Regressor-Variable mit mehr als zwei Ausprägungen mehr als eine Dummy-Variable in die Gleichung einzubeziehen sind, bewegen
wir uns hiermit, technisch betrachtet, schon im Bereich der *multiplen Regression*, die
wir im nächsten Abschnitt ausführlicher besprechen werden.

6.3   Lineare Regressionsanalyse mit mehreren bedingenden Variablen

6.3.1   Das additive Modell

Bisher haben wir die SPD-Stimmenanteile in den einzelnen Wahlkreisen nur in Abhängigkeit vom Grad der Industrialisierung betrachtet (abgesehen von der dichotom
kodierten Konfessionsvariable). Damit sind sicherlich nicht alle relevanten Einflussgrößen erfasst. Wir erweitern das Modell zunächst um eine metrische Konfessionsvariable: den Anteil der Protestanten an der Bevölkerung des Wahlkreises, Variablenname im Datensatz: ev05p. Wir gehen davon aus, dass die SPD in Wahlkreisen mit
hohem Protestantenanteil (d. h. mit niedrigem Katholikenanteil) größere Stimmenanteile erreicht (unabhängig vom Industrialisierungsgrad) als in Wahlbezirken mit
niedrigem Anteil an Protestanten. Wir unterstellen zunächst, dass Konfessions- und
Industrialisierungsvariable *additiv*, nicht *interaktiv* (multiplikativ, siehe Abschnitt
6.3.2; vgl. Abschnitt 5.2.1) den SPD-Stimmenanteil (Variablenname spd12p) beeinflussen (siehe Abb. 6.6). Es ist aber davon auszugehen, dass Industrialisierungsgrad
(Variablenname kbe07igp) und Protestantenanteil positiv miteinander korrelieren.
Wir wollen also herausfinden, wie stark die *spezifischen* (partiellen) Einflussgewichte
der beiden Regressorvariablen unter *Kontrolle* der jeweils anderen sind (vgl. die Ausführungen zur „Drittvariablenkontrolle" in Kap. 5).

Formal lässt sich dieses theoretische Modell (einschließlich der Fehlergröße e)
wie folgt ausdrücken:

(6-23)   SPD-Stimmanteil = $a + b_1 \cdot$ Industrial.grad $+ b_2 \cdot$ evang.Bev. $+ e$
              $Y = \qquad\qquad a + b_1 \cdot X_1 \qquad\qquad + b_2 \cdot X_2 + e$

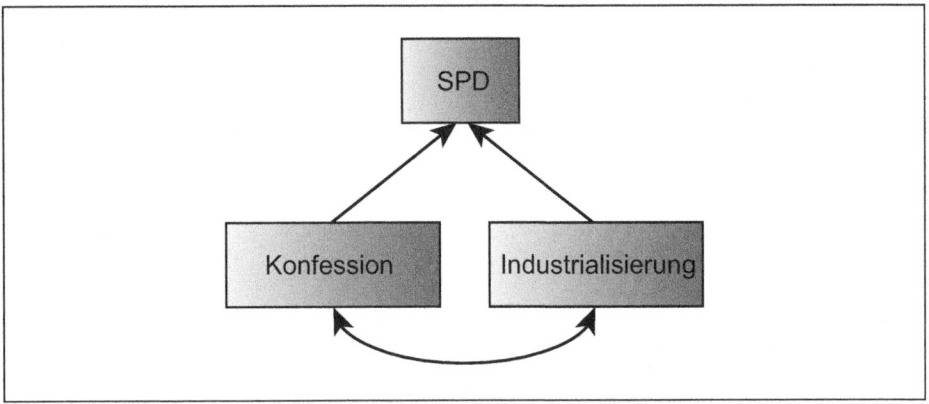

Abbildung 6.6 Kausalschema einer additiven Beziehung (Quelle: eigene Darstellung)

Die Regressionskoeffizienten a, b_1 und b_2 werden wieder nach dem oben schon dargestellten Kleinstquadratverfahren berechnet. (Für den Ordinatenabschnitt „a" wird gelegentlich auch das Kürzel „b_0" verwendet) Die Koeffizienten werden also so gewählt, dass die Summe der Fehlerquadrate e^2, berechnet über alle in die Analyse einbezogenen Fälle, ein Minimum darstellt. Mathematisch lässt sich das wiederum mit Hilfe der Differentialrechnung durchführen. Die Gleichung

$$(6\text{-}24) \quad \sum_{i=1}^{n} e_i^2 = \sum_{i=1}^{n} \left[y_i - (a - b_1 x_{1i} - b_{2i} x_{2i}) \right]^2$$

wird partiell differenziert, zunächst im Hinblick auf das Absolutglied a, dann nacheinander hinsichtlich der Steigungskoeffizienten b_1 und b_2. Analog zu den Gleichungen (6-7) erhält man dabei einen Satz von K + 1 *Normalgleichungen,* wobei K die Zahl der unabhängigen Variablen angibt (hier K = 2). Wir verzichten auf Ableitung und Wiedergabe dieser Normalgleichungen, da sie im Prinzip gegenüber dem bivariaten Modell nichts Neues darstellen und in der Praxis auch nicht per Hand abgeleitet bzw. gelöst werden müssen.

Solange wir es nur mit zwei Regressorvariablen, X_1 und X_2, zu tun haben, lässt sich das Modell auch graphisch veranschaulichen (siehe Abb. 6.7).

Jeder untersuchte Fall i (i = 1,2, …, n), für den Beobachtungsdaten vorliegen, wird im dreidimensionalen Raum durch einen Datenpunkt repräsentiert, in dem sich die Koordinaten seiner Y-, X_1- und X_2 -Werte schneiden. In diesen Raum kann man sich eine Fläche (oder Ebene) eingezogen denken, die einen bestimmten Neigungswinkel zur X_1-Achse und einen bestimmten Neigungswinkel zur X_2-Achse aufweist. Die Fläche ist so zu positionieren, dass die einzelnen Datenpunkte minimal von ihr abweichen („minimal" im Sinne der Summe ihrer Abweichungsquadrate). Diese Veranschaulichung versagt natürlich, sobald das Regressionsmodell mehr als zwei

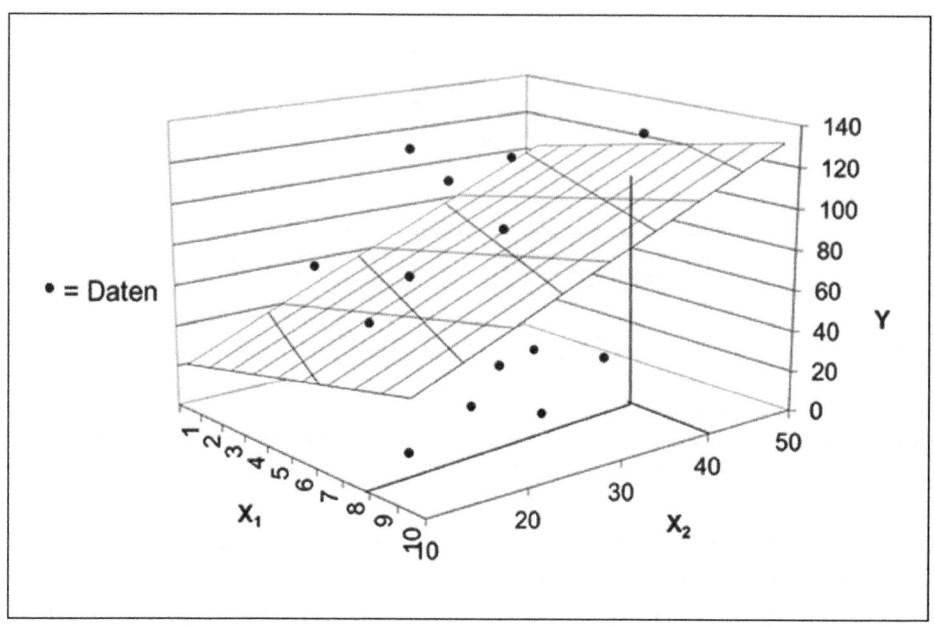

Abbildung 6.7   Geometrische Darstellung einer Regressionsfläche mit zwei unabhängigen Variablen (Gleichung $Y = 3X_1 + 2X_2$, eingezeichnete starke Linien: Punkt $x_1 = 8$, $x_2 = 40$, $y = 104$) (Quelle: eigene Darstellung)

unabhängige Variablen enthält. Die *Hyperebene* ist dann nur noch mathematisch abzuleiten, aber optisch nicht mehr darstellbar.

Wie sind nun die Koeffizienten eines multiplen Regressionsmodells zu interpretieren? Es werden für sie in unserem Beispiel (Gleichung 6-23) folgende Größen ermittelt (die wir in späteren Kapiteln noch als „Schätzgrößen" behandeln werden):

$$a = -12{,}67 \quad b_1 = 0{,}676 \quad b_2 = 0{,}292 \quad R^2 = 0{,}617$$

Auch hier wurde die oben besprochene Fall-Gewichtung gemäß der Anzahl der Wahlberechtigten vorgenommen. Der Koeffizient $a = -12{,}67$ (der Ordinatenabschnitt) bleibt weiterhin eine rechnerische Größe, die nichts anderes darstellt, als den (hier sehr unrealistischen) Erwartungswert für Y unter der fiktiven Bedingung, dass $X_1 = X_2 = 0$ ist. Aussagekräftiger ist die Interpretation der beiden Steigungskoeffizienten b_1 und b_2. Der Koeffizient $b_1 = 0{,}676$ gibt an, um wieviele Einheiten sich die abhängige Variable (SPD-Stimmenanteil) verändert, wenn X_1 (der Industrialisierungsgrad) um eine Einheit zunimmt, während die zweite Regressorvariable, hier der Protestantenanteil, „konstant" bleibt (also als *Kontrollvariable* fungiert). Dieser partielle Steigungskoeffizient liegt etwas unterhalb des entsprechenden Koeffizienten, der oben (s. Erläuterung direkt vor Abschnitt 6.1.1) in der (gewichteten) bivariaten Regressionsanalyse ermittelt wurde (b = 0,75). Entsprechend gibt der Koeffizient b_2 = 0,292 an, um wieviele Einheiten sich die abhängige Variable verändert, wenn X_2 bei Konstanthalten von X_1 um eine Einheit (einen Prozentpunkt) zunimmt. Wenn der Protestantenanteil um 10 % ansteigt, wächst der SPD-Stimmenanteil im Durchschnitt um 2,92 Prozentpunkte. Oder anders ausgedrückt: wenn der Anteil der Nicht-Protestanten (im Wesentlichen also der Katholiken) um 10 % zunimmt, nimmt der SPD-Stimmenanteil um 2,92 Prozentpunkte ab. Falls noch mehr Variablen in das Modell einbezogen werden, gelten entsprechende Interpretationen: Jeder Koeffizient b_k (k = 1, 2, ..., K) ist ein partieller Koeffizient, für den mathematisch die Bedingung „simuliert" wird, dass alle anderen Regressorvariablen (außer X_k) jeweils konstant gehalten werden.

Mit dem partiellen Differenzieren der Gleichung (6-24) wird also etwas Ähnliches erreicht wie durch die Drittvariablenkontrolle in der Tabellenanalyse (siehe Kap. 5). Um den Einfluss einer Testvariable T auf die Korrelation zweier anderer Variablen X und Y untersuchen zu können, musste dort jedoch die Stichprobe geteilt werden: für jede Kategorie der Testvariable mussten die bivariaten Verteilungen von X und Y in Partialtabellen dargestellt werden. Auch bei relativ großen Stichproben konnte man schon bei zwei oder mehr Testvariablen in die unerfreuliche Lage geraten, nicht alle Zellen der Partialtabellen mit einer ausreichend großen Zahl von Fällen besetzen zu können. Der große Vorteil des Regressionsmodells liegt darin, dass es *partielle* Effekte, die spezifischen Einflüsse einer Variablen X_k auf eine abhängige Variable Y feststellen lässt, ohne dass man die Menge der Untersuchungseinheiten (Stichprobe) in Subgruppen einteilen muss. Das Konstanthalten aller anderen Einflussfaktoren (soweit sie im Modell berücksichtigt sind) geschieht simultan allein mittels bestimmter algebraischer Operationen. Auf diese Weise wird es möglich, eine große Zahl von K Regressorvariablen gleichzeitig zu berücksichtigen, wobei für jeden einzelnen Regressor X_k (k = 1, 2, ..., K) die übrigen K-1 Regressoren als Kontrollvariablen fungieren. Das heißt, alle Steigungskoeffizienten, die wir ermitteln, schätzen den *spezifischen* (partiellen) Einfluss, den eine unabhängige Variable X_k auf eine abhängige Variable Y ausübt.

Diese Kontrolleffekte lassen sich in unserem Beispiel mit zwei Regressorvariablen wie folgt veranschaulichen: Wir führen zunächst eine Regression der SPD-Stimmenanteile spd12p auf den Protestantenanteil ev05p durch:

(6-25)   spd12p = a + b · ev05p + e

Die für jeden Wahlkreis beobachteten Residuen e_i speichern wir unter dem Namen resSPD. Als nächstes regredieren wir den Industrialisierungsgrad auf den Protestantenanteil:

(6-26)   kbe07igp = a + b · ev05p + e

Die neuen Residuen speichern wir unter dem Namen resIND. Beide Residuenvariablen, resSPD und resIND, enthalten keine Varianzanteile, die durch die Variable ev05p erklärt werden könnten (zwischen der empirischen Residual- und der Regressorvariable besteht voraussetzungsgemäß keine Korrelation). Man spricht auch davon, dass die Variable Protestantenanteil aus den Variablen SPD-Stimmenanteil und Industrialisierungsgrad *auspartialisiert* worden ist. Wenn wir nun in einem dritten Schritt die Residuen des SPD-Stimmenanteils auf die Residuen der Industrialisierungsvariable regredieren,

(6-27) $resSPD = a + b \cdot resIND + e$

erhalten wir einen Steigungskoeffizienten b = 0,676, der mit demjenigen identisch ist, den wir im ersten Rechengang für b_1 in Gleichung (6-23) ermittelt hatten. Folglich muss es sich bei b_1 um einen *Partial*koeffizienten handeln, der den spezifischen Effekt des Industrialisierungsgrades auf den SPD-Stimmenanteil wiedergibt, nachdem der Einfluss des Protestantenanteils neutralisiert worden ist[44]. Entsprechendes gilt nun auch hinsichtlich des Steigungskoeffizienten b_2 in Gleichung (6-23). Auch er ist ein Partialkoeffizient; er stellt den spezifischen Einfluss der Konfessionsvariablen auf den SPD-Stimmenanteil dar, nachdem der Effekt der Industrialisierungsvariablen ausgeschaltet worden ist. Mit Hilfe der multiplen Regression wird also hinsichtlich der Bestimmung der Steigungskoeffizienten in einer algebraisch verkürzten Form dasjenige Ergebnis produziert, das man (umständlicher) mit Hilfe der Residual-Regressionen erreichen würde.

In unserem Beispiel ist der partielle Steigungskoeffizient b_1 = 0,676 niedriger als der Steigungskoeffizient b = 0,75 aus der bivariaten Regression (beide Male mit der Fall-Gewichtung durch die Zahl der Wahlberechtigten). Die folgende Gleichung zeigt, dass dies nicht immer der Fall sein muss. Indizieren wir die abhängige Variable mit „1", den ersten Regressor mit „2" und den zweiten Regressor mit „3", so gilt allgemein

(6-28) $$b_{12.3} = \frac{b_{12} - b_{13}\,b_{32}}{1 - b_{23}\,b_{32}}$$

$$b_{13.2} = \frac{b_{13} - b_{12}\,b_{23}}{1 - b_{23}\,b_{32}}$$

---

44 Den gleichen Regressionskoeffizienten für den Industrialisierungsgrad erhielten wir auch dann mit der Gleichung (6-23), wenn zuvor die Konfessionsvariable lediglich aus dem Industrialisierungsgrad gemäß Gleichung (6-26), nicht aber aus der abhängigen Variablen spd12p auspartialisiert worden wäre. Man spricht in diesem Falle von einem *semipartiellen Koeffizienten*. Während partieller und semipartieller Steigungskoeffizient numerisch identisch sind, trifft dies bezüglich des Korrelationskoeffizienten nicht zu (siehe unten). Allerdings hat der semipartielle Steigungskoeffizient, im inferenz-statistischen Kontext betrachtet, einen größeren *Standardfehler* als der partielle Steigungskoeffizient, worauf wir in Kap. 10 noch eingehen werden.

Der Parameter $b_{12.3}$ ist der partielle Steigungskoeffizient der zweiten Variable, $b_{13.2}$ derjenige der dritten Variable; die Variable, die nach dem Punkt im Index genannt wird, fungiert als Kontrollvariable. Steigungskoeffizienten mit nur zwei Indices (ohne Punkt) beziehen sich auf bivariate Regressionen. Die erstindizierte Variable stellt, wie schon gesagt, jeweils die abhängige Variable dar.

Die partiellen Steigungskoeffizienten $b_{12.3}$ bzw. $b_{13.2}$ ergeben sich aus bestimmten Kombinationen und Relationen der bivariaten Steigungskoeffizienten, wobei neben dem absoluten Betrag die Vorzeichenkombinationen eine entscheidende Rolle spielen. Der partielle Steigungskoeffizient, z. B. $b_{12.3}$, ist dann niedriger als der bivariate (b_{12}), wenn der Zusammenhang zwischen den beiden Regressorvariablen (2 und 3) das gleiche Vorzeichen hat wie der Zusammenhang zwischen der abhängigen Variablen (1) und derjenigen Regressorvariable (3), die als Kontrollvariable betrachtet wird.

Gleichung (6-28) macht außerdem deutlich, dass der partielle Steigungskoeffizient mit dem bivariaten Steigungskoeffizienten identisch ist, wenn zwischen den Regressorvariablen kein Zusammenhang besteht, wenn also $b_{32} = b_{23} = 0$ ist.

Im Vorgriff auf spätere inferenzstatistische Überlegungen (s. Kap. 10) sei aber schon an dieser Stelle darauf hingewiesen, dass es sich auch in einem solchen Falle empfiehlt, eine multiple Regression an Stelle zweier bivariater Regressionen durchzuführen, da die sog. „Standardfehler" der Steigungskoeffizienten aus der multiplen Regression niedriger sind als die Standardfehler der entsprechenden Steigungskoeffizienten aus den bivariaten Regressionen.

Wir können natürlich nicht behaupten, dass nun alle relevanten Variablen im Modell berücksichtigt sind. Ein denkbarer Kandidat für eine weitere Einflussgröße ist z. B. der Grad der in den Wahlbezirken erreichten Urbanisierung, der Gegensatz zwischen einer stärker traditionalistisch orientierten Landbevölkerung und einer eher fortschrittlich gesonnenen Stadtbevölkerung. Ein möglicher Indikator, mit dem diese Variable angesprochen werden kann, ist der prozentuale Anteil der wahlberechtigten Bevölkerung, die in dem jeweiligen Wahlkreis in Gemeinden mit über 2000 Einwohnern lebt. Im Datensatz „ZA8145_wdk_1912.sav" gibt es hierzu drei Variablen, die die prozentualen Anteile für drei Gemeindegruppen getrennt darstellen: br07ap für Gemeinden mit höchstens 2000 Einwohnern; wbr07bp für Gemeinden zwischen 2000 und 10.000 Einwohnern; wbr07cp für Gemeinden mit mehr als 10.000 Einwohnern. Die Variable „Urbanisierungsgrad" (urbgrad) lässt sich somit mit Hilfe des Compute-Befehls als die Summe urbgrad = wbr07bp + wbr07cp erstellen.

Wir ermitteln deshalb (mit Hilfe partieller Ableitungen, wie oben erläutert) die partiellen Koeffizienten für folgendes Modell

(6-29) $spd12p = a + b_1 \cdot kbe07igp + b_2 \cdot ev05p + b_3 \cdot urbgrad + e$

Hierfür erhalten wir folgende Ergebnisse:

$a = -13{,}35 \quad b_1 = 0{,}21 \quad b_2 = 0{,}29 \quad b_3 = 0{,}36 \quad R^2 = 0{,}71$

Offensichtlich kommt der Urbanisierungsvariablen eine erhebliche Erklärungskraft
zu. Gegenüber dem Modell (6-24), das lediglich Industrialisierungsgrad und Protestantenanteil als Regressorvariablen einbezog, steigt nun der Determinationskoeffizient von $R^2 = 0{,}62$ auf $R^2 = 0{,}71$. Wie erwartet, ist der SPD-Stimmenanteil umso
höher, je größer der Anteil der Bevölkerung, der in Gemeinden mit mehr als 2.000
Einwohnern lebt – und zwar unabhängig vom Grad der Industrialisierung. Gegenüber dem Modell (6-24) ist der Steigungskoeffizient des Industrialisierungsgrades
von $b_1 = 0{,}64$ um mehr als die Hälfte auf $b_1 = 0{,}21$ gesunken. Ein Großteil des ihm
zuvor zugeschriebenen Einflussgewichts scheint also dem Urbanisierungsfaktor zu-
zukommen. Beide Variablen korrelieren allerdings mit $r = 0{,}787$ hoch untereinander.
Das macht die Trennung der beiden Einflussgewichte (also die Bestimmung der partiellen Steigungskoeffizienten) besonders riskant. Auf dieses Problem werden wir in
Kap. 10 unter dem Stichwort *Multikollinearität* zurückkommen.

Wir wollen nun ein weiteres Analysebeispiel einbringen, in dem zwei dichotome bzw. nominal definierte Regressorvariablen eingesetzt werden. Es ist einer Studie
entnommen, in der die Entwicklung der Gewaltkriminalität im Deutschen Reich vor
allem zwischen 1883 und 1902 untersucht wird (s. auch Abb. 3.8; Thome 2002; Datensatz ZA8100). Anhand der Verurteiltenstatistik des Deutschen Reiches lässt sich
für diesen Zeitraum bei den Erwachsenen eine Verdoppelung der Deliktraten (pro
100.000 Einwohner) in der Kategorie „Gefährliche Körperverletzungen" feststellen;
bei den Jugendlichen (zwischen 12 und 17 Jahren) ist der Anstieg auf niedrigerem
Niveau noch stärker. In diesem Zeitraum vollzieht sich ein fundamentaler sozialer
Wandel, u. a. in Form einer beschleunigten Urbanisierung und Industrialisierung.

Da die Trendverläufe in die gleiche Richtung weisen, könnte man vermuten, dass
u. a. wegen der zunehmenden Urbanisierung die Körperverletzungsdelikte zugenom-
men haben. Deshalb konzentrieren wir uns im folgenden Beispiel auf diesen Faktor,
den wir zunächst ganz grob in einer Dummy-Variablen Krstyp (gebildet aus Variable „typ" im Datensatz ZA8100) erfassen, in der die rund 880 Landkreise mit „0" und
die rund 120 Stadtkreise mit „1" kodiert sind. Urbanisierungsgrad und weitere potentielle Einflussfaktoren (wie Strafverfolgungspraxis und Rechtsprechung) sind regional unterschiedlich ausgeprägt, so dass wir die regionale Zugehörigkeit der Kreise
als qualitative Kontrollvariable (Variablenname „region2") mit sechs Kategorien einführen: (1) Osten (u. a. Ost-Preußen, Pommern, Schlesien), (2) Mitte-Ost (u. a. Berlin,
Brandenburg, Kgr. Sachsen, Thüringen), (3) Nord-Westen (u. a. Schleswig-Holstein,
Provinz Hannover, Hamburg, Oldenburg, (4) Westen (u. a. Westfalen, Rhein-Pro-
vinz, Hessen-Nassau), (5) Süd-Westen (Baden und Elsass-Lothringen), (6) Süd-Os-
ten (Bayern). Wir wählen den „Osten" als Referenzkategorie und konstruieren fünf
1/0 kodierte Dummy-Variablen für die anderen Regionen (s. oben). Als abhängige Variable bilden wir die durchschnittliche Verurteiltenrate (pro 100.000 Einwohner der strafmündigen Bevölkerung, Erwachsene plus Jugendliche), die sich aus den
jährlich registrierten Deliktraten für die Jahre 1898 bis (einschl.) 1902 ergibt (Variablenname „kv9802r"). Somit erhalten wir folgende Gleichung, in der die aus den ge-

gebenen Daten ermittelten Regressionskoeffizienten schon eingetragen sind (Determinationskoeff. $R^2 = 0,36$):

(6-30)   kv9802r = 278,8 − 52,5(Krstyp) − 116,7(M-Ost) − 126,7(NW-Ost) −
            77,1(West) − 17,8(S-West) + 131,3(S-Ost)

Der Ordinatenabschnitt a = 278,8 gibt die zu prognostizierende durchschnittliche Verurteiltenrate für die Landkreise des äußeren Ostens an (diese Kreise sind dadurch identifiziert, dass sie in allen Dummy-Variablen den Wert 0 einnehmen). Für die Stadtkreise des äußeren Ostens ist eine Rate von 278,8 − 52,5 = 226,3 zu erwarten. Die bayerischen Kreise (S-Ost) bilden die einzige Region mit deutlich höheren Verurteiltenraten: durchschnittlich 278,8 + 131,3 = 410,1 für die Landkreise. Wir wollen uns hier aber vor allem auf den negativen Koeffizienten für den Kreistyp konzentrieren. Über das gesamte Reichsgebiet betrachtet, liegen Verurteiltenraten für die Stadtkreise durchschnittlich um den Betrag von 52,5 unterhalb der Deliktrate für die Landkreise (mit Schwankungen von Region zu Region, die wir hier aber nicht erfassen). Auch in den anderen 5-Jahresperioden, für die uns Daten vorliegen, ergeben sich ähnliche Ergebnisse: die städtischen Deliktraten sind niedriger als die ländlichen. Dies scheint der oben angesprochenen Vermutung zu widersprechen, dass der Trendanstieg bei den Körperverletzungsdelikten u. a. durch die im gleichen Zeitraum stark ansteigende Urbanisierung verursacht sein könnte. Der Widerspruch lässt sich auflösen, wenn man zwischen Prozess-Effekten und Struktur-Effekten, zwischen Urbanisierung und Urbanität unterscheidet (eine Unterscheidung, die in der Forschungspraxis häufig nicht beachtet wird). Die von Emile Durkheim schon Ende des 19. Jahrhunderts initiierte kriminalsoziologische Anomietheorie geht von der Hypothese aus, dass (a) ein rapider sozialer Wandel zu einem Defizit an institutionell abgesicherten, allgemein verbindlichen Regelungen und – damit einhergehend – zu einer Minderung normativer Bindungen und kognitiver Orientierungen führt, was (b) u. a. die Zunahme der Gewaltkriminalität begünstigt. Allerdings können sich in solchen Wandlungsprozessen auch soziale Strukturen (wie die Ausbreitung städtischer Lebensformen und, damit verbunden, individualistischer Orientierungen) ausbilden, die längerfristig den Rückgang der Gewaltkriminalität fördern (s. hierzu Thome 2007). Die Hypothese eines solchen Struktureffekts wird durch den für die Stadtkreise ausgewiesenen negativen Regressionskoeffizienten bestätigt. In der o. g. Studie wurde das Regressionsmodell um eine Reihe zusätzlicher Erklärungsfaktoren erweitert. Darauf werden wir am Ende des folgenden Kapitelabschnitts sowie in Kap. 10 noch näher eingehen.

6.3.2 Berücksichtigung interaktiver (multiplikativer) Beziehungen

Bei der Darstellung der dreidimensionalen Tabellenanalyse in Kap. 5 haben wir bereits zwischen additiven und interaktiven Variablenbeziehungen unterschieden. Ein interaktives Beziehungsmuster war dadurch gekennzeichnet, dass in den Teiltabellen unterschiedlich starke Zusammenhänge zwischen einer (unabhängigen) Variablen X und einer (abhängigen) Variablen Y beobachtet wurden, je nachdem, welcher Wert oder welche Kategorie einer Kontrollvariablen Z gleichzeitig realisiert war: die *bedingten* Assoziationskoeffizienten in den einzelnen Partialtabellen waren so unterschiedlich, dass es nicht mehr sinnvoll schien, sie auf dem Wege der Durchschnittsbildung zu einem gemeinsamen (nicht-bedingten) *partiellen* Koeffizienten zusammenzufassen. Ein Beispiel hierfür lieferte die Beziehung zwischen der Verfassungstradition (X) und der Links/Rechts-Orientierung (Y) der Abgeordneten der Frankfurter Nationalversammlung. Dieser Zusammenhang wurde durch die Konfessionszugehörigkeit (Z) der Abgeordneten spezifiziert: Die Verfassungstradition hatte bei Katholiken keinen, bei Protestanten aber einen relativ starken Einfluss auf das Abstimmungsverhalten, in dem sich die Links/Rechts-Orientierung manifestierte.

Bisher haben wir in der multiplen Regression nur additive Beziehungen betrachtet, Interaktionen waren in diesen Modellen nicht vorgesehen. Wir haben z.B. ermittelt, wie stark im Durchschnitt die SPD-Stimmenanteile ansteigen, wenn der Protestantenanteil (ev05p) um 1% zunimmt und der Grad der Industrialisierung und Urbanisierung konstant gehalten wird. Der entsprechende Steigungskoeffizient für ev05p war, wegen des Konstanthaltens der übrigen Regressorvariablen, zwar als partieller Koeffizient zu interpretieren, er galt jedoch allgemein; er war nicht spezifiziert für bestimmte Werte der anderen Regressorvariablen. Das additive Modell (6-29) sah z.B. nicht vor, dass er unterschiedliche Werte annehmen könnte, je nachdem welcher Urbanisierungsgrad erreicht wurde. Theoretisch (z.B. im Anschluss an die klassischen Arbeiten des französischen Soziologen Emile Durkheim) erscheint eine solche Hypothese jedoch durchaus als sinnvoll: unter städtischen Lebensbedingungen, der Erweiterung sozialer Kommunikation, der Konfrontation mit alternativen Deutungssystemen weichen konfessionelle Bindungen auf und determinieren in geringerem Maße als unter ländlichen Lebensbedingungen die politische Ausrichtung. Wenn diese These überprüft (bestätigt oder widerlegt) werden soll, muss ein Regressionsmodell spezifiziert werden, das zulässt, dass der Steigungskoeffizient der Konfessionsvariablen (also das Gewicht ihres Einflusses auf das Votum für oder gegen die SPD) mit zunehmendem Urbanisierungsgrad geringer wird. Wie könnte eine solche Regressionsgleichung aussehen?

Um die Darstellung zu vereinfachen, berücksichtigen wir im Folgenden nur einen der beiden Modernisierungsindikatoren, den Urbanisierungsgrad (urbgrad, s. hierzu die obigen Erläuterungen zu Gleichung (6-29)), lassen also den Industrialisierungsgrad aus. Das additive Modell, in dem keine Interaktion vorgesehen ist, lautet somit:

(6-31) $spd12p = a + b_1 \cdot ev05p + b_2 \cdot urbgrad + e$
$Y = a + b_1X_1 + b_2X_2 + e$

$a = -10,46 \quad b_1 = 0,3 \quad b_2 = 0,45 \quad R^2 = 0,7$

Die neu einzuführende Interaktionshypothese können wir formal in folgender Gleichung ausdrücken:

(6-32) $b_1 = c + dX_2$

Durch diese Gleichung wird eine lineare Abhängigkeit des X_1 zugeordneten Steigungskoeffizienten von den Werten der zweiten Regressorvariable postuliert. Denkbar wären auch nicht-lineare Abhängigkeitsstrukturen, die wir hier aber nicht betrachten wollen. Gleichung (6-32) können wir in Gleichung (6-31) einsetzen; somit erhalten wir

(6-33) $Y = a + (c + dX_2)X_1 + b_2X_2 + e$
$= a' + cX_1 + b_2'X_2 + dX_1X_2 + e$

Neu an diesem Modell ist der multiplikative Ausdruck X_1X_2 in der zweiten Zeile der Gleichung. Er wird dadurch gebildet, dass man für jeden einzelnen Fall (hier Wahlkreis) die jeweiligen Werte für ev05p und urbgrad miteinander multipliziert. Damit wird eine neue Variable in Form eines Produktterms (X_1X_2) kreiert, die man zusätzlich in die Regressionsgleichung aufnimmt. Sämtliche Regressionskoeffizienten werden dann verfahrenstechnisch in gleicher Weise wie im rein additiven Modell nach der üblichen Kleinstquadratmethode (OLS) geschätzt. Da mit X_1X_2 eine neue Variable hinzugekommen ist, unterscheiden sich im Allgemeinen die Regressionskoeffizienten des multiplikativen von den entsprechenden Koeffizienten des additiven Modells; deshalb sind sie in (6-33) mit einem Haken oder einem neuen Buchstaben versehen worden. Der Einfachheit wegen verwenden wir aber für das multiplikative Modell im Folgenden wieder die vertrauten Symbole:

(6-34) $Y = a + b_1X_1 + b_2X_2 + b_3X_1X_2 + e,$

behalten aber „im Kopf", dass a, b_1 und b_2 in (6-34) nicht identisch sind mit den ebenso bezeichneten Koeffizienten in (6-31). Gleichung (6-34) ist die übliche Form, in der man interaktive Beziehungen in einem Regressionsmodell darstellt[45]. Der multiplikative Ausdruck sorgt dafür, dass die Steigungskoeffizienten für X_1 und für X_2 von der jeweils anderen Regressorvariable abhängig sind. Dies können wir leicht überprüfen,

---

45 Zu verschiedenen Möglichkeiten, diese oder andere Gleichungsformen mit theoretisch unterschiedlichen Interaktionsmodellen zu verknüpfen siehe Southwood (1978).

indem wir zu Gleichung (6-34) die partiellen ersten Ableitungen bilden (auch im additiven Modell erhalten wir, wie oben gezeigt, formal die Steigungskoeffizienten mit Hilfe partieller Ableitungen):

$$(6\text{-}35) \qquad \frac{\delta Y}{\delta X_1} = b_1 + b_3 X_2$$

$$\frac{\delta Y}{\delta X_2} = b_2 + b_3 X_1$$

Der Koeffizient b_3 gibt also an,

a) um welchen Betrag b_3 sich der Steigungskoeffizient für X_1 ändert, wenn X_2 um eine Einheit zunimmt (für unser Beispiel vermuten wir für b_3 ein negatives Vorzeichen, da wir annehmen, dass das Regressionsgewicht für die Konfessionsvariable mit steigendem Urbanisierungsgrad abnimmt),
b) um welchen – den gleichen – Betrag b_3 sich der Steigungskoeffizient für X_2 ändert, wenn X_1 um eine Einheit zunimmt.

Der multiplikative Term in der Regressionsgleichung formalisiert die Hypothese der Interaktion zweier unabhängiger Variablen in ihrer Wirkung auf eine abhängige Variable somit als symmetrische Beziehung, wie wir das ja auch in der Tabellenanalyse kennengelernt haben. Wenn die Konfessionsvariable (der Protestantenanteil) mit zunehmendem Urbanisierungsgrad tatsächlich einen (betragsmäßig) kleineren Steigungskoeffizienten (also ein geringeres Einflussgewicht) erhält, impliziert das auch für den Urbanisierungsgrad einen Steigungskoeffizienten, der in gleicher Weise mit dem zunehmenden Protestantenanteil abnimmt – auch wenn man diese Seite der Interaktionsbeziehung nicht kausal deuten möchte. Diese rechnerische Implikation kann man sich durch folgende Überlegungen verständlich machen:

a) Aus der Feststellung, auf der Aggregatebene der Wahlkreise bestehe eine positive Beziehung zwischen Protestantenanteil und SPD-Stimmenanteil, folgt nicht logisch zwingend, dass auch auf der Individualebene die protestantischen Wahlberechtigten mit einer größeren Wahrscheinlichkeit für die SPD votieren als die katholischen[46]. Gestützt auf historische Kenntnisse wollen wir dies jedoch im vorliegenden Falle annehmen.

---

46 Diese Problematik ist in der Literatur ausführlich unter dem (missverständlichen) Stichwort des *ökologischen Fehlschlusses* behandelt worden. Zur Einführung siehe z. B. Hummell (1972). Oft zitiertes Bespiel: Wenn in regionalen Einheiten der USA der Anteil der „Schwarzen" positiv mit der Rate der Gewaltkriminalität korreliert, impliziert dies nicht, dass „Schwarze" eher gewalttätig sind als „Weiße", denn es könnten – theoretisch – auch die „Weißen" umso eher gewalttätig werden, je höher der Anteil der „Schwarzen" ansteigt

b) Das Schätzergebnis für das rein additive Regressionsmodell mit positiven Steigungskoeffizienten (b_1, b_2) für beide bedingende Variablen können wir demnach wie folgt interpretieren: Bei zunehmendem Urbanisierungsgrad steigt unabhängig von der Konfessionsvariable und somit sowohl für Katholiken (und andere nicht-protestantische Gruppierungen) als auch für Protestanten gleichermaßen die Wahrscheinlichkeit eines SPD-Votums an, wobei (wegen der Additivität der Beziehung) zugleich angenommen wird, dass die Wahrscheinlichkeitsdifferenz zwischen den beiden Konfessionsgruppen gleichbleibt, d. h., sich bei steigendem oder fallendem Urbanisierungsgrad nicht ändert.

c) Die in Gleichungen (6-34) und (6-35) für die Aggregatebene (Wahlkreise) mit Hilfe des multiplikativen Terms formulierte Interaktionshypothese geht von der Annahme aus, dass mit steigendem Urbanisierungsgrad das Einflussgewicht der Konfessionsvariable zurückgeht, für den multiplikativen Ausdruck also ein negativer Steigungskoeffizient geschätzt wird. Bezogen auf die Individualebene bedeutet dies, dass sich die Wahrscheinlichkeiten für ein SPD-Votum bei Protestanten und bei Nichtprotestanten (ganz überwiegend Katholiken) einander annähern, wenn der Urbanisierungsgrad zunimmt. Je stärker sich die beiden Individualwahrscheinlichkeiten annähern, umso geringer ist auf der Aggregatebene (betragsmäßig) der Effekt (d. h. der Steigungskoeffizient) des Protestantenanteils.

d) Bei der gegebenen Ausgangslage (Urbanisierungsgrad wirkt positiv auf SPD-Stimmenanteil; Protestanten wählen eher als Nichtprotestanten die SPD) kann die Annäherung der Individualwahrscheinlichkeiten bei zunehmender Urbanisierung nur heißen: Die Wahrscheinlichkeit, SPD zu wählen, muss sich unter dem Einfluss zunehmender Urbanisierung bei den Nichtprotestanten stärker erhöhen als bei den Protestanten.

e) Auf der Aggregatebene bedeutet dies: Je größer der Anteil der Nichtprotestanten, umso stärker der Urbanisierungseffekt, was auch heißt: Je größer der Anteil der Protestanten, umso geringer der Urbanisierungseffekt.

f) Der formalen Symmetrie des multiplikativen Interaktionsterms muss also nicht unbedingt eine kausale Symmetrie entsprechen. Theoretisch scheint es plausibel anzunehmen, dass die mit einem höheren Urbanisierungsgrad verbundenen politischen Strukturen und Lebensverhältnisse dazu führen, dass der Einfluss konfessioneller Bindungen auf das Wahlverhalten nachlässt. Dass ein höherer Protestantenanteil einen geringeren Urbanisierungseffekt kausal bewirkt, möchte man dagegen wohl nicht als substanzielle Hypothese vorschlagen; aber rechnerisch ist auch dieser Effekt in der symmetrischen Interaktion impliziert.

Auch die Interpretation der Koeffizienten b_1 und b_2 in Gleichung (6-34) ergibt sich aus den beiden in (6-35) notierten Gleichungen; sie ist nicht mehr dieselbe wie im additiven Modell der Gleichung (6-31). Der Koeffizient b_1 gibt nun an, um welchen Betrag sich Y ändert, wenn X_1 um eine Einheit zunimmt und gleichzeitig $X_2 = 0$ ist.

Entsprechend gibt b_2 den (bedingten) Steigungskoeffizienten für X_2 unter der Bedingung an, dass $X_1 = 0$ ist. Diese Bedingungen, $X_1 = 0$ und $X_2 = 0$, können, wie in unserem Beispiel, außerhalb des beobachteten Wertebereichs liegen. Die unter diesen Bedingungen extrapolierten Steigungskoeffizienten mögen deshalb, wie der Ordinatenabschnitt a, unrealistische Schätzgrößen darstellen. Das mindert aber nicht zwangsläufig die Validität der Steigungskoeffizienten, die unter anderen X_1- bzw. X_2-Bedingungen mit Hilfe von b_1 bzw. b_2 ermittelt werden (siehe die Beispielrechnungen unten). Wichtig ist, überhaupt zu verstehen, dass es sich bei den Steigungskoeffizienten $\delta y / \delta x_1$ bzw. $\delta y / \delta x_2$ im multiplikativen Modell immer nur um *bedingte* Koeffizienten handelt, die mit den Werten der jeweils anderen Regressorvariable variieren. Falls eine interaktive Beziehung vorliegt, ist es also unsinnig (was dennoch in der Literatur häufig aufzufinden ist), inhaltlich zwischen additiven und interaktiven Effekten zu unterscheiden, sog. „Haupt"- und „Nebeneffekte" nummerisch zu trennen. Das Regressionsgewicht, der Einfluss einer bestimmten Variablen X_1 ist (falls eine relevante Interaktion vorliegt) eben nicht allgemein gültig durch eine Konstante anzugeben, sondern nur spezifisch unter der Bedingung eines bestimmten Wertes von X_2.[47]

Nachdem wir dieses formale Modell interaktiver Beziehungen (Gleichungen (6-33) und (6-34)) erläutert haben, wollen wir nun dessen Parameter (Regressionskoeffizienten) ermitteln. Zunächst seien die in dem GESIS-Datensatz vorgegebenen Variablennamen hier noch einmal wiederholt: X_1 = ev05p (Protestantenanteil), X_2 = urbgrad = (wbr07bp + wbr07cp) und $X_1 X_2$ = urbev (Produkt der beiden unabhängigen Variablen). In der folgenden Tabelle stellen wir die Ergebnisse des additiven Modells (6-31) den Ergebnissen des multiplikativen Modells (6-34) gegenüber:

Additives Modell:
a = −10,46 b_1 (ev05p) = 0,3 b_2(urbgrad) = 0,45 $R^2 = 0,70$

Multiplikatives Modell:
a = 1,4 b_1(ev05p) = 0,09 b_2(urbgrad) = 0,22 b_3(urbev) = 0,004 $R^2 = 0,73$

Zunächst einmal lässt sich feststellen, dass der Determinationskoeffizient lediglich um den Betrag 0,03 ansteigt, dass also das komplexere Modell nur 3 % der Varianz der abhängigen Variable zusätzlich erklärt. Das könnte man für substantiell zu gering halten.[48] Das Vorzeichen von b_3 ist jedoch nicht, wie erwartet, negativ, sondern po-

---

47 In Modellen mit mehr als zwei Regressorvariablen kann eine Variable mit verschiedenen anderen Variablen interagieren; außerdem können mehr als zwei Variablen gleichzeitig miteinander interagieren (Interaktion „höherer Ordnung"); siehe hierzu Friedrich (1982, S. 829 ff.). Ein Beispiel für eine kontroverse Diskussion bezüglich der Interpretation multiplikativer Modelle findet man in Solt et al. (2016); siehe auch Brambor et al. (2006).

48 An dieser Stelle wären aber wieder einmal auch inferenzstatistische Argumente heranzuziehen: Dieser Zuwachs erweist sich dann als „überzufällig", statistisch betrachtet „signifikant".

sitiv. Das bedeutet, dass entgegen unserer Ausgangshypothese (s. oben) das Gewicht der Konfessionszugehörigkeit für die parteipolitische Ausrichtung der Wähler mit wachsender Urbanisierung nicht ab-, sondern zunimmt. Ad hoc könnte man dies damit erklären, dass während eines massiven Urbanisierungsschubes im neu entstandenen städtischen Umfeld die Bedrohung der eigenen kulturellen Identität durch Angebot und Anspruch alternativer Deutungssysteme und Lebensweisen zunimmt und dass dies zu einer defensiven Reaktion führt, in der sich Herkunftsmilieus zunächst einmal stärker voneinander abschotten. Freilich ist diese Alternativ-Hypothese hier *post festum* formuliert und bedarf der Überprüfung durch weitere Daten und Analysen.

Den obigen Modellparametern ist zu entnehmen, dass die b-Koeffizienten für ev05p ($b_1 = 0{,}09$) und urbgrad ($b_2 = 0{,}22$) im multiplikativen Modell sich von den entsprechenden Koeffizienten (0,3 und 0,45) im additiven Modell deutlich unterscheiden. Wir wissen aber aus den Gleichungen (6-34) und (6-35), dass es sich bei den erstgenannten Größen um bedingte Steigungskoeffizienten handelt, die für die unrealistische Bedingung extrapoliert sind, dass der Protestantenanteil bzw. der Urbanisierungsgrad bei null liegt.[49] Um zudem das sehr niedrige Regressionsgewicht ($b_3 = 0{,}004$) für den multiplikativen Ausdruck zu verstehen, muss man sich klarmachen, dass durch die Multiplikation der beiden Prozentanteile die Skala auf Tausendereinheiten ausgedehnt wurde, der Y-Zuwachs pro X_1X_2-Einheit also entsprechend niedriger sein muss. Dies soll im Folgenden noch näher erläutert werden.

Fragen wir zunächst: In welchen Grenzen variieren die Steigungskoeffizienten für die Konfessionsvariable unter den Bedingungen unterschiedlicher Urbanisierungsgrade? Der niedrigste Urbanisierungsgrad in den Wahlkreisen von 1912 liegt bei $X_2 = 6{,}2\,\%$ (Landkreise mit nur wenigen Gemeinden über 2000 Einwohnern), der höchste bei 100 % (z. B. reine Stadtkreise). Demgemäß schwanken die realistischen Steigungskoeffizienten für ev05p gemäß Gleichung (6-34) zwischen Gleichung

$$(6\text{-}36) \qquad b_{max}(ev05p) = b_1 + b_3X_2$$
$$= 0{,}09 + 0{,}004 \cdot 100 = 0{,}49$$

und Gleichung

---

49 Diese unrealistische Vorgabe lässt sich vermeiden, wenn man bei den interagierenden Variablen (mit Intervall-Skalenniveau) eine *Mittelwertzentrierung* vornimmt, bevor man sie miteinander multipliziert (s. Diaz-Bone 2019, S. 213 f). Das arithmetische Mittel der so transformierten Variablen liegt dann bei „0". Werden die Parameter der Regressionsgleichung auf dieser Basis ermittelt, verändern sich sowohl die Regressionskonstante als auch die bedingten Steigungskoeffizienten b_1 und b_2. Diese geben zwar weiterhin die Steigung unter der Bedingung an, dass die jeweilige Moderatorvariable den Wert „0" annimmt, was aber nun bedeutet, dass jeweils deren Mittelwert realisiert ist. Die Mittelwertzentrierung hat dagegen keinen Einfluss auf die Bestimmung des Koeffizienten b_3 (für den multiplikativen Term) und den durch ihn (die Interaktion) zusätzlich erklärten Varianzanteil.

(6-37) b_{min} (ev05p) = 0,09 + 0,004 · 6,2 = 0,115

Der Urbanisierungsgrad hat im arithmetischen Mittel (gewichtet über die Größe der Wahlkreise) einen Wert von 58,5. Unter dieser Bedingung ist der Steigungskoeffizient für die Konfessionsvariable

(6-38) b_{mittel} = 0,09 + 0,004 · 58,5 = 0,324

Er weist an dieser Stelle etwa die gleiche Größe auf wie der entsprechende Steigungskoeffizient b_1 = 0,3 im additiven Modell (s. oben). In gleicher Weise ließe sich auch die Bandbreite der Steigungskoeffizienten für die Urbanisierungsvariable unter wechselnden Werten der Konfessionsvariablen errechnen. Wir wollen uns dies aber ersparen und lediglich noch eine Prognoserechnung ausführen: den zu erwartenden Wert des SPD-Stimmenanteils unter der Bedingung ermitteln, dass in beiden Regressorvariablen deren (immer noch gewichtete) Durchschnittswerte realisiert sind $X_1 = \bar{x}_1$ = 63 % (Protestantenanteil) und $X_2 = \bar{x}_2$ = 58,5 (Urbanisierungsgrad):

(6-39)   Y = 1,4 + 0,09 · 63 + 0,22 · 58,5 + 0,004 · 63 · 58,5 = 34,68

Dieser Wert deckt sich bis auf Rundungsfehler mit dem beobachteten arithmetischen Mittel der abhängigen Variablen. (Wir haben bereits in Abschn. 6.1 darauf hingewiesen, dass die Regressionskurve bzw. Regressionsfläche durch den Schnittpunkt der Mittelwert-Koordinaten aller einbezogenen Variablen verläuft) In gleicher Weise können Erwartungswerte für Y auch unter anderen Bedingungen ausgerechnet und miteinander verglichen werden.

Wir wollen nun noch ein Beispiel einfügen, in dem eine metrische Variable mit einer Dummy-Variablen „interagiert". Dabei beziehen wir uns auf die schon in Abschn. 6.3.1 erwähnte Studie zur Entwicklung der „schweren" Körperverletzungsdelikte (kv9802r) in den Stadt- und Landkreisen des Deutschen Reiches am Ende des 19. Jahrhunderts. Eine Regressionsanalyse zum möglicherweise Gewalt mindernden Einfluss gestiegener Urbanisierung haben wir schon vorgestellt. An dieser Stelle möchten wir einen weiteren Einflussfaktor kurz darstellen: den Anteil (hier gemessen in %, d.h. pro 100 Einwohner) der im Kreis lebenden Bevölkerung mit nicht-deutscher Muttersprache (Variable Ausbev, berechnet aus der Variable fmpopr/10). Wie wir wissen, ist es in dieser Zeit vor allem im östlichen Reichsgebiet mit einem hohen Anteil polnischer und baltischer Bevölkerungsgruppen fortlaufend zu Diskriminierungen und aggressiven Konflikten gekommen. Deshalb ist die (vermutete) Wirkung der Variablen Ausbev zu spezifizieren mit Hilfe einer Dummy-Variablen Poldum, in der alle Kreise mit „1" kodiert sind, in denen Balten und Polen mehr als die Hälfte der ausländischen Bevölkerungsgruppe bildeten.[50] Mit Hilfe eines multiplikativen Terms

---

50 Der Datensatz liefert keine Angaben über den genauen Prozentanteil von Polen und Balten

(Polinter = Ausbev · Poldum) lässt sich feststellen, welches Einflussgewicht dem Anteil der ausländischen Bevölkerung zukommt, je nachdem, ob Polen und Balten in ihr die größte Gruppe stellen oder nicht. Um die Darstellung zu vereinfachen, berechnen wir hier (in einem reduzierten Regressionsmodell ohne sonstige Kontrollvariablen, s. unten) lediglich die Steigungskoeffizienten für die interagierenden Variablen (der Determinationskoeffizient liegt hier lediglich bei $R^2 = 0{,}074$):

(6-40)   kv9802r = 240,3 − 2,0 · Ausbev − 5,3 · Poldum + 4,1 · Polinter + e

Daraus ergibt sich folgende Interpretation: In denjenigen Kreisen, in denen Polen und Balten unter der ausländischen Bevölkerung nicht die Mehrheit darstellen (Poldum = 0 = Polinter) übt der Anteil der Ausländer einen mäßigenden Einfluss auf die KV-Delikte aus ($b_1 = -2{,}0$). Ein anderes Bild ergibt sich für diejenigen Kreise, in denen mehr als die Hälfte der ausländischen Bevölkerung aus Polen und dem Baltikum kommen (Poldum = 1). Zwar wird auch Poldum ein negativer Steigungskoeffizient ($b_2 = -5{,}3$) zugeschrieben; zu berücksichtigen ist aber, dass es sich auch hierbei um eine bedingte Schätzgröße handelt: ein Rückgang der Deliktrate um gut 5 Punkte gilt nur für den Fall, dass der Ausländeranteil bei 0 % liegt (somit: Polinter = 0). Über alle Kreise betrachtet, liegt der Ausländeranteil zwischen 0 % und 89,9 % der Bevölkerung. Der multiplikative Ausdruck Polinter variiert somit zwischen den Werten 0 (wenn Poldum = 0) und 89,9 (wenn Poldum = 1) Für den durchschnittlichen Ausländeranteil von 7,01 % (ermittelt über alle 997 Kreise, für die Daten vorliegen) lassen sich also folgende Deliktraten prognostizieren, zunächst für diejenigen Kreise, in denen Polen und Balten nicht den überwiegenden Anteil der ausländischen Bevölkerung stellen (Poldum = 0 = Polinter): 240,3 − 2 · 7,01 = 225,4. Für diejenigen Kreise, in denen sie die Mehrheit stellen, ergibt sich eine Deliktrate von 240,3 − 2 · 7,01 − 5,3 · 1 + 4,1 · 7,01 · 1 = 249,72[51]. Allerdings ist in nur 8,9 % der Kreise mit unterdurchschnittlichem Ausländeranteil eine polnisch/baltische Mehrheit gegeben. In all den Kreisen, in denen Polen und Balten die Mehrheit unter der ausländischen Bevölkerung ausmachen, liegt der durchschnittliche Ausländeranteil bei 31,7 %. Für diese Kreise (mit Poldum = 1) lässt sich folgende Deliktrate prognostizieren: 240,3 − 2 · 31,7 − 5,3 + 4,1 · 31,7 = 301,6.

Wenn man noch einige Kontrollvariablen wie Urbanisierungsgrad, Bevölkerungswachstum und Anteil der Beschäftigten im öffentlichen Dienst in das Regressionsmodell einfügt (s. Thome 2002, S. 540), werden die Steigungskoeffizienten für die interagierenden Variablen wie folgt geschätzt ($R^2 = 0{,}57$):

---

51 Es sei an dieser Stelle nochmals an das oben schon erwähnte Problem des ökologischen Fehlschlusses hingewiesen (s. Fn. 46). Ein positiver Zusammenhang zwischen dem Bevölkerungsanteil von Polen und Balten einerseits und der Rate der Gewaltdelikte andererseits impliziert nicht den Sachverhalt, dass Polen und Balten eher gewalttätig seien als der Rest der Bevölkerung.

$b_1 = -0,07$ für Ausbev. $b_2 = 33,67$ für Poldum $b_3 = 0,30$ für Polinter

In Kreisen, in denen Polen und Balten nicht die Mehrheit der Ausländer stellen (Poldum = 0 = Polinter), spielt der Ausländeranteil keine relevante Rolle bezüglich der Deliktrate (der Steigungskoeffizient $b_1 = -0,07$ ist, inferenzstatistisch betrachtet – s. die folgenden Kapitel –, nicht „signifikant"). Wenn der Ausländeranteil 32 % beträgt, wird dessen Gesamteffekt innerhalb der Kreise mit polnisch/baltischer Ausländerdominanz (Poldum = 1) wie folgt geschätzt: $-0,07 \cdot 32 + 33,67 \cdot 1 + 0,3 \cdot 32 = 41,03$. Für die anderen Kreise (Poldum = 0) lässt sich ein leicht negativer Effekt von $-0,07 \cdot 32 = -2,24$ errechnen. Zwischen den beiden Kreistypen ergibt sich also hinsichtlich der Deliktrate eine Differenz von 43,27 Punkten. Dieser Unterschied ist deutlich geringer als derjenige, der sich oben aus dem Modell ohne Kontrollvariablen ermitteln ließ. In dem reduzierten Modell wurde den interagierenden Variablen Ausländeranteil und Poldum ein Teil der Effekte zugeschrieben, der den zunächst nicht mit einbezogenen Kotrollvariablen zukommt (Konfundierung).

Wir werden in Kap. 10.5 noch weitere Analyseschritte aus dieser Studie vorstellen. Außerdem werden wir in Kap. 10.4.3 noch einige zusätzliche Fragen zur Anwendbarkeit multiplikativer Modelle erörtern. Erwähnt sei noch, dass in der einschlägigen Literatur Regressionsmodelle, die Prädiktorvariablen auf metrischem und nominalen Messniveau sowie deren Interaktionsterme enthalten, auch als *Kovarianz-Modelle* bezeichnet werden.

6.4   Standardisierte Regressions- und partielle Korrelationskoeffizienten

Die Steigungskoeffizienten, die wir in den vorangegangenen Kapitelabschnitten besprochen haben, geben an, um wie viele Skaleneinheiten sich die Ausprägung der Y-Variable durchschnittlich ändert, wenn die jeweilige Regressorvariable um eine Skaleneinheit ansteigt und alle anderen Regressorvariablen konstant gehalten werden. Vergleichen wir bspw. zwei Wahlbezirke, die hinsichtlich ihres Protestantenanteils und Urbanisierungsgrades gleich sind, sich aber im Industrialisierungsgrad nicht um 1 %, sondern um 10 % unterscheiden: Das von uns geschätzte Modell (s. oben, Gleichung (6-29)) lässt erwarten, dass die SPD in dem Wahlkreis mit dem höheren Industrialisierungsgrad 2,1 Prozentpunkte mehr Stimmen erhalten hat. Wenn der Anteil der Protestanten in der Bevölkerung um 10 % zunimmt, nimmt der SPD-Stimmenanteil um durchschnittlich 2,9 Prozentpunkte zu. Es liegt nahe, die Steigungskoeffizienten verschiedener Prädiktorvariablen als Indikatoren für die relative Einflussstärke der unabhängigen Variablen (im Kontext des gegebenen Modells) zu interpretieren. In unserem Beispiel würde man also der Industrialisierungs-, der Konfessions- und der Urbanisierungsvariable – in dieser Reihenfolge – anhand der Steigungskoeffizienten ($b_1 = 0,21$, $b_2 = 0,29$, $b_3 = 0,36$) leicht ansteigende Einflussgewichte (mit allerdings nur geringen Unterschieden) zusprechen. Hätte ein Politiker diese Ergebnisse schon 1912 oder kurz danach gekannt, hätte er möglicherweise ganz andere Ansichten über die Bedeutung der verschiedenen Variablen geäußert. Für ihn wären die Industrialisierungs- und die Urbanisierungsvariable vielleicht kausal wichtiger als die Konfessionsvariable. Er könnte sich nämlich ausrechnen, dass die Anteile der Protestanten an der Bevölkerung ziemlich stabil bleiben, Urbanisierung und Industrialisierung jedoch weiter fortschreiten und, in gewissem Grade, sogar gesteuert (politisch beeinflusst) werden können. Andererseits ließe sich u. U. auch das Image der SPD bei den Katholiken verbessern.

In unserem Beispiel stellen alle Regressorvariablen Anteilswerte dar, Zählgrößen, die sich stets auf die gleichen Untersuchungseinheiten beziehen. Dennoch ist es nicht unproblematisch, ihre relative kausale Bedeutung gleichzusetzen mit der relativen Größe ihrer Steigungskoeffizienten. In welcher Weise sind Prozentzuwächse im Protestantenanteil und im Industrialisierungsgrad miteinander vergleichbar?[52] Das Problem der Vergleichbarkeit ist noch schwerer zu lösen, wenn die Variablen mit unterschiedlich konstruierten Skalen gemessen worden sind. Angenommen, man hätte den Industrialisierungsgrad in Mengen- oder Preiseinheiten industriell erzeugter Güter gemessen. Selbst wenn man diese Größe in „pro Kopf der Bevölkerung" ausgedrückt hätte, wären diese Skalenwerte nicht mehr direkt vergleichbar mit den in Prozentwerten angegebenen Anteilsgrößen der anderen Variablen, die Skaleneinheiten wären unterschiedlich definiert. Wie wollte man z. B. einen Anstieg des SPD-Stimmenzuwachses pro zusätzlich erzielter Preis- oder Mengeneinheit mit dem Stimmenzuwachs je Prozentpunkt des Protestantenanteils vergleichen?

In der Fachliteratur wird zur Lösung dieses Problems zumeist vorgeschlagen, die nicht-standardisierten Steigungskoeffizienten (wie wir sie bisher herangezogen haben) durch ihre *standardisierte* Form, die sogenannten *Beta-Koeffizienten,* zu ersetzen bzw. zu ergänzen. Die übliche Wahl des griechischen Buchstabens *Beta* (β) zur Kennzeichnung des standardisierten Steigungskoeffizienten ist etwas unglücklich, da man in der einschlägigen Literatur üblicherweise auch die nicht-standardisierten „wahren" (die für die Population angenommenen, nicht die in einer Stichprobe empirisch ermittelten) Regressionskoeffizienten mit diesem Symbol kennzeichnet. Dies werden wir in Kap. 10 bei der inferenzstatistischen Interpretation des Regressionsmodells noch näher ausführen. Da wir uns in diesem Kapitel weiterhin im Bereich der Deskriptiv-Statistik bewegen, verwenden wir statt des „β" den Buchstaben „b".

Diese standardisierten Koeffizienten erhält man, indem man eine multiple Regressionsanalyse durchführt, zuvor aber alle Modell-Variablen (einschließlich der abhängigen Variablen) z-standardisiert. Diese Standardisierung haben wir bereits in Kapitelabschn. 6.1.1 besprochen. Im additiven Modell kann man die standardisierten Steigungskoeffizienten aber auch direkt aus den nicht-standardisierten Steigungskoeffizienten berechnen:

---

52 Zu dieser Problematik siehe King (1986).

$$(6\text{-}41) \qquad b_{yx}^s = b_{yx} \frac{s_x}{s_y}$$

Man multipliziert den nicht-standardisierten Steigungskoeffizienten mit der Standardabweichung der betreffenden Regressorvariablen X und dividiert durch die Standardabweichung der abhängigen Variablen Y. Diese Beziehung gilt auch, wenn es sich um partielle Steigungskoeffizienten handelt, die in der multiplen Regression ermittelt werden.

Durch die z-Standardisierung werden die beobachteten Ausprägungen (Messergebnisse) der Variablen auf eine einheitliche Maßeinheit, ihre jeweilige Standardabweichung, geeicht. Formal gibt der standardisierte Steigungskoeffizient b^s also an, um wie viele Standardabweichungen z(y) die abhängige Variable Y zunimmt, wenn die Regressorvariable X um eine Standardabweichung z(x) ansteigt. Im bivariaten Fall ist der standardisierte Steigungskoeffizient identisch mit dem Pearsonschen Korrelationskoeffizient r, wie wir in Abschnitt 6.1.1 gezeigt haben (s. die Gleichungen (6-17) und (6-18)).

Für das in Gleichung (6-29) mit den nicht-standardisierten Steigungskoeffizienten ($b_1 = 0{,}21$, $b_2 = 0{,}29$, $b_3 = 0{,}36$) präsentierte additive Regressionsmodell lassen sich folgende standardisierte Steigungskoeffizienten ermitteln:

$b_1^s = 0{,}17$ (kbe07igp) $b_2^s = 0{,}48$ (ev05p) $b_3^s = 0{,}5$ (urbgrad)

Auch die standardisierten Steigungskoeffizienten sind als Maß für die relative Einflussstärke der verschiedenen Regressorvariablen nicht unproblematisch. Wie aus Gleichung (6-41) hervorgeht, ist ihre Größe abhängig vom Verhältnis (dem Quotienten) der Standardabweichungen der abhängigen Variable und der jeweiligen Regressorvariable. Da die abhängige Variable für alle Regressorvariablen die gleiche ist, werden die Größenverhältnisse der b^s-Koeffizienten durch die unterschiedlichen Varianzen der jeweiligen Regressorvariablen mitbestimmt. In unserem Regressionsmodell (6-29) z. B. haben Industrialisierungsgrad und Protestantenanteil einen etwa gleich großen unstandardisierten Steigungskoeffizienten; die Konfessionsvariable hat aber mit $b_2^s = 0{,}48$ einen mehr als doppelt so großen standardisierten Steigungskoeffizienten wie der Industrialisierungsgrad mit $b_1^s = 0{,}17$. Das erklärt sich daraus, dass die Konfessionsvariable mit $s_{x(2)} = 33{,}9$ eine fast doppelt so große Standardabweichung hat wie die Industrialisierungsvariable mit $s_{x(1)} = 17{,}2$.

Man könnte nun argumentieren: auch wenn beide Variablen bei einem bestimmten Prozentanstieg (im Industrialisierungsgrad und beim Protestantenanteil) etwa den gleichen Zuwachs an SPD-Stimmenanteilen erreichen, so ist doch auch zu berücksichtigen, dass durch die größere Varianz der Protestantenanteile ein größerer Anteil der SPD-Varianz erklärt wird. Andererseits wäre es wohl wenig überzeugend, allein anhand der standardisierten Steigungskoeffizienten zu behaupten, die Konfessionsvariable übe auf den SPD-Stimmenanteil einen doppelt so starken kausalen Einfluss aus wie der Industrialisierungsgrad. Nehmen wir an, der unstandardisierte Regressionskoeffizient von $b_1 = 0,21$ drücke eine zeitlich stabile Beziehung zwischen SPD-Stimmenanteil und Industrialisierungsgrad aus. Nehmen wir gleichzeitig an, die Varianz des Industrialisierungsgrades werde über Zeit geringer, die Anteile der industriell Beschäftigten der verschiedenen Wahlbezirke glichen sich zunehmend einander an. Die Konsequenz wäre, dass sich der standardisierte Steigungskoeffizient verringerte, obwohl die strukturelle Beziehung zwischen den beiden Variablen gleichgeblieben wäre. Die Abhängigkeit dieses Koeffizienten (wie auch des Pearsonschen Korrelationskoeffizienten, s. Kapitelabschn. 6.1) von der in der jeweiligen Population oder Stichprobe erreichten Varianz ist also vor allem zu bedenken, wenn die Untersuchungsergebnisse verschiedener Studien für verschiedene Populationen oder Zeiträume untereinander verglichen werden.

Für dummy-kodierte Variablen ist der standardisierte Steigungskoeffizient b^s kein aussagekräftiges Maß für deren Effektstärke, da die Varianz und damit auch die Größe des standardisierten Steigungskoeffizienten einer 0/1-kodierten Variablen unmittelbar von dem Anteilswert p, also dem arithmetischen Mittel, abhängig sind ($s^2_x = p(1 - p)$, s. in Kap 3 die Erläuterungen im Anschluss an Gleichung (3-11'). Bei gleichbleibendem nicht-standardisiertem Steigungskoeffizienten b würde auch b^s bei einer Zunahme der Anteilsgröße von bspw. $p(a) = 0,3$ auf $p(b) = 0,5$ ansteigen; bei einer weiteren Zunahme der Anteilsgröße auf $p(c) = 0,7$ aber auf den gleichen Wert wie vorher bei $p(a) = 0,3$ zurückfallen. Dieses Beispiel veranschaulicht, warum bei 0/1-kodierten dichotomen Variablen zwar der nicht-standardisierte, aber nicht der standardisierte Steigungskoeffizient ein sinnvoller Indikator für die kausalanalytische Effektstärke ist.

Über den Aussagegehalt der nicht-standardisierten und der standardisierten Koeffizienten (zu den letztgenannten gehört auch Pearsons Korrelationskoeffizient r) ist schon seit langem viel debattiert worden (siehe z. B. Blalock 1971; Kim/Ferree 1981; Achen 1982; King 1986). Dabei handelt es sich gelegentlich um überflüssige Gefechte, weil nicht beachtet wird, dass standardisierter und nicht-standardisierter Regressionskoeffizient den Begriff der „relativen Einflussstärke" bzw. der „theoretischen Bedeutung" jeweils anders auslegen und dabei eher unterschiedliche als miteinander konkurrierende Aspekte behandeln. Der nicht-standardisierte Steigungskoeffizient antwortet auf die Frage: Welcher durchschnittliche Niveauzuwachs ist in einer abhängigen Variable Y zu erwarten, wenn sich das Niveau einer bedingenden Variable X um eine Skaleneinheit erhöht? Der Beta-Koeffizient bezieht sich auf eine andere Frage, nämlich: In welchem Umfang lässt sich das über alle Untersuchungseinheiten hinweg betrachtete Maß an Unterschiedlichkeit der registrierten Y-Werte auf die in den einzelnen Regressorvariablen jeweils gegebenen Werte-Variationen zurückführen? Während die erste Frage bei den durchschnittlichen Niveau-Veränderungen ansetzt, bezieht sich die zweite auf die erklärbaren Streuungsanteile. Eine mit ansteigenden X-Werten verbundene besonders hohe durchschnittliche Niveau-Steigerung in den Y-Werten schließt nicht aus, dass X nur einen relativ geringen Anteil der Variation der Y-Werte erklärt. Ebenso kann es vorkommen, dass ein hoher Varianzanteil in Y von X erklärt wird, aber der jeweilige Niveauanstieg in Y bei steigenden X-Werten sehr gering ist.

Beide Aspekte sind nicht aufeinander reduzierbar. Vielleicht kann man sagen, dass die Antwort auf die erste Frage eine universellere, theoretisch allgemeinere Gültigkeit beanspruchen kann (falls das Modell korrekt spezifiziert wurde), während die Antwort auf die zweite Frage populations- bzw. stichprobenspezifisch ist; die Variationen in den Regressorvariablen können in unterschiedlichen Populationen mehr oder weniger unterschiedlich ausfallen.

Neben den Steigungskoeffizienten (die in der multiplen Regression stets partielle Koeffizienten darstellen) werden oft auch die jeweiligen *partiellen Korrelationskoeffizienten* in die Diskussion über kausale Einflussgewichte einbezogen. Definiert ist dieser Koeffizient als reine Residuenkorrelation. Angenommen, das Modell sei:

$$(6\text{-}42) \qquad Y = a + b_1 X_1 + b_2 X_2 + \ldots + b_K X_K + e$$

Gesucht werde der partielle Korrelationskoeffizient $r_{yx(2).x(1)x(3)\ldots x(K)}$ für den Zusammenhang zwischen Y und X_2 unter Konstanthalten aller anderen Einflussfaktoren X_1, X_3, …, X_K (die im Index nach dem Punkt aufgelistet sind). Man erhält diesen Koeffizienten, indem man zunächst aus der Regression

$$(6\text{-}43) \qquad Y = a + b_1 X_1 + b_3 X_3 + \ldots + b_K X_K + e_y$$

die Residuen $YR = e_y$ bildet. Auf diese Weise eliminiert man aus Y alle Varianzanteile, die mit der Menge der Regressorvariablen *ohne* X_2 erklärt werden können. Im nächsten Schritt eliminiert man aus der Variablen X_2 diejenigen Varianzanteile, die durch die Menge der anderen Regressorvariablen erklärt werden können:

$$(6\text{-}44) \qquad X_2 = a + b_1 X_1 + b_3 X_3 + \ldots + b_K X_K + e_{x(2)}$$

Die verbleibenden Residuen werden im Folgenden mit $X_2 R = e_{x(2)}$ bezeichnet. Schließlich errechnet man Pearsons Produkt-Moment-Korrelationskoeffizienten für YR und $X_2 R$ so, wie in Kap. 4.2.4 erläutert oder, alternativ dazu, indem man den Determinationskoeffizienten R^2 aus der Regression

$$(6\text{-}45) \qquad YR = a + b(X_2 R) + e$$

ermittelt. Die Wurzel aus diesem R^2 ist der gesuchte partielle Korrelationskoeffizient: $\sqrt{R^2} = r_{yx(2).x(1)x(3)\ldots x(K)}$. Falls nur eine Kontrollvariable (Drittvariable) vorhanden ist, lässt sich der partielle Korrelationskoeffizient auch nach folgender Formel berechnen:

$$(6\text{-}46) \qquad r_{13.2} = \frac{r_{13} - r_{12}\,r_{23}}{\sqrt{\left(1 - r_{12}^2\right)\left(1 - r_{23}^2\right)}}$$

Der Einfachheit wegen haben wir die Kontrollvariable mit „2", die zu kontrollieren-
den Variablen mit „1" und „3" indiziert.

Aus der Formel (6-46) geht hervor, dass der partielle Korrelationskoeffizient (hier
$r_{13.2}$) auch größer sein kann als der Korrelationskoeffizient (r_{13}) der entsprechenden
bivariaten Beziehung, z. B. dann, wenn abhängige und unabhängige Variable (hier:
1 und 3) positiv untereinander korrelieren, die Kontrollvariable (2) aber negativ mit
der einen und positiv mit der anderen dieser beiden Variablen korreliert. Wenn die
Kontrollvariable nicht konstant gehalten wird, wirkt sie in einem solchen Fall als *Sup-
pressor* der Beziehung zwischen den beiden anderen Variablen (ein kausalanalyti-
sches Konzept, das in Kap. 5.2.4 erläutert wurde).

Im Gegensatz zum standardisierten Steigungskoeffizienten ist der partielle Korrelationskoeffizient eine symmetrische Maßzahl, d. h., man muss sich nicht darauf
festlegen, welche der beiden Variablen als „abhängige" und welche als „unabhängige" gelten soll. Weitere Erläuterungen zum Unterschied zwischen partiellem Korrelationskoeffizienten und standardisiertem Steigungskoeffizienten bietet Holm (1977,
S. 41–49). Hier sei nur noch darauf hingewiesen, dass im Allgemeinen die Summe der
quadrierten partiellen Korrelationskoeffizienten nicht identisch ist mit dem Determinationskoeffizienten (R^2) des entsprechenden Regressionsmodells. Die partiellen
Korrelationskoeffizienten drücken nur die Varianzanteile aus, die die einzelnen Regressorvariablen jeweils spezifisch mit der abhängigen Variablen teilen. Varianzanteile, die von mehreren Regressorvariablen gemeinsam mit der Y-Variable geteilt werden, bleiben dabei (anders als beim Determinationskoeffizienten) außer Acht.

Allerdings kann man auch eine sog. *schrittweise* Regressionsanalyse (*stepwise regression*) durchführen: Ein Modell A, das zunächst nur eine oder wenige Präditorvariablen umfasst, wird um eine oder mehrere Präditorvariablen ergänzt (Modell B),
um auf dieser Basis feststellen zu können, in welchem Maße der Determinationskoeffizient R_B^2 des erweiterten Modells über den Determinationskoeffizienten R_A^2 des
Ausgangsmodells A hinausgeht. Wenn das Modell A lediglich um eine neue Präditor-
torvariable X(k) zu Modell B erweitert wird, ist der dann für X(k) ermittelte standardisierte Steigungskoeffizient identisch mit der Wurzel aus der Differenz ($R_A^2 - R_B^2$)
der beiden Determinationskoeffizienten.

Literatur

Achen, Christopher H. 1982. *Interpreting and using regression.* Sage University Paper 29. Beverly Hills u. a.: Sage

Blalock, Hubert M. 1960. *Social Statistics.* New York u. a.: McGraw-Hill.

Blalock, Hubert M. (1971). Causal inferences, closed populations, and measures of association. In *Causal models in the social sciences,* hrsg. H. M. Blalock, 139–151. Chicago: Aldine.

Brambor, Thomas, William R. Clark, Matt Gouldner. 2006. Understanding interaction models. Improving empirical analysis. *Political Analysis* 14(1): 63–82.

Diaz-Bone, Rainer. 2019. *Statistik für Soziologen.* München: UVK Verlag (5., überarb. Auflage).

Friedrich, Robert J. 1982. In defense of multiplicative terms in multiple regression equations. *American Journal of Political Science* 26: 797–833.

Holm, Kurt. 1977. *Die Befragung* 5. Pfadanalyse, Coleman-Verfahren. München: Francke, UTB.

Hummell, Hans J. 1972. *Probleme der Mehrebenenanalyse.* Stuttgart: Teubner.

Kim, Jae-On, G. Donald Ferree. 1981. Standardization in causal analysis. *Sociologcial Methods & Research* 10: 187–210.

King, Gary. 1986. How not to lie with statistics: avoiding common mistakes in quantitative political sicence. *American Journal of Political Science* 30: 666–687.

Kühnel, Steffen, Dagmar Krebs. 2018. *Statistik für die Sozialwissenschaften: Grundlagen, Methoden, Anwendungen.* Reinbek: Rowohlt (8. Auflage)

Schlittgen, Rainer. 2012. *Einführung in die Statistik.* Analyse und Modellierung von Daten. München, Wien: Oldenbourg (12., überarbeitete Auflage).

Solt, Frederick, Yue Hu, Kevan Hudson, Jungmin Song, Dong „Erico" Yu. 2016. Economic inequality and belief in meritocracy in the United States. *Research & Politics* 3(4): 1–7.

Southwood, Kenneth E. 1978. Substantive theory and statistical interaction: Five models. *American Journal of Sociology* 83: 1154–1203.

Thome, Helmut. 2002. Kriminalität im Deutschen Kaiserreich, 1883–1902. Eine sozialökologische Analyse. *Geschichte und Gesellschaft* 28(4): 519–553.

Thome, Helmut. 2007. Explaining the long-term trend in violent crime. A heuristic scheme and some methodological considerations. *International Journal of Conflict and Violence* 1: 185–202

Glossar zu Kapitel 6

Additives Modell: → *Regressionsmodell,* das im Unterschied zum → *multiplikativen Modell* keine → *Interaktionseffekte* vorsieht

Bestimmtheitsmaß: → *Determinationskoeffizient*

Determinationskoeffizient: Maß für die Stärke eines Zusammenhangs zwischen der abhängigen Variablen Y und der oder den bedingenden Variablen X_1, X_2, … eines → *Regressionsmodells.* Damit wird der Anteil der Varianz von Y angegeben, der durch die X-Variablen erklärt werden kann

Dummy-Regression: → *Regressionsmodell* mit dichotomen und/oder nominal-skalierten bedingenden Variablen, die $K \geq 2$ Ausprägungen aufweisen. Bei dichotomen Variablen ($K = 2$) wird in der Regel eine der beiden Ausprägungen mit „0" (als sog. *Referenzkategorie*), die andere mit „1" kodiert: sog. *Dummy-Variable.* Qualitative Variablen mit $K > 2$ Ausprägungen werden mit Hilfe von K-1 Dummy-Variablen (jeweils mit 0/1-Kodierung) dargestellt. Eine der Ausprägungen wird wiederum als Referenzkategorie gewählt: die ihr zugeordneten Untersuchungseinheiten sind in allen K-1 Dummy-Variablen jeweils mit dem Wert „0" repräsentiert.

Fehlervariable: → *Residualvariable*

Fehlervarianz: → *Residualvarianz*

Interzept (Intercept): → *Regressionskonstante*

Interaktionseffekte: liegen vor, wenn die auf die abhängige Variable Y bezogene Einflussstärke einer unabhängigen Variable X_1 ihrerseits abhängig ist von dem gegebenen Werte-Niveau einer weiteren unabhängigen Variable X_2 – und umgekehrt. Innerhalb des → *Regressionsmodells* wird diese wechselseitige, symmetrische Spezifikation der Einflussstärke mit Hilfe des Produktterms $X_1 \cdot X_2$ als zusätzlicher → *Prädiktorvariable* dargestellt.

Kleinstquadrateverfahren: Schätzverfahren für die Bestimmung der → *Regressionskoeffizienten.* Sie sollen so bestimmt werden, dass auf Basis des entsprechenden → *Regressionsmodells* die Summe der quadrierten Prognosefehler (→ *Residualvariable*) ein Minimum ergibt

Multiple Regression: → *Regressionsmodell*

Multiplikatives Modell: → *Regressionsmodell,* das → *Interaktionseffekte* mit einbezieht. Die Interaktion zweier Variablen X_1 und X_2 wird mit Hilfe des Produktterms $X_1 \cdot X_2$ als zusätzlicher → *Prädiktorvariable* dargestellt. Die X_1 und X_2 zugeordneten → *Steigungskoeffizienten* werden dadurch zu bedingten Koeffizienten; sie gelten unter der Voraussetzung, dass die jeweils andere der beiden interagierenden Variablen den Wert „0" aufweist.

OLS-Methode: Bestimmung der → *Regressionskoeffizienten* mit Hilfe des → *Kleinstquadrateverfahrens* (engl.: *Ordinary Least Squares*)

Ordinatenabschnitt: → *Regressionskonstante*

Prädiktorvariable: Alternative Bezeichnung für die im → *Regressionsmodell* aufgenommenen unabhängigen (bedingenden) Variablen.

Regressionsgewichte: Die anhand des → *Regressionsmodells* auf Basis der vorliegenden Daten für die unabhängigen Variablen $X_1, X_2, \ldots$ jeweils zu ermittelten Gewichtungskoeffizienten (*Steigungskoeffizienten*), die das durchschnittliche bzw. erwartbare Ausmaß der Veränderung in der abhängigen Variable Y für den Fall angeben, dass der Wert der jeweiligen X-Variable um eine Einheit zunimmt – im Falle der *multiplen* Regression (→ *Regressionsmodell*) unter der Voraussetzung, dass die weiteren X-Variablen konstant gehalten werden. Man spricht in diesem Falle von *partiellen* Regressionsgewichten.

Regressionsgleichung: → *Regressionsmodell*

Regressionskoeffizienten: Sammelbezeichnung für → *Regressionsgewichte* und → *Regressionskonstante;* siehe auch → *standardisierter Regressionskoeffizient.* Regressionskoeffizienten werden auch als *Parameter* des → *Regressionsmodells* bezeichnet. Sie werden im einfachsten Falle mit Hilfe des → *Kleinstquadrateverfahrens* ermittelt.

Regressionskonstante, auch *Ordinatenabschnitt* genannt: Schnittpunkt der → *Regressionslinie* mit der Y-Achse, formal: der durchschnittliche Y-Wert, der sich unter der Voraussetzung prognostizieren lässt, dass alle im → *Regressionsmodell* einbezogenen X-Variablen den Wert null aufweisen. Dieser Prognosewert kann mehr oder weniger unrealistisch sein, falls in den gegebenen Ausprägungen der X-Variablen, auf deren Basis die Regressionskonstante berechnet wurde, die Null-Werte gar nicht realisiert sind

Regressionslinie: Die graphische Darstellung des Kontinuums der erwartbaren Y-Werte, die sich auf Grundlage des → *Regressionsmodells* mit Hilfe der → *Regressionskoeffizienten* als Funktion der X-Werte ergeben. Im Falle eines linearen Regressionsmodells ist die Regressionslinie eine Gerade, die im Koordinatenkreuz mit der Ordinate Y und der Abszisse X die Ordinate in Höhe der → *Regressionskonstanten* schneidet

Regressionsmodell: Die in einer mathematischen Gleichung (*Regressionsgleichung*) spezifizierte Form der Abhängigkeit einer Variablen Y von einer oder mehreren unabhängigen (bedingenden) Variablen X_1, X_2, … Wenn nur eine bedingende Variable vorgesehen ist, spricht man von einer *bivariaten* Regression, bei mehreren X-Variablen von *multipler* Regression. Das Modell enthält auf der rechten Gleichungsseite auch eine → *Regressionskonstante* sowie eine *Fehlervariable* (auch → *Residualvariable* genannt), die die Abweichungen der beobachteten Y-Werte von denjenigen Werten der abhängigen Variable repräsentiert, die sich auf Basis der beobachteten X-Werte und der ihnen zugeschriebenen → *Regressionskoeffizienten* prognostizieren lassen.

Regressorvariable: Alternative Bezeichnung für die im → *Regressionsmodell* aufgenommenen unabhängigen (bedingenden) Variablen.

Residualvariable, auch *Fehlervariable* genannt: die über alle Untersuchungseinheiten ermittelten und als Variable zusammengestellten Differenzen zwischen den beobachteten Y-Werten und den auf Basis des → *Regressionsmodells* für gegebene X-Werte prognostizierbaren Y-Werte, die sich somit als Fehlergrößen interpretieren lassen.

Residualvarianz: der durch die unabhängigen Variablen eines → *Regressionsmodells* nicht erklärbare Anteil der Varianz der abhängigen Variable

Standardisierter Regressionskoeffizient: → *Regressionsgewicht,* das von den ursprünglich gegebenen Maßeinheiten der Variablen unabhängig ist. Die Standardisierung ergibt sich dadurch, dass die ursprünglichen Variablen-Werte in Einheiten der jeweiligen Standardabweichungen transformiert werden und auf dieser Basis das Regressionsgewicht berechnet wird. Es gibt somit den Effekt von X auf Y in Einheiten der Standardabweichung an, wodurch die spezifische Einflussstärke der verschiedenen X-Variablen besser miteinander verglichen werden können

Steigungskoeffizienten: → *Regressionsgewichte, Regressionskoeffizienten*

7

Elementare wahrscheinlichkeitstheoretische Konzepte für die schließende Statistik

Warum sollten sich Geschichtswissenschaftlerinnen und Geschichtswissenschaftler, sofern sie überhaupt quantifizierende Analysen in ihre Arbeit mit einbeziehen, auch noch mit wahrscheinlichkeitstheoretischen Konzepten und inferenzstatistischen Modellen beschäftigen? Wir haben im einleitenden und in den nachfolgenden Kapiteln hierzu an verschiedenen Stellen schon einige knappe Hinweise gegeben und dabei drei Untersuchungsszenarien hervorgehoben, die für die Geschichtswissenschaften von Interesse sein könnten:

(1) Eine Forscherin, die die längerfristige Entwicklung kultureller Wertorientierungen oder sozio-strukturelle Veränderungen in bestimmten Ländern untersuchen will, kann dazu u. a. auf ausgewählte Textdokumente (z. B. Zeitungsartikel) oder auf Stichproben aus amtlichen Zensusdaten zurückgreifen, evtl. auch auf Daten, die über einen längeren Zeitraum mit Hilfe wiederholter Meinungsumfragen für eine bestimmte Bevölkerung erhoben worden sind (solche Umfragen liegen ja nicht erst seit den 1950er Jahren vor). Wenn die befragten Personen oder die herangezogenen Textdokumente nach dem Zufallsprinzip in begrenzter Zahl (mehrere hundert oder wenige tausend) aus der Gesamtheit der jeweiligen Bevölkerung oder des gegebenen Textkorpus ausgewählt worden sind, bilden sie eine sog. *repräsentative Stichprobe* dieser *Grundgesamtheit*. Die Ausprägungen verschiedener Merkmalsdimensionen (wie Einstellungen, Wertorientierungen, Einkommen, Bildungsniveau, Familienstatus, Alter) sowie die Kennwerte ihrer univariaten und multivariaten Verteilungen (z. B. Mittelwerte, Streuungsmaße, Korrelationskoeffizienten) lassen sich für die Stichprobe insgesamt oder für Teile von ihr berechnen. So lange diese Informationen nur zur Charakterisierung der in der Stichprobe erfassten Menge von Untersuchungseinheiten dienen, sind die entsprechenden Kennzeichnungen rein deskriptiv angelegt.

In der Regel möchte man aber die Informationen (Kennwerte), die für die Stichprobe gewonnen wurden, auf die (Grund-)Gesamtheit aller Fälle beziehen, aus denen

Zusatzmaterial online
Zusätzliche Informationen sind in der Online-Version dieses Kapitel (https://doi.org/10.1007/978-3-658-30954-1_8) enthalten.

© Springer Fachmedien Wiesbaden GmbH, ein Teil von Springer Nature 2021
H. Thome und V. Müller-Benedict, *Statistische Methoden für die Geschichtswissenschaften*,
https://doi.org/10.1007/978-3-658-30954-1_8

diese Stichprobe gezogen wurde. Dabei sollte man berücksichtigen, dass die Merk-malsverteilungen und ihre Kennwerte, die man für eine zufällige Auswahl von Fäl-len ermittelt hat, in der Regel nicht identisch sind mit denen, die (unbekannterwei-se) in der Grundgesamtheit gegeben sind. Sie wären auch nicht identisch mit denen, die sich für zusätzlich gezogene Stichproben aus der gleichen Grundgesamtheit (Po-pulation) ermitteln ließen. Sofern die Stichprobenziehung nach dem Zufallsprinzip erfolgte, lassen sich aber mit Hilfe wahrscheinlichkeitstheoretischer Modelle Band-breiten (*Konfidenzintervalle*), zentriert um die jeweiligen Stichproben-Kennwerte, berechnen, innerhalb derer mit einer bestimmten Wahrscheinlichkeit (aber nie mit völliger Sicherheit) die entsprechenden Populationskennwerte zu erwarten sind. Die-se induktive Perspektive lässt sich auch in eine deduktive umkehren. Möglicherwei-se liegen auf Grund vorhandener Informationen aus anderen Untersuchungen sowie theoretischer Erwägungen bereits Hypothesen über Gegebenheiten in einer interes-sierenden Grundgesamtheit vor. Wenn dann in einer Zufallsstichprobe ein „mehr oder weniger stark" von der Hypothese abweichender Sachverhalt registriert wird, stellt sich die Frage, ob diese Abweichung so groß ist, dass sie nicht allein durch die mit der Stichprobenziehung verbundenen Zufallseinflüsse[53] erklärt werden sollte – und somit eher anzunehmen ist, dass die Hypothese nicht korrekt ist.

(2) Auch in den Geschichtswissenschaften werden theoretische Hypothesen herange-zogen, mit denen man das Auftreten bestimmter Phänomene, evtl. auch deren län-gerfristige Entwicklungsdynamiken, erklären möchte. Das haben wir im vorigen Ka-pitel schon angedeutet, als es um die Frage ging, von welchen strukturellen Faktoren (wie z. B. dem Urbanisierungsgrad) das Ausmaß an Gewaltkriminalität oder auch der SPD-Stimmenanteil bei Wahlen im Deutschen Reich abhängig gewesen sein könnte. Solche Hypothesen führen im einfachsten Fall einen Sachverhalt Z auf einen ande-ren Sachverhalt A zurück: Wenn A, dann Z; je höher der Industrialisierungs- oder/ und Urbanisierungsgrad, umso höher der SPD-Stimmenanteil.[54] In der Regel wird man solche Beziehungen in den Geschichts- und Sozialwissenschaften probabilis-tisch und nicht deterministisch auslegen: Wenn A auftritt (oder auch A in Verbin-dung mit weiteren Bedingungsfaktoren B, C, D, …), dann tritt auch Z mit einer grö-ßeren Wahrscheinlichkeit auf als in dem Falle, in dem A, B, C, D oder noch weitere Bedingungsfaktoren nicht gegeben sind. In der Regel ist damit zu rechnen, dass ne-ben den spezifizierten und datenmäßig erfassten Bedingungsfaktoren noch weite-re (unbekannte bzw. nicht erfasste) Einflussgrößen (einschließlich der Messfehler) wirksam sind, die von Grundgesamtheit zu Grundgesamtheit und/oder über Zeit va-riieren können. Diese in den Analysemodellen nicht spezifizierten Einflussgrößen

---

53 Das Konzept der „Zufälligkeit" wird im weiteren Textverlauf noch erläutert.
54 Erinnert sei auch an das in der Einführung erwähnte Beispiel: Je stärker die hierarchisch-kollekti-vistischen Strukturen einer Gesellschaft zu Gunsten egalitär-individualistischer Strukturen erodiert sind, umso geringer das innergesellschaftliche Gewaltniveau. Eine empirische Analyse hierzu findet sich am Schluss von Kapitel 10.5

(s. die in Kap. 6 angesprochenen *Residual-* bzw. *Fehlergrößen* im Regressionsmodell) können, eben weil sie (bzw. ihre Realisierungen) nicht bekannt sind, als Zufallsgrößen betrachtet werden. Die Modellierung solcher Zufallsgrößen und die Einschätzung ihres möglichen Einflusses auf die empirisch ermittelten Kennwerte uni- und multivariater Verteilungen ist zentraler Gegenstand inferenzstatischer Überlegungen.

Erklärungskraft kommt einer theoretischen Hypothese über strukturelle (kausale) Zusammenhänge zwischen Variablen nur dann zu, wenn sie allgemein und nicht nur für einen oder ein paar spezifische Fälle gilt. Möglicherweise ist die Konstellation (A, B, C, …) tatsächlich (empirisch) nur in einem einmaligen historischen Kontext (mit zeitlich-räumlicher Begrenzung) gegeben; das berührt aber nicht die hypothetisch postulierte allgemeine Gültigkeit der Relation (A,B,C) → Z. Eine solche Hypothese konstituiert somit eine Art universaler *theoretischer* Population, die alle vorhandenen oder auch nur denkbaren (noch nicht realisierten oder erhobenen) Fälle umfasst, die den Merkmalskomplex (A, B, C, …) aufweisen (oder in Zukunft aufweisen könnten).[55] Auch eine empirische Grundgesamtheit (z. B. die Gesamtheit aller Stadt- und Landkreise des Deutschen Reiches zu einem bestimmten Zeitpunkt), anhand derer man eine theoretisch-allgemeine Hypothese überprüfen möchte, fungiert in diesem Falle als „Stichprobe", in der sich die theoretisch angenommenen Möglichkeiten realisiert oder – entgegen der Hypothese – nicht realisiert haben. Das Repräsentativitätskriterium spielt für diese Überprüfung keine Rolle. Entscheidend ist, ob in den ausgewählten bzw. verfügbaren Untersuchungseinheiten alle diejenigen Merkmalsdimensionen mit unterschiedlichen Ausprägungen zu beobachten sind, die in dem Bedingungskomplex (A, B, C, …) genannt sind. Die dann ermittelte Differenz zwischen den empirisch registrierten und den hypothetisch postulierten statistischen Kennwerten (bspw. zur Stärke des Zusammenhangs zweier Variablen) kann dann wiederum (wie oben unter Punkt (1) schon skizziert) statistisch bewertet und auf ihre *Signifikanz* getestet werden (s. Kap. 9): Ist die Abweichung so groß, dass ihr nur eine geringe Wahrscheinlichkeit zukäme, falls die theoretische Hypothese korrekt wäre? Oder ist sie so gering, dass sie unter wahrscheinlichkeitstheoretischen Gesichtspunkten als mit der Hypothese vereinbar eingestuft werden kann – wodurch diese bestätigt wäre.[56] Selbst dann, wenn man den Allgemeinheitsanspruch theoretischer Hypothe-

---

55 Hierbei sind allerdings komplexe wissenschaftstheoretische Konzepte involviert, auf die wir nicht eingehen können (siehe z. B. Esser et al. 1977).

56 Solche inferenzstatistischen Modelle setzen im Normalfall voraus, dass die beobachteten Merkmale sich in den verschiedenen Untersuchungseinheiten unabhängig voneinander realisiert haben. Wenn bspw. regionale Einheiten (wie Stadt- und Landkreise) als Untersuchungseinheiten dienen, mag diese Voraussetzung evtl. nicht erfüllt sein. Inzwischen liegen aber auch statistische Modelle (der „spatial analysis") vor, mit denen solche „Spill-Over Effekte" zwischen benachbarten Einheiten berücksichtigt werden können (ein Anwendungsbeispiel bieten Thome/Stahlschmidt 2013). Auch bei Zeitreihendaten – wiederholten Messungen bei der gleichen Untersuchungseinheit – ist davon auszugehen, dass die zum Zeitpunkt t_2 beobachtete Größe x_2 durch die zum früheren Zeitpunkt t_1 beobachtete Größe x_1 mitbestimmt ist. Auch hierfür gibt es Modelle, die unbekannte (zufällige) und bekannte Einflussgrößen miteinander verbinden.

sen nicht in der hier angedeuteten Weise vertreten, sondern ihren Geltungsbereich auf eine spezifische Grundgesamt beschränken möchte, bleiben solche inferenzstatistischen Erwägungen relevant, weil stets (auch bei vollständig erhobener Grundgesamtheit) mit (unbekannten, zufälligen) Messfehlern und sonstigen, nicht erfassten Einflussfaktoren zu rechnen ist.

(3) In geschichtswissenschaftlichen Studien werden gar nicht so selten Zeitreihen-Daten – bspw. zur Verstädterung und Industrialisierung, zur Entwicklung der Beschäftigungszahlen und zur demografischen und ethnischen Zusammensetzung der Bevölkerung – mit einbezogen. Solche Zeitreihen setzen sich in der Regel aus mehreren Komponenten zusammen – lineare und nicht-lineare Trendverläufe, mehr oder weniger variierende zyklische Abläufe, *Ausreißer* und sonstige (zufällige, nicht erklärbare) Schwankungen. Auch können aufgrund intervenierender Ereignisse abrupte oder sich allmählich vollziehende Niveauverschiebungen auftreten. Um solche Komponenten zu identifizieren und sinnvoll voneinander abzugrenzen, benötigt man wahrscheinlichkeitstheoretische Modelle. Eine Trennung solcher Komponenten ist z. B. erforderlich, wenn man kausale Einflüsse externer Ereignisse oder den längerfristigen strukturellen Zusammenhang zwischen zwei (oder mehreren) Zeitreihen (bzw. den substanziellen Faktoren, die sie repräsentieren) untersuchen möchte. Das zeigt sich u. a. an folgender Problematik: Zeitreihen, die ähnlich gestaltete kontinuierliche Trendverläufe (mit der Zeit ansteigend oder abfallend) aufweisen, korrelieren auch dann miteinander, wenn keinerlei kausaler Zusammenhang zwischen ihnen besteht. Eine Möglichkeit, kausale Zusammenhänge effektiver zu testen, ergibt sich aber, wenn die Trendverläufe der interessierenden Reihen diskontinuierlich und mit unregelmäßigen Schwankungen voranschreiten, die mit Hilfe stochastischer (also wahrscheinlichkeitstheoretischer) Modelle dargestellt werden können. Es lässt sich dann überprüfen, ob und in welcher Weise (z. B. zeitlich verzögert) die unregelmäßigen Schwankungen der einen Reihe mit denen der anderen Reihe(n) korrespondieren. Auf dieser Basis lassen sich Verfahren entwickeln, mit denen kausale Zusammenhänge zwischen Zeitreihen zuverlässiger identifiziert und entsprechende Hypothesen getestet werden können (zur Einführung in solche Methoden s. Thome 2005b).

Wenn wir im Folgenden einige der basalen wahrscheinlichkeitstheoretischen Konzeptionen vorstellen, bedienen wir uns zunächst sehr einfacher Beispiele, die uns aus dem Alltagsleben vertraut sind (z. B. das Werfen eines Würfels oder einer Münze), aber auf den ersten Blick kaum einen Anwendungsbezug zu geschichtswissenschaftlichen Analysen zu haben scheinen. Leserinnen und Leser benötigen also ein gewisses Maß an Geduld – was sich aber, wie wir hoffen, lohnen wird, wenn wir zu substanzwissenschaftlichen Anwendungen zurückkehren, bspw. im Rahmen der Regressionsmodelle (s. Kap. 10.2).

7.1 Ereignisse als Resultat von Zufallsexperimenten

Wie in Kap. 6 schon erwähnt, sind den amtlichen Statistiken des Deutschen Reiches für (fast) alle der ca. 1000 Stadt- und Landkreise, die Ende des 19. Jahrhunderts existierten, Daten zur Häufigkeit der in den jeweiligen Kreisen begangenen Körperverletzungsdelikte sowie Informationen zum Urbanisierungs- und Industrialisierungsgrad und zu weiteren gesellschaftlichen Strukturmerkmalen zu entnehmen. Würden wir, statt eine Vollerhebung vorzunehmen, aus der *Grundgesamtheit* aller ca. 1000 Stadt- und Landkreise eine Stichprobe von – beispielsweise – 100 Kreisen nach dem Zufallsprinzip[57] auswählen, so wäre vor dem Vollzug dieser Auswahl völlig ungewiss, welche Delikthäufigkeiten (und sonstigen Merkmalsausprägungen) in den ausgewählten Kreisen jeweils realisiert (registriert) sind und welche Kennwerte (wie z. B. arithmetische Mittel und Assoziationsmaße) sich daraus ergeben. Eine solche Stichprobenziehung wäre somit eine Art „Zufallsexperiment", und jede in ihr beobachtete Merkmalsdimension (wie die Häufigkeit der KV-Delikte) mit ihren verschiedenen möglichen Ausprägungen kann als *Zufallsvariable* gelten, für die nach Vollzug der Stichprobenziehung die realisierten Häufigkeiten zu ermitteln sind (die vermutlich etwas anders ausfallen als diejenigen, die in einer zweiten Stichprobe festzustellen wären). Auch die auf dieser Basis zu errechnenden statistischen Kennwerte, die der Charakterisierung der uni- und multivariaten Häufigkeitsverteilungen dienen, sind in diesem Sinne als Zufallsvariablen zu betrachten. Diese Stichproben-Kennwerte dürften wohl kaum mit denen identisch sein, die sich bei einer Vollerhebung aller Fälle der Grundgesamtheit ergäben. Sie können aber – unter bestimmten Bedingungen und Modellannahmen, die wir noch erläutern werden – als *Schätzgrößen* (mit bestimmten Fehlermargen) für die entsprechenden Kennwerte der Grundgesamtheit herangezogen werden.

Der Begriff der „Zufälligkeit" bezieht sich dabei zunächst einmal auf unser Nicht-Wissen bzw. die (unbeschadet aller Vermutungen, die wir haben mögen) weiterhin bestehende Ungewissheit darüber, welche Sachverhalte (Ergebnisse) in einer Stichprobe tatsächlich zu beobachten sein werden. Ob diese Sachverhalte faktisch in irgendeiner Weise kausal determiniert sind oder nicht, hat zunächst einmal nichts mit dieser „Zufälligkeit" – der Nicht-Vorhersehbarkeit – der jeweiligen Beobachtungsergebnisse zu tun. Insofern entsprechen unsere Beobachtungen oder Messungen, die wir als Historiker oder Sozialwissenschaftler bei verschiedenen Untersuchungseinheiten vornehmen, dem, was Statistiker und Statistikerinnen als *Zufallsvorgang* oder *Zufallsexperiment* bezeichnen, wobei „Experiment" hier nicht für eine bestimmte Methode der Datengewinnung steht, sondern allgemeiner gefasst ist. Die Statistiker

---

57 Das Konzept der Zufallsauswahl impliziert in diesem Kontext die Bedingung, dass jeder Kreis der Grundgesamtheit die gleiche Chance hat, in die Stichprobe zu gelangen.

und Statistikerinnen verstehen darunter eine Aktion oder einen Vorgang, der wie folgt charakterisiert ist (s. Schlittgen 2012, S. 134):

a) Für ihn gibt es mehrere mögliche Ausgänge – *Ergebnisse.*
b) Der Vorgang ist unter gleichen Randbedingungen wiederholbar (ein Forscher beobachtet den interessierenden Sachverhalt unabhängig voneinander bei mehreren Zufallsvorgängen bzw. bei mehreren Untersuchungseinheiten).
c) Bei jeder Durchführung dieses Vorgangs (Beobachtung, Messung) ist das Ergebnis nicht mit Sicherheit vorhersagbar.

„Unter gleichen Randbedingungen wiederholbar" schließt die Voraussetzung ein, dass das eine Experiment (der eine Beobachtungs- bzw. Messvorgang) keinerlei Einfluss auf die Ergebnisse des anderen Experiments (z. B. der Wiederholung des Messvorgangs bei einer anderen Untersuchungseinheit) hat (aber s. oben Fn. 56). Wir wollen im Folgenden versuchen, das Konzept des Zufallsvorgangs zunächst anhand sehr einfacher Beispiele zu verdeutlichen.

Die bei einem Zufallsvorgang mögliche Menge von Ergebnissen wird als *Ergebnismenge* oder *Stichprobenraum* Ω (Omega) bezeichnet (gelegentlich spricht man auch vom *Grundraum* oder vom *Universum* der möglichen Ergebnisse). Beim einmaligen Werfen eines Würfels gibt es bspw. sechs mögliche Ergebnisse: $\Omega = \{1, 2, 3, 4, 5, 6\}$ und beim Werfen einer Münze zwei mögliche Ergebnisse: $\Omega = \{$Zahl, Wappen$\}$. Soll aus einer Urne, die 50 durchnummerierte und gut durchmischte Kugeln enthält, eine Kugel gezogen werden, so gibt es hinsichtlich der Kugelnummer, die man bei einer Ziehung erhält, 50 mögliche Ergebnisse: $\Omega = \{1, 2, ..., 49, 50\}$. Anders als beim Würfelexperiment ist hier der Stichprobenraum in Form einer empirischen Grundgesamtheit gegeben, der die 50 Kugeln umfasst, die bestimmte Merkmale aufweisen, die sich bei einer Zufallsauswahl realisieren können. Neben der fortlaufenden Nummerierung mögen die Kugeln noch andere Eigenschaften aufweisen, z. B. unterschiedlich gefärbt sein. Der Stichprobenraum könnte z. B. 10 schwarze und 40 gelbe Kugeln enthalten und wäre somit hinsichtlich der Zufallsvariable „Farbe" in zwei Teilmengen unterschiedlichen Umfangs gegliedert. Die Wahrscheinlichkeit, eine schwarze Kugel zu ziehen ($P_s = 0{,}20$), wäre deutlich geringer als die Wahrscheinlichkeit, eine gelbe Kugel zu ziehen ($P_g = 0{,}80$).[58] Dieses Beispiel zeigt auch, dass die Untersuchungseinheiten (hier die 50 Kugeln), die den Stichprobenraum bilden, aus dem sie mit gleichen Wahrscheinlichkeiten per Zufallsauswahl (Zufallsexperiment) „herausgezogen" werden können, Träger verschiedener Merkmale sein können, deren

---

58 Zur Definition des Wahrscheinlichkeitsbegriffes siehe unten. Die in der Literatur üblicherweise herangezogene Abkürzung „P" (oder „Pr") ist aus dem engl. Begriff „probability" = Wahrscheinlichkeit übernommen. Wenn, wie im Kugelbeispiel, der Ergebnisraum endlich ist und jedes Element des Stichprobenraums die gleiche Realisierungschance aufweist, entspricht die Wahrscheinlichkeit (z. B. für das Ziehen einer gelben Kugel) der entsprechenden relativen Häufigkeit, hier $f_r = 0{,}80$.

Ausprägungen mit unterschiedlichen Häufigkeiten gegeben sind und deshalb auch mit unterschiedlichen Wahrscheinlichkeiten bei einer Zufallsauswahl realisiert werden können. Das Urnenbeispiel exemplifiziert eine Situation, die auch vorliegt, wenn wir z. B. aus einer landesweit registrierten Bevölkerung einzelne Personen als Träger von interessierenden Merkmalen auswählen (s. unten).

Ein den Beobachter interessierendes *Ereignis* kann sich aus mehreren möglichen Ergebnissen zusammensetzen. Bei dem Zufallsvorgang „einen sechsflächigen Würfel einmal werfen" sind die „Ergebnisse" $E_1 = 1$, $E_2 = 2$, ..., $E_6 = 6$ möglich; sie bilden den (gesamten) Stichprobenraum (Ergebnisraum Ω). Vielleicht interessiert (bei bestimmten Würfelspielen) aber lediglich, ob eine gerade Zahl (Ereignis A) oder eine ungerade Zahl (Ereignis B) auftritt. Diese beiden „Ereignisse" umfassen somit zwei Teilmengen des Ergebnisraumes: Ereignis A = {2, 4, 6}, Ereignis B = {1, 3, 5}. Dies entspricht dem allgemeinen Sprachgebrauch der Statistiker: Jede Teilmenge des Ergebnisraums Ω (der Gesamtheit aller gleichmöglichen „Ergebnisse") wird als „Ereignis" bezeichnet (s. Schlittgen 2012, S. 133–137). Die Menge aller möglichen Ereignisse heißt *Ereignisraum*.[59] Allerdings ist der Sprachgebrauch in der einschlägigen Literatur nicht einheitlich. Statt von (gleich-wahrscheinlichen) „Ergebnissen" (die jeweils nur ein Element des Stichprobenraums darstellen) sprechen einige Autoren von *Elementarereignissen;* Ereignisse, die mehr als eines dieser Ergebnisse bzw. Elementarereignisse umfassen, bezeichnet man auch als *komplexe* (oder: *zusammengesetzte*) *Ereignisse.* Man benutzt somit den Ausdruck „Ereignisse" auch als Sammelbegriff für Ergebnisse (Elementarereignisse) und zusammengesetzte Ereignisse. Mengentheoretisch betrachtet, stellt jedes Elementarereignis (als einzelnes Element) eine Teilmenge der Gesamtmenge dar. Insofern liegt es in der Tat nahe, jede interessierende (einelementige oder mehrelementige) Teilmenge, in die sich ein Stichprobenraum zerlegen lässt, als „Ereignis" und die Gesamtheit der denkbaren (elementaren und zusammengesetzten) Ereignisse als „Ereignisraum" zu bezeichnen.

Nicht nur das interessierende Ereignis eines einzigen Zufallsvorgangs kann sich auf eine Teilmenge von möglichen Ergebnissen beziehen; auch Zufallsexperimente können komplexer zusammengesetzt sein und mehrere Versuche (wiederholte Beobachtungen, Messungen) umfassen (in der sozial- oder geschichtswissenschaftlichen Forschungspraxis oft mehrere hundert oder tausend). Zum Beispiel kann sich ein Würfelexperiment aus mehreren Würfen zusammensetzen, so dass sich der Ergebnisraum (Stichprobenraum) erheblich ausdehnt.

Um dies näher zu veranschaulichen, betrachten wir das Zufallsexperiment „zweimaliges Werfen eines Würfels". Es führt zu einem Stichprobenraum, der 36 mögliche Ergebnisse (Elementarereignisse) umfasst. Würfelt man z. B. erst eine „1" und dann eine „3", erhält man das Ergebnis {1,3}. Für jeden einzelnen Wurf gibt es n = 6 mög-

---

59 In der Literatur findet man auch den Begriff „Potenzmenge von Omega", mit dem man die Menge aller Teilmengen von Ω bezeichnet (Hartung et al. 1986, S. 93)

liche Ergebnisse. Diese Möglichkeiten bleiben bei jedem folgenden Wurf erhalten, ganz gleich, welche Zahl im vorangegangenen Wurf realisiert wurde. Bei $k \geq 1$ Würfen gibt es somit n^k, im Beispiel $6^2 = 36$ mögliche Ergebnisse (s. Tab 7.1).

Tabelle 7.1 Elementarereignisse und mögliche weitere Ereignisse beim zweimaligen Würfeln (Quelle: eigene Darstellung)

Erster Wurf	Zweiter Wurf	Elementarereignisse
1	1 bis 6	{1,1}, {1,2}, {1,3}, {1,4}, {1,5},{1,6}
2	1 bis 6	{2,1}, {2,2}, {2,3}, {2,4}, {2,5},{2,6}
3	1 bis 6	{3,1}, {3,2}, {3,3}, {3,4}, {3,5},{3,6}
4	1 bis6	{4,1}, {4,2}, {4,3}, {4,4}, {4,5},{4,6}
5	1 bis 6	{5,1}, {5,2}, {5,3}, {5,4}, {5,5},{5,6}
6	1 bis 6	{6,1}, {6,2}, {6,3}, {6,4}, {6,5},{6,6}

A = { {1,1}, {1,2}, {1,3},{1,4}, {1,5},{1,6} }
B = { {1,2}, {2,2}, {3,2},{4,2}, {5,2},{6,2} }
C = { {4,6}, {5,5}, {5,6}, {6,4}, {6,5}, {6,6} }

Die in Tab. 7.1 mit A, B und C bezeichneten Mengen markieren (mehrelementige) Teilmengen dieses Stichprobenraums. Mit dem Buchstaben A ist derjenige Teil der Ergebnismenge gekennzeichnet, der alle Elemente umfasst, die als Resultat des 1. Wurfs die Zahl „1" aufweisen – unabhängig davon, welche Zahl im zweiten Wurf erreicht wird. Der Bereich B umfasst alle Elemente, bei denen im zweiten Wurf die Zahl „2" realisiert wird – unabhängig davon, welche Zahl im 1. Wurf realisiert wird. Die Teilmenge C beinhaltet alle Ergebnisse, bei denen die Summe der Augenzahlen beider Würfe mindestens 10 beträgt.

Man kann die Summe der Augenzahlen wiederum als Zufallsvariable S betrachten, deren Ausprägungen 11 mögliche Ereignisse (Werte) umfassen: 2, 3, …, 11, 12. Die einzelnen Ereignisse sind mit unterschiedlich großen Teilmengen des Ergebnisraums gegeben. Die Summen $S = 2$ und $S = 12$ z. B. umfassen jeweils nur eines der 36 möglichen Ergebnisse: $S(2) = \{(1,1)\}$; $S(12) = \{(6,6)\}$. Der Summenwert „4" umfasst eine Teilmenge von drei Ergebnissen: $S(4) = \{(1,3), (3,1), (2,2)\}$. Während die Summen „2" oder „12" jeweils mit einer Wahrscheinlichkeit von $P = 1/36$ realisiert werden, hat das Ereignis $S = 4$ eine Wahrscheinlichkeit von $P = 3/36$ (mehr zum Begriff der Wahrscheinlichkeit, s. unten). Dieses Beispiel liefert einen Ansatzpunkt für die Definition des Konzepts der Zufallsvariable, das wir bisher nur andeutungsweise herangezogen haben. Als *Zufallsvariable* wird eine Merkmalsdimension (Variable) X bezeichnet (hier z. B. die Summe S der Augenzahlen), deren Ausprägungen (hier Summenzahlen von 2 bis 12) sich im Vollzug von Zufallsexperimenten (Stichprobenziehungen) in Form möglicher Ereignisse mit gleichen oder ungleichen Wahrscheinlichkeiten realisieren lassen, je nachdem wie häufig die entsprechenden Ergebnisse im Stichprobenraum gegeben sind. Die auf Grund dieser Häufigkeiten erfolgte Zuordnung von Wahrscheinlichkeiten zu allen durch X festgelegten Ereignissen, wird als *Wahrscheinlichkeitsverteilung* bezeichnet (s. Schlittgen 2012, S. 158–160). In der Forschungspraxis benötigt man nicht nur *diskrete* Zufallsvariablen (wie sie in den bisherigen Beispielen angesprochen wurden), sondern auch *stetige* Zufallsvariablen, deren Wahrscheinlichkeiten für Intervalle gleicher oder unterschiedlicher Größe (z. B. für Altersklassen) definiert sind. Wie wir noch sehen werden, lassen sich auch statistische Kennzahlen, wie Korrelations- oder Regressionskoeffizienten, als stetige Zufallsvariablen konzipieren.

Für das oben schon dargestellte Urnenbeispiel mit schwarzen (s) und gelben (g) Kugeln lässt sich u. a. eine Zufallsvariable X_1 betrachten, die für jede Ziehung von zwei Kugeln angibt, wie oft dabei die Farbe „schwarz" auftreten kann. Die möglichen Häufigkeiten sind {0,1,2}; sie stellen den „Wertebereich" dieser Zufallsvariablen dar. Die Zufallsvariable X_2, die bezüglich der Häufigkeiten definiert wird, mit der im gleichen Zufallsexperiment eine *gelbe* Kugel auftritt, hat den gleichen Wertebereich {0,1,2}. Da die Urne (in unserem Beispiel) mehr gelbe als schwarze Kugeln enthält, sind die Wahrscheinlichkeiten, mit denen die einzelnen Werte der Zufallsvariablen X_2 realisiert werden, nicht identisch mit den Wahrscheinlichkeiten für die gleichen Werte der Zufallsvariablen X_1. Sie lassen sich auch nicht so einfach bestimmen wie im Falle des Würfelbeispiels, in dem man (wenn das Zufallsexperiment nur zwei Würfe umfasst) ohne große Mühe abzählen kann, mit wie vielen der 36 möglichen Ergebnisse (in Form von Zahlenkombinationen) eines zweifachen Wurfs sich z. B. die jeweiligen Summenwerte von „1" bis „12" realisieren lassen; würde das Zufallsexperiment drei Würfe umfassen, hätte man es allerdings schon mit einem Ergebnisraum zu tun, der nicht 36, sondern $6^3 = 216$ Elemente enthielte.

Im Rahmen des Urnenbeispiels gibt es noch andere Varianten möglicher Stichprobenziehungen. Eine einmal gezogene Kugel lässt sich vor der nächsten Ziehung wieder zurück in die Urne legen – oder nicht. Im ersten Fall bleibt der Stichprobenraum bei wiederholter Ziehung unverändert (sodass die gleiche Kugel mehrmals gezogen werden kann – Ziehung *mit Zurücklegen*); dies entspräche dem Würfelbeispiel, in dem die gleiche Zahl mehrmals geworfen werden kann. Für das Ziehen von n = 3 aus der Menge von N = 50 unterscheidbaren Kugeln ergeben sich unter dieser Voraussetzung (analog zum Würfelbeispiel) $N^n = 50^3 = 125.000$ unterschiedliche, aber gleichmögliche Ergebnisse (wenn auch hier die jeweilige Reihenfolge der gezogenen Kugeln berücksichtigt wird). Im zweiten Falle (*ohne Zurücklegen*) verändert sich nach jeder Ziehung der Stichprobenraum, so dass die Anzahl der möglichen Ergebnisse (der realisierbaren Zufallsstichproben) auf andere Weise berechnet werden muss: $N \cdot (N-1) \ldots (N-n+1) = N \cdot (N-1) \cdot (N-2) = 117.600$.

Die möglichen Zufallsauswahlen von n aus N (oder in anderer Schreibweise: k aus n) Elementen bezeichnet man in der Literatur als *Kombinationen n-(k-)ter Ordnung*. Wird bei der Auswahl der Elemente auch die Ziehungsreihenfolge, in der sie realisiert werden, mitberücksichtigt (wie in unseren bisherigen Beispielen), spricht man auch von *Variationen* (mit oder ohne Wiederholung) als einer Teilkategorie der Kombinationen. Eine Zufallsauswahl mit Wiederholung (Zurücklegen der jeweils gezogenen Elemente) schließt, wie wir schon sahen, die Möglichkeit ein, dass $n > N$ (bzw. $k > n$) ist. Schaut man auf die unterschiedlichen Möglichkeiten, in denen sich alle N Elemente in jeweils unterschiedlicher Reihenfolge (ohne Wiederholungen) anordnen lassen, spricht man von *Permutationen* (s. Litz 1997, S. 225 ff.). Der Sprachgebrauch ist in der einschlägigen Literatur allerdings auch hier wiederum nicht einheitlich geregelt. Einige Autoren lassen den Begriff der „Variationen" beiseite und unterscheiden kategorial lediglich zwischen Permutationen (den verschiedenen Möglichkeiten N Elemente anzuordnen) und Kombinationen (den verschiedenen Möglichkeiten, aus N Elementen n Elemente mit oder ohne Wiederholung auszuwählen). Das Konzept der Permutationen schließt die Möglichkeit ein, dass sich die N Elemente aus Teilmengen $\{n_1, n_2 \ldots\}$ zusammensetzen können, innerhalb derer sich die jeweiligen Elemente hinsichtlich eines spezifisch interessierenden Merkmals nicht voneinander unterscheiden, so dass es auch keine Rolle spielt, in welcher Reihenfolge die Elemente innerhalb der Teilmengen jeweils angeordnet sind. So sind wir bei unserem Urnenbeispiel davon ausgegangen, dass sich die $N = 50$ Kugeln in zwei Teilmengen aufteilen lassen: 10 schwarze und 40 gelbe Kugeln. Um die Wahrscheinlichkeit für die Realisierung bestimmter Stichprobenziehungen berechnen zu können, greift man auf die mathematischen Regeln der Kombinatorik zurück, von denen wir einige weiter unten noch vorstellen werden.

Zuvor wollen wir aber noch auf Folgendes hinweisen: Das Experiment des Werfens eines Würfels oder einer Münze verdeutlicht nochmals das oben schon andeutungsweise skizzierte Konzept der *theoretischen Population* von Möglichkeiten, in der die Wahrscheinlichkeiten für die empirische Realisierung bestimmter Werte oder Wertbereiche hypothetisch durch die entsprechenden Modellparameter festgelegt sind. So geht man z. B. davon aus, dass bei jedem beliebig wiederholten Würfelwurf jede der sechs möglichen Zahlen mit der gleichen Wahrscheinlichkeit $P = 1/6$ realisiert werden kann. In ähnlicher Weise gehen wir beim Werfen einer Münze davon aus, dass das Ergebnis „Wappen" mit der gleichen Wahrscheinlichkeit $P = 0{,}5$ realisiert wird wie das Ergebnis „Zahl". Nicht gänzlich auszuschließen ist, dass die Münze bei einem Wurf auf ihrer Kante stehen bleibt (s. Schlittgen 2012, S. 144). Diese Möglichkeit wird aber so selten realisiert, dass man sie außer Betracht lässt, bzw. ihr die Wahrscheinlichkeit $P = 0$ zuweist. Die Festlegung von Wahrscheinlichkeiten beruht also letztlich auf theoretischen Modellannahmen. Auch ohne formale Berechnungen würden wir wohl vermuten, dass bei 100 Münzwürfen etwa 50-mal ein Wappen und ebenfalls etwa 50-mal die Zahl geworfen würde. Sollte bei einem Zufallsexperiment von 500 Würfen das Wappen abweichend von dieser Erwartung bspw. 400-mal auftreten, entstünde sicherlich der Verdacht, dass es sich nicht um eine „faire" Münze handele, dass sie vor dem Experiment manipuliert oder unbeabsichtigt beschädigt worden sei, so dass die (theoretische) Annahme P(Wappen) = P(Münze) = 0,5 für die vorliegende Münze nicht mehr zuträfe. Entsprechende Manipulationen wären natürlich auch bei der Herstellung von Würfeln möglich.[60]

Mit Hilfe des Münzbeispiels lässt sich auch verdeutlichen, wie sich die Konstruktion von Ergebnisräumen und die darauf fußende Berechnung von Ereigniswahrscheinlichkeiten vollziehen lässt, wenn durch die häufigere Wiederholung des Zufallsvorgangs (hier das mehrfache Werfen einer Münze) diese Stichprobenräume sich immer weiter ausdehnen, so dass es äußerst mühsam oder praktisch unmöglich wird, alle in ihnen enthaltenen realisierbaren Ergebnisse (mit ihrer jeweiligen Kombination von Elementen) einzeln zu rekonstruieren und abzuzählen. Als Beispiel hierzu betrachten wir zunächst das zweimalige und dann das viermalige Werfen einer Münze. Analog zum oben dargestellten Würfelbeispiel (mit n = 6 möglichen Ergebnissen bei k = 1 Wurf, $n^2 = 6^2 = 36$ möglichen Ergebnissen bei k = 2 Würfen) können wir zunächst feststellen: Beim einem ersten Wurf der Münze gibt es n = 2 gleichmögliche Ergebnisse: Wappen (W) oder Zahl (Z). Mit dem zweiten Wurf kann jedes dieser beiden Erst-Ergebnisse entweder wiederholt oder mit dem jeweils anderen Erst-Ergebnis kombiniert werden, so dass der Stichprobenraum Ω nun $n^k = 2^2 = 4$ mögliche Ergebnisse enthält: Ω = {(W,W), (Z,Z), (W,Z), (Z,W)}. Die Zufallsvariable X_1 „Häufigkeit des Auftretens von Wappen bei zwei Würfen" hat somit einen Wertebereich von 3 möglichen Ausprägungen: 0, 1 oder 2. (Das gleiche gilt für die Zufallsvariable X_2 „Häufigkeit des Auftretens von Zahl bei zwei Würfen") Die Ausprägung „0" wäre nur mit einem der 4 gleichmöglichen Ergebnisse, nämlich (Z,Z) realisiert, folglich $P(X_1 = 0) = ¼$. Das zweimalige Auftreten von W ist ebenfalls nur mit einem der 4 möglichen Kombinationsergebnisse realisierbar, $P(X_1 = 2) = ¼$. Das einmalige Auftreten von W (wie auch das einmalige Auftreten von Z) ist mit zwei der 4 Elementarereignisse realisierbar, folglich $P(X_1 = 1) = 2/4 = P(X_2 = 1)$. Die Summe der Wahrscheinlichkeiten über den gesamten Werte-(Ausprägungs-)bereich addiert sich somit zu „1".

Mit einer steigenden Anzahl k der Würfe erweitert sich der Stichprobenraum, also die Anzahl 2^k der möglichen Ergebnisse, und dementsprechend wird es mühsamer, die verschiedenen Kombinationen mit unterschiedlichen Häufigkeiten von W und Z einzeln aufzulisten. Bei k = 4 Münz-Würfen ergeben sich (wie oben schon erläutert) insgesamt 2^4 = 16 „Variationen" (wenn die Reihenfolge von W und Z jeweils berücksichtigt wird). Die Zufallsvariable „Häufigkeit des Auftretens von Wappen", X_W, hat nun – ebenso wie die Zufallsvariable „Häufigkeit des Auftretens von Zahl", X_Z – fünf

---

60 Allerdings wären auch im Falle einer „fairen" Münze 400 Wappenergebnisse bei 500 Würfen nicht unmöglich, die Wahrscheinlichkeit dafür wäre zwar sehr gering, aber größer als Null. Mit der Berechnung solcher Wahrscheinlichkeiten und dem Risiko, korrekte Hypothesen zurückzuweisen oder falsche beizubehalten, werden wir uns in nachfolgenden Kapiteln noch beschäftigen.

mögliche Ausprägungen: 0, 1, 2, 3 oder 4, die sich mit unterschiedlichen Häufigkeiten (Wahrscheinlichkeiten) realisieren lassen. Fragen wir zunächst: Wie groß ist die Wahrscheinlichkeit dafür, dass bei k = 4 Münzwürfen, viermal das „Wappen" (W) und somit kein einziges Mal „Zahl" (Z) geworfen wird? Dieses Ereignis wird offensichtlich nur in einer der 16 möglichen Variationen realisiert. Folglich ist die Wahrscheinlichkeit $P(X_W = 4) = 1/16 = P(X_Z = 0)$. Eine Kombination von 3 Wappen und 1 Zahl kann dagegen viermal auftreten, denn die eine Zahl kann beim ersten, beim zweiten, beim dritten oder beim vierten Wurf auftreten; dies sind 4 der 16 möglichen Variationen, folglich: $P(X_W = 3) = 4/16 = P(X_Z = 1)$. Fragen wir als nächstes: In wie vielen Variationen können 2 Wappen und 2 Zahlen gemeinsam auftreten? Die Antwort ist: in 6 Variationen: {(W,Z,Z,W), (W,Z,W,Z), (Z,W,Z,W), (Z,W,W,Z), (W,W,Z,Z), (Z,Z,W,W)} und somit ist $P(X_W = 2, X_Z = 2) = 6/16$. Diese Variationen „per Hand" zu ermitteln ist schon etwas mühsam.

Hierbei können aber, wie schon angedeutet, die Regeln der Kombinatorik helfen. Zunächst überlegen wir, ganz allgemein: Wie viele Anordnungsmöglichkeiten (Permutationen) gibt es, wenn eine Gesamtheit von n = 4 unterschiedlichen Elementen irgendwelcher Art (z. B. die Buchstaben A, B, C und D) in beliebiger Folge aneinandergereiht werden sollen? Jedes der 4 unterscheidbaren Elemente könnte als erstes Element platziert werden, und jede dieser 4 Möglichkeiten könnte im nächsten Schritt mit einem der 3 restlichen Elemente verbunden werden. Daraus ergäben sich schon $n(n - 1) = 4 \cdot 3 = 12$ unterschiedliche Anordnungsmöglichkeiten. Jede dieser zwölf Anordnungen kann sodann mit einem der beiden verbliebenen Elemente kombiniert werden, was die Zahl der möglichen Anordnungen auf $n(n - 1)(n - 2) = 4 \cdot 3 \cdot 2 = 24$ erhöht. Danach gibt es nur noch 1 weiteres Element, das alternativlos jeder der 24 bereits schon ermittelten Variationen hinzugefügt werden könnte; die Anzahl der möglichen Permutationen (P_n) würde darüber nicht hinausgehen: $P_n = n(n - 1)(n - 2)(n - 3) = 4 \cdot 3 \cdot 2 \cdot 1 = 24$. In der einschlägigen Literatur wird diese Form einer Produktkette allgemein mit dem Kürzel „n!" (gelesen: „n Fakultät") notiert: $n! = n \cdot (n - 1) \cdot (n - 2) \ldots 2 \cdot 1$.

Bei unserem Beispiel mit dem viermaligen Werfen einer Münze haben wir es nun aber nicht mit 4, sondern nur mit 2 unterschiedlichen Typen von Elementen (W und Z) zu tun, die wiederholt realisiert werden können. Jedes dieser beiden Elemente kann, wie oben schon erwähnt, in den verschiedenen Vierer-Anordnungen mit insgesamt 5 unterschiedlichen Häufigkeiten (0,1,2,3,4) auftreten. Die jeweiligen Wahrscheinlichkeiten, mit denen diese Häufigkeiten realisiert werden, hängt von der Menge der Vierer-Permutationen ab, in denen das interessierende Ereignis, z. B. zweimal Wappen (und damit auch zweimal Zahl) in jeweils unterschiedlicher Abfolge auftreten kann. In diesem Falle setzt sich die Menge von n = 4 anzuordnenden Elementen aus zwei gleich großen Teilmengen zusammen, die jeweils zwei gleiche Elemente enthalten: $T_1 = \{(W,W)\}$, $T_2 = \{(Z,Z)\}$. Während es bei 4 unterschiedlichen Elementen bei der ersten Zufallsauswahl 4 verschiedene Realisationsmöglichkeiten gibt, gibt es jetzt nur zwei alternative Möglichkeiten: W oder Z, also schon hier (im ersten

Schritt) eine Reduktion der Permutationsmöglichkeiten um den Faktor 2 (4/2 = 2). Im zweiten Wurf kann jedes der beiden Elemente (W oder Z) entweder noch einmal (ein letztes Mal) mit dem gleichen Element verbunden werden zu {(W,W)} oder {(Z,Z)} oder mit dem jeweils anderen Element zu {(W,Z)} bzw. {(Z,W)}. Tritt in den beiden ersten Würfen zweimal das gleiche Element auf, dann gibt es für die weiteren 2 Würfe keine zusätzlichen Anordnungsmöglichkeiten mehr (unter der Voraussetzung, dass „Wappen" und „Zahl" bei den 4 Würfen jeweils zweimal vorkommen): in den beiden restlichen Würfen muss das andere Element zweimal auftreten: {(W,W)} wird zu {(W,W,Z,Z)} und {(Z,Z)} wird zu {(Z,Z,W,W)} erweitert (zwei der möglichen Vierer-Permutationen). Wenn in den ersten beiden Würfen jeweils zwei unterschiedliche Ergebnisse realisiert werden – (W und Z) oder (Z und W) –, müssen (unter der gegebenen Voraussetzung) auch in den zwei restlichen Würfen beide Elemente nochmals – in unterschiedlicher Reihenfolge – auftreten: {(W,Z)} ergänzt sich zu {(W,Z,W,Z)} oder zu {(W,Z,Z,W)}, und {(Z,W)} ergänzt sich zu {(Z,W,Z,W)} oder zu {(Z,W,W,Z)}. Das heißt, es gibt insgesamt 2 + 2 + 2 = 3 · 2 = 6 unterschiedliche Anordnungen von 4 Elementen, die sich aus zwei Teilmengen zusammensetzen, hier: dem zweimaligen Auftreten von „Wappen" und dem zweimaligen Auftreten von „Zahl" bei 4 Münzwürfen. Da, wie oben erläutert, der Stichprobenraum aller möglichen Ergebnisse bei 4 Münzwürfen $2^4 = 16$ Elemente enthält, ergibt sich somit eine Wahrscheinlichkeit von P = 6/16 dafür, dass bei diesem Zufallsexperiment zweimal „Wappen" und somit auch zweimal „Zahl" auftritt.

Allgemein lässt sich die Anzahl P_n der möglichen Permutationen einer beliebigen Anzahl n unterschiedlicher Elemente (wie oben schon erläutert) wie folgt berechnen:

(7-1) $P_n = n(n - 1)(n - 2) \ldots \cdot 2 \cdot 1 = n!$

Die Situation verändert sich, wenn einige (viele) der n Elemente hinsichtlich eines spezifisch interessierenden Merkmals untereinander gleich sind, so dass s (s < n) Teilgruppen i (i = 1, 2, ..., s) mit jeweils n_i gleichartigen Elementen gegeben sind. Aus Gleichung (7-1) wird dann Gleichung

(7-2) $P_{n. n_1, \ldots, n_s} = \dfrac{n!}{n_1! \, n_2! \, n_3! \, n_s!}$

Hier bezeichnet der erste Index (n) von P die Gesamtzahl der Elemente, um deren Anordnung es geht. Nach dem Punkt werden die Teilmengen gleicher Elemente aufgelistet[61]. Da die n_i Elemente innerhalb einer Teilgruppe gleich sind, reduziert sich die Anzahl n! der möglichen Permutationen jeweils um den Faktor $n_i!$, denn nur

---

[61] Diese Schreibweise wird nicht einheitlich gehandhabt. Einige Autoren setzen z. B. den Index „n" vor den Buchstaben P, andere lassen ihn ganz weg und listen nur die Teilemengen von n_1 bis n_s (oder n_k) auf.

wenn diese n_i Elemente sich alle voneinander unterschieden, trügen sie mit $n_i!$ Permutationen zur Gesamtmenge der n! Permutationen bei. Unser eben erläutertes Beispiel eines viermaligen Münzwurfs (n = 4) mit n_1 = 2 Wappen- und n_2 = 2 Zahl-Würfen lässt sich in dieses Muster einordnen:

$$(7\text{-}3) \quad P_{4,2,2} = \frac{4!}{2! \, 2!} = \frac{24}{4} = 6$$

Beim viermaligen Münzwurf ist auch die Möglichkeit gegeben, dass Wappen dreimal vorkommt. Dieses Ereignis lässt sich (wie ebenfalls schon erläutert) in vier unterschiedlichen Anordnungen realisieren (was auch unmittelbar einsehbar ist, da die einzige Zahl in der Abfolge der Würfe in genau vier Positionen vorkommen kann). Auch dieses Rechenergebnis lässt sich durch Anwendung der Permutationsformel bestätigen:

$$(7\text{-}4) \quad P_{4,3,1} = \frac{4!}{3! \, 1!} = \frac{24}{6} = 4$$

Da das dreimalige Vorkommen von Wappen (bzw. das einmalige Vorkommen der Zahl) sich in 4 verschiedenen Varianten realisieren lässt, ist die Wahrscheinlichkeit $P(X_W = 3)$ dafür, dass dieses Ereignis auftritt, mit 4/16 gegeben. (Wir hatten oben gesehen, dass beim viermaligen Werfen einer Münze insgesamt 2^4 = 16 mögliche Kombinationen (Variationen) mit Beachtung der Reichenfolge auftreten können).

Wenn es unter den n Elementen nur eine einzige Teilgruppe mit z < n gleichen Elementen gibt, reduziert sich Gleichung (7-2) zu Gleichung (7-5):

$$(7\text{-}5) \quad P_{n,z} = \frac{n!}{z!}$$

Wenn sich alle n Elemente vollständig jeweils einer von s = 2 zwei Teilgruppen n_1 und $n_2 = (n - n_1)$ mit intern gleichen Elementen zuordnen lassen, schreibt man Gleichung (7-2) auch in der Form

$$(7\text{-}6) \quad P_{n,n-n_1} = \frac{n!}{n_1!(n - n_1)!} = \binom{n}{n_1}$$

$$\text{(gelesen: „n über } n_1\text{“)}$$

Auch der Grenzfall, dass alle n Elemente gleich sind (z.B. viermaliges Werfen der Zahl oder viermaliges Werfen des Wappens) lässt sich als Spezialfall der allgemeinen Permutationsgleichung (7-2) darstellen:

$$(7\text{-}7) \quad P_{4,0} = \frac{4!}{4! \, 0!} = 1$$

Da man durch 0 nicht dividieren kann, wird 0! = 1 festgelegt (ähnlich wie $1^0 = 1$ im Rechnen mit Potenzzahlen) Die Wahrscheinlichkeit für das viermalige Auftreten von *Wappen* ist somit $P(X_W) = 1/16$, und dies ist auch die Wahrscheinlichkeit für das viermalige Auftreten von *Zahl*. Damit haben wir für den gesamten Wertebereich (0,1,2,3,4) der Zufallsvariable „Häufigkeit des Auftretens von Wappen bei viermaligem Münzwurf" die Wahrscheinlichkeiten ermittelt:

$$P(X_W = 0) = 1/16 \quad P(X_W = 1) = 4/16 \quad P(X_W = 2) = 6/16$$
$$P(X_W = 3) = 4/16 \quad P(X_W = 4) = 1/16$$

Diese Wahrscheinlichkeiten addieren sich zu der Summe von 1. Die in den Gleichungen (7-3) bis (7-7) zugrunde gelegten (für bestimmte Anwendungsfälle exemplifizierten) Permutationsformeln (7-1) und (7-2) gelten natürlich allgemein für beliebig große Ergebnisräume mit n Elementen und auch für beliebig viele gleich große oder unterschiedlich große Teilmengen n_1, n_2, …, die darin enthalten sein mögen.

Man kann nicht nur fragen, wie viele Möglichkeiten gibt es, eine gegebene Menge n verschiedener Elemente mit gleichen oder ungleichen Merkmalen anzuordnen, sondern auch: Wie viele Kombinationsmöglichkeiten gibt es, aus n unterschiedlichen Elementen k < n Elemente ohne Berücksichtigung ihrer Reihenfolge auszuwählen? Diese Situation ist z. B. beim Lottospiel gegeben, wenn aus n = 49 Zahlen k = 6 auszuwählen sind (s. unten). Sie ist auch gegeben, wenn aus einer empirischen Population (*Grundgesamtheit*) eine kleinere Menge von Untersuchungseinheiten (als *Stichprobe*) ausgewählt werden soll. Die Antwort hierauf erhält man mit Hilfe einer Gleichung, die derjenigen entspricht, die wir schon als Formel für die Anzahl der möglichen Permutationen notiert haben (s. Gleichung (7-6)), die sich ergeben, wenn die Menge der n unterschiedlichen Elemente aus zwei Teilmengen {n_1, $(n - n_1)$} besteht, deren Elemente sich innerhalb ihrer jeweiligen Teilmenge hinsichtlich des interessierenden Merkmals nicht voneinander unterscheiden[62]:

$$(7\text{-}8) \quad K_{n,k} = \frac{n!}{k!(n-k)!} = \binom{n}{k}$$
$$\text{(gelesen: „n über k")}$$

Um den Wechsel der Perspektive anzudeuten, ist jetzt der Buchstabe „P" (für „Permutation") durch den Buchstaben „K" (für „Kombinationen", bei einigen Autoren auch „C") ersetzt worden.

Ein oft zitiertes Beispiel für solche Kombinationen ohne Wiederholung und ohne Berücksichtigung der Reihenfolge liefert das schon erwähnte Lottospiel, in dem aus 49 Zahlen {1, 2, …, 49} 6 auszuwählen sind: $K_{n,k} = 49!/(6!43!) = 13.983.816$ Möglichkeiten. Für jeden Teilnehmer an diesem Spiel gibt es somit eine Wahrscheinlichkeit

---

62 Diese Größe bezeichnet man auch als *Binomialkoeffizient*

von P = 0,00000013 …, sechs „richtige" Zahlen auszuwählen. Falls (in einer anderen Situation) die Reihenfolge der k auszuwählenden Elemente zu berücksichtigen wäre, ergäbe sich eine noch größere Anzahl von Kombinationsmöglichkeiten: K = n!/ (n – k)! = 49!/43!

Zum Schluss dieses Kapitelabschnitts stellen wir noch ein Beispiel vor, das der sozial- oder geschichtswissenschaftlichen Forschungspraxis etwas näherkommt: das Ziehen einer Zufallsstichprobe aus einer empirisch gegebenen Grundgesamtheit. Um die Zahlen einigermaßen überschaubar zu halten, gehen wir von einer Grundgesamtheit von lediglich n = 100 Personen (Untersuchungseinheiten) aus, und wir wählen daraus (ohne „Zurücklegen" der jeweils gezogenen Person) nach dem Zufallsprinzip k = 3 (verschiedene) Personen aus. Fragen wir zunächst, wie viele unterschiedliche Stichproben dieses Umfangs gezogen werden könnten, wenn die Reihenfolge, in der die 3 Personen ausgewählt werden, ohne Belang ist (wie in der Praxis üblich). Es handelt sich also auch hier um $K_{n,k}$ *Kombinationen ohne Zurücklegen* der jeweils gezogenen Fälle. Die n = 100 Personen der Grundgesamtheit ließen sich theoretisch in 100! unterschiedliche Permutationen anordnen (s. oben). Jede beliebige Teilgruppe von drei Personen würde mit dem Faktor 3! zu dieser Menge von 100! beitragen, die restlichen 97 Personen mit dem Faktor 97!. Wenn die Ziehungsreihenfolge, in der die 3 Personen der Stichprobe ausgewählt werden, aber nicht interessiert, ebenso wie die 97! möglichen Permutationen, mit denen die restlichen (nicht-ausgewählten) Personen angeordnet werden könnten, so reduziert sich die Anzahl der verbleibenden möglichen Dreier-Kombinationen auf

$$(7\text{-}9) \qquad K_{100,3} = \frac{100!}{3!\,97!} = 161700$$

Gehen wir nun in diesem Beispiel einen Schritt weiter und nehmen dabei an, unter den 100 Personen der Grundgesamtheit befänden sich 42 CDU-Anhänger. Dann ließe sich z.B. fragen: Wie groß ist die Wahrscheinlichkeit dafür, dass bei einer zufälligen Auswahl von drei Personen drei CDU-Anhänger ausgewählt würden? Dazu müssen wir zunächst errechnen, wie viele Möglichkeiten es gibt, allein aus der Teilmenge der 42 CDU-Anhänger Stichproben des Umfangs n = 3 (drei unterschiedliche Personen) zu ziehen:

$$(7\text{-}10) \qquad K_{42,3} = \frac{42!}{3!\,39!} = 11480$$

Diese Anzahl von Kombinationen sind eine Teilmenge von $K_{100,3}$ (s. Gleichung (7-9)).

Die Wahrscheinlichkeit dafür, dass unter den 161.700 möglichen Dreier-Stichproben, die aus der Grundgesamtheit mit n = 100 Fällen (ohne Zurücklegen) gezogen werden könnten, bei einem einzigen Versuch tatsächlich eine gezogen wird, die drei CDU-Anhänger umfasst, beträgt somit $P(X_{CDU} = 3) = 11.480/161.700 = 0,07$. Im Folgenden kennzeichnen wir die Zufallsvariable „Häufigkeit des Auftretens von CDU-Anhängern bei der zufälligen Auswahl von drei Personen" wieder mit dem Buchstaben X (ohne Index). Die möglichen Häufigkeitsausprägungen X = x umfassen die Werte: {0, 1, 2, 3}. Die Berechnung der Wahrscheinlichkeit für den Wert x = 2 sieht bspw. wie folgt aus: Es gibt $K_{42,2}$ = 42!/(2!40!) = 861 unterschiedliche Möglichkeiten, aus den 42 CDU-Anhängern zwei (statt 3 wie in Gleichung (7-10)) auszuwählen. Jede dieser 861 Kombinationen kann mit einer ebenfalls zufällig auszuwählenden Person aus der Teilgruppe der 58 Nicht-CDU-Anhänger zu einer Dreier-Stichprobe erweitert werden. Dadurch ergeben sich insgesamt

$$(7\text{-}11) \qquad K_{42,2} \cdot K_{58,1} = \frac{42!}{2! \; 40!} \cdot \frac{58!}{1! \; 57!} = 861 \cdot 58 = 49938$$

mögliche Dreier-Stichproben, die jeweils 2 CDU-Anhänger und 1 Nicht-CDU-Anhänger enthalten. Die Wahrscheinlichkeit P(X = 2) dafür, bei einer Zufallsauswahl von drei Personen tatsächlich 2 CDU-Anhänger auszuwählen, ergibt sich wiederum aus dem Quotienten der sog. „günstigen" (jeweils interessierenden) Ergebnisse (Dreier-Kombinationen, in denen 2 CDU-Anhänger auftreten) dividiert durch die Menge aller möglichen Ergebnisse einer Auswahl von 3 aus 100 Personen: P(X = 2) = 49.938/161.700 = 0,31. In entsprechender Weise lassen sich auch die Wahrscheinlichkeiten für die restlichen Häufigkeitswerte (Ausprägungen) der Zufallsvariable bestimmen: P(X = 1) = 0,43 und P(X = 0) = 0,19. Die Wahrscheinlichkeiten über den gesamten Wertebereich {0, 1, 2, 3} von X addieren sich somit (korrekterweise) auf die Summe von 0,07 + 0,31 + 0,43 + 0,19 = 1,00.

In unseren bisherigen Beispielen haben wir es vor allem mit *diskreten* Zufallsvariablen zu tun gehabt. In der sozial- und geschichtswissenschaftlichen Forschungspraxis interessiert man sich aber eher für statistische Kennwerte (wie arithm. Mittel und Korrelationskoeffizienten), die als *stetige* Zufallsvariablen konzipiert werden können. Damit werden wir uns unten in Kapitelabschnitt 7.4 und auch noch in Kap. 8 näher beschäftigen. Zuvor müssen wir uns aber (in den beiden folgenden Kapitelabschnitten) noch etwas näher mit dem Konzept der Wahrscheinlichkeit befassen und einige Regeln des Rechnens mit Wahrscheinlichkeiten vorstellen.

7.2   Zum Wahrscheinlichkeitsbegriff

Wie wir schon sahen, beziehen sich Wahrscheinlichkeiten (deren formale Definition uns noch weiter unten beschäftigen wird) auf einzelne, über den jeweiligen Stichprobenraum definierte Ergebnisse bzw. Ereignisse. Dabei können auch unterschiedliche Formen der *Verknüpfung* von Ereignissen in Blick genommen werden. Im Hinblick auf die Bestimmung von Wahrscheinlichkeiten für verknüpfte Ereignisse sind vor allem folgende Beziehungs- und Verknüpfungsformen zu unterscheiden:

Disjunkte Ereignisse. Zwei (oder mehrere) Ereignisse, die dem gleichen Ereignisraum angehören, sind entweder gleichzeitig (nebeneinander) realisierbar, oder sie
schließen sich gegenseitig aus. Im zweiten Falle spricht man von *disjunkten* Ereignissen. Im Beispiel der Tab. 7.1 können Ergebnisse der Teilmenge A und Ergebnisse
der Teilmenge C beim zweimaligen Werfen des Würfels nicht zusammen auftreten.
Wenn im ersten Wurf eine „1" erzielt wird (Teilmenge A), kann mit dem 2. Wurf kein
Ergebnis erzielt werden, das zusammen mit dem ersten eine Summe von mindestens
„10" (Teilmenge C) ergibt. Dagegen sind die Ereignisse A und B *nicht disjunkt:* Man
kann im ersten Wurf eine „1" und im zweiten eine „2" realisieren.

Komplementäre Ereignisse. Der Ereignisraum umfasst alle in einem Zufallsexperiment theoretisch realisierbaren (elementaren oder komplexen) Ereignisse. Nehmen
wir an, wir richteten bei einem Zufallsexperiment unsere Aufmerksamkeit auf ein
bestimmtes Ereignis A, z. B. die Zahl „1" als Ergebnis des einmaligen Werfens eines
Würfels. Das *Komplementärereignis* hierzu wäre dann das Ereignis „Nicht-A", abgekürzt ¬A; es umfasst die Ergebnismenge {2, 3, 4, 5, 6}. Das Komplementärereignis
würde realisiert, wenn bei dem Würfelwurf eines dieser möglichen Zahlen-Ergebnis-
se und nicht die „1" aufträte. Aus dieser Definition folgt, dass ein Ereignis und sein
komplementäres Ereignis nicht gleichzeitig (im gleichen Zufallsvorgang) auftreten
können. Ereignis und Komplementärereignis sind somit disjunkt.

Schnittmenge und Nullmenge. Die Verbindung von Ereignissen lässt sich mit den
Symbolen (Operatoren) der Mengenlehre darstellen (weil Ereignisse als Mengen bzw.
Teilmengen definiert sind). Zwei Ereignisse A und B können so definiert sein, dass
sie Elemente (Ergebnisse) enthalten, die sowohl in A als auch in B vorkommen. Die
Menge dieser gemeinsamen Elemente bezeichnet man als *Schnittmenge* der (zusammengesetzten) Ereignisse A und B (man spricht auch von der *Überschneidung* oder
dem *Durchschnitt* zweier Ereignisse). Im Rahmen des oben dargestellten Zufallsexperiments des zweimaligen Werfens eines Würfels sind z. B. die Ereignisse A und B wie
folgt definiert worden (s. Tab. 7.1): Ereignis A umfasst alle möglichen Resultate, bei
denen im ersten Wurf die Zahl 1 und im zweiten Wurf irgendeine der Zahlen von 1
bis 6 realisiert wird. Ereignis B umfasst alle möglichen Resultate, bei denen im ersten Wurf irgendeine der Zahlen von 1 bis 6 und im zweiten Wurf die Zahl 2 realisiert
wird. Somit ist eine Überschneidung der Ereignismenge A mit der Ereignismenge B
gegeben, wenn im ersten Wurf eine „1" und im zweiten eine „2" realisiert wird; die
Schnittmenge enthält hier also nur ein einziges Element. Die Überschneidung zweier
Ereignisse wird mit dem Symbol ∩ gekennzeichnet: A ∩ B; man bezeichnet sie auch
als *Und-Verknüpfung.* Dagegen enthält die Verknüpfung A ∩ C in unserem Würfelbeispiel (s. Tab. 7.1) kein einziges der beim zweimaligen Werfen des Würfels möglichen Resultate, da A und C disjunkte Ereignisse sind. Diese Verknüpfung bildet somit eine *leere Menge* oder *Nullmenge,* symbolisiert mit Ø: A ∩ C = Ø.[63]

---

63 In der Literatur findet man als Ausdruck für „Nullmenge" auch die Zeichenkombination: { }.

Vereinigungsmenge. Neben der Und-Verknüpfung zweier Ereignisse kann auch eine *Oder-Verknüpfung* (im Sinne eines nicht ausschließlichen „oder") betrachtet werden; man bezeichnet sie mit dem Begriff *Vereinigung* und symbolisiert sie mit dem Zeichen ∪: A ∪ B. Diese Vereinigungsmenge umfasst alle Elemente, die dem Ereignis A oder/und dem Ereignis B zugeordnet sind. Sie enthält also auch diejenigen Elemente, die sowohl in A als auch in B (also in der Schnittmenge beider Ereignisse, s. oben) enthalten sind. Bezogen auf das Würfelbeispiel in Tab. 7.1 umfasst die Vereinigungsmenge A ∪ B somit 11 der 36 Elementarereignisse; das Ereignis, das die Schnittmenge bildet (im ersten Wurf eine „1" und im zweiten Wurf eine „2") wird nur einmal gezählt.

Differenz zweier Ereignisse. Darüber hinaus ist auch eine *Differenz* zweier Ereignisse A und B definiert, geschrieben: A\B, gelesen: „A minus B". Man versteht darunter die Schnittmenge der Ereignisse A und Nicht-B: A ∪ ¬B = A\B, also die Menge aller Elemente, die zu A gehören, aber nicht gleichzeitig auch noch zu B. Bezogen auf unser Würfelbeispiel würde die Ereignisdifferenz A\B die der Teilmenge A zugeordneten Ergebnisse {1,3,4,5,6} umfassen; die Zahl „2" gehört nicht dazu. Sie ist zwar ebenfalls als Element des Ereignisses A ausgewiesen, aber auch als Element des Ereignisses B (statt des Ereignisses ¬B wie im Falle der anderen 5 Zahlen). Abb. 7.1 verdeutlicht die verschiedenen Möglichkeiten der Verknüpfung zweier Ereignisse mit Hilfe entsprechender Mengendiagramme.

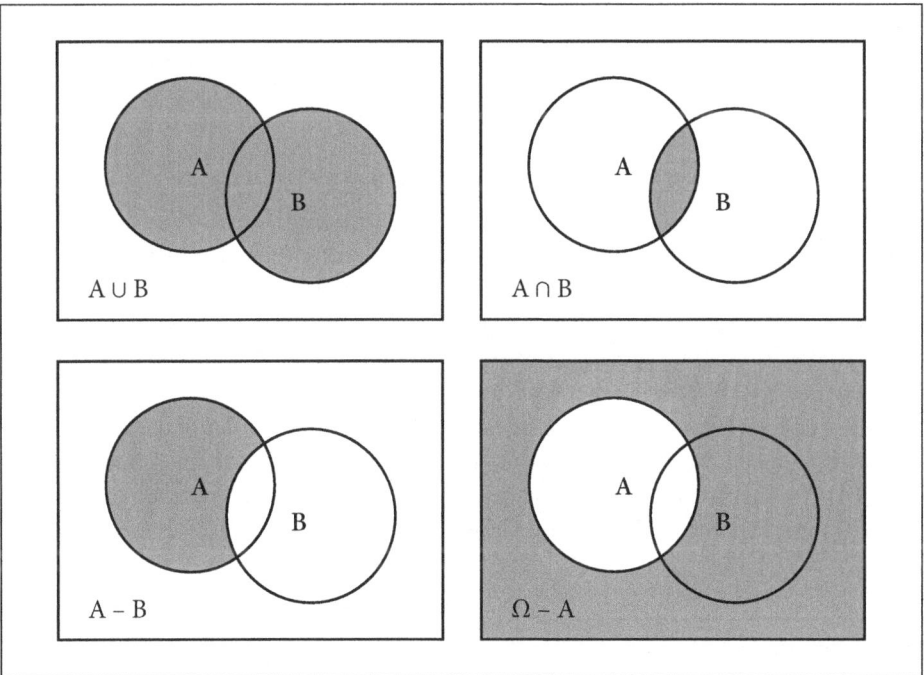

Abbildung 7.1   Mengendiagramme (Quelle: eigene Darstellung)

Die rechteckige Fläche repräsentiert den Umfang (die Gesamtmenge) des Ergebnisraums Ω (vgl. Tab. 7.1). Die beiden Kreisflächen repräsentieren die darin enthaltenen
Teilmengen der Elementarereignisse (Ergebnisse), die zu den (komplexen) Ereignissen A und B zusammengefasst wurden. Die dunklen Flächen umfassen die Teilmengen, die sich aus der jeweils notierten Verknüpfung ergeben. Damit können wir uns
nun auch näher mit dem Wahrscheinlichkeitskonzept befassen.

Der (theoretische) Wahrscheinlichkeitsbegriff hängt in seiner numerisch-forma-
len Bestimmung eng mit dem (empirischen) Begriff der *relativen* Häufigkeit zusammen, der als Quotient der *absoluten* Häufigkeit einer Merkmalsauprägung dividiert
durch die Gesamtmenge aller gegebenen Fälle, für die das Merkmal (in all seinen
Ausprägungen) erfasst wurde, definiert ist (s. Kap. 2.2). Zur Erinnerung:

Bezeichnet man mit $f(x_i)$, die *absolute Häufigkeit,* mit der bei einer Erhebung die
Ausprägung x_i einer Variablen X beobachtet wird, so ergibt die Summe dieser Häufigkeiten, addiert über alle möglichen, sich wechselseitig ausschließenden Ausprägungen x_i (i = 1, …, k) die Gesamtzahl der Fälle n, deren X-Ausprägungen beobachtet
worden sind:

$$(7\text{-}12) \qquad f(x_i) + f(x_2) + \cdots + f(x_k) = \sum_{i=1}^{k} f(x_i) = n$$

wobei n für die Gesamtzahl der Untersuchungseinheiten steht. Die *relative Häufigkeit*
einer bestimmten Ausprägung, $f_r(x_i)$, ist definiert durch:

$$(7\text{-}13) \qquad f_r(x_i) = \frac{f(x_i)}{n}$$

Man erhält sie also, indem man die absolute Häufigkeit durch die Anzahl der Fälle
dividiert, die in die Häufigkeitszählung einbezogen wurden. Die Summe der relativen
Häufigkeiten, addiert über alle Fälle, muss somit offensichtlich „1" ergeben.

Bei einem Zufallsvorgang (bspw. einer Stichprobenziehung) kann nicht mit Sicherheit vorhergesagt werden, welches von mehreren möglichen Ereignissen eintritt.
In der Praxis ist es aber oft möglich, auf Grund bestimmter Annahmen bzw. Modell-
rechnungen, eine Wahrscheinlichkeit für das Eintreffen eines interessierenden Ereignisses anzugeben (wie wir das in Kapitelabschnitt 7.1 schon verdeutlicht haben).

In der *A-priori-* oder *klassischen* Konzeption von *Laplace* wird die *Wahrscheinlichkeit* P(A) für das Auftreten eines (ungewissen) Ereignisses A (als Resultat eines Zu-
fallsvorganges) analog zur relativen Häufigkeit definiert[64] als

---

64 Da „Wahrscheinlichkeit" und „Stichprobenraum" modell-theoretisch angelegte Konzepte darstellen,
     wird in der statistischen Fachliteratur in der Regel die Wahrscheinlichkeitsdefinition formal in einer
     Weise dargestellt, die das zur Kennzeichnung der empirischen relativen Häufigkeit verwendete Zei-

$$(7\text{-}14) \qquad P(A) = \frac{f(A)}{n}$$

Vorausgesetzt wird dabei, dass der Stichprobenraum Ω mit allen in ihm enthaltenen möglichen Elementarereignissen E_i (i = 1, 2, ..., n) a priori bekannt ist und dass angenommen werden kann, dass alle Elementarereignisse die gleiche Chance haben, bei dem Zufallsexperiment realisiert zu werden (*Gleichmöglichkeitsmodell*). Das heißt, jedes Ergebnis (Elementarereignis) E_i des Stichprobenraums kann mit einer Wahrscheinlichkeit von $P(E_i)$ = 1/n realisiert werden. Besteht der Zufallsvorgang z. B. darin, einen sechsflächigen („fairen") Würfel mit den Ziffern (1, 2, ..., 6) zu werfen (s. den vorigen Kapitelabschnitt 7.1), so gilt für jede dieser sechs Zahlen die Wahrscheinlichkeit $P(E_i)$ = 1/6. Das interessierende Ereignis A könnte aber auch eines sein, das (weiterhin bei einem Wurf) mit mehreren Ergebnissen realisiert werden kann (sich also aus mehreren Elementarereignissen zusammensetzt), z. B. das Werfen einer geraden Zahl. Dieses Ereignis wäre mit 3 Elementen des Ergebnisraumes realisierbar: der „2", der „4" oder der „6". Auch ohne formale Ableitung würden wir wohl annehmen, dass hierfür eine Wahrscheinlichkeit von $P(A)$ = 3/6 gegeben wäre. Das heißt, wir präzisieren die Gleichung (7-14) zu

$$(7\text{-}14') \qquad P(A) = \frac{\text{Anzahl der für A günstigen Ereignisse}}{\text{Anzahl aller gleichmöglichen Ereignisse}}$$

(s. Schlittgen 2012, S. 146; Litz 1997, S. 207). Besteht der Zufallsvorgang darin, einen solchen Würfel nicht nur einmal, sondern zweimal zu werfen, so umfasst der Stichprobenraum, wie wir oben in Tab. 7.1 gesehen haben, n = 36 gleichmögliche Ergebnisse (Elementarereignisse). Jedes dieser Ergebnisse kann somit mit einer Wahrscheinlichkeit $P(E_i)$ = 1/36 realisiert werden. Das (zusammengesetzte) Ereignis C, mit den zwei Würfen eine Zahlensumme von mindestens „10" zu realisieren, ist mit 6 möglichen Ergebnissen erreichbar: (4,6), (5,6), (6,4), (6,5), (5,5), (6,6). Folglich ist gemäß Gleichung (7-12): $P(C)$ = f(C)/n = 6/36 = 1/6.

Ein weiteres Beispiel: Ein Stichprobenraum (eine Grundgesamtheit) bestehe aus n = 100.000 wahlberechtigten durchnummerierten Personen WP_i, (i = 1, 2, ..., 100.000). Bei einer einzigen (zufallsgesteuerten) Ziehung hätte jede Person die gleiche Chance, ausgewählt zu werden, z. B. $P(WP_{37})$ = 1/100.000 (was in der empirischen Forschungspraxis in dieser Weise wohl kaum exakt zu realisieren ist). Die Personen interessieren den Forscher in der Regel aber nur als Träger verschiedener Merkmale. Es sei nun (in Fortführung unseres obigen Beispiels) ein zweites Zufallsexperiment definiert: Beobachten der Parteipräferenz einer Person, die aus einer Menge von 100.000 Personen zufällig ausgewählt wird. Den Stichprobenraum bilden nun

---

chen f bzw. f_r vermeidet: $P(A) = |A|/|\Omega|$, wobei $|A|$ die Anzahl der Elemente des Ereignisses „A" und $|\Omega|$ die Anzahl der Elemente des Ergebnisraumes *Omega* bezeichnet (Hartung et al. 1986, S. 95). Oder man ersetzt den Buchstaben f durch einen anderen Buchstaben, z. B. h: $P(A) = h(A)/n$.

die Parteipräferenzen der 100.000 Personen. Nehmen wir an, eine Parteipräferenz für die CDU komme im Stichprobenraum 32.000-mal vor. Dann wäre gemäß (7-14') die Wahrscheinlichkeit, bei einer einzelnen Ziehung auf eine Person mit CDU-Präferenz zu treffen, $P(X_{CDU}) = 32.000/100.000 = 0,32$ und die Wahrscheinlichkeit für das Komplementärereignis ¬CDU (Nicht-CDU) wäre $P(X_{\neg CDU}) = 0,68$.

Gehen wir nun einmal davon aus, die Verteilung der Parteipräferenzen unter den 100.000 wahlberechtigten Personen sei nicht bekannt und wir hätten nicht die Zeit oder die sonstigen Mittel, alle 100.000 Personen zu befragen. Wenn wir nur 10 Personen auswählten, um sie nach ihrer Parteipräferenz zu fragen, würden wir es wohl kaum wagen, die dabei festgestellte Verteilung der Parteipräferenzen auf die Gesamtheit der 100.000 Personen zu übertragen. Auch wenn es unter den 100.000 Personen 30 Prozent CDU-Anhänger gäbe, könnte es durchaus – mit gar nicht so geringer Wahrscheinlichkeit – vorkommen, dass wir unter zehn zufällig ausgewählten Personen nicht 3 oder 4, sondern 6 oder auch nur einen CDU-Anhänger vorfänden. Würden wir dagegen 1000 Personen zufällig auswählen, könnten wir (intuitiv) wohl eher darauf vertrauen (d. h., es wäre „wahrscheinlicher"), dass die unter ihnen beobachtete Verteilung der Parteipräferenzen nicht stark abwiche von derjenigen, die in der Gesamtheit der 100.000 Personen gegeben wäre. Wir könnten also eher damit rechnen, in der größeren Stichprobe einen CDU-Anteil in der Nähe von 30 % zu erhalten. Auf der Basis bestimmter wahrscheinlichkeitstheoretischer Modellannahmen lässt sich, wie wir noch sehen werden, das zu erwartende Ausmaß solcher Schwankungen (je nach Stichprobenumfang) bestimmen.

Die oben zitierte A-priori-Definition der Wahrscheinlichkeit ist offenkundig nur auf solche Zufallsexperimente anwendbar, bei denen der Stichprobenraum endlich viele, gleichwahrscheinliche Elementarereignisse enthält, deren Menge n bekannt ist. Das bedeutet für die praktische Forschungssituation in vielen Fällen eine zu große Einschränkung. Häufig befinden wir uns ja gerade nicht in der Lage, die Anzahl der jeweils interessierenden unter den im Stichprobenraum überhaupt enthaltenen Elementarereignisse zu kennen, sondern sie aus Stichprobenergebnissen allererst erschließen zu wollen (wie z. B. die Häufigkeitsverteilung der Parteipräferenzen in der erwachsenen Bevölkerung eines Landes, aus der lediglich eine Auswahl von 1000 Personen befragt wurde). Hier hilft der sog. *A-posteriori-Wahrscheinlichkeitsbegriff* weiter, den Richard von Mises 1918 vorgeschlagen hat. Ausgangspunkt ist folgende Überlegung: Irgendein Zufallsvorgang (z. B. das Werfen einer Münze oder die Auswahl einer Person aus einer Population) wird unter gleichbleibenden Bedingungen n-mal wiederholt; dabei wird registriert, wie häufig in der Serie von Wiederholungen das Ereignis A auftritt: f(A). Es wird aber nicht nur eine einzige Serie solcher n Wiederholungen, sondern es werden mehrere (viele) Serien mit einer immer weiter zunehmenden Zahl von Wiederholungen des betreffenden Zufallsvorgangs durchgeführt. Dabei kann man davon ausgehen, dass der Quotient f(A)/n (also die relative Häufigkeit) bei geringzahligen Wiederholungen (kleinem n) relativ stark schwankt und bei einer zunehmenden Anzahl von n Wiederholungen immer stabiler auf einen be-

stimmten Wert von f(A)/n konzentriert ist. Dies führt zu der Idee, die Wahrscheinlichkeit P(A) als (faktisch nicht beobachtbaren) *Grenzwert* aufzufassen, dem sich
die relativen Häufigkeiten f(A)/n bei immer größer werdendem n (n → ∞) annähern
(s. Litz 1997; S. 208):

$$(7\text{-}15) \qquad P(A) = \lim_{n \to \infty} \frac{f(A)}{n}$$

Dieser Gedanke wird in Abb. 7.2 anhand des Münzwurfs graphisch veranschaulicht.

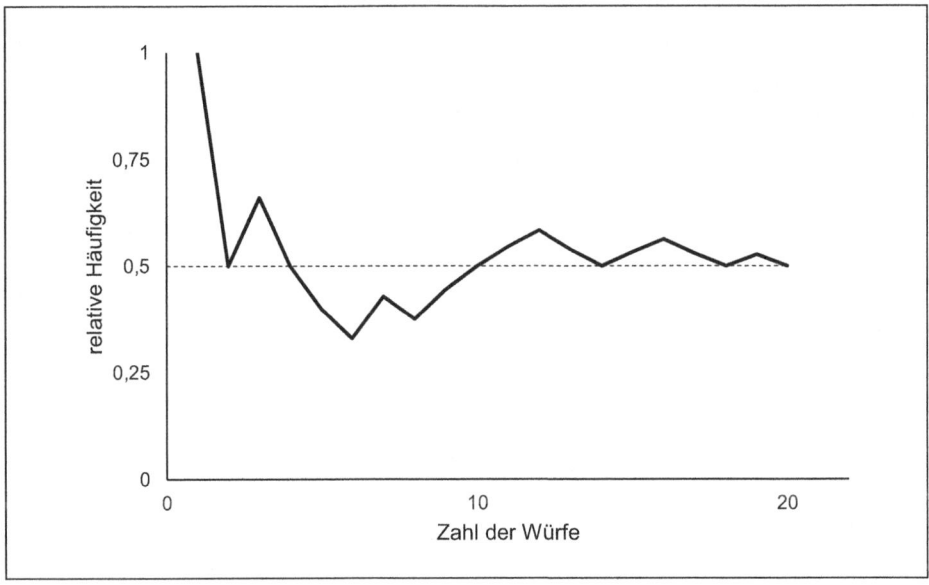

Abbildung 7.2   relative Häufigkeit von „Wappen" bei unterschiedlich langen Sequenzen von
Münzwürfen (Quelle: eigene Darstellung)

Es zeigt sich: Je größer die Anzahl n der Würfe, umso zuverlässiger und mit geringer werdendem Abstand bewegt sich der Anteil der „Wappen"- (oder „Zahl"-)Ergeb-
nisse auf den relativen Häufigkeitswert von f(A)/n = 0,5 zu.[65] Gleichung (7-15) stellt
aber keine Definition im strengen Sinne dar, sondern setzt ein Konzept der Wahrscheinlichkeit in Anlehnung an die oben zitierte A-priori-Definition bereits voraus;
der Grenzwert lässt sich hypothetisch annehmen, aber nicht empirisch beobachten,
denn eine unbegrenzte Anzahl von Wiederholungen ist nicht möglich. Wie auch im-

---

65 Die *A-posteriori*-Interpretation des Wahrscheinlichkeitsbegriffes beruht formal auf dem sog. (schwa-
    chen) *Gesetz der großen Zahl* in Verbindung mit der *Tschebyschev'schen Ungleichung* (s. Kühnel/
    Krebs 2018, S. 195–198 f.); darauf wollen wir hier aber nicht näher eingehen.

mer, das Wahrscheinlichkeitskonzept ist an die Idee des Zufallsexperiments gebunden, also an die Voraussetzung, dass die einzelnen Versuchsergebnisse unabhängig voneinander realisiert werden. (Den Begriff der Unabhängigkeit werden wir gleich noch näher erläutern)

Dass mit der Gleichung (7-15) eine auf Erfahrung beruhende A-posteriori-Wahrscheinlichkeit konzipiert wird, verdeutlicht bspw. das Zufallsexperiment (sofern es tatsächlich als solches vollzogen wird) der Geburt eines Jungen (J) oder eines Mädchens (M). Man würde intuitiv und im Sinne der A-priori-Definition wohl zu der Annahme neigen $P(J) = P(M) = 0,5$. Bei der großen Zahl weltweit registrierter Geburten hat sich aber gezeigt, dass die relative Häufigkeit der Geburt eines Jungen leicht über der relativen Häufigkeit der Geburt eines Mädchens liegt: $f_r(J) = 0,514$ und $f_r(M) = 0,486$ (Litz 1997, S. 209), so dass es sinnvoll erscheint, hier nicht von einer exakt gleichen Wahrscheinlichkeit $P(J) = P(M)$ auszugehen; sinnvoller scheint es zu sein, die auf Basis einer großen (wenn auch nicht „unendlich" großen) Zahl von Zufallsexperimenten ermittelten relativen Häufigkeiten als A-posteriori-Wahrscheinlichkeiten $P(J) = 0,514$ und $P(M) = 0,486$ einzusetzen.

In der Praxis ist ein Experiment natürlich nicht unendlich oft wiederholbar. Dennoch lassen sich empirische Untersuchungsergebnisse (vor allem, wenn sie auf relativ großen Stichproben beruhen) dazu nutzen, theoretische Annahmen zu überprüfen und evtl. zu korrigieren. Wenn wir wüssten oder annähmen, dass sich in der Grundgesamtheit wahlberechtigter Bürger 32 Prozent CDU-Anhänger befinden, ergäbe sich aus dieser relativen Häufigkeit von $f_r(CDU) = 0,32$ die A-priori-Wahrscheinlichkeit $P(CDU) = 0,32$, bei der zufälligen Auswahl einer Person auf einen CDU-Anhänger zu treffen. Dennoch würden wir wohl nicht unbedingt erwarten, in einer Zufallsstichprobe von 1000 Personen genau 320 CDU-Anhänger vorzufinden. Eher nähmen wir an, dass die in der Stichprobe zu beobachtende Zahl von CDU-Anhängern „in der Nähe" von 320 liegen würde. Mit Hilfe weiterer wahrscheinlichkeitstheoretischer Annahmen, die wir noch erörtern werden, lassen sich Wahrscheinlichkeiten dafür angeben, dass – unter den gegebenen Voraussetzungen – die realisierte Anzahl der CDU-Anhänger innerhalb eines Intervalls von 320 ± a („a" steht hier für eine positive ganzzahlige Größe) liegen wird. Wenn die in der Stichprobe ermittelte Anzahl von CDU-Anhängern „zu weit" von der erwarteten Anzahl von 320 abwiche – nach bisherigen Annahmen also ein ziemlich unwahrscheinliches Ereignis eingetroffen wäre – würde man die Ausgangshypothese, in der Grundgesamtheit befänden sich 32 Prozent CDU-Anhänger, wohl als widerlegt ansehen (mit der Frage, was als „hinreichend" wahrscheinlich oder als nicht akzeptabel „unwahrscheinlich" zu gelten hat, werden wir uns in Kap. 9 beschäftigen).

Diese deduktive Betrachtungsweise lässt sich auch in eine induktive umkehren. Ein Stichprobenergebnis (wie z. B. eine Anteilsgröße, ein Mittelwert oder ein Korrelationskoeffizient) kann a-posteriori als *Erwartungswert* für die entsprechende Größe in der empirischen Grundgesamtheit (oder einer theoretischen Population) angesehen werden. Bevor wir uns mit den entsprechenden wahrscheinlichkeitstheoretischen Modellen beschäftigen, müssen wir einige Regeln des Rechnens mit Wahrscheinlichkeiten etwas genauer betrachten.

7.3   Das Rechnen mit Wahrscheinlichkeiten

In der Forschungspraxis interessieren uns, wie schon erwähnt, nicht nur Wahrscheinlichkeiten für einzelne Ereignisse, sondern auch Wahrscheinlichkeiten für verknüpfte Ereignisse. Zu Beginn des Kapitelabschnitts 7.2 sind einige Typen von Ereignissen bzw. Ereignisverknüpfungen (z. B. disjunkte oder komplementäre Ereignisse) schon vorgestellt worden. Um Wahrscheinlichkeiten für verknüpfte Ereignisse berechnen zu können, stützt man sich u. a. auf folgende Axiome:

(7-16) $0 \leq P(A) \leq 1$

(7-17) $P(\Omega) = 1$

Diese Vorgaben bedeuten vor allem eine Normierung: Man legt die Wahrscheinlichkeit für das Eintreten eines Ereignisses A numerisch so fest, dass sie nicht kleiner als „0" und nicht größer als „1" (für das sog. *sichere* Ereignis) sein kann. Der Ergebnisraum Ω muss so definiert sein, dass alle realisierbaren und keine nicht-realisierbaren Ergebnisse in ihm vorgesehen sind (das wird als „sicher" angesehen). Einem unmöglichen (oder als unmöglich angesehenen) Ereignis A, das bei der Durchführung des Zufallsexperiments gar nicht auftreten kann, wird die Wahrscheinlichkeit $P(A) = 0$ zugeordnet; dass irgend eines der im Stichprobenraum vorgesehenen Ergebnisse $\Omega = \{E_1, E_2, \ldots, E_n\}$ in dem entsprechenden Zufallsexperiment realisiert wird, hat die Wahrscheinlichkeit $P(\Omega) = 1$.
Hinzu kommt ein drittes Axiom, das sich auf die Vereinigungsmenge (Oder-Verknüpfung, s. oben) mehrerer Ereignisse bezieht, das sog. *Additionstheorem*, das in der einschlägigen Literatur in unterschiedlichen Fassungen präsentiert wird. Wird es ausschließlich auf eine endliche Menge von Ereignissen ($A_1, A_2 \ldots A_n$) bezogen, die paarweise disjunkt sind, nimmt es folgende Form an:

(7-18) $P(A_1 \cup A_2 \ldots A_{n-1} \cup A_n) = P(A_1) + P(A_2) + \ldots + P(A_{n-1}) + P(A_n)$

Die Wahrscheinlichkeit dafür, dass überhaupt eines aus der (Teil-)Menge der n interessierenden (möglichen, aber disjunkten) Ereignisse eines Stichprobenraumes realisiert wird, ist gleich der Summe der jeweiligen Einzelwahrscheinlichkeiten. Bezogen auf unser Würfelbeispiel: Die Wahrscheinlichkeit dafür, dass entweder die 1 oder die 4 oder die 5 geworfen wird, ist $P(1 \cup 4 \cup 5) = 1/6 + 1/6 + 1/6 = 0,5$.
Wenn die Ereignisse $A_1, A_2, \ldots, A_n$ nicht disjunkt sind, sondern gemeinsam auftreten können (Schnittmengen bilden) muss das Additionstheorem modifiziert

werden, denn die Ereignisse, die Schnittmengen bilden, dürfen nicht doppelt oder mehrfach gezählt werden. Das lässt sich anhand der Mengendiagramme in Abb. 7.2 verdeutlichen: Die Schnittmenge der (dort so bezeichneten) Ereignisse A und B wird ja zunächst sowohl bei P(A) als auch bei P(B), also zweimal berücksichtigt. Folglich muss sie einmal wieder abgezogen werden. Bei zwei möglichen Ereignissen, die auch gemeinsam auftreten können, sieht das noch recht einfach aus:

(7-19) $P(A_1 \cup A_2) = P(A_1) + P(A_2) - P(A_1 \cap A_2)$

In Kapitelabschnitt (7-2) haben wir hierfür schon ein Beispiel eingeführt. Wenn wir das Zufallsexperiment vom einmaligen Werfen eines Würfels auf das zweimalige Werfen eines Würfels ausdehnen (so dass 36 gleichwahrscheinliche, disjunkte Ergebnisse möglich sind, s. Abschnitt 7.1), ist die Wahrscheinlichkeit dafür, im ersten der beiden Würfe eine 1 oder im zweiten eine 4 zu werfen, wie folgt zu berechnen:

(7-20) $P(1(\text{im1.Wurf}) \cup 4(\text{im 2. Wurf}))$
           $= P(1(\text{im 1. Wurf})) + P(4(\text{im 2. Wurf})) - P(1(\text{im 1. Wurf}) \cap 4(\text{im 2. Wurf}))$
           $= 6/36 + 6/36 - 1/36 = 11/36$

Die Wahrscheinlichkeit, im ersten Wurf eine 1 zu werfen, ist 6/36; die Kombination der 1 mit der 4 im zweiten Wurf ist eine dieser 6 Möglichkeiten. Die gleiche Wahrscheinlichkeit ergibt sich dafür, im zweiten Wurf eine 4 zu werfen; die Kombination der 4 mit der 1 im ersten Wurf ist eine dieser 6 Möglichkeiten. Die Kombination (1 ∩ 4) wird somit in der Summe (6/36 + 6/36) zweimal mitgezählt. Aber das Ereignis, im ersten Wurf eine 1 und im zweiten eine 4 zu werfen, kann nur in einer einzigen der 36 möglichen Kombinationen zweier Würfelergebnisse vorkommen.

Sollen nicht zwei, sondern drei nicht-disjunkte Ereignisse verbunden werden, wird die Berechnung schon erheblich komplizierter. Wir verzichten hier aber auf ein entsprechendes Rechenbeispiel.

Zwei weitere Rechenregeln, die sich (ohne dass wir das hier zeigen) aus den Gleichungen (7-14) bis (7-16) ableiten lassen, seien noch erwähnt:

(7-21) $P(\neg A) = P(\Omega - A) = 1 - P(A)$

(7-22) $P(A - B) = P(A) - P(B)$, falls B eine Teilmenge von A ist.

Der oben benutzte Begriff der disjunkten Ereignisse ist scharf von dem Begriff der (stochastisch) *unabhängigen* Ereignisse zu trennen. Bevor wir uns klarmachen, was darunter zu verstehen ist, müssen wir noch einen weiteren Begriff einführen, nämlich den der *bedingten Wahrscheinlichkeit*. Dieses Konzept lässt sich wiederum in Analogie zu den bedingten Häufigkeiten definieren, die wir in der Tabellenanalyse kennengelernt haben (s. Kap. 4.1.1). Zu diesem Zweck präsentieren wir hier in Tab. 7.2

nochmals die bivariate Verteilung von Mobilität und Schulbildung der Reichstagsabgeordneten des Jahres 1912, die wir schon in Kap. 4 (Tab. 4.1) besprochen haben.

Tabelle 7.2 Wiederholung Tab. 4.1 (Quelle: eigene Darstellung)

			Bildung (X)			
			niedrig	mittel	hoch	Gesamt
Wanderungsintensität (Y) niedrig		Anzahl	35	25	103	163
						38,9%
	mittel	Anzahl	38	15	114	167
						39,9%
	hoch	Anzahl	16	13	60	89
						21,2%
Gesamt		Anzahl	89	53	277	419
			21,2%	12,6%	66,1%	100,0%

Diese Tabelle zeigt z. B., wie häufig die Ausprägung $Y = y_2$ (mittlere Mobilität) unter
der Bedingung gegeben ist, dass eine niedrige Schulbildung (Ausprägung $X = x_1$) vorliegt:

$$f\,(y_2 \mid x_1) = 38 = f\,(y_2 \cap x_1).$$

Die Bedingung x_1 ist insgesamt n = 89-mal gegeben. Folglich ist die bedingte relative
Häufigkeit

$$f_r\,(y_2 \mid x_1) = 38/89 = 0{,}427 = f\,(y_2 \cap x_1)/f(x_1)$$

Analog hierzu ist die bedingte Wahrscheinlichkeit dafür, dass ein Ereignis A (in unserem Beispiel die Ausprägung y_2) unter der Bedingung B (hier die Ausprägung x_1)
auftritt, wie folgt definiert (unter der Voraussetzung P(B) > 0):

$$(7\text{-}23) \qquad P(A \mid B) = \frac{P(A \cap B)}{P(B)} = \frac{\dfrac{f(A \cap B)}{n}}{\dfrac{f(B)}{n}} = \frac{f(A \cap B)}{f(B)}$$

Würden wir, um in unserem Beispiel zu bleiben, aus dem in diesem Falle empirisch
gegebenen Stichprobenraum nicht irgendeinen Abgeordneten, sondern einen Abgeordneten A identifizieren, der die Bedingung erfüllt, der Teilgruppe derer mit nied-

riger Schulbildung (B) zuzugehören, so gäbe es eine Wahrscheinlichkeit von P(B|A) = 38/89 = 0.427, dass dieser Abgeordnete eine mittlere Mobilität aufwiese. Ohne diese Bedingung gäbe es eine Wahrscheinlichkeit von P(B) = 167/419 = 0,399; der Unterschied zwischen bedingter und nicht bedingter Wahrscheinlichkeit wäre in diesem Falle also recht gering.

In Fällen wie diesem lässt sich die Häufigkeit, mit der die Ereignisverknüpfung A ∩ B vorkommt, direkt im Sinne des Gleichmöglichkeitsmodells auszählen.[66] Wenn es sich bei A und B um disjunkte Ereignisse handelt, so ergibt ihre Schnittmenge (per Definition, wie oben erläutert) eine leere Menge: P(A ∩ B) = 0. Eine Regel, wie sich die Wahrscheinlichkeit für dieses zusammengesetzte Ereignis aus den beiden Einzel-Wahrscheinlichkeiten P(A) und P(B) errechnen lässt, wenn A und B nicht disjunkte Ereignisse sind, wird weiter unten erläutert.

Zunächst sei aber der Begriff der *stochastischen Unabhängigkeit* definiert: Die Ereignisse A und B sind stochastisch[67] unabhängig voneinander, wenn P(B|A) = P(B|¬A), wenn also die Wahrscheinlichkeit (größer 0), dass B unter der Bedingung A eintritt, genauso groß ist wie unter der Bedingung, dass A nicht eintritt bzw. nicht gegeben ist. In diesem Falle sind die bedingten Wahrscheinlichkeiten P(B|A) = P(B) und P(A|B) = P(A) – was in dem Abgeordnetenbeispiel fast der Fall war.

Disjunkte Ereignisse sind gerade nicht unabhängig voneinander, da ja B nicht auftreten kann, wenn A auftritt und umgekehrt, in diesem Falle ist also P(A|B) = P(B|A) = 0. Stochastisch unabhängig voneinander sind dagegen z. B. die beiden folgenden Ereignisse A und B:

A: = aus einem verdeckten, gut gemischten Skatkartensatz ein As ziehen.

B: = aus einem verdeckten, gut gemischten Skatkartensatz eine rote Karte ziehen

Jede der 32 unterschiedlichen, gut durchmischten Karten kann bei einem einzigen Zug mit der gleichen Wahrscheinlichkeit (P = 1/32) auftreten (Gleichmöglichkeitsmodell). Die Wahrscheinlichkeit, dass diese Karte ein rotes As (als zusammengesetztes Ereignis) präsentiert, lässt sich wie folgt bestimmen:

P(A) = 4/32 = 1/8,   da es unter den 32 Karten, die den Stichprobenraum bilden, genau 4 Asse gibt.

P(B) = 16/32 = 1/2,   da es unter den 32 Karten genau 16 rote Karten gibt.

---

66 Auch die „Ereignisverknüpfung" ist eine Teilmenge und somit ein „Ereignis" innerhalb des Ereignisraums, wie in Abschn. 7.1 erläutert.

67 In der Literatur werden die Begriffe „stochastische" und „statistische" Unabhängigkeit in der Regel synonym gesetzt. Als „Stochastik" bezeichnet man allgemein das Teilgebiet der analytischen Statistik, das sich mit der zufallsbestimmten Abhängigkeit von Ereignissen und Prozessen befasst. Das Adjektiv „stochastisch" bedeutet also, einen Sachverhalt oder Vorgang als abhängig von Zufallseinflüssen zu betrachten und die Frage nach evtl. gegebenen kausal-deterministischen Mechanismen offenzulassen.

P(A|B) = 2/16 = 1/8, da es unter 16 roten Karten (der Bedingung B) genau 2 Asse
(Ereignis A) gibt.

P(B|A) = 2/4 = 1/2, da es unter vier Assen (der Bedingung A) genau 2 rote Karten
(Ereignis B) gibt.

P(A ∩ B) = 2/32, da es unter den 32 Karten genau 2 Karten gibt, die sowohl rot
sind (Ereignis B) als auch ein As darstellen (Ereignis A).

Somit erhalten wir in diesem Falle folgende Beziehungen:

P(A) = P(A|B) = 2/16
P(B) = P(B|A) = 2/4
P(A ∩ B) = P(A) · P(B) = (2/16)(1/2) = 2/32

Diese Beziehungen gelten allgemein, wenn zwei (nicht-disjunkte) Ereignisse stochastisch unabhängig sind. Deshalb benutzt man

(7-24) $P(A \cap B) = P(A) \cdot P(B)$

auch als Definition der *Unabhängigkeit* zweier Ereignisse A und B.

Für den allgemeinen Fall, der die Möglichkeit einschließt, dass die Ereignisse
nicht unabhängig voneinander sind, ergibt sich aus Gleichung (7-23) unmittelbar der
sog. *Multiplikationssatz* für zwei Ereignisse:

(7-25) $P(A \cap B) = P(A) \cdot P(B|A) = P(B) \cdot P(A|B)$

Gleichung (7-24) ergibt sich unmittelbar aus der Anwendung von Gleichung (7-25)
unter der Bedingung der Unabhängigkeit der beiden Ereignisse: P(B|A) = P(B),
P(A|B) = P(A).

Der *allgemeine* Multiplikationssatz für bedingte Wahrscheinlichkeiten lautet

(7-26) $P(A_1 \cap \ldots \cap A_k) = P(A_1)P(A_2|A_1)P(A_3|A_1 \cap A_2) \ldots P(A_k|A_1 \cap \ldots \cap A_{k-1})$

Er ergibt sich aus der wiederholten Anwendung der Gleichung (7-23).

Wir können die Anwendung dieser Formel mit Hilfe eines Beispiels veranschaulichen, das wir schon bei den Erläuterungen zu den Regeln der Kombinatorik mit herangezogen haben (s. Kapitelabschn. 7.1): Aus einer (kleinen) Grundgesamtheit von
n = 100 Personen, unter denen sich k = 42 CDU-Anhänger befinden, sollen drei Personen nach dem Zufallsprinzip ausgewählt werden. Dabei soll (wie bei Stichprobenziehungen aus einer empirisch gegebenen Grundgesamtheit üblich) die jeweils ausgewählte Person nicht vor der Auswahl der nächsten Person in die Grundgesamtheit
zurückgestellt werden (Zufallsauswahl ohne Zurücklegen). Die Frage, wie groß bspw.
die Wahrscheinlichkeit ist, dabei 3 CDU-Personen auszuwählen, haben wir in Kapi-

telabschn. 7.1 mit Hilfe der Regeln der Kombinatorik beantwortet. Eine Antwort lässt sich aber auch mit Hilfe des Multiplikationssatzes geben, denn es geht ja um eine „Und"-, nicht eine „Oder"-Verknüpfung:

(7-27) $P(CDU_1 \cap CDU_2 \cap CDU_3) =$
$P(CDU_1)P(CDU_2|CDU_1)P(CDU_3|CDU_1 \cap CDU_2)$

eim ersten Auswahlschritt ist $P(CDU_1) = 42/100 = 0{,}42$. Beim nächsten „Zug" stehen nicht mehr 100, sondern 99 Personen zur Auswahl, folglich ist $P(CDU_2|CDU_1) = 41/99$. Wäre beim ersten Zug ein Nicht-CDU-Anhänger ausgewählt worden, wäre die Wahrscheinlichkeit, beim zweiten Zug einen CDU-Anhänger auszuwählen $P(CDU_2) = 42/99$. Bei der Zufallsauswahl ohne Zurücklegen verändern sich also mit jedem Auswahlschritt die Wahrscheinlichkeiten, sie werden zu *bedingten* Wahrscheinlichkeiten, abhängig von den Ergebnissen, die in den vorausgegangenen Auswahlschritten realisiert wurden.[68] Mit Zahlen konkretisiert, wird somit aus Gleichung (7-27):

(7-27') $P(CDU_1 \cap CDU_2 \cap CDU_3) = (42/100)(41/99)(40/98) = 0{,}071$

Bei einer Zufallsauswahl mit Zurücklegen hätte sich hierfür eine Wahrscheinlichkeit von $P(3CDU) = (42/100)^3 = 0{,}074$ ergeben. Das ist numerisch gesehen natürlich nur ein sehr geringer Unterschied. Wenn immer die Stichprobe im Verhältnis zum Umfang n der Grundgesamt nur eine sehr geringe Anzahl von k Elementen enthält (k << n), kann man in der Praxis von nummerisch konstanten Wahrscheinlichkeiten bei der Folge von Stichprobenziehungen ausgehen. Wir haben dieses Beispiel hier trotzdem präsentiert, weil sich mit ihm – wie auch mit den anderen, zuvor schon erörterten eher einfachen Fallbeispielen – verschiedene Facetten wahrscheinlichkeitstheoretischer Konzepte (wie sie in der Praxis dann auch durchaus benötigt werden) leichter durchschaubar vermitteln lassen.

In den nachfolgenden Kapiteln werden wir das Modell der Stichprobenziehung als Zufallsprozess in seiner praktischen Relevanz auch im Rahmen geschichtswissenschaftlicher Fragestellungen weiter verdeutlichen. Dabei muss man aber auch elaboriertere Konzepte der Wahrscheinlichkeitsverteilung mit einbeziehen, als wir das bisher getan haben. Damit beginnen wir im nächsten Kapitelabschnitt – zunächst aber wiederum anhand einfacher Beispiele.

---

68 Bei den Würfel- oder Münzbeispielen lag eine andere Situation vor, da in diesen Fällen die Zufallsexperimente nicht in Form einer Stichprobenziehung aus einer empirischen Grundgesamtheit, sondern als Zufallsauswahl aus einer theoretisch konstruierten Population vollzogen wurden.

7.4   Wahrscheinlichkeitsverteilungen und ihre Kennwerte

In Kap. 2 haben wir verschiedene Möglichkeiten aufgezeigt, wie sich die Verteilung relativer Häufigkeiten über die verschiedenen Ausprägungen bzw. Wertebereiche einer Variablen darstellen lässt. In diesem Kapitelabschnitt wollen wir nun zeigen, wie sich Wahrscheinlichkeiten in ähnlicher Weise den Ausprägungen (Werten) einer Zufallsvariable zuordnen lassen. Dabei müssen wir (wie in Kapitelabschn. 7.1 schon erwähnt) den Fall *diskreter* Variablen von dem *stetiger* bzw. kontinuierlicher (als kontinuierlich behandelter) Zufallsvariablen unterscheiden.

Die formale Regel, nach der den einzelnen Merkmalsausprägungen, also den durch die diskrete Zufallsvariable X festgelegten möglichen Ereignissen, Wahrscheinlichkeiten zugeordnet werden, heißt *Wahrscheinlichkeitsfunktion*.[69] Bezeichnet man die verschiedenen Ausprägungen (Realisationsmöglichkeiten) der Zufallsvariablen X (z. B. Summe der Augenzahlen bei zweimaligem Werfen eines Würfels) mit x_i (hier: $2 \leq x_i \leq 12$, $i = 1, 2, \ldots, 11$) so wird die Wahrscheinlichkeitsfunktion (allgemein: $f(x) = P(X = x)$)[70] üblicherweise in folgender Form angegeben (s. Schlittgen 2012, S. 165):

(7-28) $f(x_i) = P(X = x_i) = p_i$ $i = 1, 2, \ldots$

wobei $\Sigma\, p_i = 1$. Ihre graphische Darstellung ähnelt dem Histogramm bzw. Stabdiagramm für relative Häufigkeiten (siehe Abb. 7.3).

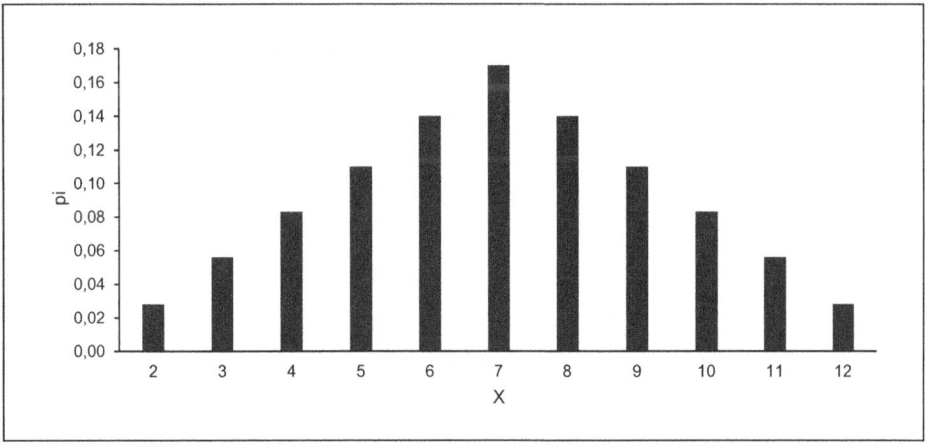

Abbildung 7.3   Wahrscheinlichkeitsfunktion für eine diskrete Zufallsvariable (hier Würfelsumme bei zweimaligem Wurf) (Quelle: eigene Darstellung)

---

69 Formal ist die Wahrscheinlichkeitsfunktion eine Abbildung des Ereignisraums in die reellen Zahlen.
70 Der Buchstabe „f" in der folgenden Gleichung mag verwirren, da „f" in der Regel auch die absolute Häufigkeit symbolisiert. Wofür „f" jeweils steht (hier also für eine Wahrscheinlichkeitsfunktion), dürfte aber aus dem Textzusammenhang leicht erkennbar sein.

Für eine *stetige* Zufallsvariable ist keine „Wahrscheinlichkeitsfunktion" definiert, sondern eine sog. *Wahrscheinlichkeitsdichtefunktion.* Das Konzept der Dichtefunktion haben wir in Bezug auf relative Häufigkeiten (berechnet für gleichmäßig oder ungleichmäßig segmentierte Wertebereiche der betreffenden Variablen) schon in Kapitelabschn. 2.4 erläutert. Den Übergang von der (deskriptiven) Häufigkeitsdichte bei klassierten Merkmalen zur (theoretischen) Wahrscheinlichkeitsdichtefunktion (auch abgekürzt als *Dichte* der Verteilung von X bezeichnet) können wir uns in einem Gedankenexperiment verdeutlichen, in dem wir die Zahl der Fälle immer weiter erhöhen und Klassenintervalle fortlaufend verkleinern. Im Grenzfall dieser geometrischen Veranschaulichung haben wir statt der einzelnen Säulen eine beliebig teilbare Fläche unter einer glatten Kurve, die die Dichtefunktion repräsentiert. Die Abbildung 7.4, die wir dem Lehrbuch von Wonnacott/Wonnacott (1972, S. 73) entnehmen, veranschaulicht die Abfolge dieser Schritte am Beispiel der Variable „Körpergröße von Männern". Sie wird anfänglich als diskrete Variable dargestellt, indem man die Längenmaße (hier in „Fuß"-Einheiten) in mehrere Größenklassen zusammenfasst.

Die Dichtefunktion, die man ebenfalls mit f(x) bezeichnet, ist eine stetige, nichtnegative Funktion, wobei die Größe der Fläche unter der Kurve über einem bestimmten Intervall die Wahrscheinlichkeit angibt, dass die Zufallsvariable X einen Wert aus diesem Intervall annimmt. Anders als bei der Wahrscheinlichkeitsfunktion für diskrete Variablen ist der bestimmte Wert $f(x_i)$ der Dichtefunktion an der Stelle x_i nicht als Wahrscheinlichkeit interpretierbar. Statt dessen ist das Flächensegment über einem Intervall [a,b], genauer: sein *Anteil* an der Gesamtfläche als Wahrscheinlichkeit $P(a < x \leq b)$ interpretierbar. Wahrscheinlichkeiten mit P > 0 können folglich nur für Intervalle, nicht für (ausdehnungslose) Punkte des Wertekontinuums angegeben werden. Es wäre ein nutzloses Unterfangen, wollte man die Wahrscheinlichkeitsfunktion für eine stetige Zufallsvariable ermitteln. Die Chance, einen Wert exakt zu treffen, ist gleich Null. Die Wahrscheinlichkeit, dass ein Wert X = x innerhalb des Intervalls $(a < x \leq b)$ realisiert wird, lässt sich rechnerisch über das entsprechende Integral

$$\int_a^b f(x)dx = P(a < x \leq b)$$

der Dichtefunktion f(x) bestimmen. Die Dichtefunktion muss (gemäß ihrer Definition) so konstruiert werden, dass das Integral $\int_{-\infty}^{\infty} f(x)dx = 1$ ist (s. Schlittgen 2012, S. 214); dazu unten mehr.

Bei der Erörterung der Häufigkeitsverteilung haben wir auch kumulierte Verteilungsformen besprochen (s. Kapitelabschn. 2.2). Kumulierte Verteilungen sind für Wahrscheinlichkeitsbetrachtungen besonders wichtig, da man häufig wissen möchte, wie groß die Wahrscheinlichkeit ist, dass ein bestimmter Wert der Zufallsvariable nicht über- oder unterschritten wird. Man lässt in diesem Kontext häufig das Adjektiv „kumuliert" weg und spricht allgemein von der (Wahrscheinlichkeits-)*Verteilungsfunktion* $F(x) = P(X \leq x)$. Die Verteilungsfunktion beantwortet also die Fra-

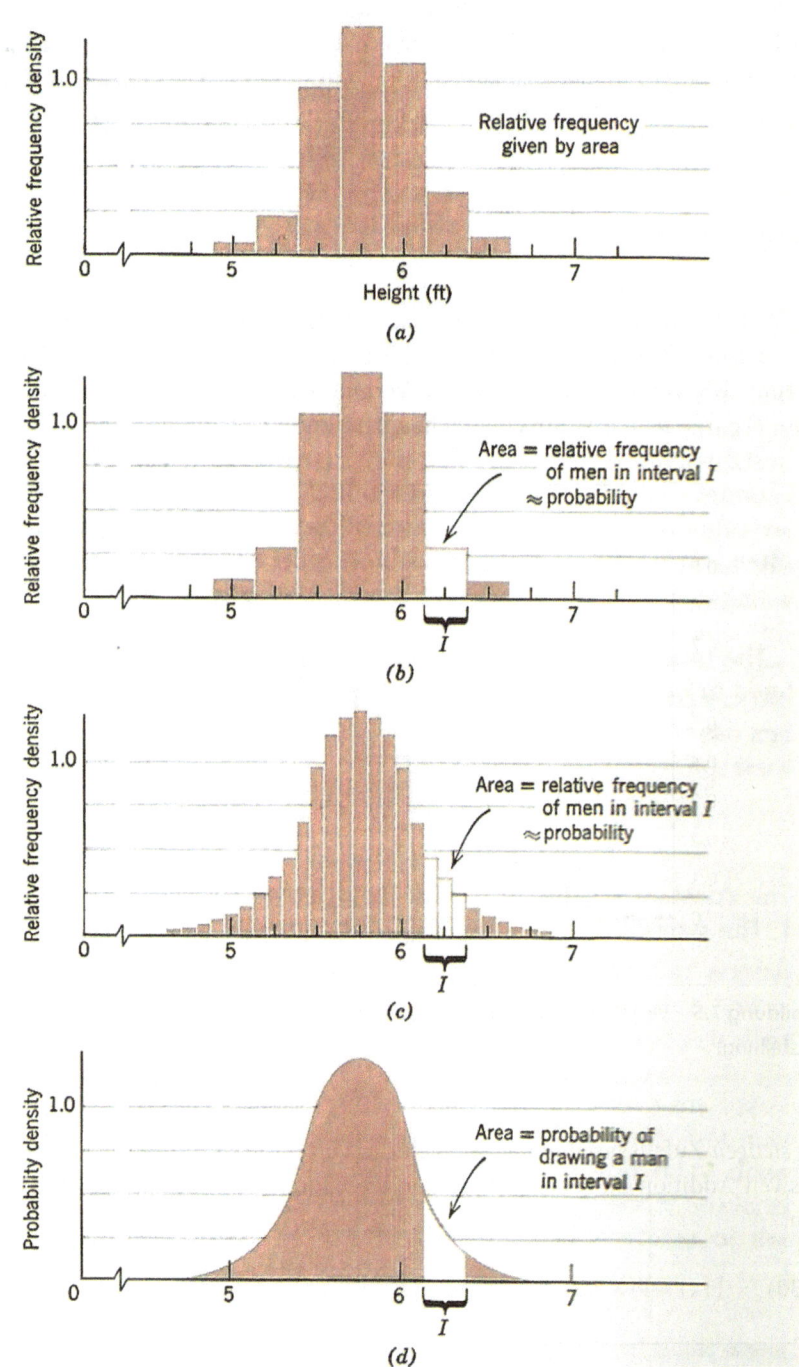

Abbildung 7.4 Übergang von relativen Häufigkeiten zur Dichtefunktion (Quelle: Wonnacott/ Wonnacott (1972, S. 73))

ge: Wie groß ist die Wahrscheinlichkeit, dass beim Zufallsvorgang ein Wert (oder Wertbereich) realisiert wird, der nicht oberhalb eines bestimmten Wertes $X = x_m$ liegt.

Bei diskreten Zufallsvariablen (mit Rangordnung) erhält man diese Wahrscheinlichkeit, indem man die Wahrscheinlichkeiten aller x_i mit i = 1, 2, ..., m schrittweise summiert:

$$(7\text{-}29) \quad F(x_m) = \sum_{i=1}^{m} f(x_i)$$

Die Verteilungsfunktion einer diskreten Zufallsvariable ist somit eine Treppenfunktion. Bei den Realisationsmöglichkeiten x_i weist sie Sprünge mit der Höhe $P(X = x_i)$ auf.[71] Die Abbildung 7.5 zeigt die Verteilungsfunktion F(x), die sich aus der in Abb. 7.3 dargestellten Wahrscheinlichkeitsfunktion f(x) ergibt.

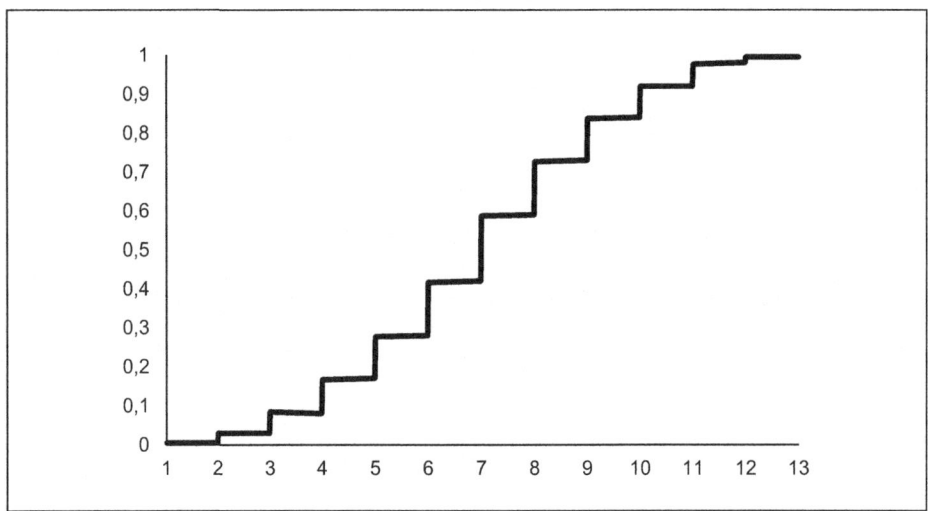

Abbildung 7.5   Verteilungsfunktion der diskreten Zufallsvariablen von Abb. 7.3 (Quelle: eigene Darstellung)

Bei *stetigen* Zufallsvariablen ergibt sich die Verteilungsfunktion nicht aus einer sukzessiven Addition einzelner Werte, sondern durch das Integrieren der Dichtefunktion:

$$(7\text{-}30) \quad F(x) = P(X \le x) = \int_{-\infty}^{x} f(x)dx$$

---

71 Formal bleibt sie nach der letzten Sprungstelle auch für weiter zunehmende X-Werte (im gesamten Bereich reeller Zahlen) konstant beim Funktionswert F(X) = 1 (Litz 1997, S. 238). Entsprechendes gilt auch für die Verteilungsfunktion stetiger Zufallsvariablen (s. unten).

Die Wahrscheinlichkeit, dass eine Realisation (x ≤ a) eintritt, ist also

$$(7\text{-}31) \qquad F(a) = P(-\infty < x \le a) = \int\limits_{-\infty}^{a} f(x)dx$$

Die Abbildung 7.6 stellt eine Dichtefunktion f(x) und die entsprechende Verteilungs-funktion F(x) einander gegenüber.

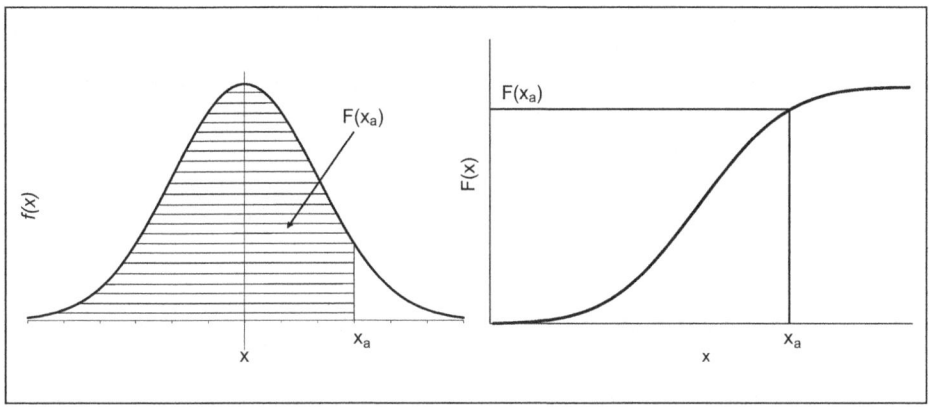

Abbildung 7.6   Dichtefunktion f(x) und Verteilungsfunktion F(x) einer kontinuierlichen Zu-fallsvariablen (hier am Beispiel der Normalverteilung, die in Kapitelabschn. 8.3 erläutert wird) (Quelle: eigene Darstellung)

Umgekehrt erhält man die Dichtefunktion als 1. Ableitung der Verteilungsfunktion:

$$(7\text{-}32) \qquad f(x) = \frac{\delta F(x)}{\delta x}$$

Grundsätzlich lassen sich Verteilungsfunktionen mit zweierlei Absichten konstruie-ren bzw. aus dem entsprechenden Katalog der mathematischen Statistik überneh-men: Man kann erstens eine empirische Häufigkeitsverteilung, die man beobachtet hat, durch ein bestimmtes Verteilungsmodell „sparsam", aber hinlänglich genau be-schreiben wollen (dann benutzt man eine solche Funktion für Zwecke abstrahieren-der Beschreibung, nicht als wahrscheinlichkeitstheoretisches Modell). Andererseits kann man auf der Basis theoretischer Annahmen ein A-priori-Verteilungsmodell herleiten. Beispiele für den erstgenannten Zweck liefern u. a. die verschiedenen Modelle (z. B. die *Pareto-Verteilung*), die das Charakteristische der Einkommens-verteilung in einer Nation festhalten (Schlittgen 2012, S. 215 f.). Als Beispiel für ein theoretisch konstruiertes Modell wollen wir hier eine Verteilungsfunktion für die Variable X „Wartezeit bis zur Busankunft" skizzieren (wir folgen hier Schlittgen 2012, S. 214 f.).

Nehmen wir an, eine Person A gehe, ohne auf die Uhr zu schauen, zur Haltestelle und warte auf den nächsten Bus. Die Busse fahren alle 20 Minuten. Die Zufallsvariable X: = „Wartezeit in Minuten" kann dann so konstruiert werden, dass sie jeden Wert aus dem Intervall [0, 20] annehmen kann. Wir schließen Verspätungen und zu frühes Ankommen der Busse aus. Dass eine Wartezeit zwischen 0 und 20 Minuten realisiert wird, gilt als „sicheres" Ereignis: $P(0 \leq x \leq 20) = 1$. Dichte- und Verteilungsfunktion ergeben sich aus folgenden Überlegungen:

Da die Versuchsperson ihre Abmarschzeit nicht mit dem Fahrplan koordiniert, ist es plausibel, in unserem Modell gleich langen Teilintervallen gleiche Wahrscheinlichkeiten zuzuordnen. Das bedeutet, dass die Dichtefunktion von X über dem Intervall [0,20] konstant ist: $f(x) = k$. Folglich ist die Wahrscheinlichkeit, eine Wartezeit zwischen zwei Zeitpunkten a und b, $0 \leq a < b \leq 20$, einzugehen, proportional zu der Länge des Intervalls (a,b]: $P(a < X \leq b) = k(b - a)$. (Dabei ist k ein noch zu bestimmender Faktor.) Für ein beliebiges Zeitintervall (a,b] erhalten wir die Wahrscheinlichkeit durch Integrieren:

$$(7\text{-}33) \qquad \int_a^b k \cdot dx = k(b - a)$$

Jetzt müssen wir noch den konstanten Wert *k* bestimmen. Für das sichere Ereignis kennen wir die Wahrscheinlichkeit: $P(0 < X \leq 20) = 1 = k \cdot 20$. Daraus folgt $k = 1/20$. Somit lautet die Dichtefunktion von X:

$$(7\text{-}34) \qquad f(x) = \left\{ \begin{array}{ll} \dfrac{1}{20}, & 0 < x \leq 20 \\ 0, & \text{sonst} \end{array} \right\}$$

Die Verteilungsfunktion ist

$$(7\text{-}34') \qquad F(x) = \left\{ \begin{array}{ll} 0, & x \leq 0 \\ \dfrac{1}{20}x, & 0 < x \leq 20 \\ 1, & x > 20 \end{array} \right\}$$

Wie oben schon erwähnt, ist die Verteilungsfunktion formal für den gesamten Bereich reeller Zahlen definiert. Im Wertebereich, der über den höchsten realisierbaren Wert x hinausgeht (hier x = 20), bleibt F(x) aber konstant bei dem Funktionswert „1" (der Wahrscheinlichkeit für das laut dem Modell vorgegebene „sichere" Ereignis, dass – in unserem Beispiel – eine Wartezeit zwischen 0 und 20 Minuten realisiert wird). Für Wartezeiten, die über 20 Minuten hinausgehen, ist die Wahrscheinlichkeit $P(X > 20) = 0$, d. h., die Verteilungsfunktion F(x) bleibt ab dieser Grenze konstant.

Die Wahrscheinlichkeit, dass die Person A höchstens 5 Minuten wartet, beträgt also $(1/20)5 = 0{,}25$. Die Wahrscheinlichkeit dafür, dass jemand (der sich nicht an den Abfahrtszeiten orientiert) bspw. zwischen 4 und 6 Minuten zu warten hat, ist P = [(1/20)6 − (1/20)4] = 0,10; sie ist, da die Dichtefunktion eine Konstante darstellt, genauso groß wie die Wahrscheinlichkeit dafür, dass jemand zwischen 6 und 8 Minuten wartet. Die Wahrscheinlichkeit dafür, dass diese Person *genau* 5,000000000 … Minuten wartet, ist dagegen gleich Null. In Abb. 7.7 sind diese Dichtefunktion f(x) und die entsprechende Verteilungsfunktion F(x) einander gegenübergestellt.

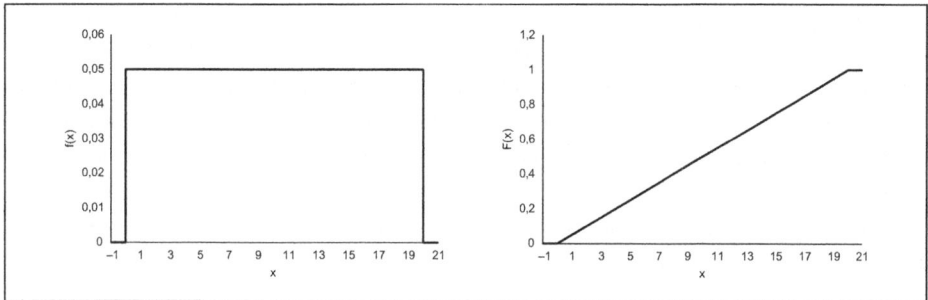

Abbildung 7.7 Dichtefunktion f(x) und Verteilungsfunktion F(x) der diskreten Zufallsvariablen „Wartezeit Bushaltestelle", s. Gleichung (7-34) (Quelle: eigene Darstellung)

In der Regel brauchen Geschichts- oder Sozialwissenschaftlerinnen nicht selbst irgendwelche Verteilungsmodelle herzuleiten. In der einschlägigen Literatur findet man eine Vielzahl von Verteilungsmodellen, aus denen sich die für den jeweiligen Forschungszweck geeignete Variante aussuchen lässt. Wir stellen in diesem Einführungstext nur einige wenige Modelle vor, die sich auf gebräuchliche statistische Kennzahlen beziehen (s. Kap. 8).

Ebenso wie die empirisch-deskriptiven Häufigkeitsverteilungen (s. Kap. 3) lassen sich auch die theoretischen Wahrscheinlichkeits- bzw. Dichtefunktionen mit entsprechenden Kennwerten (Parametern) charakterisieren. So haben wir z. B. das arithmetische Mittel (einer empirischen Häufigkeitsverteilung) im Rahmen der Deskriptivstatistik definiert (s. Gleichungen (3-3') und (2-2)) über die Gleichung

$$(7\text{-}35) \qquad \overline{x} = \frac{1}{n} \sum_{i=1}^{k} x_i\, f_i\,(x_i) = \sum_{i=1}^{k} x_i\, f_r\,(x_i)$$

Wenn wir es mit einer Zufallsvariablen X zu tun haben, wird der Schwerpunkt ihrer Wahrscheinlichkeitsverteilung[72] analog zur Gleichung (7-35) definiert. An die Stel-

---

72 Wir benutzen hier und im Folgenden den Ausdruck „Wahrscheinlichkeitsverteilung" als Oberbegriff für Wahrscheinlichkeits- und Wahrscheinlichkeitsdichtefunktion. Oder noch allgemeiner: Wir benutzen ihn als Oberbegriff für alle Formen von Zuordnungsvorschriften, mit denen Wahrscheinlichkeiten bestimmten Ausprägungen oder Mengen von Ausprägungen einer Zufallsvariable zugewiesen werden.

le der relativen Häufigkeiten $f_r(x_i)$ treten nun die Wahrscheinlichkeiten p_i, und der Ausdruck $\overline{x}$ für das arithmetische Mittel wird durch den griechischen Buchstaben μ ersetzt:

$$(7\text{-}36) \quad \mu = \sum_{i=1}^{k} x_i \, p_i$$

Das arithmetische Mittel der theoretischen Verteilung einer (diskreten oder stetigen) Zufallsvariablen X bezeichnet man als *Erwartungswert* E(X). Bei stetigen Zufallsvariablen können, wie wir sahen, für spezifische Punktwerte X = x_i keine Wahrscheinlichkeitswerte $p_i > 0$ angegeben werden; an Stelle der diskreten Wahrscheinlichkeitsfunktion und der relativen Häufigkeiten treten die Dichtefunktion f(x) und ihre Flächensegmente. Der Erwartungswert einer Zufallsvariablen X mit einer stetigen Verteilung und einer Dichtefunktion f(x) wird deshalb mit Hilfe des folgenden Integrals bestimmt (s. Schlittgen 2012, S. 221).

$$(7\text{-}37) \quad E(X) = \int_{-\infty}^{\infty} x \cdot f(x) dx$$

Der Erwartungswert E(X) lässt sich als bester Prognose-Wert interpretieren: als derjenige Wert, der bei wiederholter Prognose (vor Durchführung des Zufallsexperiments) die gewichtete Summe der quadrierten Fehler (Differenzen zwischen prognostizierten und realisierten Werten) minimieren würde. Bei diskreten Zufallsvariablen kann (nicht: muss) der Erwartungswert ein im Zufallsexperiment realisierbarer Wert sein; er kann aber auch zwischen zwei realisierbaren Werten liegen.

Hier zunächst ein Beispiel für eine diskrete Zufallsvariable, das sich auf die bekannte[73] Lotterie „Das Megalos" bezieht. Kauft man ein Megalos für ein Jahr zum Preis von 120 € (10 € pro Monat), erhält man eine 12-stellige Losnummer. Jede Woche am Sonntagabend wird eine zufällige Losnummer gezogen, also 52 Mal im Jahr. Die Gewinne sind (abgesehen von Sondergewinnen, die die ersten Ziffern berücksichtigen und zusätzlich ausgelost werden und die hier nicht berücksichtigt werden sollen) wie folgt festgelegt: Sind die beiden letzten Ziffern des eigenen Loses identisch mit denen des gezogenen Loses, erhält man 10 €, bei den letzten vier gleichen Ziffern 1000 €, bei den letzten fünf gleichen Ziffern 10.000 € und bei den letzten sechs identischen Ziffern 100.000 €. Die Wahrscheinlichkeit dafür, dass die letzten zwei Ziffern identisch sind, ist p = 1/100 (eine von 100 möglichen Kombinationen von 00 bis 99), für die letzten vier Ziffern ist p = 1/10000 (1 von 10000 mögliche Zahlen) usw. Hinsichtlich des finanziellen Ergebnisses ergibt sich daraus für jedes Wochenlos der Erwartungswert

---

73 Die Ziehung erfolgt bisher jeden Sonntagabend direkt vor der „Tagesschau" der ARD.

(7-38) $E(\text{Megalos}) = 10\ € \cdot 0{,}01 + 1000\ € \cdot 0{,}0001 + 1\ 0000 \cdot 0{,}00001 +$
           $100000\ € \cdot 0{,}000001$
           $= 10\ \text{Cent} + 10\ \text{Cent} + 10\ \text{Cent} + 10\ \text{Cent} = 0{,}4\ €$

Bei 52-maliger Wiederholung (über das gesamte Jahr betrachtet) ist also lediglich mit einem einzunehmenden Betrag von $52 \cdot 0{,}4\ € = 20{,}80\ €$ zu rechnen. Wegen der zu leistenden Vorauszahlung in Höhe von $120\ €$ ergibt sich daraus ein zu erwartender jährlicher Verlust von $(120 - 20{,}8)\ € = 99{,}20\ €$.

Ein Beispiel für eine *stetige* Zufallsvariable erhalten wir durch die oben (siehe Gleichung (7-34)) konstruierte Dichtefunktion der Zufallsvariablen X: = Wartezeit für den Bus. Durch Anwendung von (7-37) mit $f(x) = 1/20$ (einem konstanten Dichtewert) ergibt sich die mittlere Wartezeit[74]

$$(7\text{-}39)\qquad E(X) = \int_0^{20} x \cdot \frac{1}{20}\,dx = \frac{1}{20}\left[\frac{1}{2}x^2\right]_0^{20} = \frac{1}{40}(20^2 - 0^2) = 10$$

Wer also ohne Blick auf den Fahrplan losmarschiert, muss mit einer (durchschnittlichen) Wartezeit von zehn Minuten rechnen.[75]

Der Erwartungswert hat formale Eigenschaften, die denen des arithmetischen Mittels (s. Kapitelabschn. 3.1) analog sind. Es gilt also z. B.:

(7-40) $E(aX + b) = aE(X) + b$ für beliebige reelle Zahlen a, b
           $E(X + Y) = E(X) + E(Y)$

Das Rechnen mit Erwartungswerten wird dadurch besonders ergiebig, dass jede stetige Funktion g(X) einer Zufallsvariablen X wiederum als Zufallsvariable Y = g(X) aufgefasst werden kann. Ein Beispiel für eine solche Funktion ist die Subtraktion einer Konstanten, bspw. des entsprechenden Erwartungswertes und das anschließende Quadrieren dieser Differenz: $Y = g(X) = [X - E(X)]^2$. (Wie wir gleich noch erläutern werden, ergibt dies den Kennwert „Varianz" von X) Für diese neue Zufallsvariable lassen sich die Erwartungswerte analog zu (7-36) und (7-37) definieren:

$$(7\text{-}41)\qquad E(Y) = E(g(X)) = \sum_i g(x_i)\,p_i \qquad \text{für diskrete X}$$

$$(7\text{-}42)\qquad E(Y) = E(g(X)) = \int_{-\infty}^{\infty} g(x)f(x)dx \qquad \text{für stetige X}$$

---

74 Wie oben dargelegt, ist die Verteilungsfunktion formal allgemein als Integral der Dichtefunktion für einen Wertebereich von $-\infty$ bis $+\infty$ definiert. In diesem Beispiel weist die Dichtefunktion für den Wertebereich außerhalb von $0 \le x \le 20$ den Wert $f(x) = 0$ auf.

75 Zur Erinnerung: Die Konstante (hier 1/20) lässt sich vor das Integral setzen und „x(dx)" ist die 1. Ableitung von $(1/2)x^2$.

Auch die theoretische Varianz V(X) einer Zufallsvariable X wird analog zur empirischen definiert (siehe Kapitelabschn. 3.2, dort mit Var bezeichnet). Ab hier und im Folgenden benutzen wir V für die Varianz). Als Symbol benutzt man jetzt ein kleines *Sigma*, σ^2:

$$(7\text{-}43) \qquad V(X) = \sigma^2 = \sum_i (x_i - \mu)^2 \, p_i \qquad\qquad \text{für diskrete X}$$

$$(7\text{-}44) \qquad V(X) = \sigma^2 = \int_{-\infty}^{\infty} (x - \mu)^2 \, f(x) dx \qquad \text{für stetige X}$$

Die *Standardabweichung* dieser Variable ist demgemäß $\sigma = \sqrt{\sigma^2}$.

Die theoretische Varianz lässt sich (wie oben schon erwähnt) auch als Erwartungswert auffassen, wenn wir $g(X) = (X - \mu_x)^2$ als spezielle Transformation der Zufallsvariablen X betrachten. Dann ist

$$(7\text{-}45) \qquad E[g\,(X)\,] = E[(X - \mu_x)^2] = E[(X - E(X))^2]$$

Die Varianz V(X) ist also die erwartete quadratische Abweichung der Variablen X von ihrem Erwartungswert $E(X) = \mu$. Sie besitzt u. a. folgende Eigenschaften:

$$(7\text{-}46) \qquad V(X) = E(X^2) - [E(X)]^2$$

Die Varianz V(Y) einer linear transformierten Zufallsvariablen Y = a + bX ergibt sich aus

$$(7\text{-}47) \qquad V(a + bx) = b^2 V(X)$$

Wenn zwei Zufallsvariablen X und Y stochastisch unabhängig voneinander sind (wird sogleich erläutert), ergibt sich die Varianz ihrer Summe aus der Summe der Einzelvarianzen:

$$(7\text{-}48) \qquad V(X + Y) = V(X) + V(Y)$$

In den vorangegangenen Kapiteln sind nicht nur univariate, sondern auch zwei- und mehrvariate Häufigkeitsverteilungen erläutert worden, die wir in Tabellenform dargestellt haben. Auch für Zufallsvariablen lassen sich in analoger Weise mehrdimensionale („gemeinsame") Verteilungen konstruieren, die u. a. durch Randwahrscheinlichkeiten und bedingte Wahrscheinlichkeiten gekennzeichnet sind.

Wir haben schon weiter oben in Kapitelabschn. 7.3 die Unabhängigkeit zweier Ereignisse mit Hilfe des Konzepts der bedingten Wahrscheinlichkeit und des Multiplikationssatzes definiert (s. Gleichungen (7-23) bis (7-25)). Das Konzept der Unabhängigkeit zweier Ereignisse ist die Basis für die Definition der Unabhängigkeit zweier Zufallsvariablen. Sowohl für diskrete als auch für stetige Zufallsvariablen X und Y gilt (s. Schlittgen 2012, S. 229): sie sind als Variablen unabhängig voneinander, wenn alle durch X festgelegten Ereignisse von all denen unabhängig sind, die durch Y festgelegt sind (und umgekehrt). Man betrachtet zwei diskrete Zufallsvariablen Y und X mit den Ausprägungen y_i (i = 1, 2, …, k) und x_j (j = 1, 2, …, l) als (stochastisch, statistisch – s. oben Fn. 67) unabhängig voneinander, wenn gilt: $P(Y = y_i, X = x_j) = P(Y = y_i) \cdot P(X = x_j)$ für alle i = 1, 2, …, k und alle j = 1, 2, …, l (vgl. Gleichung (7-24)). Im Falle der Unabhängigkeit stimmen alle bedingten Verteilungen mit den entsprechenden Randverteilungen überein (vgl. hierzu Kapitelabschn. 4.2.2 sowie die Erläuterungen zu Gleichung (7-24)). Wenn man die Unabhängigkeit zweier stetiger Zufallsvariablen in Begriffen der Wahrscheinlichkeitstheorie definieren will, muss man auf die Dichtefunktionen zurückgreifen: Eine Zufallsvariable X mit der Dichte f(x) und eine Zufallsvariable Y mit der Dichte f(y) sind unabhängig voneinander, wenn für alle Kombinationen (x^*, y^*) gilt: $f(x^*, y^*) = f(x^*) \cdot f(y^*)$, wobei $f(x^*, y^*)$ die sog. *gemeinsame Dichte* für das Ereignis $(X = x^*; Y = y^*)$ darstellt.

Auch mehrdimensionale Wahrscheinlichkeitsverteilungen lassen sich durch bestimmte Kennwerte charakterisieren. Zu den Kennwerten für die jeweiligen Randverteilungen treten jetzt noch die Kennwerte für den Grad der Abhängigkeit der beiden Variablen. Dazu haben wir in vorangegangenen Kapiteln einige empirische Kenngrößen wie Kovarianzen sowie Assoziationsmaße und Korrelationskoeffizienten für Variablen unterschiedlichen Messniveaus eingeführt. Im nächsten Kapitel wird erläutert, wie solche Kennwerte als Zufallsvariablen (*Stichprobenvariablen*) konstruiert werden können, für die eine bestimmte Verteilung (*Stichprobenfunktion*) angegeben werden kann.

Literatur

Hartung, Joachim, Bärbel Elpelt, Karl-Heinz Klösener. 1986. *Statistik. Lehr- und Handbuch der angewandten Statistik:* München, Wien: Oldenbourg.

Esser, Hartmut, Klaus Klenovits, Helmut Zehnpfennig. 1977. *Wissenschaftstheorie*, Band 1: Grundlagen und Analytische Wissenschaftstheorie. Stuttgart: Teubner.

Kühnel, Steffen, Dagmar Krebs. 2018. *Statistik für die Sozialwissenschaften:* Grundlagen, Methoden, Anwendungen. Reinbek: Rowohlt (8. Auflage).

Litz, Peter. 1997. *Statistische Methoden in den Wirtschafts- und Sozialwissenschaften*. München: Oldenbourg.

Schlittgen, Rainer. 2012. *Einführung in die Statistik*. Analyse und Modellierung von Daten. München, Wien: Oldenbourg (12., überarbeitete Auflage).

Thome, Helmut. 2005b. *Zeitreihenanalyse*. Eine Einführung für Sozialwissenschaftler und Historiker. München, Wien: Oldenbourg.

Thome, Helmut, Stephan Stahlschmidt. 2013. Ost und West, Nord und Süd: Zur räumlichen Verteilung und theoretischen Erklärung der Gewaltkriminalität in Deutschland. *Berliner Journal für Soziologie* 23(3-4): 441–470.

Wonnacott, Thomas H., Rolnald J. Wonnacott. 1972. *Introductory Statistics*. New York: Wiley.

Glossar zu Kapitel 7

Additionssatz (Additionstheorem): gibt an, wie die Wahrscheinlichkeit dafür zu bestimmen ist, dass in einem → *Zufallsexperiment* (einer Stichprobenziehung gemäß dem Zufallsprinzip) aus der Menge aller möglichen Ereignisse das Ereignis A oder das Ereignis B (oder das Ereignis C usw.) realisiert wird. Wenn innerhalb des gegebenen Zufallsexperiments die interessierenden Ereignisse A oder B → *disjunkt* sind, ergibt sich die Wahrscheinlichkeit $P(A \cup B)$ für das Auftreten des Ereignisses A (z. B. beim einmaligen Wurf eines Zahlenwürfels eine „1" zu werfen) oder des Ereignisses B (z. B. eine „3" zu werfen) aus der Summe der beiden Einzelwahrscheinlichkeiten: $P(A \cup B) = P(A) + P(B) = 1/6 + 1/6$. Wenn sich die interessierenden Ereignisse aber nicht wechselseitig ausschließen (z. B. beim ersten Wurf eine „1" oder/und beim zweiten Wurf eine „3" zu werfen), muss von der Summe der Einzelwahrscheinlichkeiten die Wahrscheinlichkeit für das gemeinsame Auftreten beider Ereignisse (für deren → *Schnittmenge*) subtrahiert werden: $P(A \cup B) = P(A) + P(B) - P(A \cap B) = 6/36 + 6/36 - 1/36 = 11/36$. Siehe auch → *Multiplikationssatz*

A-posteriori-Wahrscheinlichkeit: Im Unterschied zur → *A-priori-Wahrscheinlichkeit* wird hier das Zahlenverhältnis des Auftretens von „günstigen" (interessierenden) zu „möglichen" Ereignissen nicht theoretisch im Vorhinein postuliert, sondern im n-fach wiederholten praktischen Vollzug eines Zufallsexperiments empirisch beobachtet und zunächst in Form einer relativen Häufigkeit f(A)/n registriert. Dabei geht man davon aus, dass sich diese relative Häufigkeit bei größer werdender Zahl der Versuche immer mehr und mit immer geringer werdenden Schwankungen einer bestimmten Größe („Grenzwert") annähert (gemäß dem „Gesetz der großen Zahl"): $P(A) = $ Grenzwert von f(A)/n mit $n \to \infty$.

A-priori-Wahrscheinlichkeit: Das innerhalb eines → *Zufallsexperiments* im Vorhinein konstruierbare Verhältnis der Anzahl der „günstigen Fälle" – der Menge n(A) derjenigen Elementarereignisse, in denen das spezifisch interessierende Ereignis A jeweils realisierbar ist, zur Anzahl $n(\Omega)$ der überhaupt „möglichen Fälle" – der Gesamtmenge der gleich-wahrscheinlichen Elementarereignisse im Stichprobenraum: $P(A) = n(A)/n(\Omega)$.

Bedingte Wahrscheinlichkeit: Wahrscheinlichkeit für das Auftreten eines Ereignisses A unter der Bedingung des Vorhandenseins eines anderen Ereignisses B

Disjunkte Ereignisse: Sich im Rahmen eines → *Zufallsexperiments* wechselseitig ausschließende Ereignisse

Elementarereignis: Nicht weiter zerlegbares Resultat (*Ergebnis*) eines → *Zufallsexperiments.* Elementarereignisse schließen sich wechselseitig aus und werden als gleichwahrscheinlich betrachtet. In ihrer Gesamtheit bilden sie den → *Stichprobenraum* (auch als → *Ergebnis-* oder *Ereignismenge* bzw. → *Ergebnis-* oder *Ereignisraum* bezeichnet). Dieser lässt sich in verschiedene Teilmengen zerlegen. Bei mehrdimensionalen Zufallsexperimenten (wie z. B. dem mehrmaligen Werfen eines Würfels) enthalten die Elementarereignisse mehrere Elemente (z. B. die möglichen Zahlenkombinationen, die sich aus wiederholten Würfen ergeben); siehe auch → *zusammengesetzte Ereignisse*

Ereignisraum: die Gesamtheit aller möglichen → *Elementarereignisse,* aus denen sich auch unterschiedliche Teilmengen im Sinne → *zusammengesetzter Ereignisse* bilden lassen

Ereignis: Oberbegriff für → *Elementarereignis* (Ergebnis) oder *zusammengesetztes (komplexes) Ereignis* als Resultat (mögliche Realisierung) eines → *Zufallsexperiments*

Ergebnis, Ergebnismenge: → *Elementarereignis*

Erwartungswert: theoretisch bestimmbarer Mittelwert einer → Zufallsvariablen

Multiplikationssatz: Theorem wonach die Wahrscheinlichkeit des gleichzeitigen Auftretens zweier Ereignisse A und B im Rahmen eines Zufallsexperiments gleich dem Produkt der → *bedingten Wahrscheinlichkeit* von A, gegeben B, (bzw. von B, gegeben A) multipliziert mit der unbedingten Wahrscheinlich des bedingenden Ereignisses B (bzw. A) ist: $P(A \cap B) = P(A|B) \cdot P(B) = P(B|A) \cdot P(A)$

Schnittmenge: Menge SM der Elemente zweier oder mehrerer (Teil-)Mengen A, B, C …, die in jeder dieser (Teil-)Mengen enthalten sind, darstellbar mit Hilfe des mengentheoretischen „und"-Symbols: $\{SM\} = \{A \cap B \cap C \cap ...\}$

Statistische Unabhängigkeit: siehe *stochastische Unabhängigkeit*

Stichprobe: siehe → *Zufallsstichprobe*

Stochastische (statistische) Unabhängigkeit: Zwei (oder mehr) Ereignisse sind stochastisch – also im Hinblick auf Zufallseinflüsse – unabhängig voneinander, wenn bedingte und unbedingte Wahrscheinlichkeiten gleich sind: $P(A) = P(A|B)$ und $P(B) = P(B|A)$. Daraus folgt: $P(A \cap B) = P(A) \cdot P(B)$

Zufallsexperiment: wahrscheinlichkeitstheoretisch interpretierbarer, im Prinzip beliebig oft unter gleichen Bedingungen wiederholbarer Vorgang, der zu verschiedenen möglichen Ergebnissen führen kann, deren Eintreffen (subjektiv oder auch objektiv) nicht mit Sicherheit vorhersagbar, sondern nur mehr oder weniger wahrscheinlich ist. Das Zufallsexperiment kann eindimensional (z. B. einmaliges Werfen eines Zahlenwürfels) oder mehrdimensional (z. B. zwei- oder mehrmaliges Werfen eines Würfels) angelegt sein

Zufallsstichprobe: Gemäß dem Zufallsprinzip gesteuerte Auswahl einer bestimmten Zahl von Fällen aus einer Grundgesamtheit. Dabei hat jeder Fall unabhängig von evtl. schon zuvor gezogenen Fällen die gleiche Möglichkeit, in die Stichprobe zu gelangen

Zufallsvariable: theoretisch konstruierte Variable, deren Ausprägungen die möglichen Ergebnisse eines Zufallsexperiments repräsentieren und denen Wahrscheinlichkeiten zugeordnet sind

Zusammengesetztes (komplexes) Ereignis: Teilmenge des → Ereignisraums, die zwei oder mehrere Elementarereignisse umfasst

Stichprobenfunktionen und ihre Verteilungen

8

In diesem Kapitel werden wir zunächst (in Abschn. 8.1) die Konzepte der *Stichproben-funktion* und der *Stichprobenverteilung* erläutern. Sie beziehen sich auf statistische Kennwerte (wie z. B. das arithmetische Mittel oder die Varianz), die schon in vorangegangenen Kapiteln im Rahmen der deskriptiven Statistik eingeführt worden sind, nun aber als Zufallsvariablen betrachtet werden, die bei Stichprobenziehungen unterschiedliche Werte annehmen können. Für dieses Spektrum möglicher Werte-Realisierungen haben die Statistiker theoretische Modelle der Wahrscheinlichkeitsverteilung entwickelt, von denen wir einige in den folgenden Kapitelabschnitten darstellen werden; zunächst (in Abschn. 8.2) die Binomial- und die Multinomialverteilung, die sich auf dichotome und sonstige nominal-skalierte Variablen bezieht. Abschn. 8.3 führt in das Modell der Normalverteilung ein, das in den Sozial- und Geschichtswissenschaften am häufigsten herangezogene Modell einer stetigen Wahrscheinlichkeitsverteilung. In Abschn. 8.4 werden sodann noch drei spezifischere Modelle vorgestellt, die aber mit dem Modell der Normalverteilung verbunden sind: die Chi-Quadrat-Verteilung (Abschn. 8.4.1), die t-Verteilung (8.4.2) sowie die F-Verteilung (8.4.3).

8.1 Zum Konzept der Stichprobenfunktion und der Stichprobenverteilung

Stellen wir uns folgende Forschungssituation vor: Eine Sozialhistorikerin möchte die materiellen Lebensbedingungen der Berliner Arbeiterhaushalte von 1900 untersuchen. Nehmen wir an, aus vorliegenden Zensusdaten ließe sich u. a. das Monatseinkommen sämtlicher Berliner Arbeiterhaushalte dieser Zeit rekonstruieren. Um unnötigen Geld- und Zeitaufwand zu sparen, entschließt sich unsere Forscherin, keine Totalerhebung vorzunehmen, sondern auf Basis der Zensusdaten nach dem Zufallsprinzip eine Stichprobe von 1000 Arbeiterhaushalten auszuwählen und deren Ein-

Zusatzmaterial online
Zusätzliche Informationen sind in der Online-Version dieses Kapitel (https://doi.org/10.1007/978-3-658-30954-1_9) enthalten.

kommen sowie weitere interessierende Merkmale zu registrieren und in einen Datensatz aufzunehmen, um auf dieser Basis evtl. bestehende Zusammenhänge zwischen
verschiedenen Merkmalsdimensionen untersuchen zu können. Wir wollen annehmen, dass ihr dieses Vorhaben so gelingt, dass jeder Berliner Arbeiterhaushalt von
1900 die gleiche Chance hat, in die Stichprobe mit n = 1000 Fällen zu gelangen, und
dass jede Ziehung eines Haushalts unabhängig ist von der Ziehung eines anderen
Haushalts.[76]

Jede einzelne Haushaltsziehung kann nun als Zufallsexperiment angesehen werden (analog zu dem in Kap. 7 vorgestellten Urnenbeispiel), in dem die Zufallsvariable
X_k: = Monatseinkommen eines ausgewählten Arbeiterhaushalts k (k = 1, 2, …, n) mit
einen bestimmten Wert $X_k = x_k$ realisiert wird. Wir haben es also mit n Zufallsvariablen zu tun, die voneinander unabhängig sind (unabhängig sein sollen). Im Kontext
eines solchen Forschungsvorgangs werden sie von Statistikern auch als *Stichprobenvariablen* bezeichnet. Jeder dieser Zufallsvariablen liegt die gleiche Wahrschein lich-
keitsverteilung zugrunde, die sich nach dem Gleichmöglichkeitsmodell aus den relativen Häufigkeiten herleitet, die in der Grundgesamtheit der Arbeiterhaushalte für
die verschiedenen Einkommensklassen gegeben sind. Auch wenn wir die Elemente
dieses Stichprobenraums (und somit die Häufigkeiten interessierender Ereignisse) in
der Regel nicht kennen, so ergeben sich aus ihnen die A-priori-Wahrscheinlichkei-
ten, mit denen bei der Zufallsauswahl (hier: eines Arbeiterhaushalts) ein bestimmter
Wert x_k der Stichprobenvariable X_k realisiert wird. Wenn z. B. 60 % der Berliner Arbeiterhaushalte über ein Jahreseinkommen von weniger als 900 Reichsmark verfügen
sollten, gäbe es bei jeder Zufallsziehung eines Haushalts aus dieser Grundgesamtheit
eine Wahrscheinlichkeit von $p_k = 0{,}6$, dass er dieser Einkommensgruppe angehört
(s. Gleichung (7-14)).

In der Forschungspraxis geht der Blick aber häufiger in die umgekehrte Richtung: Der Forscher oder die Forscherin möchten von einer Merkmalsverteilung, die
in einer Stichprobe mit einer bestimmten Häufigkeit realisiert ist, auf die entsprechende unbekannte Verteilung in der Grundgesamtheit zurückschließen (*induktive
Schlussweise*). Dabei ist man in der Regel weniger an den detaillierten Häufigkeitsverteilungen der Grundgesamtheit interessiert, sondern eher an bestimmten summarischen Kennwerten, z. B. Anteilswerten (etwa für bestimmte Einkommensklassen), dem arithmetischen Mittel oder einem Korrelationskoeffizienten. Wir müssen
also fragen, in welcher Weise und auf welcher Grundlage man Stichprobenkenn-
werte als Schätzgrößen für die entsprechenden Kennwerte (*Parameter*) der empiri-

---

76 Streng genommen setzen wir dabei voraus, dass ein schon gezogener Haushalt vor der Ziehung des
    nächsten Haushalts wieder in die Grundgesamtheit zurückgelegt wird. In der Praxis wird normaler-
    weise nicht so verfahren. Die Ungenauigkeiten, die durch die Veränderungen des Stichprobenrau-
    mes entstehen, sind aber in der Regel vernachlässigbar, wenn die Grundgesamtheit im Verhältnis zur
    Stichprobe sehr groß ist (s. die abschließenden Ausführungen in Kapitelabschn. 7.3; weitere Hinwei-
    se folgen in Kapitelabschn. 8.2).

schen Grundgesamtheit (oder einer hypothetischen *Population*, s. unten) heranziehen kann.

Ein erster Schritt zur Lösung dieses Problems ist das Konzept der *Stichprobenfunktion*. Auch wenn unsere praktischen Möglichkeiten stark begrenzt sind, so können wir uns doch wenigstens vorstellen, nicht nur eine, sondern mehrere Stichproben mit jeweils n Fällen zu ziehen (wobei vor jeder neuen Stichprobenauswahl die zuvor gezogenen Fälle in die Grundgesamtheit zurückgelegt werden). Dann würden mit den in jeder Stichprobe jeweils realisierten Werten x_1, ..., x_n der Stichprobenvariablen X_1, ..., X_n (z. B. die n verschiedenen Haushaltseinkommen) auch die Werte der jeweiligen (empirischen) Kennwerte von Stichprobe zu Stichprobe variieren. In den einzelnen Stichproben würden wir z. B. unterschiedliche, in bestimmten Grenzen streuende arithmetische Mittel erhalten. Das legt den Gedanken nahe, auch die empirischen Kennwerte als Realisationen von Zufallsvariablen aufzufassen, die sich aus Funktionen $g(X_1, ..., X_n)$ der verschiedenen Stichprobenvariablen ergeben. Das in der jeweiligen Stichprobe gegebene arithmetische Mittel ist bekanntlich nichts anderes als die gewichtete Summe der einzelnen Werte-Realisationen: $\bar{x} = (1/n)(x_1 + x_2 + ... + x_n)$. Dieser empirisch gegebene Mittelwert ist nun seinerseits als eine beobachtete Realisation der Zufallsvariable $\bar{X}$ zu betrachten, die bei wiederholter Stichprobenziehung unterschiedliche Werte annehmen kann. Der Schritt, Kennwerte (nicht nur das arithm. Mittel, sondern bspw. auch Varianzen oder Korrelationskoeffizienten) jeweils als eine *Stichprobenfunktion* $g(X_1, ..., X_n)$ und damit als Zufallsvariablen aufzufassen, ist grundlegend für alle weiteren Überlegungen, die wir zur Inferenzstatistik noch anstellen werden.

Wenn Stichprobenfunktionen als Zufallsvariablen konzipiert werden sollen, dann muss es für sie auch Wahrscheinlichkeitsverteilungen geben. Man bezeichnet die Wahrscheinlichkeitsverteilung einer Stichprobenfunktion als *Stichprobenverteilung* (englisch: *sampling distribution*), gelegentlich spricht man auch von *Stichprobenkennwertverteilung*. Die theoretische Statistik hat gezeigt, dass die Stichprobenverteilungen in vielen Fällen nicht empirisch durch das Ziehen einer Vielzahl möglicher Stichproben ermittelt werden müssen, sondern theoretisch abgeleitet werden können. Insbesondere für kleine Stichproben (mit einer geringen Zahl von Fällen) werden die Stichprobenverteilungen allerdings auch durch Experimente bzw. Simulationen am Computer geschätzt (sog. *Monte-Carlo-Studien*, auf die wir hier nicht weiter eingehen werden). Wir wollen jetzt im nächsten Kapitelabschnitt anhand eines relativ einfachen Beispiels verdeutlichen, wie man theoretische Stichprobenverteilungen für Stichprobenfunktionen aus den Verteilungen der Stichprobenvariablen ableiten kann.

8.2 Binomial- und Multinomialverteilung

Zu diesem Zweck betrachten wir zunächst Stichprobenvariablen, bei denen nur interessiert, ob bei Ablauf eines Zufallsexperiments ein bestimmtes Ereignis A (ein bestimmter Wert $X_k = x_k$) realisiert wird oder nicht. Ein Beispiel hierfür ist das Werfen einer Münze, wobei nur wichtig ist, ob „Wappen" oder „Zahl" oben liegt. Ein anderes Beispiel ist die Zufallsauswahl aus der Grundgesamtheit der Reichstagsabgeordneten, wenn bei der Variablen X: = „Fraktionszugehörigkeit der Abgeordneten" lediglich interessiert, ob sie dem Zentrum (oder einer anderen, speziell interessierenden Partei) angehören oder nicht. Man spricht in diesem Falle, wie schon erwähnt, von *binär* kodierten Variablen: Dem interessierenden Ereignis (hier: Zentrumsabgeordneter sein) ordnet man in der Regel die Zahl 1, dem anderen (komplementären) Ereignis die Zahl 0 zu (zur Dummy- oder Effekt-Kodierung, s. Kap. 6.2).

Wir wollen für unser Beispiel annehmen, dass die Zufallsexperimente (Stichprobenziehungen 1, 2, ..., n) unabhängig voneinander sind und dass die (Erfolgs-)Wahrscheinlichkeit für das Ereignis $x_k = 1$ (Zentrumsabgeordneter) für alle k = 1, 2, ..., n über alle n Ziehungen konstant ist (s. oben Fn. 76). Eine solche Serie von unabhängigen Zufallsvorgängen mit binären Variablen bezeichnet man als *Bernoulli-Prozess*. Der Kennwert, die Stichprobenfunktion S, die hierbei vor allem interessiert, ist die *Summe* aller Realisationen ($x_1 + x_2 + ... + x_n$) der Stichprobenvariablen X_k: S = $\sum_{k=1}^{n} x_k$ – in unserem Beispiel: die Anzahl der Zentrumsabgeordneten, die in einer Zufallsstichprobe von (bspw.) n = 100 Fällen auftreten (wobei nach jeder einzelnen Ziehung der entsprechende Abgeordnete wieder zurück in die Grundgesamtheit eingeordnet wird). Jede der *Stichprobenvariablen* X_k (Fraktionszugehörigkeit der Reichstagsabgeordneten bei der k-ten Ziehung) hat, wie schon erwähnt, zwei Ausprägungen: 1 (Zentrumszugehörigkeit) und 0 (keine Zugehörigkeit zur Zentrumspartei). Die Stichprobenfunktion als Zufallsvariable S: = „Anzahl der Zentrumsabgeordneten bei 100 Zufallsziehungen" hat 101 Realisationsmöglichkeiten: {0, 1, 2, ..., 100}. Nehmen wir an, wir wüssten bereits, dass in der Grundgesamtheit der Reichstagsabgeordneten von 1871 bis 1914 (die hier als Stichprobenraum fungiert) der Anteil π der Zentrumspolitiker 20 % beträgt (eine fiktive Annahme). Dann dürfte es „sehr unwahrscheinlich" sein, in einer Zufallsstichprobe mit n = 100 Ziehungen nur zwei oder drei Zentrumsabgeordnete vorzufinden. Ähnlich unwahrscheinlich wäre es, 97 oder 98 Zentrumsabgeordnete auszuwählen. Aber wir müssen nicht bei so ungenauen Aussagen stehenbleiben. Wenn wir die Stichprobenziehung nach dem Modell des Bernoulli-Prozesses gestalten und die relative Häufigkeit der Zentrumsabgeordneten in der Grundgesamtheit kennen (oder hypothetisch festlegen), lässt sich die Wahrscheinlichkeitsverteilung (Stichprobenverteilung) der Stichprobenfunktion S genau bestimmen.

Um den Rechenvorgang zu erleichtern, demonstrieren wir die Ableitung der Stichprobenverteilung für einen kleineren Stichprobenumfang n = 4. Folglich gibt es für die Stichprobenfunktion S nur 5 mögliche Werte (Ausprägungen): {0, 1, ...,4}. Die relative Häufigkeit der Zentrumsabgeordneten in der Grundgesamtheit nehmen wir weiterhin mit $f_r = \pi = 0,20$ an. Nach dem klassischen Gleichmöglichkeitsmodell (s. Kap. 7) ergeben sich daraus die Wahrscheinlichkeiten für die Realisierung der möglichen Ausprägungen der Stichprobenvariablen X_k, ($k = 1, \ldots, 4$) jeweils mit $P(X_k = 1) = 0,20 = \pi_1$ sowie $P(X_k = 0) = (1 - 0,20) = 0,80 = \pi_0$.[77] Die Wahrscheinlichkeitsverteilung für die Stichprobenfunktion $S = g(X_1, X_2, X_3, X_4) = X_1 + X_2 + X_3 + X_4$ lässt sich wie in Tab. 8.1 dargestellt bestimmen (Z = Auswahl eines Zentrumsabgeordneten, $\neg Z$ = Auswahl eines Abgeordneten, der nicht dem Zentrum angehört). Die darin aufgeführten möglichen Vierer-Kombinationen entsprechen denen, die wir in Kap. 7.1 für den Zufallsvorgang des viermaligen Werfens einer Münze identifiziert haben.

Tabelle 8.1 Entwicklung der Binomialverteilung für die Anzahl S der Zentrumsabgeordneten bei 4 Ziehungen mit P(Z) = 0,2; Z entspricht X = 1, $\neg Z$ entspricht X = 0; $S = \sum_{k=1}^{4} x_k$ (Quelle: eigene Darstellung)

Folge von Einzelereignissen	Wahrsch. für Ereignisfolge	Wert der Stichprobenfkt. S	Wahrsch. für den Wert S = s
$\neg Z \cap \neg Z \cap \neg Z \cap \neg Z$	$(1 - 0,2)^4$	S = 0	$(1 - 0,2)^4$
$Z \cap \neg Z \cap \neg Z \cap \neg Z$	$0,2^1 \cdot (1 - 0,2)^3$		$4 \cdot 0,2 \cdot (1 - 0,2)^3$
$\neg Z \cap Z \cap \neg Z \cap \neg Z$	$0,2^1 \cdot (1 - 0,2)^3$	S = 1	
$\neg Z \cap \neg Z \cap Z \cap \neg Z$	$0,2^1 \cdot (1 - 0,2)^3$		
$\neg Z \cap \neg Z \cap \neg Z \cap Z$	$0,2^1 \cdot (1 - 0,2)^3$		
$Z \cap Z \cap \neg Z \cap \neg Z$	$0,2^2 \cdot (1 - 0,2)^2$		$6 \cdot 0,2^2(1 - 0,2)^2$
....		S = 2	
.....			
$\neg Z \cap \neg Z \cap Z \cap Z$	$0,2^2 \cdot (1 - 0,2)^2$		
$Z \cap Z \cap Z \cap \neg Z$	$0,2^3 \cdot (1 - 0,2)^1$		$4 \cdot 0,2^3 \cdot (1 - 0,2)$
$Z \cap Z \cap \neg Z \cap Z$	$0,2^3 \cdot (1 - 0,2)^1$		
$Z \cap \neg Z \cap Z \cap Z$	$0,2^3 \cdot (1 - 0,2)^1$	S = 3	
$\neg Z \cap Z \cap Z \cap Z$	$0,2^3 \cdot (1 - 0,2)^1$		
$Z \cap Z \cap Z \cap Z$	$0,2^4$	S = 4	$(0,2)^4$

---

77 Der griechische Buchstabe π wird hier verwendet, um Populationsanteile zu kennzeichnen, aus denen sich die Wahrscheinlichkeiten für die entsprechenden Stichprobenvariablen ergeben. Die Anteile, die in einer Stichprobe zu beobachten bzw. zu erwarten sind, werden üblicherweise mit dem lateinischen Buchstaben „p" gekennzeichnet; p_1 bezeichnet somit den als Zufallsvariable betrachteten Stichprobenanteil, dessen Erwartungswert mit dem korrespondierenden Populationsanteil gegeben ist: $\mu(p_1) = \pi_1$. In unserem Beispiel (s. Tabelle 8.1) entsprechen die verschiedenen Summenwerte den verschiedenen Anteilswerten, die sich bei n = 4 Stichprobenziehungen ergeben können: $S = n \cdot p_1$; dem Summenwert S = 2 entspricht somit der Anteilswert $p_1 = 2/4 = 0,5$.

Dort hatten wir auch schon erläutert, wie man in einem solchen Falle mit Hilfe der Kombinatorikregeln sowohl (a) die Gesamtzahl der möglichen Variationen (V) ermittelt[78], wenn die Stichprobenvariable X_k nur zwei Ausprägungen aufweist (im früheren Beispiel „Wappen" oder „Zahl", im jetzigen Beispiel Z oder ¬Z) und der Zufallsvorgang viermal wiederholt wird: $V = 2^4 = 16$, als auch (b) die Anzahl der möglichen Variationen in Abhängigkeit von der Häufigkeit des Auftretens der beiden möglichen Realisationen (Z oder ¬Z). So gibt es (bei viermaliger Wiederholung des Zufallsvorgangs) bspw. 6 unterschiedliche Variationen für das zweimalige Auftreten sowohl von Z als auch von ¬Z): $4!/(2!2!) = 24/4 = 6$.

Die Wahrscheinlichkeiten für jede der 16 Variationen ergeben sich aus der Voraussetzung $P(X_i = 1) = P(Z) = \pi_1 = 0,20$ und, daraus folgend, $P(X_i = 0) = P(¬Z) = 0,80 = \pi_0 = (1 - \pi_1)$ sowie der Anwendung des Additions- und des Multiplikationssatzes (siehe Kap. 7). Betrachten wir als Beispiel die Wahrscheinlichkeitsangaben im 2. Zeilenblock (S = 1). Jede der dort genannten Ereignisfolgen (Variationen) enthält in unterschiedlichen Anordnungen dreimal den Wert $X_k = 0$ und einmal den Wert $X_k = 1$. Für jede dieser Anordnungen ergibt sich nach dem Multiplikationssatz (bezogen auf die „Und"-Verknüpfung ∩ unabhängiger Ereignisse) eine Wahrscheinlichkeit von $P = 0,2 \cdot (1 - 0,2)^3 = 0,102$ (abgerundet). Mit jeder dieser 4 gleichmöglichen Variationen (die als solche paarweise disjunkte Ereignisse darstellen) wird für die Stichprobenfunktion S (Summe der ausgewählten Zentrumsabgeordneten) der Wert S = 1 realisiert; weitere Realisierungsmöglichkeiten für diesen Wert gibt es nicht. Die Wahrscheinlichkeit P(S = 1) ergibt sich somit (laut Additionssatz, s. Gleichung (7-18)) aus der Summierung dieser 4 Wahrscheinlichkeiten. Da ihre Werte gleich groß sind, verkürzt sich die Summe zu einem Produkt: $P(S = 1) = 4 \cdot 0,2(1 - 0,2)^3 = 0,41$ (aufgerundet).

Wir wollen dieses Beispiel jetzt auf beliebige Bernoulli-Prozesse mit n Zufallsvorgängen (wiederholten Ziehungen zufällig ausgewählter Fälle aus der Grundgesamtheit) verallgemeinern. Die Zufallsvariable S (als Stichprobenfunktion) beinhalte weiterhin als mögliche Werte (S = s) die Häufigkeit, mit der das interessierende Ereignis A bei einer Serie von *n* Versuchen auftreten kann. Die Wahrscheinlichkeiten für die verschiedenen Häufigkeiten s ≤ n sollen ermittelt werden unter der Voraussetzung, dass bei jeder einzelnen Ziehung $P(A) = \pi_1$ und $P(¬A) = (1 - \pi_1) = \pi_0$ gilt. Eine Versuchsserie produziert eine bestimmte Folge der binär kodierten Ereignisse, in denen das Ereignis A s-mal und das Ereignis ¬A (n – s)-mal auftritt, beispielsweise die Folge (¬A¬AA¬A … A¬A). Wegen der (vorausgesetzten) stochastischen Unabhängigkeit der einzelnen Versuche gilt: $P(¬A¬AA¬A … A¬A) = P(¬A)P(¬A)$ $P(A) \cdot P(¬A) \cdots P(A) \cdot P(¬A) = \pi_1{}^s \cdot (\pi_0)^{n-s}$ (Anwendung des Multiplikationssatzes,

---

78 Zur Erinnerung: Von „Variationen" wird gesprochen, wenn es um die unterschiedlichen Möglichkeiten geht, aus n Elementen k Elemente mit Beachtung der Reihenfolge auszuwählen (zu „kombinieren"), entweder mit (wie in unserem jetzigen Beispiel) oder ohne Zurücklegen der schon gezogenen Elemente (s. Kap. 7.1).

s. Gleichung (7-26)). Eine andere Abfolge, eine andere Kombination von s Ereignissen A und (n − s) Ereignissen ¬A hat die gleiche Wahrscheinlichkeit (s. die obige Berechnung bezogen auf das Beispiel in Tab. 8.1). Letztlich interessiert uns aber nur die
Häufigkeit S = s, mit der das interessierende („günstige") Ereignis A in einer Serie
von n Versuchen auftritt, nicht die jeweilige Abfolge der A- und ¬A-Ereignisse. Um
die Wahrscheinlichkeit P(S = s) für eine bestimmte Häufigkeit von A ermitteln zu
können, müssen wir also ermitteln, wie viele (gleichwahrscheinliche) Kombinationen
von s A- und (n − s) ¬A-Ereignissen bei n Zufallsvorgängen (Stichprobenziehungen)
überhaupt möglich sind. Wie in Kapitelabschnitt 7.1 erläutert (s. Gleichung (7-8))
ergibt sich die Anzahl dieser (gleichwahrscheinlichen) Anordnungen (Variationen,
Kombinationen) aus

$$(8\text{-}1) \quad K_{n,s} = \frac{n!}{s!(n-s)!} = \binom{n}{s}$$

So ergaben sich in unserem obigen Beispiel mit dem Ereignis A: = Ziehung eines
Zentrumsabgeordneten bei 4 Stichprobenziehungen $\binom{4}{1}$ = 4!/(1!3!) = (1 · 2 · 3 · 4)/
(1 · 1 · 2 · 3) = 4 mögliche Kombinationen, in denen das Ereignis A einmal und das Ereignis ¬A dreimal auftraten, also der Summenwert S = 1 realisiert wurde. Die Größe
$K_{n,s}$ bezeichnet man in diesem Kontext (wie schon im vorigen Kapitel erwähnt) als
Binomialkoeffizient.
    Die Wahrscheinlichkeit, bei einem aus n Versuchen bestehenden Bernoulli-Pro-
zess genau s-mal das interessierende Ereignis A (in unserem Beispiel: Auswahl eines
Zentrumsabgeordneten) zu erhalten, ist also

$$(8\text{-}2) \quad P(S = s) = \frac{n!}{s!(n-s)!} \, \pi_1^s \, (1-\pi_1)^{n-s}$$

In unserem Beispiel, bezogen auf den zweiten Zeilenblock in Abb. 8.1, war π_1 = 0.2,
folglich: P(S = 1) = 4 · 0,2 · (1 − 0,2)³ = 0,41.
    Allgemein klassifiziert man eine Zufallsvariable X als *binomialverteilt* mit den Pa-
rametern n und π, in Kurzform: X ~ B(n,π) (gelesen X „verteilt nach" B(n,π)), wenn
die Wahrscheinlichkeitsfunktion von X gegeben ist mit der Gleichung

$$(8\text{-}3) \quad f(x) = P(X = x) = \frac{n!}{x!(n-x)!} \, \pi^x \, (1-\pi)^{n-x}, \quad x = 0, \dots, n$$

Wie vorher „s", so gibt hier „x" die jeweilige Häufigkeit an, mit der ein interessierendes Ereignis A bei n-facher Wiederholung des Zufallsvorgangs realisiert werden
kann. Der griechische Buchstabe π steht (wie in den obigen Beispielen schon gezeigt)
für die Wahrscheinlichkeit, mit der bei einer einzigen Zufallsauswahl das Ereignis A
realisierbar ist; (1 − π) gibt die Wahrscheinlichkeit dafür an, dass dabei das Komple-

mentärereignis ¬A realisiert wird. In der Praxis muss man sich diese Verteilung nicht stets selbst ausrechnen, da sie in tabellierter Form in vielen Statistik-Lehrbüchern gegeben ist, allerdings auch in unterschiedlichen Formaten (s. unten).

Die Gestalt der Binomialverteilung hängt von der Wahrscheinlichkeit ab, mit der das interessierende Ereignis A bei einem einzigen Versuch auftreten kann. Symmetrisch ist die Wahrscheinlichkeitsfunktion der Binomialverteilung nur bei P(A) = π = 0,5. Die Abbildung 8.1 zeigt weitere Varianten in Abhängigkeit von den Parametern n und π.

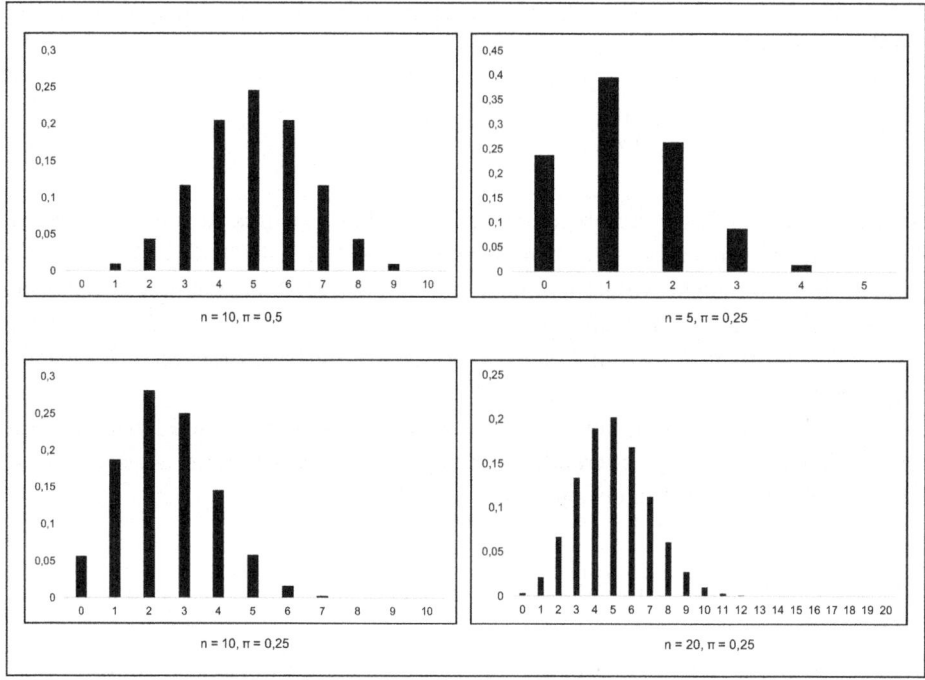

Abbildung 8.1   Binomialverteilungen mit unterschiedlichem n und p (Quelle: eigene Darstellung)

Die Binomialverteilung nähert sich der symmetrischen Form umso stärker an, je näher π bei dem Wert 0,5 liegt und je größer n ist. Tabellarisch wird die Verteilung der Wahrscheinlichkeiten für mögliche Wert-Realisationen in kumulativer oder in nicht-kumulativer Form angegeben.[79] Die erste Variante liefert z. B. Schlittgen (2012),

---

79 Wie in Kap. 7.4 erläutert, wird in der einschlägigen Literatur im Allgemeinen das Etikett der „Wahrscheinlichkeitsfunktion" für die Angabe der jeweiligen Wahrscheinlichkeiten für die einzelnen Werte einer diskreten Zufallsvariable und das Etikett der „Verteilungsfunktion" für die schrittweise Kumulation (Addition) dieser Wahrscheinlichkeiten herangezogen.

S. 490 ff. Wird für das interessierende Ereignis A bei einmaliger Ziehung eine Wahrscheinlichkeit von π (in manchen Lehrbüchern auch mit „p" angegeben) = 0,15 angenommen, so ergeben sich daraus bspw. bei einem Stichprobenumfang von n = 20
folgende kumulierte Wahrscheinlichkeiten F(k) für die möglichen Häufigkeiten k ≤
0, 1, …, 5:

k	F(k)
0	0,0388
1	0,1765
2	0,4049
3	0,6477
4	0,8298
5	0,9327

Die Wahrscheinlichkeit dafür, dass das interessierende Ereignis höchstens viermal
realisiert wird, ist demnach P(k ≤ 4) = 0,8298. Die Wahrscheinlichkeit dafür, dass
es genau viermal realisiert wird, ist dann P(k = 4) = P(k ≤ 4) − P(k ≤ 3) = 0,8298 −
0,6477 = 0,1821.

In anderen Tabellen der Binomialverteilung (z. B. Clauß et al. 1995, S. 430) wird
genau der Wert für k = 4 ausgewiesen. Um die kumulierte Wahrscheinlichkeit für
P(k ≤ 4) bei p = 0,15 zu erhalten, müssen die folgenden, im Beispiel der Tabelle 8.2
angegeben Einzelwahrscheinlichkeiten für k = 0, …, 4 addiert werden:

Tabelle 8.2 Beispiel-Ausschnitt aus einer Binomial-Tabelle für n = 20 (Quelle: eigene Darstellung)

n	20					p
k	0,08	0,09	0,1	0,15	0,2	0,25
0	0,1887	0,1516	0,1216	0,0388	0,0115	0,0032
1	0,3282	0,3000	0,2702	0,1368	0,0576	0,0211
2	0,2711	0,2818	0,2852	0,2293	0,1369	0,0669
3	0,1414	0,1672	0,1901	0,2428	0,2054	0,1339
4	0,0523	0,0703	0,0898	0,1821	0,2182	0,1897
5	0,0145	0,0222	0,0319	0,1028	0,1746	0,2023
6	0,0032	0,0055	0,0089	0,0454	0,1091	0,1686
7	0,0005	0,0011	0,0020	0,0160	0,0545	0,1124
8	0,0001	0,0002	0,0004	0,0046	0,0222	0,0609
9	0,0000	0,0000	0,0001	0,0011	0,0074	0,0271
10	0,0000	0,0000	0,0000	0,0002	0,0020	0,0099

Folglich ist P(k ≤ 4) = 0,0388 + 0,1368 + 0,2293 + 0,2428 + 0,1821 = 0,8298.

Da wir inzwischen gewohnt sind, Verteilungen durch Lage- und Streuungsparameter zu charakterisieren, wollen wir nun auch den Erwartungswert E(X) – das

arithm. Mittel einer Zufallsvariablen X, siehe die Erläuterungen zu Gleichung (7-35) –
und die Varianz V(X) (s. Gleichungen (7-43), (7-44)) einer binomialverteilten Zufallsvariablen X (Stichprobenfunktion) bestimmen. Dabei setzen wir voraus, dass die
entsprechende Stichprobenvariable X_k (k = 1, 2, ..., n) binär im obigen Sinne kodiert
ist: $x_k = 1$, falls im k-ten Versuch das interessierende Ereignis A eintritt; $x_k = 0$, falls
im k-ten Versuch das Komplementärereignis ¬A eintritt. Außerdem definieren wir
die summenbildende Stichprobenfunktion X (in unserem obigen Beispiel mit „S" bezeichnet) als eine Zufallsvariable $X = \sum_{k=1}^{n} x_k$, und wir führen einen zweiten Index „v"
für die beiden möglichen Ausprägungen von X_k (1 oder 0) ein. Folglich gilt:

$$P(X_k = x_{k,1}) = P(X_k = 1) = \pi_1$$
$$P(X_k = x_{k,0}) = P(X_k = 0) = (1 - \pi_1) = \pi_0$$

Aus diesen Festlegungen resultiert die folgende Gleichung für den Erwartungswert
der Stichprobenvariable X_k:

$$(8\text{-}4) \quad E(X_k) = \sum_{v=0}^{1} x_{k,v}\,\pi_v = 0 \cdot \pi_0 + 1 \cdot \pi_1 = \pi_1$$

Wie in Kap. 3 ausführlich erläutert, erhält man das arithmetische Mittel als deskriptiven Kennwert, indem man die Ausprägungen der entsprechenden Variablen mit
den beobachteten relativen Häufigkeiten multipliziert und diese Produkte über alle
Ausprägungen addiert. Wenn es um den Erwartungswert einer Zufallsvariablen geht,
stehen an Stelle der relativen Häufigkeiten die entsprechenden Wahrscheinlichkeiten, hier π_1 für die Ausprägung „1" und $(1 - \pi_1) = \pi_0$ für die Ausprägung „0". Wie
eben gezeigt, ist der Erwartungswert einer 0/1-kodierten Zufallsvariablen identisch
mit der Wahrscheinlichkeit des Auftretens der Ausprägung „1" (des interessierenden
Ereignisses). Dementsprechend ergibt sich die Varianz der Stichprobenvariable X_k
gemäß

$$(8\text{-}5) \quad V(X_k) = \sum_{v=0}^{1} (x_{k,v} - \pi_1)^2\,\pi_v = (0 - \pi_1)^2\,\pi_0 + (1 - \pi_1)^2\,\pi_1 = (1 - \pi_1)\,\pi_1$$

Für die Stichprobenfunktion X (Summe der Ausprägungen der Stichprobenvariablen
X_k bei n-maliger Wiederholung des Zufallsvorgangs) ergibt sich der Erwartungswert
E(X) wie folgt (siehe Gleichung (7-40), zweite Zeile):

$$(8\text{-}6) \quad E(X) = E\left(\sum_{k=1}^{n} X_k\right) = \sum_{k=1}^{n} E(X_k) = n \cdot \pi_1$$

Folglich können wir bei n = 100 zufälligen Ziehungen aus der Grundgesamtheit der Reichstagsabgeordneten erwarten, $100 \cdot 0{,}20 = 20$ Zentrumsabgeordnete zu erhalten, wenn $\pi_1(Z_k) = 0{,}2$.[80]

Die Varianz V(X) der Stichprobenfunktion X ergibt sich ebenfalls über die Summe der Varianzen $V(X_k)$ der Stichprobenvariablen (s. Gleichung (7-48)):

$$(8\text{-}7) \quad V(X) = V\left(\sum_{k=1}^{n} X_k\right) = \sum_{k=1}^{n} V(X_k) = n(1 - \pi_1)\pi_1$$

Falls man die Stichprobenfunktion nicht als Summe der n realisierten X_k-Werte, sondern als Anteilswert (1/n)X betrachten möchte, ergibt sich dessen Varianz gemäß Gleichung (7-47) wie folgt:

$$(8\text{-}8) \quad V\left(\frac{1}{n}X\right) = \frac{1}{n^2} V(X) = \frac{1}{n}(1 - \pi_1)\pi_1$$

Allgemein gilt auch: Falls X und Y unabhängige binomialverteilte Zufallsvariablen mit gleichem Parameter π_1 darstellen, $X \sim B(n,\pi_1)$ und $Y \sim B(m,\pi_1)$, ist ihre Summe S ebenfalls binomialverteilt: $S = (X + Y) \sim B(n+m, \pi_1)$.

Oft interessieren nicht nur zwei (wechselseitig komplementäre) Ereignisse (wie Zentrumsabgeordneter oder nicht), also binär kodierte Stichprobenvariablen, sondern eine größere Zahl von Ereigniskategorien, z. B. die Zugehörigkeit zu einer von mehreren Parteien. Wenn für jede dieser Kategorien ermittelt werden soll, wie oft sie bei n Versuchen realisiert wird, haben wir es mit mehreren Stichprobenfunktionen $X_1, X_2, \ldots, X_m$ zu tun. Jede dieser Zufallsvariablen X_i, (i = 1, 2, …, m) beinhalte die Anzahl x_i der Elemente (Ereignisse) der i-ten Kategorie in der Serie von n Zufallsvorgängen (Anzahl der Abgeordneten der Partei „i", die in die Stichprobe gelangt sind); π_i sei der Anteil der i-ten Kategorie (Partei) in der Grundgesamtheit. Es gilt dann (bei sonst gleichen Voraussetzungen wie im Bernoulli-Prozess) für diese sog. *Multinomialverteilung*:

$$(8\text{-}9) \quad P(X_1 = x_1, X_2 = x_2, \ldots, X_m = x_m) = \frac{n!}{x_1! \, x_2! \cdots x_m!} \; \pi_1^{x_1} \pi_2^{x_2} \cdots \pi_m^{x_m}$$

---

80 Die Binomialverteilung setzt eine Konstanz der Verteilungsparameter voraus, also eine Stichprobenauswahl, bei der jeder gezogene Fall wieder in die Grundgesamtheit „zurückgelegt" wird. Wenn dies (wie in der Praxis üblich) nicht erfolgt, muss eigentlich ein modifiziertes Modell, die sog. *hypergeometrische* Verteilung herangezogen werden, die wir hier aber nicht besprechen werden (s. Kühnel/Krebs 2018, S. 165 ff.). Beide Verteilungen führen zum gleichen Erwartungswert E(X), unterscheiden sich aber in den Varianzen. Dieser Unterschied kann vernachlässigt werden, wenn der Stichprobenumfang im Vergleich zur Grundgesamtheit recht klein ist; siehe hierzu die knappen Erläuterungen nach Gleichung (8-9).

Es ist leicht erkennbar, dass die Binomialverteilung (s. oben Gleichung (8-3)) ein spezieller Fall (mit m = 2, $x_2 = n - x_1$) der Multinomialverteilung ist. Wir haben hier diesen speziellen Fall ausführlicher abgeleitet, weil er rechentechnisch einfacher zu handhaben ist und dennoch das Ableitungsprinzip hinreichend deutlich werden lässt.

Die hier erläuterte Ableitung der Binomial- und (andeutungsweise) der Multinomialverteilung setzt (wie schon mehrfach betont) voraus, dass sich die Wahrscheinlichkeiten für das Auftreten der jeweiligen Ereignisse nicht nach Eintritt eines Ereignisses verändern. Wenn wir aber aus einer kleinen Grundgesamtheit eine Stichprobe ziehen, ohne den gezogenen Fall wieder in die Grundgesamtheit zurückzulegen, ergeben sich (wie schon mehrfach erwähnt) bei der nächsten Ziehung mehr oder weniger veränderte Wahrscheinlichkeiten für die jeweils möglichen Ergebnisse. Nehmen wir z. B. eine Grundgesamtheit von N = 100 Parlamentariern an, in der sich 20 Abgeordnete des Zentrums befinden. Es soll eine Stichprobe von n = 10 Abgeordneten gezogen werden. Vor der 1. Ziehung gibt es eine Wahrscheinlichkeit von $\pi_1 = 0{,}2$, dass ein Zentrumsabgeordneter ausgewählt wird. Falls sich diese Möglichkeit schon beim ersten Zug realisiert, gibt es vor „Ziehung" des zweiten Abgeordneten eine Wahrscheinlichkeit von $\pi_2 = 19/99 = 0{,}192$, dass erneut ein Zentrumsabgeordneter ausgewählt wird, usw. Wenn man bei binären oder multinomialen Zufallsvariablen nicht das Modell einer Ziehung mit Zurücklegen bzw. einer Ziehung aus einer (theoretisch) unendlichen Grundgesamtheit unterstellen kann und stattdessen von dem Modell einer Ziehung ohne Zurücklegen ausgehen muss, führt dies zum *hypergeometrischen* bzw. zum multidimensionalen hypergeometrischen Verteilungsmodell anstelle der Binomial- bzw. der Multinomialverteilung. Die beiden Verteilungsmodelle weisen den gleichen Erwartungswert auf, unterscheiden sich aber hinsichtlich ihrer Varianzen. Erläuterungen hierzu geben z. B. Hartung et al. (1986, S. 207 f.) sowie Kühnel/Krebs (2018, S. 165–171). In einer früheren Auflage geben Kühnel u. Krebs (2001, S. 176) als Faustregel an: Wenn der Umfang N der Grundgesamtheit mehr als 20-mal so groß ist wie der Umfang n der Stichprobe, ist davon auszugehen, dass die Binomialverteilung sich in ausreichendem Maße der hypergeometrischen Verteilung angenähert hat. Falls diese Bedingung nicht erfüllt ist, ist die Varianz der Binomialverteilung (s. Gleichung (8-7)) mit dem Faktor $(N - n)/(N - 1)$ zu erweitern (s. Kühnel/Krebs 2018, S. 169).

Es sollte erkennbar geworden sein, dass die vielfältigen Forschungsfragen, die auftreten können, jeweils eine spezifische Definition von Stichprobenvariablen bzw. Stichprobenfunktionen implizieren. Für die allermeisten dieser Zufallsvariablen haben die Statistiker bereits geeignete theoretische Verteilungen ausgearbeitet, die wir hier natürlich nicht alle vorstellen, geschweige denn ableiten können. Mit der Binomialverteilung haben wir aber eines dieser Verteilungsmodelle etwas ausführlicher erläutert, um zu zeigen, wie solche theoretischen Verteilungen für Stichprobenfunktionen (Kennwerte) im Prinzip konstruiert werden können. Dadurch sollte auch die konzeptuelle Unterscheidung von empirischen Häufigkeitsverteilungen und theoretischen Wahrscheinlichkeitsverteilungen noch einmal verdeutlicht werden.

Wir benötigen Stichprobenverteilungen vor allem, um statistische Kennwerte für Populationen aus Stichprobendaten schätzen oder entsprechende Hypothesen testen zu können (siehe Kap. 9). Eine weitere theoretische Verteilung soll ebenfalls etwas ausführlicher besprochen werden, weil sie eine besonders wichtige Rolle in der Forschungspraxis spielt: die Normalverteilung.

8.3   Die Normalverteilung

Kehren wir noch einmal zu unserem Ausgangsbeispiel, der Population Berliner Arbeiterhaushalte gegen Ende des 19. Jh. und der Zufallsvariable X: = jährliches Haushaltseinkommen zurück. Stellen wir uns vor, wir würden aus dieser relativ großen Grundgesamtheit von, sagen wir, etwa $N = 200.000$ Fällen eine gewisse Anzahl k relativ kleiner Stichproben von $n_i = 1000$ Fällen $(i = 1, \ldots, k)$ nach dem Zufallsprinzip auswählen und nach jeder Ziehung die Fälle wieder in die Grundgesamtheit zurücklegen. Für jede realisierte Stichprobe ließe sich ein arithmetisches Mittel $\bar{x}$ berechnen. Auch ohne formale Ableitungen erscheint es plausibel anzunehmen,

- dass die arithmetischen Mittel $\bar{x}_i$ der einzelnen Stichproben um das arithmetische Mittel μ der Grundgesamtheit einigermaßen symmetrisch streuen,
- dass bei wiederholten Stichprobenziehungen Mittelwerte $\bar{x}_i$ mit geringem Abstand zu μ häufiger vorkommen als Mittelwerte $\bar{x}$ mit einem größeren Abstand zu μ,
- dass sich das arithmetische Mittel der Stichprobenmittel tendenziell umso stärker dem Parameter μ annähert, je größer die Stichprobenumfänge n_i und je größer die Anzahl k der Stichproben ist. Darin ist auch die Annahme enthalten, dass bei einer einzelnen Zufallsstichprobe das in ihr realisierte arithmetische Mittel $\bar{x}_i$ umso eher „nahe" bei dem arithmetischen Mittel μ der Grundgesamtheit liegen wird, je größer der Stichprobenumfang n_i ist.

Mit anderen Worten: man kann mit einer symmetrisch ausgelegten pyramiden- oder glockenförmigen Dichtefunktion für die Stichprobenfunktion „arithmetisches Mittel" rechnen. Sie ist umso weiter auseinandergezogen (die Streuung ist umso größer), je geringer der Umfang der Stichproben ist. Mathematikerinnen bzw. Statistikerinnen sind natürlich in der Lage, entsprechende Überlegungen zu präzisieren, zu erweitern und formal zu begründen. So haben sie herausgefunden, dass dem arithmetischen Mittel als Zufallsvariable in der Tat eine glockenförmige Dichtefunktion zuzuschreiben ist, deren spezifische Form als *Normalverteilung* etikettiert ist (und die wir gleich noch näher vorstellen werden). Auch einige andere Stichprobenfunktionen (neben dem arithmetischen Mittel) sind unter bestimmten Bedingungen normalverteilt. Allgemein ist die Dichtefunktion $f(X = x)$ einer normalverteilten Zufallsvariable X mit dem arithmetischen Mittel μ und der Standardabweichung σ (abgekürzt: X ~ N(μ, σ) wie folgt definiert:

$$(8\text{-}10) \qquad f(X = x) = \frac{1}{\sigma\sqrt{2\pi}}\, e^{-\frac{(x-\mu)^2}{2\sigma^2}}$$

Der griechische Buchstabe π steht in dieser Gleichung nicht für eine Wahrscheinlichkeit, sondern für die Konstante π ≈ 3.14, mit der in der Geometrie das Verhältnis des Kreisumfangs zum Durchmesser des Kreises angegeben wird. Ebenso steht „e" für eine Konstante, nämlich für die „Eulersche Zahl" e ≈ 2.718, die bekanntlich als Basisgröße der „natürlichen" Logarithmen fungiert. Der jeweils gegebene Lageparameter μ (Erwartungswert) und der Streuungsparameter σ (die Standardabweichung) halten die Dichtefunktion variabel. Abb. 8.2 zeigt einige Beispiele von Normalverteilungen, bei denen μ und σ variieren.

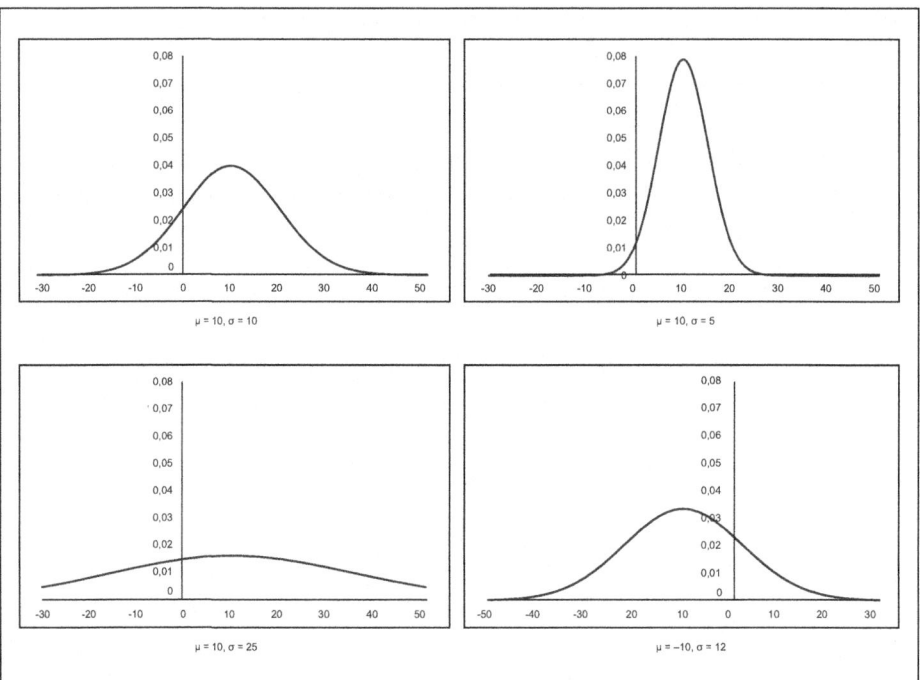

Abbildung 8.2   Verschiedene Normalverteilungen (Quelle: eigene Darstellung)

Auch wenn wir die Herleitung dieser Gleichung hier nicht erörtern werden, sind doch einige ihrer formalen Eigenschaften hervorzuheben, die für die Anwendungspraxis besonders wichtig sind:

Für X = μ ist der Exponent in Gleichung (8-10) offensichtlich Null. Wegen des negativen Vorzeichens ist er an allen anderen Stellen kleiner als Null. Also hat die Dichte an der Stelle X = μ ihr Maximum (Scheitelpunkt). Da man theoretisch von einem unendlich großen Wertebereich ausgeht, nähern sich die Kurvenenden asymptotisch der X-Achse. Wegen des Quadrierens führen positive und negative Differenzen (x − μ) zum gleichen Exponenten, also zu gleichen Dichtewerten f(x). Die Funktionskurve verläuft somit symmetrisch um den zentralen Wert μ. Obwohl die einzelnen Normalverteilungskurven je nach Parameterkonstellation[81] von μ und σ unterschiedlich stark gestreckt oder gestaucht sind, gilt für alle Dichtefunktionen der Normalverteilung, dass ihre Wendepunkte bei denjenigen X-Werten liegen, die um 1 Standardabweichung (positiv oder negativ) vom Mittelwert entfernt sind. Die Fläche, die von den beiden Ordinaten an den Stellen −σ und +σ eingeschlossen wird, nimmt bei jeder Normalverteilung (unabhängig von der jeweils gegebenen Größe σ) einen Anteil von 68,26 % an der Gesamtfläche ein (siehe Abb. 8.3, in der wir von mittelwertzentrierten Daten, also μ = 0, ausgehen und noch zwei weitere Flächensegmente eingezeichnet sind).

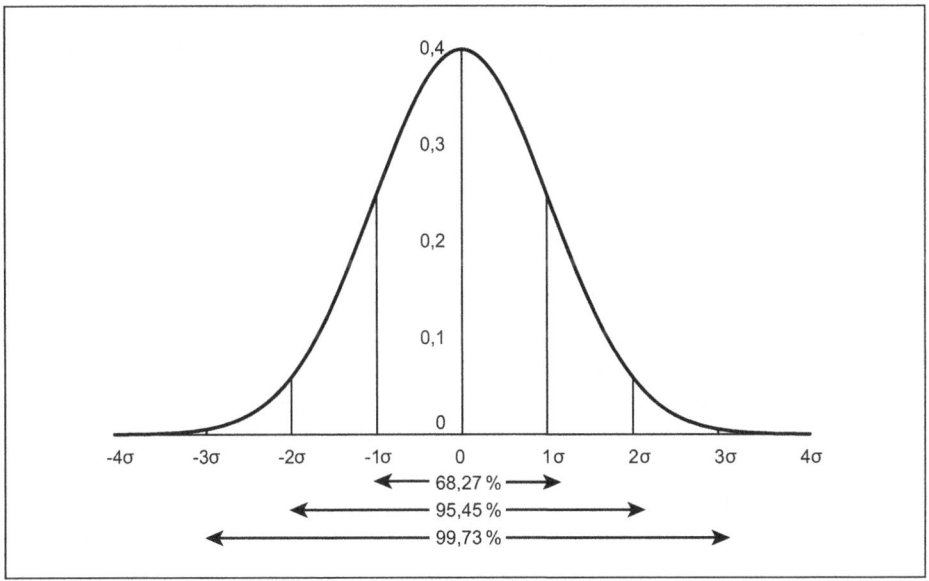

Abbildung 8.3   Dichtefunktion der Normalverteilung und Flächenanteile (Quelle: eigene Darstellung)

---

81   In der Literatur wird sowohl die Varianz als auch ihr Wurzelausdruck, die Standardabweichung, als Streuungsparameter eingesetzt. Folglich findet man die Kennzeichnungen $X \sim N(\mu, \sigma^2)$ oder $X \sim N(\mu, \sigma)$.

Ebenso sind die Flächenanteile zwischen zwei Ordinaten an beliebig fixierten Stellen $x_1 = a \cdot \sigma$ und $x_2 = b \cdot \sigma$ ($a \neq 0 \neq b$) für alle Normalverteilungen gleich groß, unabhängig davon, wie groß die jeweilige Standardabweichung σ ist. Dies führt zum Konzept der *Standardnormalverteilung*, das wir unten noch weiter ausführen werden.

Bevor wir uns näher mit den formalen Eigenschaften der Normalverteilung beschäftigen, sei nochmals darauf hingewiesen, dass diese Verteilungsform nicht nur der Stichprobenfunktion des arithmetischen Mittels zuzuschreiben ist. Schlittgen (2012, S. 250) führt aus, dass Zufallsvariablen „oft" normalverteilt sind, wenn auf sie einer der folgenden Sachverhalte zutrifft:

- „Die Variable beschreibt eine natürliche Variation wie Körpergröße, Gewicht, Länge der Blätter eines Baumes.
- Die Variable beschreibt das Ergebnis einer Messung einer physikalischen Größe wie z. B. der Länge eines Raumes oder das Gewicht einer Person.
- Die Variable entsteht durch die Summe unterschiedlicher Zufallseinflüsse. Dies gilt etwa für den Intelligenzquotienten, der sich aus den Punkten vieler einzelner Fragen ergibt, …"

Ursprünglich wurde die Normalverteilung entwickelt, um das Auftreten zufälliger Mess- und Beobachtungsfehler in Situationen zu beschreiben, in denen man einen „wahren" Wert unterstellen konnte. Eine solche Situation war z. B. bei der Beobachtung von Planetenbahnen gegeben. Die Normalverteilung wird gelegentlich nach dem Mathematiker C. F. Gauß „Gaußsche Glockenkurve" genannt (obwohl sie von DeMoivre entdeckt wurde).

Mathematisch gesehen, steht die Normalverteilung der im vorangegangenen Kapitelabschnitt besprochenen Binomialverteilung viel näher, als es auf den ersten Blick bei einem Vergleich der Funktionen (8-3) und (8-10) erscheinen mag. Je größer der Stichprobenumfang n wird, umso stärker nähert sich die Binomialverteilung B(n,p) einer Normalverteilung N(np, $\sqrt{np(1-p)}$) an (Satz von Laplace/deMoivre), und zwar umso rascher, je näher der Anteilswert p (und damit auch 1 – p) bei 0,5 liegt. Als Faustregel kann davon ausgegangen werden, dass die Approximation der Binomialverteilung durch die Normalverteilung hinreichend gut ist, wenn Stichprobenumfänge (auf die sie bezogen werden sollen) mit $n \cdot p \geq 10$ und $n(1 - p) \geq 10$ vorliegen (Schlittgen 2012, S. 261)[82]. (Der Buchstabe „p" (statt π) steht hier für den in der Stichprobe realisierten Anteilswert des interessierenden Ereignisses) Dies zu wissen ist gelegentlich auch deshalb von Nutzen, weil für große Stichprobenumfänge n die Binomialverteilung in der einschlägigen Literatur nicht tabelliert ist. Die herausragende Bedeutung der Normalverteilung in der Statistik hat im Wesentlichen zwei Gründe (ebd., S. 250): (a) Sie kann bei einer Vielzahl von statistischen Maßzahlen als Verteilungsmodell unterstellt werden, wenn nur die Stichprobenumfänge genügend groß

---

82 Einige andere Autoren nennen als Faustregel: $np(1 - p) \geq 9$.

sind. (b) Sie weist einige formale Eigenschaften auf, die sie für Anwender außerordentlich praktikabel machen.

' Neben den eingangs schon erwähnten sind für unsere Zwecke vor allem folgende Eigenschaften wichtig:

(1) Eine Variable $Y = a + bX$, die aus einer Lineartransformation einer normalverteilten Variablen, $X \sim N(\mu, \sigma)$, hervorgegangen ist, ist ebenfalls normalverteilt: $Y \sim N(a+b\mu, |b|\sigma)$. Ihr Erwartungswert und ihre Varianz bzw. Standardabweichung lassen sich durch Anwendung der Rechenregeln für Erwartungswerte ermitteln (s. Gleichungen (7-40) und (7-47)):

$$E(Y) = E(a + bX) = a + b \cdot E(X))$$
$$V(Y) = V(a + bX) = b^2 \cdot V(X) = b^2 \cdot \sigma_x^2$$

(2) Betrachten wir eine spezielle lineare Transformation, bei der $a = -\mu/\sigma_x$ und $b = 1/\sigma_x$ ist und die man allgemein als Z-$Transformation$ bezeichnet. Für einen spezifischen Wert $X = x$ führt sie zu der Gleichung

$$(8\text{-}11) \qquad z = \frac{x}{\sigma_x} - \frac{\mu}{\sigma_x} = \frac{x - \mu}{\sigma_x}$$

Aus dieser Transformation folgt, gemäß den Gleichungen (7-40) und (7-47):

$$(8\text{-}12) \qquad E(Z) = \frac{1}{\sigma_x} E(X) - \frac{\mu}{\sigma_x} = 0 \qquad (\text{da } E(X) = \mu)$$

$$V(Z) = \frac{1}{\sigma_x^2} V(X) = 1$$

Das bedeutet, dass man jede normalverteilte Zufallsvariable mit den Parametern $\mu \neq 0$ und $\sigma \neq 1$ in eine normalverteilte Zufallsvariable mit dem Erwartungswert $\mu = 0$ und der Standardabweichung $\sigma = 1$ transformieren kann (vgl. die Ausführungen zur Standardisierung von Variablen in Kap. 4.2.4). Dieses Ergebnis können wir mit der oben erwähnten Eigenschaft verbinden, dass die Dichtefunktion jeder Normalverteilung, unabhängig von den spezifischen Parametern μ und σ, über einem Intervall $[(\mu - c_1\sigma) < x \leq (\mu + c_2\sigma)]$ mit beliebigen reellen Zahlen c_1 und c_2 denselben Flächenanteil umfasst (s. die oben im Anschluss an Abb. 8.2 gegebenen Erläuterungen). Deshalb ist es nicht nötig, für jede einzelne Parameterkonstellation (μ,σ) einer normalverteilten Zufallsvariablen X deren spezifische Verteilungsfunktion F(x) zu bestimmen. Es genügt, wenn man sie einmal für die sog. $Standardnormalverteilung$ $Z \sim N(0,1)$ berechnet hat. Deren Dichtefunktion ist in der folgenden Gleichung gegeben (s. Gleichung (8-10)):

$$(8\text{-}13) \qquad f(z) = \frac{1}{2\pi} \; e^{-\frac{1}{2}z^2}$$

Die Verteilungsfunktion einer kontinuierlichen (stetigen) Variablen ergibt sich bekanntlich (wie schon in Kap. 7 erläutert) durch das Integral der Dichtefunktion, was wir hier aber mathematisch nicht näher ausführen werden (s. Gleichung (7-31)). In Abb. 7.6 und Abb. 8.3 sind die Dichte- und die Verteilungsfunktion der Standardnormalverteilung schon dargestellt worden.

In der einschlägigen Literatur wird die Verteilungsfunktion der Standardnormalverteilung häufig auch mit dem griechischen Buchstaben „Phi", also mit dem Symbol $\Phi(z)$ gekennzeichnet und die Dichtefunktion dementsprechend mit dem Kleinbuchstaben $\varphi(z)$. Allgemein ordnet eine Verteilungsfunktion den Ausprägungen einer Variablen X (oder Z) Anteils-, also Quantilwerte zwischen 0 und 1 (oder 0 und 100 %) zu. Wenn einem bestimmten X-Wert (X = x) bspw. ein Anteilswert von 0,45 zugeordnet ist, bedeutet dies, dass 45 % aller erwartbaren (oder auch bereits beobachteten) Realisierungen von X kleiner oder gleich x sind. Im Falle einer z-transformierten, standard-normal verteilten Variablen, ist das 50 %-Quantil $Q_{0,50}$ mit dem Erwartungswert z = 0 gegeben, da an dieser Stelle die 100 %-Fläche unterhalb der Dichtekurve (s. Abb. 8.3) in zwei gleiche Hälften aufzuteilen ist. Die z-Werte spezifiziert man deshalb auch mit einem Index „p" oder „alpha" (α), der den Flächenanteil anzeigt, den man erhält, wenn man die Dichtefunktion von „links" (formal von $-\infty$) bis zu z_p bzw. z_α integriert. Aus z = 0 wird somit $z_{0,5} = 0$. Formal ist die Normalverteilung für einen Wertebereich von $-\infty$ bis $+\infty$ konstruiert, aber in der Praxis spielt der Wertebereich außerhalb des Intervalls von minus/plus drei oder vier Standardabweichungen kaum eine Rolle. Außerhalb des Intervalls von z = $-3,1 \approx z_{0,001}$ und z = $+3 \approx z_{0,999}$ liegen die beiden Flächenanteile jeweils bei nur noch etwa 0,1 Prozent.

Die Anwendung der Standardnormalverteilung wollen wir anhand eines (fiktiven) Beispiels noch näher erläutern:

Nehmen wir an, wir hätten die Grundgesamtheit der Berliner Arbeiterhaushalte von 1900 in Haushalte „gelernter" und „ungelernter" Arbeiter aufgeteilt und wollten aus jeder der beiden Teilpopulationen eine Stichprobe von n = 500 Fällen nach dem Zufallsprinzip auswählen. In der Teilpopulation der gelernten Arbeiter betrage das durchschnittliche Haushaltseinkommen pro Jahr $\mu_g = 1100$ RM bei einer Standardabweichung von $\sigma_g = 100$ RM. Bei den ungelernten Arbeitern seien die entsprechenden Parameter mit $\mu_u = 900$ RM und $\sigma_u = 150$ RM gegeben. Wir wollen des Weiteren annehmen, das Haushaltseinkommen X sei in beiden Teilpopulationen näherungsweise[83] normalverteilt (eine sicherlich unrealistische, für didaktische Zwecke aber erlaubte Annahme). Die entsprechenden Häufigkeitsdichten für die beiden Teilpopula-

---

83 Das Einkommen, gemessen in Reichsmarkeinheiten, ist zunächst einmal keine *stetige* Variable. Wir gehen aber gedanklich einmal von sehr kleinen Einkommensintervallen aus, so dass die Verteilung ihrer relativen Häufigkeiten näherungsweise mit Hilfe einer (stetigen) Dichtefunktion dargestellt werden kann (s. Abb. 7.4).

tionen sind in Abb. 8.5 dargestellt. Die Kurvenform entspricht dort schon derjenigen der Standardnormalverteilung (ist also für beide Teilpopulationen die gleiche); in der Abszisse sind den drei mittleren z-Werten (−1, 0, +1) auch die je nach Teilpopulation unterschiedlichen RM-Werte zugeordnet.

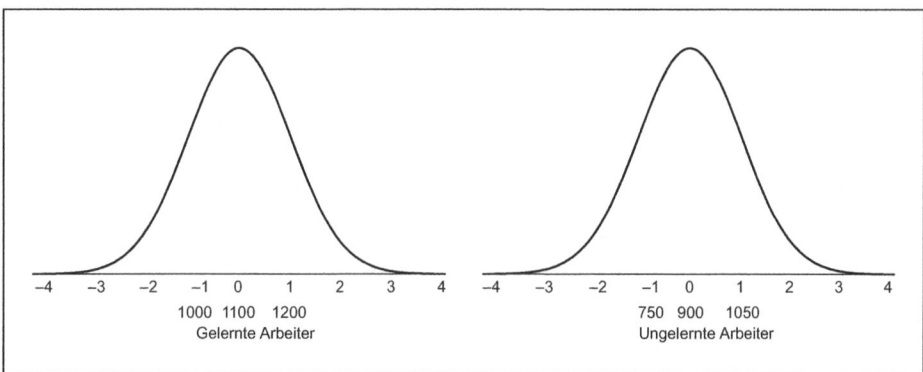

Abbildung 8.4   Fiktive Einkommensverteilungen (Quelle: eigene Darstellung)

Wenn ein Haushalt nach dem Zufallsprinzip aus einer der beiden Teilpopulationen ausgewählt wird, so fungiert diese als Stichprobenraum; und die relative Häufigkeit, mit der das interessierende Ereignis (hier eine bestimmte Einkommensklasse) in ihm vorkommt, liefert die Wahrscheinlichkeit dafür, dass dieses Ereignis bei einer Zufallsauswahl realisiert wird. Fragen wir also zunächst einmal: Wie groß ist – bei vorausgesetzter Normalverteilung – die Wahrscheinlichkeit, bei Ziehung des ersten Falles aus der Grundgesamtheit der gelernten Arbeiter einen Haushalt mit einem Jahreseinkommen zwischen 1000 und 1150 RM zu erhalten? Um diese Frage zu beantworten, müssten wir eigentlich die Dichtefunktion (8-10) zweimal integrieren: einmal von x = −∞ bis x = 1150, ein zweites Mal von x = −∞ bis x = 1000. Sodann wäre die Differenz der beiden Integrale zu bestimmen, die den Flächenanteil über diesem Intervall angäbe.

Wir können uns die Arbeit erheblich vereinfachen, wenn wir die Einkommensvariable X standardisieren, also auch die Intervallgrenzen (a = 1000; b = 1150) in Einheiten der Standardabweichung ausdrücken (s. Gleichung (8-11)):

$$(8\text{-}14) \qquad z(a) = \frac{1000 - 1100}{100} = -1, \ z(b) = \frac{1150 - 1100}{100} = 0{,}5$$

Die untere Intervallgrenze liegt somit eine Standardabweichung unterhalb, die obere Intervallgrenze eine halbe Standardabweichung oberhalb des Durchschnittseinkommens von 1100 RM, dem der standardisierte Wert $z = 0 = z_{p=0,5}$ entspricht. Nach der Skalentransformation (Standardisierung) wird die Reichsmark also nicht mehr in

ihren ursprünglichen Einheiten, sondern in Einheiten der Standardabweichung gerechnet, wobei eine Standardabweichung in diesem Falle den Betrag von 100 RM aus-
macht. (Wir können natürlich jederzeit die Beträge der neuen Skala in die ursprüngliche RM-Skala zurückrechnen) Die neue Skala aber hat den Vorteil, dass nun die
Standardabweichung der Einkommensverteilung mit $\sigma_z = 1$ und das arithmetische
Mittel als Erwartungswert mit $\mu_z = 0$ anzusetzen ist. Für diese *Standardnormalverteilung* ist, wie bereits erwähnt, die Verteilungsfunktion $\Phi(z) = F(z)$ in Form zunehmender, mit dem Integral der Dichtefunktion gegebener Flächenanteile in entsprechenden Zahlentabellen in fast allen Statistik-Lehrbüchern vorhanden. Wegen der
Symmetrieeigenschaften tabelliert man die Flächensegmente häufig nur für $z > 0$.
Einige Lehrbücher (wie z.B. Schlittgen 2012, S. 498 f.) tabellieren die Quantile der
Verteilungsfunktion über das gesamte Flächenspektrum von $z < -3,0$ bis $z > 3.0$ (siehe unten Tabelle 8.3). Diese Symmetrieeigenschaft lässt sich mit folgender Gleichung
anzeigen:

$$(8\text{-}15) \qquad \Phi(z_{-a}) = \int_{-\infty}^{-a} f(z)dz = 1 - \int_{-\infty}^{+a} f(z)dz = 1 - \Phi(z_a)$$

Ihr Aussagegehalt wird in Abb. 8.5 verdeutlicht.

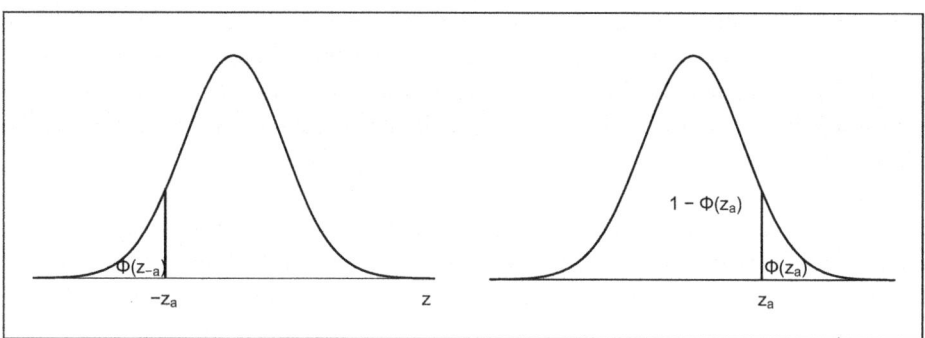

Abbildung 8.5   Dichtefunktion zur Veranschaulichung der Gleichung (8-15) (Quelle: eigene
Darstellung)

Um unsere Frage zu beantworten, müssen wir den Flächenanteil bestimmen, der von
den Ordinaten bei $z_a = -1,0$ und $z_b = 0,5$ eingeschlossen wird. Wir benötigen also die
Differenz $\Phi(z = 0,5) - \Phi(z = -1,0)$. Um die Rechnung durchführen zu können, kon-
sultieren wir eine tabellarische Darstellung der Verteilungsfunktion $\Phi(z)$ in Tab. 8.3.[84]

---

84 Aus praktischen Gründen stellen manche Autoren die tabellierte Verteilungsfunktionen $\Phi(z)$ so dar,
    als habe man die Dichtefunktion, bildlich gesprochen, nicht von links nach rechts, sondern von
    rechts nach links integriert (siehe z.B. Litz 1997, S. 360 f.). Während für $z = 0$ weiterhin ein Flächen-
    segment von $\alpha = 0,500$ angegeben ist, wird nun für bspw. $z = 0,5$ ein Alpha-Wert von 0,31 statt, wie
    in Tab. 8.3, ein Wert $\alpha = 1 - 0,31 = 0,69$ ausgewiesen (alle Werte jeweils auf- bzw. abgerundet).

Tabelle 8.3 Tabellierung der Verteilungsfunktion der Normalverteilung (s. Müller-Benedict 2011)

α	Z_α	α	Z_α	α	Z_α	α	Z_α	α	Z_α
0,000	$-\infty$	0,200	-0,8416	0,400	-0,2533	0,600	0,2533	0,800	0,8416
0,005	-2,5758	0,205	-0,8239	0,405	-0,2404	0,605	0,2663	0,805	0,8596
0,010	-2,3263	0,210	-0,8064	0,410	-0,2275	0,610	0,2793	0,810	0,8779
0,015	-2,1701	0,215	-0,7892	0,415	-0,2147	0,615	0,2924	0,815	0,8965
0,020	-2,0537	0,220	-0,7722	0,420	-0,2019	0,620	0,3055	0,820	0,9154
0,025	-1,9600	0,225	-0,7554	0,425	-0,1891	0,625	0,3186	0,825	0,9346
0,030	-1,8808	0,230	-0,7388	0,430	-0,1764	0,630	0,3319	0,830	0,9542
0,035	-1,8119	0,235	-0,7225	0,435	-0,1637	0,635	0,3451	0,835	0,9741
0,040	-1,7507	0,240	-0,7063	0,440	-0,1510	0,640	0,3585	0,840	0,9945
0,045	-1,6954	0,245	-0,6903	0,445	-0,1383	0,645	0,3719	0,845	1,0152
0,050	-1,6449	0,250	-0,6745	0,450	-0,1257	0,650	0,3853	0,850	1,0364
0,055	-1,5982	0,255	-0,6588	0,455	-0,1130	0,655	0,3989	0,855	1,0581
0,060	-1,5548	0,260	-0,6433	0,460	-0,1004	0,660	0,4125	0,860	1,0803
0,065	-1,5141	0,265	-0,6280	0,465	-0,0878	0,665	0,4261	0,865	1,1031
0,070	-1,4758	0,270	-0,6128	0,470	-0,0753	0,670	0,4399	0,870	1,1264
0,075	-1,4395	0,275	-0,5978	0,475	-0,0627	0,675	0,4538	0,875	1,1503
0,080	-1,4051	0,280	-0,5828	0,480	-0,0502	0,680	0,4677	0,880	1,1750
0,085	-1,3722	0,285	-0,5681	0,485	-0,0376	0,685	0,4817	0,885	1,2004
0,090	-1,3408	0,290	-0,5534	0,490	-0,0251	0,690	0,4959	0,890	1,2265
0,095	-1,3106	0,295	-0,5388	0,495	-0,0125	0,695	0,5101	0,895	1,2536
0,100	-1,2816	0,300	-0,5244	0,500	0,0000	0,700	0,5244	0,900	1,2816
0,105	-1,2536	0,305	-0,5101	0,505	0,0125	0,705	0,5388	0,905	1,3106
0,110	-1,2265	0,310	-0,4959	0,510	0,0251	0,710	0,5534	0,910	1,3408
0,115	-1,2004	0,315	-0,4817	0,515	0,0376	0,715	0,5681	0,915	1,3722
0,120	-1,1750	0,320	-0,4677	0,520	0,0502	0,720	0,5828	0,920	1,4051
0,125	-1,1503	0,325	-0,4538	0,525	0,0627	0,725	0,5978	0,925	1,4395
0,130	-1,1264	0,330	-0,4399	0,530	0,0753	0,730	0,6128	0,930	1,4758
0,135	-1,1031	0,335	-0,4261	0,535	0,0878	0,735	0,6280	0,935	1,5141
0,140	-1,0803	0,340	-0,4125	0,540	0,1004	0,740	0,6433	0,940	1,5548
0,145	-1,0581	0,345	-0,3989	0,545	0,1130	0,745	0,6588	0,945	1,5982
0,150	-1,0364	0,350	-0,3853	0,550	0,1257	0,750	0,6745	0,950	1,6449
0,155	-1,0152	0,355	-0,3719	0,555	0,1383	0,755	0,6903	0,955	1,6954
0,160	-0,9945	0,360	-0,3585	0,560	0,1510	0,760	0,7063	0,960	1,7507
0,165	-0,9741	0,365	-0,3451	0,565	0,1637	0,765	0,7225	0,965	1,8119
0,170	-0,9542	0,370	-0,3319	0,570	0,1764	0,770	0,7388	0,970	1,8808
0,175	-0,9346	0,375	-0,3186	0,575	0,1891	0,775	0,7554	0,975	1,9600
0,180	-0,9154	0,380	-0,3055	0,580	0,2019	0,780	0,7722	0,980	2,0537
0,185	-0,8965	0,385	-0,2924	0,585	0,2147	0,785	0,7892	0,985	2,1701
0,190	-0,8779	0,390	-0,2793	0,590	0,2275	0,790	0,8064	0,990	2,3263
0,195	-0,8596	0,395	-0,2663	0,595	0,2404	0,795	0,8239	0,995	2,5758
								1,000	∞

Innerhalb der Tabelle findet man die Werte der Verteilungsfunktion, mit α (= Φ (z)) bezeichnet, die verschiedenen z_α-Werten zugeordnet sind. Es sind, wie oben dargelegt, die Integrale von $-\infty$ bis $z = z_\alpha$ der Dichtefunktion der Standardnormalverteilung. Da in dieser Tabelle statt des genauen Wertes $z = -1,0$ nur die dicht danebenliegenden Werte $-1,0152$ (mit $\alpha = 0,155$) und $-0,9945$ ($\alpha = 0,160$) und statt $z = 0,5$ nur $0,4959$ ($\alpha = 0,690$) und $0,5101$ ($\alpha = 0,695$) vorhanden sind, kann man dazwischen noch interpolieren und kommt dann zu folgenden Alpha-Werten:

(8-16) $\Phi(z = 0,5) = 0,6915$

$\Phi(z = -1) = 0,1587$

Somit ist der in unserem Beispiel gesuchte Flächenanteil

(8-17) $\Phi(z = 0,5) - \Phi(z = -1,0) = 0,6915 - 0,1587 = 0,5328$

oder 53,28 %. Daraus folgt, dass wir bei jeder[85] Ziehung aus der Teilpopulation der gelernten Arbeiter mit einer Wahrscheinlichkeit von P = 0,5328 damit rechnen können, einen Haushalt mit einem Monatseinkommen zwischen 1000 und 1150 RM zu erhalten. Für die Stichprobenfunktion „Summe (S) der Haushalte in dieser Einkommenskategorie" ergibt sich bei 500 Ziehungen der Erwartungswert $E(S) = n \cdot p = 500 \cdot 0,5328 = 266,4$ (s. Gleichung (8-6)). Wir erwarten also, dass ungefähr 266 Haushalte unserer Stichprobe in diese Einkommensklasse fallen.

Wir können nun auch die Frage beantworten, wie groß die Wahrscheinlichkeit P ist, bei einer ersten Ziehung aus der Teilpopulation der ungelernten Arbeiter ebenfalls einen Haushalt mit einem Monatseinkommen zwischen 1000 und 1150 RM zu erhalten (bei $\mu_u = 900$ und $\sigma_u = 150$). Die entsprechende Ausarbeitung sei der Leserin oder dem Leser überlassen; sie sollten zu dem Ergebnis P = 0,205 führen.

Kommen wir noch einmal zu den Stichprobenfunktionen zurück. Wir haben schon gesehen, dass die Normalverteilung nicht nur bei einfachen Lineartransformationen einer normalverteilten Stichprobenvariable erhalten bleibt, sondern auch bei der (evtl. gewichteten) Summenbildung auf Basis mehrerer unabhängiger, normalverteilter Zufallsvariablen $X_1, \ldots, X_n$, wobei $X_i \sim N(\mu_i, \sigma_i)$, i = 1, 2, ..., n:[86]. So ist das arithmetische Mittel als Stichprobenfunktion die Summe der gewichteten, identisch verteilten Stichprobenvariablen X_i, wobei das Gewicht für alle i (i = 1, 2, ..., n) den

---

85 Wenn nach jeder Ziehung der gezogene Fall nicht wieder in die Population „zurückgelegt", verändern sich nach jeder Ziehung die Wahrscheinlichkeiten geringfügig; folglich sind die Stichprobenvariablen nicht völlig unabhängig voneinander. Wie am Ende des vorigen Kapitelabschnitts schon angemerkt, kann man diese Ungenauigkeit vernachlässigen, wenn der Umfang N der Population sehr groß ist im Vergleich zum Stichprobenumfang n (Faustregel: n/N < 0,05). Andernfalls werden die Standardabweichungen der Zufallsvariablen mit einem Korrekturfaktor versehen (s. unten, Gleichung (8-20)).

86 Das gilt auch, wenn die einzelnen Normalverteilungen unterschiedliche Parameter (μ, σ) aufweisen.

Wert 1/n annimmt. Diese Stichprobenvariablen X_i sind normalverteilt, wenn X in der Population normalverteilt ist (wie in unserem Beispiel vorausgesetzt). In diesem Falle ist also auch das arithmetische Mittel $\overline{X}$ normalverteilt mit dem Erwartungswert

$$(8\text{-}18) \qquad E(\overline{X}) = E\left(\frac{1}{n}X_1 + \frac{1}{n}X_2 + \ldots + \frac{1}{n}X_n\right)$$

$$= \frac{1}{n}\left(E(X_1) + E(X_2) + \ldots + E(X_n)\right)$$

$$= \frac{1}{n}\, n \cdot \mu = \mu$$

und der Varianz

$$(8\text{-}19) \qquad V(\overline{X}) = V\left(\frac{1}{n}X_1 + \frac{1}{n}X_2 + \ldots + \frac{1}{n}X_n\right)$$

$$= \frac{1}{n^2}\left(V(X_1) + V(X_2) + \ldots + V(X_n)\right) \quad (\text{s. Gleichung (7-47)})$$

$$= \frac{1}{n^2}\, n\, \sigma_x^2 = \frac{1}{n}\sigma_x^2 = \sigma_{\overline{x}}^2$$

Falls die Grundgesamtheit (Fallzahl N), aus der die Stichprobe (Fallzahl n) gezogen wurde, einen so geringen Umfang hat, dass der Quotient n/N > 0,05 ist, wird die Standardabweichung mit einer Korrekturformel berechnet:

$$(8\text{-}20) \qquad \sigma_{\overline{x}} = \frac{\sigma_x}{\sqrt{n}} \cdot \sqrt{\frac{N-n}{N-1}}$$

Im Folgenden verzichten wir auf die Angabe dieser *Endlichkeitskorrektur,* d.h. wir gehen davon aus, dass die Grundgesamtheit im Verhältnis zur Stichprobe sehr groß ist. Die Stichprobenfunktion $\overline{X}$ hat also eine deutlich geringere Streuung als die (einzelnen) Stichprobenvariablen X_i (i = 1, 2, …, n), was dem intuitiven Verständnis entspricht. Die Streuung wird darüber hinaus umso geringer, je größer der Stichprobeumfang n.

Es lässt sich zeigen, dass das arithmetische Mittel $\overline{X}$ als Stichprobenfunktion nicht nur dann normalverteilt ist, wenn die Variable X in der Population normalverteilt ist, sondern näherungsweise immer dann, wenn der Stichprobenumfang „genügend groß" ist – Daumenregel: 30 ≤ n – und bestimmte andere Voraussetzungen erfüllt sind, die der *Zentrale Grenzwertsatz* angibt:

Es seien X_1, X_2, …, X_n stochastisch unabhängige Zufallsvariablen, die sämtlich dieselbe Verteilung (nicht notwendigerweise die Normalverteilung) mit $E(X_i) = \mu$

und $V(X_i) = \sigma^2$ besitzen (was bei wiederholter Zufallsauswahl aus der gleichen Grundgesamtheit vorausgesetzt werden kann). Dann sind für hinreichend großes n sowohl die Summe dieser Zufallsvariablen als auch das arithmetische Mittel $\overline{X} = (X_1 + X_2 + \dots X_n)/n$ annähernd normalverteilt mit dem Mittelwert μ und der Standardabweichung $\sigma_x/\sqrt{n}$.

Der zentrale Grenzwertsatz wird meistens im Hinblick auf das arithmetische Mittel formuliert. Er gilt darüber hinaus auch für andere Zufallsvariablen X, die man sich additiv aus vielen unabhängigen Zufallsvariablen zusammengesetzt denken kann. Dabei muss aber sichergestellt sein, dass jede Zufallsvariable X_i nur einen kleinen Beitrag zur Summe $X = \sum X_i$ liefert; es darf also nicht eine einzelne Zufallsvariable X_i die Summe X dominieren.

Dass das arithmetische Mittel unabhängig von der Verteilungsform der Stichprobenvariablen gegen die Normalverteilung konvergiert, wird anhand des Würfelbeispiels anschaulich. Bei n = 1 (einem einzigen Wurf) ergibt sich für die einzelnen Ereignismöglichkeiten eine Gleichverteilung. Schon bei n = 3 nimmt die Wahrscheinlichkeitsfunktion für den Mittelwert eine nahezu glockenförmige Gestalt an (siehe Abb. 8.6).

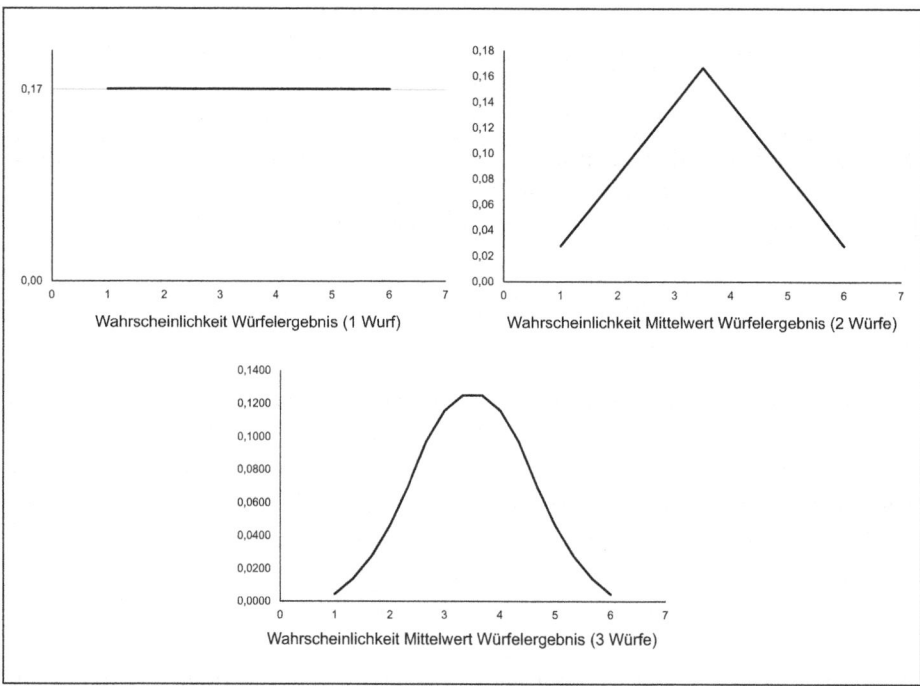

Abbildung 8.6 Annäherung der Verteilung der Stichprobenmittel an die Normalverteilung (Quelle: eigene Darstellung)

Ein ähnliches Entwicklungsmuster stellt sich auch bei stetigen Variablen ein.

8.4 Mit der Normalverteilung verbundene Verteilungsmodelle

8.4.1 Die Chi-Quadrat-Verteilung

Eine zweite Stichprobenfunktion, mit der wir es neben dem arithmetischen Mittel häufig zu tun haben, ist die Varianz einer Zufallsvariablen X. Die folgende Definitionsformel stellt sie als *Schätzgröße* $\hat{\sigma}^2$ der Populationsvarianz σ^2 dar, die aus den empirischen Daten einer Stichprobe hergeleitet werden kann:

$$(8\text{-}21) \qquad \hat{\sigma}^2 = \frac{1}{n-1} \sum_{i=1}^{n} (x_i - \bar{x})^2$$

Statistiker haben herausgefunden, dass es besser ist, die in der Regel unbekannte Varianz σ^2 der Population mit einer Stichprobenstreuung zu schätzen, in deren Nenner (anders als bei der rein deskriptiven Maßzahl s^2, s. Kapitelabschn. 3.2) nicht der Stichprobenumfang *n*, sondern die Zahl der sog. *Freiheitsgrade,* n − 1, steht (zu den Qualitätsmerkmalen von Schätzgrößen s. Kapitelabschn. 9.3). Den Begriff der *Freiheitsgrade* (FG; *degrees of freedom* − *df*) kann man sich wie folgt veranschaulichen: Um die Stichprobenvarianz zu bestimmen, muss man zuvor das arithmetische Mittel x̄ berechnen. Das bedeutet aber, dass von den *n* Differenzen $(x_i - \bar{x})$ nur (n − 1) unabhängig sind, also beliebige Werte aus dem Stichprobenraum realisieren können. Wenn erst einmal (n − 1) Differenzen vorliegen, ist die n-te Differenz determiniert, da ja die Summe aller quadrierten Differenzen Null ergeben muss.

Die geschätzte Varianz $\hat{\sigma}^2$ streut von Stichprobe zu Stichprobe in rechtsschiefer Verteilung um die Populationsvarianz σ^2. Wenn X normalverteilt ist, ist die Verteilung von $\hat{\sigma}^2$ proportional zu der sog. χ^2-*(Chi-Quadrat-)Verteilung.* Deren Funktionskurve weist für jede Kombination von σ^2 und *n* eine jeweils andere Verlaufsform auf. Wir erinnern uns: auch die Normalverteilungskurve variiert mit den Parametern μ und σ. Die Vielfalt der Normalverteilungskurven konnte durch die Transformation der ursprünglichen Variablenwerte X = x in z-Werte (s. Gleichung (8-11)) zu einer einzigen reduziert (standardisiert) werden. Eine ähnliche (allerdings weniger weitgehende) Lösung gelingt hinsichtlich der Verteilung von $\hat{\sigma}^2$, wenn man die in Gleichung (8-21) formalisierte Schätzgröße wie folgt transformiert (s. Schlittgen 2012, S. 324 f.; Litz 1997, S. 271 f.):

$$(8\text{-}22) \qquad \chi^2_{n-1} = \frac{(n-1)\,\hat{\sigma}^2}{\sigma^2} = \frac{1}{\sigma^2} \sum_{i=1}^{n} (x_i - \bar{x})^2 = \sum_{i=1}^{n} z_i^2$$

Die Summe der quadrierten z-Werte (hervorgegangen aus der Transformation der Stichprobenvarianz) ist χ^2-verteilt unter der Voraussetzung, dass die Stichprobenvariablen Z_i (i = 1, 2, …, n) in gleicher Weise standardnormalverteilt sind. Die entsprechende Dichtefunktion $f(\chi_{df}^2)$ nimmt je nach Freiheitsgrad (df = n − 1) eine unterschiedliche Form an, sie ist aber unabhängig von der in der Population gegebenen Varianz σ^2. Die aus den Dichtefunktionen $f(\chi_{df}^2)$ hervorgehenden Verteilungsfunktionen $F(\chi_{df}^2)$ für Chi-Quadrat liegen ebenfalls in tabellierter Form vor (siehe z. B. Litz 1997, S. 362 f.); am Ende von Kapitelabschn. 9.4 werden wir einen knappen Auszug daraus vorlegen. Ihr mathematischer Ausdruck ist relativ komplex (s. ebd., S. 273), so dass wir ihn hier nicht vorstellen.

Die spezifische Form der Dichtefunktion ist, wie bereits erwähnt, abhängig vom jeweiligen Stichprobenumfang (bzw. den damit verbundenen Freiheitsgraden), wie die Abbildung 8.7 zeigt. (Um die Zahl der Freiheitsgrade anzuzeigen, fügt man statt „df" auch häufig das Subskript v = n − 1 dem Symbol χ^2 hinzu)

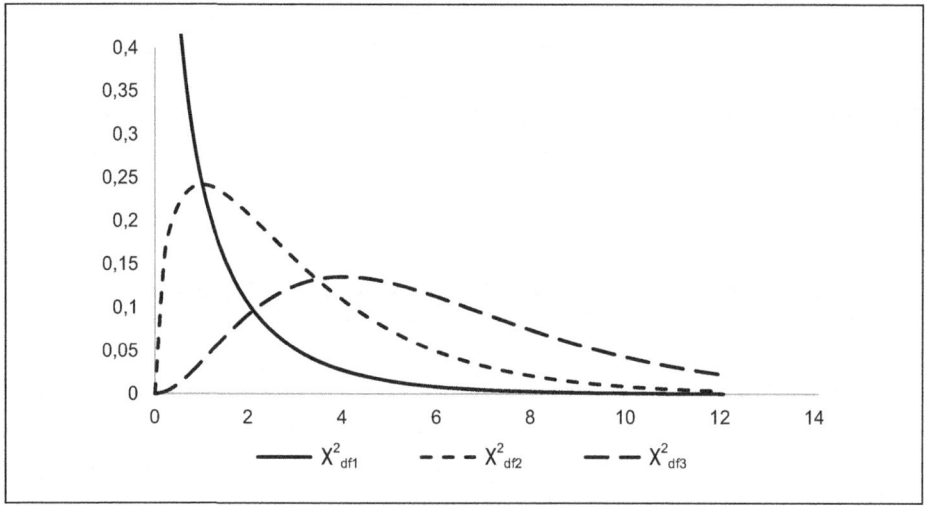

Abbildung 8.7   Dichtefunktionen der χ^2-Verteilung mit unterschiedlichen df (Quelle: eigene Darstellung)

Die Chi-Quadrat-Verteilungen haben folgende Mittelwerte und Varianzen:

(8-23) $E(\chi_{df}^2) = n - 1$ $V(\chi_{df}^2) = 2(n - 1)$

Mit größer werdendem *n* nähert sich die Chi-Quadrat-Verteilung einer Normalverteilung mit dem Mittelwert $\mu = n - 1$ und der Standardabweichung $\sigma = \sqrt{2(n - 1)}$. Diese Annäherung erfolgt allerdings recht langsam. Eine weitere Transformation der Chi-Quadratgröße (die wir hier allerdings nicht besprechen werden, s. dazu z. B. Litz 1997, S. 276) ermöglicht aber schon ab einem Freiheitsgrad von df ≥ 30 eine allgemein als hinreichend angesehene Approximation an die Normalverteilung.

Im folgenden Kapitel 9 (Abschn. 9.7.2) werden wir die Chi-Quadrat-Verteilung vor allem anwenden, um die Hypothese eines fehlenden Zusammenhangs zwischen zwei nominal skalierten Variablen anhand von Stichprobendaten zu testen. Wir hatten ja als Maß für einen solchen Zusammenhang eine Kennzahl

$$(8\text{-}24) \qquad \chi^2 = \sum_{k=1}^{K} \frac{\left(f_{b_k} - f_{e_k}\right)^2}{f_{e_k}}$$

vorgestellt (s. Gleichung (4-7)), die (nicht ganz unproblematisch) in der Fachliteratur mit dem gleichen Symbol abgekürzt wird, wie die transformierte Stichprobenfunktion (8-22). Die Maßzahl χ^2 in Gleichung (8-24) ähnelt formal sehr stark dem Varianzausdruck. Auch hier geht es um die quadrierte Differenz zwischen einer beobachteten Größe und ihrem Erwartungswert. Es muss deshalb nicht überraschen (auch wenn die identischen Symbole für etwas Verwirrung sorgen können), dass die Maßzahl χ^2 in Gleichung (8-24) in guter Annäherung so verteilt ist, wie die Größe χ^2 in Gleichung (8-22).

Die (allgemeine) Chi-Quadrat-Verteilung lässt sich aber noch für weiterer Zwecke anwenden, z. B. dann, wenn sog. Vertrauensintervalle (siehe Kap. 9) für die mit $\hat{\sigma}^2$ geschätzte Populationsvarianz σ^2 zu ermitteln sind.

Wir hatten festgestellt, dass auf Grund des Zentralen Grenzwertsatzes das arithmetische Mittel $\overline{X}$ als Stichprobenfunktion ab einer Stichprobengröße n > 30 annähernd normalverteilt ist. Die in der Population gegebene Verteilungsform der Variablen X kann also in diesem Falle ignoriert werden. Im Hinblick auf die Stichprobenfunktion $\hat{\sigma}_x^2$ und deren Chi-Quadrat-Verteilung muss aber formal an der Normalverteilungsvoraussetzung der Variable X in der Population festgehalten werden (Kendall et al. 1987, Vol. 1, S. 537). Eine Verletzung dieser Annahme ist aber umso weniger gravierend, je größer der Stichprobenumfang ist.

8.4.2 Die t-Verteilung

Wir hatten in Abschnitt 8.3 festgestellt, dass das arithmetische Mittel $\overline{X}$ als Stichprobenfunktion normalverteilt ist mit der Standardabweichung $\sigma_x/\sqrt{n}$. Die Standardabweichung σ_x der Variablen X in der Population ist aber in der Regel nicht bekannt. In diesem Falle müssen wir die in der Population gegebene Standardabweichung durch die in der Stichprobe ermittelte Standardabweichung schätzen. Um als Schätzer für die Standardabweichung σ in der Population dienen zu können, muss, wie bereits erläutert, die Formel für die Stichprobenvarianz bzw. für ihren Wurzelausdruck etwas modifiziert werden: aus der deskriptiven Maßzahl $s^2 = \frac{1}{n}\sum(x_i - \overline{x})^2$ wird die Schätzgröße $\hat{\sigma}^2 = \frac{1}{(n-1)}\sum(x_i - \overline{x})^2$ (s. oben die Erläuterungen zu Gleichung (8-21)). Ohne diese Modifikation ist die Stichprobenvarianz kein erwartungstreuer Schätzer.

(Was Erwartungstreue genauer bedeutet, wird in Kapitelabschn. 9.3 erläutert) Bei großem n fällt die Korrektur des Divisors rechnerisch allerdings nicht ins Gewicht. Bisher konnten wir die Stichprobenfunktion $\overline{X}$ (ebenso wie die der Stichprobenvariable X) standardisieren, indem wir ihre Differenz zum Erwartungswert $E(\overline{X}) = \mu$ durch die Standardabweichung ihrer Verteilung dividiert haben:

$$(8\text{-}25) \qquad z_{\overline{X}} = \frac{\overline{x} - \mu}{\dfrac{\sigma_x}{\sqrt{n}}}$$

Wenn wir nun σ durch ihre empirisch ermittelte Schätzgröße $\hat{\sigma}$ ersetzen, erhalten wir eine neue Größe

$$(8\text{-}26) \qquad t_{n-1} = \frac{\overline{x} - \mu}{\dfrac{\hat{\sigma}_x}{\sqrt{n}}} = \frac{\overline{x} - \mu}{\dfrac{s_x}{\sqrt{n-1}}}$$

Während σ_x eine Konstante bezeichnet, nämlich die in der Population gegebene (aber unbekannte) Standardabweichung von X, bezeichnet $\hat{\sigma}_x$ nun eine Zufallsgröße: als Schätzer von σ kann sie, worüber wir schon im vorigen Abschnitt gesprochen haben, mehr oder weniger stark von der Zielgröße σ abweichen, und sie wird von Stichprobe zu Stichprobe schwanken. Diese Unsicherheit ist umso größer, je kleiner die Stichprobe ist. Bei größeren Stichproben kann man davon ausgehen, dass $\hat{\sigma}$ weniger stark um σ schwankt als bei kleineren Stichproben. Gegenüber der (Standard-)Normalverteilung von Z hat die *t-Verteilung* (man spricht auch nach dem Pseudonym ihres Entdeckers, W. Gosset, von der *Student* (oder *Studentschen*) *t-Verteilung*) folglich eine größere Spannbreite.

Um keine Missverständnisse aufkommen zu lassen: Nicht die Stichprobenfunktion $\overline{X}$ streut stärker, sondern unsere Einschätzung dieser Streuung wird unsicherer, wenn σ nicht bekannt ist und deshalb durch $\hat{\sigma}$ geschätzt werden muss. Diese Unsicherheit müssen wir, insbesondere beim Testen von Hypothesen (siehe Kap. 9) durch breitere Schwankungsintervalle (sog. Konfidenzintervalle), d. h. durch ein etwas anderes Verteilungsmodell berücksichtigen.

Mit wachsendem n nähert sich auch die t-Verteilung immer stärker der Normalverteilung an. Daraus folgt, dass es nicht nur eine „Standard"-t-Verteilung geben kann, sondern für jeden (kleinen) Stichprobenumfang eine spezifische t-Verteilung vorliegt. In der Literatur werden als Faustregel für eine hinlänglich gute Annäherung Mindestgrößen von n = 25 bis n = 100 genannt. Die t-Verteilung ist aber üblicherweise nicht nach dem Stichprobenumfang n, sondern nach den Freiheitsgraden n − 1 tabelliert. Die Abbildung 8.8 zeigt, wie sich die t-Verteilung relativ rasch an die Normalverteilung anpasst.

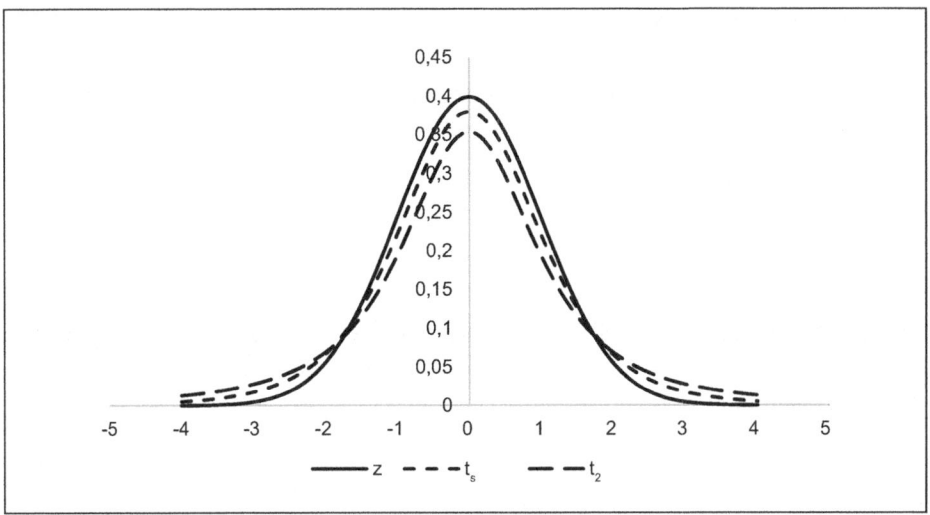

Abbildung 8.8   Annäherung der t-Verteilung an die Normalverteilung (Quelle: eigene Darstellung)

Bei der Ableitung der t-Verteilung wird vorausgesetzt, dass die entsprechende Variable X in der Population normalverteilt ist. (Auch hier verzichten wir auf die Wiedergabe des relativ komplexen mathematischen Ausdrucks der Dichte- und der Verteilungsfunktion von t; s. Litz 1997, S. 277 f.). Wenn wir über eine genügend große Stichprobe verfügen, können wir aber auch bei unbekanntem, durch $\hat{\sigma}$ geschätztem σ die Normalverteilung statt der t-Verteilung benutzen. Selbst bei relativ kleinen Stichproben gilt das t-Verteilungsmodell als ziemlich *robust*, d. h., es bleibt auch dann ein adäquates Verteilungsmodell für bestimmte statistische Maßzahlen, wenn die Voraussetzung der Normalverteilung der interessierenden Zufallsvariable X nicht erfüllt ist.

Nicht nur das standardisierte arithmetische Mittel ist t-verteilt. Allgemein gilt: Sind X und Y zwei unabhängig voneinander verteilte Zufallsvariablen und ist X standardnormalverteilt, Y hingegen χ^2-verteilt mit k Freiheitsgraden, so hat der Quotient

$$(8\text{-}27) \quad t_k = \frac{x}{\sqrt{\dfrac{y}{k}}}$$

eine Dichtefunktion, die der t-Verteilung mit k Freiheitsgraden entspricht. Betrachten wir nochmals die Gleichung (8-26): Sie enthält im Nenner mit der Schätzgröße $\hat{\sigma}_x$ eine χ^2-verteilte Zufallsvariable (s. oben, Kapitelabschn. 8.4.1).

8.4.3 Die F-Verteilung

Wenn X und Y zwei voneinander unabhängige χ^2-verteilte Zufallsvariablen mit m bzw. n Freiheitsgraden sind, hat der Quotient

$$(8\text{-}28) \quad F_{m,n} = \frac{\dfrac{x}{m}}{\dfrac{y}{n}} = \frac{x \cdot n}{y \cdot m}$$

eine Dichtefunktion, die als F-Verteilung bezeichnet wird. Sie ist sowohl von den Freiheitsgraden der ersten als auch von den Freiheitsgraden der zweiten Variablen abhängig (siehe Abb. 8.9).

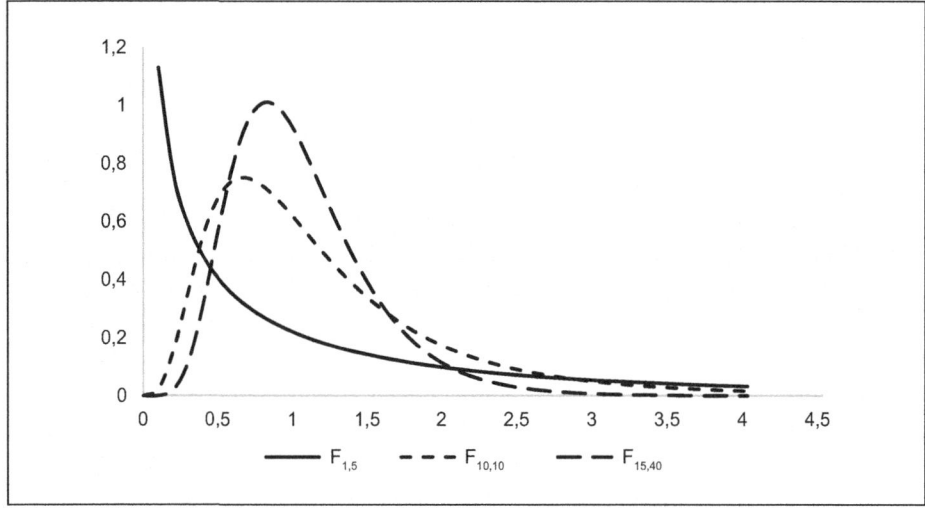

Abbildung 8.9   F-Verteilungen mit unterschiedlichen Freiheitsgraden (Quelle: eigene Darstellung)

Die Freiheitsgrade werden als Subskripte von F notiert, wobei man üblicherweise die Zählerfreiheitsgrade zuerst nennt. Abb. 8.9 zeigt drei F-Verteilungen für unterschiedliche Kombinationen von Freiheitsgraden. Da, wie wir oben sahen, Varianzen, die mit Hilfe von Stichprobendaten geschätzt werden, χ^2-verteilt sind, ist der Quotient zweier Varianzen bzw. Varianzschätzer F-verteilt. So lässt sich dieses Verteilungsmodell z. B. heranziehen, wenn man anhand von Stichprobendaten testen will, ob in der Population ein Zusammenhang zwischen einer nominal-skalierten (kategorialen) Variablen X und einer metrisch-skalierten Variablen Y besteht. Wie wir in Kapitelabschn. 4.2.5 sahen, werden in dem Assoziationsmaß *Eta* Variationen „innerhalb" der kategorialen Gruppen und „zwischen" diesen Gruppen ins Verhältnis zueinander gesetzt. Auch im

Rahmen der Regressionsanalyse (s. Kap. 6) kann der F-Test angewandt werden (s. Kapitelabschn. 10.2.2), denn der im Regressionsmodell definierte Determinationskoeffizient besteht ja aus einer Relationierung unterschiedlicher Varianzen bzw. Varianzanteile. Seine Anwendung ist aber auch bei größeren Stichproben an die Voraussetzung gebunden, dass die Stichprobenvariablen normalverteilt sind.

Zwischen der t-Verteilung und der F-Verteilung besteht folgende Beziehung: Die quadrierte t-Verteilung mit n Freiheitsgraden ist identisch mit der F-Verteilung mit dem Zähler-Freiheitsgrad df = 1 und dem Nenner-Freiheitsgrad df = n. Näheres über die Beziehungen der verschiedenen Verteilungsmodelle zueinander findet man in Hays (1973, S. 451 ff.).

Im folgenden Kapitel 9 wird gezeigt, wie die oben vorgestellten Verteilungsmodelle verschiedener Stichprobenfunktionen (Stichproben-Kennwerte) herangezogen werden können, um Hypothesen bezüglich verschiedener Parameter (Kennwerte) der Grundgesamtheit (oder einer theoretischen Population) zu testen oder anhand entsprechender Stichproben-Kennwerte (mit einem gewissen Fehlerrisiko) zu schätzen.

Literatur

Clauß, Günter, Heinz Ebner. 1995. *Grundlagen der Statistik für Psychologen, Pädagogen und Soziologen.* Frankfurt a. M.: Harri Deutsche Verlag.

Hartung, Joachim, Bärbel Elpelt, Karl-Heinz Klösener. 1986. *Statistik. Lehr- und Handbuch der angewandten Statistik:* München, Wien: Oldenbourg.

Hays, William L. 1973. *Statistics for the social sciences.* London u. a.: Hilt, Rinehart & Winston (2. Auflage).

Kendall, Maurice K., Alan Stuart, J. Keith Ord. 1987. *Kendall's advanced theory of statistics,* Vol. 1. London: Ch. Griffin (5. Auflage).

Kühnel, Steffen, Dagmar Krebs. 2018. *Statistik für die Sozialwissenschaften:* Grundlagen, Methoden, Anwendungen. Reinbek: Rowohlt (8. Auflage).

Litz, Peter. 1997. *Statistische Methoden in den Wirtschafts- und Sozialwissenschaften.* München: Oldenbourg.

Müller-Benedict, Volker. 2011. *Grundkurs Statistik in den Sozialwissenschaften.* Wiesbaden: VS Verlag für Sozialwissenschaften (5. Auflage).

Schlittgen, Rainer. 2012. *Einführung in die Statistik.* Analyse und Modellierung von Daten. München, Wien: Oldenbourg (12., überarbeitete Auflage).

Glossar zu Kapitel 8

Binomialverteilung: → *Wahrscheinlichkeitsverteilung* für die möglichen Häufigkeiten von 0 bis n, mit der bei einer Zufallsauswahl von n Fällen (mit Zurücklegen) eine der beiden Ausprägungen einer dichotomen Zufallsvariable realisiert werden kann unter der Voraussetzung, dass diese Merkmalsausprägung in der Grundgesamtheit mit einem Anteil von $0 < \pi < 1$ gegeben ist.

Chi-Quadrat-Verteilung: Theoretisch abgeleitete → *Wahrscheinlichkeitsverteilung* für die Summe aus quadrierten, statistisch voneinander unabhängigen standardnormalverteilten (→ *Normalverteilung*) Zufallsvariablen

Dichtefunktion: siehe Glossar zu Kap. 7

Hypergeometrische Verteilung: Wenn man bei binär oder multinomial kodierten Zufallsvariablen für die zufallsgesteuerte Stichprobenziehung nicht das Modell einer Ziehung mit Zurücklegen unterstellen kann, sondern stattdessen von dem Modell einer Ziehung ohne Zurücklegen ausgehen muss, führt dies zum *hypergeometrischen* bzw. zum multidimensionalen hypergeometrischen Verteilungsmodell anstelle der → *Binomial-* bzw. der → *Multinomialverteilung*. Die beiden Modelltypen weisen den gleichen Erwartungswert auf, unterscheiden sich aber hinsichtlich ihrer Varianzen.

Multinomialverteilung: → *Wahrscheinlichkeitsverteilung* für die möglichen Häufigkeiten, mit der bei einer Zufallsauswahl von n Fällen (mit Zurücklegen), die verschiedenen (mehr als zwei) Ausprägungen einer nominal skalierten Variablen jeweils realisiert werden können.

Normalverteilung: → *Wahrscheinlichkeitsverteilung* für verschiedene statistische Kennwerte (wie z. B. das arithm. Mittel), deren → *Dichtefunktion* symmetrisch kurvenförmig verläuft und deren Wertebereich alle reellen Zahlen von $-\infty$ bis $+\infty$ umfasst. Üblicherweise wird sie in Form der sog. *Standardnormalverteilung* dargestellt, die von einem z-standardisierten Wertebereich der entsprechenden → *Stichprobenfunktion* X ausgeht: mit dem Mittelwert $\mu = 0$ und allen weiteren Werten in Einheiten der Standardabweichung z von diesem Mittelwert berechnet: $z = (x - \mu \bar{x})/\sigma_x$

Stichprobenfunktion: Mathematische Funktion $g(X_1, \ldots, X_n)$, mit der mehrere → *Stichprobenvariablen* zu einer neuen Zufallsvariablen, z. B. dem arithmetischen Mittel, zusammengefügt werden.

Stichprobenvariable: Variable X, deren Ausprägungen in einer Stichprobe, also einer Menge von Untersuchungseinheiten, die gemäß dem Zufallsprinzip aus einer Grundgesamtheit ausgewählt werden, mit gleichen oder ungleichen Wahrscheinlichkeiten realisiert werden können. Bei einem Stichprobenumfang von n Ziehungen ergeben sich n Zufallsvariablen X_i (i = 1, 2, ..., n), die unabhängig voneinander sind und die gleiche → *Wahrscheinlichkeitsverteilung* aufweisen.

Stichprobenverteilung (engl.: *sampling distribution*): Als solche bezeichnet man die → *Wahrscheinlichkeitsverteilung* einer → *Stichprobenfunktion;* gelegentlich spricht man auch von *Stichprobenkennwerteverteilung.*

Verteilungsfunktion: Bei diskreten Zufallsvariablen, deren realisierbare Werte (Ausprägungen) nach Größe geordnet sind, ergibt sich die Verteilungsfunktion durch die sukzessive Aufsummierung (Kumulation) der jeweiligen Ausprägungswahrscheinlichkeiten, die mit der entsprechenden → *Wahrscheinlichkeitsverteilung* gegeben sind. Bei stetigen Variablen ergibt sich die Verteilungsfunktion mathematisch in Form des Integrals, das über den gesamten Wertebereich der *Wahrscheinlichkeitsdichtefunktion* (siehe Glossar zu Kap. 7) berechnet wird.

Wahrscheinlichkeitsverteilung (Wahrscheinlichkeitsfunktion): Die Zuordnung von Wahrscheinlichkeiten $0 \leq p < 1$ zu den einzelnen oder in Klassen zusammengefassten Ausprägungen, also den denkbaren Realisierungsmöglichkeiten einer Zufallsvariablen; siehe Glossar zu Kap. 7.

Schätzen und Testen 9

Wir haben jetzt schon mehrmals folgende Problemstellung berührt: Wie kann man (a) aus Merkmalen (statistischen Kennwerten) einer Stichprobenverteilung auf entsprechende Merkmale der Populationsverteilung schließen (aus der die Zufalls-Stichprobe gezogen wurde), und (b) in welcher Weise können Hypothesen über Merkmale der Populationsverteilung anhand von Stichprobendaten getestet werden? In den beiden vorangegangenen Kapiteln haben wir wahrscheinlichkeitstheoretische Konzepte und Verteilungsmodelle erörtert, auf deren Basis diese Fragen zu beantworten sind. Im jetzigen Kapitel werden wir anhand von Beispielen die einzelnen Schritte erläutern, die zu einer solchen Antwort führen.

9.1 Erstes Beispiel: Intervallschätzung des arithmetischen Mittels

Aus der Grundgesamtheit der Reichstagsabgeordneten von 1912 (s. Kap. 4) kennen wir u. a. die Verteilung von X: = Dauer der Mitgliedschaft im Parlament. Sie hat das arithmetische Mittel $\mu = 7{,}16$ und die Standardabweichung $\sigma_x = 6{,}332$ Jahre. Aus dieser Grundgesamtheit (mit $N = 462$ Fällen) haben wir eine Zufallsstichprobe von $n = 100$ Fällen[87] mit dem arithmetischen Mittel $\bar{x} = 6{,}30$ und der Standardabweichung $s_x = 5{,}59$ erhoben. Auf dieser Basis sollen im Folgenden einige der mit der Stichprobenziehung allgemein verbundenen Verfahrensschritte und Analysemöglichkeiten erläutert werden. Fragen wir zunächst: Wie würden wir vorgehen, wenn uns der Lageparameter μ der Grundgesamtheit nicht bekannt wäre und wir ihn anhand des Stichprobenergebnisses schätzen wollten? Es scheint naheliegend, als *Punktschätzer* von μ das in der Stichprobe realisierte arithmetische Mittel $\bar{x}$ zu verwenden. (In Ab-

---

87 Wir ignorieren hier die Problematik des „Small Population Sampling", siehe Kap. 8, Fn. 85 und Gleichung (8-20).

Zusatzmaterial online
Zusätzliche Informationen sind in der Online-Version dieses Kapitel (https://doi.org/10.1007/978-3-658-30954-1_10) enthalten.

© Springer Fachmedien Wiesbaden GmbH, ein Teil von Springer Nature 2021
H. Thome und V. Müller-Benedict, *Statistische Methoden für die Geschichtswissenschaften*, https://doi.org/10.1007/978-3-658-30954-1_10

schnitt 9.3 werden wir sehen, dass das nicht so selbstverständlich ist.) Unser Stichprobenmittel weicht vom Populationsmittel ab; damit ist immer zu rechnen. Deshalb
erscheint es sinnvoll, nicht nur den sog. Punktwert für μ zu schätzen, sondern ein
Intervall bestimmter Größe, das mit einer angebbaren Wahrscheinlichkeit den Parameter μ einschließt.

Wir hatten schon im vorigen Kapitel erwähnt, dass der induktive Schluss beim
Schätzen von Parametern sich aus der Umkehrung der deduktiven Perspektive ergibt.
Das heißt, wir bestimmen zunächst einmal die Verteilung der Stichprobenfunktion
des arithmetischen Mittels $\overline{X}$, die man erhielte, wenn sehr viele (theoretisch: unendlich viele) Stichproben (mit gleichbleibendem Umfang n aus der gleichen Grundgesamtheit gezogen würden (jeweils nach Zurücklegen der zuvor ausgewählten Fälle).
Ein solches Experiment muss man nicht faktisch vollziehen, denn die Verteilungsfunktion von $\overline{X}$ lässt sich theoretisch ableiten. Bei einem Stichprobenumfang von
n = 100 können wir uns nämlich auf den Zentralen Grenzwertsatz stützen (s. Kap. 8.3)
und davon ausgehen, dass $\overline{X}$ normalverteilt ist mit dem Erwartungswert $E(\overline{X}) = μ =$
7,16 und der Standardabweichung $σ_{\overline{x}} = σ_x / \sqrt{n} = 6,332/10 = 0,633$. (Man bezeichnet
die Standardabweichung eines Schätzers auch als *Standardfehler*) Unser Stichprobenergebnis $\overline{x} = 6,30$ liegt also um $(6,30 - 7,16)/0,633 = -1,35$ Standardabweichungen entfernt vom Erwartungswert μ.

Aus der Verteilungsfunktion der Normalverteilung wissen wir (siehe Kap. 8.3,
weiter unten erfolgt die Erläuterung zum spezifischen Wert 1,96), dass 95 % aller realisierten Stichprobenmittel $\overline{x}$ (bei häufig wiederholten Stichprobenziehungen) in folgendem Intervall zu erwarten sind:

(9-1) $[μ - 1,96σ_{\overline{x}} < \overline{x} < μ + 1,96σ_{\overline{x}}]$

Anders formuliert: Für ein arithmetisches Mittel $\overline{x}$, das in einer Zufallsstichprobe mit
n ≥ 30 Fällen (so die „Faustregel") realisiert worden ist, gilt, dass es mit einer Wahrscheinlichkeit von p = 0,95 aus dem in Gleichung (9-1) genannten Intervall stammt.
Durch einfache algebraische Umformungen lässt sich diese deduktive Perspektive in
eine induktive übersetzen ($σ_{\overline{x}} = σ_x / \sqrt{n}$).

(9-2) $P(μ - 1,96\dfrac{σ_x}{\sqrt{n}} < \overline{x} < μ + 1,96\dfrac{σ_x}{\sqrt{n}}) = 0,95$

Zunächst wird der Parameter μ auf beiden Seiten der Ungleichung subtrahiert:

(9-2') $P(-1,96\dfrac{σ_x}{\sqrt{n}} < (\overline{x} - μ) < 1,96\dfrac{σ_x}{\sqrt{n}}) = 0,95$

Im nächsten Schritt wird diese Ungleichung mit (−1) multipliziert, die Ungleichheitszeichen werden folglich invertiert:

(9-2") $P(1,96\dfrac{σ_x}{\sqrt{n}} > (μ - \overline{x}) > -1,96\dfrac{σ_x}{\sqrt{n}}) = 0,95$

Durch Addition des arithmetischen Mittels $\bar{x}$ wird daraus:

(9-2''') $\quad P(\bar{x} + 1{,}96\dfrac{\sigma_x}{\sqrt{n}} > \mu > \bar{x} - 1{,}96\dfrac{\sigma_x}{\sqrt{n}}) = 0{,}95$

Schließlich werden rechte und linke Seite der Ungleichheit vertauscht:

(9-3) $\quad P(\bar{x} - 1{,}96\dfrac{\sigma_x}{\sqrt{n}} < \mu < \bar{x} + 1{,}96\dfrac{\sigma_x}{\sqrt{n}}) = 0{,}95$

Gleichung (9-3) bedeutet nicht, dass der Parameter μ nun als Zufallsvariable behandelt würde; μ ist nach wie vor ein festliegender (in der Regel unbekannter) Parameter der Populationsverteilung. Die Wahrscheinlichkeitsaussage bezieht sich auf die Stichprobenfunktion $\bar{X}$, genauer auf das um $\bar{X} = \bar{x}$ konzentrierte Intervall ($\bar{x} \pm 1{,}96\sigma_{\bar{x}}$). Wir haben es also mit einem weiteren Typ von Zufallsvariablen zu tun, die in einer Stichprobe realisiert werden: Intervallen (bzw. Paaren von Intervallgrenzen), deren Ausprägungen mit den Realisationen der Stichprobenfunktion $\bar{X}$ und deren Standardabweichung $\sigma_{\bar{x}}$ variieren und dabei mit einer bestimmten Wahrscheinlichkeit den Populationsparameter μ einschließen. Die Abb. 9.1 veranschaulicht die Variation dieser Zufallsvariablen.

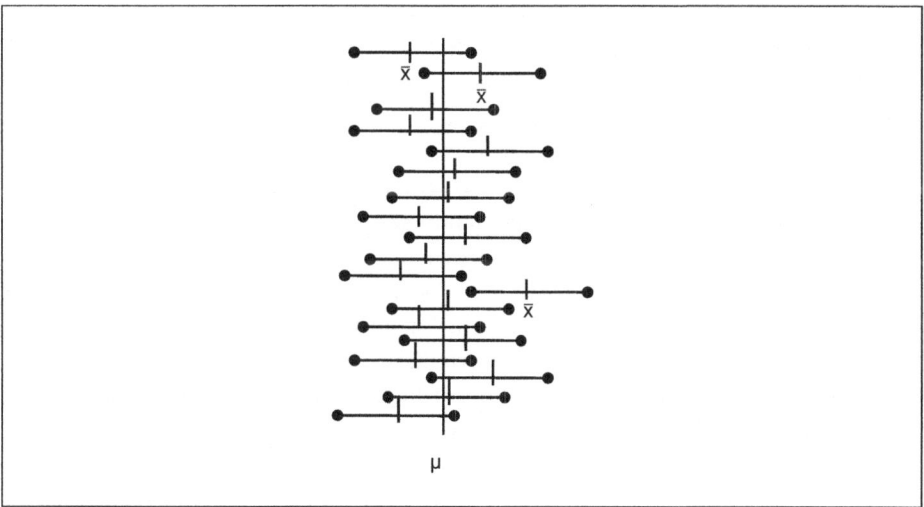

Abbildung 9.1 Konfidenzintervalle (s. (9-3)) von zwanzig Zufallsstichproben (Quelle: eigene Darstellung)

Wenn das Stichprobenmittel $\bar{x}$ mit einer Wahrscheinlichkeit von 95 % innerhalb des *Schwankungsintervalls* ($\mu \pm 1{,}96\sigma_{\bar{x}}$) realisiert wird, dann kann man auch in umgekehrter Richtung schließen, dass das in einer Zufalls-Stichprobe sich ergebende Intervall ($\bar{x} \pm 1{,}96\sigma_{\bar{x}}$) mit 95 % Wahrscheinlichkeit den Populationsparameter μ einschließt.

Man bezeichnet das so konstruierte Intervall als (95 %-Prozent) *Vertrauensintervall* oder auch *Konfidenzintervall*. In unserem Beispiel (zur Mitgliedschaftsdauer im deutschen Reichstag, s. oben) erhalten wir das 95 %-Vertrauensintervall für μ mit

(9-4) $6,3 \pm 1,96 \cdot 0,633 = 6,3 \pm 1,241$

Als untere Grenze des Vertrauensintervalls für die durchschnittliche Dauer der Mitgliedschaft im Parlament schätzen wir also 5,059 Jahre, als obere Grenze 7,541 Jahre. Da in diesem Falle $\mu = 7,16$ Jahre bekannt ist, wird die Schätzung als korrekt bestätigt. Ansonsten können wir nur Wahrscheinlichkeitsaussagen machen: Die Wahrscheinlichkeit P, dass das auf Basis der Stichprobendaten berechnete 95 %-Vertrauensintervall den Populationsparameter μ nicht einschließt, ist $P = (1 - 0,95) = 0,05$.

Im Rahmen der schließenden Statistik wird diese Wahrscheinlichkeit *Irrtumswahrscheinlichkeit* genannt und in dieser Funktion üblicherweise mit dem griechischen Buchstaben α (alpha) bezeichnet. Welche Irrtumswahrscheinlichkeit man bei einem Schätzvorgang in Kauf nehmen will, muss der Forscher bzw. die Forscherin selbst entscheiden. Mit der gewählten Größe von *Alpha* sind bei der Standardnormalverteilung (s. Kap. 8.3) auch die entsprechenden Z-Werte, $z_{\alpha/2}$ und $z_{1-\alpha/2}$, für die untere und die obere Intervallgrenze gesetzt. Im Falle von $\alpha = 0,05$ sind das die Z-Werte $z_{0,025}$ und $z_{0,975}$. In Tabelle 8.3 findet man bei $z_{0,025}$ den Wert $-1,96$ und für $z_{0,975} = 1,96$. Die auf sie bezogenen links- und rechtsseitigen Flächensegmente ergeben also zusammen einen Flächenanteil von 5 Prozent; zwischen $z = -1,96$ und $z = 1,96$ liegt somit ein Flächenanteil von 95 Prozent (analog zu dem leicht größeren Flächensegment in Abb. 8.3 zwischen $z = -2,0$ und $z = 2,0$ von 95,45 Prozent).

Die Größen $z_{\alpha/2}$ und $z_{1-\alpha/2}$ geben (wie schon im vorigen Kapitel erläutert) spezifische *Quantile* der Standardnormalverteilung an – analog zu denen, die in Kap. 3.2 im Rahmen der Deskriptivstatistik besprochen wurden, diesmal aber bezogen auf eine theoretische Verteilung in Form einer Wahrscheinlichkeitsdichtefunktion. Der Wert $z_{0,975}$ bezeichnet also das 97,5 Prozent-Quantil der Z-Verteilung (Standardnormalverteilung). In den meisten Normalverteilungstabellen sind den halben Irrtumswahrscheinlichkeiten die Werte $z_{1-\alpha/2}$ zugeordnet. In Tabelle 8.3 findet man bei $p(z \geq z_p) = 0,025 = \alpha/2$ den Wert $z_p = z_{1-\alpha/2} = z_{0,975} = 1,96$. Wählt man mit $\alpha = 0,01$ eine geringere Irrtumswahrscheinlichkeit, so findet man bei $\alpha/2 = 0,005$ den Wert $z_{1-\alpha/2} = -2,575$ (s. Tab. 8.3). Folglich ist $z_{1-\alpha/2} = 2.575$, und das 99 %-Vertrauensintervall ist gegeben mit

(9-5) $P(\overline{x} - 2,575\dfrac{\sigma_x}{\sqrt{n}} < \mu < \overline{x} + 2,575\dfrac{\sigma_x}{\sqrt{n}}) = 0,99$

Je geringer die Irrtumswahrscheinlichkeit, die man akzeptiert, umso länger das Vertrauensintervall, umso unpräziser also die Schätzung. Je stärker man den jeweils interessierenden Parameter, hier: μ, eingrenzen will, desto höher die Irrtumswahrscheinlichkeit, die man dabei in Kauf nehmen muss.

Spielen wir noch die (in der Praxis eher gegebene) Variante durch, bei der die Varianz σ_x^2 bzw. die Standardabweichung σ_x der Variable X in der Population nicht bekannt ist (anders als in unserem bisherigen Beispiel mit $\sigma_x = 6{,}33$), sondern auf Basis der Stichprobendaten geschätzt werden muss. Als Schätzer benutzt man, wie in Abschn. 8.4.2 erläutert, die modifizierte Stichprobenvarianz Varianz $\hat{\sigma}_x^2 = 1/(n-1)$ $\Sigma(x_i - \bar{x})^2$. Sie lässt sich auch aus der oben erwähnten nicht-modifizierten Stichprobenvarianz $s_x^2 = 1/n \ \Sigma \ (x_i - \bar{x})^2 = 5{,}59^2 = 31{,}25$ (in unserem Beispiel ermittelt auf der Basis von n = 100 Fällen) wie folgt berechnen: $\hat{\sigma}_{\bar{x}}^2 = s^2(n/n - 1) = 5{,}59^2(100/99) = 31{,}56$ (je größer die Fallzahl n umso geringer natürlich der Unterschied). Die Stichprobenvarianz des arithmetischen Mittels $\bar{X}$ (s. Kapitelabschn. 8.4.2, Gleichung (8-19)) ergibt sich aus der Varianz der Stichprobenvariable X, dividiert durch den Stichprobenumfang (hier: n = 100), folglich: $\hat{\sigma}_{\bar{x}}^2 = 31{,}56/100 = 0{,}3156$. Durch Wurzelbildung erhält man die entsprechende Standardabweichung des arithmetischen Mittels: $\hat{\sigma}_{\bar{x}} = \sqrt{31{,}56/100} = 0{,}562$; dieser Schätzwert liegt also unter der Standardabweichung des arithmetischen Mittels $\sigma_{\bar{x}} = 0{,}633$, die sich aus der in der Population tatsächlich gegebenen (und eingangs erwähnten) Standardabweichung von X ($\sigma_x = 6{,}33$) errechnen lässt.

Obwohl wir mit n = 100 einen Stichprobenumfang vorliegen haben, bei dem man im Allgemeinen auch dann die Standardnormalverteilung heranzieht, wenn die Standardabweichung σ_x geschätzt werden muss, wollen wir hier der Übung wegen die t-Verteilung (s. Abschn. 8.4.2) mit df = (n − 1) = 99 zugrunde legen. Die t-Werte sind in den Tabellen üblicherweise für ausgewählte Freiheitsgrade und Wahrscheinlichkeiten gegeben, so dass man evtl. interpolieren muss (s. die Auswahl in Tab. 9.1, die die Flächensegmente „rechts" von t angibt).

Zwischen einem Freiheitsgrad von df = 99 (wie in unserem Beispiel) und einem von df = 100 gibt es keinen nennenswerten Unterschied. Gehen wir wiederum von einer Irrtumswahrscheinlichkeit von $\alpha = 0{,}05$ aus. Der daraus folgende kritische t-Wert ist $t_{99;0{,}975} = 1{,}984$ (nicht wie zuvor z = 1,96). Das um $\bar{x} = 6{,}30$ zentrierte Konfidenzintervall ist folglich

$$(9\text{-}6) \qquad \bar{x} \pm t_{99;0{,}975} \ \hat{\sigma}_{\bar{x}} = 6{,}3 \pm 1{,}984 \cdot 0{,}562 = 6{,}3 \pm 1{,}115$$

Die untere Intervallgrenze liegt somit bei (6,30 − 1,115) = 5,185, die obere bei (6,30 + 1,115) = 7,415 Jahren. Wir haben mit unserer Stichprobenstreuung, wie eben gezeigt, die Populationsvarianz (als punktuelle Größe) unterschätzt; diese Unterschätzung wird durch den im Vergleich zum Z-Wert (z = 1,96) etwas höheren T-Wert (t = 1,98) nicht aufgehoben. Aber die unterschätzte Spannweite des Konfidenzintervalls (s. Gleichung (9-6) im Vergleich zu (9-4)), schließt immer noch den wahren Parameter $\mu = 7{,}16$ ein.

Tabelle 9.1   Ausschnitt einer Tabelle der t-Verteilung (Quelle: eigene Darstellung)

n	0,6	0,75	0,8	0,9	0,95	0,975	0,99	0,995	0,999	0,9995
						α				
1	0,3249	1,0000	1,3764	3,0777	6,3137	12,7062	31,8210	63,6559	318,2888	636,5776
2	0,2887	0,8165	1,0607	1,8856	2,9200	4,3027	6,9645	9,9250	22,3285	31,5998
3	0,2767	0,7649	0,9785	1,6377	2,3534	3,1824	4,5407	5,8408	10,2143	12,9244
4	0,2707	0,7407	0,9410	1,5332	2,1318	2,7765	3,7469	4,6041	7,1729	8,6101
5	0,2672	0,7267	0,9195	1,4759	2,0150	2,5706	3,3649	4,0321	5,8935	6,8685
6	0,2648	0,7176	0,9057	1,4398	1,9432	2,4469	3,1427	3,7074	5,2075	5,9587

.....

18	0,2571	0,6884	0,8620	1,3304	1,7341	2,1009	2,5524	2,8784	3,6105	3,9217
19	0,2569	0,6876	0,8610	1,3277	1,7291	2,0930	2,5395	2,8609	3,5793	3,8833
20	0,2567	0,6870	0,8600	1,3253	1,7247	2,0860	2,5280	2,8453	3,5518	3,8496
21	0,2566	0,6864	0,8591	1,3232	1,7207	2,0796	2,5176	2,8314	3,5271	3,8193
22	0,2564	0,6858	0,8583	1,3212	1,7171	2,0739	2,5083	2,8188	3,5050	3,7922

.....

98	0,2540	0,6770	0,8453	1,2903	1,6606	1,9845	2,3650	2,6269	3,1755	3,3926
99	0,2540	0,6770	0,8453	1,2902	1,6604	1,9842	2,3646	2,6264	3,1746	3,3915
100	0,2540	0,6770	0,8452	1,2901	1,6602	1,9840	2,3642	2,6259	3,1738	3,3905
101	0,2540	0,6769	0,8452	1,2900	1,6601	1,9837	2,3638	2,6254	3,1729	3,3894
102	0,2540	0,6769	0,8452	1,2899	1,6599	1,9835	2,3635	2,6249	3,1720	3,3886

....

9.2   Zweites Beispiel: Test auf Signifikanz einer Mittelwertdifferenz

In diesem Kapitelabschnitt wollen wir anhand von Stichprobendaten prüfen, ob davon auszugehen ist, dass sich in der Grundgesamtheit der Reichstagsabgeordneten adlige und nicht-adlige Abgeordnete hinsichtlich der durchschnittlichen Dauer ihrer Parlamentszugehörigkeit unterscheiden. (Mit anderen Worten, wir wollen wissen, ob ein Zusammenhang besteht zwischen der Variablen „Mandatsdauer der Reichstagsabgeordneten" und der Variablen „Zugehörigkeit zum Adel – ja oder nein".) Wenn die Zugehörigkeit oder Nicht-Zugehörigkeit zum Adel keinerlei Einfluss auf die Dauer der Mitgliedschaft im Reichstag hätte (im Folgenden als Variable X gekennzeichnet), dürften sich die beiden Mittelwerte, μ_1 und μ_2, nicht unterscheiden. (Der Index „1" soll hier und im Folgenden die Gruppe der Adligen, der Index „2" die Gruppe der Nichtadligen kennzeichnen.) Wie wir später noch näher erläutern werden, ist die Hypothese, es bestehe ein Zusammenhang zwischen den beiden Variablen, in Form ihrer Negation als sog. *Nullhypothese* zu testen:

(9-7) $H_0: \mu_1 - \mu_2 = 0$

Sie soll im Folgenden anhand zweier unabhängiger Zufallsstichproben mit $n_1 = n_2 = 50$ überprüft werden, die aus den (getrennten) Grundgesamtheiten der adligen und der nicht-adligen Abgeordneten gezogen werden. Auch eine einzige Stichprobe wäre möglich, solange die einzelnen Fälle unabhängig voneinander erhoben werden; dann ließen sich die Adligen und Nicht-Adligen zu jeweils einer Teilstichprobe zusammenfassen, die von der anderen unabhängig wäre. In diesem Falle wäre allerdings mit ungleich großen Stichprobenumfängen zu rechnen, wenn in der Grundgesamtheit der Abgeordneten die beiden Statusgruppen sich zahlenmäßig (stark) unterscheiden: $N_1 \neq N_2$. Um den Test durchzuführen, ist es zwar nicht erforderlich, dass die beiden Teilstichproben den gleichen Umfang aufweisen. Bei kleinen Stichproben sollten die Umfänge aber auch nicht stark differieren.

Selbst wenn in der Grundgesamtheit tatsächlich $\mu_1 = \mu_2$ gegeben wäre, müssten wir damit rechnen, dass sich die beiden Stichprobenmittelwerte auf Grund von Zufallseinflüssen unterscheiden, die bei der Stichprobenziehung wirksam sind. Wir können also nicht unbedingt von $(\bar{x}_1 - \bar{x}_2) \neq 0$ auf einen (wenn auch vielleicht nur schwachen) Zusammenhang zwischen der Zugehörigkeit/Nichtzugehörigkeit zum Adel und der Mandatsdauer X schließen. Die Frage ist also, wie groß (oder klein) die Stichproben-Differenz $(\bar{x}_1 - \bar{x}_2)$ sein muss, damit wir uns berechtigt fühlen dürfen, die Hypothese (9-7) zu verwerfen – oder aber beizubehalten. Die Antwort setzt voraus, dass wir die Differenz $(\bar{X}_1 - \bar{X}_2)$ als eine Zufallsvariable auffassen, die mit unterschiedlichen Wahrscheinlichkeiten unterschiedliche Werte bzw. Wertebereiche $(\bar{x}_1 - \bar{x}_2)$ annehmen kann. Als erstes müssen wir überlegen, welche Verteilungsfunktion diese Zufallsvariable hat.

Wenn die Variable X (Mandatsdauer) in beiden Gruppen (Teil-Grundgesamtheiten) normalverteilt ist, dann sind auch die Mittelwerte $\bar{X}_1$ und $\bar{X}_2$ als Stichprobenfunktionen normalverteilt. Wenn diese Voraussetzung in den Grundgesamtheiten nicht erfüllt ist, aber der Stichprobenumfang $(n_1 + n_2) \geq 50$ ist, können wir (so eine häufig zitierte Faustregel) den Zentralen Grenzwertsatz (s. oben) in Anspruch nehmen und somit auch auf dieser Basis die (approximierte) Normalverteilung für $\bar{X}_1$ und $\bar{X}_2$ voraussetzen.

Wir hatten schon in Kap. 8 festgestellt, dass (a) jede Lineartransformation einer normalverteilten Zufallsvariablen X und (b) jede Summe unabhängiger, normalverteilter Zufallsvariablen wiederum normalverteilt sind. Daraus folgt, dass auch jede Kombination $Y = aX_1 + bX_2$ normalverteilt ist, wenn X_1 und X_2 voneinander unabhängige, normalverteilte Zufallsvariablen sind. Angewandt auf die Mittelwertdifferenz in unserem Beispiel ist $a = 1$ und $b = -1$ ($Y = X_1 - X_2$), so dass sich für Erwartungswert und Varianz Folgendes ergibt (s. Gleichungen (7-40) und (7-48)):

$$(9\text{-}8) \qquad E(\bar{X}_1 - \bar{X}_2) = E(\bar{X}_1) - E(\bar{X}_2) = \mu_1 - \mu_2 \,,$$

$$V(\bar{X}_1 - \bar{X}_2) = V(\bar{X}_1) + V(\bar{X}_2) = \frac{\sigma_1^2}{n_1} + \frac{\sigma_2^2}{n_2} = \sigma_{\bar{x}_1 + \bar{x}_2}^2$$

Die Varianz der Differenz $(\overline{X}_1 - \overline{X}_2)$ ist also die gleiche wie die Varianz der entsprechenden Summe. Dass $V(\overline{X}_1 - \overline{X}_2)$ größer ist als $V(\overline{X}_1)$ oder $V(\overline{X}_2)$ ist plausibel, wenn man bedenkt, dass in etwa der Hälfte aller Zufallsexperimente $\overline{x}_1$ und $\overline{x}_2$ von ihrem jeweiligen Erwartungswert μ_1 bzw. μ_2 in entgegengesetzter Richtung abweichen, so dass hierbei größere Absolutdifferenzen entstehen als bei $(\overline{X} - \mu)$. Zusammenfassend können wir also festhalten:

$$(9\text{-}9) \qquad (\overline{x}_1 - \overline{x}_2) \sim N\left(\mu_1 - \mu_2, \sqrt{\frac{\sigma_1^2}{n_1} + \frac{\sigma_2^2}{n_2}}\right)$$

Die Mittelwertdifferenz, die in einer Zufalls-Stichprobe (bzw. im Vergleich zweier Teil-Stichproben) realisiert wird, ist (unter den gegebenen Voraussetzungen) normalverteilt um die in der Grundgesamtheit gegebene (unbekannte) Mittelwertdifferenz, und zwar mit einer Standardabweichung, die sich aus der Wurzel der summierten Varianzen der Mittelwerte aus den beiden Teilstichproben ergibt.

Wir wollen nun (willkürlich, aber in der sozialwissenschaftlichen Forschungspraxis üblich) folgende Entscheidungsregel festlegen: Wenn unser Stichprobenergebnis $\overline{x}_1 - \overline{x}_2$ einen Wert annimmt, der um mehr als $\pm 1{,}96$ Standardabweichungen von dem laut (Null-)Hypothese erwarteten Wert $(\mu_1 - \mu_2) = 0$ entfernt liegt, dann wollen wir annehmen, dass diese Hypothese falsch ist. Wenn das Stichprobenergebnis jedoch näher zu diesem Erwartungswert liegt, wollen wir sie beibehalten. Die kritischen z-Werte von $\pm 1{,}96$ implizieren ein Fehlerrisiko von höchstens 5 Prozent ($\alpha \leq 0{,}05$), das wir bei einer eventuellen Zurückweisung der Hypothese bereit sind einzugehen. Auch wenn in der Population eine Mittelwertdifferenz von $(\mu_1 - \mu_2) = 0$ gegeben ist, können die Mittelwertdifferenzen in den beiden Teilstichproben mit einer Wahrscheinlichkeit von $\alpha \leq 0{,}05$ um mindestens 1,96 Standardabweichungen positiv oder negativ vom hypothetisch erwarteten Null-Wert abweichen. Das wird weiter unten noch näher erläutert.

Spielen wir zunächst den besonders einfachen (aber in der Praxis selten gegebenen) Fall durch, in dem die in den beiden Teilpopulationen gegebenen Standardabweichungen der Variable X, σ_1 und σ_2, bekannt sind (so dass man den Standardfehler der Mittelwertdifferenz nicht schätzen muss). Wie wir anhand unseres vollständigen Datensatzes leicht feststellen können, ist

$(9\text{-}10) \qquad \sigma_1 = 6{,}891 \qquad$ (Gruppe der Adligen)
$\qquad\qquad\quad \sigma_2 = 6{,}098 \qquad$ (Gruppe der Nicht-Adligen)

In den beiden Stichproben erhalten wir folgende Mittelwerte für die Mandatsdauer:

$(9\text{-}11) \qquad \overline{x}_1 = 6{,}42$
$\qquad\qquad\quad \overline{x}_2 = 7{,}54$

Somit ergibt sich in den Stichproben eine Mittelwertdifferenz von $\bar{x}_1 - \bar{x}_2 = -1{,}12$ Jahren, die die adligen Abgeordneten durchschnittlich weniger im Reichstag verbracht haben als die nichtadligen. Bevor wir daraus irgendwelche Schlüsse hinsichtlich der Haltbarkeit unserer Hypothese ziehen, müssen wir gemäß der zuvor vereinbarten Entscheidungsregel feststellen, um wieviel Standardabweichungen (also um welchen Wert „z") diese realisierte Differenz vom hypothetischen Erwartungswert $(\mu_1 - \mu_2) = 0$, entfernt liegt. Unter Anwendung von (9-8) ergibt sich folgender z-Wert:

$$(9\text{-}12) \qquad z = \frac{(\bar{x}_1 - \bar{x}_2) - (\mu_1 - \mu_2)}{\sqrt{\sigma_1^2/n_1 + \sigma_2^2/n_2}} = \frac{(6{,}42 - 7{,}54) - 0}{\sqrt{47{,}5/50 + 37{,}2/50}} = \frac{-1{,}12}{\sqrt{0{,}95 + 0{,}744}} = -0{,}86$$

Das negative Vorzeichen für die beobachtete Mittelwertdifferenz ist hier willkürlich gesetzt; wir hätten auch die beiden Summanden vertauschen können und dann ein positives Vorzeichen erhalten. Da die Normalverteilung symmetrisch verläuft, sind gleich große positive oder negative Abweichungen von einem erwarteten Wert mit den gleichen Werten der Dichtefunktion f(z) verbunden.

Der Standardfehler der Mittelwertdifferenz, $\sigma_{\bar{x}_1 - \bar{x}_2}$, ist auf Basis der in Gleichung (9-10) gegebenen Standardabweichungen berechnet worden; er beträgt 1,3 Jahre (s. Nennerausdruck in Gleichung (9-12)). Die Stichprobendifferenz von $|1{,}12|$ liegt somit um $z = |0{,}86|$ Standardabweichungen vom erwarteten Wert Null entfernt. Das entspricht laut Tab. 8.3 einem $\alpha/2$-Wert von $|0{,}195|$. Gemäß unserer obigen Entscheidungsregel (kritischer Wert für die Zurückweisung der Nullhypothese: $\alpha \leq 0{,}05$) liegt er damit zu nahe am Erwartungswert, als dass wir die Nullhypothese (9-7) zurückweisen könnten. Auch wenn diese Hypothese korrekt sein sollte, wäre zu erwarten, dass in immerhin rund 39 % der Stichproben des angegebenen Umfangs positive oder negative Mittelwertdifferenzen $(\bar{x}_1 - \bar{x}_2) \geq |1{,}12|$ realisiert werden ($0{,}39 = 2 \cdot 0{,}195 = \alpha$). Die Beibehaltung der Null-Hypothese schließt natürlich ebenfalls ein Fehlerrisiko (den sog. *Beta-Fehler*) ein; dieses Risiko ist aber nicht durch die Differenz $(1-\alpha)$ gegeben (zur Abwägung dieser beiden Risikotypen s. unten, Kapitelabschn. 9.5)

Auch hier lässt sich wiederum ein (95 %-)Vertrauensintervall berechnen:

$$(9\text{-}13) \qquad (\bar{x}_1 - \bar{x}_2) \pm z_{0{,}025} \cdot \sigma_{\bar{x}_1 - \bar{x}_2} = -1{,}12 \pm 1{,}96 \cdot 1{,}3 = -1{,}12 \pm 2{,}548$$

Das mit einer vorgegebenen Irrtumswahrscheinlichkeit von $\alpha = 0{,}05$ um die beobachtete Mittelwertdifferenz $(\bar{x}_1 - \bar{x}_2) = -1{,}12$ konstruierte Vertrauensintervall $[-3{,}67; +1{,}43]$ schließt somit den Wert $\mu_1 - \mu_2 = 0$ ein; die (hypothetisch angenommene) Nulldifferenz in der Grundgesamtheit ist also unter dem angegebenen Fehlerrisiko mit der in der Stichprobe realisierten Mittelwertdifferenz von $-1{,}12$ verträglich. Erst wenn wir für die Zurückweisung der Nullhypothese eine Irrtumswahrscheinlichkeit von $\alpha > 0{,}39$ akzeptieren wollten, erhielten wir ein um den Wert $-1{,}12$ konzentriertes deutlich engeres Konfidenzintervall, das eine Mittelwertdifferenz von Null nicht mehr einschließen würde.

Man kann sich nun auch noch überlegen, wie groß die beiden Stichprobenumfänge sein müssten, damit eine in ihnen beobachtete Mittelwertdifferenz $\bar{x}_1 - \bar{x}_2 = |1{,}12|$ bei unveränderter Entscheidungsregel zur Ablehnung der Null-Hypothese (9-7) führen würde. Damit das um diese Mittelwertdifferenz konstruierte Konfidenzintervall bei einem Fehlerrisiko von $\alpha = 0{,}05$ den Wert 0 nicht mehr einschließt, muss ein Stichprobenumfang gegeben sein, der wie folgt zu berechnen ist:

$$(9\text{-}14) \qquad z_{0{,}975} \cdot \sigma_{\bar{x}_1 - \bar{x}_2} < |\bar{x}_1 - \bar{x}_2|$$

Die linke Seite der Ungleichung mit $z_{0{,}975}$ repräsentiert die halbe Länge des 95 % Konfidenzintervalls, das ja symmetrisch um die beobachte Mittelwertdifferenz zu konstruieren ist. Wenn wir die beiden Seiten der Ungleichung durch $z_{0{,}975} = 1{,}96$ dividieren und (wie in unserem Beispiel) gleich große Teilstichproben auswählen wollen ($n_1 = n_2 = n$), so ergibt sich daraus:

$$(9\text{-}14') \qquad \sqrt{\frac{\sigma_1^2 + \sigma_2^2}{n}} < \frac{1{,}12}{1{,}96} = 0{,}57$$

$$(\sigma_1^2 + \sigma_2^2)/n < 0{,}57^2$$

$$(\sigma_1^2 + \sigma_2^2) < 0{,}325 \cdot n$$

$$\frac{47{,}5 + 37{,}2}{0{,}325} = 261{,}34 < n$$

Jede der beiden Teilstichproben hätte also mindestens 262 Fälle umfassen müssen, um auf Grund einer beobachteten Mittelwertdifferenz von $\bar{x}_1 - \bar{x}_2 = -1{,}12$ die Null-Hypothese (9-7) mit einem Fehlerrisiko von $\alpha \leq 0{,}05$ zurückweisen zu können.

Wenden wir uns nun dem realistischeren Fall zu, dass die Populationsvarianzen nicht nur ungleich, sondern auch unbekannt sind und somit über die modifizierten Stichprobenvarianzen $\hat{\sigma}^2$ geschätzt werden müssen. Wie in Kapitelabschn. 8.4.2 erläutert, ist der Quotient, mit dem eine normalverteilte Zufallsvariable (hier die Mittelwertdifferenz) ins Verhältnis zu einer χ^2-verteilten Zufallsvariable (hier der Stichprobenvarianz) gesetzt wird, t-verteilt. Sofern die Stichprobenumfänge „ausreichend groß" sind (was wir für unser Beispiel annehmen)[88] und nicht stark differieren, ergeben sich ansonsten keine weiteren Probleme. Die Prüfgröße

---

88 Schlittgen (2012, S. 359) nennt bei vorausgesetzter Normalverteilung als Daumenregel: n_1, $n_2 \geq 20$. Kann die Normalverteilung nicht vorausgesetzt werden, müssen größere Stichprobenumfänge vorliegen, damit auf Grund des Zentralen Grenzwertsatzes eine hinreichende Annäherung an die Normalverteilung angenommen werden kann.

$$(9\text{-}15) \qquad t = \frac{(\overline{x}_1 - \overline{x}_2) - (\mu_1 - \mu_2)}{\sqrt{\hat{\sigma}_1^2/n_1 + \hat{\sigma}_2^2/n_2}} = \frac{(\overline{x}_1 - \overline{x}_2) - (\mu_1 - \mu_2)}{\sqrt{s_1^2/n_1 - 1 + s_2^2/n_2 - 1}}$$

ist unter den in unserem Beispiel gegebenen Bedingungen, $(n_1 + n_2) = 100$, annähernd normalverteilt.[89]

Anhand unserer Stichproben-Daten lassen sich die folgenden Schätzwerte für die Populationsvarianzen ermitteln:

$$(9\text{-}16) \qquad \hat{\sigma}_1^2 = 38{,}3 \text{ (adlige Abgeordnete)}$$

$$\hat{\sigma}_2^2 = 35{,}1 \text{ (nicht-adlige Abgeordnete)}$$

Folglich ist

$$(9\text{-}17) \qquad t = \frac{-1{,}12}{\sqrt{\dfrac{38{,}3}{49} + \dfrac{35{,}1}{49}}} = \frac{-1{,}12}{1{,}22} = 0{,}918$$

Die in den beiden Teil-Stichproben geschätzten Standardabweichungen liegen zwar etwas unterhalb der tatsächlich (in der Population) gegebenen Größen; die Mittelwertdifferenz von $-1{,}12$ Jahren liegt aber weiterhin um weniger als eine Standardabweichung vom hypothetisch angenommenen Null-Wert entfernt. Um die Nullhypothese gemäß der oben erläuterten Entscheidungsregel zurückzuweisen, müsste der für ein beidseitiges Fehler-Risiko von $\alpha = 0{,}05$ angegebene t-Wert die Größe von $|1{,}98|$ überschreiten. Dieser t-Wert unterscheidet sich (bei dieser Stichprobengröße) nur minimal von dem entsprechenden z-Wert ($\pm 1{,}96$) der Normalverteilung (wie wir schon in einem vorangegangenen Beispiel sahen).

Etwas komplizierter wird die Sachlage, wenn bei ungleichen Varianzen in den (Teil-)Populationen die Stichprobenumfänge auch noch klein oder/und sehr unterschiedlich groß sind. Man kann dann zwar ebenfalls die Prüfgröße (9-17) berechnen; für den t-Test ist aber noch eine Korrektur der Freiheitsgrade gemäß folgender Formel (sog. *Welch-Test*) vorzunehmen (siehe Schlittgen 2012, S. 360 f.; Hays 1973, S. 409 f.):

$$(9\text{-}18) \qquad df = \frac{1 + R^2}{R^2/(n_1 - 1) + 1/(n_2 - 1)}$$

$$R \text{ steht für } \frac{\hat{\sigma}_x^2/n_1}{\hat{\sigma}_y^2/n_2}$$

---

[89] In Gleichung (9-15) gehen wir von der Definition $\hat{\sigma}^2 = \frac{1}{n-1}\Sigma(x_i - \overline{x})^2$ aus. Es besteht aber die Identität: $\hat{\sigma}^2/n = s^2/(n-1)$ mit $s^2 = \frac{1}{n}\Sigma(x_i - \overline{x})^2$, so dass man in der Literatur beide Schreibweisen findet.

Sehen wir uns zum Schluss noch an, welche Beziehung zwischen Mandatsdauer und sozialem Status nun tatsächlich in der Grundgesamtheit gegeben ist. Wir stellen fest: $\mu_1 = 7{,}481$ und $\mu_2 = 7{,}035$. Anders als in der Stichprobe (s. Gleichung (9-11)) weisen in der Grundgesamtheit die adligen Abgeordneten im Durchschnitt eine längere Amtszeit im Reichstag auf als die nicht-adligen Abgeordneten. Die Differenz beträgt aber nicht einmal ein halbes Jahr. Sie liegt mit 0,446 Jahren innerhalb des 95 %-Vertrauensintervalls, das wir gemäß den Gleichungen (9-13) ff. aus den Stichprobendaten schätzen konnten. Das Beispiel zeigt, dass Punktschätzungen auf der Basis von Stichprobendaten mit großer Vorsicht zu genießen sind, wenn die Stichprobenumfänge relativ klein sind. Auf jeden Fall sollten Vertrauensintervalle berechnet werden.

9.3   Wünschenswerte Eigenschaften von Schätzfunktionen

In vorangegangenen Abschnitten haben wir ohne genauere Überlegungen allein auf der Basis einer formalen Analogie das Stichprobenmittel $\bar{x}$ als Schätzgröße für das arithmetische Mittel μ der Population und die (leicht modifizierte) Stichprobenstreuung $\hat{\sigma}^2$ als Schätzer für die in der Population gegebene Varianz σ^2 benutzt. Da diese *Punktschätzer* von Stichprobe zu Stichprobe mehr oder weniger stark um ihre Zielgröße (den entsprechenden Parameter der Population oder, allgemeiner, einer theoretisch konstruierten Verteilung) streuen, erscheint es sinnvoll, Vertrauensintervalle zu berechnen. In diesem Abschnitt wollen wir formale Gütekriterien erörtern, die die Auswahl der jeweiligen Schätzer besser begründen können als eine formale Analogie alleine. Die Notwendigkeit solcher Kriterien wird schon erkennbar, wenn wir uns fragen, warum wir bei symmetrischen Verteilungen das arithmetische Mittel $\bar{x}$ und nicht den Median $\tilde{x}$ als Schätzer für den Lageparameter μ verwenden; schließlich sind beide in symmetrischen Verteilungen identisch.

Wir wollen zunächst vereinbaren, beliebige Schätzer (sei es $\bar{x}$, $\hat{\sigma}^2$, ein Korrelationskoeffizient oder eine andere Kennzahl) im Folgenden mit $\hat{\theta}$ zu bezeichnen und die zu schätzenden Parameter mit θ. Da es sich bei einem Parameter-Schätzer stets um eine Stichprobenfunktion handelt, spricht man statt von Schätzern auch von *Schätzfunktionen*. Man sagt: der realisierte Wert $\theta_{x_1,\dots,x_n}$ einer Stichprobenfunktion $\hat{\theta}(X_1, \dots, X_n)$ dient als Schätzwert für einen theoretischen Parameter θ.

Ein grundlegendes Konzept zur Beurteilung einer Schätzfunktion ist der *mittlere quadratische Fehler* (MQF oder MSE = Mean Square Error). Der MQF gibt an, mit welchen quadrierten Abständen zwischen dem zu schätzenden Parameter θ und seinem Schätzwert $\hat{\theta}$ im Mittel (bei sehr vielen Stichprobenziehungen) zu rechnen ist:

$$(9\text{-}19) \qquad \mathrm{MQF}\big(\hat{\theta}, \theta\big) = \mathrm{E}\left(\big(\hat{\theta}_{x_1,\dots,x_n} - \theta\big)^2 \right)$$

Es wird derjenige Schätzer $\hat{\theta}$ vorgezogen, der „auf lange Sicht" (bei fortlaufend wiederholten Stichprobenziehungen) erwarten lässt, dass er (im Sinne des MQF) im Mittel näher an der Zielgröße (dem Populationsparameter) θ liegt als irgendeine alternative Schätzgröße. Auch wenn die Zielgröße unbekannt ist, lässt sich bei Kenntnis der (theoretischen) Verteilung der Stichprobenfunktion $\hat{\theta}$ deren MQF bestimmen. Er setzt sich aus zwei Komponenten zusammen, dem Quadrat der Verschiebung von E($\hat{\theta}$) gegenüber θ und der Varianz von $\hat{\theta}$

(9-20) $\mathrm{MQF}(\hat{\theta}, \theta) = \left(\mathrm{E}(\hat{\theta}) - \theta\right)^2 + \mathrm{V}(\hat{\theta})$

Der MQF hängt also davon ab, wie stark bei wiederholter Stichprobenziehung der Mittelwert der Schätzgröße $\hat{\theta}$ von dem wahren Parameter θ abweicht plus dem Ausmaß der Variation der dabei realisierten Werte von $\hat{\theta}$ um ihren eigenen Mittelwert. Diese Beziehung erhält man, wenn man in die Gleichung (9-19) sowohl den positiven als auch den negativen Erwartungswert von $\hat{\theta}$, also $\mathrm{E}(\hat{\theta}) - \mathrm{E}(\hat{\theta}) = 0$, zusätzlich einfügt. Dadurch wird eine Umformung möglich, die über mehrere Schritte zu Gleichung (9-20) führt:

(9-21) $\mathrm{MQF}(\hat{\theta}, \theta) = \mathrm{E}\ (\hat{\theta} - \theta)^2 = \mathrm{E}\left[\hat{\theta} - \mathrm{E}(\hat{\theta}) + \mathrm{E}(\hat{\theta}) - \theta\right]^2$

Auf der rechten Gleichungsseite befindet sich nun, markiert durch die äußeren Klammern, ein Binom, das sich gemäß $(a + b)^2 = (a^2 + b^2 + 2ab)$ ausmultiplizieren lässt:

(9-21') $\mathrm{MQF} = \mathrm{E}\ (\hat{\theta} - \mathrm{E}(\hat{\theta}))^2 + \mathrm{E}\ (\mathrm{E}(\hat{\theta}) - \theta)^2 + 2\mathrm{E}\left((\hat{\theta} - \mathrm{E}(\hat{\theta}))(\mathrm{E}(\hat{\theta}) - \theta)\right)$

$= \mathrm{V}(\hat{\theta}) + \left(\mathrm{E}(\hat{\theta}) - \theta\right)^2 + 0$

In der ersten Gleichungszeile repräsentiert der erste Summand die Varianz der Schätzgröße $\hat{\theta}$. Der letzte Summand wird Null, da der Erwartungswert der Differenz $(\hat{\theta} - \mathrm{E}(\hat{\theta})) = 0$ ist. Bezüglich des mittleren Summanden ist Folgendes festzustellen: Da $\mathrm{E}(\hat{\theta})$ wie auch θ jeweils eine Konstante darstellen, die Differenz zweier Konstanten wiederum eine Konstante ergibt und der Erwartungswert einer Konstanten gleich der Konstante ist, können wir – in der zweiten Gleichungszeile – für $\mathrm{E}[\mathrm{E}(\hat{\theta}) - \theta]^2$ auch $[\mathrm{E}(\hat{\theta}) - \theta]^2$ schreiben. Dieser Ausdruck repräsentiert die Möglichkeit, dass der über Stichprobendaten zu ermittelnde Erwartungswert einer Schätzgröße u. U. nicht mit der Zielgröße, also dem entsprechenden Parameter der Grundgesamtheit übereinstimmt. Diese Verschiebung wird auch als *Bias* oder *Verzerrung* bezeichnet. Sie gibt an, in welchem Maße der Schätzer bei „sehr vielen" (unendlich vielen) Stichprobenziehungen durchschnittlich von dem wahren Parameter abweicht. Das erwartbare Fehlerquadrat MQF insgesamt ist aber auch davon abhängig, wie stark die Schätzgröße bei wiederholter Stichprobenziehung um ihren eigenen Mittelwert streut. Es kann durchaus sein, dass zwar keinerlei Verzerrung vorliegt, aber dennoch aufgrund der großen Streubreite des Schätzers ein erheblicher MQF zu erwarten ist.

Die Abbildung 9.2 veranschaulicht das Zusammenwirken dieser beiden Komponenten.

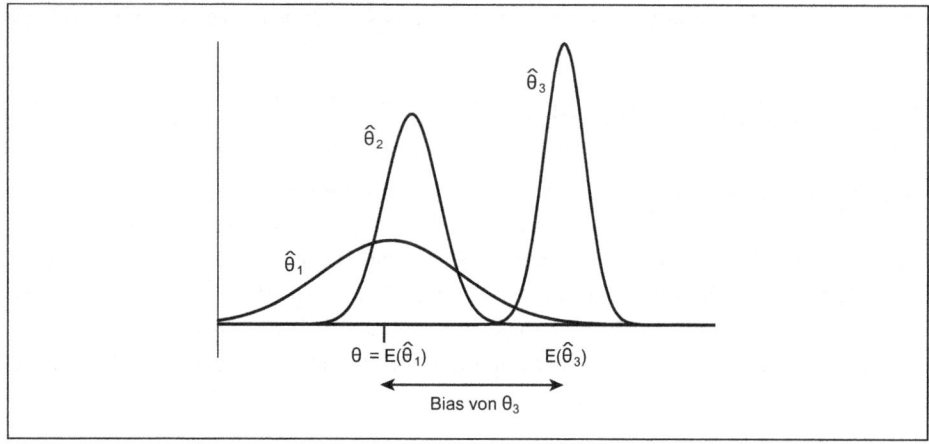

Abbildung 9.2   Dichtefunktionen verschiedener Schätzer für den Parameter θ (Quelle: eigene Darstellung)

Der Schätzer $\hat{\theta}_1$ ist nicht verzerrt (d. h., sein Erwartungswert stimmt mit der Zielgröße θ überein), streut aber relativ breit, was den MQF nach oben treibt. $\hat{\theta}_2$ weist eine kleine Verschiebung nach rechts auf, hält aber wegen ihrer geringeren Streuung den MQF in engeren Grenzen. $\hat{\theta}_3$ schließlich ist zwar relativ stark konzentriert, weist aber eine sehr große Verschiebung auf. Eine Schätzfunktion, die keinen Bias aufweist: E($\hat{\theta}$) – θ = 0 bezeichnet man als *erwartungstreu (unbiased)*. Liegen zwei Schätzfunktionen, $\hat{\theta}_1$ und $\hat{\theta}_2$, für denselben Parameter θ vor, so bezeichnet man diejenige als *effizienter*, für die sich ein geringerer MQF ergibt. Sind beide Stichprobenfunktionen erwartungstreu, so ist diejenige *effizienter*, die den geringeren Standardfehler aufweist.

Erwartungstreue und *Effizienz* potenzieller Schätzer lassen sich aus ihren Verteilungs- bzw. Dichtefunktionen bestimmen. Für die Stichprobenfunktionen $\hat{\theta}_1 = \overline{X}$ (arithm. Mittel) und $\hat{\theta}_2 = \widetilde{X}$ (Median), beides potenzielle Schätzgrößen für das in der Grundgesamtheit gegebene arithmetische Mittel μ, sieht das bei vorausgesetzter symmetrischer Verteilung der Variablen X wie folgt aus:

Der Zentrale Grenzwertsatz besagt, dass $\overline{X}$ bei wachsendem Stichprobenumfang asymptotisch normalverteilt ist mit E($\overline{X}$) = μ und $\sigma_{\overline{x}} = \sigma_x/\sqrt{n}$. Auch der Median $\widetilde{X}$ ist bei stetigen, symmetrischen, unimodalen Verteilungen im Allgemeinen asymptotisch normalverteilt um den Erwartungswert μ mit der Varianz $\frac{\pi\sigma^2}{2n} = 1{,}57\left(\frac{\sigma^2}{n}\right)$; siehe Schlittgen (2012, S. 289). (Die Größe π = 3,14 … steht hier für das Verhältnis von Kreisumfang und Kreis-Durchmesser) Der Median, obwohl erwartungstreu hinsichtlich μ, hat also eine etwa eineinhalbmal so große Varianz wie das arithmetische Mittel, ist also weniger effizient. Folglich ist das arithmetische Mittel dem Median als

Schätzer für μ bei symmetrischen Verteilungen vorzuziehen: Im Schnitt ist $\overline{X} = \overline{x}$ näher am Zielwert „dran"; er liefert somit ein präziseres (engeres) Vertrauensintervall für μ bei gleicher Irrtumswahrscheinlichkeit. Das ändert sich aber, wenn wir es z. B. mit einer Verteilung zu tun haben, bei der extreme Werte mit relativ großer Wahrscheinlichkeit vorkommen. Einzelne extreme Werte beeinflussen das arithmetische Mittel sehr stark. Folglich kann in diesem Falle der aus der Zufallsstichprobe berechnete Median ($\tilde{x}$) ein effizienterer Schätzer für den Populationsparameter μ sein als das arithmetische Mittel $\overline{x}$.

Eine weitere Eigenschaft, die man sich bei Schätzern wünscht, ist die *Konsistenz.* Man nennt einen Schätzer *konsistent,* wenn bei ihm mit zunehmendem Stichprobenumfang sowohl der *Bias* ständig geringer wird als auch die Varianz gegen Null strebt, formal:

(9-22) $\lim\limits_{n \to \infty} \mathrm{MQF}\big(\hat{\theta}, \theta\big) = 0$

Die Werte einer konsistenten Schätzfunktion $\hat{\theta}$ konzentrieren sich also mit zunehmendem Stichprobenumfang immer enger um den wahren Wert des zu schätzenden Parameters θ. Mit der *Konsistenz* wird dem Statistiker bzw. der Statistikerin versichert, dass sie bei größerem Aufwand (größerer Stichprobe) auch bessere Ergebnisse erwarten können. Die Konsistenz wird als minimales Gütekriterium einer Schätzfunktion aufgefasst. Wenn ein Schätzer nicht einmal konsistent ist, ist er in der Regel nicht zu empfehlen.

Zu den wünschenswerten Eigenschaften eines Schätzers zählt auch seine *Robustheit.* Ein Schätzer wird als *robust* bezeichnet, wenn er nicht empfindlich auf Ausreißerwerte oder die Verletzung von Modellannahmen (z. B. der Normalverteilungsannahme) reagiert. Wir werden hier aber nicht die Methoden erläutern, mit denen man die Robustheit eines Schätzers ermitteln kann (s. hierzu Schlittgen 2012, S. 294 ff.). Ein weiteres Qualitätsmerkmal, die sog. *Teststärke,* die mit einer bestimmten Schätzfunktion verbunden ist, werden wir in Kapitelabschn. 9.5.3 erläutern.

9.4   Zusätzliche Hinweise zum Schätzen von Konfidenzintervallen

Die jeweils realisierten Werte aller Schätzfunktionen schwanken von Stichprobe zu Stichprobe. Deshalb ist es sinnvoll, nicht nur eine Punktschätzung für interessierende Populationsparameter vorzunehmen, sondern Vertrauensintervalle mit einer vorgegebenen Irrtumswahrscheinlichkeit zu bestimmen, wie wir das in Abschnitt 9.1 für das arithmetische Mittel schon gezeigt haben. Wie dort erläutert, wird das Konfidenzintervall als ein Paar von Zufallsvariablen betrachtet, das mit seinen Realisationen $\overline{x} - z_{\alpha/2} \cdot \sigma_{\overline{x}}$ und $\overline{x} + z_{\alpha/2} \cdot \sigma_{\overline{x}}$ die beiden Enden eines Vertrauensintervalls markiert, das – mit einem gewissen Fehlerrisiko – den Populationsparameter μ (eine unbekannte feste Größe) einschließen soll.

So, wie wir das Vertrauensintervall für μ bestimmt haben, werden im Prinzip auch die Vertrauensintervalle anderer Parameter ermittelt. Man braucht zunächst eine geeignete Schätzfunktion und ein auf sie bezogenes theoretisches Verteilungsmodell. Es muss zudem sichergestellt sein, dass die Voraussetzungen erfüllt sind, unter denen das Verteilungsmodell konstruiert worden ist (zum Beispiel: Unabhängigkeit der Zufallsvorgänge). In der Regel bezieht sich das für Zwecke des Testens und Schätzens herangezogene Verteilungsmodell (z. B. die Standardnormalverteilung) auf eine transformierte Stichprobenfunktion (z. B. Z-Werte anstelle von $\overline{X}$-Werten). Mit der Transformation wird angestrebt, die Verteilungsfunktion eines Schätzers – bezeichnen wir ihn hier wieder allgemein mit $\hat{\theta}$ – unabhängig von dem in der Population gegebenen (aber unbekannten und deshalb zu schätzenden) Parameter θ zu machen. So z. B. ist die Standardnormalverteilung als Verteilungsmodell für die in Z-Werte transformierte Stichprobenfunktion $\overline{X}$ um den Erwartungswert „0" konzentriert, unabhängig davon, mit welchem Wert μ das arithmetische Mittel in der Population gegeben ist, aus der die Stichprobe gezogen wurde.

Ansonsten bleibt das Muster der Konstruktion von Konfidenzintervallen stets das gleiche. Wenn wir die Quantilwerte der für eine beliebige Schätzgröße $\hat{\theta}$ konstruierten Dichtefunktion mit T-Alpha (analog zu Z-Alpha bei der Standardnormalverteilung) bezeichnen, lässt sich dieses Muster wie folgt charakterisieren: Um ein Vertrauensintervall anlegen zu können, müssen zunächst das Fehlerrisiko α und die darauf bezogenen Größen $T_{\alpha/2}$ und $T_{1-\alpha/2}$ mit Hilfe der Verteilungsfunktion $F(\hat{\theta})$ bestimmt werden; sie markieren die Endpunkte des Intervalls, innerhalb dessen bei einem Zufallsvorgang (einer Stichprobenziehung) ein bestimmter Wert $T(\hat{\theta})$ der Schätzfunktion $\hat{\theta}(X_1, ..., X_n)$ mit einer Wahrscheinlichkeit von P = 1 – α realisiert wird. Das lässt sich in Form einer Ungleichung ausdrücken:

$$(9\text{-}23) \qquad P\left(T_{\alpha/2} < T(\hat{\theta}) < T_{1-\alpha/2}\right) = 1 - \alpha$$

Wie bereits erwähnt, gilt nur bei symmetrischen Verteilungen die Gleichsetzung $T_{\alpha/2} = -T_{1-\alpha/2}$. Im Spezialfall des (normal-verteilten) arithmetischen Mittels ist $\hat{\theta} = \overline{X}$ transformiert in die Z-Größe: $T(\hat{\theta}) = T(\overline{X}) = (\overline{x} - \mu)/\sigma_{\overline{x}} = z_{\overline{x}}$. Aus Gleichung (9-23) wird somit

$$(9\text{-}24) \qquad P\left(z_{\alpha/2} < \frac{\overline{x} - \mu}{\sigma_{\overline{x}}} < z_{1-\alpha/2}\right) = 1 - \alpha$$

Die Transformationsgleichung $T(\hat{\theta})$ enthält den unbekannten Parameter θ (im Falle des arithmetischen Mittels: θ = μ). Das zu schätzende Vertrauensintervall ist so zu konstruieren, dass sein Wertebereich mit der Wahrscheinlichkeit P = 1 – α diesen Parameter einschließt. Dazu muss – für den Spezialfall des arithmetischen Mittels – Gleichung (9-24) ganz analog wie in Gleichung (9-3) umgeformt werden zu:

(9-24') $P(\overline{x} - z_{\alpha/2} \cdot \sigma_{\overline{x}} < \mu < \overline{x} - z_{1-\alpha/2} \cdot \sigma_{\overline{x}}) = 1 - \alpha$

Damit haben wir das in Gleichung (9-3) dargestellte Ergebnis wiederholt, um es leichter mit den nun folgenden Ausführungen zur χ^2-verteilten Varianz vergleichen zu können.

Dabei muss beachtet werden, dass die Dichtefunktion $f(\chi_{df}^2)$ der Chi-Quadratverteilung im Unterschied zur Dichtefunktion $f(z)$ der Standardnormalverteilung von den jeweils vorliegenden Freiheitsgraden df = (n – 1) abhängt. Wie in Kapitelabschn. 8.4.1 dargestellt, ist die Chi-Quadrat-Verteilung rechtsschief und nähert sich mit größerem Stichprobenumfang n nur allmählich der Normalverteilung an (s. Abb. 8.7). Wir wiederholen hier zunächst noch einmal die schon in Gleichung (8-22) dargestellte Formel, mit der die Varianz V(X) = σ^2 mit Hilfe der modifizierten Stichprobenvarianz $\hat{\sigma}^2$ in einen Chi-Quadrat-Wert transformiert wird:

(9-25) $\chi_{n-1}^2 = \dfrac{(n - 1)\,\hat{\sigma}^2}{\sigma^2}$

Für die Konstruktion des Vertrauensintervalls ist nun zunächst wieder eine Irrtumswahrscheinlichkeit α (in der Regel $\alpha = 0{,}05$) zu wählen; auf dieser Basis sind dann die Chi-Quadratwerte für die Intervallgrenzen zu bestimmen:

(9-26) $P\left(\chi_{n-1;\alpha/2}^2 < \dfrac{(n - 1)\,\hat{\sigma}^2}{\sigma^2} < \chi_{n-1;1-\alpha/2}^2 \right) = 1 - \alpha$

Auch diese Ungleichung muss wieder so umgeformt werden, dass der interessierende Parameter, σ^2, isoliert wird. Das ist jetzt ein bisschen komplizierter als vorher, weil er im Nenner steht. Im ersten Schritt bilden wir deshalb die Reziprokwerte, was impliziert, die Ungleichheitszeichen umzukehren:

(9-26') $P\left(\dfrac{1}{\chi_{n-1;\alpha/2}^2} > \dfrac{\sigma^2}{(n-1)\,\hat{\sigma}^2} > \dfrac{1}{\chi_{n-1;1-\alpha/2}^2} \right) = 1 - \alpha$

Als nächstes multiplizieren wir alle Ausdrücke mit $(n - 1)\hat{\sigma}^2$:

(9-26") $P\left(\dfrac{(n-1)\,\hat{\sigma}^2}{\chi_{n-1;\alpha/2}^2} > \sigma^2 > \dfrac{(n-1)\,\hat{\sigma}^2}{\chi_{n-1;1-\alpha/2}^2} \right) = 1 - \alpha$

Um erneut eine Ungleichung zu erhalten, in der die kleinste Größe ganz links steht, vertauschen wir die Positionen der beiden Brüche, schreiben also:

$$(9\text{-}27) \quad P\left(\frac{(n-1)\,\hat{\sigma}^2}{\chi^2_{n-1;1-\alpha/2}} < \sigma^2 < \frac{(n-1)\,\hat{\sigma}^2}{\chi^2_{n-1;\alpha/2}} \right) = 1 - \alpha$$

Wenn wir für die Irrtumswahrscheinlichkeit wiederum $\alpha = 0{,}05$ wählen, muss das (geschätzte) Vertrauensintervall 95 % der Fläche unterhalb der Dichtefunktion umfassen, mit anderen Worten: 95 % der möglichen Realisierungen sind innerhalb der Grenzen des Vertrauensintervalls zu erwarten.

In einem Beispiel zur Stichprobenziehung von $n = 50$ adligen Reichstagsabgeordneten hatten wir für die Variable X: = Länge der Mandatsdauer einen Varianzschätzer von $\hat{\sigma}^2 = 38{,}3$ ermittelt (s. Gleichung (9-16)). Daraus ergibt sich gemäß Gleichung (9-27) folgendes 95-Prozent-Vertrauensintervall[90]:

$$(9\text{-}28) \quad P\left(\frac{49 \cdot 38{,}3}{70{,}22} = 26{,}73 < \sigma^2 < \frac{49 \cdot 38{,}3}{31{,}55} = 59{,}48 \right) = 0{,}95$$

Die in der Grundgesamtheit aller adligen Abgeordneten gegebene Varianz von $\sigma^2 = 47{,}5$ (s. oben) ist innerhalb dieses Konfidenzintervalls platziert; zu den Werten 70,22 und 31,55 s. die Erläuterung zur folgenden Gleichung.

Bei einer geringeren Zahl von Freiheitsgraden, bspw. mit df = 30, wird die Dichtefunktion „schiefer" und das Vertrauensintervall (bei gleicher Irrtumswahrscheinlichkeit) breiter. Wenn bspw. 30 Freiheitsgrade (df = n − 1) zur Verfügung stehen, sieht die Rechnung bei gleicher Stichprobenvarianz wie folgt aus:)

$$(9\text{-}29) \quad P\left(\frac{30 \cdot 38{,}3}{46{,}98} = 24{,}45 < \sigma^2 < \frac{30 \cdot 38{,}3}{16{,}79} = 68{,}43 \right) = 0{,}95$$

Die Nennergrößen 46,98 und 16,79 (wie zuvor, bei df = 49: 70,22 und 31,55) ergeben sich aus der Verteilungsfunktion $F(\chi^2_{df})$, die in der Fachliteratur in unterschiedlichen Tabellenformaten dargestellt wird. Wir präsentieren hier in Tab. 9.2 einen Ausschnitt aus den möglichen Werten. Darin werden die χ^2-Werte nach Freiheitsgraden und Quantilsgrößen aufgelistet (auch in dieser Tabelle entsprechen die mit α notierten Wahrscheinlichkeiten der Hälfte des bei der Konstruktion von Konfidenzintervallen bzw. von zweiseitigen Hypothesentests (s. Kap. 9.5.4) gewählten Fehlerrisikos).

Die für die Bestimmung der Konfidenzintervalle relevanten Quantile ergeben sich aus dem gewählten Alpha-Fehlerrisiko (hier $\alpha = 0{,}05$). Für die untere Intervallgrenze benötigt man gemäß Gleichung (9-27) den Quantilswert $Q_{1-\alpha/2} = Q_{0{,}975}$. In Kombination mit dem Freiheitsgrad df = 30 ergibt sich daraus ein χ^2-Wert von 46,98. Für die obere Intervallgrenze benötigen wir $Q_{\alpha/2} = Q_{0{,}025}$ und damit (bei df = 30) einen

---

90   Wir ignorieren auch hier wieder die Problematik des „Small Population Sampling", siehe Kap. 8, Fn. 85 und Gleichung (8-20).

χ^2-Wert von 16,79 (s. die eingekreisten Werte in Tab. 9.2). Wegen der Reziproktransformation – s. die Gleichungen (9-26) ff. – ist der Quantilswerte $Q_{1-\alpha/2}$ nun der unteren und der Quantilswert $Q_{\alpha/2}$ der oberen Intervallgrenze zugeordnet, anders als bei der Standardnormalverteilung.

Tabelle 9.2 Ausschnitt aus der χ^2-Tabelle (hier n = df) (Quelle: eigene Darstellung)

n	α									
	0,005	0,010	0,025	0,050	0,100	0,900	0,950	0,975	0,990	0,995
1	0,000	0,000	0,001	0,004	0,016	2,706	3,841	5,024	6,635	7,879
2	0,010	0,020	0,051	0,103	0,211	4,605	5,991	7,378	9,210	10,597
3	0,072	0,115	0,216	0,352	0,584	6,251	7,815	9,348	11,345	12,838
4	0,207	0,297	0,484	0,711	1,064	7,779	9,488	11,143	13,277	14,860
....										
29	13,121	14,256	16,047	17,708	19,768	39,087	42,557	45,722	49,588	52,335
30	13,787	14,953	16,791	18,493	20,599	40,256	43,773	46,979	50,892	53,672
31	14,458	15,655	17,539	19,281	21,434	41,422	44,985	48,232	52,191	55,002
32	15,134	16,362	18,291	20,072	22,271	42,585	46,194	49,480	53,486	56,328
....										
47	25,775	27,416	29,956	32,268	35,081	59,774	64,001	67,821	72,443	75,704
48	26,511	28,177	30,754	33,098	35,949	60,907	65,171	69,023	73,683	76,969
49	27,249	28,941	31,555	33,930	36,818	62,038	66,339	70,222	74,919	78,231
50	27,991	29,707	32,357	34,764	37,689	63,167	67,505	71,420	76,154	79,490
51	28,735	30,475	33,162	35,600	38,560	64,295	68,669	72,616	77,386	80,746
....										

9.5 Zur Logik des Testens von Hypothesen

Eine Hypothese, die statistisch getestet werden soll, ist nach einer Definition von Blalock (1960, S. 91) „a statement about a future event, or an event the outcome of which is unknown at the time of the prediction, set forth in such a way that it can be rejected". Nicht alle Theorien lassen sich auf direktem Wege testen. In den empirischen Wissenschaften sollten sie aber zu Folgerungen führen, die ihrerseits (direkt) testbar sind und auf diese Weise die Theorie bestätigen oder widerlegen können. Laut Blalock (ebd.) erfordert der Hypothesentest folgende Schritte:

1) Alle möglichen Ergebnisse eines Experiments oder einer Beobachtung werden antizipiert, bevor der Test durchgeführt wird.
2) Schon vor dem Test wird festgelegt, mit welchen Operationen oder Prozeduren festzustellen ist, welche Ergebnisse tatsächlich aufgetreten sind.

3) Es wird im Voraus entschieden, aufgrund welcher Ergebnisse, falls sie auftreten, die Hypothese zurückgewiesen wird und aufgrund welcher Ergebnisse sie nicht zurückgewiesen wird. Die Zurückweisung muss ein mögliches Resultat sein.
4) Das Experiment wird durchgeführt bzw. das Ergebnis wird beobachtet, die Ergebnisse werden festgehalten, und es wird eine Entscheidung darüber gefällt, ob die Hypothese zurückzuweisen ist oder nicht.

Diese Regeln sollen vor allem sicherstellen, dass die Kriterien, nach denen eine Hypothese angenommen oder abgelehnt wird, offengelegt und nicht nachträglich verändert werden, wenn das Testergebnis bereits vorliegt (und evtl. nicht dem entspricht, was man erwartet hat). Falls sich dennoch eine solche Änderung aufdrängt, sollten neue Testergebnisse generiert und anhand der veränderten Kriterien beurteilt werden. Hypothesen entwickeln sich normalerweise schrittweise, indem man theoretische Reflexionen und empirische Beobachtungen wechselweise aufeinander einwirken lässt.

9.5.1 Formulierung von Forschungs- und Nullhypothese

Viele der theoretisch interessierenden (testbaren) Hypothesen lassen sich als Behauptungen über Zusammenhänge zwischen Variablen operationalisieren, deren Form und Stärke mit Hilfe bestimmter Maßzahlen dargestellt werden können. So haben wir in Abschnitt 9.2 den vermutete Nicht-Zusammenhang zwischen den Variablen „Mandatsdauer der Reichstagsabgeordneten" und „Zugehörigkeit/Nichtzugehörigkeit zum Adel" mit Hilfe einer Mittelwertdifferenz dargestellt und überprüft.

Häufig ist der Forscher nicht in der Lage, eine Hypothese so weit zu präzisieren, dass sie in der oben erläuterten Weise testbar wäre. Er mag z. B. ziemlich sicher sein, dass zwischen zwei Variablen X und Y ein Zusammenhang besteht, sieht aber keine Möglichkeit, die Stärke des vermuteten Zusammenhangs z. B. mit r = 0,35 oder d % = 12,0 genau anzugeben. Statistisch, anhand von Stichprobendaten, lässt sich eine Hypothese im Sinne der hier noch weiter zu erläuternden (oben teilweise auch schon eingesetzten) Signifikanztests aber nur dann überprüfen, wenn sie als eine präzise Behauptung über den vermuteten Wert einer statistischen Kennzahl operationalisiert werden kann. Man spricht dann auch von „spezifischen" im Unterschied zu „unspezifischen" Hypothesen. Was also ist zu tun, wenn wir nicht in der Lage sind, eine derart präzise Forschungshypothese zu begründen? Die Antwort heißt: *indirektes* Testen. Machen wir uns am Beispiel der durchschnittlichen Mandatsdauer adliger und nichtadliger Reichstagsabgeordneter deutlich, was das heißt.

Im Abschnitt 9.2 hatten wir die Hypothese getestet, dass kein Zusammenhang zwischen der durchschnittlichen Mandatsdauer der Abgeordneten und ihrer Zugehörigkeit oder Nichtzugehörigkeit zum Adelsstand bestehe. Die demzufolge erwartete Mittelwertdifferenz war also gleich Null. Gehen wir nun einmal von der gegenteiligen

Forschungshypothese aus, dass zwischen den beiden Variablen ein Zusammenhang besteht. Auch diese Hypothese kann wiederum mit Hilfe einer Aussage über die Mittelwertdifferenz operationalisiert werden:

(9-30) H_1: $(\mu_1 - \mu_2) \neq 0$

In dieser Form handelt es sich um eine *zweiseitige* Hypothese – ohne Spezifikation, für welche Teilpopulation ein höherer Wert erwartet wird. (Der Index 1 bezieht sich wieder auf die adligen, der Index 2 auf die nicht-adligen Abgeordneten)

Wenn wir uns daran machen, diese Hypothese zu testen, stoßen wir sofort auf ein schwerwiegendes Problem: Welchen Erwartungswert $E(\bar{x}_1 - \bar{x}_2)$ sollen wir ansetzen? H_1 nennt gar keinen spezifischen Erwartungswert. Ohne Angabe eines solchen Erwartungswertes für die betreffende statistische Kennzahl (hier: Mittelwertdifferenz) ist jedoch der übliche Signifikanztest, auf den wir uns hier ausschließlich beziehen wollen, nicht möglich[91]. Einen Ausweg aus diesem Problem bietet die logische Negation der unspezifischen Hypothese H_1:

(9-31) H_0: $(\mu_1 - \mu_2) = 0$

Das ist genau diejenige Hypothese, die wir schon in Abschn. 9.2 getestet haben. Sie beinhaltet die präzise Angabe eines Erwartungswertes $E(\bar{x}_1 - \bar{x}_2) = 0$. Wenn wir in der Lage sind, diese Hypothese zurückzuweisen, impliziert dies eine Bestätigung der „eigentlichen" (aber nicht präzisen) Forschungshypothese H_1. Wenn H_0 falsch ist, muss die logische Negation H_1 richtig sein – und umgekehrt: Wenn die Hypothese, es bestehe keine Mittelwertdifferenz richtig ist, muss die Hypothese, es bestehe eine Mittelwertdifferenz, falsch sein. Über den Test der präzisen Hypothese H_0 testen wir also indirekt die unpräzise Hypothese H_1. Eine Unsicherheit ist jedoch nicht zu umgehen: Wenn wir eine Hypothese anhand von Stichprobendaten, also mit Hilfe von Schätzfunktionen testen, sind unsere Entscheidungen über „richtig" oder „falsch" unweigerlich mit einem Fehlerrisiko behaftet. Art und Ausmaß des Fehlerrisikos werden wir sogleich besprechen, wollen aber zuvor noch eine Bemerkung zur Terminologie anbringen:

Man nennt diejenige Test-Hypothese, die einen präzisen Wert $\hat{\theta}$ für den theoretisch interessierenden Parameter θ angibt, eine *Nullhypothese* (H_0). Ihr (unpräzises) Gegenstück, ihre logische Negation, nennt man *Alternativhypothese* (H_1) oder auch *Arbeitshypothese, Forschungshypothese, Gegenhypothese*. Den Vorgang, mit dem man auf Stichprobenbasis mit einem gewählten *Fehlerrisiko* (α) über Beibehaltung oder Ablehnung der Nullhypothese entscheidet, nennt man einen *Signifikanztest*. In

---

91 Aus der Perspektive der statistischen Entscheidungstheorie lassen sich neben Punktwerten auch beliebige Wertebereiche testen. Auf diese allgemeine Konzeption statistischer Tests gehen wir in diesem Einführungstext nicht ein; vgl. dazu Mood/Graybill/Boes (1974, Kap. 9).

einigen Lehrbüchern werden auch „substantielle" Definitionen von Alternativ- und Nullhypothese vorgeschlagen. Es wird z. B. gesagt, die Alternativhypothese sei diejenige, an deren Beibehaltung der Forscher eigentlich interessiert sei, weil sie über den bisher erreichten Wissensstand hinausführe. Dies entspricht zwar in der Tat häufig der Intention des Forschers, muss es aber nicht. Gelegentlich ist er auch an der Beibehaltung einer Hypothese interessiert, mit der er einen präzisen Erwartungswert formulieren und die er deshalb direkt testen kann. Deshalb ist es sinnvoller, die Nullhypothese rein formal im Hinblick auf ihre Funktion im Testverfahren zu definieren: Sie ist diejenige Hypothese, die wegen ihrer Präzision direkt getestet werden kann; der dabei angenommene Wert muss nicht „0", sondern könnte auch eine andere reelle Zahl darstellen. Unter der Alternative H_1 werden dagegen alle Parameterwerte zusammengefasst, die ebenfalls möglich sind, aber nicht in H_0 spezifiziert werden, sondern H_0 widersprechen.

An dieser Stelle muss ein weiteres Problem erwähnt werden: Häufig gelingt es der Forscherin, ihre Arbeitshypothese etwas präziser zu formulieren, als wir das eben in unserem Beispiel getan haben, ohne sich auf einen bestimmten Erwartungswert festlegen zu können. Statt der Hypothese H_1: $\mu_1 \neq \mu_2$ lässt sich in unserem Beispiel die Hypothese

(9-32) $H_1{}^*$: $\mu_1 > \mu_2$

vertreten. Man kann z. B. darauf verweisen, dass viele adlige Abgeordnete ostelbischen Familien mit Großgrundbesitz entstammen und dass die mit dem Großgrundbesitz verbundenen Patronagefunktionen und die höhere Abkömmlichkeit vom Alltagsbetrieb eine längere Mandatsdauer begünstigen. Auch die Hypothese $H_1{}^*$ ist nicht direkt testbar. Jetzt ist allerdings auch die logische Negation

(9-33) $H_0{}^*$: $\mu_1 < \mu_2$

unpräzise und scheinbar nicht zu testen. Wie man sich aus diesem Problem befreien kann, zeigen wir in Abschnitt 9.5.4.

9.5.2 Fehlertypen und Signifikanzniveau

Im vorigen Abschnitt haben wir erläutert, wie Nullhypothese und Alternativhypothese so formuliert werden, dass sie gemeinsam alle theoretisch möglichen (vorstellbaren) Werte des interessierenden Parameters (z. B. Mittelwertdifferenzen) umfassen. Über die Beibehaltung oder Ablehnung der Hypothese entscheidet man auf Grund eines Stichprobenergebnisses nach zuvor festgelegten Kriterien. Bei dieser Entscheidung können Fehler auftreten:

1) Man entscheidet sich gegen die Nullhypothese (und damit für die Alternativhypothese), obwohl sie richtig ist. Diese Fehlentscheidung bezeichnet man als *Fehler erster Art* oder auch als *Alpha-Fehler*.
2) Man entscheidet sich für die Nullhypothese (und damit gegen die Alternativhypothese), obwohl sie falsch ist. Diese Fehlentscheidung wird als *Fehler zweiter Art* oder *Beta-Fehler* bezeichnet.

Richtige und falsche Entscheidungsmöglichkeiten sind in der folgenden Übersicht zusammengefasst:

		In der Population trifft zu	
		H_0	H_1
Entscheidung in der Stichprobe zugunsten der Hypothese	H_0	Richtige Entscheidung	Beta-Fehler
	H_1	Alpha-Fehler	Richtige Entscheidung

Da wir den Test durchführen, weil uns der interessierende Populationsparameter nicht bekannt ist, können wir nicht wissen, ob wir eine richtige oder falsche Entscheidung getroffen haben. Aber immerhin können wir Aussagen über die bedingten Wahrscheinlichkeiten von Fehlentscheidungen machen:

Wir haben in unserem Beispiel zur durchschnittlichen Mandatsdauer der adligen und der nicht-adligen Reichstagsabgeordneten bereits andeutungsweise gezeigt, wie man Entscheidungsregeln festlegt. Man geht formal zunächst von der Richtigkeit der Nullhypothese aus und legt fest, wie weit entfernt von dem hypothetisch erwarteten Wert das Stichprobenergebnis liegen muss, wenn es zur Ablehnung der Nullhypothese führen soll. Man unterteilt also den Bereich möglicher Ergebnisse (realisierbarer Werte der Schätzfunktion) in einen *Ablehnungs-* (Verwerfungs-) und einen *Annahmebereich* nach dem Muster von Abb. 9.3 (bezogen auf unser Beispiel).

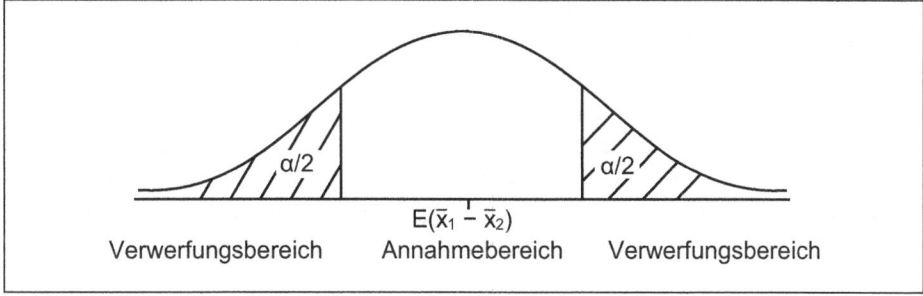

Abbildung 9.3   Annahme- und Verwerfungsbereich bei Signifikanztests auf Basis einer symmetrischen Dichtefunktion (Quelle: eigene Darstellung)

Die schraffierten Flächenanteile kennzeichnen den Ablehnungsbereich, der mittlere Flächenanteil den Annahmebereich. Denjenigen Punkt auf der (transformierten) Parameterskala, an dem die beiden Bereiche auf der linken oder rechten Seite aneinandergrenzen, bezeichnet man als *kritischen Wert;* beim zweiseitigen Test benötigt man zwei kritische Werte. Wird für die interessierende Schätzgröße die Standardnormalverteilung vorausgesetzt, eine Null-Hypothese vom Gleichungstyp (9-31) formuliert und ein Fehlerrisiko von bspw. $\alpha = 0{,}05$ vorgegeben, so sind (wie wir schon sahen) $z_1 = -1{,}96$ und $z_2 = +1{,}96$ die beiden kritischen Werte bei einem zweiseitigen Test (der positive ebenso wie negative Abweichungen vom hypothetisch postulierten Parameterwert vorsieht). Wenn das Stichprobenergebnis in den Ablehnungsbereich fällt (hier also ein Wert $z \leq -1{,}96$ oder $z \geq 1{,}96$ realisiert wird), wird die Nullhypothese zurückgewiesen. Diese Entscheidung kann aber falsch sein. Denn auch wenn die Nullhypothese korrekt ist, ist zu erwarten, dass bei häufig wiederholter Stichprobenziehung in $100 \cdot \alpha$ Prozent (im Beispiel: 5 %) der Fälle Stichprobenergebnisse realisiert werden, die so weit vom Erwartungswert entfernt liegen, dass sie in den Ablehnungsbereich fallen, der durch den Alpha-Wert vor Durchführung des Tests festgelegt worden ist. Man bezeichnet deshalb die Größe Alpha als *Fehlerrisiko* oder *Irrtumswahrscheinlichkeit der ersten Art.* Dabei handelt es sich um eine bedingte Wahrscheinlichkeit für das Auftreten eines extremen Ereignisses. Die angenommene Bedingung dabei ist, dass die Nullhypothese zutrifft (eine Annahme, die man aber – mit dem Fehlerrisiko Alpha – fallenlässt, wenn ein in ihrem Sinne extrem abweichendes Ergebnis realisiert wird).

Mit dem *Alpha-Fehler* ist das sog. *Signifikanzniveau* bezeichnet. Wenn man z.B. sagt: Die Korrelation zwischen der Variablen X und der Variablen Y sei auf dem 5-Prozent-Niveau *signifikant,* bedeutet dies, dass die Nullhypothese des Nichtzusammenhangs mit einem Fehlerrisiko von $\alpha \leq 0{,}05$ zurückgewiesen werden konnte. Dies ist aber eine rein statistische Feststellung, die über die tatsächliche Stärke des Zusammenhangs und deren theoretische Relevanz nichts aussagt.

Gemäß unserer Entscheidungsregel wird die Nullhypothese nicht verworfen, wenn das Stichprobenergebnis in den durch Alpha festgelegten Annahmebereich fällt; im Falle von $\alpha \leq 0{,}05$ also in das mit $z_{0{,}025} = -1{,}96$ und $z_{0{,}975} = 1{,}96$ eingegrenzte Intervall. Aber auch in diesem Falle kann eine Fehlentscheidung vorliegen; man bezeichnet sie als *Beta-Fehler* oder *Fehler zweiter Art.* Denn in den Annahmebereich können Stichprobenergebnisse natürlich auch dann fallen, wenn die Nullhypothese falsch ist. Leider jedoch kann man die Wahrscheinlichkeit „β", diesen Fehler zu begehen, im konkreten Einzelfall nicht bestimmen, da sie von dem unbekannten Populationsparameter abhängt. Das kann man sich anhand der Abbildung 9.4 klarmachen. (Wir bezeichnen den Populationsparameter weiterhin mit θ und das realisierte Stichprobenergebnis mit $\hat{\theta}$.)

Unter der Annahme, dass die Nullhypothese $E(\theta) = \theta_1$ korrekt ist, werden alle Stichprobenwerte θ, die im Annahmebereich liegen, die Nullhypothese bestätigen. Wenn aber in der Population entgegen der Nullhypothese (unbekannter Weise) der

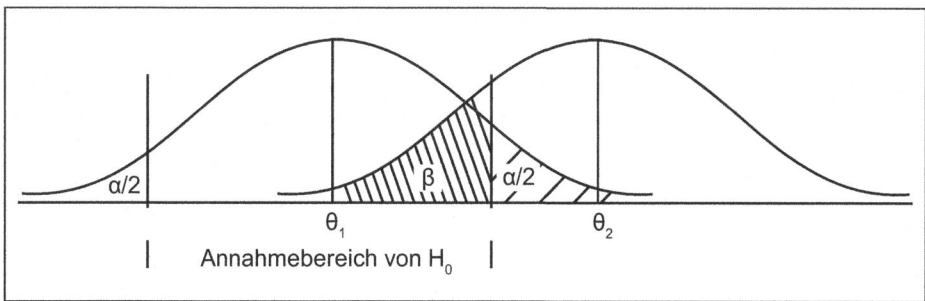

Abbildung 9.4 Abhängigkeit des Beta-Fehlers vom unbekannten Populationsparameter θ_2 (Quelle: eigene Darstellung)

Parameterwert θ_2 vorliegt, wird mit der durch die enger schraffierte Fläche markierten Wahrscheinlichkeit β ein Stichprobenwert realisiert, der in diesem Annahmebereich liegt. Das heißt, es gibt unter dieser Voraussetzung eine Wahrscheinlichkeit β, dass die Nullhypothese beibehalten wird, obwohl sie falsch ist. Da wir nicht wissen, an welcher Stelle der Parameter-Wert θ_2 in der Population gegeben ist, können wir keine präzise Angabe über die Größe des β-Fehlerrisikos (das Risiko, eine Nullhypothese beizubehalten, die falsch ist) machen. Wir können lediglich festhalten, dass unabhängig von dem wahren θ der β-Fehler (Fehler 2. Art) umso kleiner wird, je größer der Stichprobenumfang n ist (je geringer also der Standardfehler des Parameter-Schätzers) und je größer das für den Fehler 1. Art gewählte Risiko α ist – und umgekehrt: dass das β-Fehlerrisiko umso größer wird, je kleiner α. Allerdings kann man nicht davon ausgehen, dass sich der β-Fehler im gleichen Maße verringert (erhöht), wie der α-Fehler erhöht (verringert) wird.

Die Forscherin steckt also in einem Dilemma. In der sozial- und geschichtswissenschaftlichen Forschung handhabt man es in der Regel in der Weise, dass man sich an etablierte Konventionen und Faustregeln hält, die als Testkriterium ein Fehlerrisiko von $\alpha = 0{,}05$ oder $\alpha = 0{,}01$ empfehlen. Diese Konventionen stützen sich auf den Tatbestand, dass die Nullhypothese (bspw., es bestehe kein Zusammenhang zwischen zwei Variablen) sehr häufig diejenige Hypothese ist, die die Forscherin gerne zurückweisen möchte. So ist sie z. B. eher daran interessiert, eine (unpräzise) Zusammenhangshypothese zu bestätigen als die Nullhypothese eines Nichtzusammenhangs beizubehalten. Das tradierte Forschungsethos verlangt nun, dass man sich die Ablehnung der „ungeliebten" Nullhypothese schwermacht, indem man ein kleines Alpha-Niveau festlegt. Folglich erhöhen Forscher gelegentlich das Alpha-Risiko auf wenigstens $\alpha = 0{,}10$ oder noch höher, wenn die Nullhypothese diejenige ist, an deren Beibehaltung sie interessiert sind. Wenn dagegen die „gemochte" Hypothese als Alternativhypothese fungiert, wird sie umso strenger indirekt getestet, je kleiner das Alpha-Niveau für die Ablehnung der Nullhypothese festgelegt wird. Wenn die gemochte Hypothese so präzise ist, dass sie direkt als Nullhypothese eingesetzt werden kann, wird diese umso strenger getestet, je größer das vorgegebene Alpha-Niveau ist.

Die Forscherin bewegt sich bei der Wahl des Fehlerniveaus stets auf unsicherem Grund. Sie muss letztlich aus inhaltlichen Erwägungen entscheiden, wie wichtig es ihr ist, auf keinen Fall eine falsche Forschungshypothese zu akzeptieren – oder: wie wichtig es ihr ist, überhaupt erst einmal eine Theorie vorzuschlagen, auch wenn sie zunächst auf relativ schwachen Füßen steht. Viele Lehrbücher empfehlen, in den Forschungsberichten nicht nur das vorgängig festgelegte Fehlerrisiko Alpha mitzuteilen, an der eine Hypothese gescheitert ist oder sich bewährt hat, sondern die im Test empirisch erreichte Wahrscheinlichkeitsmarke (*prob value* oder *empirisches Signifikanzniveau* genannt) anzugeben. Dieses empirische Signifikanzniveau α^* ist also diejenige Wahrscheinlichkeit, die die theoretische Verteilungsfunktion der tatsächlich beobachteten Abweichung der Prüfgröße $\hat{\theta}$ von dem in der Nullhypothese angenommenen Erwartungswert $E(\hat{\theta}) = \theta$ zuweist. In unserem Beispiel zur Mandatsdauer der Reichstagsabgeordneten hatten wir festgestellt, dass entgegen der Nullhypothese („keine Differenz im arithmetischen Mittel der adligen gegenüber den nicht-adligen Abgeordneten") die in den beiden Teil-Stichproben beobachteten Mittelwerte um $|1{,}12|$ Jahre voneinander abwichen. Der hierzu ermittelte z-Wert lag bei $z = |0{,}86|$ (s. Gleichung 9-12), also erheblich unter dem für ein vorgegebenes Fehlerrisiko von $\alpha = 0{,}05$ (beim zweiseitigen Test) ausgewiesenen z-Wert von $|1{,}96|$. Der beobachte Wert $z = |0{,}86|$ würde ein Fehlerrisiko von $\alpha^* = 0{,}39$ implizieren (s. Tab. 8.3), falls man auf der Basis dieses Stichprobenergebnisses die Nullhypothese zurückweisen wollte.

Eine gelegentlich angebotene Fehlinterpretation des Signifikanztests ist es, aus der Zurückweisung der Nullhypothese H_0 auf einem bestimmten α^*-Niveau zu folgern, die Alternativhypothese H_1 sei mit einer Wahrscheinlichkeit $\beta = 1 - \alpha^*$ wahr. Diese Interpretation missachtet den Tatbestand, dass die empirische Signifikanz nur unter der Voraussetzung ermittelt wird, H_0 sei wahr. Nur unter dieser Voraussetzung kann man die empirische Signifikanz bezüglich des realisierten Ereignisses überhaupt bestimmen. Wenn die „empirische" Wahrscheinlichkeit sehr gering ist, z. B. $\alpha^* \leq 0{,}05$, hat man zwei Möglichkeiten der Interpretation: Man kann erstens annehmen, dass H_0 wahr ist und, wie der Zufall so mitspielt, ein sehr unwahrscheinliches Ereignis realisiert wurde. Oder man kann davon ausgehen, dass in Wirklichkeit kein unwahrscheinliches Ereignis realisiert wurde, sondern H_0 falsch ist. Das Fehlerrisiko α^* bedeutet also nicht, dass H_0 mit der geringen Wahrscheinlichkeit $p = \alpha^*$ richtig wäre, folglich auch nicht, dass H_0 mit $p = 1 - \alpha^*$ falsch wäre und somit auch nicht, dass die Negation H_1 mit $p = 1 - \alpha^*$ richtig wäre.

Eine oft gegen den Signifikanztest vorgebrachte Kritik behauptet, er sei wertlos oder gar irreführend, da das Testergebnis von der willkürlich wählbaren Größe des Stichprobenumfangs abhänge. Tatsächlich ist die empirische Signifikanz eines realisierten Stichprobenergebnisses durch den Stichprobenumfang mitbestimmt. In unserem Beispiel war eine Mittelwertdifferenz von $|1{,}12|$ Jahren in der durchschnittlichen

Mandatsdauer von adligen gegenüber nicht-adligen Reichstagsabgeordneten „nicht signifikant", führte nicht zur Ablehnung der Nullhypothese. Wäre die gleiche Differenz in einer Stichprobe des Umfangs n = 600 (statt n = 100) beobachtet worden, hätte die Nullhypothese bei einem vorgegebenen Fehlerrisiko von $\alpha < 0,05$ zurückgewiesen werden können. Doch dieser Tatbestand macht den Signifikanztest weder wertlos noch irreführend; er weist lediglich darauf hin, dass größere Stichprobenumfänge im Allgemeinen zu kleineren Standardfehlern führen und somit das Risiko eines Fehlers 2. Art (ß-Fehler) verringern. Folglich braucht man bei kleineren Stichprobenumfängen größere Abweichungen vom hypothetisch angenommenen Wert, um die Nullhypothese mit einem vorgegebenen Fehlerrisiko zurückzuweisen. Aber die Zurückweisung der Nullhypothese impliziert keine Aussage über mögliche Werte des Populationsparameters, die nicht in der Nullhypothese formuliert worden sind. Eine „hohe" Signifikanz (kleines Fehlerrisiko α^*) bedeutet z. B. nicht, dass der betreffende Parameter (z. B. ein Korrelationskoeffizient) in der Population einen hohen Wert hat. Aussagen hierüber müssen sich auf eine spezifische Intervallschätzung stützen. In sie gehen zwar teilweise die gleichen Faktoren ein wie bei der Signifikanzberechnung. Stärke und statistische Signifikanz einer Variablenbeziehung sind dennoch analytisch strikt auseinanderzuhalten. Und dass das Fehlerrisiko bei sonst gleichen Beobachtungen mit dem Stichprobenumfang variiert, macht die Information über das jeweils gegebene Fehlerrisiko ja nicht wertlos[92].

9.5.3 Stärke eines Tests

Als Beta-Fehler haben wir im vorigen Abschnitt jene Fehlentscheidung bezeichnet, durch die eine Nullhypothese H_0 beibehalten wird, obwohl die Alternativhypothese H_1 richtig ist. Wenn die Wahrscheinlichkeit hierfür mit $p = \beta$ angegeben ist, so repräsentiert der Ausdruck $p = (1 - \beta)$ die Wahrscheinlichkeit dafür, dass eine korrekte Alternativhypothese durch einen Test auch als richtig aufgedeckt werden kann (s. obige Abb. 9.4), denn in diesem Falle müsste die in der Stichprobe realisierte Prüfgröße außerhalb des Annahmebereichs der (falschen) Nullhypothese liegen. Diese mit der Wahrscheinlichkeit $(1 - \beta)$ abgestufte Fähigkeit eines Tests nennt man seine *Stärke* oder *Trennschärfe* („abgestuft" bezieht sich auf den Sachverhalt, dass die Größe dieser Wahrscheinlichkeit davon abhängt, wie weit der unbekannte Populationsparameter von dem in H_0 angenommenen Erwartungswert entfernt liegt).

Wir haben schon im vorigen Abschnitt gesehen, dass die Wahrscheinlichkeit β (und damit auch $1 - \beta$) nur unter der Voraussetzung bestimmt werden könnte, dass der Populationsparameter bekannt wäre (was normalerweise nicht der Fall ist). Im

---

92 Zur Diskussion über „Signifikanz" versus „Relevanz" beim statistischen Testen von Hypothesen siehe Quatember (2005).

Rahmen der mathematischen Statistik ist es aber möglich, für ein in Frage kommen-
des Testverfahren die Wahrscheinlichkeit β oder $(1 - \beta)$ in Abhängigkeit von einem
variierenden Populationsparameter darzustellen. Die so ermittelte *Teststärkefunktion*
kann als Entscheidungskriterium genutzt werden, wenn zur Überprüfung einer Hypothese mehrere statistische Tests zur Verfügung stehen.

Die Stärke eines Tests nimmt mit dem Umfang der Stichprobe zu, auf die er angewandt wird. Man kann also die Stärke unterschiedlicher Tests nur in Bezug auf
einen konstanten Stichprobenumfang miteinander vergleichen. Bei verschiedenen
Tests nimmt die Stärke bei gleicher Erweiterung des Stichprobenumfangs in unterschiedlichem Maße zu, d. h., sie sind unterschiedlich effizient (s. Kapitelabschn. 9.3).
Das Verhältnis zwischen Stärke und Effizienz wird als *Stärke-Effizienz* (*power-effi-
ciency*) bezeichnet. Die entsprechenden statistischen Untersuchungen zeigen, dass
Tests, die mit (informationsreichen) metrischen Daten arbeiten, grundsätzlich stärker sind als Tests, die mit Daten auf niedrigerem Messniveau arbeiten. Allerdings
muss man darauf achten, dass die Bedingungen für das vorausgesetzte Verteilungsmodell (z. B. Normalverteilung) auch tatsächlich erfüllt sind und das erforderliche
Messniveau gegeben ist.

9.5.4   Einseitige und zweiseitige Hypothesen

In unserem Beispiel zur Mandatsdauer der adligen im Vergleich zu den nicht-adligen Reichstagsabgeordneten haben wir zwei Fassungen der Alternativhypothese
vorgelegt:

(9-34)   Fassung A: H_1: $\mu_1 \neq \mu_2$
           Fassung B: H_1: $\mu_1 > \mu_2$

(Das Subskript „1" steht hier weiterhin für die adligen, das Subskript „2" für die nicht-
adligen Abgeordneten). Wie oben schon angemerkt, nennt man die Fassung A eine
zweiseitige Hypothese, die Fassung B eine *einseitige* Hypothese. Die Negation und damit die Nullhypothese zur Fassung A lautet:

(9-35) H_0: $\mu_1 = \mu_2 \rightarrow (\mu_1 - \mu_2) = 0$,

woraus für die Stichprobenfunktion folgt: $E(\bar{x}_1 - \bar{x}_2) = 0$. Diese Hypothese ist wider-
legbar durch relativ stark von ihr abweichende Stichprobenergebnisse entweder auf
der linken Seite (mit negativen Abweichungen vom Erwartungswert) oder auf der
rechten Seite der Dichtefunktion (mit positiven Abweichungen vom Erwartungswert.
Beim beidseitigen Test wird das Fehlerrisiko α somit (wie oben schon gezeigt) auf
beide Seiten der Dichtefunktion aufgeteilt (zweimal $\alpha/2$).

Die Nullhypothese zur *einseitigen* Alternativhypothese (Fassung B) lautet:

(9-36) $H_0: \mu_1 \leq \mu_2 \rightarrow E(\bar{x}_1 - \bar{x}_2) \leq 0$

Eine solche Nullhypothese kann offenkundig nur abgelehnt werden, wenn ein stark abweichendes Stichprobenergebnis auf einer, hier der rechten Seite der Dichtefunktion auftritt, wenn also $\bar{x}_1 > \bar{x}_2$. Jede negative Mittelwert-Differenz, die in einer Stichprobe beobachtet würde, würde die Nullhypothese bestätigen. Widerlegt wäre sie, wenn eine hinlänglich große positive Abweichung beobachtet würde. Der kritische Wert, der hierfür erreicht bzw. überschritten werden müsste, wäre (im Falle der Standardnormalverteilung) nicht $z_{1-\alpha/2} = 1{,}96$ (wie beim zweiseitigen Test), sondern $z_{1-\alpha} = 1{,}645$ (falls $\alpha = 0{,}05$).

In unserem konkreten Beispiel zur Mandatsdauer der Abgeordneten hatten wir lediglich die zweiseitige Alternativhypothese bzw. die dazugehörige „spezifische" Nullhypothese (9-35) getestet („spezifisch", weil sie auf einen präzisen Wert – hier „0" – und nicht auf einen größeren Wertebereich – wie in Gleichung (9-36) – bezogen ist). Das mit $n_1 = n_2 = 50$ Fällen erzielte Stichprobenergebnis von $(\bar{x}_1 - \bar{x}_2) = -1{,}12$ führte gemäß des vorgegebenen Fehlerrisikos $\alpha \leq 0{,}5$ nicht zur Zurückweisung dieser Nullhypothese; dafür lag es zu nahe am Erwartungswert „0". Dieses Ergebnis bestätigt zudem unmittelbar (ohne weitere Rechenarbeit) die in Gleichung (9-36) formulierte einseitige Nullhypothese. Zur Veranschaulichung dieser Überlegungen werfen wir noch einen Blick auf die Abb. 9.5.

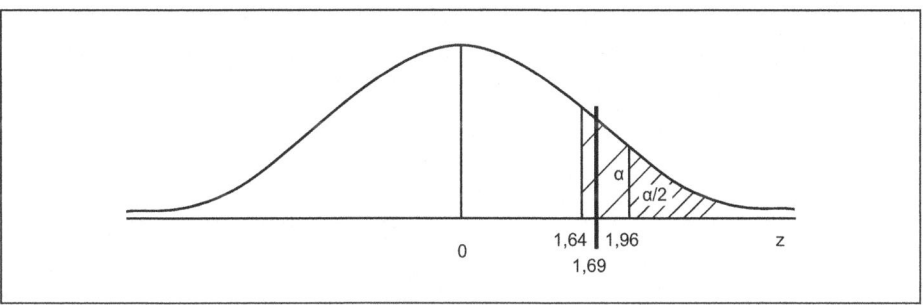

Abbildung 9.5 Zur Veranschaulichung des Fehlerrisikos bei spezifischer und unspezifischer Nullhypothese (Quelle: eigene Darstellung)

Betrachten wir nun das denkbare Stichprobenergebnis: $(\bar{x}_1 - \bar{x}_2) = +2{,}20$ bei unveränderter Standardabweichung $\sigma_{\bar{x}(1)-\bar{x}(2)} = 1{,}30$ (siehe Gleichung (9-12)). Dieses Ergebnis liegt um $2{,}20/1{,}30 = 1{,}69$ Standardabweichungen vom Erwartungswert Null entfernt. Diese Abweichung vom Erwartungswert Null reicht nicht aus, um die zweiseitige Nullhypothese (9-35) mit einem Fehlerrisiko von $\alpha \leq 0{,}05$ zurückzuweisen. Aber es würde dazu berechtigen, die spezifische Nullhypothese $H_0: (\mu_1 - \mu_2) = 0$, betrachtet als eine partielle Negation der einseitigen Alternativhypothese in (9-34) – zur vollständigen Negation s. Gleichung (9-36) –, zurückzuweisen: Einem z-Wert von

+1,69 entspricht beim einseitigen Test ein Fehlerrisiko $\alpha < 0{,}05$ (der kritische z-Wert für den einseitigen „rechtsseitigen" Test ist, wie schon erwähnt: $z_{0.95} = 1{,}645$). Erst recht könnte dann eine Nullhypothese $H_0{}^*$: $(\mu_1 - \mu_2) < 0$ (der andere „Teil" der Nullhypothese (9-35)) zurückgewiesen werden, weil der beobachtete (positive) Wert der Prüfgröße von einem negativen Erwartungswert noch weiter entfernt wäre als von einem Erwartungswert „0". Somit gilt allgemein, dass eine einseitige Alternativhypothese, die zunächst in der Nullhypothese zu einer unspezifischen Negation führt (der sich auf einen Wertebereich bezieht), auf indirektem Wege getestet werden kann, indem man die unspezifische Negation auf eine spezifische (auf einen einzelnen Wert, hier „0", bezogene) verkürzt und diese einem Test aussetzt.

9.6   Nicht-parametrische und verteilungsfreie Testverfahren

Nehmen wir an, auf der Basis von Zensusbögen sei eine Stichprobe von 510 Haushalten nach dem Zufallsprinzip ausgewählt worden und den Haushalten könnten auf Grund der ergiebigen Informationen der Zensusbögen u. a. 6 Statuskategorien (von „niedrig" bis „hoch") und 2 Mobilitätskategorien (hohe oder niedrige regionale Mobilität) zugeordnet werden. Bei der Statusvariablen handelt es sich um eine Ordinalskala mit gruppierten Daten (s. Kap. 1). Die beiden Mobilitätskategorien definieren zwei Teilstichproben der Haushalte (oder auch Haushaltsvorstände). Sie sind unabhängig voneinander, sofern die Gesamtstichprobe nach dem Zufallsprinzip gezogen wurde. Nehmen wir an, die bivariate Häufigkeitstabelle mit den absoluten einfachen (f) und den kumulierten relativen Häufigkeiten (F) sehe wie in Tab. 9.3 aus.

Tabelle 9.3   Fiktive Häufigkeiten (Quelle: eigene Darstellung)

Status	Niedrige Mobilität		Hohe Mobilität		Differenz $F_1 - F_2$
	f_1	F_1	f_2	F_2	
1	58	0,246	31	0,113	0,133
2	41	0,462	46	0,281	0,181
3	47	0,661	53	0,474	0,187
4	44	0,84	73	0,741	0106
5	22	0,941	51	0,927	0,014
6	14	1	20	1	
Summe n	236		274		

Untersucht werden soll, ob das Mobilitätsniveau mit dem sozialen Status zusammenhängt (korreliert). Eine solche Frage oder Hypothese haben wir bisher bei den statistischen Tests übersetzt in eine Annahme über den Wert eines bestimmten Parameters der Populationsverteilung, z. B. in eine Annahme über die Differenz der Mittelwerte in zwei Teilpopulationen. Als Nullhypothese haben wir z. B. formuliert: H_0: $\mu_1 - \mu_2 = 0$. Da in unserem fiktiven Beispiel aber keine metrischen Daten vorliegen, können wir diesmal keinen Test auf die Signifikanz einer beobachteten Mittelwertdifferenz durchführen.

Einen Ausweg bietet ein *nicht-parametrisches* Testverfahren, wie es u. a. die Statistiker Kolmogorov und Smirnov vorgeschlagen haben. In ihm wird die Nullhypothese, es bestehe kein Zusammenhang, in die Annahme übersetzt, dass die beiden Teilpopulationen (die Haushalte mit niedriger und die Haushalte mit hoher Mobilität) die gleiche Häufigkeitsverteilung des sozialen Status aufweisen. Eine Möglichkeit, zwei Verteilungen miteinander zu vergleichen, ohne irgendwelche summarischen Parameter zu spezifizieren, besteht darin, die kumulierten Häufigkeiten gegenüberzustellen und die zwischen ihnen auftretende maximale Differenz $|D_{max}|$ zu notieren. Je größer der Absolutbetrag der maximalen Differenz, umso größer ist der Unterschied zwischen den beiden Verteilungen. In diesem Differenzbetrag schlagen sich Unterschiede jedweder Art nieder, der Lokation ebenso wie z. B. der Streuung oder der Schiefe. Auch wenn zwei Verteilungen bspw. den gleichen Median aufweisen, so führen verbleibende Unterschiede in der Streuung oder Schiefe dennoch zu Differenzen in der Häufigkeitsverteilung. Deshalb spricht man auch von einem *Omnibus-Test*. Den Statistikern war es möglich, die Stichprobenverteilung (*sampling distribution*) der Prüfgröße $|D_{max}|$ zu bestimmen, ohne irgendwelche Annahmen über die spezifische Verteilung der betreffenden Variablen in der Grundgesamtheit (Population) zu machen. Wir wollen diese Stichprobenverteilung hier nicht in ihrer mathematischen Form angeben, sondern nur die daraus entwickelte Entscheidungsregel für die Testpraxis vorstellen. Der Test enthält unterschiedliche Fassungen, je nachdem, ob es sich (a) um große oder kleine Stichproben oder (b) um eine ein- oder eine zweiseitige Fragestellung (Hypothese) handelt. Bei der einseitigen Fragestellung wird mit der Annahme (Forschungshypothese) operiert, dass die Gruppe A (z. B. die mit hoher Mobilität) in der Population insgesamt höhere Werte der interessierenden Zufallsvariable (hier sozialer Status) aufweist, als die Gruppe B. Bei einem zweiseitigen Test wird keine Annahme über die Richtung des Zusammenhangs gemacht. Wenn die Teilstichproben Umfänge von $n_1 > 40$ und $n_2 > 40$ aufweisen (sie müssen nicht gleich groß sein), sieht die Entscheidungsregel bei einem zweiseitigen Test für die Ablehnung oder Beibehaltung der Nullhypothese wie folgt aus:

Wenn die maximale Differenz $|D_{max}|$ den kritischen Wert („kritisch" im Sinne des vorgegebenen Fehlerrisikos α)

$$(9\text{-}37) \quad D_\alpha = K_\alpha \frac{n_1 + n_2}{n_1 n_2}$$

überschreitet, wird die Nullhypothese (die beiden Populationsverteilungen sind gleich) mit dem Fehlerrisiko α zurückgewiesen; ist $|D_{max}| \leq D_\alpha$, wird sie beibehalten. Der Wert K_α ist eine Größe, die lediglich von dem gewählten Signifikanzniveau abhängt. Siegel (1956, S. 279) gibt die K_α-Werte für die gebräuchlichsten α-Niveaus wie folgt an (für kleinere Stichproben ungleichen Umfangs findet man die entsprechenden Werte z. B. in Bortz et al., 2008, S. 743 f.):

a	0,1	0,05	0,025	0,01	0,005	0,001
K_a	1,22	1,36	1,48	1,63	1,73	1,95

Wenn wir für unser Testbeispiel ein Fehlerrisiko von $\alpha \leq 0,05$ wählen, müssen wir also mit einem $K_\alpha = 1,36$ operieren. Der kritische Wert D_α ergibt sich somit aus:

$$(9\text{-}38) \quad D_\alpha = 1,36\ \frac{236 + 274}{236 \cdot 274} = 0,121$$

Der Tabelle 9.1 mit den kumulierten Häufigkeiten entnehmen wir eine beobachtete maximale Differenz von $|D_{max}| = 0,187$. Sie ist größer als D_α. Somit können wir die Nullhypothese (es bestehe kein Zusammenhang zwischen den beiden Variablen) mit einem Fehlerrisiko von $\alpha < 0,05$ zurückweisen.

Wie der Test bei einseitiger Fragestellung oder/und bei kleineren Stichprobenumfängen durchzuführen ist, erläutert Siegel (1956, S. 127 ff.); die entsprechenden kritischen Werte findet man wiederum in Bortz et al. 2008, S. 743 f. Der Test kann auch angewandt werden, wenn eine empirische mit einer (vorgegebenen) theoretischen Verteilung (z. B. der Normalverteilung) verglichen werden soll (Anpassungstest). Wenn nur eine empirische Verteilung mit dem Stichprobenumfang n > 35 vorliegt, ist der kritische Wert mit $D_\alpha = K_\alpha/\sqrt{n}$ gegeben. Für kleinere Stichprobenumfänge findet man die entsprechenden Größen ebenfalls in Bortz et al. 2008, S. 747.

Stellen wir noch einmal die zwei Besonderheiten dieses Testverfahrens heraus: (1) Es kann angewandt werden, ohne dass man Annahmen über die Verteilungsfunktion der betreffenden Variablen (z. B. symmetrisch oder nicht, normalverteilt oder nicht) in der Grundgesamtheit spezifizieren muss. Insoweit kann man von einem *verteilungsfreien* Testverfahren sprechen.[93] (2) Getestet wird kein hypothetisch angenommener Wert eines Parameters der Grundgesamtheit, wie z. B. eines bestimmten Mittelwertes oder einer Mittelwertdifferenz, sondern die „globale" Unterschiedlichkeit der involvierten Verteilungen. Insofern lässt sich dieses Test-Verfahren als *parameterfrei* oder *nicht-parametrisch* kennzeichnen.

---

93 Das Attribut „verteilungsfrei" sollte nicht zu dem Missverständnis führen, der Test käme ohne eine präzise definierte Stichprobenverteilung der jeweiligen Prüfgröße aus.

Die in der Literatur häufig zu findende Gleichsetzung zwischen verteilungsfreien und nicht-parametrischen Verfahren ist nicht unproblematisch. Der Signifikanztest auf die Zufälligkeit einer Mittelwertdifferenz ($\bar{x}_1 - \bar{x}_2$) ist sicherlich ein Parametertest. Bei seiner Durchführung formulieren wir (in der Regel) die Nullhypothese, der Populationsparameter ($\mu_1 - \mu_2$) sei gleich Null. Wenn ausreichend große Stichproben vorliegen, werden aber zur Ableitung der Stichprobenverteilung (hier der Normalverteilung) für die Stichprobenfunktion ($\bar{x}_1 - \bar{x}_2$) keine Annahmen über die Verteilung von X in der Population benötigt.[94] Insofern ist dieser Test ebenfalls verteilungsfrei – aber nicht nicht-parametrisch.

In vielen Lehrbüchern wird auch der im Kapitelabschn. 9.7.2 zu besprechende χ^2-Test der Rubrik der verteilungsfreien Testverfahren zugeordnet. Diese Etikettierung ist aber fragwürdig, wenn der χ^2-Test als Unabhängigkeitstest durchgeführt wird. Deshalb haben wir ihn nicht in diesem Abschnitt erläutert, sondern in Abschnitt 9.7.2

Nicht-parametrische bzw. verteilungsfreie Tests sind nicht nur für nicht-metrische Variablen konstruiert worden. Sie stellen auch für metrische Variablen eine Alternative zu den parametrischen bzw. verteilungsgebundenen Testverfahren dar, falls die u. U. sehr restriktiven Annahmen über die Populationsverteilung nicht realistisch sind. Allerdings sind die verteilungsfreien (nicht-parametrischen) Verfahren weniger trennscharf, implizieren also bei gleicher Stichprobengröße und gleichem Alpha-Niveau ein höheres Risiko, bei Beibehaltung der Nullhypothese einen Fehler zweiter Art (Beta-Fehler) zu begehen, also die Nullhypothese beizubehalten, obwohl die Alternativhypothese korrekt ist.

Einen leicht lesbaren Überblick zu verschiedenen nicht-parametrischen Verfahren (z.B. dem Kruskal-Wallis-Test oder dem Mann-Whitney-U-Test) gibt Siegel (1956); einen komplexeren Überblick findet man in Kühnel/Krebs (2018, Kap. 19, S. 755 ff.); eine besonders umfassende und detaillierte Darstellung liefert das diesem Thema gewidmete Buch von Bortz et al. (2008). Eine Vielzahl dieser Tests steht in SPSS zur Verfügung.

9.7 Weitere Anwendungsbeispiele zu einzelnen Testverfahren

9.7.1 Anteilsdifferenzen

Wir haben schon des öfteren darauf hingewiesen, dass ein Anteilswert p als arithmetisches Mittel der Häufigkeitsverteilung einer binär kodierten Variable X aufzufassen ist, deren eine Merkmalsausprägung den Wert „1" und deren andere den Wert „0" erhält:

---

94 In einigen Texten bezieht sich das Adjektiv „verteilungsfrei" auf alle Testverfahren, die keine Normalverteilung der entsprechenden Zufallsvariable X in der Population voraussetzen.

$$(9\text{-}39) \quad p = \frac{\sum_{i=1}^{n} x_i}{n}$$

Im Folgenden sei X die Variable „Religionsbekenntnis der Reichstagsabgeordneten von 1912". Mit $x_1 = 1$ wird ein protestantisches Bekenntnis, mit $x_0 = 0$ werden alle anderen Bekenntnisformen kodiert. Von 462 erfassten Reichstagsabgeordneten des Jahres 1912 sind 212 protestantisch und 250 nicht protestantisch (siehe Tab. 9.4).

Tabelle 9.4 Bivariate Verteilung von Konfession und Stand der Reichstagsabgeordneten von 1912 (Spaltenprozentuierung, s. a. Tab 4.2) (Quelle: eigene Darstellung)

			Stand		
			bürgerlich	adelig	Gesamt
Konfession	andere (0)	Anzahl	224	26	250
		% innerhalb von Stand	56,6%	39,4%	54,1%
	protestantisch (1)	Anzahl	172	40	212
		% innerhalb von Stand	43,4%	60,6%	45,9%
Gesamt		Anzahl	396	66	462
		% innerhalb von Stand	100,0%	100,0%	100,0%

Somit beträgt der beobachtete Anteil an Protestanten:

$$(9\text{-}40) \quad p_1 = (212 \cdot 1 + 250 \cdot 0)/462 = 212/462 = 0{,}459$$

und der Anteil an Nicht-Protestanten $p_0 = (1 - 0{,}459) = 0{,}541$. Wie wir Tab. 9.4 entnehmen können, ergeben sich für bürgerliche Abgeordnete (mit der Codeziffer „0" gekennzeichnet) und adlige Abgeordnete (Codeziffer „1") hinsichtlich des Religionsbekenntnisses unterschiedliche Verteilungen: Von den bürgerlichen Abgeordneten sind 43,4 % protestantisch ($p_{1,0} = 0{,}434$), von den adligen Abgeordneten 60,6 % ($p_{1,1} = 0{,}606$). Folglich beobachten wir eine Anteilsdifferenz von $p_{1,1} - p_{1,0} = 0{,}172$.

Sofern wir diese Differenz und damit einen Zusammenhang zwischen „Stand" und „Religionsbekenntnis" nur für diese Gruppe von Reichstagsabgeordneten behaupten wollen, ergibt sich keine Notwendigkeit für einen statistischen Signifikanztest. Der Übung wegen wollen wir jedoch im Folgenden die 462 Reichstagsabgeordneten als Zufallsstichprobe aus einer (theoretischen) Population auffassen.[95]

---

95 Zum Konzept der *theoretischen Population* siehe die einleitenden Erläuterungen (Ziff. 2) zu Kap. 7

Falls wir a priori einen höheren Protestantenanteil bei den Adligen (theoretisch) erwartet hätten, wäre unsere Forschungshypothese

(9-41) $H_1: (\pi_1 - \pi_0) > 0$,

gewesen, und die Nullhypothese folglich:

(9-42) $H_0: (\pi_1 - \pi_0) \leq 0$

Wir führen also einen einseitigen Test durch. Eine negative Differenz (gleich welcher Größe) würde die Nullhypothese bestätigen; dagegen wäre sie mit dem Fehlerrisiko $\alpha \leq 0{,}05$ zurückzuweisen, wenn die realisierte Differenz (hier 0,172) um mehr als $z_{0,95} = 1{,}645$ Standardabweichungen positiv von der Nulldifferenz ($z_{0,50} = 0$) abwiche (s. Kapitelabschn. 9.5.2). Da wir es hier mit relativ großen Teilstichproben ($n_0 = 396$ bürgerlichen und $n_1 = 66$ adligen Abgeordneten) zu tun haben und die Produkte $n_0 \cdot p_{1,0} > 10$, $n_1 \cdot p_{1,1} > 10$ sind (s. Kapitelabschn. 8.3), können wir in diesem Falle auch für die Anteilsdifferenz (analog zur Mittelwertdifferenz) das Normalverteilungsmodell unterstellen. Die Anteilsdifferenz ($p_1 - p_0$) streut bei wiederholter Stichprobenziehung um die Populationsdifferenz $\pi_1 - \pi_0$ mit einer Standardabweichung von (s. Gleichung (9-9))

(9-43) $$\sigma_{p_1 - p_0} = \sqrt{\frac{\sigma_1^2}{n_1} + \frac{\sigma_0^2}{n_0}} = \sqrt{\frac{\pi_1(1 - \pi_1)}{n_1} + \frac{\pi_0(1 - \pi_0)}{n_0}}$$

Da normalerweise π_1 und π_0 und damit auch $\sigma_{p_1 - p_0}$ in einer Testsituation nicht bekannt sind, müssen diese Kennzahlen anhand der Stichprobendaten geschätzt werden. Es lässt sich zeigen, dass (bei hinreichend großem Stichprobenumfang) der Stichprobenanteil $p = \hat{\pi}$ ein erwartungstreuer Schätzer des Populationsanteils π ist. Seine Varianz ist mit

(9-44) $$\sigma_p^2 = \frac{\pi(1 - \pi)}{n}$$

gegeben. Sie kann – ebenfalls erwartungstreu – mit der entsprechenden Stichprobenvarianz $p(1 - p)$ geschätzt werden, so dass wir für den Standardfehler in (9-43) den Schätzer

(9-45) $$\hat{\sigma}_{p_1 - p_0} = \sqrt{\frac{p_1(1 - p_1)}{n_1} + \frac{p_0(1 - p_0)}{n_0}}$$

erhalten. (Freiheitsgrade gehen hierbei nicht verloren, da man die Standardabweichung direkt aus den Anteilswerten ermittelt) Damit sind alle Elemente versammelt, die wir zur Bestimmung der Prüfgröße z der Standardnormalverteilung benötigen:

$$(9\text{-}46) \quad z = \frac{p_1 - p_0}{\widehat{\sigma}_{p_1 - p_0}} = \frac{0{,}172}{\sqrt{\dfrac{0{,}434 \cdot 0{,}566}{396} + \dfrac{0{,}606 \cdot 0{,}394}{66}}} = \frac{0{,}172}{0{,}065} = 2{,}63$$

Bei einem einseitigen Test und einem Alpha-Niveau von $\alpha = 0{,}05$ liegt, wie schon mehrmals ausgeführt, der kritische z-Wert für die positive Abweichung vom Erwartungswert bei $z_{0{,}95} = 1{,}645$. Jeder größere z-Wert bedeutet also ein empirisches Fehlerrisiko von $\alpha^* < 0{,}05$ für die Zurückweisung der Nullhypothese. In unserem Beispiel mit $z = 2{,}63$ ist das empirische Fehlerrisiko (s. oben) $\alpha^* \approx 0{,}0043$. Die Nullhypothese, der Protestantenanteil sei in den beiden Standesgruppen gleich, kann also mit einem sehr geringen Fehlerrisiko zurückgewiesen werden. (Es sei an die Ausführungen in Abschnitt 9.5.4 erinnert, wonach die Zurückweisung der Nullhypothese H_0: $(\pi_1 - \pi_0) = 0$ auf Basis einer positiven Differenz die Zurückweisung von H_0^*: $(\pi_1 - \pi_0) < 0$ impliziert).

Bisher sind wir in diesem Beispiel von der einseitigen Forschungshypothese ausgegangen, der Protestantenanteil sei unter den adligen Abgeordneten höher als unter den bürgerlichen Abgeordneten. Wenn wir statt dessen von der weniger präzisen Hypothese ausgehen, die Protestantenanteile seien in den beiden Gruppen unterschiedlich (H_1: $(\pi_1 - \pi_0) \neq 0$), führt dies zu der Nullhypothese H_0: $(\pi_1 - \pi_0) = 0$ und damit zu einem zweiseitigen Test. Für ihn steht ein effizienteres Verfahren zur Verfügung, das zu einem (leicht) geringeren Standardfehler der Prüfgröße führt. Im bisher angewandten Verfahren haben wir ihn auf der Basis zweier getrennter Anteilswerte, p_0 und p_1, geschätzt (s. Gleichung (9-45). Die umformulierte Nullhypothese (also die Negation der Forschungshypothese H_1) besagt aber, dass adlige und nicht-adlige Abgeordnete in der Grundgesamtheit den gleichen Anteil an Protestanten aufweisen. Für einen solchen Fall empfehlen die Statistiker, die in den beiden Teil-Stichproben beobachteten Anteilsgrößen p_0 und p_1 zu einem sog. „gepoolten" Schätzer (*pooled estimator*) zusammenzufassen:

$$(9\text{-}47) \quad \widehat{\pi} = \frac{n_0 p_0 + n_1 p_1}{n_0 + n_1} = \frac{396 \cdot 0{,}434 + 66 \cdot 0{,}606}{396 + 66} = 0{,}459 = p$$

Es wird also ein gewichteter Durchschnitt der beiden beobachteten Protestantenanteile gebildet. Wenn man diese Schätzgröße bei der Bestimmung des Standardfehlers für die Anteilsdifferenz gemäß Gleichung (9-45) heranzieht (also sowohl p_0 als auch p_1 durch p ersetzt) und diesen neu geschätzten Standardfehler in Gleichung (9-46) einsetzt erhält man einen nur leicht veränderten z-Wert von $z = 2{,}596$, statt wie zuvor $z = 2{,}63$.

Die beobachtete Anteilsdifferenz von $(p_0 - p_1) = 0{,}172$ weicht nach dieser Rechnung nicht mehr um 2,65, sondern um 2,596 Standardabweichungen von dem Erwartungswert der Nullhypothese $E(p_0 - p_1) = 0$ ab. Der Unterschied der beiden geschätzten Standardabweichungen ist also in diesem Falle sehr gering, die Effizienz des Tests (s. oben) zeigt sich somit nur minimal erhöht. Bei einem zweiseitigen Test liegen (wie wir schon sahen) die kritischen z-Werte bei $z_{\alpha/2} = -1{,}96$ und $z_{1-\alpha/2} = 1{,}96$. Der Wert $z = 2{,}596$ liegt deutlich außerhalb dieses Intervalls, die Nullhypothese kann also auch bei diesem zweiseitigen Test mit einem sehr geringen Fehlerrisiko zurückgewiesen werden.

Wenn mit der Anteilsdifferenz die Stärke und Signifikanz des Zusammenhangs zweier binär kodierter Variablen ermittelt werden soll, kann man statt dieses etwas umständlichen Testverfahrens den *Chi-Quadrat-Test* oder – bei kleinen Stichproben – *Fisher's Exact Test* anwenden, die wir im folgenden Kapitelabschnitt vorstellen.

9.7.2 Der Chi-Quadrat-Unabhängigkeitstest

Wir haben in Kapitelabschnitt 4.2.2 einige Zusammenhangsmaße kennengelernt, die auf der Größe χ^2 beruhen, wie z. B. den *Kontingenzkoeffizienten C* oder *Cramers V*. Diese Kennzahlen drücken die Stärke eines beobachteten Zusammenhangs aus, aber nicht unmittelbar dessen statistische Signifikanz. Die Signifikanz lässt sich jedoch direkt über die χ^2-Größe testen, wie sie in Kapitel 4, Gleichung (4-7) definiert worden ist. Unter der Nullhypothese, dass die beiden Variablen stochastisch unabhängig voneinander sind, folgt die Verteilung dieser Maßzahl χ^2 näherungsweise der Chi-Quadrat-Verteilung, die wir in den Kapitelabschnitten 8.4.1 und 9.4 vorgestellt haben. Die Freiheitsgrade (df) ergeben sich aus der Anzahl der Spalten „c" und der Zeilen „r" der entsprechenden Tabelle: $df = (r - 1)(c - 1)$.

Für die bivariate Verteilung in Tab 9.4, einer 4-Felder-Tafel, anhand derer wir im vorigen Kapitelabschnitt 9.7.1 den Test auf die Signifikanz einer Anteilsdifferenz erläutert haben, erhalten wir ein $\chi^2 = 6{,}72$ mit $(2 - 1) \cdot (2 - 1) = 1$ Freiheitsgrad. (Zur Erläuterung der diesbezüglichen Berechnungen siehe Kapitelabschn. 4.2.2) Der entsprechende Ergebnisausdruck des Computer-Programms SPSS weist hierfür ein empirisches Signifikanzniveau von $\alpha^* = 0{,}01$ aus (bezogen auf den Erwartungswert $\chi^2 = 0$).[96] Dieser Wert entspricht in etwa (bis auf Rundungsfehler) dem Fehlerrisiko $\alpha^* = 0{,}0043$, das wir im vorigen Abschnitt beim einseitigen Test auf die Signifikanz der Differenz im Protestantenanteil bürgerlicher und adliger Abgeordneter ermittelt hatten (s. Gleichung (9-46)). Wenn bei dem einen Test (dem auf die Signifikanz der Anteilsdifferenz) das Normalverteilungsmodell $\Phi(z)$ und beim anderen das Chi-

---

96 Laut Tab. 9.2, Zeile $n = 1$, in Kapitelabschn. 9.4 liegt bei einem Chi-Quadrat-Wert von 6,635 das empirische Fehlerrisiko bei $\alpha^* = 0{,}010 = (1 - 0{,}990)$.

Quadrat-Modell (für 1 Freiheitsgrad) unterstellt werden kann, gilt $z_{1-\alpha/2} = \sqrt{\chi^2_{1-\alpha}}$, in unserem Beispiel: $2{,}592 = \sqrt{6{,}72}$. Der Chi-Quadrat-Test entspricht also (bis auf Rundungsfehler) der Anwendung des *pooled estimators* im Rahmen des oben erläuterten Testverfahrens zur Signifikanz einer Anteilsdifferenz. Das Fehlerrisiko für die Zurückweisung der Nullhypothese wird umso niedriger, je größer der Wert χ^2 (oder z).

Die Approximation an die Chi-Quadrat-Verteilung gilt im Allgemeinen als hinreichend genau, wenn in allen Zellen der Tabelle die erwartete Häufigkeit bei gegebener Randverteilung $f_e \geq 5$ ist. In der sozialwissenschaftlichen Forschungspraxis folgt man aber häufig einer etwas weicheren Regel: Der Test wird lediglich dann als nicht anwendbar betrachtet, wenn mehr als ein Fünftel aller Zellen eine erwartete Häufigkeit von $f_e < 5$ aufweisen oder wenn eine der erwarteten Häufigkeiten kleiner als 1 ist. In der in Kap. 4 vorgestellten (3×3)-Tabelle 4.6 sind zwar zwei Zellen überhaupt nicht besetzt, aber die erwarteten Häufigkeiten (s. Tab. 4.7) sind auch für diese Zellen größer als 5. Wir können somit auch in diesem Beispiel den Chi-Quadrat-Test gemäß der strengeren Anwendungsregel anwenden: Der Wert $\chi^2 = 24{,}6$ (s. Gleichung (4-7)) führt bei $(3-1) \cdot (3-1) = 4$ Freiheitsgraden zu einem empirischen Fehlerrisiko von $\alpha^* < 0{,}001$.

Die summarische Prüfgröße χ^2 sagt über die Stärke des Zusammenhangs der beiden Variablen wenig aus, sie informiert nur über die statistische Abhängigkeit bzw. Unabhängigkeit der beiden Variablen. Das Ergebnis ist, wie wir in Kap. 4.2.2 sahen, abhängig von der Größe der Stichprobe. Aussagekräftiger sind die Assoziationsmaße (wie Cramer's V), die unabhängig von der Fallzahl berechnet werden. Inhaltlich noch aufschlussreicher sind oft die Differenzen zwischen den beobachteten und den erwarteten Häufigkeiten in den einzelnen Zellen, die sog. *Residuen* (die wir ja auch im Rahmen der Regressionsanalyse als Differenz zwischen erwarteten und beobachteten Werten der abhängigen Variable kennengelernt haben). Es empfiehlt sich, diese Residuen nicht in ihren Rohwerten, sondern in standardisierten Größen zu ermitteln. Üblicherweise werden sie standardisiert, indem man die Differenzenbeträge zur Wurzel der jeweils erwarteten Häufigkeit ins Verhältnis setzt, d. h., man zieht die Wurzel aus den Komponenten, die in ihrer Summe die Prüfgröße χ^2 bilden (eine Definition, die an diejenige der Standardabweichung erinnert):

$$(9\text{-}48) \qquad \text{stand. Residuen} = \frac{f_b - f_e}{\sqrt{f_e}} = \sqrt{\frac{(f_b - f_e)^2}{f_e}}$$

Im Falle von (2×2)-Tabellen versucht man die Approximation an die Chi-Quadrat-Verteilung durch die sog. *Kontinuitätskorrektur* von Yates zu verbessern. Eine entsprechend korrigierte χ^2-Größe wird vom Analyse-Programm SPSS mit berechnet. Bei sehr kleinen Fallzahlen (Daumenregel: $n \leq 30$; wird aber in der einschlägigen Literatur nicht einheitlich angegeben) wird statt des Chi-Quadrat-Tests *Fisher's Exact Test* durchgeführt, der auf einem hypergeometrischen Verteilungsmodell beruht und ebenfalls in allen einschlägigen Analyseprogrammen angeboten wird (zur näheren Erläuterung s. Blalock 1960, S. 220 ff.; Kühnel/Krebs 2018, S. 756 ff.).

Man kann den Chi-Quadrat-Test in einem anderen Kontext auch als sog. *Anpassungstest* verwenden, wenn geprüft werden soll, ob ein theoretisches Verteilungsmodell für diskrete Daten oder klassierte Intervalldaten adäquat an eine empirische Häufigkeitsverteilung angepasst ist. Auf diese Weise lässt sich z. B. das Normalverteilungsmodell mit einer beobachteten Häufigkeitsverteilung vergleichen und bewerten. Dazu rechnet man für bestimmte Quantilsabstände die Häufigkeiten aus, die nach dem Normalverteilungsmodell (oder einem anderen Verteilungsmodell) zu erwarten sind und vergleicht sie mit den beobachteten Häufigkeiten – ähnlich wie im Kolmogorov-Smirnov-Test (oben besprochen in Kapitelabschn. 9.6).

Zu erwähnen ist noch, dass sich unter der Voraussetzung $\chi^2 \neq 0$ auch Standardfehler für die Stichproben-Assoziationsmaße angeben lassen, die eine Funktion von χ^2 sind (s. Kapitelabschn. 4.2.2). Man findet die entsprechenden Angaben z. B. in Hartung et al. (1986, S. 452). Mit diesen Informationen lassen sich wiederum die entsprechenden Konfidenzintervalle schätzen.

9.7.3 Test auf Signifikanz des Pearsonschen Korrelationskoeffizienten

Will man Pearsons Korrelationskoeffizienten r (s. Kapitelabschn. 4.2.4) auf seine Signifikanz testen oder Konfidenzintervalle für den entsprechenden Populationsparameter rho (ρ) schätzen, unterstellt man üblicherweise ein bivariates Normalverteilungsmodell für die beiden Variablen X und Y. Die Merkmale X und Y müssen also nicht nur jedes für sich normalverteilt sein, sondern es müssen auch die zu einem spezifischen Wert $X = x_i$ und $Y = y_i$ gehörenden bedingten Verteilungen der $Y|X=x_i|$- und der $X|Y=y_i|$-Werte normalverteilt sein. Außerdem wird vorausgesetzt, dass die Varianzen der bedingten Verteilungen gleich sind. Aber die Stichprobenkorrelation r ist selbst bei Erfüllung dieser Voraussetzungen kein erwartungstreuer, sondern lediglich ein konsistenter Schätzer für die Populationskorrelation ρ (s. Kapitelabschn. 9.3).

Die Stichprobenverteilung von r hängt davon ab, welche Korrelation ρ in der Population vorliegt. Bei $\rho = 0$ (die übliche Annahme beim Signifikanztest) ist die folgende r-Transformation

$$(9\text{-}49) \quad t = \frac{r\sqrt{n-2}}{\sqrt{(1-r^2)}}$$

auch bei kleinen Stichproben ($4 < n < 30$) annähernd t-verteilt mit ($n - 2$) Freiheitsgraden (s. Hartung et al. 1986, S. 547). Für den Signifikanztest kann man also je nach Stichprobengröße die bereits vertrauten z- und t-Tabellen heranziehen.

Die Nullhypothese H_0: $\rho = 0$ ist gegen die Alternativhypothese H_0: $\rho \neq 0$ in der üblichen (oben erläuterten) Weise zu testen: Die Nullhypothese ist mit dem Fehlerrisiko α zu verwerfen, wenn der nach Gleichung (9-49) beobachtete Absolutbetrag $|t|$ den kritischen t-Wert $t_{n-2;1-\alpha/2}$ überschreitet. Beim einseitigen Test wäre der kritische Wert mit $t_{n-2;\alpha}$ (bei linksseitigem Test: H_1: $\rho < 0$) bzw. $t_{n-2;1-\alpha}$ (bei rechtsseitigem Test: H_1: $\rho > 0$) anzusetzen.

Bei der Konstruktion von Konfidenzintervallen kann aber normalerweise nicht von der Annahme $\rho = 0$ ausgegangen werden. Der Statistiker R. A. Fisher konnte aber zeigen, dass sich die Korrelationskoeffizienten r so transformieren lassen, dass sie in dieser neuen Form auch dann annähernd normalverteilt sind, wenn $\rho \neq 0$ ist. In der einschlägigen Literatur spricht man von *Fishers Z-Transformation* und *Fishers Z-Statistik* (siehe z. B. Kühnel/Krebs 2018, S. 448 ff.)

$$(9\text{-}50) \quad Z = \frac{1}{2} \ln\left(\frac{1+r}{1-r}\right)$$

(„ln" steht für den „natürlichen Logarithmus") Diese Z-Werte sind mit einem Standardfehler von $\sigma_z = \sqrt{1/(n-3)}$ „auch für kleine n recht gut approximativ normalverteilt" (Hartung et al. 1986, S. 549). (Sie dürfen nicht mit den z-Werten der Dichtefunktion $\Phi(z)$ der Standardnormalverteilung verwechselt werden) Es empfiehlt sich im Übrigen, auch dann auf die Z-Transformation zurückzugreifen, wenn man annimmt, dass $\rho = 0$ ist.

Mit Hilfe dieser Z-Transformation lassen sich Konfidenzintervalle um den in der Stichprobe realisierten Korrelationskoeffizienten r = $\hat{\rho}$ konstruieren. In Kapitelabschn. 4.2.4 haben wir für den Zusammenhang zwischen den Stimmenanteilen der SPD und den Anteilen der in Industrie und Gewerbe Beschäftigten der jeweiligen Wahlkreise eine Korrelation von r = 0,709 errechnet. Nehmen wir einmal an, es handele sich dabei um ein Stichprobenergebnis und wir wollten ein Konfidenzintervall für den Populationsparameter ρ schätzen. Für r = 0,709 ergibt sich ein Z = 0,885. Folglich erhalten wir das Konfidenzintervall mit

$$(9\text{-}51) \quad Z \pm z_{0,025} \sqrt{1/(n-3)} = 0,885 \pm 1,96 \sqrt{1/(n-3)} = 0,885 \pm 0,102$$

$$z_1 = 0,783, \quad z_2 = 0,987$$

Gemäß Gleichung (9-50) lassen sich die beiden Z-Werte in die entsprechenden Korrelationskoeffizienten zurück transformieren, woraus sich das folgende 95%-Konfidenzintervall für den Populationsparameter ρ ergibt:

$$(9\text{-}52) \quad (0,655 \leq \rho \leq 0,755)$$

Das um $r \neq 0$ konstruierte Konfidenzintervall ist nicht mehr symmetrisch. Die untere Intervallgrenze weicht von dem beobachteten $r = 0{,}709$ weiter ab als die obere Intervallgrenze. Es ist umso stärker asymmetrisch, je kleiner n und umso größer der Absolutbetrag von r ist (der ja nicht größer als $|1|$ werden kann).

Im Gegensatz zu den r-Werten stellen die Z-Werte eine Ratioskala dar. Während z. B. ein $r_2 = 0{,}6$ gegenüber einem $r_1 = 0{,}3$ keinen „doppelt so starken" (linearen) Zusammenhang indiziert (s. die Interpretation von r als Wurzel des Determinationskoeffizienten, in Kap. 6), lässt ein $Z_2 = 0{,}6$ im Vergleich zu einem $Z_1 = 0{,}3$ auf einen doppelt so starken Zusammenhang schließen.

9.7.4 Signifikanztests für PRE-Maßzahlen

Die in Kapitelabschn. 4.2.3 vorgestellten PRE-Maße *Gamma, Tau* und *Somers d* sind alle unter dem multinomialen Verteilungsmodell (siehe Kapitelabschn. 8.2) asymptotisch (mit zunehmender Stichprobengröße) normalverteilt, allerdings mit Varianzen, deren Definitionsgleichungen ziemlich umfänglich sind und die wir hier nicht erläutern wollen. Die Formeln hierfür sind z. B. in Liebetrau (1983) zu finden. Entscheidend für den Signifikanztest ist wiederum das Verhältnis der jeweiligen Prüfgröße zu ihrem (geschätzten) Standardfehler. Zur Konstruktion von Konfidenzintervallen müssen auch hier andere Standardfehler berechnet werden als bei einem Signifikanztest, der mit der Annahme operiert, der entsprechende Populationsparameter sei gleich Null.

SPSS bietet für alle in Kap. 4 behandelten Maße einen „näherungsweisen" Signifikanztest und für die meisten auch „asymptotische" Standardfehler an, mit denen dann Konfidenzintervalle berechnet werden können.

Literatur

Blalock, Hubert M. 1960. *Social Statistics.* New York u. a.: McGraw-Hill.

Bortz, Jürgen, Gustav A. Liener, Klaus Boehnke. 2008. *Verteilungsfreie Methoden in der Biostatistik.* Heidelberg: Springer Medizin Verlag.

Hartung, Joachim, Bärbel Elpelt, Karl-Heinz Klösener. 1986. *Statistik. Lehr- und Handbuch der angewandten Statistik.* München, Wien: Oldenbourg.

Hays, William L. 1973. *Statistics for the social sciences.* London u. a.: Hilt, Rinehart & Winston (2. Auflage).

Kühnel, Steffen, Dagmar Krebs. 2018. *Statistik für die Sozialwissenschaften:* Grundlagen, Methoden, Anwendungen. Reinbek: Rowohlt (8. Auflage).

Liebetrau, Albert M. 1983. *Measures of association.* Sage University Papers 32. Beverly Hills u. a.: Sage

Mood, Alexander M., Franklin A. Graybill; Duane C. Boes. 1974. *Introduction to the theory of statistics*. New York u. a.; McGraw Hill.

Quatember, Andreas. 2005. Das Signifikanz-Relevanz-Problem beim statistischen Testen von Hypothesen. *ZUMA-Nachrichten 57:* 128–150.

Schlittgen, Rainer. 2012. *Einführung in die Statistik*. Analyse und Modellierung von Daten. München, Wien: Oldenbourg (12., überarbeitete Auflage).

Siegel, Sidney. 1956. *Nonparametric statistics for the behavioural sciences*. New York u. a.: McGraw-Hill.

Glossar zu Kapitel 9

Ablehnungsbereich: Spannweite der Werte einer Teststatistik, bei deren Realisierung die → *Nullhypothese* als falsch zurückgewiesen wird

Alpha-Fehler: Fehler, der auftritt, wenn eine korrekte → *Nullhypothese* zugunsten der → *Alternativhypothese* abgelehnt wird. Man bezeichnet ihn auch als *Fehler erster Art*

Alternativhypothese: Sie ist i. A. die eigentlich interessierende Forschungshypothese (H_1), die sich in der Regel auf einen Wertebereich und nicht auf einen exakten Wert eines bestimmten Parameters bezieht, z. B. r > 0

Annahmebereich: Spannweite der Werte einer Teststatistik, bei deren Realisierung die → *Nullhypothese* als korrekt angenommen wird

Beta-Fehler: Fehler, der auftritt, wenn eine falsche → *Nullhypothese* beibehalten und somit die korrekte → *Alternativhypothese* abgelehnt wird. Man bezeichnet ihn auch als *Fehler zweiter Art*

Effizienz einer Schätzgröße: Sie liegt vor, wenn es keinen anderen Schätzer mit einem geringeren mittleren quadratischen Fehler (*MQF*, engl. *Mean Squared Error, MSE*) gibt. Als MQF wird der Erwartungswert der quadrierten Differenz zwischen der in der Stichprobe realisierten Schätzgröße und dem entsprechenden Populationsparameter bezeichnet. Allerdings ist der entsprechende Nachweis nur eingeschränkt möglich.

Einseitiger Hypothesentest: Bei ihm wird eine (gerichtete) Hypothese überprüft, die behauptet, dass in der Population eine bestimmte Kenngröße (z. B. ein arithmetisches Mittel) gegeben ist, deren nummerische Ausprägung entweder größer oder kleiner ist als ein vorgegebener Wert. Beim *zweiseitigen Hypothesentest* wird davon ausgegangen, dass diese Kenngröße einen bestimmten Wert aufweist, dass aber die Stichprobenrealisierung sowohl nach oben als auch nach unten innerhalb gewisser Grenzen (→ *Annahmebereich*) von diesem Wert abweichen kann

Fehler erster Art: → *Alpha-Fehler*

Fehlerrisiko: siehe → *Alpha-Fehler,* → *Beta-Fehler*

Fehler zweiter Art: → *Beta-Fehler*

Forschungshypothese: siehe → *Alternativhypothese*

Konsistenz: Man nennt einen Schätzer *konsistent,* wenn dessen Varianz mit zunehmendem Stichprobenumfang gegen Null strebt und eine evtl. gegebene → *Verzerrung* fortlaufend geringer wird

Kritischer Wert: Der mit einem gewählten Fehlerrisiko (siehe → *Alpha-Fehler,* → *Beta-Fehler*) verbundene Quantilwert der Verteilung einer Teststatistik (z. B. ein bestimmter z-Wert der Standardnormalverteilung), der den → *Annahmebereich* einer zu testenden → *Nullhypothese* vom → *Ablehnungsbereich* trennt

MQF, Mittlerer Quadratischer Fehler: → *Effizienz* einer Schätzgröße

MSE, Mean Squared Error: → *Effizienz* einer Schätzgröße

Nicht-parametrische Testverfahren: Sie zielen nicht auf in Stichproben realisierte Schätzgrößen, deren Erwartungswert jeweils ein spezifischer Populationsparameter (z. B. das arithmetische Mittel) ist. Stattdessen überprüfen sie generelle Verteilungsmerkmale (bspw. Differenzen in den relativen Häufigkeiten) der jeweils involvierten Variablen. Sie werden vor allem angewandt, wenn für diese kein metrisches Messniveau gegeben ist

Nullhypothese (H_0): Ihr Aussagegehalt stellt die logische Negation der → *Alternativhypothese* dar. Sie spezifiziert einen hypothetisch angenommenen Parameterwert der Grundgesamtheit (z. B. r = 0), der sodann anhand der entsprechenden, in der Stichprobe realisierten Schätzgröße mit einem gewissen Fehlerrisiko (→ *Alpha-Fehler,* → *Beta-Fehler*) auf seine Korrektheit überprüft werden kann.

Robustheit: Ein Schätzer wird als *robust* bezeichnet, wenn er hinsichtlich seiner Erwartungstreue und seines Standardfehlers nicht empfindlich auf die Verletzung von Modellannahmen (z. B. der Annahme konstanter Fehlervarianzen in der Regressionsanalyse) reagiert, die in die Konstruktion dieser Schätzgröße (z. B. des Steigungskoeffizienten und seines Standardfehlers) und ihrer Wahrscheinlichkeitsfunktion eingegangen sind

Signifikanzniveau: → *Signifikanztest*

Signifikanztest: Prüfung einer Forschungshypothese (→ *Alternativhypothese*), wobei die Wahrscheinlichkeitsverteilung der entsprechenden Teststatistik unter der Annahme der Gültigkeit der → *Nullhypothese* herangezogen wird. Wenn auf dieser Basis die Nullhypothese mit einem vorgegebenen Fehlerrisiko (→ *Alpha-Fehler*) zurückgewiesen und damit die Forschungshypothese akzeptiert werden kann, wird dieses Ergebnis als *signifikant* bezeichnet. Die dabei gegebene Höhe des Alpha-Fehlers bezeichnet man auch als *Signifikanzniveau*

Teststärke (auch als *Trennschärfe* bezeichnet) ist eine Antwort auf die Frage, wie gut ein Hypothesentest – besser oder schlechter als alternative Testverfahren – zwischen → *Nullhypothese* und → *Alternativhypothese* diskriminieren kann. Grundlage hierfür ist eine mathematisch ausgearbeitete *Teststärkefunktion,* die aufzeigt, wie sich bei einem in Frage kommenden Testverfahren der → *Beta-Fehler* bzw. die Größe $(1 - \beta)$ in Abhängigkeit von variierenden Werten des interessierenden Populationsparameters verändert. Die Teststärkefunktion kann als Entscheidungskriterium für die Auswahl eines Testverfahrens herangezogen werden.

Trennschärfe eines Tests: → *Teststärke*

Verzerrung (engl. *Bias*): Sie liegt vor, wenn der Erwartungswert der Wahrscheinlichkeitsverteilung eines Schätzers nicht mit dem zu schätzenden Populationsparamter übereinstimmt.

Zweiseitiger Hypothesentest: siehe → *einseitiger Hypothesentest*

In Kap. 6 haben wir das lineare Regressionsmodell im Kontext der deskriptiven Statistik vorgestellt. Die in einer Stichprobe oder auch in einer Grundgesamtheit beobachten Ausprägungen interessierender Merkmalsdimensionen (Variablen) wurden dabei nicht als Realisationen von Zufallsvariablen betrachtet, die auch anders hätten ausfallen können. Wie schon an verschiedenen Stellen dieses Einführungstextes (z. B. zu Beginn des 7. Kapitels) betont, empfiehlt es sich jedoch, Zufallseinflüsse mit zu bedenken, wenn (a) Stichprobenergebnisse auf die empirische Grundgesamtheit „übertragen" werden sollen, aus der die Stichprobe (gemäß den Regeln der Zufallsauswahl) gezogen worden ist, oder/und wenn (b) die beobachteten Sachverhalte (Kennwerte uni- oder multivariater Verteilungen der interessierenden Variablen) als Argumente für die Bestätigung oder Widerlegung (oder auch „Findung") theoretischer Hypothesen herangezogen werden sollen. In solchen Fällen sind inferenzstatistische Konzepte in die Analyse mit einzubeziehen, wie wir das in den Kapiteln 7 bis 9 ansatzweise schon erörtert haben. Im jetzigen Kapitel geht es vor allem darum, die Anwendung dieser Konzepte im Rahmen der Regressionsanalyse zu erläutern. Die in Kap. 6 vorgestellten Modellparameter – insbesondere die standardisierten und nichtstandardisierten Steigungskoeffizienten sowie der Determinationskoeffizient – werden dabei als Stichprobenfunktionen (s. Kapitel 8) von Zufallsvariablen interpretiert, deren realisierte Werte als Merkmalsausprägungen der in die Stichprobe einbezogenen Untersuchungseinheiten beobachtet (registriert) worden sind. Damit dies möglich wird, müssen bestimmte Voraussetzungen erfüllt sein, die im nächsten Abschnitt zusammengefasst werden.

Zusatzmaterial online
Zusätzliche Informationen sind in der Online-Version dieses Kapitel (https://doi.org/10.1007/978-3-658-30954-1_11) enthalten.

© Springer Fachmedien Wiesbaden GmbH, ein Teil von Springer Nature 2021
H. Thome und V. Müller-Benedict, *Statistische Methoden für die Geschichtswissenschaften*,
https://doi.org/10.1007/978-3-658-30954-1_11

10.1 Theoretische Modellvoraussetzungen

Eine Regressionsanalyse kann nur durchgeführt werden, wenn

a) eine Variable Y als *abhängige* Variable (*Kriteriumsvariable*) und eine oder mehrere andere Variablen als *unabhängige* (*bedingende*) Variablen $X_1, X_2, ..., X_K$ (*Regressor-* oder *Prädiktorvariablen*) definiert und gemessen sind und wenn
b) die (lineare oder nicht-lineare) funktionale Form der Beziehung zwischen der Kriteriumsvariablen Y und der Regressorvariablen X (bzw. den Regressoren $X_1, ..., X_K$) festgelegt worden ist.

Das bedeutet, die Forscherin muss auf Grund ihres theoretischen Wissens ein Modell spezifizieren, das sich allgemein in Form einer Gleichung darstellen lässt:

(10-1) $Y = \alpha + \beta X + \varepsilon$ (bivariate Regression)
          $Y = \alpha + \beta_1 X_1 + \beta_2 X_2 + ... + \beta_k X_k + \varepsilon$ (multiple Regression)

Wir haben die Koeffizienten (*Modellparameter*) jetzt mit griechischen Buchstaben bezeichnet, um damit anzuzeigen, dass wir uns nun auf der Ebene allgemeiner theoretischer Modelle bewegen, also Aussagen über (empirische oder hypothetische) Populationen machen wollen, statt lediglich einen als Stichprobe gegebenen Datensatz zu beschreiben. Die Regressionskoeffizienten „a" (Ordinatenabschnitt) und „b" (Steigungskoeffizienten), die wir mit Stichprobendaten ermitteln, dienen nun als Schätzgrößen $\hat{\alpha}$ und $\hat{\beta}$ für die theoretischen, bzw. für die *wahren*, d. h. in der zugehörigen Population gegebenen (aber nicht bekannten), Modellparameter α und β (s. unten).
    Wie schon in Kap. 6 gehen wir auch in diesem Kapitel zunächst davon aus, dass sich das kausalanalytische Modell in einer einzigen Funktionsgleichung darstellen lässt. Dies impliziert die Annahme, dass zwischen den bedingenden Variablen (den Regressoren) keine einseitigen Kausalbeziehungen bestehen, auch wenn sie miteinander korrelieren mögen. Wenn eine Variable X_1 ein kausaler Bestimmungsfaktor für die Variable X_2 ist und diese wiederum als Bedingungsfaktor für die abhängige Variable Y betrachtet wird, entsteht eine „Kausalkette" (im Sinne des in Kapitelabschn. 5.2.3 schon besprochenen Interventionsmodells), die nicht adäquat mit Hilfe einer einzigen Regressionsgleichung repräsentiert werden kann, in der alle Regressoren untereinander als Kontrollvariablen fungieren. Eine solche (und noch komplexere Kausalannahmen) erfordern sog. Mehrgleichungssysteme. Einen Ausblick in diese Richtung bieten wir in Kapitelabschnitt 10.5.
    In den meisten Anwendungsfällen liegt der Regressionsanalyse ein Modell zugrunde, das in seiner funktionalen Form linear in den Parametern ist (deshalb *lineare* Regression). Dies schließt Modelle ein, die in den Variablen nicht linear sind, aber durch Transformation linearisiert werden können (ausführlicher hierzu Kap. 11.1), z. B.:

(10-2) $Y = \alpha + \beta X^2 + \varepsilon = \alpha + \beta X' + \varepsilon, X' = X^2$

$Y = \alpha X^\beta \cdot 10^\varepsilon \rightarrow \log Y = \log \alpha + \beta \log X + \varepsilon \leftrightarrow Y' = \alpha' + \beta X'; Y' = \log Y,$
$$X' = \log X$$

Wir schließen Modelle aus wie

(10-3) $Y = \alpha X^\beta + \varepsilon$ (additive, nicht multiplikative Fehlerkomponente)

Solche Modelle sind auch durch eine Transformation der Variablen (z. B. Logarithmieren) nicht in eine lineare Form zu bringen.

Normalerweise möchte der Forscher mehr erreichen, als einen gegebenen Datensatz zu beschreiben und die Werte einer Variablen Y mit Hilfe der Werte einer anderen Variablen X optimal zu prognostizieren. Er möchte die korrelativen Zusammenhänge, die er beobachtet, nicht als bloße zeitliche Koinzidenz interpretieren, sondern als Ausdruck einer „strukturellen", letztlich „kausalen" Beziehung. Was mit einer *Kausalhypothese* begrifflich gemeint ist, lässt sich – in Kurzform – am ehesten mit Hilfe eines irrealen Konditionalsatzes ausdrücken: Wenn man über die festgestellte Koinzidenz (Korrelation) hinaus einen kausalen Zusammenhang behauptet, nimmt man an, dass Y auch dann mit X kovariieren würde, wenn die Werte $X = x_i$ (i = 1, 2, …, n) sich nicht unabhängig vom Beobachter eingestellt hätten, sondern wenn die X-Werte bewusst (experimentell) erzeugt worden wären (zu dieser Kausalitätskonzeption siehe von Wright 1974, S. 32, 72 ff.).

Wenn man die Steigungskoeffizienten im Kontext einer solchen allgemeinen (Kausal-)Theorie interpretieren will, werden sie zu Indikatoren für den *spezifischen* Einfluss des jeweiligen Regressors auf die abhängige Variable. Der spezifische Einfluss eines solchen Regressors lässt sich aber nur ermitteln, wenn alle relevanten Einflussfaktoren im Modell (in der Regressionsgleichung) erfasst worden sind – was bei einer bivariaten Analyse ziemlich unwahrscheinlich ist. Deshalb benötigen wir in der Regel die multiple Regression (siehe Kap. 6) oder noch komplexere Modelle, von denen wir eines (ein relativ einfaches) unter dem Stichwort der *Pfadanalyse* am Schluss dieses Kapitels vorstellen werden.

Bei der *Prognose* der Y-Werte stört es weniger, wenn einem bestimmten Regressor X_k (k = 1, 2, …, K) durch die Methode der kleinsten Quadrate vielleicht nur deshalb ein hohes Gewicht zugewiesen wird, weil X_k wie auch Y mit einer anderen Einflussvariable X^* korreliert, die (leider) nicht im Modell berücksichtigt wurde (s. die in Kapitelabschnitt 5.2 erläuterten Konzepte der Scheinkausalität, der scheinbaren Nicht-Kausalität und der Konfundierung). Aber als Indikator für die spezifische kausale Einflussstärke von X_k ist der Steigungskoeffizient β_k in diesem Falle möglicherweise irreführend. Wie wir unten noch erläutern werden, ist es bei diesem Problem von entscheidender Bedeutung, ob die ausgelassene Variable nur mit Y oder auch mit dem berücksichtigten Regressor korreliert.

Der Fehlerterm ε (in Gleichung (10-1)) repräsentiert also nicht nur Fehler, die bei der Datenerhebung gemacht werden (Stichproben- und Messfehler), sondern auch diejenigen Einflussfaktoren, die Y (mit)bestimmen, aber im Regressionsmodell nicht berücksichtigt wurden – sei es, weil sie nicht bekannt sind, sei es, weil sie aus technischen oder finanziellen Gründen nicht erhoben worden sind. Man bezeichnet sie auch als *implizite Variablen*.

Durch die Berücksichtigung des Fehlers bzw. der impliziten Variablen wird der Übergang von einem *deterministischen* zu einem *stochastischen* Modell vollzogen, in dem eine Zufallskomponente ε ausdrücklich berücksichtigt wird. Wir beanspruchen lediglich, mit unserem Regressionsmodell die bedingten Erwartungswerte $E(Y|x_i)$, nicht fallspezifisch die individuellen y_i-Werte prognostizieren zu können. Die Fehlergrößen streuen zufällig, d. h. aus unbekannten oder quantitativ nicht erfassten Gründen um die Regressionsgerade. (Wie wir noch sehen werden, müssen dennoch bestimmte Annahmen über Verteilungsmerkmale dieser Fehler gemacht werden.) Der Einfluss der Regressorvariablen wird im Unterschied dazu als *systematisch* bezeichnet[97].

Es sind noch weitere Modellvoraussetzungen zu beachten, die erfüllt sein müssen, wenn man die Regressionskoeffizienten anhand von Stichprobendaten zuverlässig schätzen, testen und im Sinne einer Kausalhypothese interpretieren will. Wir wollen sie hier einmal insgesamt (einschließlich einiger bereits genannter) auflisten, beschränken uns dabei aber auf eine sehr gedrängte Darstellung. Die Erfüllung dieser Modellvoraussetzungen soll sicherstellen, dass die Regressionsparameter konsistent, effizient und erwartungstreu geschätzt werden (s. Kapitel 9.3). Um Konfidenzintervalle schätzen und Signifikanztests durchführen zu können, müssen die Varianzen bzw. Standardfehler der entsprechenden Koeffizienten bekannt sein oder ebenfalls aus den vorliegenden Daten geschätzt werden. Für die Schätzung der Standardfehler gelten natürlich die gleichen Gütekriterien wie für die Schätzung der Regressionskoeffizienten, aber sie werden nicht unbedingt unter den gleichen Voraussetzungen eingelöst. Es kann z. B. vorkommen, dass unter bestimmten Bedingungen zwar die Regressionsparameter selbst (Punktschätzer) erwartungstreu geschätzt werden, nicht aber ihre Standardfehler.

Im Einzelnen sind folgende Punkte zu beachten:

(1) Wie schon erwähnt, muss die funktionale Form der Beziehung zwischen der abhängigen Variablen und dem oder den Regressorvariablen korrekt spezifiziert sein. Die Variablen müssen u. U. so transformiert werden, dass die Linearitätsvorausset-

---

97   An dieser Stelle sei ein früherer Hinweis wiederholt: Mit dem Begriff „Zufall" ist hier lediglich unser Nichtwissen eingestanden, aber keine philosophische These über die letzthinnige Determiniertheit oder Zufälligkeit des Weltgeschehens verkündet. Ob man stochastische oder deterministische Modelle konstruiert, ist also keine Frage der Weltanschauung, sondern der Forschungspragmatik.

zung erfüllt ist (siehe Kap. 11.1) – oder man muss eine Variante der nicht-linearen Regression (siehe Kap. 11.2) wählen.

(2) Die Werte $X = x_i$ eines Regressors müssen

a) entweder vom Forscher bzw. der Forscherin selbst experimentell festgelegt oder aus anderen Gründen perfekt vorhersagbar sein (der Regressor X wäre dann keine Zufallsvariable) oder, falls dies nicht zutrifft, d. h.
b) falls X eine Zufallsvariable darstellt (wie in der sozial- oder geschichtswissenschaftlichen Forschung üblich), müssen die x_i unabhängig von den Fehlerwerten ε_i sein (siehe unten).

Nur wenn eine der beiden Voraussetzungen erfüllt ist, können die mit Stichprobendaten ermittelten Regressionskoeffizienten optimale (effiziente, erwartungstreue und konsistente) Schätzer für die Regressionskoeffizienten des theoretischen Modells (für die Population) sein. Wenn statt der Voraussetzung 2 b) lediglich die Bedingung erfüllt ist, dass die x_i und ε_i nicht linear miteinander korrelieren, bleiben die optimalen Schätzeigenschaften nur asymptotisch erhalten, werden also nur näherungsweise bei größeren Stichproben (Faustregel n > 100) erreicht.

Mit einer Korrelation zwischen den x_i und e_i ist vor allem dann zu rechnen, wenn ein relevanter Regressor in der geschätzten Regressionsgleichung nicht berücksichtigt wurde. „Relevant" in diesem Sinne ist (wie oben schon angedeutet) eine ausgelassene Variable, wenn sie sowohl mit der abhängigen Variablen als auch mit der oder den in der Gleichung berücksichtigten Regressor-Variablen korreliert. Dieser Fall eines sog. *Spezifikationsfehlers* führt dazu, dass die geschätzten Regressionskoeffizienten keine erwartungstreuen Schätzer der wahren Regressionsparameter sind; sie können sowohl unter- als auch überschätzt sein, je nachdem, wie der oder wie die ausgelassenen Regressoren mit dem oder den berücksichtigten Regressoren (positiv oder negativ) korrelieren. Wenn relevante Regressoren ausgelassen worden sind, wird den in der Gleichung berücksichtigten Regressoren bei der Minimierung der Fehlerquadratsumme ein Teil des Einflussgewichts zugewiesen, das den nicht berücksichtigten Variablen zukommt[98]. Falls die ausgelassene Variable X* nur mit Y nicht aber mit einem berücksichtigten Regressor X_k korreliert, wird dessen Steigungskoeffizient β_k erwartungstreu geschätzt. Allerdings entsteht auch in diesem Falle ein Problem dadurch, dass der Standardfehler für β_k überschätzt wird, so dass

---

98 Wenn die nicht berücksichtigte Variable als Suppressor-Variable fungiert (s. Kap. 5.2.4), wird der oder den berücksichtigten Variablen ein geringeres Einflussgewicht zugeschrieben. Bei einer falsch spezifizierter Form der Beziehung und beim Auslassen relevanter Variablen entstehen Schätzprobleme auch dann, wenn man es nicht mit Stichprobendaten, sondern mit Daten einer empirischen Grundgesamtheit zu tun hat; denn die errechneten Regressionskoeffizienten, die man als Einflussgewichte der jeweiligen Variablen interpretieren möchte, sind stets abhängig von dem vorgegebenen Modell.

beim Signifikanztest leichter ein Fehler zweiter Art (s. Kap. 9) auftreten kann. Das heißt, der Steigungskoeffizient β_k wird ohne Berücksichtigung von X^* eher als insignifikant zurückgewiesen, als wenn X^* in der Regressionsgleichung mitberücksichtigt worden wäre.

Es ist ziemlich schwierig, in den Daten selbst Hinweise zu finden, ob man relevante Variablen ausgelassen hat oder nicht. Der Gedanke, doch einfach die beobachteten Fehler e_i mit den x_i zu korrelieren, führt nicht weiter, da durch das Kleinstquadratverfahren eine Null-Korrelation $r_{ex} = 0$ zwischen Fehler- und Regressorvariable erzwungen wird, auch dann, wenn die wahren Fehler ε_i mit den x_i korreliert sind (siehe Hanushek/Jackson 1977, S. 51). Einige multivariate Analyse- bzw. Schätzverfahren, die wir in diesem Skript nicht behandeln, bieten (eingeschränkte) Möglichkeiten zu testen, ob relevante Variablen ausgelassen wurden (so z. B. *Hausman's Specification Error Test*, s. Maddala 1992, S. 506 ff.). Gewisse Hinweise kann man u. U. den Residuenplots entnehmen (siehe Abschn. 10.3). Die korrekte Modellspezifikation ist jedoch vor allem eine Sache des theoretischen Wissens. Diese Problemlage sollte nicht zu dem Schluss verleiten, es sei ratsam, möglichst viele Regressoren in die Gleichung einzubauen, selbst wenn die substanzwissenschaftliche Theorie keine guten Gründe dafür liefert. Auch irrelevante Variablen, die keinerlei Einfluss auf Y haben, führen zu unliebsamen Konsequenzen bei der Schätzung der Modellparameter. Zwar werden die Regressionskoeffizienten dadurch nicht erwartungsuntreu, aber ihre Standardfehler werden vergrößert, wenn der Regressor mit einer irrelevanten Variablen korreliert; sie sind also nicht mehr effizient und können im Einzelfall von ihrem Zielwert weit abweichen.

(3) Die Variablen sollten fehlerfrei gemessen sein. Diese Voraussetzung ist in der sozialwissenschaftlichen Forschung praktisch nicht erfüllbar. Das liegt nicht nur an technischen Unzulänglichkeiten des Messens, sondern auch daran, dass die interessierenden Variablen häufig theoretische Konstrukte darstellen, die über empirische Indikatoren nur indirekt gemessen werden.

Das Messfehlerproblem ähnelt formal dem der oben angeführten Spezifikationsfehler, da es auch hier um unkontrollierte Einflussfaktoren geht, die im Modell nicht berücksichtigt sind. Im Allgemeinen unterscheidet man zufällige (*random*) und systematische, nicht-zufällige (*non-random*) Messfehler. Als zufällig bezeichnet man Messfehler dann, wenn sie

a) sich in der Summe bei jeder Variablen jeweils ausgleichen,
b) wenn die einzelnen Fehler untereinander und vom wahren Wert unabhängig sind,
c) wenn die Messfehler der einen Variablen unabhängig von den Messfehlern der anderen Variablen sind.

Bei den *systematischen* Messfehlern ist mindestens einer dieser Punkte nicht erfüllt. Solange man sie nicht kennt und nicht als „Hilfstheorie" in das entsprechend ausgeweitete Regressionsmodell mit einbezogen hat (eine Möglichkeit, die wir in diesem Einführungstext nicht darstellen, s. Wooldridge 2003, S. 295 ff.), beeinflussen sie das Regressionsergebnis in nicht angebbarer Weise. Die Folgen zufälliger Messfehler lassen sich hingegen benennen und unter bestimmten Voraussetzungen bei der Schätzung der Regressionskoeffizienten (und des Determinationskoeffizienten) berücksichtigen (in komplexeren Verfahren, die wir hier wiederum nicht vorstellen, siehe z. B. Hartung et al. 1986, Kap. V, Abschn. 4, Wooldridge 2003, S. 302 ff.).

Zufällige Messfehler in der abhängigen Variablen berühren nicht die Erwartungstreue der Regressionskoeffizienten. Höhere Messfehler bedeuten allerdings eine höhere Residualvarianz. Dadurch wird der Determinationskoeffizient gemindert. Außerdem wird, wie wir im nächsten Kapitelabschnitt noch sehen werden, der Standardfehler der Regressionskoeffizienten erhöht, d. h., sie werden weniger effizient geschätzt.

Zufällige Messfehler in der unabhängigen Variablen hingegen lassen den Regressionsschätzer selbst inkonsistent werden. Im bivariaten Fall wird der Koeffizient unterschätzt (negativer *bias*). Im multivariaten Falle kann man das nicht so allgemein sagen, weil die Korrelationen zwischen den einzelnen Regressoren hierfür bedeutsam sind. Es kann sowohl zu Unter- als auch zu Überschätzungen kommen.

Die Größe eines Messfehlers lässt sich schätzen, wenn eine Variable mit mehreren Indikatoren gemessen wird. In den Sozialwissenschaften fordert man zunehmend, demgemäß zu verfahren und bei der empirischen Überprüfung substantieller Theorien Messmodelle in das zu überprüfende Gesamtmodell zu integrieren. Ein methodischer Ansatz hierzu ist unter dem Namen LISREL (Jöreskog 2001) oder AMOS (Arbuckle 2006, arbeitet mit SPSS-Daten) prominent geworden und heute in gebräuchlichen Statistikpaketen (z. B. STATA, R) integriert.

(4) Die Residuen insgesamt (nicht nur die Messfehler), so wird weiter vorausgesetzt, streuen mit konstanter Varianz um den Erwartungswert Null: $E\left(\varepsilon_i^2\right) = \sigma^2$, $E(\varepsilon_i) = 0$ für alle i (i = 1, 2, …, n). Die Annahme, dass die Erwartungswerte der Fehler konstant sind, impliziert u. a. die Voraussetzung, dass die funktionale Form der Regressionsgleichung korrekt spezifiziert wurde (siehe oben, Ziff. 1). Dass diese konstanten Erwartungswerte gleich Null sind, stellt sicher, dass nicht nur der Steigungskoeffizient, sondern auch der Ordinatenabschnitt erwartungstreu geschätzt werden kann (siehe Hanushek/Jackson 1977, S. 51, 71, 136).

Die Voraussetzung konstanter (homogener) Fehlervarianzen (die sog. *Homoskedastizität*) ist in unserem zu Beginn des Kapitels 6 eingeführten Analysebeispiel (siehe das Streudiagramm in Abb. 6.1) vermutlich nicht erfüllt (sog. *Heteroskedastizität*). Es sieht so aus, als ob die Varianz der SPD-Stimmenanteile mit wachsendem Industrialisierungsgrad zunähme (größere Varianzen der Y-Werte bedeuten auch größere Varianzen der Fehler).

Inhomogene Varianzen können aus unterschiedlichen Gründen vorliegen. Sie können z. B. durch Messfehler oder durch nicht berücksichtigte Regressoren verursacht sein, die mit den berücksichtigten Regressoren korrelieren (siehe oben). Bei Aggregatdaten (wie in unserem Beispiel) ist stets mit Streuungsungleichheit zu rechnen. Das ergibt sich schon allein dadurch, dass die Aggregate oft eine ungleiche Zahl von Fällen (hier Einwohner in Wahlbezirken) zusammenfassen und Varianzen von Stichprobenfunktionen von den Fallzahlen (bzw. Freiheitsgraden) abhängen.

Die verschiedenen Faktoren, die Heteroskedastizität hervorrufen, können sich in ihrer Wirkung addieren oder überlagern. Die Schätzung der Regressionskoeffizienten bei Heteroskedastizität nach der üblichen Kleinstquadratmethode bleibt zwar erwartungstreu und konsistent, aber die Standardfehler erhöhen sich: die Schätzer sind nicht effizient, nicht einmal asymptotisch (bei größer werdender Stichprobe) effizient. Darüber hinaus wird diese vergrößerte Varianz der geschätzten Regressionskoeffizienten ihrerseits unter der Heteroskedastizitätsbedingung nicht erwartungstreu geschätzt. Wenn die Varianz mit den X-Werten positiv korreliert (wie möglicherweise in unserem Beispiel), wird der Standardfehler unterschätzt. Unterschätzte Standardfehler führen dazu, dass die Konfidenzintervalle enger werden, als sie es bei der gewählten Irrtumswahrscheinlichkeit α sein dürften. Somit wird das tatsächliche Fehlerrisiko für die Ablehnung der Nullhypothese (s. Kap. 9) größer als durch den Alpha-Wert angezeigt.

Form und Ausmaß der Varianzheterogenität versucht man bei der Residuenanalyse (siehe Abschn. 10.3) zu ermitteln. (Zu weiteren Testmöglichkeiten s. Kmenta 1971, S. 267 f., Wooldridge 2003, Chap. 8).

Dem Praktiker zum Trost zitieren Berry/Feldman (1985, S. 78) eine Arbeit von Bohrnstedt u. Carter, die zu dem Schluss gelangen, „that unless heteroscedasticity is ‚marked‘, significance tests are ‚virtually unaffected‘, and thus OLS can be used without concern of serious distortion"; aber, fahren die Experten fort, „in some analyses, heteroscedasticity may be severe".

(5) Die Fehler ε_i dürfen nicht nur mit dem oder den Regressoren nicht korrelieren (siehe oben), sie dürfen auch nicht untereinander korrelieren, nicht *auto-korrelieren*. Autokorrelationen können (z. B. auf Grund von Messfehlerprozessen oder der räumlichen Nähe von Erhebungseinheiten, wie z. B. Gebietskörperschaften[99]) auch in Querschnittdaten auftreten. Bei Zeitreihendaten sind autokorrelierte Fehler regelmäßig zu erwarten. Dort können sie auch empirisch relativ leicht identifiziert werden, weil die Messergebnisse durch ihren Zeitindex eindeutig geordnet sind.

Die Konsequenzen autokorrelierter Fehler entsprechen in etwa denen heterogener Varianzen: Die Regressionsschätzer bleiben erwartungstreu, werden aber ineffizient. Ihr Standardfehler wird erwartungsuntreu und inkonsistent geschätzt. Erwartungsuntreu wird auch die Schätzfunktion für die Residualvarianz (als Grundlage für die Ermittlung des Determinationskoeffizienten).

---

99 Hierzu hat sich ein Ansatz der sog. *Spatial Analysis* entwickelt (siehe z. B. Waller/Gotway 2004); ein Anwendungsbeispiel bietet die kriminalsoziologische Studie von Thome/Stahlschmidt (2013).

Für die Bearbeitung dieser Probleme sind verschiedene Lösungsstrategien vorgeschlagen worden (die wir in diesem Einführungstext nicht darstellen), z. B. die *Verallgemeinerte Kleinstquadratmethode* (GLS – *Generalized Least Squares*, s. Abschn. 10.3) oder die *Box/Jenkins-Methode* der Zeitreihenanalyse (zur Einführung s. Thome 2005b).

(6) Die Fehler ε_i sollen normalverteilt sein. Diese Annahme kann man mit entsprechenden Diagrammen anhand der Stichprobendaten relativ leicht überprüfen (siehe Abschn. 10.3). Die Normalverteilungsannahme ist in den meisten Anwendungsfällen jedoch nicht sonderlich relevant. Ist sie nicht erfüllt, hat das keine Auswirkungen auf die (Punkt-)Schätzung der Regressionskoeffizienten. Man benötigt aber die Annahme normalverteilter ε_i, um die Normalverteilung der Regressionskoeffizienten theoretisch begründen zu können und auf dieser Basis Konfidenzintervalle schätzen und Signifikanztests durchführen zu können. Allerdings lässt sich auch hier der zentrale Grenzwertsatz anwenden: Die Verteilung der Regressionskoeffizienten nähert sich bei größer werdendem Stichprobenumfang relativ rasch dem Modell der Normalverteilung an, auch wenn die Fehler ε_i nicht normalverteilt sind (Kmenta 1971, S. 248). Bei kleinen Stichproben sind die Intervallschätzungen und Signifikanztests aber nur valide, wenn die ε_i normalverteilt sind. Bei den F-Tests im Rahmen der multiplen Regression (siehe Kapitelabschn. 10.2) ist ebenfalls darauf zu achten, dass die Normalverteilungsannahme in etwa erfüllt ist. Zu beachten ist außerdem, dass die Effizienz der Kleinstquadrate-Schätzer stark gemindert sein kann, wenn in der Fehlerverteilung erheblich mehr extreme Werte auftauchen als nach der Normalverteilungsannahme zu erwarten wären. Für diesen Fall werden in der Literatur sog. robuste Schätzverfahren empfohlen, z. B. die sog. *getrimmte Kleinst-Quadrate-Methode* (siehe Schlittgen 2012,, S. 437 f.).

(7) Wenn wir ein Regressionsmodell mit mehreren Regressorvariablen X_1, ..., X_K spezifiziert haben, dürfen zwischen ihnen (natürlich) keine perfekten linearen Zusammenhänge bestehen. Schon bei hoher *Multikollinearität* entstehen Probleme, weil sich die Standardfehler erhöhen, die Schätzwerte also dazu tendieren, nicht nur relativ weit vom wahren Wert abzuweichen, sondern – bei den beteiligten Variablen – auch noch in entgegengesetzter Richtung, so dass es zu falschen Einschätzungen der relativen Einflussstärke kommen kann (siehe hierzu Kapitelabschn. 10.4.2).

(8) Falls die Regressionskoeffizienten im Sinne eines kausalen Zusammenhangs zwischen den Variablen interpretiert werden sollen, müssen sich die Daten zum Zeitpunkt der Messung im Gleichgewicht (*Äquilibrium*) befinden; sie dürfen sich nicht, z. B. auf Grund eines externen Ereignisses, zum Zeitpunkt der Messung auf einen neuen Gleichgewichtszustand hin bewegen. Der Schätzung des Steigungskoeffizienten ist ein eventuell vorliegendes Disäquilibrium aber nur dann abträglich, wenn die Veränderungsrate der Y-Werte (y_i) mit den X-Werten (x_i) korreliert. In unserem Bei-

spiel ist nicht auszuschließen, dass sowohl die SPD-Stimmenanteile als auch das Industrialisierungsniveau in den einzelnen Wahlbezirken in Bewegung sind. Vermutlich sind die Veränderungsraten in den einzelnen Wahlbezirken sehr unterschiedlich.
Man wird vielleicht auch annehmen wollen, dass die Veränderungsrate der SPD-Präferenz mit dem erreichten Industrialisierungsniveau kovariiert. Das würde bedeuten,
dass Daten aus einem anderen Erhebungszeitpunkt zu einem anderen Steigungskoeffizienten führen müssten. Die Steigungskoeffizienten wären also zeitabhängig; die
strukturelle Beziehung würde durch einen einzelnen Koeffizienten nicht adäquat angezeigt. Effektentwicklungen über Zeit können mit Hilfe dynamischer Regressionsmodelle auf der Basis von Zeitreihen-Daten (s. Thome 2005b, Kap. 5) oder auf Basis
von *Pooled Time-Series Cross-Section Data* (s. Beck/Katz 1995) untersucht werden (für
einen knappen Überblick s. Thome/Messner 2014).

10.2 Intervallschätzung und Signifikanztest

Wenn das Ergebnis der Regressionsanalyse nicht über die vorliegenden Untersuchungseinheiten hinaus verallgemeinert, die Regressionsgleichung nicht als theoretisches Modell für die strukturellen Zusammenhänge verschiedener Variablen
interpretiert werden soll, entfällt die Notwendigkeit der Berechnung von Konfidenzintervallen und Signifikanztests. Anders als in Kap. 6 wollen wir in diesem Kapitel
jedoch die verfügbaren Daten als Stichprobendaten betrachten, auf deren Grundlage
Erkenntnisse über empirische oder theoretische Populationen zu erlangen sind.

Wir haben in Kap. 8 für einige statistische Kennwerte (wie Mittelwerte und Mittelwertdifferenzen) bereits gezeigt, wie Hypothesen getestet und Konfidenzintervalle
geschätzt werden können. Neben den entsprechenden Stichprobenfunktionen benötigt man hierfür vor allem die darauf bezogenen Standardabweichungen.

10.2.1 Bivariate Regressionsanalyse

In ähnlicher Weise wie der Standardfehler des arithmetischen Mittels theoretisch abgeleitet werden kann (siehe Kapitelabschn. 8.3), lässt sich auch der Standardfehler
des Regressionskoeffizienten theoretisch bestimmen. Wenn die im vorigen Abschnitt
genannten Voraussetzungen erfüllt sind, ist der auf Basis der Stichprobendaten ermittelte Steigungskoeffizient b_k als Schätzer des Modellparameters β_k ($b_k = \hat{\beta}_k$) normalverteilt um den Erwartungswert β_k. Im bivariaten Regressionsmodell ist sein
Standardfehler (σ_b) mit der folgenden Gleichung gegeben:[100]

---

100 Diese Bestimmung des Standardfehlers des Steigungskoeffizienten (und die entsprechenden Gleichungen für den Fall des tri- oder multivariaten Regressionsmodells) beruht eigentlich auf der An-

$$(10\text{-}4) \qquad \sigma_b = \frac{\sigma_\varepsilon}{\sqrt{\sum_{i=1}^{n}(x_i - \overline{x}^2)}}$$

Der Standardfehler ist also umso geringer, je größer die Streuung der Regressorvariablen ist.

Da die wahre Fehlervarianz σ_ε^2 normalerweise nicht bekannt ist, muss die Standardabweichung aus den Stichprobendaten gemäß der folgenden Gleichung

$$(10\text{-}5) \qquad \widehat{\sigma}_\varepsilon = s_e = \sqrt{\frac{1}{n-2}\sum_{i=1}^{n}(y_i - \widehat{y}_i)^2}, \quad (y_i - \widehat{y}_i) = e_i$$

geschätzt werden. Die Zahl der Freiheitsgrade, $n - 2$, ergibt sich aus der Zahl der Fälle minus der Zahl der im Regressionsmodell geschätzten Parameter (im bivariaten Falle sind dies zwei). Die geschätzte Fehlergröße ist nun (statt der *wahren*) in den Zähler der Gleichung (10-4) einzusetzen. Aus dem Standardfehler σ_b wird somit der geschätzte Standardfehler $\widehat{\sigma}_b = s_b$. Diese Schätzung hat zur Folge, dass der Steigungskoeffizient $b = \widehat{\beta}$ nun nicht mehr normal-, sondern t-verteilt ist (s. hierzu die Erläuterungen in Kapitelabschn. 8.4.2). Allerdings gilt auch hier, dass sich die t-Verteilung schon bei etwa 100 Freiheitsgraden (Faustregel) der Normalverteilung weitgehend angenähert hat. Die folgenden Formeln schreiben wir aber so, als würden wir in jedem Falle die t-Verteilung anwenden.

In unserem Analysebeispiel (SPD-Stimmenanteile in Abhängigkeit vom Industrialisierungsgrad, s. Kapitelabschn. 6.1) wird für den Steigungskoeffizienten $b = 0{,}75$ ein Standardfehler von $s_b = 0{,}047$ ausgewiesen (bei Fallgewichtung auf Basis der Zahl der Wahlberechtigten im jeweiligen Wahlbezirk). Da wir unsere Daten (obwohl sie der empirischen Grundgesamtheit aller Wahlbezirke des Deutschen Reiches im Jahre 1912 entnommen sind) hier als Stichprobendaten behandeln, wollen wir nun das Konfidenzintervall bestimmen und Signifikanztests durchführen. Wenn man das bereits zitierte SPSS-Kommando zur Regressionsanalyse (vor Gleichung (6-9)) um die Unterbefehle /DESCRIPTIVES und /STATISTICS = CI (einzufügen vor DEPENDENT) ergänzt, werden auch das 95%-Konfidenzintervall sowie die Varianzen der Variablen ausgegeben (siehe Abb. 10.1). Der Übung wegen wollen wir deren Berechnung hier noch einmal Schritt für Schritt durchgehen und dabei den Ergebnisausdruck erläutern.

---

nahme, die X-Werte seien nicht-stochastisch, also fixiert (s. Maddala 1992, S. 76 f., 128–135). Wird diese Annahme aufgegeben, werden die Gleichungen mathematisch erheblich komplexer. Es lässt sich aber zeigen, dass die hier vorgestellten Kleinst-Quadrate-Schätzer auch dann konsistent, asymptotisch effizient und normverteilt sind, wenn die X-Werte als zufallsbedingt betrachtet werden, sofern X und ε unabhängig voneinander sind (s. Kmenta 1971, S. 297–301).

Deskriptive Statistiken

	Mittelwert	Std.-Abweichung	N
Stimmanteil der Sozialdemokraten	34,4961	20,56392	397
Prozentanteil der Beschäftigten in Industrie und Gewerbe 1907	42,6016	17,19149	397

Modellzusammenfassung

Modell	R	R-Quadrat	Korrigiertes R-Quadrat	Standardfehler des Schätzers
1	,624ª	,389	,388	16,09236

a. Einflußvariablen : (Konstante), Prozentanteil der Beschäftigten in Industrie und Gewerbe 1907

ANOVAª

Modell		Quadratsumme	df	Mittel der Quadrate	F	Sig.
1	Regression	65167,540	1	65167,540	251,647	,000ᵇ
	Nicht standardisierte Residuen	102290,844	395	258,964		
	Gesamt	167458,384	396			

a. Abhängige Variable: Stimmanteil der Sozialdemokraten
b. Einflußvariablen : (Konstante), Prozentanteil der Beschäftigten in Industrie und Gewerbe 1907

Koeffizientenª

Modell		Nicht standardisierte Koeffizienten		Standardisierte Koeffizienten	T	Sig.	95,0% Konfidenzintervalle für B	
		RegressionskoeffizientB	Std.-Fehler	Beta			Untergrenze	Obergrenze
1	(Konstante)	2,707	2,161		1,253	,211	-1,541	6,955
	Prozentanteil der Beschäftigten in Industrie und Gewerbe 1907	,746	,047	,624	15,863	,000	,654	,839

a. Abhängige Variable: Stimmanteil der Sozialdemokraten

Abbildung 10.1   SPSS-Ergebnis-Ausgabe (Auszug) der bivariaten Regression der SPD-Stimmenanteile auf den Industrialisierungsgrad des Wahlkreises (Quelle: eigene Darstellung)

Der zu schätzende Standardfehler s_b des Steigungskoeffizienten b resultiert laut Gleichung (10-4) in Verbindung mit (10-5) aus zwei Komponenten: der Standardabweichung der Residuen im Zähler und der Variation des Regressors im Nenner. Da die Variation mit der Zahl der Fälle wächst, folgt daraus, dass der Standardfehler des Steigungskoeffizienten (bei sonst gleichen Bedingungen) umso kleiner wird, je größer der Stichprobenumfang n ist. Die Standardabweichung der Residuen (Zählerkomponente) muss gemäß Gleichung (10-5) geschätzt werden. In der Ergebnisliste des Computerausdrucks ist dieser Schätzer als „Standardfehler des Schätzers" angegeben (in der Tabelle „Modellzusammenfassung"). Wir können seine Berechnung mit Hilfe weiterer Angaben aus Abb. 10.1 unter „ANOVA" nachvollziehen:

$$(10-6) \quad \hat{\sigma}_\varepsilon = s_e = \sqrt{\frac{102290,844}{395}} = 16,09236$$

Die Varianz der Regressorvariablen (Industrialisierungsgrad) kann über das Feld „Deskriptive Statistiken" ermittelt werden. In unserem Beispiel ist

(10-7) $s_x = 17{,}19149$

Somit erhalten wir für den Nennerausdruck in (10-4), der statt der Varianz die Variation beinhaltet, den Betrag

(10-8) $\sqrt{\sum_{i=1}^{n}(x_i - \overline{x})^2} = 17{,}19149 \cdot \sqrt{396} = 342{,}10633$

Daraus ergibt sich der bereits erwähnte Schätzer für den Standardfehler des Steigungskoeffizienten

(10-9) $\hat{\sigma}_b = s_b = \dfrac{16{,}09236}{342{,}10633} = 0{,}047$

Dieser Wert kann ebenfalls unter „nicht-standardisierte Koeffizienten – Standardfehler" direkt dem Ergebnis-Ausdruck Teil „Koeffizienten" in Abb. 10.1 entnommen werden. Bei einer Irrtumswahrscheinlichkeit von $\alpha \leq 0{,}05$ benötigen wir für das Konfidenzintervall nach Gleichung (9-23) die Werte $t_{\alpha/2}$ und $t_{1-\alpha/2}$, die wir hier, weil n = 397 > 100 ist, durch die entsprechenden z-Werte der Standardnormalverteilung, $z_{\alpha/2} = -1{,}96$ und $z_{1-\alpha/2} = 1{,}96$ approximieren können (s. Tab. 8.3). Daraus ergibt sich das 95-Prozent-Vertrauensintervall

(10-10) $P(b + z_{\alpha/2} \cdot s_b \leq b \leq b + z_{1-\alpha/2 \cdot s_b}) = 0{,}95$
$P(0{,}746 - 1{,}96 \cdot 0{,}047 \leq b \leq 0{,}746 + 1{,}96 \cdot 0{,}047) = 0{,}95$
$P(0{,}654 \leq b \leq 0{,}838) = 0{,}95$

Diese Intervallgrenzen stimmen bis auf Rundungsfehler mit den Werten überein, die im Ergebnisausdruck unter der Bezeichnung „95 % Konfidenzintervalle für B" erscheinen. (Eine Zeile darüber findet man auch die entsprechenden Angaben für den Ordinatenabschnitt, (Konstante)).

Da der Wert Null außerhalb dieses Intervalls liegt, ist auch schon klar, dass die Nullhypothese H_0: $\beta = 0$ mit einem Fehlerrisiko von $\alpha \leq 0{,}05$ zurückgewiesen werden kann. Der *einseitige* Signifikanztest mit

H_1: $\beta > 0$
H_0: $\beta \leq 0, \alpha \leq 0{,}05$

wird dann erst recht zur Ablehnung der Null-Hypothese führen. Der Übung wegen
sei er hier noch einmal durchgespielt: Der kritische t-Wert (= z-Wert) ist nun nicht
1,96, sondern

(10-11) $t_{n-2;1-\alpha} = t_{n-2;1-0,05} = 1,65$

Der beobachtete Regressionskoeffizient b = 0,746 (s. oben und Kap. 6.1) liegt mehr als
nur 1,65 Standardabweichungen von seinem Erwartungswert E(b) = 0 entfernt:

(10-12) $t = \dfrac{b - 0}{s_b} = \dfrac{0,746}{0,047} = 15,87$

Das empirische Signifikanzniveau α^* hierfür ist kleiner als ein Zehntausendstel. Der
Regressionskoeffizient ist also, statistisch gesehen, hoch signifikant. Auch der t-Wert
und das zweiseitige Signifikanzniveau sind unter „T" (jetzt mit Großbuchstaben) und
„Sig" im Ergebnis-Ausdruck angegeben.

Signifikanztests und die Berechnung von Konfidenzintervallen beruhen auf Modellannahmen über das Verhalten der Fehler (siehe oben), denen die Praxis nur selten voll entspricht. Deshalb sind alternative Berechnungsmethoden vorgeschlagen
worden, z. B. das sog. „Jackknifing". Eine knappe Einführung hierzu gibt Achen (1982,
Kap. 4). Dort findet der Leser oder die Leserin auch Überlegungen, die den konventionellen Signifikanztest problematisieren und andere Entscheidungskriterien (*substantielle* Signifikanz) ins Spiel bringen.

Zum Ergebnisausdruck in Abb. 10.1 ist noch anzumerken, dass mit dem „Beta"-Koeffizienten der standardisierte Steigungskoeffizient gemeint ist, der (wie in
Kap. 6 erläutert) im bivariaten Analysemodell identisch mit dem Pearsonschen Korrelationskoeffizienten ist (und den wir dort mit dem Kürzel b^s bezeichnet haben). Das
„Korrigierte R Quadrat" sowie den varianzanalytischen F-Test werden wir weiter unten noch erläutern. Zunächst sollen aber die Standardfehler und Signifikanztests im
Rahmen der multiplen Regressionsanalyse kurz eingeführt werden.

10.2.2 Multiple Regressionsanalyse

Dabei beziehen wir uns weiterhin auf das Analysebeispiel der SPD-Stimmenanteile,
erweitern aber (s. Gleichung (6-23)) das Modell um eine zweite Regressorvariable,
den Anteil der Protestanten (ev05p) in den jeweiligen Wahlbezirken:

(10-13) $spd12p = \alpha + \beta_1 \cdot kbe07igp + \beta_2 \cdot ev05p + \varepsilon$
                     (Industrial.grad)   (evang.Bev)

Die empirisch ermittelten Steigungskoeffizienten b_1 und b_2 sind nun wiederum als Schätzgrößen der jeweiligen theoretischen Steigungskoeffizienten zu betrachten. Ihre Standardfehler lassen sich wie folgt bestimmen (s. Maddala 1992, S. 134–143).

$$(10\text{-}14) \quad \widehat{\sigma}(b_1) = \sqrt{\frac{\widehat{\sigma}_\varepsilon^2}{\sum\limits_{i=1}^{n}(x_{1i} - \overline{x}_1)^2 (1 - r_{x_1 x_2})^2}}$$

$$\widehat{\sigma}(b_2) = \sqrt{\frac{\widehat{\sigma}_\varepsilon^2}{\sum\limits_{i=1}^{n}(x_{2i} - \overline{x}_2)^2 (1 - r_{x_1 x_2})^2}}$$

Die Gleichungen zeigen, wie der jeweilige Standardfehler nun nicht mehr nur von der Streuung der einzelnen X-Variablen abhängig ist, sondern auch davon, wie stark die Regressorvariablen miteinander korreliert sind. Je höher die Korrelation, umso geringer der Betrag des Nenner-Ausdrucks, umso höher die Standardfehler der betroffenen Steigungskoeffizienten. Wie in Kap. 6 erläutert, handelt es sich bei der Differenz von $(1 - r^2)$ bzw. $(1 - R^2)$ um das Unbestimmtheitsmaß, den Anteil nicht erklärter Varianz. Wenn das Modell mehr als zwei Regressorvariablen umfasst, sind in den Gleichungen (10-14) die Unbestimmtheitsmaße einzusetzen, die sich ergeben, wenn jede der bedingenden Variablen auf alle anderen bedingenden Variablen regrediert wird. Wir bleiben aber im Folgenden bei dem Beispiel der Regressionsanalyse mit zwei bedingenden Variablen.

Da die wahre Fehlervarianz σ_ε^2 weiterhin unbekannt ist, muss sie aus den vorliegenden Daten mit $s_e^2 = \widehat{\sigma}_\varepsilon^2$ geschätzt werden. Wir können die Wurzel daraus, den „Standardfehler des Schätzers" im Ergebnisausdruck Abb. 10.2 mit denselben Spalten rekonstruieren wie bei der bivariaten Regression in Abb. 10.1:

$$(10\text{-}15) \quad \widehat{\sigma}_\varepsilon = s_e = \sqrt{\frac{64124{,}370}{394}} = 12{,}75744$$

Die Zahl der Freiheitsgrade $df = 394$ ergibt sich aus der Zahl der Fälle ($n = 397$) minus der Zahl $(K + 1) = 3$ der geschätzten Regressionskoeffizienten (einschließlich des Ordinatenabschnitts). Die Nennergrößen der ersten der beiden Gleichungen (10-14) können wir auch hier über das Subkommando /DESCRIPTIVES erhalten (siehe oben): $\sqrt{\sum_{i=1}^{n}(x_{1i} - \overline{x}_1)^2} = 17{,}19149 \cdot \sqrt{396} = 342{,}11$; $r_{x1x2}^2 = 0{,}123^2 = 0{,}0151$. Somit ist der geschätzte Standardfehler des Steigungskoeffizienten der Industrialisierungsvariable

$$(10\text{-}16) \quad \widehat{\sigma}(b_1) = \sqrt{\frac{12{,}75744^2}{342{,}11^2 \ (1 - 0{,}0151)}} = \frac{12{,}75744}{342{,}11} \sqrt{\frac{1}{(1 - 0{,}0151)}} = 0{,}0375$$

Dieses Resultat finden wir wieder im Ergebnisausdruck in der Spalte „nicht-standar-disierte Koeffizienten – Standardfehler". Der Standardfehler hat sich gegenüber der bivariaten Regression (mit $s_{b(1)} = 0{,}047$) verringert, da die Fehlervarianz durch Hinzunahme der zweiten Regressorvariable (ev05p) reduziert wurde und die beiden Regressorvariablen nur sehr schwach miteinander korreliert sind. Der t-Wert ist demgemäß von $t = 15{,}86$ auf $t = 17{,}98$ gestiegen. Der Spalte „Sig" des Ergebnisausdruckes ist wieder zu entnehmen, dass dieser Wert einem Fehlerrisiko mit mindestens drei Nullstellen nach dem Komma entspricht, also $\alpha^* < 0{,}0005$.

Wir ersparen es uns, diese Berechnungen auch hinsichtlich der Konfessionsvariable ev05p im Einzelnen nachzuvollziehen. Für sie wird ein Steigungskoeffizient von $b_2 = 0{,}292$ ausgewiesen; er ist also erheblich geringer als der für die Industrialisierungsvariable. Geringer ist allerdings auch der (geschätzte) Standardfehler mit $s_{b(2)} = 0{,}019$. Das erklärt sich daraus, dass die Konfessionsvariable mit $s_2 = 33{,}95$ eine wesentlich höhere Standardabweichung aufweist als die Industrialisierungsvariable mit $s_1 = 16{,}2$. Die Neigung der Regressionsgeraden b_2 beruht, bildlich gesprochen, auf einem wesentlich breiteren Fundament als die der Geraden mit dem Steigungskoeffizienten b_1; die bei wiederholten Stichprobenziehungen zu erwartenden Schwankungen sind geringer. Wegen des minimalen Standardfehlers des Steigungskoeffizienten ist auch der auf die Konfessionsvariable bezogene t-Wert ($t = 15{,}31$) für b_2 fast so hoch wie der auf die Industrialisierungsvariable bezogene t-Wert ($t = 17{,}98$) für b_1.

Durch die Hinzunahme der Konfessionsvariable ist der Determinationskoeffizient deutlich gestiegen, von $R^2 = 38{,}9$ auf $R^2 = 61{,}7$. Das heißt, fast zwei Drittel der Variation der SPD-Stimmenanteile kann allein durch den in den Wahlbezirken gegebenen Industrialisierungsgrad und Protestantenanteil im statistischen Sinne erklärt werden.

Im Ergebnisausdruck wird noch ein „Korrigiertes R-Quadrat" ausgewiesen, dessen Betrag etwas geringer ist als der des unkorrigierten Determinationskoeffizienten R^2. Dieser korrigierte multiple Determinationskoeffizient wird gemäß folgender Formel berechnet (siehe Pindyck/Rubinfeld 1981, S. 80):

$$(10\text{-}17) \quad R_a^2 = 1 - (1 - R^2) \frac{n - 1}{n - (K + 1)}$$

(„K" entspricht der Anzahl der unabhängigen Variablen)

Wie bekannt, ist der Ausdruck $(1 - R^2)$ das Unbestimmtheitsmaß, der Anteil der nicht erklärten Y-Variation an der Y-Gesamtvariation. Determinationskoeffizient und Unbestimmtheitsmaß ergänzen sich also zu 1, anders ausgedrückt: $R^2 = 1 - (1 - R^2)$. Die Korrektur von R^2 zu R_a^2 kommt dadurch zustande, dass der negative Summand, das

Deskriptive Statistiken

	Mittelwert	Std.-Abweichung	N
Stimmanteil der Sozialdemokraten	34,4961	20,56392	397
Prozentanteil der Beschäftigten in Industrie und Gewerbe 1907	42,6016	17,19149	397
Anteil der Personen evangelischen Glaubens	63,0630	33,92546	397

Modellzusammenfassung

Modell	R	R-Quadrat	Korrigiertes R-Quadrat	Standardfehler des Schätzers
1	,786ª	,617	,615	12,75744

a. Einflußvariablen : (Konstante), Anteil der Personen evangelischen Glaubens, Prozentanteil der Beschäftigten in Industrie und Gewerbe 1907

ANOVAª

Modell		Quadratsumme	df	Mittel der Quadrate	F	Sig.
1	Regression	103334,014	2	51667,007	317,458	,000ᵇ
	Nicht standardisierte Residuen	64124,370	394	162,752		
	Gesamt	167458,384	396			

a. Abhängige Variable: Stimmanteil der Sozialdemokraten

b. Einflußvariablen : (Konstante), Anteil der Personen evangelischen Glaubens, Prozentanteil der Beschäftigten in Industrie und Gewerbe 1907

Koeffizientenª

Modell		Nicht standardisierte Koeffizienten		Standardisierte Koeffizienten	T	Sig.	95,0% Konfidenzintervalle für B	
		RegressionskoeffizientB	Std.-Fehler	Beta			Untergrenze	Obergrenze
1	(Konstante)	-12,673	1,986		-6,383	,000	-16,576	-8,769
	Prozentanteil der Beschäftigten in Industrie und Gewerbe 1907	,676	,038	,565	17,980	,000	,602	,749
	Anteil der Personen evangelischen Glaubens	,292	,019	,481	15,314	,000	,254	,329

a. Abhängige Variable: Stimmanteil der Sozialdemokraten

Abbildung 10.2 SPSS-Ergebnis-Ausgabe (Auszug) der trivariaten Regression der SPD-Stimmenanteile auf den Industrialisierungsgrad des Wahlkreises und den Anteil der evangelischen Bevölkerung (Quelle: eigene Darstellung)

Unbestimmtheitsmaß, umso stärker gewichtet wird, je größer die Zahl K der Regressorvariablen, je geringer also die Zahl der Freiheitsgrade. Den Sinn dieser Operation kann man sich in etwa durch folgende Überlegung vergegenwärtigen: Wenn die Zahl der Koeffizienten (der Parameter im Regressionsmodell) ebenso groß ist wie die Zahl der Fälle, muss die beobachtete Residualvarianz gleich Null sein (vollständige Erklärung). Bei z. B. zwei Fällen und einer Regressorvariablen (neben der abhängigen Variable), geht die Regressionsgerade (bestimmt durch zwei Parameter: Ordinatenabschnitt und Steigungskoeffizient) durch die beiden Koordinatenpunkte $(y_1; x_1)$ und $(y_2; x_2)$. Abweichungen davon treten nicht auf. Ganz gleich, ob ein struktureller Zusammenhang besteht oder nicht, wird die Residualvariation durch die Anzahl der im Modell berücksichtigten Variablen gemindert. In R^2 wird deshalb das Unbestimmtheitsmaß durch den Faktor $(n-1)/(n-K-1)$ entsprechend erhöht. (Weitere Erläuterungen hierzu geben Pindyck/Rubinfeld 1981, S. 78 ff.).

Die statistische Signifikanz von R^2 kann mit Hilfe der F-Statistik mit K und n – (K + 1) Freiheitsgraden getestet werden (zur F-Verteilung siehe die Erläuterungen in Abschn. 8.4.3).

$$(10\text{-}18) \quad F_{K, n\text{-}K\text{-}1)} = \frac{\dfrac{R^2}{K}}{\dfrac{(1-R^2)}{n-K-1}} = \frac{R^2}{(1-R^2)} \cdot \frac{n-K-1}{K} = \frac{0{,}617}{1-0{,}617} \cdot \frac{394}{2}$$

$$= 317{,}46$$

Der Anteil der erklärten Varianz (R^2), dividiert durch die Freiheitsgrade K (die der Anzahl der Regressorvariablen entsprechen, hier K = 2), wird ins Verhältnis gesetzt zum Anteil der nicht erklärten Varianz ($1 - R^2$), dividiert durch die Freiheitsgrade $(n - K - 1)$. Die entsprechenden Zahlengrößen sind wiederum der Abb. 10.2 zu entnehmen, der F-Wert steht im Abschnitt ANOVA unter „F". Angesichts der Tatsache, dass die beiden Steigungskoeffizienten hoch signifikant sind, erübrigt sich der Signifikanztest für das Bestimmtheitsmaß R^2. Das Fehlerrisiko α* für die Zurückweisung der Nullhypothese (der Populationsparamter R^2 sei gleich Null) ist in Abb. 10.2 unter ANOVA mit „Sig" = 0,000 angegeben. In der Praxis kann es vorkommen, dass R^2 mit einem Fehlerrisiko α ≤ 0,05 signifikant ist, obwohl die Steigungskoeffizienten der einbezogenen Regressorvariablen dieses Signifikanzniveau verfehlen. Das liegt daran, dass die Steigungskoeffizienten den spezifischen Beitrag der einzelnen Regressorvariablen repräsentieren, R^2 aber den Anteil der insgesamt erklärten Varianz unabhängig davon darstellt, wieviel davon die einzelnen Regressoren in der Summe ihrer spezifischen Beiträge leisten (unter „Kontrolle" des jeweiligen Sets der weiteren Regressorvariablen) und wieviel davon ihnen nur gemeinsam zugeschrieben werden kann (ein Anteil, der umso höher ist, je stärker die Regressorvariablen untereinander korrelieren).

Modellzusammenfassung

					Statistikwerte ändern				
Modell	R	R-Quadrat	Korrigiertes R-Quadrat	Standardfehler des Schätzers	Änderung in R-Quadrat	Änderung in F	df1	df2	Sig. Änderung in F
1	,786[a]	,617	,615	12,75744	,617	317,458	2	393	,000
2	,844[b]	,712	,710	11,07998	,095	129,330	1	392	,000

a. Einflußvariablen : (Konstante), Prozentanteil der Beschäftigten in Industrie und Gewerbe 1907, Anteil der Personen evangelischen Glaubens

b. Einflußvariablen : (Konstante), Prozentanteil der Beschäftigten in Industrie und Gewerbe 1907, Anteil der Personen evangelischen Glaubens, urbgrad

ANOVA[a]

Modell		Quadratsumme	df	Mittel der Quadrate	F	Sig.
1	Regression	103334,014	2	51667,007	317,458	,000[b]
	Nicht standardisierte Residuen	64124,370	394	162,752		
	Gesamt	167458,384	396			
2	Regression	119211,339	3	39737,113	323,682	,000[c]
	Nicht standardisierte Residuen	48247,045	393	122,766		
	Gesamt	167458,384	396			

a. Abhängige Variable: Stimmanteil der Sozialdemokraten

b. Einflußvariablen : (Konstante), Prozentanteil der Beschäftigten in Industrie und Gewerbe 1907, Anteil der Personen evangelischen Glaubens

c. Einflußvariablen : (Konstante), Prozentanteil der Beschäftigten in Industrie und Gewerbe 1907, Anteil der Personen evangelischen Glaubens, urbgrad

Koeffizienten[a]

Modell		Nicht standardisierte Koeffizienten		Standardisierte Koeffizienten		
		RegressionskoeffizientB	Std.-Fehler	Beta	T	Sig.
1	(Konstante)	-12,673	1,986		-6,383	,000
	Anteil der Personen evangelischen Glaubens	,292	,019	,481	15,314	,000
	Prozentanteil der Beschäftigten in Industrie und Gewerbe 1907	,676	,038	,565	17,980	,000
2	(Konstante)	-13,355	1,726		-7,740	,000
	Anteil der Personen evangelischen Glaubens	,290	,017	,479	17,544	,000
	Prozentanteil der Beschäftigten in Industrie und Gewerbe 1907	,207	,053	,173	3,927	,000
	urbgrad	,355	,031	,499	11,372	,000

a. Abhängige Variable: Stimmanteil der Sozialdemokraten

Abbildung 10.3 SPSS-Ergebnis-Ausgabe (Auszug) nach Hinzufügen der Variable „Urbanisierungsgrad" (urbgrad) (Quelle: eigene Darstellung)

Der F-Test kann auch herangezogen werden, um zu testen, ob zusätzlich einbezo-
gene Regressorvariablen den Anteil der erklärten Varianz signifikant erhöhen (eine
Form der sog. *schrittweisen Regression*). Solange nur eine Variable zusätzlich aufgenommen wird, ist dieser F-Change-Test im Ergebnis identisch mit dem t-Test auf
die Signifikanz des Steigungskoeffizienten, der für die zusätzliche Variable ermittelt
wurde. Dies erläutern wir hier, indem wir dem bisherigen Modell mit K = 2 Regressorvariablen, eine weitere Variable, nämlich den Urbanisierungsgrad (Variable urbgrad = Anteil der Bevölkerung in Gemeinden über 2000 Einwohner) hinzufügen.

Bezeichnen wir mit SS(I) die Summe der Fehlerquadrate, die sich für das Aus-
gangsmodell mit K Regressorvariablen ergeben, und mit SS(II) die Summe der Fehlerquadrate, die auch dann noch verbleiben, wenn die Zahl der Regressorvariablen
auf (K + m) erhöht wurde (die beiden K Regressor-Variablen des ersten Modells sind
eine Teilmenge der K+m Regressorvariablen des zweiten Modells). Die Testgröße F,
mit der die Signifikanz der zusätzlich erklärten Varianz getestet werden kann, ist mit
folgender Gleichung gegeben:

$$(10\text{-}19) \quad F_{m;n-K-m-1} = \frac{\dfrac{SS(I) \,-\, SS(II)}{m}}{\dfrac{SS(II)}{n \,-\, K \,-\, m \,-\, 1}}$$

In unserem Analysebeispiel ergibt sich für die Regression der SPD-Stimmenanteile
auf die beiden Regressorvariablen „Industrialisierung" und „Protestantenanteil" eine
Fehlerquadratsumme von SS(I) = 51667 (R^2 = 0,617). Um zusätzlich lediglich (m = 1)
den Grad der Urbanisierung in das Modell mit einzubeziehen (s. in Kap. 6 Gleichung
(6-29)) und den F-Change-Test durchzuführen, müssen in SPSS die Unterbefehle /
STATISTICS CHANGE und /METHOD = STEPWISE urbgrad hinzugefügt werden.
Dann vermindert sich die Fehlerquadratsumme SS(II) auf 39737 und der erklärte Varianzanteil erhöht sich auf R^2 = 0,712 (s. Abb. 10.3). Setzen wir diese Größen in Gleichung (10-20) ein, ergibt sich folgender *F-Change*-Wert (zur Erinnerung: n = 397):

$$(10\text{-}20) \quad F_{m;n-K-m-1} = \frac{\dfrac{64124,37 \,-\, 48247,045}{1}}{\dfrac{48247,045}{393}} = 129,33$$

Diesen Wert finden wir im Ergebnisausdrucks (Abb. 10.3) unter der Bezeichnung
„Änderung in F", dahinter die Information, dass dieser F-Wert hochsignifikant ist:
Die Nullhypothese, dass die dritte Variable (urbgrad) keine zusätzliche Varianz er-
klärt, kann mit einem Fehlerrisiko von $\alpha < 0,0005$ zurückgewiesen werden.

Wenn sich das vollständige bzw. erweiterte Modell von dem eingeschränkten
nur durch eine zusätzliche Regressorvariable unterscheidet, führt (wie schon er-

wähnt) der F-Test gemäß Gleichung (10-20) zum gleichen Ergebnis wie der t-Test für den Steigungskoeffizienten der entsprechenden Variable. Durch algebraische Operationen simuliert der t-Test für jede unabhängige Variable eine Situation, wie sie im F-Change-Test vorliegt. Schon in Abschnitt 8.4.3 hatten wir auf die Beziehung $\sqrt{F_{1,n}} = t_n$ hingewiesen. In der Tat führt die Wurzel des F-Wertes nach (11-19) zu dem t-Wert, der im Ergebnisausdruck für den Steigungskoeffizienten des Urbanisierungsgrads ausgewiesen ist:

$$(10\text{-}21) \quad \sqrt{F_{1,393}} = \sqrt{129{,}33} = 11{,}37 = t_{b_3}$$

10.3 Überprüfung von Modellvoraussetzungen: Residuenanalyse und gewichtete Regression

Die Analyse der Residuen ist das wichtigste Hilfsmittel, mit dem man wenigstens einige der in Kapitelabschn. 10.1 vorgestellten Modellvoraussetzungen empirisch prüfen kann. In der Forschungspraxis stützt man sich dabei vor allem auf die visuelle Inspektion folgender Diagramme:

a) des Streudiagramms, das die Residuen e_i (meistens in standardisierter Form) in Abhängigkeit von den bedingten Prognosewerten $\hat{y}_i$ aufzeigt,
b) eines Histogramms der Residuen und eines sog. „Normal Probability Plots", in dem die kumulierte Häufigkeitsverteilung der Residuen und der Standardnormalverteilung gegeneinander geplottet werden.

Wir wollen hier nur einige der Standardverfahren in knapper Form darstellen, ohne die Feinheiten der Residuenanalyse und damit verknüpfte alternative Modellvarianten zu erläutern (ausführlichere bzw. weiterführende Darstellungen geben z. B. Belsley et al. 1980, Wooldridge 2003, S. 206 ff.). In SPSS stehen eine Reihe von Optionen zur Residuenanalyse zur Verfügung (s. Norusis 2012), wobei wir hier folgende Auswahl treffen (diese Subkommandos werden nach /DEPENDENT eingegeben):

/SAVE PRED(predspd) RESID(resspd) SRESID(studresspd)
/RESIDUALS = HISTOGRAM(RESID) NORMPROB OUTLIERS ID(wkr_nr)

Normalerweise betrachtet man die Residuen in ihrer standardisierten Form. Bisher haben wir nur die z-Standardisierung kennengelernt, die eine Variable – oder nun auch die Modellresiduen – numerisch auf die Standardabweichung von 1 und ein arithmetisches Mittel von 0 normiert. Eine weitere Standardisierungsform führt zu den sog. *studentized residuals* (in SPSS: SRESID). Hierbei werden die beobachteten

Residualwerte (Fehlergrößen) durch einen Schätzer ihres (bedingten) Standardfehlers dividiert, der selbst wiederum mit den X-Werten variiert. Dahinter steht ein formales Element des Regressionsmodells, das wir hier nicht näher erläutern wollen: In
das Verfahren der Kleinst-Quadrate-Schätzung ist eine Tendenz eingebaut, die Varianzen der geschätzten (nicht der wahren[101]) Residuen umso kleiner werden zu lassen,
je weiter die jeweiligen X-Werte (denen sie zugeordnet sind) von ihrem arithmetischen Mittel entfernt liegen (s. Schlittgen 2012, S. 437 f.).[102] Die sog. s-Standardisie-
rung (*studentized residuals*) schaltet diesen (methodenbedingten) Einfluss aus und
erlaubt somit eine angemessenere Prüfung der Frage, ob eine Heteroskedastizität
vorliegt, die durch Modelldefekte oder/und nicht rein zufällig streuende Messfehler
verursacht sein könnte. In der Praxis ergeben sich aber selten nennenswerte Unterschiede in den Plots der z- oder s-standardisierten Residuen und auch kaum welche
in den Plots standardisierter und nicht-standardisierter Residuen.

Will man Streudiagramme mit residualen oder prognostizierten Variablen abrufen,
sollten diese zunächst mit dem /SAVE-Kommando erstellt werden. Dabei muss den
zu erzeugenden Variablen in Klammern ein abweichender Name zugewiesen werden,
der in späteren Kommandos, z. B. beim Zeichnen eines Streudiagramms, benutzt
wird. So erzeugt das obige Unterkommando /SAVE PRED(predspd) RESID(resspd)
SRESID(studresspd) drei neue Variablen: die vorhergesagten Werte $\hat{y}_i$ unter dem Namen predspd, die Residuen $y_i - \hat{y}_i$ als resspd und die studentisierten Residuen unter
studresspd.

Mit dem obigen Subkommando /RESIDUALS fordern wir für das Histogramm
die studentized und für den Normal Probability Plot (siehe unten) die z-standardisierten Residuen an (zwischen ihnen besteht in unserem Beispiel kaum ein Unterschied). Mit den OUTLIERS werden uns die zehn extremsten Werte (hier wieder in
z-standardisierter Form) mit Angabe der Wahlkreisnummer (Variablenname wkr_
nr) ausgedruckt. Das /CASEWISE-Kommando mit seinen weiteren Spezifikationen
liefert uns einen Plot aller Residuen pro Wahlkreisnummer nebst weiteren Angaben
wie z. B. der numerischen Größe der Residuen.

Wir beginnen nun die Residuenanalyse mit dem bivariaten Regressionsmodell,
das die SPD-Stimmenanteile in Abhängigkeit vom Industrialisierungsgrad darstellt
(s. den Ergebnisausdruck in Abb. 10.1). Auf Basis der geschätzten Parameter dieses
Modells lassen sich u. a. die Residuenplots konstruieren, die in Abb. 10.4 präsentiert
werden: a) die Residuen in Abhängigkeit von den Prognosewerten, b) die studentisierten Residuen in Abhängigkeit von den Prognosewerten. Die zwei Streudiagramme können in SPSS mit den folgenden Befehlen erstellt werden:

---

101 Die „wahren" Residuen sind die Abweichungen von der „wahren" Regressionslinie, die man bei kor-
    rekter Modellspezifikation ermitteln könnte, wenn die Populationsdaten vollständig vorlägen.
102 Die Standardfehler der bedingten Prognosewerte $\hat{y}_i$ nehmen dagegen zu, je weiter der bedingende
    Wert x_i vom Mittelwert $\bar{x}$ entfernt ist (s. Kühnel/Krebs 2018, S. 476 ff.); Wonnacott/Wonnacott 1972,
    S. 279 ff.).

GRAPH
  /SCATTERPLOT(BIVAR)=PREDSPD WITH RES.
GRAPH
  /SCATTERPLOT(BIVAR)=PREDSPD WITH STUDRES.

Die beiden Streudiagramme (und auch andere mögliche Kombinationen) weichen
in ihrem Muster nur geringfügig voneinander ab. Sie bestätigen den Eindruck von
Abb. 6.1: In allen Diagrammen dominiert das Bild einer trichterförmigen Zunahme
der Fehlervarianzen: je größer $\hat{y}_i$ bzw. x_i, desto breiter die Streuung der Residuen.
Wie in Abschnitt 10.1 erläutert, verzerren inhomogene Varianzen nicht die Schätzung
des Steigungskoeffizienten; sie vergrößern aber seinen Standardfehler, der zudem unterschätzt wird. Wenn man es mit Stichprobendaten zu tun hat, müssen diese Konsequenzen bedacht werden.

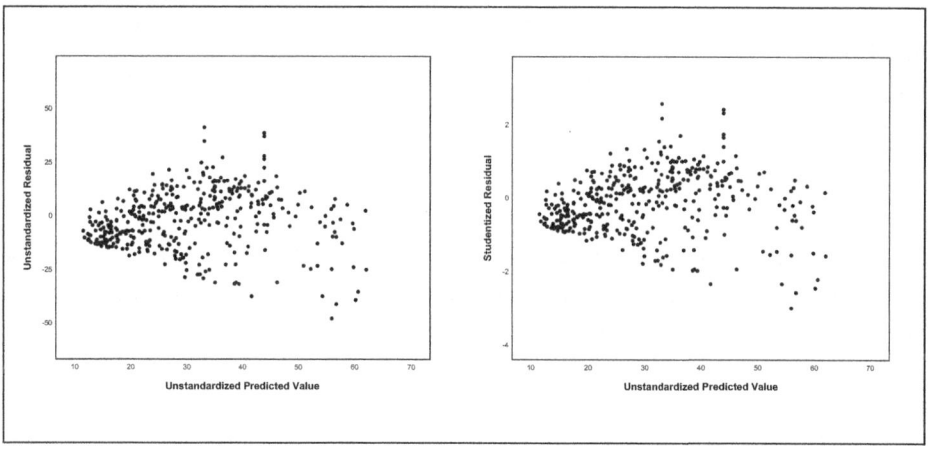

Abbildung 10.4   Verschiedene Residuenplots: links: unstandardisierte, rechts: studentisierte
Residuen in Abhängigkeit von den vorhergesagten Y-Werten (Quelle: eigene Darstellung)

In der Fachliteratur werden verschiedene Verfahren zur Varianzstabilisierung vorgeschlagen. Dazu gehören bestimmte Transformationen der Y-Variablen. Wenn, wie
in unserem Beispiel die Fehlervarianzen trichterförmig mit X zunehmen, wird häufig eine logarithmische Transformation der abhängigen Variable Y vorgenommen
(s. Schlittgen 2012, S. 433 f.), in Stichprobenschreibweise:

(10-22) $\ln(Y) = a + bX + e$

Eine solche Transformation dürfte aber, obwohl sie tatsächlich zu einer Varianzstabilisierung führt, aus inhaltlichen Gründen für unser Beispiel wenig sinnvoll sein,
denn das Modell (10-22) impliziert (bei positivem b) die Annahme, dass der SPD-

Stimmenanteil exponentiell mit dem Industrialisierungsgrad ansteigt. Die Annahme einer solchen kurvenförmigen Beziehung wird aber durch die Streudiagramme nicht gestützt. (Zur Interpretation von Logarithmus-Funktionen siehe Kap. 11.1)[103].

Allerdings lassen sich für dieses Beispiel inhomogene Fehlervarianzen nicht nur empirisch feststellen, sondern auch theoretisch ableiten. Im Falle von Stichproben-Anteilswerten p_i z. B. lässt sich zeigen (s. Kapitelabschn. 9.7.1), dass deren Varianzen von der Zahl der Fälle π_i, über die aggregiert wird, und von der Größe der wahren Anteilswerte p_i abhängen:

$$(10\text{-}23) \quad \sigma_{p_i} = \sqrt{\frac{\pi_i(1 - \pi_i)}{n_i}}, \qquad p_i = \widehat{\pi}_i$$

Die Fallzahlen n_i ergeben sich in unserem Beispiel aus der Zahl der Wahlberechtigten in den einzelnen Wahlkreisen, allgemein aus dem Umfang der Stichprobe, aus der die Anteilsgrößen berechnet wurden. Daraus folgt die in der Literatur häufig gegebene Empfehlung, bei Regressionen mit Anteilsgrößen alle Variablen mit dem reziproken Ausdruck von (10-23) zu gewichten:

$$(10\text{-}24) \quad \text{Gewicht} = \sqrt{\frac{n_i}{\pi_i(1 - \pi_i)}}$$

Wenn wir unsere ursprüngliche Gewichtung entsprechend der Größe der Wahlkreise (s. Kap. 6) durch die Gewichtung gemäß (10-24) ersetzen, erhalten wir folgendes Ergebnis für die bivariate Regression:

$$a = -6{,}94 \quad b = 0{,}87$$

Unbefriedigend an diesem Ergebnis ist der stark negativ geschätzte Ordinatenabschnitt, der die tatsächlichen SPD-Stimmenanteile unterschätzen lässt. Der Mittelwert der SPD-Stimmenanteile liegt nach dieser Gewichtung nur noch bei 22,8 % (statt 34,5 %).

Für den Fall trichterförmig zunehmender Fehlervarianzen werden auch andere Formen einer „gewichteten" Regression vorgeschlagen, die nicht auf einer Fallgewichtung beruht, sondern aus einer Transformation der Variablen folgt. Man geht von der Annahme aus, dass die Standardabweichungen der Fehler proportional mit x_i zunehmen, formal:

$$(10\text{-}25) \quad \sigma(e_i) = k \cdot x_i$$

---

103 Speziell für Anteilswerte wird auch eine Transformation mit dem *Arcsinus* vorgeschlagen; sie führt aber in unserem Beispiel nicht zur Varianzhomogenisierung.

wobei $k \neq 0$ eine (Proportionalitäts-)Konstante ist, deren genaue Größe wir nicht kennen. Das ist aber auch nicht nötig. Man kann zeigen, dass die Fehlervarianz unter der in (10-25) genannten Bedingung „homogenisiert" wird, wenn man die Regressionsgleichung $y_i = a + bx_i + e_i$ durch x_i dividiert:

$$(10\text{-}26) \quad \frac{y_i}{x_i} = \frac{a}{x_i} + b\frac{x_i}{x_i} + \frac{e_i}{x_i}$$

Auf dieser Basis kann man nun mit der üblichen Kleinst-Quadrat-Methode die Parameter der folgenden Gleichung bestimmen:

$$(10\text{-}27) \quad y_i^* = b + a\,x_i^* + e_i^* \text{ , mit } y_i^* = \frac{y_i}{x_i} \text{ , } x_i^* = \frac{1}{x_i} \text{ , } e_i^* = \frac{e_i}{x_i}$$

Die Regressionskoeffizienten sind nun vertauscht: Der Steigungskoeffizient im transformierten Modell ist der Ordinatenabschnitt des ursprünglichen Modells, und der Ordinatenabschnitt im transformierten Modell ist der Steigungskoeffizient im ursprünglichen Modell. Die zum Zweck der Varianzhomogenisierung vorgenommene Transformation der Variablen verändert die Varianzen jedoch so, dass der Determinationskoeffizient nicht mehr aussagekräftig ist.

Diese und weitere Verfahrensvarianten der Varianzhomogenisierung werden als *gewichtete Regression* bezeichnet (WLS, *Weighted Least Squares*); sie ist eine Spezialform der *verallgemeinerten* Kleinst-Quadrat-Methode (GLS, *Generalized Least Squares*), mit der im Prinzip auch (falls bekannt) Korrelationen der Fehler untereinander berücksichtigt werden können (siehe Hanushek/Jackson 1977, Kap. 6). Wir werden im Rahmen dieses Einführungstextes auf solche Modellvarianten nicht näher eingehen. Empfohlen sei aber, stets – und bevor man Variablentransformationen dieser Art vornimmt – die Möglichkeit zu bedenken, dass die inhomogenen Fehlervarianzen die Folge eines unzulänglich spezifizierten Modells sein könnten; dies betrifft vor allem die funktionale Form der Variablen-Beziehung (die nicht-linear sein könnte; s. unten Kap. 11) und die Frage, ob alle relevanten Einflussfaktoren im Modell berücksichtigt sind. Letzteres lässt sich anhand unseres Analysebeispiels schon dadurch illustrieren, dass wir neben dem Industrialisierungsgrad auch den Protestantenanteil als Regressorvariable mit einbeziehen (s. Gleichung (10-13) und den Ergebnisausdruck in Abb. 10.2). Zwei der sich aus dieser Modellschätzung ergebenden Residuenplots sind in Abb. 10.5 dargestellt.

Wenn man diese Streudiagramme mit denen in Abb. 10.4 vergleicht, fällt vor allem auf, dass die für das erweiterte Regressionsmodell ermittelten Residuen über das Spektrum der unabhängigen Variablen ev05p recht homogen gestreut sind (abgesehen von einigen „Ausreißern", s. unten), anders als bei der bivariaten Regressionsanalyse mit dem Industrialisierungsgrad als einziger Regressorvariable. Die Trichterform der Residuen bleibt aber, wenn auch etwas weniger ausgeprägt, erhalten, wenn

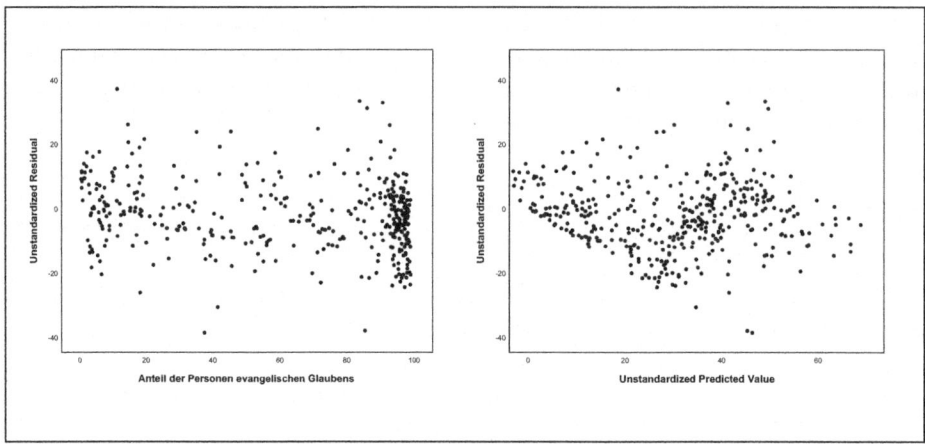

Abbildung 10.5   Residuenplots der trivariaten Regression (10-13): unstandardisierte Residuen links bezogen auf die Variable „Anteil evangelischer Bevölkerung", rechts bezogen auf die prognostizierten Y-Werte (Quelle: eigene Darstellung)

sie gegen die bedingten Prognosewerte $\hat{y}_i$ geplottet werden (dies bleibt auch so, wenn mit dem Urbanisierungsgrad eine weitere Variable mit einbezogen wird).

Angesichts der oben erwähnten Robustheit der Kleinst-Quadrate-Schätzung geben Form und Ausmaß dieser Inhomogenität der Fehler keinen zwingenden Anlass, die Ergebnisse der Parameterschätzungen in Frage zu stellen (zu formalen Tests auf die Gleichheit der Varianzen s. Kühnel/Krebs 2018, S. 558 ff.). Im Verhältnis zu den (erwartungstreu) geschätzten Steigungskoeffizienten sind deren nicht erwartungstreu (aber robust) geschätzten Standardfehler sehr gering (s. die in Abb. 10.2 wiedergegebenen t-Werte).[104] Das empirische Fehlerrisiko bei Zurückweisung der Nullhypothese liegt nahe bei Null.

Zu den Standardverfahren der Residuenanalyse gehört auch die Überprüfung der Normalverteilungsannahme. Dazu wird der oben angegebene Unterbefehl /RESIDUALS = HISTOGRAM(RESID) benutzt. Das Histogramm der Residuen (s. Abb. 10.6) lässt erkennen, dass die Abweichungen vom Modell der Normalverteilung unerheblich sind. Die Verteilung ist zwar nicht völlig symmetrisch, aber es gibt keine markante Häufung von Fällen am unteren oder oberen Rand der Verteilung.

---

104 Die im KQV-Verfahren schon angelegte relativ hohe „Robustheit" der Schätzung der Standardfehler kann durch spezielle Verfahren noch weiter verbessert werden; s. hierzu Kühnel/Krebs 2018, S. 560 ff.

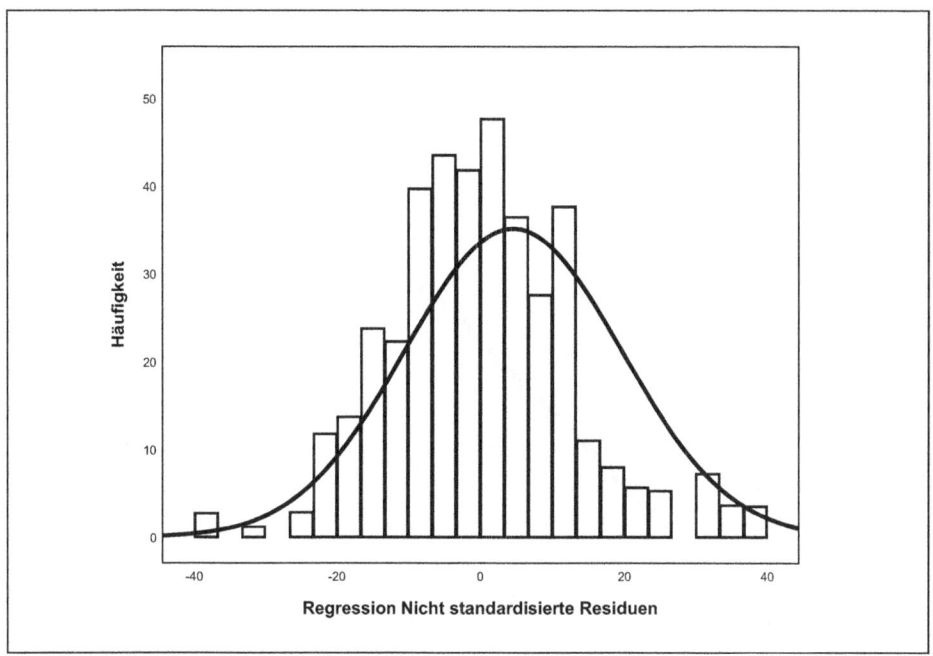

Abbildung 10.6   Histogramm der Residuen zur trivariaten Regression (10-13) (Quelle: eigene Darstellung)

Dieser Eindruck wird durch den *Normal Probability Plot* („PP"- oder „QQ-Diagramm") bestätigt (s. Abb. 10.7), der durch den Unterbefehl /RESIDUALS = NORM-PROB erzeugt wird. In ihm wird die kumulierte relative Häufigkeitsverteilung der Residuen den kumulierten relativen Häufigkeiten der Standardnormalverteilung gegenübergestellt. Wenn die Punkte alle exakt auf der Winkelhalbierenden lägen, würde das eine perfekte Anpassung der empirischen Verteilung an die Normalverteilung belegen. Auch hier sind die Abweichungen äußerst gering. Weiter oben hatten wir aber auch schon festgestellt, dass dies für die Schätzung der Regressionsparameter und für den t-Test bei Fallzahlen von n > 30 ziemlich irrelevant ist, solange die empirische Verteilung nicht extrem schief verläuft.

Eine weitere Funktion der Residuenanalyse ist die Identifikation von Ausreißern, von Fällen also, deren Y-Werte besonders weit von der Regressionsgerade entfernt liegen. Übliche Kriterien sind Entfernungen von über zwei oder drei Standardabweichungen. In kleinen Stichproben können einzelne Ausreißer die Regressionsgerade in hohem Maße bestimmen und unter Umständen ein ziemlich irreführendes Gesamtbild vermitteln. Deshalb schätzt man die Regressionsgerade in solchen Fällen ein zweites Mal, nachdem man zuvor die Ausreißer eliminiert hat. (Allerdings sollte man beide Ergebnisse präsentieren) Ausreißer verzerren die Steigung der Regressionsgerade umso eher, je weiter der zugeordnete Wert x_i der Regressorvariable X

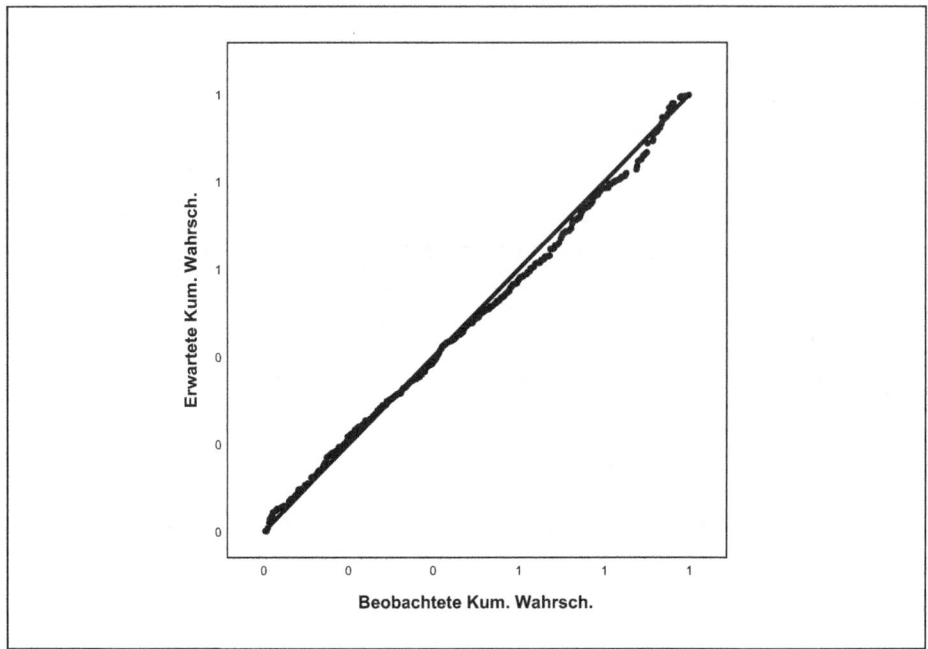

Abbildung 10.7   Q-Q-Diagramm der Residuen mit der Standardnormalverteilung (Quelle: eigene Darstellung)

vom arithmetischen Mittel entfernt liegt. Generell gilt, je weiter die X-Koordinate vom Mittelwert entfernt liegt, desto stärker wird die Regressionsgerade in Richtung des Ausreißer-Wertes gezogen.[105] Ausreißer können u. U. auch auf zusätzliche Einflussfaktoren aufmerksam machen, die zunächst vielleicht unbeachtet geblieben waren.

Mit dem Subkommandos /RESIDUALS OUTLIERS ID(wkı_ıiı) lassen sich die Ausreißer leicht an Hand ihrer Wahlkreisnummer (Variablenname wkr_nr) identifizieren. Die Tabelle Abb. 10.8 stellt die Fälle mit den 10 stärksten Ausreißerwerten zusammen, die sich aus der trivariaten Regressionsanalyse (SPD-Stimmenanteile in Abhängigkeit vom Industrialisierungsgrad und Protestantenanteil) ergeben:

---

105 Den X-Werten lässt sich je nach ihrer Entfernung vom arithmetischen Mittel eine bestimmte „Hebelkraft" (*leverage*) zuordnen. Die Hebelwerte lassen sich mit SPSS ebenfalls unter /RESIDUALS unter der temporären Variable LEVER abrufen.

Ausreißerstatistik[a]

		Fallnummer	Wahlkreis	Statistik
Standardisierte Residuen	1	229	229	-3,026
	2	179	179	-2,976
	3	238	238	2,912
	4	34	34	2,616
	5	381	381	2,578
	6	36	36	2,440
	7	230	230	-2,404
	8	216	216	-2,049
	9	384	384	2,039
	10	380	380	2,028

a. Abhängige Variable: Stimmanteil der Sozialdemokraten

Abbildung 10.8 SPSS-Ergebnis-Ausdruck (Auszug) einer Ausreißer-Tabelle zur trivariaten Regression (10-13) (Quelle: eigene Darstellung)

Am weitesten entfernt von der Regressionsgeraden liegen mit negativen Abweichungen die Wahlkreise Nr. 229 (Saarbrücken: SPD 7,8 % mit evang. Bev. 37,4 % und Industr.grad 71,3 %) und Nr. 179 (Wittgenstein, Siegen, Biedenkopf: SPD 7,4 % mit evang. Bev. 85,3 % und Industrial.grad 49,1 %), mit positiven Abweichungen die Wahlkreise Nr. 238 (München rechts der Isar: SPD 55,7 % mit evang. Bev. 11,4 % und Industrial.grad 41,3 %), und 34 (Berlin-Ost: SPD 82,4 % mit evang. Bev. 83,7 % und Industrial.grad 55,2 %). Der Mittelwert für den Anteil evangelische Bevölkerung beträgt 61 %, für den Industrialisierungsgrad 36,85 %.

Berechnet man dieselbe Regression ohne die ersten 5 Ausreißerwahlkreise, ergeben sich folgende Koeffizienten: $a = -13,72$, $b_1 = 0,68$, $b_2 = 0,3$. Offenbar ist das Ergebnis der Regression robust in Bezug auf diese Ausreißer, da diese Werte kaum von denen abweichen, die ohne Eliminierung der Ausreißerfälle ermittelt wurden. (s. Abb. 10.2).

10.4 Weitere Aspekte des Schätzens und Testens

10.4.1 Multiples Testen

Die Nullhypothese $R^2 = 0$ ist gleichbedeutend mit der Annahme, alle Steigungskoeffizienten des Regressionsmodells seien gleich Null; H_0: $\beta_1 = \beta_2 = \ldots = \beta_K = 0$ (*joint hypothesis*). Da drängt sich die Frage auf, ob der F-Test für den Determinationskoeffizienten nicht durch die Serie der t-Tests für alle Steigungskoeffizienten ersetzt werden kann. Es lässt sich aber zeigen, dass ein solches *multiples Testen*, das mehrfache

Testen von aufeinander bezogenen Hypothesen am gleichen Datenmaterial, nicht identisch ist mit dem einmaligen Testen einer *joint hypothesis*. Das kann man sich mit Hilfe folgender Überlegung klarmachen: Angenommen, das Fehlerrisiko (und damit das Signifikanzniveau) für die Zurückweisung der Nullhypothese $\beta_k = 0$ ($k = 1$, $2, \ldots, K$) sei auf $\alpha \leq 0{,}05$ festgelegt worden. Bei 20 Versuchen, d. h. wenn das Regressionsmodell $K = 20$ Prädiktorvariablen enthält, die unkorreliert sind, muss man damit rechnen, dass einer der in der Stichprobe ermittelten Steigungskoeffizienten b_k zufällig in den unwahrscheinlichen Bereich außerhalb des um „0" zentrierten 95-Prozent-Vertrauensintervalls $|b_k| > 0$ fällt, auch wenn in der Population der Koeffizient $\beta_k = 0$ gegeben ist. Das würde dazu führen, die Nullhypothese, alle Steigungskoeffizienten β_k seien gleich Null, zurückzuweisen. Beim multiplen Testen ist also das tatsächliche Fehlerrisiko höher als im Alpha-Niveau (dem Signifikanzkriterium) für den einzelnen Test angegeben.

Bei korrelierten Regressorvariablen gibt es jedoch auch einen entgegengesetzten Effekt: Korrelationen zwischen den Regressorvariablen (*Multikollinearität*) führen zu Kovarianzen zwischen den Schätzern für die jeweiligen Regressionskoeffizienten. Ihre Standardfehler werden umso größer, die t-Werte entsprechend niedriger, je höher die Korrelationen zwischen den unabhängigen Variablen sind. Auch dieser Effekt wird vom summarischen F-Test korrekt berücksichtigt. Bei wiederholter Anwendung des t-Tests (multiples Testen) ist nicht vorauszusehen, welcher der möglicherweise entgegengesetzten Effekte (s. den folgenden Kapitelabschn. 10.4.2) stärker ist. Es ist möglich, dass sich einer der Koeffizienten b_k fälschlicherweise als signifikant erweist; ebenso ist es möglich, dass einer der Koeffizienten fälschlicherweise als nicht signifikant erscheint. Der F-Test über alle Steigungskoeffizienten berücksichtigt beide Tendenzen und testet die Gesamthypothese: $\beta_1 = \beta_2 = \ldots = \beta_K = 0$ korrekt auf dem vorgegebenen α-Niveau. Man sollte also nicht überrascht sein, wenn bei korrelierten Regressorvariablen laut F-Test R^2 signifikant ist, während die Serie von t-Tests alle Steigungskoeffizienten bei gleichem α-Kriterium als nicht signifikant ausweist (siehe zu dieser Problematik Hays 1973, S. 478 f.).

10.4.2 Multikollinearität

Zur Multikollinearität nun noch einige weitere Hinweise: Im Grenzfall einer perfekten Korrelation ($R^2 = 1$) zwischen zwei oder mehreren Regressorvariablen (d. h. eine Regressorvariable wird vollständig durch eine oder alle anderen Regressorvariablen determiniert) können die Regressionskoeffizienten überhaupt nicht geschätzt werden, da das Gleichungssystem in diesem Fall zwei oder mehrere Gleichungen enthält, die nicht unabhängig voneinander sind. Diese Extremsituation wird selten auftreten. Interessant ist also die Multikollinearität mittlerer Höhe. Zunächst einmal ist festzustellen, dass die Regressionsschätzer zwar erwartungstreu bleiben, dass aber ihre Effizienz umso geringer wird, je höher die Korrelation der beteiligten Regressorvariablen untereinander ist. Das bedeutet, ein spezifisches Stichprobenergebnis kann relativ weit vom wahren Wert entfernt sein. Wie bereits erwähnt, kovariieren die Schätzer zweier Steigungskoeffizienten (im Absolutbetrag) umso stärker, je stärker die entsprechenden Regressorvariablen untereinander korrelieren. In einem Modell mit zwei Regressorvariablen hat die Kovarianz der Schätzer das umgekehrte Vorzeichen wie die Korrelation der beteiligten Variablen (siehe Pindyck/Rubinfeld 1981, S. 78). Das bedeutet, dass in diesem Fall folgende Tendenz besteht: wird der eine Steigungskoeffizient überschätzt, wird der andere Steigungskoeffizient unterschätzt (ebd., S. 90). Korrelieren die beiden Regressorvariablen negativ untereinander, ist die Kovarianz zwischen den Regressionsschätzern positiv; es besteht also eine Tendenz zur gemeinsamen Über- oder Unterschätzung der beiden Steigungskoeffizienten.[106]

In der Praxis kann es somit zu einer geradezu paradoxen Situation kommen: Wie oben erläutert, unterscheiden sich die Punktschätzer der Steigungskoeffizienten einer multiplen Regression von denen der entsprechenden bivariaten Regression nur, wenn die Regressorvariablen untereinander (linear) korrelieren. Man setzt also die multiple Regression ein, um den spezifischen Effekt (auch *Netto-Effekt* genannt) einer Variablen durch „Konstanthalten" der übrigen Variablen zu ermitteln. Je höher aber ein Regressor mit den anderen Regressoren korreliert (je höher also die Multikollinearität ist), desto unsicherer wird die Partialisierung, desto unzuverlässiger werden die Schätzwerte für die (partiellen) Steigungskoeffizienten. Wie hoch darf die Multikollinearität sein, bevor die Ergebnisse unzuverlässig werden? Hierfür gibt es kein eindeutiges Kriterium. In der Literatur finden sich verschiedene Faustregeln, z. B. die, dass der Determinationskoeffizient R^2 als Anteil der erklärten Varianz der abhängigen Variablen Y größer sein muss, als die verschiedenen Determinationskoeffizienten $R_i{}^2$, die sich für jede einzelne Regressorvariable X_i errechnen lassen, wenn sie auf die restlichen Regressorvariablen regrediert werden (Greene 1993, S. 269; Maddala 1992, S. 273).

In den gängigen Analyseprogrammen werden vor allem die folgenden zwei Maßzahlen für Multikollinearität angeboten, der *variance-inflation factor* (VIF) und die *condition number* (CN), s. Maddala 1992, S. 274 ff. In SPSS werden sie mit dem Unterbefehl /STATISTICS = COLLIN TOL ausgegeben. Während der für jede einzelne Regressorvariable X_k zu berechnende VIF relativ einfach definiert ist: $VIF(b_k) = 1/(1 - R_k{}^2)$[107], ist CN nur mit Hilfe der Matrizenrechnung (auf Basis der sog. „Eigenwerte") zu bestimmen. Im Allgemeinen orientiert man sich an folgenden Daumen-

---

106 In einem Modell mit mehreren Regressorvariablen müssten jeweils die Korrelationsbeziehungen mit allen anderen Variablen berücksichtigt werden, so dass die Gesamteffekte nur nach relativ komplexen Berechnungen angegeben werden können (siehe Belsley et al. 1980).

107 $R_k{}^2$ ist der Determinationskoeffizient, der angibt, wie hoch der Anteil der Varianz von X_k ist, den diese Prädiktorvariable mit allen anderen im Regressionsmodell berücksichtigten Prädiktorvariablen teilt.

regeln: Es seien VIF $\leq$ 10 und CN $\leq$ 20 (s. Bühner/Ziegler 2009, S. 678).[108] Aber es gibt auch die Warnung, diese und andere Maßzahlen seien nur begrenzt nützlich; „they are all merely complaints that things are not ideal" (Maddala 1992, S. 276). Aber man kann wohl davon ausgehen, dass in der Tat keine erheblichen Multikollinearitätsprobleme vorliegen, wenn diese Daumenregeln eingehalten sind, dass aber möglicherweise auch dann keine ernsthaften Probleme vorliegen, wenn sie so strikt nicht erfüllt sind. Dummy-Variablen können den VIF künstlich nach oben treiben, vor allem, wenn die Referenzkategorie nur schwach besetzt ist. Zu bedenken ist zudem, dass die Steigungskoeffizienten auch dann verzerrt geschätzt werden, wenn man, um hohe Multikollinearität zu vermeiden, eine relevante Regressorvariable aus dem Modell eliminiert.

In einigen Fällen ist hohe Multikollinearität vor allem eine Herausforderung an den Theoretiker: Wenn zwei Indikatoren sehr hoch untereinander korrelieren, muss er sich überlegen, ob sie nicht das gleiche Phänomen, den gleichen Prozess erfassen; zumindest muss er erwägen, ob die einzelnen Variablen nicht als Subdimensionen einer abstrakteren theoretischen Kategorie interpretiert werden können. Urbanisierungsgrad und Industrialisierung können für lange historische Zeiträume nicht als einheitlicher Prozess aufgefasst werden, für die europäischen Länder ab 1850 vielleicht doch. Soziologen haben z. B. die beiden Prozesse, von denen hier die Rede ist, unter der Kategorie der „Modernisierung" zusammengefasst (unter Einschluss noch weiterer Merkmalsdimensionen). Wir können den theoretischen Nutzen solcher Abstraktionen hier nicht erörtern. Es sei aber darauf hingewiesen, dass inzwischen Regressionsverfahren entwickelt worden sind (z. B. die oben schon erwähnten LISREL-Modelle bzw. allgemeiner: sog. Strukturgleichungsmodelle (s. Kapitelabschn. 10.5)), mit denen man mehrere Variablen simultan als Indikatoren eines (einzigen) theoretischen Konstrukts berücksichtigen kann (zur Erläuterung siehe z. B. Pfeifer/Schmidt 1987, Reinecke 2014, Jöreskog 2006, Arbuckle 2006).

10.4.3 Besonderheiten beim Testen interaktiver Effekte

Multiplikative Regressionsmodelle zur Erfassung der Wechselwirkungen zwischen zwei oder mehreren Regressorvariablen werden von Sozialwissenschaftlern häufig deshalb verworfen, weil zwischen den Ursprungsvariablen und dem Produktterm in der Regel eine hohe Multikollinearität besteht (wie auch in unserem Beispiel, s. Kapitelabschn. 6.3.2). Wie Friedrich (1982) gezeigt hat, lässt dieser Typ der Multikollinearität jedoch keine fatalen Konsequenzen für die Güte der Parameterschätzungen und der Signifikanztests erwarten (vgl. Miller/Farmer 1988). Das hängt damit zusammen,

---

108 Gelegentlich bezeichnet man den Varianz-Inflationsfaktor auch als Kehrwert der „Toleranz" ($1 - R_k{}^2$), die dementsprechend größer/gleich 0,1 sein sollte.

dass auch die Standardfehler der Parameter eines multiplikativen Modells *bedingte* Größen sind. Dies wollen wir im Folgenden etwas näher ausführen. Dabei greifen wir auf das in Kapitelabschn. 6.3.2 (s. Gleichungen (6-31) und (6-34)) entwickelte (zunächst rein deskriptive) Regressionsmodell zurück, in dem interaktive Effekte von konfessioneller Orientierung (X_1: = Anteil der Protestanten im Wahlbezirk) und Urbanisierungsgrad (X_2) auf die SPD-Stimmenanteile berücksichtigt sind. Für das additive und das interaktive Modell lassen sich jeweils die folgenden Steigungskoeffizienten und (in Klammern gesetzt) Standardfehler berechnen:

$$(10\text{-}28) \quad Y = -10{,}46 + 0{,}285 \cdot X_1 + 0{,}451 \cdot X_2 + e$$
$$\qquad\qquad\qquad (0{,}017) \qquad\quad (0{,}02)$$

$$(10\text{-}29) \quad Y = 1{,}4 + 0{,}089 \cdot X_1 + 0{,}215 \cdot X_2 + 0{,}004 \cdot X_1 X_2 + e$$
$$\qquad\qquad\quad (0{,}034) \qquad (0{,}039) \qquad (0{,}001)$$

Dividiert man die nun als Schätzgrößen betrachteten Steigungskoeffizienten durch ihre Standardfehler, ergeben sich durchgängig t-Werte größer 1,98 und somit (bezogen auf eine beidseitige Test-Situation) Fehlerrisiken von $\alpha < 0{,}05$ für die Zurückweisung der entsprechenden Nullhypothesen. Wie in Kap. 6 ausführlich erläutert, sind die Steigungskoeffizienten $b_1 = 0{,}089$ und $b_2 = 0{,}251$ im Interaktionsmodell (10-29) als *bedingte* Koeffizienten zu verstehen; sie gelten nur unter der Bedingung, dass die jeweils andere Regressorvariable (mit der der multiplikative Term gebildet wird) den Wert „0" annimmt. Das gilt nun auch mit Blick auf die im Ergebnisausdruck ausgewiesenen Standardfehler für b_1 und b_2, die nun als Schätzgrößen für die entsprechenden Populationsparameter zu betrachten sind. Sie beschreiben im interaktiven Modell die (geschätzte) Stichprobenstreuung der Steigungskoeffizienten nur unter der Bedingung, dass X_2, respektive X_1 den Wert Null annehmen. Unter anderen Bedingungen ($X_1 \neq 0 \neq X_2$) müssen, wie wir in Kap. 6 gezeigt haben, die Koeffizienten b_1 und b_3 bzw. b_2 und b_3 miteinander kombiniert werden, um den nun veränderten bedingten Steigungskoeffizienten errechnen zu können. Unter Anwendung der Regeln für das Rechnen mit Kovarianzen (siehe Kapitelabschn. 4.2.6) lassen sich (unter Annahme korrekter Modellspezifikation) die Standardfehler für die bedingten Steigungskoeffizienten allgemein nach folgenden Formeln berechnen (siehe Friedrich 1982, S. 810):

$$(10\text{-}30) \quad \hat{\sigma}_{b_1 + b_3 X_2} = \sqrt{\operatorname{var}(b_1) + X_2^2 \operatorname{var}(b_3) + 2 X_2 \operatorname{cov}(b_1, b_3)}$$

$$\qquad\qquad \hat{\sigma}_{b_2 + b_3 X_1} = \sqrt{\operatorname{var}(b_2) + X_1^2 \operatorname{var}(b_3) + 2 X_1 \operatorname{cov}(b_2, b_3)}$$

Die Varianzen und Kovarianzen der einzelnen b-Koeffizienten werden durch den Unterbefehl /STATISTICS = BCOV berechnet. Sie stehen im Ergebnisausdruck (s.

Abb. 10.9) in der Rubrik „Kovarianzen" des Tabellenteils „Korrelation der Koeffizienten". Zur Illustration berechnen wir den Standardfehler des Steigungskoeffizienten b_1 für den Protestantenanteil (X_1) unter der Bedingung, dass der Urbanisierungsgrad 80 % ($X_2 = 80$) beträgt:

$$(10\text{-}31) \quad \hat{\sigma}_{b_1+b_3\cdot 80} = \sqrt{0,001 + 80^2 \cdot 0,0000003261 + 2 \cdot 80 \cdot (-0,00001703)} = 0,019$$

Koeffizienten[a]

Modell		Nicht standardisierte Koeffizienten Regressionskoe ffizientB	Std.-Fehler	Standardisierte Koeffizienten Beta	T	Sig.
1	(Konstante)	1,404	2,286		,614	,539
	Anteil der Personen evangelischen Glaubens	,089	,034	,147	2,639	,009
	urbgrad	,215	,039	,302	5,504	,000
	urbev	,004	,001	,529	6,891	,000

a. Abhängige Variable: Stimmanteil der Sozialdemokraten

Korrelation der Koeffizienten[a]

Modell			urbev	urbgrad	Anteil der Personen evangelischen Glaubens
1	Korrelationen	urbev	1,000	-,878	-,883
		urbgrad	-,878	1,000	,753
		Anteil der Personen evangelischen Glaubens	-,883	,753	1,000
	Kovarianzen	urbev	3,261E-7	-1,957E-5	-1,703E-5
		urbgrad	-1,957E-5	,002	,001
		Anteil der Personen evangelischen Glaubens	-1,703E-5	,001	,001

a. Abhängige Variable: Stimmanteil der Sozialdemokraten

Abbildung 10.9   SPSS-Ergebnis-Ausgabe (Auszug) des multiplikativen Modells (10-29) (Quelle: eigene Darstellung)

Dieser bedingte Standardfehler des bedingten Steigungskoeffizienten für X_1 ist kleiner als der im Ergebnisausdruck (und oben in Gleichung (10-28)) wiedergegebene Standardfehler $s_{b_1} = 0,034$, der für die Bedingung gilt, dass der Urbanisierungsgrad $X_2 = 0$ ist. Er ist auch nur geringfügig größer als $s_{b_1} = 0,0146$ im additiven Modell. Da die Schätzer b_1 und b_3 bzw. b_2 und b_3 im interaktiven Modell häufig stark negativ miteinander korrelieren (bei positiver Korrelation zwischen den Ursprungsvariablen und dem Produktterm), ist der Standardfehler für die bedingten Steigungskoeffizienten bei bestimmten Werten von X_2 bzw. X_1 sogar niedriger als der entsprechende Standardfehler im additiven Modell.

Die im Ergebnisausdruck notierten t-Werte für X_1 und X_2 (hier 2,639 und 5,504) können bei der Schätzung multiplikativer Modelle häufig einen Wert t < 1,98 annehmen. Dies allein ist jedoch kein Grund, das Modell abzulehnen bzw. durch Eliminieren der vermeintlich nicht-signifikanten Komponenten zu modifizieren. Denn dieser t-Wert gibt das Verhältnis zwischen Steigungskoeffizient und dessen Standardfehler nur für den Fall an, dass die andere Regressorvariable, mit der eine interaktive Beziehung besteht, den Wert Null aufweist. Man sollte aber den Steigungskoeffizienten und seinen Standardfehler auch unter anderen Bedingungen ermitteln und ins Verhältnis zueinander setzen. Wenn auch die Bedingungen, die den Standardfehler minimieren, keine signifikanten t-Werte ergeben, ist eine Modellrevision geboten.

Die X_1- und X_2-Werte, bei denen die Standardfehler *minimal* sind, erhält man, indem man die Gleichungen für die bedingten Standardfehler (siehe Gleichung (10-29)) differenziert, die ersten Ableitungen gleich Null setzt und nach X_1 und X_2 auflöst (siehe Friedrich 1982, S. 812):

(10-32) $X_2 = -\text{cov}(b_1, b_3)/\text{var}(b_3)$ für $b_1 = \min$

(10-33) $X_1 = -\text{cov}(b_2, b_3)/\text{var}(b_3)$ für $b_2 = \min$

In unserem Beispiel ergibt sich der minimale Standardfehler für den Steigungskoeffizienten b_1 von X_1 (Protestantenanteil) unter der Bedingung, dass der Urbanisierungsgrad folgenden Wert annimmt:

(10-34) $X_2 = -(-0,00001703)/0,0000003261) = 52,2$

Wenn wir diesen Urbanisierungsgrad voraussetzen, nimmt der (bedingte) Steigungskoeffizient für X_1 den folgenden Wert an (siehe Gleichung (6-34):

(10-35) $b(\text{ev05p} \mid \text{urbgrad} = 52,2) = b_1 + b_3 \cdot 52,2 = 0,089 + 0,004 \cdot 52,2 = 0,298$

Sein Standardfehler (siehe Gleichung (10-30)) beträgt

(10-36) $\hat{\sigma}_{b_1+b_3 52,2} = \sqrt{0,001 + 52,2^2 \cdot 0,0000003261 + 2 \cdot 52,2 \cdot (-0,00001703)}$

$= 0,0105$

Dieser Standardfehler ist noch niedriger als der Standardfehler $s_{b_1} = 0,017$ im additiven Modell (10-28). Dies gilt allgemein: der minimale Standardfehler für einen be-

dingten Steigungskoeffizienten im multiplikativen Modell ist (trotz Multikollinearität) stets geringer als der Standardfehler des allgemeinen Steigungskoeffizienten im
additiven Modell (siehe Friedrich 1982, S. 813 f.).

Unter der Bedingung $X_2 = 52{,}2$ ergibt sich somit folgender t-Wert für den bedingten Steigungskoeffizienten von X_1:

$$(10\text{-}37) \quad t = \frac{b_1}{s_{b_1}} = \frac{0{,}298}{0{,}0105} = 28{,}3$$

Er ist also erheblich höher als der t-Wert (2,639), der im Ergebnisausdruck des multiplikativen Modells für b_1 ausgewiesen ist und nur unter der Bedingung gilt, dass
$X_2 = 0$ ist. „Not until conditional slopes and t-tests are calculated within the observed
range of experience of the variables can valid conclusions be drawn. Statistically in-
significant b_1's, b_2's, and b_3's may nevertheless combine to produce statistically significant conditional effects" (Friedrich 1882, S. 821).

Ein weiterer, häufig vorgebrachter Einwand gegen die Spezifikation multiplikativer Modelle in den Sozialwissenschaften besagt, dass die (geschätzten) Modellparameter nur für Ratio-, nicht aber für Intervallskalen interpretierbar seien (siehe z. B.
Althauser 1971; Allison 1977). Friedrich (1982, S. 821 ff.) zeigt jedoch in u. E. überzeu-
gender Weise, dass die diesbezüglichen Argumente nicht stichhaltig sind, wenn man
den bedingten Charakter der Parameterschätzungen ernst nimmt.

Da, wie angedeutet, Multikollinearität in der Regel die Parameterschätzungen
in multiplikativen Modellen nicht zu stark beeinträchtigt, sollte sich der Leser oder
die Leserin ermutigt fühlen, solche Modelle zu spezifizieren und zu schätzen. Gegen quantifizierende Analysen in der historischen Sozialwissenschaft haben Kriti-
ker häufig geltend gemacht, man könne den Einfluss einer bestimmten Variablen
nicht quantifizieren, weil er „kontextabhängig" sei. Mit Kontextabhängigkeit ist aber
meist nichts Anderes gemeint als die Interaktion mehrerer Variablen hinsichtlich ihrer Wirkung auf eine andere (abhängige) Variable. Solche wechselseitigen Einfluss-
Beziehungen lassen sich jedoch, wie hier (in Verbindung mit Kap. 6.3.2 gezeigt) im
Prinzip modellieren und testen. Es bleibt natürlich die Frage, ob man den für relevant gehaltenen „Kontext" hinreichend gut durch entsprechende Daten (Variablen)
erfassen kann.

10.5 Direkte und indirekte Effekte – Ausblick auf Pfadmodelle

Das Wahlergebnis der SPD bei den Reichstagswahlen von 1912 hing in den verschiedenen Wahlkreisen sicherlich auch davon ab, wie stark die Arbeiterbewegung vor
Ort vertreten und organisiert war. Als Indikator hierfür lässt sich die Mitgliederzahl der Freien Gewerkschaften im Verhältnis zur Bevölkerungsgröße einsetzen. Je
höher dieser Anteil, so können wir vermuten, desto stärker (in der Regel) die Unter-

stützung des SPD-Kandidaten im Wahlkampf und desto höher dessen Stimmenanteil bei der Wahl.

Das Streudiagramm in Abb. 10.10 zeigt, dass der Zusammenhang zwischen gewerkschaftlichem Organisationsgrad (GewOrg)[109] und SPD-Stimmenanteil nicht linear ist.

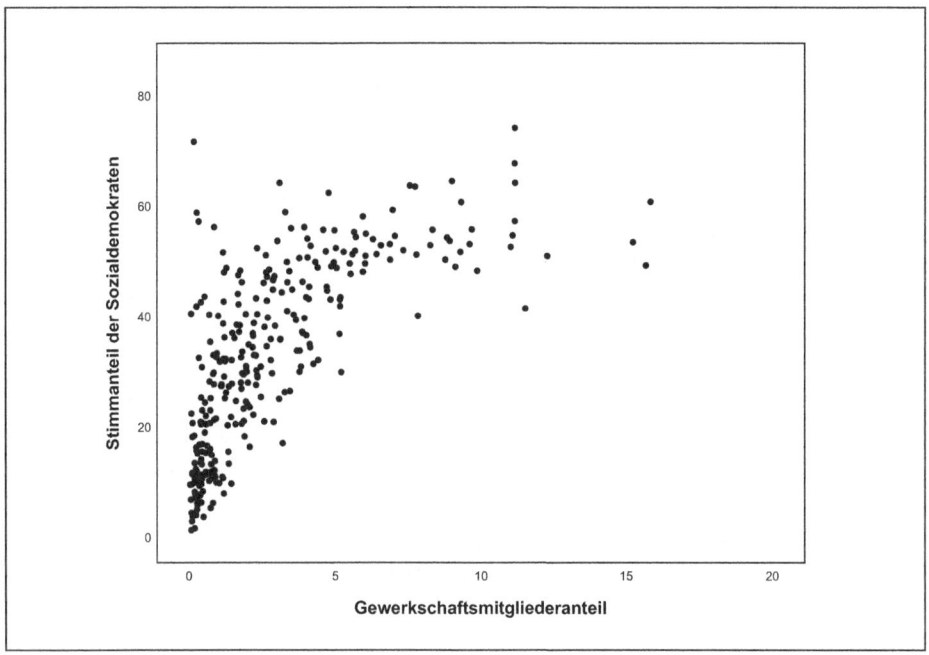

Abbildung 10.10   Nicht-linearer Zusammenhang zwischen SPD-Stimmenanteil und Bevölkerungsanteil an Gewerkschaftsmitgliedern (Quelle: eigene Darstellung)

Eine „gedachte" Regressionslinie steigt zunächst, bei niedrigen GewOrg-Werten, steil an, flacht aber zunehmend ab; die Steigung tendiert dann gegen Null. Mit anderen Worten: Nimmt der Mitgliederanteil beispielsweise von 2 auf 3 Prozent der Bevölkerung zu, so hat dies einen wesentlich größeren positiven Effekt auf den SPD-Stimmenanteil als eine Zunahme des Mitgliederanteils von 10 auf 11 Prozent. Nicht-lineare Beziehungen wie diese können in eine lineare Beziehung transformiert werden, indem man die unabhängige Variable logarithmiert. (Näher erläutert werden derartige

---

109 Die Variable GewOrg wird mit Hilfe der Variable wkgew12 im Datensatz ZA8145_wdk_12_ThMB.sav erstellt (s. die SPSS-Syntax für dieses Kapitel in den Online-Materialien zum Buch). wkgew12 wurde dem Original-Datensatz ZA8145_wdk_12.sav hinzugefügt. Sie stammt aus dem Datensatz ZA8010.sav. Dort wurden den Daten der Reichstagsabgeordneten am Ende des Datensatzes einige Daten über die Wahlkreise hinzugefügt, u.a. die Variable wkgew12 über die Anzahl der Mitglieder Freier Gewerkschaften im Wahlkreis.

Transformationen in Kap. 11.1.) Statt GewOrg setzen wir den Logarithmus von GewOrg in die Regressionsgleichung ein. Die Regressionskoeffizienten notieren wir hier
weiterhin mit lateinischen Buchstaben, betonen aber, dass wir sie im weiteren Verlauf der Analyse als Schätzgrößen der entsprechenden theoretischen Parameter behandeln werden, denn es geht hier um die Entwicklung eines (kausal-)theoretischen
Modells. Wir beginnen mit einem Regressionsmodell, das zunächst – wie bisher – in
einer einzigen Gleichung dargestellt wird:

$$(10\text{-}38) \quad \text{spd12p} = a + b_1 \cdot \text{ev05p} + b_2 \cdot \text{urbgrad} + b_3 \cdot \text{urbev} + b_4 \cdot \log_{10}(\text{GewOrg})$$

In SPSS lässt sich eine Variable sehr leicht mit Hilfe eines Compute-Statements und
einer in das System eingebauten arithmetischen Funktion logarithmieren – entweder
zur Basis „10" oder (als sog. *natürlicher Logarithmus*) zur Basis der Eulerschen Zahl
$e \approx 2{,}718$. Der größeren Anschaulichkeit wegen wählen wir hier den Zehnerlogarithmus. Die so transformierte Variable erhält den Namen GewLog:

COMPUTE GewLog = LG10 (GewOrg)

Die Wahl der Log-Basis ist im Prinzip beliebig, da die entsprechenden Logarithmen
zueinander proportional sind. Stets zu beachten ist allerdings, dass ein Logarithmus
für Zahlen kleiner 0 nicht definiert ist. Für den Fall, dass die entsprechende Regressorvariable X_k auch mit Werten $x_i = 0$ realisiert ist, wird gelegentlich vorgeschlagen,
vor dem Logarithmieren allen Skalenwerten einen konstanten positiven Betrag hin-
zuzufügen. Dies ist jedoch unzulässig, falls man die registrierten Werte der X-Variable im Sinne einer Ratio-Skala interpretieren will, was die gegebene Sachlage ist, wenn
die X-Werte logarithmiert wurden (s. unten). In unserem Datensatz zu den Reichstagswahlen von 1912 haben 87 Wahlkreise keine (messbare) gewerkschaftliche Organisation. Wir schließen sie im Folgenden aus der Analyse aus; die Allgemeinheit
unserer Untersuchungsergebnisse ist insoweit eingeschränkt. Die Fallgewichtung anhand der Zahl der Wahlberechtigten wird entsprechend korrigiert und auf N = 397 –
87 = 310 Fälle normiert (siehe Kap. 6.1). Nach dem Logarithmieren zeigt das Streudiagramm der Variablen spd12p und GewLog eine Punktewolke, die mit der Annahme
einer linearen Beziehung verträglich ist.
      Die Regressionskoeffizienten des Modells (10-38) werden nun mit dem üblichen
Kleinstquadrateverfahren, OLS) geschätzt. Die Ergebnisse sind Abb. 10.12 zu entnehmen.
      Die Interpretation der Steigungskoeffizienten für die miteinander interagieren-
den Variablen ev05p und urbgrad ist in den Kapitelabschnitten 6.3.2 und 10.4.3 ausführlich erläutert worden. Neu ist die Interpretation des Steigungskoeffizienten einer
logarithmierten Variablen. GewLog ist eine additive Modellkomponente; der Regressionskoeffizient $b_4 = 8{,}1$ gibt also an, um wieviel (Prozent-)Einheiten der SPD-
Stimmenanteil durchschnittlich wächst, wenn GewLog um eine Einheit zunimmt

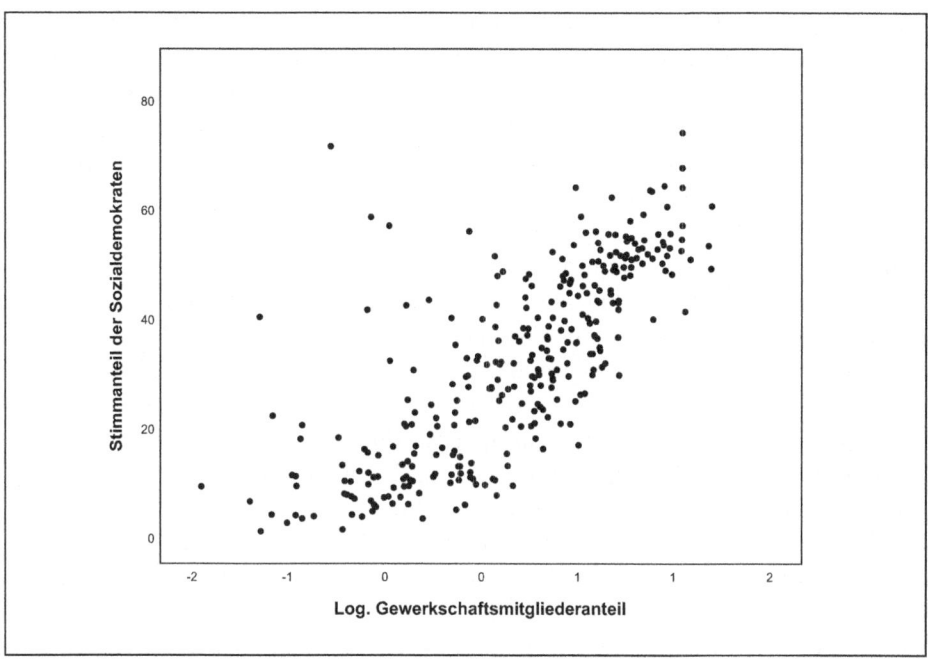

Abbildung 10.11   wie Abb. 10.10, aber Gewerkschaftsmitgliederanteil logarithmiert (Quelle: eigene Darstellung)

Koeffizienten

Modell		Nicht standardisierte Koeffizienten		Standardisierte Koeffizienten		
		Regressionsk oeffizientB	Std.-Fehler	Beta	T	Sig.
1	(Konstante)	9,585	3,076		3,116	,002
	Anteil der Personen evangelischen Glaubens	,081	,041	,149	1,952	,052
	urbgrad	,121	,046	,183	2,606	,010
	urbev	,003	,001	,447	4,767	,000
	GewLog	8,060	1,226	,256	6,573	,000

Abbildung 10.12   SPSS-Ergebnisausdruck (Auszug) zur multiplen Regression unter Einbeziehung des gewerkschaftlichen Organisationsgrades (Quelle: eigene Darstellung)

(und die anderen Regressorvariablen konstant gehalten werden). Wächst der Zehnerlogarithmus um eine Einheit, impliziert dies in der Originalvariablen (GewOrg) eine Zunahme um den Faktor 10. Also bedeutet $b_4 = 8{,}1$: wenn sich der Anteil der Gewerkschaftsmitglieder verzehnfacht, steigt der SPD-Stimmenanteil (innerhalb des beobachteten Wertebereichs) um 8,1 % an. Dies lässt sich anhand einfacher Beispielrechnungen veranschaulichen:

Der gewerkschaftliche Mitgliederanteil (im Folgenden: X_4) schwankt in den verschiedenen Wahlkreisen von 0 bis knapp 16 % der Bevölkerung (die Null-Fälle haben wir aber, wie oben erwähnt, aus der Analyse ausgeschlossen). Wenn er von 0,5 % auf $10 \cdot 0{,}5 \% = 5{,}0 \%$ steigt, können wir, laut obigem Modell (Abb. 10.12), einen SPD-Stimmenzuwachs von 8,1 Prozentpunkten erwarten. Der gleiche Zuwachs ist auch dann zu erwarten, wenn X_4 von 1 % auf 10 % oder von 1,5 % auf 15 % ansteigt. Natürlich lässt sich der erwartete Zuwachs an SPD-Stimmenanteilen (im Folgenden: Y) auch für jede andere Veränderung des gewerkschaftlichen Organisationsgrades (X_4) ermitteln, indem man Gleichung (10-38) zur Prognose benutzt und die entsprechenden bedingten Erwartungswerte für Y ausrechnet. Eine Zunahme in X_4 von 2 % auf 3 % z. B. bewirkt in der Zehnerlog-Skala GewLog einen Zuwachs von $\log 2 = 0{,}3013$ auf $\log 3 = 0{,}4771$. Da GewLog nicht mit ev05p (X_1) und urbgrad (X_2) interagiert, können wir diese beiden Variablen der Einfachheit wegen in (10-38) gleich Null setzen und erhalten somit

(10-39) $E(Y \mid \text{GewLog} = 0{,}3013) = 9{,}6 + 8{,}1 \cdot 0{,}3013 = 12{,}04$
                $E(Y \mid \text{GewLog} = 0{,}4771) = 9{,}6 + 8{,}1 \cdot 0{,}4771 = 13{,}46$

Die Erwartungswerte der SPD-Stimmenanteile nehmen also um $13{,}46 - 12{,}04 = 1{,}42$ Prozent zu, wenn sich der Anteil der Gewerkschaftsmitglieder von zwei auf drei Prozent der Bevölkerung erhöht. Die gleiche Zuwachsgröße erhält man durch folgende Rechnung: $(\log 3 - \log 2) \cdot b_4 = 0{,}1758 \cdot 8{,}1 = 1{,}42$.

Ein Nachteil des Regressionsmodells (10-38) besteht darin, dass es alle unabhängigen Variablen hinsichtlich ihres Einflusses auf die abhängige Variable kausaltheoretisch auf die gleiche Stufe stellt, ihnen lediglich im Schätzvorgang unterschiedliche Gewichte (Steigungskoeffizienten) zuweist. Tatsächlich dürfte jedoch GewOrg bzw. GewLog gegenüber den beiden anderen Regressorvariablen ev05p und urbgrad kausal nachgeordnet sein. Wir können annehmen, dass sich Protestantenanteil und Urbanisierungsgrad positiv auf den gewerkschaftlichen Organisationsgrad auswirken. Eine solche Kausalhypothese lässt sich graphisch in Form eines sog. *Pfaddiagramms* (siehe Abb. 10.13) darstellen (wir eliminieren zunächst den multiplikativen Term, fügen ihn aber später wieder hinzu).

Jede Variable, die eine andere Variable beeinflusst, steht links von dieser. Die Richtung des kausalen Einflusses ist durch Pfeile symbolisiert, die von der unabhängigen auf die abhängige Variable zielen. Den Pfeilen sind Koeffizienten (*Pfadkoeffizienten*) beigeordnet, die die Stärke der Beziehung (des kausalen Effekts) ausdrücken sollen

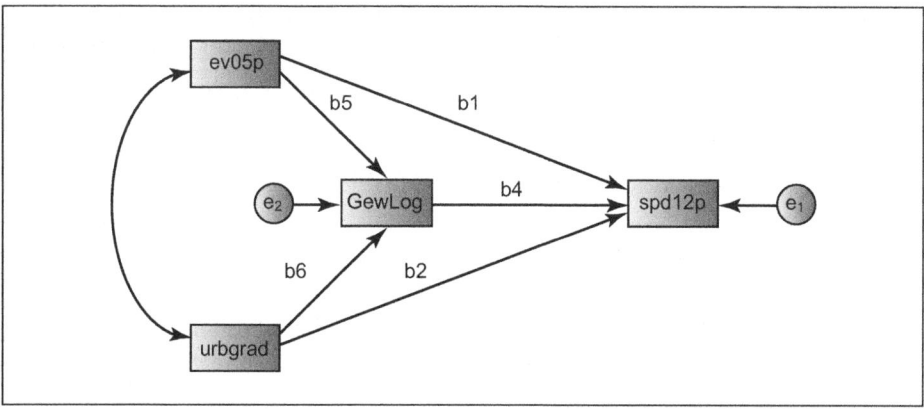

Abbildung 10.13   Pfaddiagramm (rekursives Pfadmodell) (Quelle: eigene Darstellung)

und in diesem Sinne zu schätzen sind. In der Terminologie der Pfadanalyse bezeichnet man die ganz links stehenden Variablen (hier ev05p und urbgrad) als *exogene* Variablen. Von ihnen nimmt man an, dass sie durch keine andere der im Pfad-Modell enthaltenen Variablen beeinflusst sind. Sie sind mit gerundeten Doppelpfeilen verbunden, die darauf hinweisen, dass zwischen ihnen eine Korrelation besteht (bestehen kann), die aber nicht kausal gedeutet wird. GewLog ist in unserem Pfadmodell eine *intervenierende* Variable, weil sie sowohl als abhängige Variable (im Verhältnis zu ev05p und urbgrad) wie auch als unabhängige Variable (im Verhältnis zu spd12p) auftritt (zum Interventionsmodell s. Kapitelabschn. 5.2.3). Intervenierende und exogene Variablen bezeichnet man in Bezug auf kausal nachgeordnete Variablen als *prädeterminiert* (siehe Opp/Schmidt 1976, S. 98); abhängige Variablen bezeichnet man in Bezug auf die prädeterminierten Variablen als *endogen*. Intervenierende Variablen sind sowohl endogen (in Bezug auf die kausal vorgeordneten Variablen) als auch prädeterminiert (in Bezug auf Variablen, die ihnen in der Kausalkette noch folgen).

Pfadmodelle, in denen sämtliche (einfache) Pfeile nur von links nach rechts verlaufen, in denen also keine *Feedback*-Beziehungen (Wechselwirkungen von X_k nach X_m und von X_m nach X_k) auftreten, nennt man *rekursive* Kausalsysteme[110]. Wenn Feedback-Beziehungen vorliegen, spricht man von nicht-rekursiven Kausalsystemen, die wir hier aber nicht betrachten wollen (siehe Asher 1983, S. 53 ff.), obwohl eine solche Beziehung in unserem Beispiel zwischen Wahlerfolg der SPD und gewerkschaftlichem Organisationsgrad nicht auszuschließen ist.

---

110 Einige Autoren (z. B. Bollen 1989, S. 81) führen die Unkorreliertheit der Fehlervariablen zwischen den einzelnen Gleichungen (siehe unten) als zusätzliches Definitionsmerkmal ein.

Ein Pfadmodell lässt sich in Form eines Gleichungssystems, einer Menge sog. *Strukturgleichungen*[111], darstellen, wobei für jede abhängige Variable eine Gleichung angegeben wird. Das Pfadmodell in Abb. 10.13 wird somit durch zwei Strukturgleichungen formuliert (hier weiterhin in Stichprobennotation, s. u.):

(10-40a) $Y = a_1 + b_1X_1 + b_2X_2 + b4X_4 + e_1$

(10-40b) $X_4 = a_2 + b_5X_1 + b_6X_2 + e_2$

Wenn man mit z-standardisierten Variablen, also mit *standardisierten* Steigungskoeffizienten (üblicherweise *Beta-Koeffizienten* genannt) rechnen möchte (siehe Kapitelabschn. 6.4[112]), wird daraus

(10-41a) $Y = \beta_1Z_1 + \beta_2Z_2 + \beta_4Z_4 + u_1$

(10-41b) $Z_4 = \beta_5Z_1 + \beta_6Z_2 + u_2$

Da durch die Z-Transformation die arithmetischen Mittel aller Variablen auf Null gesetzt sind, entfällt der Ordinatenabschnitt; die Fehlerterme sind nun nicht mehr mit „e", sondern mit „u" notiert. Bei Z_4 handelt es sich um die z-standardisierte GewLog-Variable. Hinsichtlich der anderen Variablen dürfte sich eine Erklärung zur Notation erübrigen. Den Index „3" haben wir ausgelassen; er bleibt für den multiplikativen Term urbev reserviert, den wir später einfügen werden. Üblicherweise (siehe Asher 1983, S. 31) schätzt man die Koeffizienten jeder dieser Gleichungen nach dem Kleinstquadratverfahren (OLS)[113].

Zusätzlich zu den bisher bei der Regressionsanalyse schon gemachten Voraussetzungen wird angenommen, dass die Residuen e_1 und e_2 unkorreliert sind. Die Koeffizienten, die den einzelnen Pfaden, damit also den verschiedenen prädeterminierten Variablen zugeordnet sind, bezeichnet man als *direkte* kausale Effekte. Die auf die ab-

---

111 Falls das rekursive System nicht „vollständig" bzw. *saturiert* ist, d. h., wenn angenommen wird, dass in der diagrammatischen Übersetzung des Modells irgendwelche Pfeile zwischen einer der prädeterminierten und einer der abhängigen Variablen auszulassen sind (das bedeutet, dass sie unkorreliert sind), entstehen beim Schätzen und Testen gewisse Probleme, die wir in diesem kurzen Ausblick aber nicht behandeln wollen (s. auch unten die Anmerkung zu Abb. 10.16). Die Methode der Strukturgleichungsmodelle (*structural equation modeling* – SEM) ist heute eine weit entwickelte Forschungsstrategie, die sich diesem Problem widmet (Reinecke 2014, Arbuckle 2006. Jöreskog 2001). Ihr Ziel ist, gerade kein saturiertes Modell, sondern ein möglichst sparsames Modell an die empirischen Daten anzupassen, das trotzdem die kausale Struktur der Daten ausreichend darstellt.

112 Anders als in Kapitelabschn. 6.4 übernehmen wir hier diese Sprachregelung

113 Wir stützen uns hier auf den Hinweis von Bollen (1989, S. 115), dass allgemein in rekursiven Modellen (mit unkorrelierten Fehlern) OLS-Schätzer identisch sind mit sog. „Full-Information-Maximum-Likelihood" – Schätzern.

hängigen Variablen geführten Pfeile von e_1 und e_2 symbolisieren den im Modell nicht erklärten Einfluss der unbekannten Residualvariablen.

Wie in der Pfadanalyse üblich, tragen wir in das Pfaddiagramm zunächst die standardisierten Regressionskoeffizienten (Beta-Koeffizienten) als Pfadkoeffizienten ein (s. Abb. 10.14).

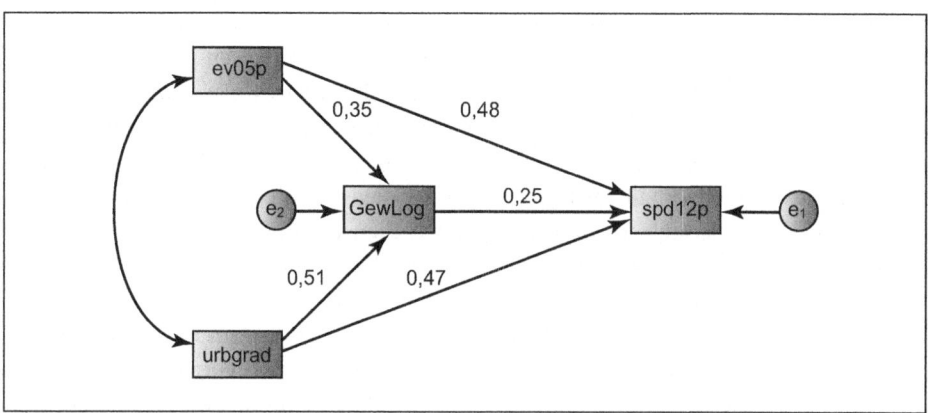

Abbildung 10.14 Rekursives Pfadmodell mit standardisierten Pfadkoeffizienten (Quelle: eigene Darstellung)

Der Vorteil der Pfadanalyse gegenüber der einfachen Regressionsanalyse besteht vor allem darin, dass man nicht nur die *direkten,* sondern auch die *indirekten* und damit die *totalen* Effekte einer prädeterminierten Variable auf eine abhängige Variable berechnen kann. In unserem Pfadmodell haben wir 5 direkte Effekte notiert: Von ev05p, urbgrad und GewLog auf spd12p sowie von ev05p und urbgrad auf GewLog. Sie sind jeweils mit normaler OLS-Regression als Parameter der Gleichungen (10-41a) und (10-41b) geschätzt worden. Unter inhaltlichen Aspekten ist hier festzuhalten, dass der gewerkschaftliche Organisationsgrad auch unabhängig von Protestantenanteil und Urbanisierungsrad einen eigenständigen positiven Einfluss auf das Stimmenergebnis der SPD hat.

Indirekte Effekte werden über die Multiplikation[114] zweier oder mehrerer Pfad- bzw. Regressionskoeffizienten errechnet, die einer Kausalkette zugeordnet sind, die zwischen prädeterminierter und endogener Variable über mindestens eine intervenierende Variable verläuft. In unserem Pfadmodell sind zwei indirekte Effekte eingezeichnet: von ev05p und urbgrad auf spd12p, beide vermittelt über GewLog. Der indirekte Effekt von ev05p (vgl. Abb. 10.13 und 10.14) beträgt $\beta_5 \cdot \beta_4 = 0{,}35 \cdot 0{,}25 = 0{,}09$.

---

114 Eine theoretische Begründung für diese Rechenregel findet sich beispielsweise in Asher (1983) oder in Opp/Schmidt (1976).

Der indirekte Effekt von urbgrad beträgt $\beta_6 \cdot \beta_4 = 0{,}51 \cdot 0{,}25 = 0{,}13$. Der *totale kausale Effekt* ergibt sich aus der Addition von direktem und indirektem Effekt: $0{,}48 + 0{,}09 = 0{,}57$ für ev05p und $0{,}47 + 0{,}13 = 0{,}6$ für urbgrad. Die totalen Effekte von urbgrad und ev05p auf spd12p unterscheiden sich also in ähnlichem Maße wie ihre direkten Effekte.

In der Forschungspraxis gibt es aber durchaus Fälle, in denen die Rangfolge der totalen Effekte von der Rangfolge der direkten Effekte abweicht. Dennoch werden in der einschlägigen Literatur häufig (einfache) Regressionsanalysen präsentiert, in denen offenkundige kausale Beziehungen zwischen den Regressorvariablen nicht modelliert sind. Das heißt, es werden nur die direkten Effekte ermittelt, die indirekten und damit die totalen Effekte werden unterschlagen. Solange sich Autor und Leserin über diesen Sachverhalt im Klaren sind, ist dagegen nicht unbedingt etwas einzuwenden. Häufig jedoch werden in solchen Fällen die direkten Effekte wie totale Effekte behandelt. Das heißt, es werden auf der Basis der geschätzten direkten Effekte Aussagen gemacht über die kausale Bedeutung der einzelnen Regressorvariablen, ohne die möglicherweise vorhandenen, aber nicht ermittelten indirekten Effekte zu berücksichtigen. Die indirekten Effekte sind aber kausaltheoretisch nicht weniger wichtig als die direkten Effekte. Wenn z.B. allgemeine Strukturvariablen (wie der sozio-ökonomische Status) und von ihnen beeinflusste intervenierende Variablen (z.B. Wertvorstellungen) als gleichgeordnete unabhängige Variablen in einem (einfachen) Regressionsmodell (im Zusammenhang von Strukturgleichungsmodellen auch als *Eingleichungssystem* bezeichnet) auftauchen, mit dem ein Verhaltensindikator (als abhängige Variable, z.B. Parteipräferenzen) erklärt werden soll, führt das fast zwangsläufig zu täuschenden Ergebnissen: die Rolle der Strukturvariablen wird bei ausschließlicher Betrachtung der direkten Effekte unvollständig dargestellt. (Siehe hierzu in Kap. 5 die Erörterung der verschiedenen Kausalmodelle, vor allem des Unterschieds zwischen Scheinkausalität und Intervention)

Wir wollen unser Pfadmodell nun etwas erweitern, indem wir in die Gleichung (10-41a) den schon ausführlich erörterten multiplikativen Ausdruck urbev für die Interaktion von ev05p (X_1) und urbgrad (X_2) hinsichtlich ihrer Wirkung auf spd12p einfügen. (Eine interaktive Wirkung von ev05p und urbgrad auf GewLog besteht nicht.) Für die *standardisierten* Variablen[115] erhalten wir somit folgendes Gleichungssystem:

---

115 Für Modelle mit multiplikativen Komponenten können die standardisierten Steigungskoeffizienten nicht, wie in Kapitelabschnitt 6.4 für additive Modelle angegeben, aus den unstandardisierten Regressionskoeffizienten gemäß $\beta = b(s_x/s_y)$ berechnet werden. Um die Beta-Koeffizienten zu erhalten, müssen alle Variablen (einschließlich der log-transformierten) zuvor in ihre standardisierten Werte $z = (x - \bar{x})/s_x$ transformiert und in dieser Form in die Regressionsanalyse eingeführt werden. Der multiplikative Term als Produkt zweier standardisierter Variablen ist selbst nicht standardisiert. Signifikanztests bleiben aber von dieser Maßnahme unberührt (siehe Marsden 1981, S. 115).

(10-42a) $Y = \beta_1 Z_1 + \beta_2 Z_2 + \beta_3 Z_1 Z_2 + \beta_4 Z_4 + u_1$

(10-42b) $Z_4 = \beta_5 Z_1 + \beta_6 Z_2 + u_2$

Zur Notation siehe die Erläuterungen zu den Gleichungen (10-41a und b).
Die geschätzten Beta-Koeffizienten sind in das Pfaddiagramm der Abb. 10.15 eingetragen.

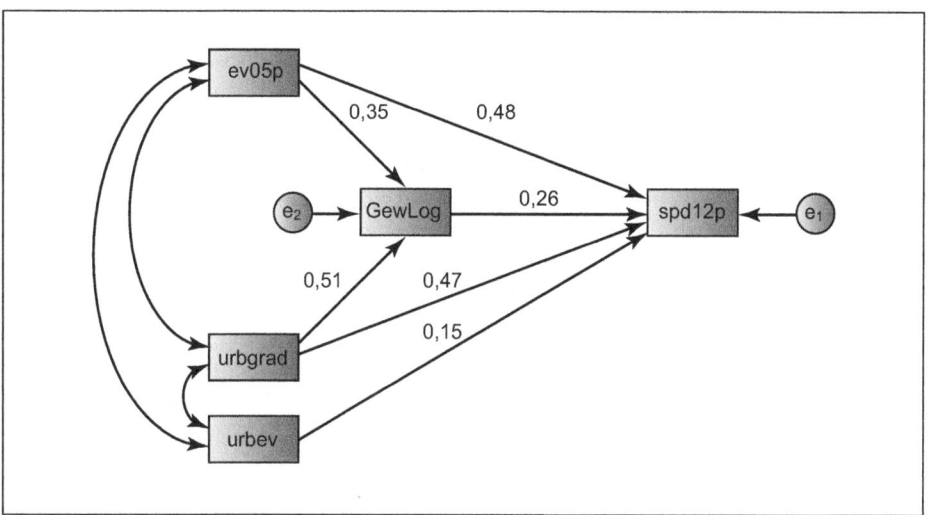

Abbildung 10.15   Pfadmodell mit multiplikativem Term und standardisierten Pfadkoeffizienten (Quelle: eigene Darstellung)

Die direkten Effekte von ev05p und urbgrad auf GewLog (die in diesem Falle gleich den totalen Effekten sind) ändern sich nicht, da Gleichung (10-42b) identisch ist mit Gleichung (10-41b). Der direkte Effekt von GewLog auf spd12p verändert sich in (10-42a) nur geringfügig gegenüber (10-41a). Für den Einfluss von ev05p und urbgrad auf spd12p müssen nun aber sämtliche Effekte als *bedingte* Effekte berechnet werden. In den meisten Einführungstexten zur Pfadanalyse wird dieses Problem übergangen. Dabei ist seine Lösung recht einfach. Wie die bedingten direkten Effekte bei interaktiven Beziehungen zu ermitteln sind, haben wir in den Kapitelabschnitten 6.3.2 und 10.4.3 ausführlich besprochen. Das gleiche Verfahren ist auch hier anzuwenden: Die bedingten direkten Effekte werden errechnet, indem man die partiellen Ableitungen zu den Gleichungen (10-42a) und (10-42b) bildet:

(10-43a) $\dfrac{\delta Z_Y}{\delta Z_1} = \beta_1 + \beta_3 Z_2 = 0{,}48 + 0{,}15 \cdot Z_2$

(10-43b) $\quad \dfrac{\delta Z_Y}{\delta Z_2} = \beta_2 + \beta_3 Z_1 = 0{,}47 + 0{,}15 \cdot Z_1$

(10-43c) $\quad \dfrac{\delta Z_Y}{\delta Z_4} = \beta_4 = 0{,}26$

Dies entspricht den Gleichungen (6-34) und (6-35) in Abschn. 6.3.2. Bei der Interpretation ist zu beachten, dass die arithmetischen Mittel von Z_1 und Z_2 gleich null sind und dass die standardisierten Variablen auch negative Werte annehmen.

Zum Schluss sei nochmals darauf hingewiesen, dass alle diese Berechnungen unter der Voraussetzung stehen, dass das Pfadmodell als Modell kausaler Beziehungen korrekt spezifiziert wurde. Unter bestimmten Bedingungen lässt sich die Angemessenheit des Modells anhand der Beobachtungsdaten testen[116]. In diesem Zusammenhang ist es nötig, nicht nur die totalen kausalen Effekte in direkte und indirekte zu zerlegen, sondern auch die bivariaten Korrelationen soweit wie möglich in kausale, (bloß) korrelierte und Restgrößen zu zerlegen. Dies ist ein wichtiges Anliegen der Pfadanalyse, auf das wir in diesem knappen Überblick aber nicht eingehen können (siehe z. B. Opp/Schmidt 1976, S. 152).

Zum Schluss wollen wir noch ein weiteres Analyse-Beispiel einbringen, das der schon in Kap. 6.3 vorgestellten Studie zur Entwicklung der Gewaltkriminalität im Deutschen Kaiserreich gegen Ende des 19. Jahrhunderts zu entnehmen ist. In diesem Beispiel beschränken wir uns auf die Rate der schweren Körperverletzungsdelikte, gemittelt über die Jahre 1898 bis 1902, in den 554 preußischen Stadt- und Landkreisen (s. Thome 2002, S. 545–550). Wir beziehen folgende Erklärungsfaktoren in das Regressionsmodell ein:

- die sog. „Ergänzungssteuer" (ERGSTEU) als Indikator für die relative ökonomische Prosperität eines Kreises;
- den logarithmierten Anteil der Beschäftigten im öffentlichen Dienst und in den Freien Berufen (OEFFLOG);
- den Anteil der Beschäftigten in Industrie und Bergbau (INDUSTRIE)
- den Bevölkerungsanteil der Katholiken (KATHPOPR);
- den dichotomisierten Kreistyp (TYP2) mit der Kodierung „1" für Stadtkreise und „0" für Landkreise;
- eine weitere Dummy-Variable (POLDUM) mit „1" für Kreise, in denen mehr als die Hälfte der ausländischen Bevölkerung innerhalb eines Kreises polnischer oder baltischer Herkunft sind, und Kodeziffer „0" für alle anderen Kreise; diese Dummy-Variable steht, wie in Kap. 6.3 erläutert, für ethnisches Konfliktpotential.

---

116 Die Methode der Strukturgleichungsmethode stellt dafür eine Reihe von Tests bereit (s. Fn. 111)

Ein additives Regressionsmodell mit diesen Prädiktorvariablen erklärt etwas weniger als die Hälfte der Varianz der Körperverletzungsdelikte; alle Steigungskoeffizienten sind, statistisch gesehen, hoch signifikant. Unter Kontrolle dieser Variablen gleichen sich die zuvor beobachteten regionalen Differenzen (s. Gleichung (6-30) weitgehend aus. Allerdings liefert dieses Modell, für sich betrachtet, noch keine theoretisch gehaltvolle Erklärung. Warum kovariieren die genannten Regressorvariablen mit der abhängigen Variablen? Ein Erklärungsansatz lässt sich den Arbeiten des französischen Soziologie-Klassikers Emile Durkheim entnehmen, der schon vor über hundert Jahren die These ausarbeitete, dass die durch zunehmende soziale Differenzierung vorangetriebene Individualisierung langfristig das Gewaltniveau einer Gesellschaft senken müsse (s. hierzu Thome/Birkel 2007, Kap. 1). Wie aber lässt sich das relative Gewicht von individualistischen versus kollektivistischen Orientierungen in einem gesellschaftlichen Umfeld empirisch so erfassen („messen"), dass dieser Faktor in ein statistisches Erklärungsmodell mit einbezogen werden kann? Für das ausgehende 19. Jahrhundert könnte die Geburtenrate ein geeigneter Indikator hierfür sein: Je höher sie ist, umso stärker sollte – gemäß dieser Hypothese – in einem gegebenen Stadt- oder Landkreis die tradierte, kollektivistische Orientierung ausgeprägt sein; umgekehrt müsste gelten: Je niedriger die Geburtenrate, um so verbreiteter eine individualistische Orientierung.[117] Tatsächlich korreliert die Höhe der Geburtenrate[118] stark (und positiv) mit der Höhe der registrierten Gewaltdelikte: r = 0,71.[119] Bezieht man die Geburtenrate neben den og. Einflussfaktoren in das einfache Regressionsmodell ein (formalisiert in einer einzigen Gleichung), begeht man allerdings einen schwerwiegenden Fehler. Es ist davon auszugehen, dass das mutmaßliche, sich in verminderten Geburtenraten zeigende Vordringen individualistischer Orientierungen durch die in dieser Zeit sich vollziehende wirtschaftliche Entwicklung und Urbanisierung gefördert wird. Folglich ist die Geburtenrate als *intervenierende* Variable anzusehen, die den Einfluss der genannten Strukturvariablen auf die Deliktrate der Gewaltkriminalität vermittelt und somit erklärt. Wird die Geburtenrate lediglich als zusätzliche exogene Variable in das bisherige Ein-Gleichungs-Modell mit einbezogen, werden die Steigungskoeffizienten von vier der bisherigen sechs Prädiktorvariablen statistisch insignifikant. Es wäre aber falsch, daraus zu schlussfolgern, sie seien als Erklärungsfaktoren irrelevant. Stattdessen müssen mit Hilfe eines Pfadmodells direkte und (kausaltheoretisch nicht weniger relevante) indirekte Effekte getrennt werden. In Abb. 10.16 sind die Ergebnisse dieser Pfadanalyse dargestellt (übernommen aus Thome 2002, S. 547).

---

117 Ausführlicher als in Thome (2002) ist der indikative Gehalt der Geburtenrate in Thome (2010) belegt und diskutiert.

118 Im Durchschnitt knapp 37 Geburten pro 1000 Einwohner, mit einem Minimum von knapp 21 und einem Maximum von gut 64 Geburten.

119 Diese Korrelation ist zeitlich recht stabil; für 1885 z. B. ergibt sich ein Koeffizient von 0,64.

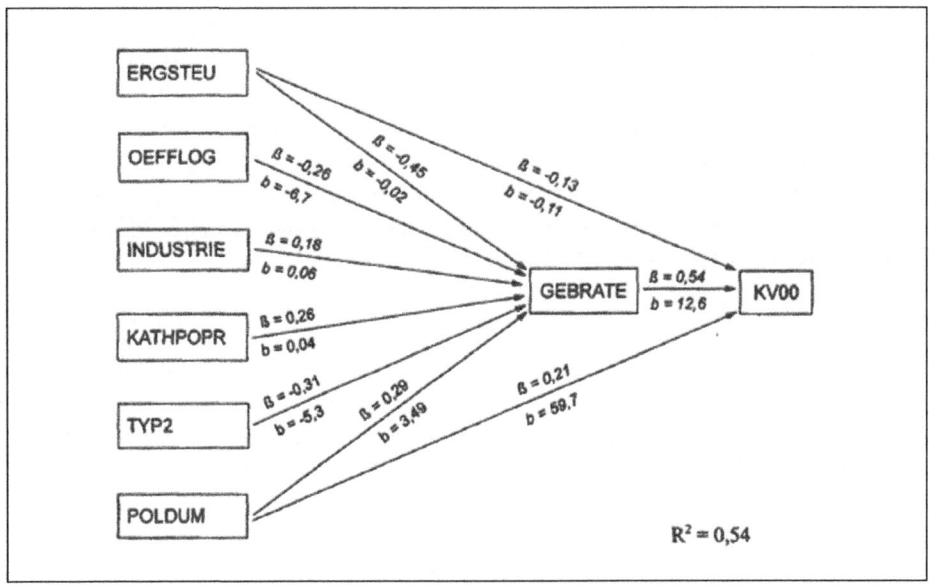

Im abgebildeten Pfaddiagramm sind zur besseren Übersichtlichkeit die Doppelpfeile (Korrelationen) zwischen allen sechs exogenen Variablen weggelassen worden. Es wurde zunächst angenommen, dass alle exogenen Variablen nicht nur indirekt über die Geburtenrate (also das relative Gewicht kollektivistischer versus individualistischer Orientierungen) auf die Rate der Körperverletzungsdelikte einwirken, sondern auch direkt. Die OLS-Regressionsanalyse auf Basis dieses „saturierten" Modells (s. oben, Fn. 111) führte aber (wie im Text schon erwähnt) bei den vier mittleren exogenen Variablen zu nicht signifikanten Steigungskoeffizienten; deshalb wurden diese Kausalpfeile aus dem Modell eliminiert und die verbliebenen Pfadkoeffizienten erneut mit dem OLS-Verfahren geschätzt. Diese Vorgehensweise ist im Falle rekursiver Modelle in der Forschungspraxis durchaus üblich (siehe z. B. Berry 1984, S. 8; Bortz/Schuster 2010, S. 445). Es können jedoch Probleme dadurch entstehen, dass die Residuen der abhängigen Variablen miteinander korrelieren. Außerdem könnten theoretisch begründete alternative Modellspezifikationen vorliegen, unter denen die am besten zu den Daten passende ausgewählt werden soll. In solchen Fällen empfiehlt sich der Übergang zur allgemeineren Methodik der Strukturgleichungsmodelle, die auf Maximum-Likelihood-Schätzungen beruht (s. Reinecke 2014, S. 58 ff.; einige Erläuterungen zur ML-Methode finden sich weiter unten in Kapitelabschn. 11.2.4)

Abbildung 10.16 Einfluss von Geburtenrate und anderen Strukturmerkmalen auf Körperverletzungsdelikte „1900" in Preußen (Thome 2002, S. 547)

Unterhalb der Kausalpfeile sind die nicht-standardisierten Steigungskoeffizienten, oberhalb die standardisierten Steigungskoeffizienten (Pfadkoeffizienten) dargestellt. Es zeigt sich, dass alle (exogenen) Strukturvariablen einen statistisch signifikanten Einfluss auf die Geburtenrate ausüben; insgesamt werden durch sie rund 55 % der Variation der Geburtenrate erklärt; auffällig sind vor allem die starken negativen (die Geburtsrate mindernden) Einflüsse des ökonomischen Wohlstands und der Urbanisierung (s. die entsprechenden Pfadkoeffizienten für ERGSTEU und TYP2). Einen nicht nur über die Geburtenrate, also über das relative Gewicht von Kollektivismus versus Individualismus vermittelten Einfluss auf die Gewaltkriminalität haben lediglich der ökonomische Wohlstand (schwach negativ mit $\beta = -0,13$) und das ethnische Konfliktpotential (POLDUM) mit $\beta = 0,21$ (und b = 59,7). Die anderen Variablen üben ihren Einfluss nur indirekt über die Geburtenrate aus, d. h. über den durch sie indizierten Grad an Individualismus; ihre Steigungskoeffizienten werden, wie oben schon erwähnt, insignifikant, wenn sie in einem Ein-Gleichungs-Modell mit der Geburtenrate als zusätzlichem Erklärungsfaktor konkurrieren müssen. Es zeigt sich aber auch, dass die kulturelle Orientierung nicht nur den Einfluss der hier berücksichtigten exogenen Strukturvariablen auf die Gewaltkriminalität vermittelt, sondern darüber hinaus noch einen weiteren Erklärungsbeitrag von etwa 7 Prozent leistet (der möglicherweise auf weitere, hier nicht berücksichtigte Strukturvariablen zurückzuführen wäre).

Dieses Beispiel sollte besonders anschaulich verdeutlichen, dass inferenzstatistische Analysen nicht nur dann relevant werden, wenn Stichprobenergebnisse auf eine empirische Grundgesamtheit übertragen werden sollen, sondern dass sie auch gebraucht werden, wenn mit Hilfe empirischer Daten ein (kausal-)theoretisches Modell auf seine Haltbarkeit überprüft werden soll.

Literatur

Allison, Paul D. 1977. Testing for interaction in multiple regression. *American Journal of Sociology* 83: 144–153.

Althauser, Robert P. 1971. Multicollinearity and non-additive regression models. In *Causal models in the social sciences,* hrsg. Hubert M. Blalock, 453–472. Chicago: Aldine Publishing Company.

Arbuckle, James L. 2006. *AMOS 7.0 User's Guide.* SPSS, Chicago.

Asher, Herbert A. 1983. *Causal modelling.* Sage University Paper 3. Beverly Hills u. a.: Sage

Beck, Nathaniel, Jonathan Katz. 1995. What to do (and not to do) with time-series cross-section data. *American Political Science Review* 89: 634–647.

Belsley, David A., Edwin Kuh, Roy E. Welsch. 1980. *Regression diagnostics. Identifying influential data and sources of collinearity.* New York u. a.: Wiley.

Berry, William D. 1984. *Nonrecursive causal models.* Sage University Paper 37. Beverly Hills u. a.: Sage.

Berry, William D., Stanley Feldman. 1985. *Multiple regression in practice.* Sage University Paper 50. Beverly Hills u. a.: Sage.

Bollen, Kenneth A. 1989. *Structural equations with latent variables.* New York u. a.: Wiley.

Bortz, Jürgen, Christof Schuster. 2010. *Statistik für Human- und Sozialwissenschaften.* Berlin, Heidelberg: Springer (7. überarb. Auflage).

Bühner, Markus, Matthias Ziegler. 2009. *Statistik für Psychologen und Sozialwissenschaftler.* München u. a.: Pearson Studium.

Friedrich, Robert J. 1982. In defense of multiplicative terms in multiple regression equations. *American Journal of Political Science* 26: 797–833.

Greene, William H. 1993. *Econometric analysis.* New York u. a.: Macmillan.

Hanushek, Eric, John E. Jackson. 1977. *Statistical methods for social scientists.* New York: Academic Press.

Hays, William L. 1973. *Statistics for the social sciences.* London u. a.: Hilt, Rinehart & Winston (2. Auflage).

Hirtenlehner, Helmut, Stephen Farrall, Johann Bacher. 2013. Culture, institutions, and morally dubious behaviors: Testing some core propositions of the institutional-anomie theory. *Deviant Behavior* 34: 291–320.

Jöreskog, Karl G. 2001. *LISREL 8.Users references guide.* Lincolnwood: Scientific software international.

Kmenta, Jan. 1971. *Elements of econometrics.* New York: Macmillan.

Kühnel, Steffen, Dagmar Krebs. 2018. *Statistik für die Sozialwissenschaften:* Grundlagen, Methoden, Anwendungen. Reinbek: Rowohlt (8. Auflage).

Maddala, G. S. 1992. *Introduction to econometrics.* New York: Macmillan (2. Auflage).

Marsden, Peter V. 1981. Conditional effects in regression models. In *Linear models in social research,* hrsg. P. V. Marsden, 97–116. Beverly Hills, London: Sage.

Miller, Michael K., Frank L. Farmer. 1988. Substantive nonadditivity in social science research. A note on induced collinearity and measurement and testing on effects. *Quality and Quantity* 2: 221–237.

Norusis, Marija J. 2012. *IBM SPSS Statistics 19 Guide to Data Analysis.* London: Pearson (von SPSS autorisierte, ausgezeichnete Einführung, trotz älteren Datums weiterhin gültig).

Opp, Karl-Dieter, Peter Schmidt. 1976. *Einführung in die Mehrvariablenanalyse.* Grundlagen der Formulierung und Prüfung komplexer sozialwissenschaftlicher Aussagen. Reinbek: Rowohlt.

Pfeifer, Andreas, Peter Schmidt. 1987. *LISREL. Die Analyse komplexer Strukturgleichungsmodelle.* Stuttgart, New York: Gustav Fischer Verlag.

Pindyck, Robert S , Daniel L. Rubinfeld. 1981. *Econometric models and econometric forecasts.* New York u. a.: McGraw-Hill (2. Auflage).

Reinecke, Jost. 2014. *Strukturgleichungsmodelle in den Sozialwissenschaften.* München: Oldenbourg (2. Auflage).

Schlittgen, Rainer. 2012. *Einführung in die Statistik.* Analyse und Modellierung von Daten. München, Wien: Oldenbourg (12., überarbeitete Auflage).

Thome, Helmut. 2002. Kriminalität im Deutschen Kaiserreich, 1883–1902. Eine sozialökologische Analyse. *Geschichte und Gesellschaft* 28(4): 519–553.

Thome, Helmut. 2005b. *Zeitreihenanalyse.* Eine Einführung für Sozialwissenschaftler und Historiker. München, Wien: Oldenbourg.

Thome, Helmut. 2010. Violent crime (and suicide) in Imperial Germany, 1883–1902: Quantitative analyses and a Durkheimian interpretation. *International Criminal Justice Review* 20: 5–34.

Thome, Helmut, Christoph Birkel. 2007. *Sozialer Wandel und Gewaltkriminalität*. Deutschland, England und Schweden im Vergleich, 1950 bis 2000. Wiesbaden: Verlag für Sozialwissenschaften.

Thome, Helmut, Steven F. Messner. 2014. Guest editorial: Methodological issues in longitudinal analyses of criminal violence. *International Journal of Conflict and Violence* 8: 191–198.

Thome, Helmut, Stephan Stahlschmidt. 2013. Ost und West, Nord und Süd: Zur räumlichen Verteilung und theoretischen Erklärung der Gewaltkriminalität in Deutschland. *Berliner Journal für Soziologie* 23 (3-4): 441–470.

Waller, Lance A., Carol A. Gotway. 2004. *Applied spatial statistics for public health data*. New York: Wiley.

Wooldridge, Jeffrey M. 2003. *Introductory Econometrics*. A Modern Approach. Mason (Ohio): Thompson (2. Auflage).

von Wright, Georg Henrik. 1974. *Erklären und Verstehen*. Frankfurt a. M.: Athenäum.

Glossar zu Kapitel 10

Autokorrelation: Korrelation zwischen den Residuen eines Regressionsmodells

Endogene Variable: → *Pfadanalyse*

Exogene Variable: → *Pfadanalyse*

Heteroskedastizität: Ungleiche Varianzen der Residuen eines Regressionsmodells, die über den Wertebereich der Regressorvariablen variieren. Sie vergrößern die Standardfehler der zu schätzenden Regressionskoeffizienten; diese Standardfehler werden zudem mit dem üblichen Kleinst-Quadrat-Verfahren nicht erwartungstreu geschätzt. Die Gleichheit der Varianzen bei allen Ausprägungskombinationen der Regressorvariablen wird als *Homogenität* bezeichnet

Homogenität: → *Heteroskedastizität*

Intervenierende Variable: → *Pfadanalyse*

Indirekter Effekt: → *Pfadanalyse*

Multikollinearität: Korrelative Zusammenhänge zwischen den Prädiktorvariablen eines Regressionsmodells. Eine sehr hohe Multikollinearität führt zu falschen Einschätzungen der relativen Einflussstärke der verschiedenen Prädiktorvariablen. Eine häufig herangezogene Kennziffer für das Maß an Multikollinearität ist der *Variance-Inflation Factor (VIF)*

Nicht-rekursives Pfadmodell: → *Pfadanalyse*

Normal-Probability-Plot: Streudiagramm, in dem die kumulierte Häufigkeitsverteilung der Residuen und der Standardnormalverteilung gegeneinander geplottet werden; damit kann aufgezeigt werden, in welchem Maße die beobachtete Verteilung der Residuen (oder auch einer anderen Variablen) den Kriterien einer Normalverteilung entspricht

Pfadanalyse: In der einfachen Regressionsanalyse wird ein theoretisches Modell vorgegeben, das eine einzige abhängige Variable als lineare Funktion einer oder mehrerer bedingender (unabhängiger) Variablen plus eines Fehlerterms darstellt. Die Pfadanalyse geht von einem komplexeren Kausalmodell aus, das mindestens zwei abhängige, sog. *endogene* Variablen vorsieht, die entweder direkt oder indirekt von einer oder mehreren anderen (bedingenden) Variablen abhängen. Man unterscheidet zwei Typen von bedingenden, sog. *prädeterminierten* Variablen: (1) *exogene* Variablen, die als kausal unabhängig von allen anderen im Modell enthaltenen Variablen angesehen werden; (2) *intervenierende* Variablen (auch *Mediatorvariablen* genannt), die den Einfluss einer kausal vorgelagerten Variablen an eine kausal nachgelagerte im Sinne einer Kausalkette vermitteln. Auf diese Weise können *direkte* und *indirekte Effekte* unterschieden werden, die in der Summe die *totalen Effekte* ergeben. In sog. *rekursiven Pfadmodellen* sind, anders als in *nicht-rekursiven,* keine direkten oder indirekten Wechselwirkungen (*loops*) zwischen zwei oder mehreren Variablen vorgesehen. In solchen Fällen kann das Pfadmodell mit Hilfe mehrerer einfacher Regressionsgleichungen dargestellt werden: jeweils eine Gleichung für jede abhängige Variable

Rekursives Pfadmodell: → *Pfadanalyse*

s-standardisierte Residuen (studentized residuals): Die in der Regressionsanalyse ermittelten Residualwerte (Fehlergrößen) werden durch einen Schätzer ihres (bedingten) Standardfehlers dividiert, der umso größer ist, je weiter der jeweilige X-Wert vom arithmetischen Mittel abweicht

Totaler Effekt: → *Pfadanalyse*

Variance-Inflation Factor (VIF): → *Multikollinearität*

Nicht-lineare Regression

In diesem Kapitel beschäftigen wir uns mit einigen Formen der nicht-linearen Regression. Wir zeigen zunächst (in Kapitelabschn. 11.1), wie in manchen Fällen eine zuvor festgestellte nicht-lineare Beziehung zwischen der abhängigen und der oder den bedingenden Variablen mit Hilfe simpler mathematischer Transformationen in eine lineare Beziehung überführt werden kann. Falls die abhängige Variable auf der Individualebene in kategorialer (z. B. dichotomisierter) Form oder auf einer Aggregatebene (bspw. für regionale Einheiten) in Form von Anteils- oder Prozentwerten gegeben ist, sind jedoch in der Regel alternative Schätzverfahren anzuwenden. Wir begrenzen uns in diesem Einführungstext auf Verfahren der logistischen Regressionsanalyse, gehen zunächst aber noch (in Kapitelabschn. 11.2.1) auf die Frage ein, ob oder wie Ergebnisse einer Analyse von Aggregatdaten auch auf die Individualebene bezogen werden können (Problem des sog. „ökologischen Fehlschlusses"). Der darauffolgende Kapitelabschn. 11.2.2 erläutert anhand von Beispielen, in welcher Weise bestimmte Bedingungen, die in das Modell der linearen Regressionsanalyse eingebaut sind, eventuell unerfüllt sein können und deshalb einen Wechsel zu alternativen Formen der nicht-linearen Regression nahelegen. In Kapitelabschn. 11.2.3 wird dann eine dieser Alternativen, nämlich das in der Forschungspraxis relativ häufig angewandte Modell der logistischen Regressionsanalyse, näher vorgestellt. Die Parameter dieses Modells werden in der Regel mit Hilfe der Maximum-Likelihood-Methode geschätzt, deren Ansatz wir in Kapitelabschn. 11.2.4 skizzieren. In Kapitelabschn. 11.2.5 wird sodann noch erläutert, wie sich die logistische Regressionsanalyse mit Hilfe des EDV-Programmsystems SPSS durchführen lässt.

Zusatzmaterial online
Zusätzliche Informationen sind in der Online-Version dieses Kapitel (https://doi.org/10.1007/978-3-658-30954-1_12) enthalten.

11.1 Linearisierung von Beziehungen

Wie wir in Kap. 10.5 sahen, ist die Beziehung zwischen zwei Variablen nicht immer linear im Sinne der Gleichung $E(Y) = a + bX$ (s. Abb. 10.10). Sie kann auch kurvenförmig verlaufen. So nimmt z. B. in vielen Gesellschaften das Einkommen (Y) nach Beginn des Erwerbslebens in den ersten Jahrzehnten zu, fällt dann aber, wenn das Lebens- oder Dienstalter (X) einen bestimmten Schwellenwert überschritten hat, mehr oder weniger deutlich ab. Die Beziehungsform entspricht in diesem Falle schematisch einem umgekehrten U (s. Abb. 11.1).

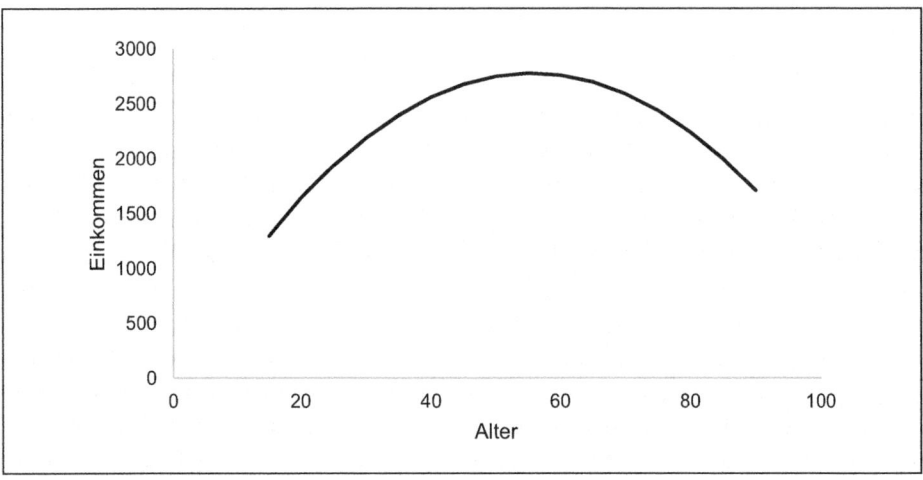

Abbildung 11.1   Beispiel einer nichtlinearen Beziehung (Quelle: eigene Darstellung)

Mathematisch kann eine solche Beziehung durch ein Polynom zweiter Ordnung ausgedrückt werden:

(11-1) $\widehat{Y} = \beta_0 + \beta_1 X + \beta_2 X^2$

Sollen die Parameter dieses Modells[121] anhand von Beobachtungsdaten geschätzt werden, kann man die Gleichung durch einen Fehlerterm (e) erweitern und das gleiche Schätzverfahren (OLS, Kleinstquadrateverfahren) anwenden, das wir in den vorangegangenen Kapiteln besprochen haben:

(11-2) $Y = b_0 + b_1 X + b_2 X^2 + e, \quad \sum e_i^2 = \min.$

---

121 Die β-Koeffizienten stehen nun wieder (anders als in Kapitelabschn. 10.5) für die nicht-standardisierten Steigungskoeffizienten des theoretischen Modells.

Der so bestimmte Ordinatenabschnitt b_0 und die Steigungskoeffizienten b_1 und b_2 dienen nun als Schätzgrößen für die entsprechenden Parameter des theoretischen Modells (11-1), z. B.: $b_1 = \widehat{\beta}_1$.

Technisch handelt es sich hierbei um eine multiple Regression, da X^2 im Schätzalgorithmus wie eine zweite unabhängige Variable behandelt wird, für die ein Koeffizient, β_2, zu schätzen ist ($b_2 = \widehat{\beta}_2$). Inhaltlich bleibt es jedoch eine Beziehung zwischen den beiden Variablen Y (hier: Einkommen) und X (hier: Alter), auch wenn der Einfluss der unabhängigen Variablen in zwei Regressionskoeffizienten ausgewiesen wird. Formal ähnelt die Situation der einer interaktiven Beziehung; multipliziert werden aber nicht zwei unterschiedliche Variablen, sondern eine Variable „interagiert" gleichsam mit sich selbst. Wir werden sogleich erläutern, wie die beiden β-Koeffizienten zu interpretieren sind, wollen zuvor aber noch den entsprechenden SPSS-Befehl zitieren. Er ändert sich gegenüber der einfachen Regression nur minimal: die Variablenliste muss lediglich um X^2, das vorher über ein COMPUTE-Statement gebildet wird, erweitert werden:

```
COMPUTE X²=X**2
REGRESSION VARIABLES = Y, X, X²
    /DEPENDENT=Y /ENTER
```

Stolzenberg (1979) berichtet über eine US-amerikanische Untersuchung, in der solche Regressionsgleichungen für Arbeitnehmer aus verschiedenen Industriebranchen geschätzt wurden mit Y: = Stundenlohn in Dollar, X: = Lebensalter in Jahren. Für Elektriker wurden bspw. folgende Steigungskoeffizienten ermittelt: $b_1 = 0{,}031$, $b_2 = -0{,}00032$. Wie hat man diese beiden Koeffizienten zu interpretieren? Wäre $b_2 = 0$, läge eine lineare Beziehung vor, in der pro zusätzlichem Lebensjahr im Durchschnitt 3,1 Cents je Arbeitsstunde mehr verdient würden. Tatsächlich aber liegt eine nichtlineare Beziehung vor, bei der das Produkt $0{,}00032 \cdot X^2$ von dem Produkt $0{,}031 \cdot X$ abgezogen werden muss. Da das negative Produkt wegen des quadrierten Alters bei zunehmendem X immer stärker ins Gewicht fällt, nimmt der Zuwachs in Y und damit die Steigung der Kurve mit wachsendem X immer weiter ab; sie erreicht bei einem bestimmten Lebensalter ein Maximum und wird dann negativ.

Wir wissen aus der Schulmathematik, dass man die Steigung einer (stetigen) Kurve $Y = f(X)$ für jeden beliebigen Wert $X = x_i$ erhält, indem man die 1. Ableitung $\frac{\delta y}{\delta x} = y'$ bildet. Davon haben wir schon in vorangegangenen Kapiteln Gebrauch gemacht. In unserem Beispiel ist die erste Ableitung von Gleichung (11-1)

(11-3) $\widehat{Y}' = \beta_1 - 2\beta_2 X$

Die Steigung ist also nicht mehr konstant (wie bei der linearen Beziehung: $\widehat{Y} = \alpha + \beta X \rightarrow \widehat{Y}' = \beta$), sondern verändert sich (negativ) mit X. Wenn man nicht nur wissen will, wie groß die Steigung in jedem Kurvenpunkt ist, sondern wie groß der Y-Zuwachs beim Übergang von einem beliebigen Punkt x_1 zu einem anderen Punkt x_2 ist, braucht man nur die entsprechenden X-Werte in (11-1) einzusetzen und die Differenz $\hat{y}_2 - \hat{y}_1$ zu bilden. Wenn wir in Gleichung (11-3) $\hat{Y}'$ gleich Null setzen und nach X auflösen, erhalten wir die Altersstufe, zu der ein maximaler Stundenverdienst erreicht wird (da im Maximum der Kurve die Steigung gleich Null sein muss):

(11-4) $0 = 0,031 - 2 \cdot 0,00032X$
              $X = 0,031/0,00064 = 48,44$

In der Mitte des 49. Lebensjahres beginnt also die Verdienstkurve der Elektriker zu fallen.

Ebenso sind Beziehungen denkbar, bei denen die Werte der Y-Variable mit steigenden X-Werten zunächst abnehmen, dann aber nach einem bestimmten $X = x_i$ allmählich ansteigen (U-förmige Beziehung). Auch dies entspricht wieder einem Polynom zweiter Ordnung gemäß Gleichung (11-1), in der die beiden β-Koeffizienten aber umgekehrte Vorzeichen erhalten. Eine Auswahl von Beziehungsformen, die sich mit Parabelgleichungen (also mit dem Polynom 2. Grades) darstellen lassen, gibt Abb. 11.2.

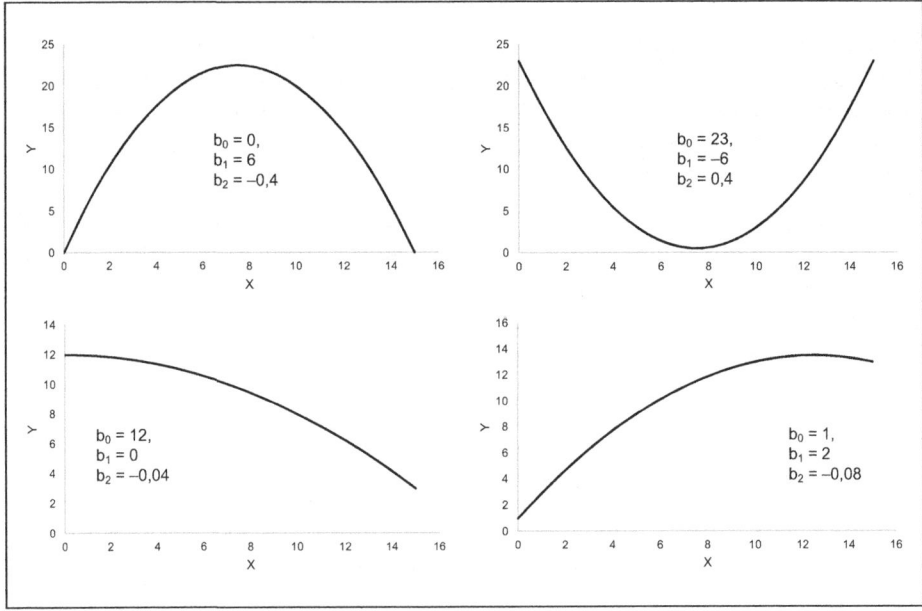

Abbildung 11.2 Unterschiedliche Beziehungsformen, die mit einem Polynom 2. Grades darstellbar sind (Quelle: eigene Darstellung)

Polynome stellen Gleichungen dar, die zwar „in den Variablen" nicht-linear, „in den Regressionskoeffizienten" aber linear sind. Deshalb können die Parameter weiterhin mit dem Kleinstquadrateverfahren geschätzt werden. Hyperbelfunktionen (hyperbolische Funktionen, siehe Abb. 11.3) stellen einen weiteren Typ nicht-linearer Beziehungen dar, die in verschiedenen Formen ebenfalls problemlos mit dem Kleinstquadrateverfahren geschätzt werden können, bspw. nachdem man die Regressor-Variable X zu $1/X = X^{-1}$ transformiert hat.

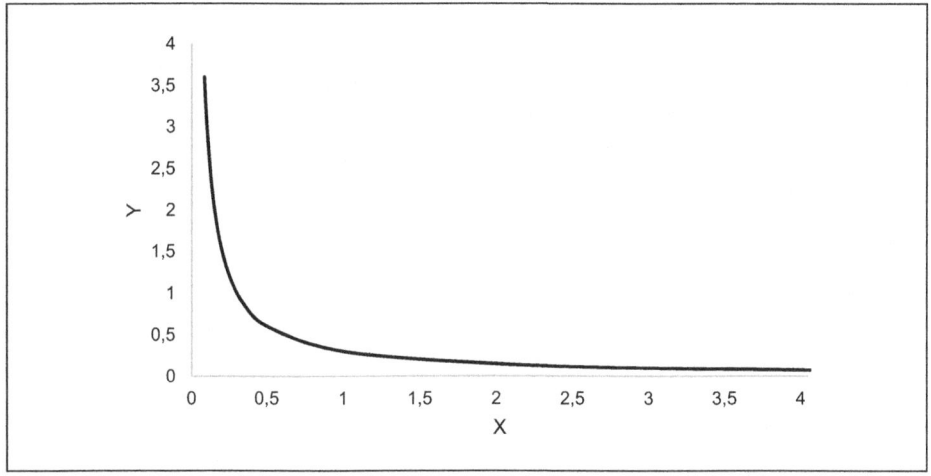

Abbildung 11.3 Hyperbolische Beziehung zwischen unabhängiger und abhängiger Variable (Quelle: eigene Darstellung)

Gelegentlich werden Wurzeltransformationen vorgenommen:

$$(11\text{-}5) \qquad Y = \beta_0 + \beta_1\sqrt{X} + \varepsilon, \quad \widehat{Y}' = \beta_0 + \beta_1 X^*, \quad X^* = \sqrt{X} = X^{1/2}$$

Mit ihnen kann man Beziehungen formalisieren, in denen die Regressionslinie zunächst steil, dann zunehmend flacher verläuft. Das wird erkennbar, wenn man sich die 1. Ableitung von Gleichung (11-5) anschaut:

$$(11\text{-}6) \qquad \widehat{Y}' = \frac{\beta_1}{2}X^{-\frac{1}{2}} = \frac{\beta_1}{2} \cdot \frac{1}{\sqrt{X}}$$

Je größer X, umso größer der Nenner, umso geringer die Steigung.

Das war auch der Ausgangspunkt für die logarithmische Transformation der GewOrg-Variable (gewerkschaftlicher Organisationsgrad), die wir in Kap. 10.5 im Rahmen der Pfadanalyse als intervenierende Variable eingesetzt haben, die einen Teil des Einflusses der exogenen Variablen (Protestantenanteil und Urbanisierungsgrad) auf den SPD-Stimmenanteil bei der Reichstagswahl von 1912 vermittelt hat. Gegenüber der Wurzeltransformation hat sie den Vorteil,[122] dass der Steigungskoeffizient direkt im Sinne einer Veränderungsrate interpretierbar ist (s. die Abb. 10.10 und 10.11 sowie die Erläuterungen im Anschluss an Gleichung (10-38)). In unserer Beispielanalyse wurde für die logarithmierte GewOrg-Variable (GewLog) folgender Steigungskoeffizient ermittelt (wir stellen hier die Gleichung nur mit dieser einen Regressorvariable dar, s. Abb. 10.12)

$$(11\text{-}7) \qquad \text{spd12p} = b_0 + 8{,}06 \cdot \text{GewLog} + \dots$$

Ein Anstieg des Zehnerlogarithmus um „1" bedeutet die Verzehnfachung des Wertes der ursprünglichen Variable GEWORG. Steigt der gewerkschaftliche Organisationsgrad bspw. von 1 auf 10 Prozent oder von 1,5 auf 15 Prozent an, nimmt der SPD-Stimmenanteil in beiden Fällen um (aufgerundet) 8,1 % zu. (Wir wiederholen hier und im Folgenden einige der Erläuterungen, die schon in Kap. 10.5 gegeben wurden) Allgemein gilt: Steigt (bei einer positiven Beziehung) der Wert der nicht-logarithmierten Variable X von x_1 auf x_2 an, so ergibt sich für die abhängige Variable Y ein Zuwachs um den Betrag $(\log x_2 - \log x_1) \cdot b$. Wenn $x_2 = 10$ und $x_1 = 1$, so ergibt sich folgende Rechnung: $(\log 10 - \log 1) \cdot b = (1 - 0) \cdot 8{,}1 = 8{,}1$ (zur Erinnerung: $10^0 = 1$). Das gleiche Ergebnis erhält man bei einem Anstieg von $x_1 = 2$ auf $x_2 = 10 x_1 = 20$. Wenn $x_1 = 4$ und $x_2 = 6$, ergibt sich $(\log 6 - \log 4) \cdot b = (0{,}778 - 0{,}602) \cdot 8{,}1 = 1{,}42$. Das gleiche Ergebnis erhält man, wenn $x_1 = 2$ und $x_2 = 3$, denn in beiden Fällen ist der proportionale Zuwachs in X der gleiche: $x_2 = 1{,}5 x_1$. Bei einem positiven Steigungskoeffizienten ($b > 0$) erhält man für die Beziehung zwischen Y und der nicht-transformierten Regressorvariable X eine Regressionslinie, deren Steigung sich (ähnlich wie bei der Wurzeltransformation) bei zunehmenden X-Werten abflacht (bei $b < 0$ steigt sie an).

Betrachten wir als nächstes den Fall, in dem die logarithmierte Variable nicht als bedingende, sondern als abhängige Variable fungiert. In unserem Beispiel zur Pfadanalyse tritt der gewerkschaftliche Organisationsgrad nicht nur als bedingende, sondern auch als abhängige (intervenierende) Variable auf, abhängig vom Grad der Urbanisierung (urdgrad) und des Anteils an Protestanten (ev05p). Es ergibt sich folgende Schätzgleichung:

$$(11\text{-}8) \qquad \text{GewLog} = b_0 + 0{,}006 \cdot \text{ev05p} + 0{,}011 \cdot \text{urbgrad} + e$$

Wenn der Protestantenanteil um 1 Prozent zunimmt steigt der logarithmierte Wert des gewerkschaftlichen Organisationsgrades (GewLog) um $b_1 = 0{,}006$, bei einem einprozentigen Anstieg der Urbanisierung um $b_2 = 0{,}011$. Der nicht-logarithmierte Wert (GewOrg) steigt also um den Faktor $10^{0{,}006} = 1{,}0139$, wenn ev05p um 1 % zunimmt;

---

122 Allerdings auch, wie schon erwähnt, den Nachteil, dass ein Wert $\log(X = 0)$ nicht in die Modellgleichung eingesetzt werden kann.

und er steigt um den Faktor $10^{0,011} = 1,0256$, wenn urbgrad um 1 % zunimmt. Wenn ev05p um 30 % zunimmt, steigt GewOrg um den Faktor $1,0139^{30} = 1,513$; wenn urgbrad um 30 % zunimmt, steigt GewOrg um den Faktor $1,0256^{30} = 2,13$. In beiden Fällen ist der absolute (im Unterschied zum proportionalen) Zuwachs an gewerkschaftlicher Organisation umso größer, je höher das bereits erreichte Organisationsniveau ist. Das heißt, bei b > 0 nimmt die Steigung der (partiellen) Regressionslinie mit wachsenden ev05p- und urbgrad-Werten zu (bei b < 0 ergibt sich eine zunehmend flacher werdende Kurve). Das wird im Streudiagramm Abb. 11.4 deutlich.

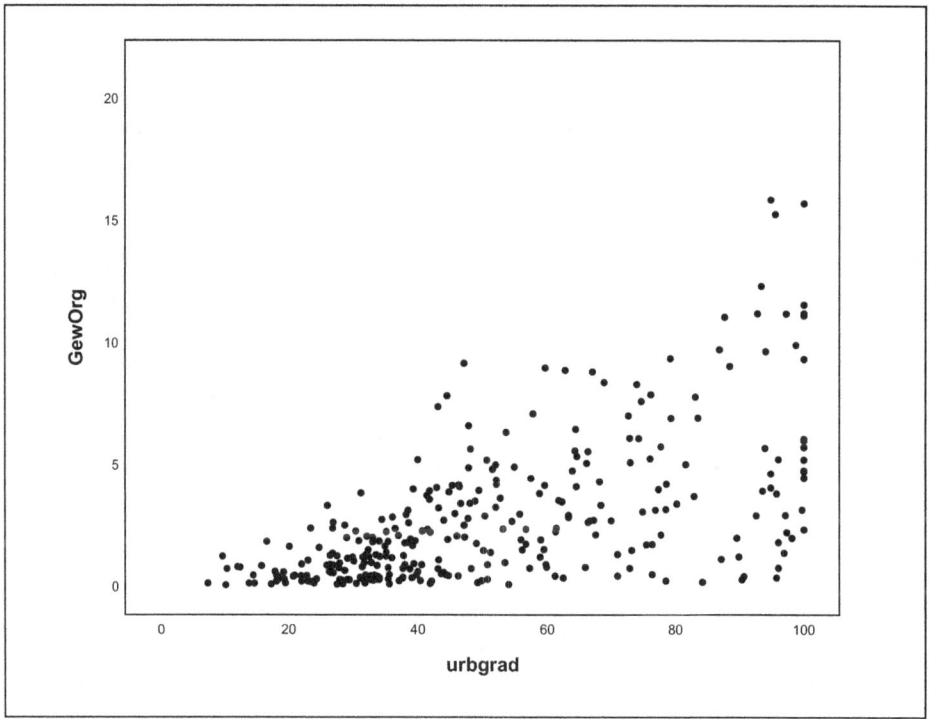

Abbildung 11.4 Streudiagramm Gewerkschaftlicher Organisationsgrad (GewOrg) in Abhängigkeit von der Urbanisierung (urbgrad) (Quelle: eigene Darstellung).

Wir kommen nun zu den sog. *Exponentialfunktionen,* die in linear-additive Regressionsgleichungen überführt werden können, indem sowohl die abhängige als auch die Regressorvariable log-transformiert werden. Ausgangsgleichung ist

(11-9) $Y = \alpha \cdot X^{\beta} \cdot \varepsilon \rightarrow E(Y) = \widehat{Y} = \alpha X^{\beta}$

Je nach der Größe von β kann diese Funktion verschiedene Verlaufsformen annehmen, wie sie in Abb. 11.5 dargestellt sind:

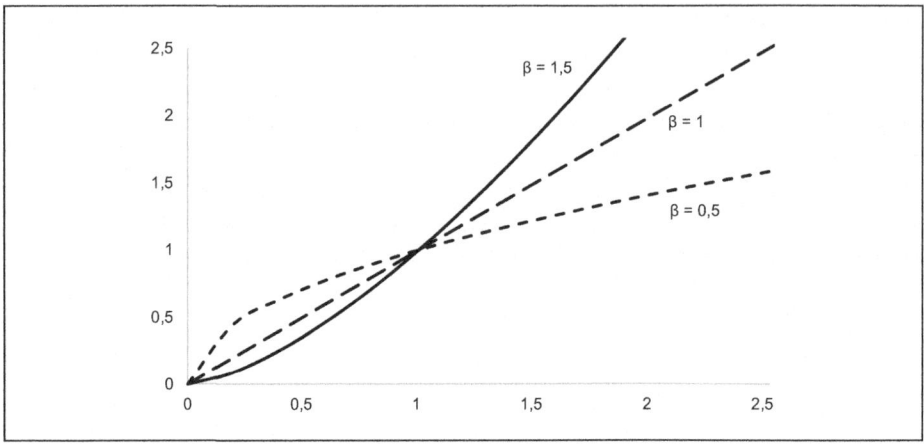

Abbildung 11.5   Exponentialmodelle (Quelle: eigene Darstellung)

Ist $\beta > 1$ verläuft die Regressionsgerade mit zunehmendem X immer steiler, bei $\beta < 1$ immer weniger steil (die eben behandelte Wurzelfunktion ist mit $\beta = 0,5$ eine spezielle Exponentialfunktion, für $\beta = 1$ ergibt sich die diagonale Grade). In der Ökonometrie ist der im Exponenten stehende Regressionskoeffizient β als *Elastizität* bekannt. Er gibt unmittelbar – ohne weitere Umrechnungen wie im Falle von Modell (11-8) – den *prozentualen* Zuwachs in Y an, wenn auch X proportional (nicht absolut) um 1 Prozent (also um den Faktor 1,01) wächst. Diesen Parameter kann man wiederum mit dem Kleinstquadrateverfahren schätzen, wenn Gleichung (11-9) logarithmisch transformiert wird zu

(11-10) $\log(Y) = \log(\alpha) + \beta \cdot \log(X) + \log(\varepsilon)$

Diese Gleichung ist nun wieder linear in den Parametern. Wie schon erwähnt, ist es im Prinzip gleichgültig, welche Logarithmus-Basis man wählt. Anschaulicher oder vertrauter ist wahrscheinlich die Basis 10. Doch lässt sich die Differentialrechnung vereinfachen, wenn man als Basis die Eulersche Zahl e ≈ 2,718 wählt (den sog. *natürlichen Logarithmus*, abgekürzt: „ln").

Ein sozialwissenschaftliches Beispiel liefert Tufte (1974, S. 113 ff.), der den Zusammenhang zwischen der Bevölkerungsgröße (X) und der Größe der Parlamente (Y) in 29 Demokratien untersuchte. Die Beziehung zwischen den Originalvariablen ist im Streudiagramm der Abb. 11.6 dargestellt. In dieser Form ist sie praktisch nicht interpretierbar. Werden aber beide Größen logarithmiert, stellt sie sich ganz anders dar (s. Abb. 11.6 und 11.7).

Zwischen einer prozentualen Zunahme der Bevölkerungsgröße und der prozentualen Zunahme der Parlamentsgröße scheint ein linearer Zusammenhang zu bestehen; allerdings gilt dies offenkundig nur bis zu einer Bevölkerungsgröße von weniger

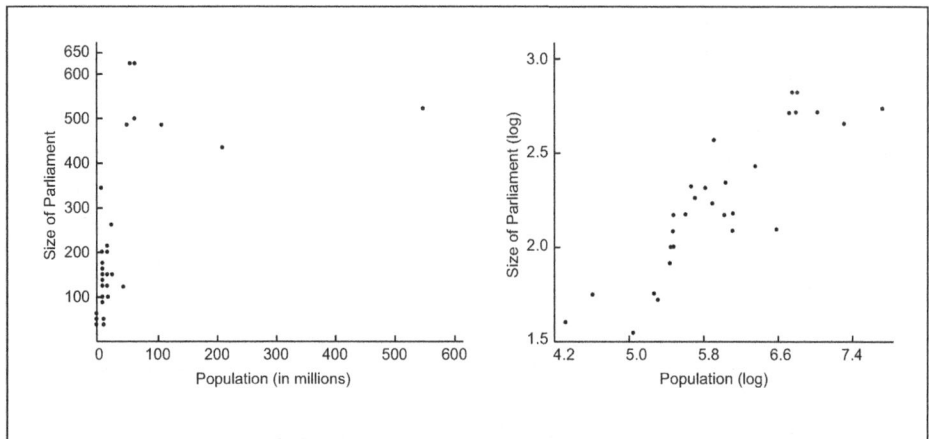

Abbildung 11.6 (links): Beziehung zwischen Parlamentsgröße und Bevölkerungsgröße in 29 Ländern, und **Abbildung 11.7** (rechts): beide Variablen logarithmiert (neu erstellt, Original in: Tufte 1974, S. 113 f., Werte so im Original)

als 100 Millionen. Bei der Bestimmung der Regressionsgeraden sollte man also die zwei oder drei größten der hier aufgeführten Nationen herauslassen (ohne die abweichenden Fälle unerwähnt zu lassen).

Wie man zu der Interpretation des Steigungskoeffizienten als Elastizitätsgröße kommt, kann man sich klarmachen, indem man von Gleichung (11-9) die erste Ableitung bildet:

(11-11) $\widehat{Y} = \alpha X^{\beta} \rightarrow \widehat{Y}' = \delta\widehat{Y}/\delta X = \alpha \cdot \beta \cdot X^{\beta-1} = \alpha \cdot \beta \cdot X^{\beta}/X = (\alpha X^{\beta}/X) \cdot \beta$

Im Zähler des Klammerausdrucks steht nun die Ausgangsgleichung. Die erste Ableitung lässt sich also auch wie folgt schreiben:

(11-12) $\delta\widehat{Y}/\delta X = (\widehat{Y}/X) \cdot \beta$

Multipliziert man nun beide Seiten der Gleichung mit $X/\widehat{Y}$, erhält man

(11-12') $\dfrac{\delta\widehat{Y}}{\delta X} \cdot \dfrac{X}{\widehat{Y}} = \beta$

$\dfrac{\delta\widehat{Y}}{\widehat{Y}} \cdot \dfrac{X}{\delta X} = \beta$

$\dfrac{\delta\widehat{Y}}{\widehat{Y}} = \beta \dfrac{\delta X}{X}$

Der Regressionskoeffizient β drückt somit das konstante Verhältnis zweier Veränderungsraten aus (also die „Elastizität"); wenn der X-Wert um 1 Prozent zunimmt, wächst Y um β Prozent. Nur wenn $\beta = 1$ ist, führt eine Veränderung in X um den Faktor a auch in Y zu einer Veränderung um den (gleichen) Faktor a, d. h., nur in diesem Falle wäre die Regressionslinie für die Beziehung zwischen den Variablen Y und X eine Gerade. Im Falle von $\beta > 1$ wird die Regressionskurve, wie schon erwähnt, mit zunehmendem X steiler, im Falle von $\beta < 1$ wird sie weniger steil (s. Abb. 11.5). Der Koeffizient β lässt sich (ebenso wie der Faktor α) mit Hilfe der Gleichung (11-10) schätzen (der empirisch ermittelte Steigungskoeffizient dient dann als Schätzgröße b = $\hat{\beta}$). Der Steigungswinkel der Regressionslinie, die Y- und X-Werte relationiert, kann über die 1. Ableitung der Gleichung (11-11) für jeden beliebigen Punkt X = x_i berechnet werden.

Unter Umständen stehen aber auch die Veränderungsraten zweier Variablen nicht in einem konstanten (linearen) Verhältnis zueinander, sondern sind z. B. „quadratisch" aufeinander bezogen. Auch hierzu liefert Tufte (1974) ein Beispiel, indem er seine Analyse zum Verhältnis von Parlamentsgröße und Bevölkerungsgröße auf 135 Nationen ausdehnt. Darauf werden wir hier jedoch nicht mehr eingehen.

Zum Schluss sei aber noch einmal daran erinnert, dass man Datentransformationen nicht nur zur Linearisierung von Beziehungen vornimmt. Sie können auch anderen Zwecken dienen, vor allem (wie in Kapitelabschn. 10.3 dargelegt) der Homogenisierung (dem „Konstantmachen") von Varianzen (siehe Stoto/Emerson 1983); für weitere Zwecksetzungen siehe Schlittgen (2012, S. 65 ff.). Schließlich sei noch darauf hingewiesen, dass Interaktionseffekte (s. Kapitelabschn. 6.3.2 und 10.4.3) auch in Regressionsmodelle mit nicht-linearen Beziehungen eingebaut werden können (s. Kühnel/Krebs 2018, S. 521 ff.).

11.2 Nicht-lineare Regression und ML-Schätzung

Es wurde schon mehrmals darauf hingewiesen, dass eine lineare Spezifikation von Regressionsmodellen problematisch sein kann, wenn in sie Variablen einbezogen werden, die in Form von Prozentzahlen oder sonstigen Anteilswerten gegeben sind; dies gilt vor allem dann, wenn die realisierten Prozentwerte über das gesamte Spektrum von null bis hundert streuen. Wir wollen diesen Einwand nun vertiefen und in den folgenden Kapitelabschnitten ihm entsprechende alternative, nicht-lineare Regressionsmodelle erläutern. Einleitend ist aber noch ein weiterer Problemkomplex zu erörtern, der stets bei der Analyse von Prozentzahlen (oder Anteilswerten) zu bedenken ist, unabhängig davon, ob man ein lineares oder ein nicht-lineares Regressionsmodell schätzen möchte.

11.2.1 Zur Interpretation von dichotomisierten und prozentuierten Daten auf der Individual- und Aggregatebene

Prozentzahlen entstehen, das wurde ebenfalls schon in früheren Abschnitten erwähnt, aus dem Addieren, dem *Aggregieren* von Individualdaten. Im Wahlkreis Memel-Heydekrug zum Beispiel haben von $n_j = 18411$ abgegebenen Stimmen 3848 bei der Hauptwahl am 12.1.1912 für den Reichstagskandidaten der SPD votiert. Wenn man die Einzelstimmen y_{ij} ($i = 1, 2, \ldots, n_j$) dieses hier mit „j" indizierten Wahlkreises mit „1" kodiert, falls sie für die SPD abgegeben wurden, und mit „0", falls sie nicht der SPD zugutekamen, erhält man für diesen Wahlkreis einen Anteilswert in Form des arithmetischen Mittels von $\bar{x} = (3848 \cdot 1 + 0 \cdot 14563)/18411 = 0,209$. Multipliziert man diesen Anteilswert mit 100, wird daraus die Prozentgröße 20,9%. Die 0/1-kodierte Variable der einzelnen Stimmen ist auf der sog. Individualebene definiert, Anteilswerte bzw. Prozentgrößen y_j (hier: $j = 1, 2, \ldots, 397$) sind auf der sog. Aggregatebene definiert, auf der nicht die einzelnen Wahlberechtigten, sondern die Wahlkreise die Untersuchungseinheiten bilden. Die Individualdaten sind in unserem Beispiel nicht bekannt; wir wissen nicht, welche Wähler in einem bestimmten Wahlkreis für den SPD-Kandidaten gestimmt haben und welche nicht. Uns liegen nur die Aggregatdaten für die Wahlkreise („Kollektive") vor. Man bezeichnet Anteilswerte als *analytische Kollektivmerkmale*, weil sie lediglich aus einer Rechenoperation (hier: Summieren und Dividieren), angewandt auf Individualdaten, hervorgehen. Auch die Variable „Industrialisierungsgrad" stellt in unserem Beispiel ein analytisches Kollektivmerkmal dar, denn es handelt sich dabei um den Prozentanteil aller Bewohner eines Wahlkreises, die in der Industrie beschäftigt sind (einschließlich der Haushaltsangehörigen).

Wenn sich Variablen sowohl als Individual- wie auch als (analytische) Kollektivmerkmale interpretieren lassen, entsteht für Datenanalytiker ein Problem, das wir schon in Kap. 6.3.2 gestreift haben: Kann man von Variablenzusammenhängen, die man mit Aggregatdaten (mit analytischen Kollektivmerkmalen) ermittelt hat, auf entsprechende Variablenzusammenhänge auf der Ebene der Individualdaten schließen? Wenn z. B. mit Wahlkreisdaten eine positive Korrelation zwischen dem Anteil der Beschäftigten in der Industrie einerseits und dem Stimmenanteil der SPD andererseits festgestellt wird, kann man allein daraus schon folgern, dass eine ebenso oder ähnlich hohe Korrelation zwischen dem individuellen Beschäftigtsein in der Industrie und der individuellen Neigung, SPD zu wählen, besteht? Die Antwort ist: nein, dieser Schluss ist nicht zwingend; er kann (muss nicht) falsch sein. In der Literatur wird dieses Problem unter dem Stichwort *„ökologischer Fehlschluss"* diskutiert (siehe Hummell 1972; Erbring 1989). Im Allgemeinen lassen sich Korrelationskoeffizienten nicht ohne Weiteres von der Aggregat- auf die Individualebene übertragen. Wenn man z. B. in den USA festgestellt hat, dass die Kriminalitätsrate einzelner Stadtbezirke positiv mit dem Anteil der dort wohnenden schwarzen Bevölkerung korreliert, lässt sich daraus nicht folgern, dass Schwarze eher kriminell werden als Weiße; es könnten auch die Weißen zunehmend kriminell werden, wenn der Anteil der Schwarzen in ihrem Wohnbezirk zunimmt. Unter sonst gleichen Bedingungen wird der Korrelationskoeffizient umso größer (im Absolutbetrag), je größer die Aggregateinheiten sind, je mehr Individuen zu einem Kollektiv zusammengefasst wurden.[123]

Wie aber lässt sich die Regressionsgerade im Falle einer dichotomen oder prozentualen abhängigen Variablen Y überhaupt interpretieren? Wir erinnern uns, dass die Punkte der Regressionsgeraden die bedingten Erwartungswerte (hypothetische Mittelwerte) $E(Y|X = x_k)$ angeben („k" indiziert hier einen bestimmten Wert der unabhängigen Variablen X, $X = x_k$). Ist Y nur mit den Werten 1 oder 0 realisierbar, ist der Erwartungswert in Form eines Anteilswertes gegeben. Eine positive Beziehung zwischen einer 1/0-kodierten abhängigen Variablen und einer metrisch gemessenen unabhängigen Variablen würde bedeuten, dass Y = 1 umso häufiger (Y = 0 also umso seltener) realisiert wird, je größer der Wert von X ist. Das heißt: Wären unsere Untersuchungseinheiten nicht Wahlbezirke, sondern eine Menge zufällig ausgewählter Individuen (Wahlberechtigte), könnten wir erwarten, dass die mit „1" kodierte Merkmalsausprägung (in unserem Beispiel: das Votum für den SPD-Kandidaten) mit zunehmenden X-Werten (hier dem Industrialisierungsgrad des Wahlkreises, in dem die jeweilige Person lebt) immer häufiger realisiert und somit zunehmend wahrscheinlicher würde.[124] Die auf Basis der Individualdaten per Regressionsanalyse errechneten bedingten Erwartungswerte $E(Y|X = x_k)$ ließen sich als geschätzte Wahrscheinlichkeitsgrößen $\hat{\pi}_k = a + bx_k$ deuten, die theoretisch sämtliche Werte (in Form nicht-negativer reeller Zahlen) innerhalb des Intervalls [0,1] annehmen könnten. Wenn die 1/0-kodierten Individualdaten von Wahlkreis zu Wahlkreis aggregiert wurden (und nur so liegen sie uns vor), erhält man für jeden Wahlkreis j (also für jede Untersuchungseinheit) einen empirischen Anteilswert $p_j = \sum y_{ij}/n_j$ als Ausprägung der abhängigen Variable: den Stimmenanteil, den die mit „1" kodierte Partei in dem jeweiligen Wahlkreis erreicht hat (statt der Y-Werte „1" oder „0", die individuell für jeden einzelnen Wähler zu registrieren wären). Per Regressionsanalyse lassen sich auch für diese Anteilsgrößen (Aggregatdaten) bedingte Erwartungswerte $E(Y|X - x_k)$ ermitteln, die wiederum als (geschätzte) Wahrscheinlichkeitsgrößen zu interpretieren sind.

---

123 Wieweit die Korrelationskoeffizienten (aber auch die Steigungskoeffizienten) auf diesen beiden Ebenen voneinander abweichen, hängt vor allem von der vollständigen oder unvollständigen Modellspezifikation ab. Wenn die Aggregation über relevante, aber im Regressionsmodell nicht berücksichtigte Variablen erfolgt, ist die Divergenz umso größer, je größer die Zahl der ausgelassenen Variablen. Ein interessantes Analysebeispiel liefern Rahn/Transue (1998). Wenn Daten sowohl auf der Individual- als auch auf der Aggregatebene vorliegen (z. B. Meinungsumfragen in einer größeren Zahl von Regionen oder Nationen, für die evtl. noch weitere statistische Strukturdaten zur Verfügung stehen), empfiehlt sich in der Regel der Ansatz der sog. *Mehrebenenanalyse (hierachical linear modelling, HLM)*; eine ausführliche Einführung hierzu bietet Langer (2009).

124 Diese Aussage gilt auch für den Fall, dass X eine dichotom kodierte Regressorvariable ist. Der Industrialisierungsgrad ist hier als Kontextvariable zu verstehen: Ein hoher Industrialisierungsgrad könnte auch nicht industriell beschäftigte Personen dazu anregen, die SPD zu wählen (s. unten).

In unserem Analysebeispiel sind uns sowohl bei der abhängigen Variablen (Stimmabgabe für die SPD) wie auch bei der unabhängigen Variablen (Beschäftigte in der Industrie) nur die Prozent- bzw. Anteilswerte gegeben. Lägen die Individualdaten aus einer Stichprobe der einzelnen Wahlberechtigten vor, könnten wir sie in zweierlei Weise verarbeiten. Als erstes könnten wir feststellen, wie groß die Wahrscheinlichkeit ist, dass eine in der Industrie beschäftigte Person (bzw. ein Mitglied ihres Haushalts) im Unterschied zu einer außerhalb des industriellen Sektors beschäftigte Person für die SPD votiert (hat). Die Antwort wäre einer einfachen Vier-Felder-Tafel wie in Tab. 11.1 zu entnehmen.

Tabelle 11.1   Fiktiver Zusammenhang zwischen Beschäftigung in der Industrie und SPD-Votum auf der Individualebene (Quelle: eigene Darstellung)

	In Industrie beschäftigt?	
Für SPD?	Ja	nein
ja	90 %	40 %
nein	10 %	60 %
	100 %	100 %

Die durch 100 dividierte Prozentdifferenz zwischen den SPD-Stimmen in den beiden X-Gruppen gäbe die Differenz der Wahrscheinlichkeit an, mit der die in der Industrie Beschäftigten (bzw. deren Haushaltsmitglieder) im Unterschied zu den außerhalb der Industrie Beschäftigten die SPD wählen (bzw. gewählt haben). In dem fiktiven Beispiel aus Tab. 11.1 nimmt die Wahrscheinlichkeit von $\hat{\pi} = 0{,}4$ (bei den nicht industriell Beschäftigten) auf $\hat{\pi} = 0{,}9$ (bei den industriell Beschäftigten) zu.

Als zweites könnten wir auf Basis der Individualdaten auch ermitteln, ob nicht nur der individuelle Beschäftigungstypus, sondern auch der soziale Kontext die Wahrscheinlichkeit mitbestimmt, die SPD (oder eine andere Partei) zu wählen. Der im Wahlkreis j bereits erreichte Industrialisierungsgrad $\overline{X}_j$[125] im Sinne des Anteils der industriell Beschäftigten könnte eine solche Rolle spielen. Auch diejenigen Wähler, die selbst nicht in der Industrie beschäftigt sind, könnten eine stärkere Präferenz für die SPD entwickeln, wenn ihre soziale Umgebung – ihr Wahlkreis – in wachsendem Maße durch die Industrialisierung geprägt wird. Man spricht in diesem Zusammenhang von einem „Kontexteffekt". Er könnte für die industriell beschäftigten Wähler anders (schwächer?) ausfallen als für die nicht-industriell Beschäftigten. Dies ließe sich überprüfen, indem man in die Regressionsgleichung neben der 1/0-kodierten

---

125 Der Anteilswert $\overline{X}_j$ ist eine Funktion der X_{ij}-Werte (die gewichtete Summe (= das arithmetische Mittel) der einzelnen 0/1-kodierten X_{ij}-Werte für jeden Wahlkreis j).

Variablen X_{ij} (industriell beschäftigt oder nicht) und dem Industrialisierungsgrad $\overline{X}_j$ auch noch einen multiplikativen Term $X_{ij}\overline{X}_j$ einbauen würde:

$$(11\text{-}13) \quad Y_{ij} = a + b_1 X_{ij} + b_2 \overline{X}_j + b_3 X_{ij}\overline{X}_j + e_{ij}$$

Derartige Interaktionsmodelle sind in den Kapitalabschnitten 6.3.2 und 10.4.3 ausführlich besprochen worden. Für industriell beschäftigte Wähler im Wahlkreis j ($X_{ij} = 1$) ergäbe sich die Prognosegleichung

$$(11\text{-}13a) \quad \widehat{Y}_j = a + b_1 + b_2 \overline{X}_j + b_3 \overline{X}_j$$

Für nicht industriell beschäftigte Wähler ($X_{ij} = 0$) ergäbe sich folgende Prognosegleichung:

$$(11\text{-}13b) \quad \widehat{Y}_j = a + b_2 \overline{X}_j$$

Der Niveauunterschied im SPD-Stimmenanteil der beiden Beschäftigtengruppen würde sich also mit dem Niveau des Industrialisierungsgrades verändern (positiv oder negativ je nach Vorzeichen der b_1 und b_3-Koeffizienten).

Wenn nur die Aggregatdaten (nur die in den Wahlkreisen ermittelten Anteilswerte) bekannt sind, entfällt der Index i für die Individuen und die Wahlkreise j bilden jeweils einen Fall. Es lässt sich nun keine Aussage mehr darüber machen, in welch unterschiedlichem Maße die beiden Personengruppen (Beschäftigte innerhalb oder außerhalb des industriellen Sektors) zu den SPD-Stimmenanteilen jeweils beigetragen haben. Die Regressionsparameter sind dann nur im Hinblick auf die Wahlkreise interpretierbar. Der Steigungskoeffizient beantwortet somit lediglich die Frage: In welchem Maße verändert sich der SPD-Stimmenanteil (Y_j) in Abhängigkeit vom Industrialisierungsgrad (X_j) der Wahlkreise j (j = 1, 2, …)?[126] Allerdings könnte sich bei der entsprechenden Analyse herausstellen, dass diese Beziehung nicht-linear ist, dass z. B. neben dem Anteil der industriell Beschäftigten auch deren quadrierter Anteil in die Gleichung mit einzubeziehen wäre.

$$(11\text{-}14) \quad Y = a + b_1 X + b_2 X^2 + e$$

Bei der Aggregatdatenanalyse erweist sich der Koeffizient $b_2 = -0,23$ als signifikante Schätzgröße. Dies könnte ein Hinweis darauf sein, dass auf der Ebene der Individualdaten eine Interaktion gemäß Modell (11-13) vorliegt. Rechnerisch ergibt sich das wie folgt: Will man das Modell (11-13) auf die Aggregatebene „übertragen", muss man

---

126 Ein (vereinfachtes) Regressionsmodell (ein *lineares* Wahrscheinlichkeitsmodell) hierzu haben wir in Kapitelabschn. 6.1 vorgestellt. Ein adäquateres Regressionsmodell für Anteilswerte wird in den nächsten Abschnitten erläutert.

pro jeweiligem Wahlkreis j die einzelnen Variablen-Werte Y_{ij} und X_{ij} aller Individuen (Wähler) über i summieren und anschließend durch die Zahl der Wähler im Wahlkreis j dividieren; wenn man z. B. die 1/0-kodierte individuelle Beschäftigung im industriellen versus nicht-industriellen Sektor (Variable X_{ij} in Gleichung (11-13)) über alle Wähler des Wahlkreises j summiert und dann durch deren Anzahl dividiert, erhält man den Anteil der industriell Beschäftigten: X_{ij} wird für dieses j zu $\overline{X}_j$. Aus dem multiplikativen Term $(X_{ij}\overline{X}_j)$ in Gleichung (11-13) wird also der quadratische Term in Gleichung (11-14)[127].

11.2.2 Verletzung von Voraussetzungen im linearen Modell

Bisher haben wir nur lineare Regressionsmodelle behandelt, wobei die Linearität u. U. erst durch eine geeignete Variablentransformation zu erreichen war (siehe Abschn. 11.1). Bei dichotomen abhängigen Variablen oder entsprechenden Prozent- bzw. Anteilsgrößen kann, wie wir schon andeuteten, die Linearitätsannahme aus theoretischen und formalen Gründen in Frage gestellt werden. In unserem Analysebeispiel wird man auf dieses Problem schon dadurch hingewiesen, dass im linearen Model ein negativer Ordinatenabschnitt auftaucht (s. Kapitelabschnitt 6.1 mit den Gleichungen (6-1) und (6-9)). Das heißt, es wird im Modell ein negativer Stimmenanteil der SPD für den Fall ausgewiesen, dass der Industrialisierungsgrad den Wert 0 annimmt. In einem anderen Anwendungsbeispiel könnten sich auch Prognosewerte $\hat{y} > 1$ (bzw. größer 100%) innerhalb des real möglichen Wertebereichs von X einstellen. Anteilswerte bzw. Wahrscheinlichkeiten außerhalb des Intervalls [0,1] bzw. [0,100] sind jedoch in solchen Fällen unsinnig.

Das lineare Wahrscheinlichkeitsmodell enthält also durch diese Begrenzung des Wertebereichs Parameterrestriktionen, die sich im bivariaten Falle aus zwei Ungleichungen ergeben:

$$(11\text{-}15) \quad 0 \leq a + bX_{min}$$
$$a + bX_{max} \leq 1$$

In Einzelfällen können daraus – je nach dem empirisch gegebenen Wertespektrum der berücksichtigten Variablen – theoretisch absurde Einschränkungen für die möglichen Werte der Steigungskoeffizienten folgen (siehe hierzu Näheres in Aldrich/Nelson 1984, S. 25).

Gegen die Linearitätsannahme sprechen unabhängig von formalen Gesichtspunkten oft auch substanzielle Überlegungen. Bezogen auf unser Beispiel etwa folgende: Die Mobilisierung der Wählerschaft für die SPD ist zunächst, solange der Anteil der

---

127 Für weitere Erläuterungen hierzu s. Jagodzinski/Weede (1981: 448) sowie Friedrich (1982: 829).

industriell Beschäftigten niedrig ist, relativ schwach. Die wenigen, die in der Industrie arbeiten, sind selbst noch stark durch traditionelle Verhaltensmuster bestimmt. Steigende Zuwachsraten für die SPD lassen sich erst dann erwarten, wenn die Industrialisierung weiter fortgeschritten ist und sich eine durch sie geprägte Subkultur gegen die traditionelle Kultur erfolgreich abzugrenzen beginnt. Andererseits ist zu erwarten, dass sich die Zuwachsraten für die SPD nach einer Phase beschleunigter Mobilisierung wieder abschwächen. Es ist z. B. damit zu rechnen, dass sich bei voranschreitender Industrialisierung die politischen und ökonomischen Interessen weiter differenzieren und deshalb weniger gut durch eine einzelne politische Partei bündeln und vertreten lassen. Außerdem verstärkt der Erfolg einer Partei im Allgemeinen die Anstrengungen der Konkurrenzparteien, ihrerseits Wähler für sich zu mobilisieren. Auf der anderen Seite lässt das Engagement des Durchschnittswählers für eine Partei tendenziell nach, wenn eine bestimmte Erfolgsschwelle überschritten ist. Auch diese inhaltlichen Erwägungen (die natürlich noch zu ergänzen wären) legen somit für den Zusammenhang zwischen Industrialisierung und Parteipräferenz ein Modell nahe, dessen funktionale Form einem gestrecktem S entspricht (s. Abb. 11.8). Mit entsprechenden mathematischen Funktionen beschäftigen wir uns im folgenden Abschnitt 11.2.3.

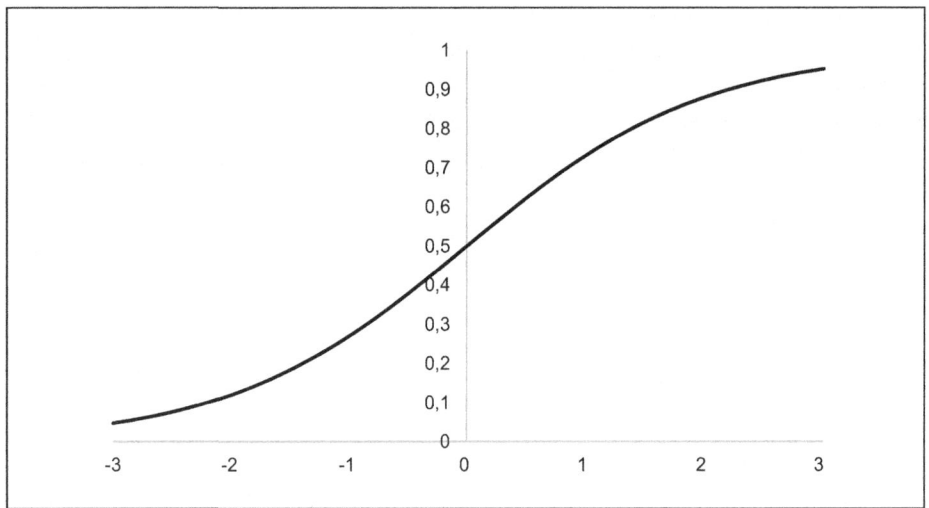

Abbildung 11.8   Muster einer S-förmigen Beziehung (Abszisse zentriert) (Quelle: eigene Darstellung)

Zuvor ist noch auf ein weiteres Problem hinzuweisen, das bei der linearen Regressionsanalyse mit Prozentdaten bzw. dichotomen abhängigen Variablen im linearen Modell auftritt. Wir wissen aus früheren Kapiteln (siehe insbesondere die Gleichungen (8-4), (8-5) und (9-45)), dass die Varianz (V) 1/0-kodierter Variablen oder entsprechender Anteilswerte von der Wahrscheinlichkeit π des mit „1" kodierten Ereignisses (hier: Stimmabgabe für die SPD) abhängt:

(11-16) $V(Y) = \pi(1 - \pi)$ bei 0/1-kodierten Variablen

$V(Y) = \pi(1 - \pi)/n$ bei Anteilswerten (n = Stichprobenumfang)

Die Fehlervarianz ist also nicht konstant, sondern abhängig von der jeweiligen (bedingten) Wahrscheinlichkeit $\pi(Y = 1)$ für das interessierende Ereignis; bei Anteilswerten (die sich aus der Aggregierung der Individualdaten ergeben) sind die Fehlervarianzen zudem auch noch von der Menge n der Beobachtungen abhängig, für die der Anteil errechnet wurde.

Es lässt sich außerdem zeigen, dass die Fehlervarianz systematisch mit der unabhängigen Variablen korreliert (siehe Aldrich/Nelson 1984, S. 13). Die Fehlervarianz erreicht ein Maximum $V(\varepsilon_j) = 0{,}25$ bei einer Wahrscheinlichkeit (einem Anteilswert) von $\pi = 0{,}5$ und verändert sich nur geringfügig in der Nähe dieses Wertes. Bei $\pi = 0{,}4$ zum Beispiel ist das Produkt $\pi(1 - \pi) = 0{,}24$. Die Veränderungen werden aber umso größer, je stärker sich π den Werten 0 oder 1 nähert. Das bedeutet, dass die Voraussetzung konstanter Fehlervarianzen (Homoskedastizität) bei Anteilswerten von $\pi \leq 0{,}3$ oder $(1 - \pi) \leq 0{,}3$ (das ist eine der Daumenregeln, die in der Literatur zu finden sind) nicht ausreichend erfüllt ist, wenn man die Effizienz der Schätzer optimieren und ihre Standardfehler erwartungstreu schätzen will. Wie schon in Abschnitt 10.3 erwähnt, wird zur Behebung dieses Problems in der Regel vorgeschlagen, die beobachteten Anteilswerte $p_j = \hat{\pi}$ mit dem reziproken Wert ihrer geschätzten Standardabweichung zu gewichten, laut Gleichung (11-16) also mit

$$\sqrt{\frac{n_j}{p_j(1-p_j)}}\, , \quad p_j = \hat{\pi}_j$$

Dabei würden die Extremwerte (also Anteile nahe 0 oder 1) am stärksten gewichtet, weil der Nenner des Bruchs dort am geringsten ist. Die Frage ist, ob man das möchte. Aldrich/Nelson (1984, S. 29 f.) haben gegen dieses Verfahren eingewandt, dass gerade die Extremwerte besonders stark von der wahren Regressionslinie abweichen können, wenn die Beziehung nicht-linear ist (womit aus den oben genannten Gründen zu rechnen ist). Sie geben zu bedenken, dass Gewichtungsverfahren zur Varianzstabilisierung nur angemessen sind, wenn das Modell korrekt spezifiziert worden ist (siehe auch Hanushek/Jackson 1977, S. 182). Das im nächsten Abschnitt zu besprechende Verfahren der logistischen Regression (nicht notwendigerweise, aber in der Regel verbunden mit der Maximum-Likelihood-Schätzmethode) antwortet auf beide Problemlagen: es enthält eine angemessene implizite Gewichtung der Beobachtungsdaten (siehe hierzu Linder/Berchtold 1976, S. 41, 59), und es befreit von der restriktiven Linearitätsannahme.

11.2.3 Logistische Regression

Im vorangegangenen Abschnitt haben wir sowohl formale als auch inhaltliche Gründe genannt, die dafür sprechen, dichotome abhängige Variablen bzw. Anteilswerte oder Prozentzahlen nicht im Rahmen eines linearen Modells zu analysieren, sondern eine S-förmige Beziehung zwischen abhängiger und erklärender Variable anzunehmen. Die S-Kurve selbst mag unterschiedlich gestaltet sein; die beiden Enden können z. B. unterschiedlich stark gestreckt oder gestaucht werden; das „S" kann mehr oder weniger steil stehen. Die jeweils gewünschte Form lässt sich durch unterschiedliche mathematische Funktionen realisieren, die in der Literatur bestimmte Etiketten erhalten haben (s. z. B. Aldrich/Nelson 1984, S. 33).

Neben der sog. *Probit*-Funktion, die wir hier nicht näher erläutern werden, ist die *logistische* Funktion wohl diejenige, die am häufigsten zur Spezifikation nicht-linearer Regressionsmodelle herangezogen wird.[128] Ihre formalen Eigenschaften wollen wir nun etwas näher betrachten. Da lediglich die Form der Regressionsbeziehung interessiert, stellen wir die folgenden Gleichungen ohne die Fehler- bzw. Residualkomponente ε (bzw. *e*) dar; außerdem verzichten wir auf den Fall-Index „i". Als abhängige Variable betrachten wir also den bedingten Erwartungswert $E(Y|X = x_k)$. Dabei soll Y entweder eine dichotome (1/0-kodierte) oder eine in Anteilswerten p ($0 \leq p \leq 1$) gegebene abhängige Variable darstellen. Wie bereits erläutert, fungieren in beiden Fällen die als bedingte Erwartungswerte ermittelten Anteilsgrößen $p_k = \hat{\pi}_k$ als Schätzgrößen für die Wahrscheinlichkeit, mit der das interessierende Merkmal oder Ereignis (in unserem Beispiel die Stimmabgabe für die SPD) eintritt, wenn eine bestimmte Ausprägung der Regressorvariablen $X = x_k$ gegeben ist. Das logistische Regressionsmodell, dessen Parameter zu schätzen sind, ist in seiner einfachsten Form mit nur einer Regressorvariablen wie folgt definiert:

$$(11\text{-}17) \qquad \pi = \frac{e^{\alpha+\beta x}}{1+ e^{\alpha+\beta x}} = \frac{1}{1+ e^{-(\alpha+\beta x)}}$$

Der Buchstabe „e" steht hier für die Eulersche Zahl, die als Basis des „natürlichen" Logarithmus dient (e ≈ 2,718). Um die Notation zu vereinfachen, definieren wir im Folgenden

$$(11\text{-}18) \qquad z = \alpha + \beta x; \; x = (z - \alpha)/\beta$$

---

128 Das Probit-Modell beruht auf der kumulierten Standard-Normalverteilung, die ja ebenfalls S-förmig verläuft. Diese Funktionsform unterscheidet sich nur geringfügig von der logistischen, die auch als „Logit"-Modell bezeichnet wird, verläuft aber etwas steiler (s. die Erläuterungen in Aldrich/Nelson 1984, S. 37, 40–44; Andreß et al. 1997, S. 323; Kühnel/Krebs 2018, S. 661 ff.).

Somit lässt sich Gleichung (11-17) wie folgt umformen:

$$
\begin{aligned}
(11\text{-}19) \quad \pi(1 + e^z) &= e^z \\
\pi &= e^z - e^z\pi \\
&= e^z(1 - \pi) \\
\pi/(1 - \pi) &= e^z = e^\alpha \cdot e^{\beta x} \\
\ln(\pi/(1 - \pi)) &= z = \alpha + \beta x
\end{aligned}
$$

Der Ausdruck auf der linken Seite der vorletzten Zeile wird als *Odds*, derjenige auf der linken Seite der letzten Zeile von (11-19) als *Logit* bezeichnet.[129] Der Logit-Wert ist also linear abhängig von der (den) Regressorvariablen. Falls Y eine dichotome Variable ist und die Daten nicht gruppiert sind, stehen empirisch beobachtete Anteilswerte p und (1 − p) bzw. deren Quotient nicht als Logit-Größen für ein lineares Schätzmodell zur Verfügung; die Parameter α und β können nicht direkt über die Gleichung (11-19) mit Hilfe des Kleinstquadratverfahrens geschätzt werden. Wenn die Daten nach Kategorien der unabhängigen Variablen gruppiert sind, kann man die Wahrscheinlichkeiten π über die relativen Häufigkeiten schätzen, mit denen die einzelnen Kategorien besetzt sind. Unter Berücksichtigung der nicht-konstanten Varianzen lassen sich die Modellparameter sodann über ein *gewichtetes* Kleinstquadrateverfahren (*Weighted Least-Squares* − WLS) schätzen (siehe Hanushek/Jackson 1977, S. 190 ff.). Das gleiche gilt, wenn von vornherein nur Anteilswerte (also Aggregatdaten) vorliegen. Wir werden jedoch in Abschn. 11.2.4 ein allgemeineres, sowohl auf Individualdaten als auch auf Aggregatdaten anwendbares Schätzverfahren kennenlernen. Zuvor sollen aber noch einige formale Eigenschaften der Logitfunktion erläutert werden.

Offensichtlich impliziert der Ausdruck (11-17), dass π (also der Erwartungswert der abhängigen Variable) nur Werte größer 0 und kleiner 1 annehmen kann, ohne dass der Wertebereich von X (bzw. Z) deshalb eingeschränkt sein müsste. (Beim linearen Modell konnten, wie wir sahen, Erwartungswerte außerhalb des Intervalls [0,1] auftreten). Wie leicht nachgerechnet werden kann, nähert sich die Wahrscheinlichkeit π (bzw. der entsprechende Anteilswert) dem Wert 1, wenn der Z- bzw. der X-Wert immer weiter zunimmt, und sie nähert sich dem Wert 0 in dem Maße, wie sich Z bzw. X gegen negativ unendlich entwickeln. In einem Schätzmodell mit empirischen Daten nähert man sich den extremen Erwartungswerten E(Y) = 0 oder E(Y) = 1 schon innerhalb eines sehr viel kleineren Wertebereichs für die X-Variable. Wenn wir, um die Rechnung zu vereinfachen, $\alpha = 0$ und $\beta = 1$ (also z = x) setzen, so kommt man diesen Grenzwerten schon sehr nahe, wenn z = x = ± 5. Aus x = 5 ergibt sich dann gemäß Gleichung (11-17) $\pi = 0{,}9933$; aus x = −5 ergibt sich $\pi = 0{,}0067$.

---

129 Das Verhältnis der beiden nicht-logarithmierten Wahrscheinlichkeiten bezeichnet man als („konditionale") *Odds*. Logits sind also logarithmierte Odds. Die Begriffe *Odds* und *Odds Ratio* haben wir bereits in Kapitelabschn. 4.2.1 erläutert.

Abbildung 11.9a zeigt den Kurvenverlauf der π-Werte bei verschiedenen β-Parametern und einem gleichbleibenden Parameter α = 0. Die Regressionslinien verlaufen symmetrisch um den Koordinatenpunkt, der sich aus x = 0 und π = 0,5 ergibt; in ihm erreicht die Steigung ein Maximum. Abb. 11.9b zeigt den Einfluss variierender Alpha-Werte, die die S-Kurve entlang der X-Achse verschieben, hier bei gleichbleibendem Steigungskoeffizienten β = 1; die maximale Steigung ist dann bei x = −α gegeben (was bei α < 0 ein positiver Wert wäre).

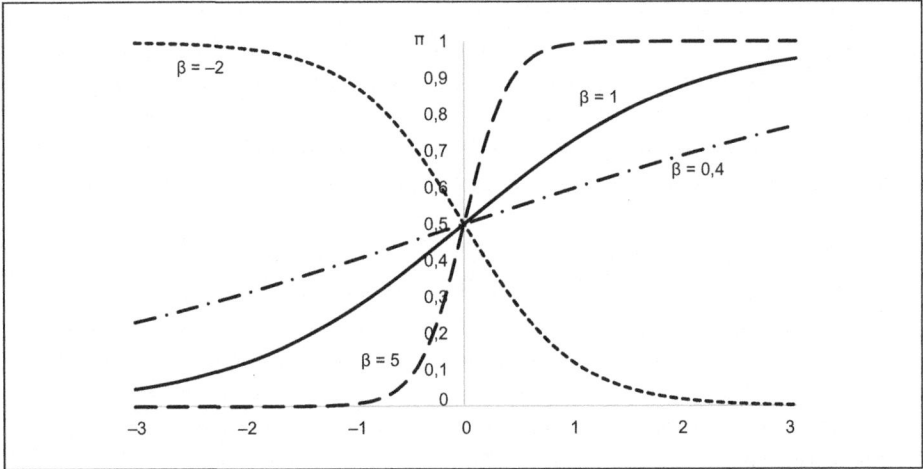

Abbildung 11.9a   Verschiedene logistische Funktionen mit α = 0. Für β = 5 ist die Gestalt stark gestaucht, für β = 0,4 stark gestreckt (Quelle: eigene Darstellung)

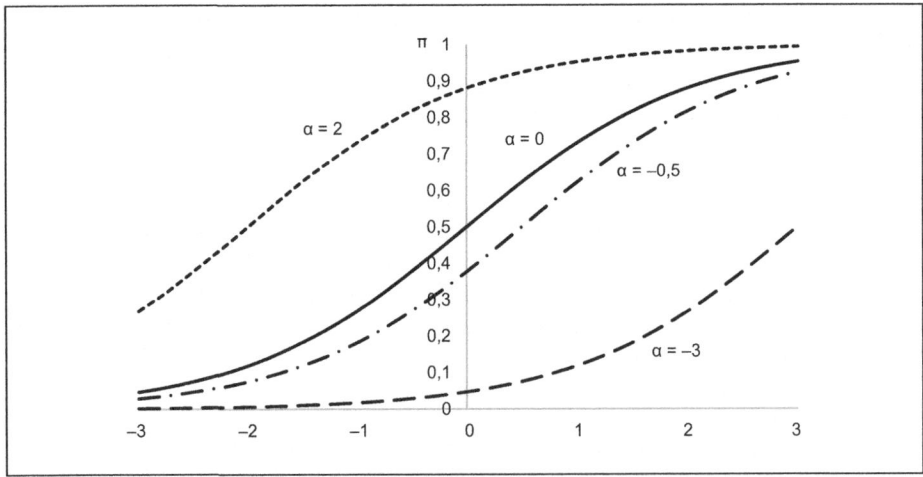

Abbildung 11.9b   Verschiedene logistische Funktionen mit β = 1. Für α = −3 liegt der Wendepunkt am Rand bei x = 3 (Quelle: eigene Darstellung)

Die logistische Funktion erreicht ihr Steigungsmaximum und damit ihren Wende-
punkt stets bei bei $\pi = (1 - \pi) = 0{,}5$, unabhängig von der Größe der Parameter α und β.
Sie wird damit z. B. zu einem interessanten Instrument für Untersuchungen zur Dif-
fusion von Innovationen oder Nachrichten. Je größer die Zahl derer, die eine Nach-
richt schon empfangen haben, desto höher ist zunächst die Verbreitungsgeschwin-
digkeit. Ist aber erst einmal die Hälfte der potentiellen Adressaten erreicht, wird die
Zuwachsrate geringer, weil die Zahl der Eingeweihten die Zahl der Nicht-Eingeweih-
ten übersteigt. Der bei 50 % festgelegte Wendepunkt kann aber auch nachteilig werden, wenn in den empirischen Daten der Wendepunkt nicht bei 50 % liegt (s. Kapitelabschn. 11.2.5).

Bevor wir uns im nächsten Abschnitt 11.2.4 mit der Frage beschäftigen, wie man
die Parameter der logistischen Regressionsgleichung (11-17) bzw. (11-19) schätzen
kann, wollen wir deren Aussagegehalt anhand der Ergebnisse unseres Analyse-Bei-
spiels weiter veranschaulichen. Dabei rechnen wir nicht mit Prozentwerten der SPD-
Stimmenanteile und der industriell Beschäftigten, sondern mit den entsprechenden
relativen Häufigkeiten, also den Anteilswerten. Abbildung 11.10 zeigt die logistische
Regressionslinie $\hat{\pi} = e^z/(1 + e^z)$, für deren Parameter folgende Schätzgrößen ermittelt
wurden:

(11-20) $\hat{\pi} = P = E(Y|X = x) = e^z/(1 + e^z)$
$z = a + bx; a = -2{,}16; b = 3{,}44$

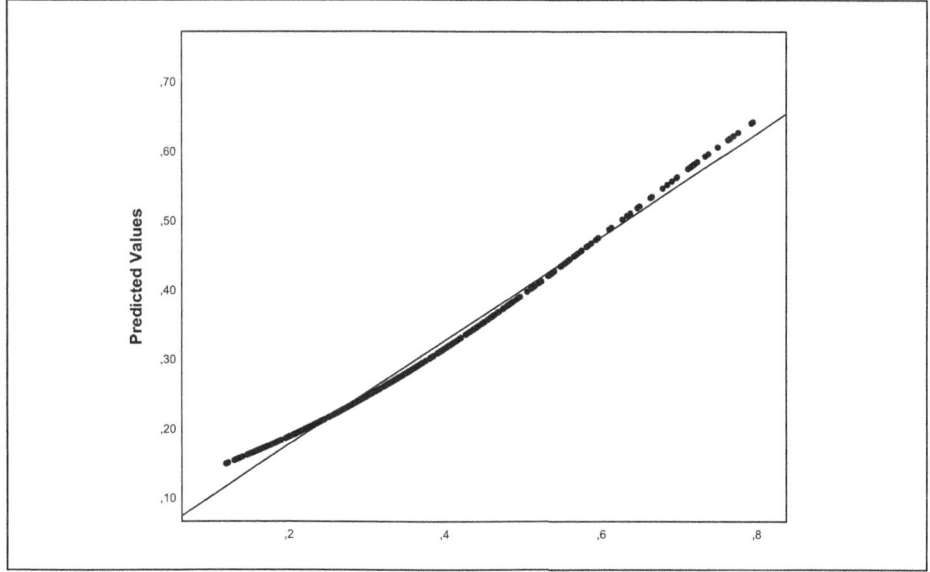

Abbildung 11.10   Logistische Regression: Prognostizierte SPD-Stimmenanteile in Abhängigkeit vom Industrialisierungsgrad. Gerade Linie: Bivariate Regression (s. Gleichungen (6-9) und ff.,
s. Abb. 6.4) (Quelle: eigene Darstellung)

In das Schaubild ist außerdem die Regressionsgerade des gewichteten *linearen* Modells $E(Y) = a + bX$ (s. den Schluss von Kapitelabschn. 6.1) eingezeichnet. Hinsichtlich der bedingten Erwartungswerte $E(Y|x_k)$ des SPD-Stimmenanteils (also des Verlaufs der beiden Regressionslinien) unterscheiden sich die Ergebnisse der beiden Modelle innerhalb eines Beschäftigtenanteils von etwa $0,30 < x_k < 0,70$ nur minimal. Dabei wird deutlich, dass man mit dem logistischen Modell auch eine Beziehung darstellen kann, die innerhalb der realisierten Wertebereiche der Y- und X-Variablen nahezu linear verläuft. Da man aber eine lineare Entwicklung der Erwartungswerte bei dichotomen abhängigen Variablen (auch wenn sie in aggregierter Form als Anteilswerte gegeben sind) außerhalb des mittleren Wertebereiches nicht voraussetzen kann, ist das logistische Modell in den meisten Fällen theoretisch angemessener als das lineare Modell. Es lässt sich ohne weiteres auf mehrere Regressorvariablen ausdehnen. Auch polytome abhängige Variablen können mit ihm analysiert werden (siehe Aldrich/Nelson 1984, S. 44 ff.; Hanushek/Jackson 1977, S. 210 ff.; Andreß et al. 1997, S. 272 ff., 299 ff.).

Der empirisch ermittelte Koeffizient $b = 3,44 = \hat{\beta}$ der logistischen Regression ist als konstanter Steigungskoeffizient der Logits interpretierbar (s. die letzte Zeile der Gleichung (11-19)). Die punktuelle Steigung der logistischen S-Kurve, die die bedingten Anteilswerte bzw. Wahrscheinlichkeiten $p = \hat{\pi} = P(Y = 1)$ repräsentiert, variiert dagegen kontinuierlich mit dem Niveau der X-Werte. Die entsprechende Funktionsgleichung für die Steigung b^* erhält man in Form der 1. Ableitung des zweiten Terms der Gleichung (11-17) (viele Autoren (s. oben) gehen hier vom ersten Term aus) in Verbindung mit Gleichung (11-19). Dabei setzen wir für die theoretischen Parameter in den folgenden Gleichungen noch deren empirische Schätzgrößen ein:

$$(11\text{-}21) \qquad \frac{\delta P}{\delta X} = -\frac{1}{1+ e^{-(a+bx)}} \cdot \frac{1}{1+ e^{-(a+bx)}} e^{-(a+bx)} \, (-\, b) = p(1 - p)b = b^*$$

Dies bestätigt ein früheres Ergebnis, wonach die maximale Steigung bei $p(1 - p) = 0,5$ erreicht wird; denn in allen anderen Fällen ($p \neq 0,5$) ist das Produkt $p(1 - p) < 0,25$. In unserem Beispiel ist sie mit $b^* = 0,25 \cdot 3,44 = 0,86$ gegeben. Diese maximale Steigung wird, wie leicht zu erkennen ist, unter der Bedingung $z = a + bx = 0$ erreicht (bekanntlich nimmt ein Potenzausdruck unabhängig von der Basisgröße den Wert 1 an, wenn der Exponent gleich 0 ist: $e^0 = 1$). Der Produktterm auf der rechten Gleichungszeile enthält dann folgende Faktoren: $[1/(1+1)] \cdot [1/(1+1)] = (1/2)(1/2)$. Dem Z-Wert von 0 entspricht der X-Wert $x_k = (-a)/b = 2,16/3,44 = 0,63$ (s. Gleichung (11-20)). Setzen wir diesen X-Wert in die Gleichung (11-17) ein, erhalten wir in der Tat einen Anteilswert von $p = \hat{\pi} = 0,5$:

$$(11\text{-}22) \qquad \hat{\pi} = P = E(Y\,|\,X= x_k) = \frac{e^{-2,16 + 3,44 \cdot 0,63}}{1+ e^{-2,16 + 3,44 \cdot 0,63}} = 0,5$$

Wie wir oben schon festgestellt haben, verschiebt die Konstante a die logistische
S-Kurve entlang der X-Achse; der b-Parameter bestimmt, wie steil sie steht (s. Abb.
11.9a und 11.9b). Sie verläuft symmetrisch um $z_k = 0$ bzw. $x_k = (-a)/b$. Die Funktionskurve nähert sich zwar theoretisch den Grenzwerten 0 und 1 mit $X \to \pm \infty$; innerhalb
des tatsächlich gegebenen, empirisch beobachteten Bereichs der X-Werte wird aber
nur ein Kurvenabschnitt realisiert, der in sich nicht symmetrisch verlaufen muss. In
der Tabelle 11.2 geben wir die geschätzten SPD-Stimmenanteile an, die sich – analog
zum Rechenbeispiel der Gleichung (11-22) – als bedingte Erwartungswerte $\hat{\pi}$ für verschiedene X-Werte (dem Anteil der industriell Beschäftigten eines Wahlkreises) ermitteln lassen. Außerdem registrieren wir die sich daraus ergebenden Odds und Logits (gemäß Gleichung (11-19)).

Tabelle 11.2 Erwartete Werte, Odds und Logits für den SPD-Stimmenanteil für verschiedene
Werte X des Anteils der industriell Beschäftigten (Quelle: eigene Darstellung)

X	$\hat{\pi} = \dfrac{e^{-2,163 + 3,44 \cdot x}}{1 + e^{-2,16 + 3,44 \cdot x}}$	**Odds** $= \hat{\pi}/(1 - \hat{\pi})$ $= e^{-2,16+3,44x}$	**Logit** $= \ln(\hat{\pi}/(1 - \hat{\pi}))$ $= -2,16 + 3,44x$
0	0,10	0,12	−2,16
0,3	0,24	0,32	−1,13
0,4	0,31	0,46	−0,78
0,5	0,39	0,64	−0,44
0,8	0,64	1,81	0,59
1	0,78	3,60	1,28

Der Steigungskoeffizient $b = \hat{\beta}$ bezieht sich (wie oben erläutert) auf die linear-additive Modellgleichung für die Logits (s. die letzte Zeile der Gleichung (11-19)). Er gibt
an, wie stark diese steigen, wenn X um die Größe 1 wächst. Falls die Ausprägungen
der X-Werte als Anteilswerte gegeben sind (wie in unserem Beispiel), gibt er an, um
welchen Betrag die Logits zunehmen, wenn X von x = 0 auf x = 1 ansteigt. In unserem Beispiel sind diese beiden Extremwerte bei der Industrialisierungsvariablen
nicht empirisch realisiert. Die entsprechenden Logits lassen sich dennoch als hypothetische Prognosewerte bestimmen: Für x = 0 ist die Logit-Größe identisch mit dem
geschätzten Ordinatenabschnitt $a = \hat{\alpha} = -2,16$; unter der Bedingung x = 1 steigt sie
auf den Wert $(-2,16 + 3,44) = 1,28$ an (s. die letzte Spalte in Tab. 11.1). Betrachtet man
kleinere X-Zuwächse, z. B. $(x_2 - x_1) = 0,1$, so steigen die Logits jeweils konstant-ad-
ditiv um den Betrag von 0,344 an, unabhängig davon, von welchem Punkt $0,1 \leq x_2 \leq 1$
wir ausgehen. Dagegen verändern sich die Odds (s. Spalte 3 in Tab. 11.2) gemäß einem
multiplikativen Modell (vgl. Gleichung (11-19), zweitletzte Zeile):

(11-23) $\hat{\pi}/(1 - \hat{\pi}) = e^{a+bx} = e^a \cdot e^{bx}$

Betrachten wir hierzu die Entwicklung der Odds, wie sie für die Werte x = 0,3, x = 0,4 und x = 0,5 in Tab. 11.2 dargestellt wird. Es zeigt sich, wenn der X-Wert um einen Betrag von 0,1 zunimmt, steigen die Odds um den Faktor $e^{0,344}$ = 1,41. In der Tabelle ist für x = 0,3 ein Erwartungswert von $\hat{\pi}$ = 0,24 angegeben (errechnet über Gleichung (11-17) mit den Schätzgrößen a = −2,16 und b = 3,44); daraus ergeben sich die Odds (lt. Gleichung (11-23)) mit dem Betrag von 0,32. In gleicher Weise lassen sich die Odds von 0,46 unter der Bedingung x = 0,4 errechnen. Diesen Betrag erhält man aber auch aus dem Produkt von 0,32 · $e^{0,344}$ = 0,32 · 1,41 = 0,46. Die Odds unter der Bedingung x = 0,5 ergeben sich somit aus dem Produkt 0,46 · 1,41 = 0,64 = 0,32 · $1,41^2$ = 0,32 · $e^{2 \cdot 0,344}$ (jeweils abgesehen von Rundungsfehlern). Laut Tab. 11.2 sind die Odds unter der Bedingung x_1 = 0 mit dem Betrag von 0,12 und unter der Bedingung x_2 = 1 mit dem Betrag von 3,6 gegeben. Beide Odds lassen sich jeweils auf Basis der Gleichungen (11-17) und (11-19) getrennt voneinander mit eben diesem Ergebnis berechnen. Die Odds unter der Bedingung x_2 = 1 lassen sich aber auch mit Hilfe des Multiplikationsfaktors $e^{10(0,344)} = e^{3,44} = e^b$ = 31,19 unmittelbar aus den für x_1 = 0 gegebenen Odds berechnen (abgesehen von kleineren Rundungsfehlern): 0,12 · 31,19 = 3,6. Man bezeichnet den Änderungsfaktor der Odds als (unstandardisierten) *Effektkoeffizienten*. Seine Größe ist abhängig von der Einheitsgröße, mit der Veränderungen der X-Variable gemessen werden. Der Steigungskoeffizient b = $\hat{\beta}$ des logistischen Modells bezieht sich auf eine Differenz von $(x_2 - x_1)$ = 1. Wird X in Form von Anteilsgrößen gemessen (wie in unserem Beispiel), impliziert dies eine Veränderung von 0 auf 1, bzw. von 0 auf 100 Prozent. In einem solchen Fall ist es also sinnvoller, eine Veränderungseinheit von $(x_2 - x_1)$ = 0,1 zu betrachten und somit einen Effektkoeffizienten von $e^{b/10} = e^{0,344}$ = 1,41 statt $e^b = e^{3,44}$ = 31,19 auszuweisen. Wie auch immer die Änderungseinheit bestimmt ist oder gewählt wird: wenn ein Steigungskoeffizient von b = 0 ermittelt wird, Y somit als völlig unabhängig von X zu betrachten ist, nimmt der Effektkoeffizient den Wert 1,0 an (e^0 = 1). Wenn ein negativer Steigungskoeffizient vorliegt, nimmt der Veränderungsfaktor Werte kleiner 1 und größer 0 an: $e^{-b} = 1/e^b$. Ein Effektkoeffizient von bspw. 0,5 zeigt eine Einflussstärke von X an, die betragsmäßig (in negativer Richtung) genauso groß ist wie im Falle eines positiven Einflusses, der mit einer Effektstärke von 2,0 angezeigt wird. Bei einem Vergleich der Stärke positiver und negativer Effekte, sollte man also bei Effektkoeffizienten kleiner 1 deren Kehrwert betrachten (bspw. ist der Kehrwert von 0,5 = 1/0,5 = 2).

Unabhängig hiervon bleibt das Problem bestehen, dass, wie wir schon sahen, die Effektkoeffizienten abhängig sind von der Maßeinheit, auf die sich der geschätzte Steigungskoeffizient b = $\hat{\beta}$ bezieht, sodass die Effektstärken unterschiedlich skalierter Regressorvariablen nicht unmittelbar miteinander verglichen werden können. In Analogie zum linear-additiven Modell (s. Kap. 6.4) hat man deshalb auch für die logistische Regressionsanalyse *standardisierte* Effektgrößen definiert, die über die Standardabweichungen der unabhängigen Variablen bestimmt sind. Wenn s_x die im vorliegenden Datensatz gegebene Standardabweichung der Regressorvariable X bezeichnet, so ist deren *standardisierter Effektkoeffizient* mit $e^{b \cdot s(x)}$ zu schätzen (zur Einbeziehung mehrerer Regressorvariablen und zur Bestimmung von Konfidenzintervallen s. Andreß et al. 1997, S. 272 ff.).

Leider lässt sich die Güte der Anpassung des logistischen Modells an die beobachteten Daten nicht mit der Anpassungsgüte des entsprechenden linearen Modells vergleichen. Der Determinationskoeffizient R^2 ist für das logistische Modell als Maß für die Stärke des Zusammenhangs problematisch, da die geschätzten Residuen mit den geschätzten Vorhersagewerten korrelieren können und somit die übliche Varianzzerlegung nicht möglich ist. Es gibt aber Vorschläge, die Anpassungsgüte über sog. „Pseudo-Determinationskoeffizienten" auszudrücken. Darüber informieren z. B. Aldrich und Nelson (1984, S. 57 f.), Hensher/Johnson (1981, S. 48 ff.), Kühnel et al. (1989, S. 57 ff.), Andreß et al. 1997, S. 287 ff.).

In unserem Anwendungsbeispiel sind die als abhängige Variable spezifizierten Stimmenanteile der SPD über die verschiedenen Wahlbezirke breit gestreut, von weniger als 0,20 bis zu mehr als 0,70 (s. Abb. 11.10). Aber auch sehr selten vorkommende Ereignisse können zum Gegenstand geschichtswissenschaftlicher Erklärungsversuche werden, zum Beispiel die zeitliche und regionale Verteilung von Mordfällen, die schon seit langem in den meisten europäischen Ländern unter einer Quote von 3 pro 100.000 Einwohnern liegen. Regressionsmodelle, die auf kontinuierlichen Wahrscheinlichkeitsfunktionen beruhen, die das gesamte Spektrum von Anteilsgrößen zwischen 0 und 1 umfassen, sind zur Analyse derart seltener Ereignisse nicht geeignet. Als Alternative stehen diskrete Verteilungsmodelle zur Verfügung, insbesondere die *Poisson-Verteilung* sowie die *negative Binomialverteilung*. Diese Modelle werden hier nicht erläutert; zur Einführung siehe Schlittgen (2012, S. 185–207); ein Anwendungsbeispiel (bezogen auf Suizid-Raten in preußischen Stadt- und Landkreisen zwischen 1899 und 1901) findet sich in Thome (2010a, S. 24 f.).

11.2.4 Schätzung der logistischen Regressionsparameter mit Hilfe der Maximum-Likelihood-Methode

Im Rahmen der linearen Regressionsanalyse werden die Modell-Parameter im Allgemeinen nach dem Prinzip der Kleinsten Quadrate (OLS) ermittelt: Die Regressionsparameter werden dabei so bestimmt, dass die quadrierten Abweichungen zwischen den beobachteten und den mit Hilfe des Modells ermittelten bedingten Erwartungswerten $E(Y|X = x)$ in der Summe ein Minimum bilden. Wie diese Aufgabe mit Hilfe der Differentialrechnung gelöst werden kann, haben wir in Kap. 6.1 zunächst im Rahmen der deskriptiven Statistik dargelegt. Wenn man (im Rahmen der Inferenzstatistik) die mit Stichprobendaten ermittelten Modellparameter als Schätzgrößen für die entsprechenden (unbekannten) Parameter der (empirischen oder theoretischen) Population betrachten will, muss man auf (theoretische) Wahrscheinlichkeitsfunktionen zurückgreifen, mit deren Hilfe man bestimmen kann, in welcher Weise und in welchem Maße die geschätzten Regressionskoeffizienten auf Grund von Zufallseinflüssen von Stichprobe zu Stichprobe schwanken können. In den der Inferenzstatistik gewidmeten Kapiteln (s. insbesondere die Abschnitte 8.3 sowie 10.1 und 10.2) haben wir erläutert, unter welchen Voraussetzungen die mit dem Kleinstquadratverfahren bestimmten Koeffizienten des linearen Regressionsmodells als „normalverteilte" optimale Schätzgrößen zu betrachten sind.

Die Bedingungen, unter denen die OLS-Methode zu optimalen Schätzungen führt, sind, wie oben dargelegt, im Allgemeinen nicht gegeben, wenn die abhängige Variable dichotom (binär) kodiert ist oder in Form von Anteilswerten vorliegt. In diesem Falle können weder eine lineare Beziehungsform noch konstante Fehlervarianzen vorausgesetzt werden. Deshalb werden die α- und β-Parameter des logistischen Modells (11-17) üblicherweise mit der sog. *Maximum-Likelihood-Methode* (MLM) geschätzt. Das Prinzip der MLM besteht darin, die gesuchten Populations- bzw. Modellparameter so zu schätzen, dass die in einer Zufallsstichprobe beobachteten Daten („Ereignisse") mit maximaler Wahrscheinlichkeit aus der entsprechenden Population hervorgegangen sein könnten. Unter bestimmten Voraussetzungen (die man bei der linearen Regression in der Regel als gegeben betrachtet), führen ML- und OLS-Schätzverfahren zu den gleichen Ergebnissen.

Wir wollen die MLM zunächst anhand des Beispiels einer 1/0-kodierten binären Variablen erläutern. Nehmen wir an, in einer Population von Wahlberechtigten befände sich ein unbekannter Anteil π von SPD-Anhängern. Die Variable Y (Parteipräferenz) sei binär kodiert: wiederum mit „1" für die SPD-Präferenz, mit „0" für alle anderen Parteipräferenzen. Nehmen wir weiter an, in einer Zufallsstichprobe von n = 10 Wahlberechtigten erhielten wir folgende Sequenz von Parteipräferenzen Y:

0, 0, 1, 0, 1, 0, 0, 0, 1, 0

Der beobachtete Anteil von SPD-Anhängern in dieser Stichprobe beträgt also p = 0,3. Es liegt nahe, auf dieser Grundlage den entsprechenden unbekannten Populationsparameter π mit p = $\hat{\pi}$ = 0,3 zu schätzen. Allerdings wäre ein solches Stichprobenergebnis mit drei SPD-Anhängern auch dann realisierbar, wenn der Anteil der SPD-Anhänger in der Population größer oder kleiner 0,3 wäre. Wir wollen uns deshalb bei der Schätzung des Populationsparameters nicht allein auf unsere Intuition verlassen, sondern die Wahl dieser Schätzgröße auf ein allgemein akzeptiertes (und formalisierbares) Prinzip zurückführen. Das Prinzip, von dem die MLM ausgeht, besagt: bestimme die Schätzgröße für den jeweiligen Populationsparameter so, dass unter dieser Voraussetzung dem beobachteten Stichprobenergebnis eine maximale Wahrscheinlichkeit zukommt. Bezogen auf unser Beispiel bedeutet dies Folgendes:

Wenn in der Population der Anteil der SPD-Anhänger mit π gegeben ist, so beträgt (laut Multiplikationstheorem, s. Kapitelabschn. 7.3) die Wahrscheinlichkeit P, die obige Sequenz von Stichprobenergebnissen zu erhalten

(11-24) $P = (1 - \pi)(1 - \pi)\pi(1 - \pi)\pi(1 - \pi)(1 - \pi)(1 - \pi)\pi(1 - \pi) = \pi^3(1 - \pi)^7.$

In der folgenden Übersicht sind die P-Werte aufgelistet, die sich für alternative Schätzgrößen $\hat{\pi}$ ergeben:

$\hat{\pi}$	$\hat{\pi}^3(1 - \hat{\pi})^7$	P
0,1	$(0,1)^3(0,9)^7$	0,000478
0,2	$(0,2)^3(0,8)^7$	0,001678
0,3	$(0,3)^3(0,7)^7$	0,002357
0,4	$(0,4)^3(0,6)^7$	0,001792
0,5	$(0,5)^3(0,5)^7$	0,000977
0,6	$(0,6)^3(0,4)^7$	0,000354

Eine maximale Wahrscheinlichkeit für die obige Sequenz von Parteipräferenzen wird in der Tat für den Schätzer $\hat{\pi} = 0,3$ mit P = 0,002357 errechnet. Damit bestätigt sich unsere intuitive Wahl, den Populationsparameter π mit dem in der Zufallsauswahl gegebenen Anteil p = $\hat{\pi}$ = 0,3 zu schätzen. Die Funktion $\hat{\pi}^3(1 - \hat{\pi})^7 = L$ bezeichnet man als *Likelihoodfunktion* der Stichprobe (0,0,1,0,1,0,0,0,1,0) oder einer anderen Stichprobe, in der bei zehn Ziehungen dreimal das interessierende Ereignis und siebenmal das Komplementärereignis auftritt. Allgemeiner formuliert: Wenn bei *n* Zufallsziehungen das interessierende (dichotom kodierte) Ereignis a-mal auftritt, ist die entsprechende Likelihoodfunktion mit $L = \hat{\pi}^a(1 - \hat{\pi})^{(n-a)}$ gegeben. Als ML-Schätzer identifiziert man sodann denjenigen $\hat{\pi}$-Wert, bei dem L einen maximalen Wert erreicht. Mathematisch findet man diesen Wert mit Hilfe der Differentialrechnung. Die Rechnung zur Bildung der 1. Ableitung lässt sich vereinfachen, indem man dabei nicht die *L*-Funktion, sondern deren logarithmische Transformation log(*L*), die sog. *Log-Likelihood-Funktion,* zugrunde legt. Da log(*L*) eine monotone Transformation von *L* ist, haben beide Funktionen ihr Maximum beim gleichen $\hat{\pi}$-Wert (s. Abb. 11.11).

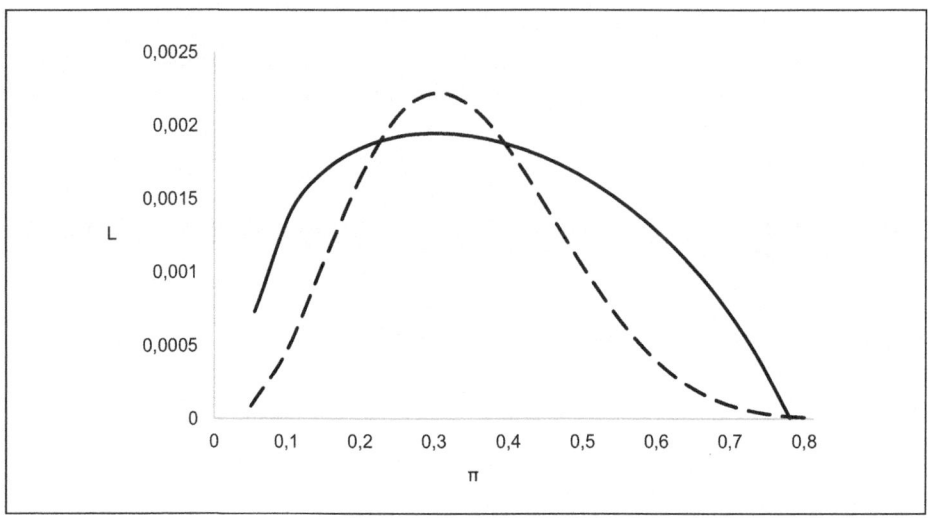

Abbildung 11.11   Likelihood ($L = \pi^3(1 - \pi)^7$) – gestrichelt – und Loglikelihood-Funktion, log(L) (umskaliert für Vergleichbarkeit) (Quelle: eigene Darstellung)

In unserem Beispiel ist

(11-25) $\log(L) = 3 \cdot \log(\hat{\pi}) + 7 \cdot \log(1 - \hat{\pi})$

Als 1. Ableitung ergibt sich daraus

(11-26) $\dfrac{\delta\log(L)}{\delta\hat{\pi}} = \dfrac{3}{\hat{\pi}} + \dfrac{7}{1 - \hat{\pi}}$

Setzt man diese Ableitungsfunktion gleich Null (um das Maximum zu ermitteln), erhält man

(11-27) $3/\hat{\pi} = 7/(1 - \hat{\pi})$
            $\hat{\pi} = 0{,}3$

Die Likelihoodfunktion entspricht formal der in Kap. 7 erörterten Wahrscheinlichkeitsfunktion bzw. (bei stetiger Zufallsvariable) der Wahrscheinlichkeitsdichtefunktion (s. Kapitelabschn. 7.4). Im Falle der Wahrscheinlichkeits(dichte-)funktion betrachtet man den jeweils interessierenden Populationsparameter (z. B. den Anteils oder Mittelwert einer Variablen) als (hypothetisch) gegeben und fragt, mit welchen Wahrscheinlichkeiten unterschiedliche Ausprägungen des entsprechenden Kennwerts bei einer Stichprobenziehung realisiert werden können. Bei der Konstruktion einer Likelihoodfunktion wird diese Perspektive umgekehrt: Das Stichprobenergebnis ist gegeben, und man betrachtet den interessierenden, aber unbekannten Populationsparameter als variable Größe, für die derjenigen Wert zu ermitteln ist, der die Wahrscheinlichkeit für das Eintreten des beobachteten Stichprobenergebnisses maximiert.

Wenn wir von unserem fiktiven Beispiel mit n = 10 und p = 0,3 abstrahieren, können wir die Likelihoodfunktion einer 1/0-kodierten Variablen Y wie folgt schreiben:

$$(11\text{-}28) \quad L = \prod_{i=1}^{n} p^{y_i} (1 - p)^{1-y_i}, \quad p = \hat{\pi}$$

Das Symbol $\prod$ bedeutet, dass die Multiplikation $p^{y(i)}(1 - p)^{1-y(i)}$ n-mal (also für die gesamte Sequenz der per Stichprobenziehung realisierten Zufallsexperimente) durchzuführen ist. Da y_i nur die Werte 0 oder 1 annimmt, wird das Produkt nach dem Multiplikationssymbol für jedes i (i = 1, 2, …, n) entweder gleich p (wenn y_i = 1) oder (1 − p) (wenn y_i = 0).[130] Bei n = 10 und p = 0,3 wird aus (11-28) somit (11-24).

Soll mit der dichotomen abhängigen Variablen Y ein logistisches Regressionsmodell geschätzt werden, müssen für die Anteilswerte p = $\hat{\pi}$ die entsprechenden logistischen Funktionsausdrücke in (11-28) eingesetzt werden (siehe (11-17)):

$$(11\text{-}29) \quad L = \prod_{i=1}^{n} \left(\frac{e^{\alpha+\beta x_i}}{1+ e^{\alpha+\beta x_i}} \right)^{y_i} \left(1 - \frac{e^{\alpha+\beta x_i}}{1+ e^{\alpha+\beta x_i}} \right)^{1-y_i}$$

$$= \prod_{i=1}^{n} \left(\frac{e^{\alpha+\beta x_i}}{1+ e^{\alpha+\beta x_i}} \right)^{y_i} \left(\frac{1}{1+ e^{\alpha+\beta x_i}} \right)^{1-y_i}$$

Daraus ergibt sich die folgende logarithmierte Likelihood-Funktion

$$(11\text{-}30) \quad \log(L) = \sum_{i=1}^{n} \left[y_i \log\left(\frac{e^{\alpha+\beta x_i}}{1+ e^{\alpha+\beta x_i}} \right) + (1 - y_i)\log\left(\frac{1}{1+ e^{\alpha+\beta x_i}} \right) \right]$$

Die Parameter α und β sind nun so zu bestimmen, dass $\log(L)$ ein Maximum wird. Wir ersparen es uns, die partiellen Ableitungen nach α und β hier nachzuvollziehen. Es ist auch so erkennbar, dass sie nicht linear sind. Statt einer analytischen wird somit eine numerisch-iterative Lösungsstrategie notwendig; ein Verfahren hierzu ist bspw. in Linder/Berchtold (1976, S. 57 ff.) skizziert. Dabei werden auch die Varianzen und Kovarianzen der Regressionsparameter ermittelt.

---

130 Es sei daran erinnert, dass ein Potenzausdruck mit dem Exponenten „0" den Wert „1" annimmt.

Wegen der Voraussetzungen des Verfahrens stellen die ermittelten Werte $\hat{\pi}_i$ die individuelle Wahrscheinlichkeit für eine wahlberechtigte Person i mit der Merkmalsausprägung x_i – hier der Industrialisierungsgrad ihres Wahlkreises – dar, SPD zu wählen.

Bevor wir die Implementierung eines solchen Verfahrens innerhalb des Programmsystems SPSS im nächsten Kapitelabschnitt erläutern, müssen wir noch die Likelihoodfunktion für Anteilswerte kurz erörtern, da wir es bei den Wahlkreisdaten in unserem Beispiel nicht mit binär kodierten abhängigen Variablen, sondern mit Stimmenanteilen zu tun haben. Die für jeden Wahlkreis j (j = 1, 2, ..., 397) beobachteten Anteilswerte p_j stellen (wie in Abschn. 11.2.1 erläutert) die gewichteten Summen (arithmetischen Mittel) der pro Wahlkreis anfallenden 1/0-kodierten Individualwerte y_{ij} dar. Die Summe sei hier mit S_j bezeichnet; die Gewichtung ist mit dem Faktor $1/n_j$ gegeben. Wenn in einem Wahlkreis j 3.000 von n_j = 10.000 Wählern ihre Stimme für die SPD abgeben (kodiert als Y = 1), so ist die gewichtete Summe mit $p_j = S_j/n_j$ = 3000/10000 = 0,3 gegeben:

$$(11\text{-}31) \qquad p_j = 1/n_j \cdot (y_{1j} + y_{2j} + \ldots + y_{nj}) = 1/n_j \cdot S_j$$

Die Anteilswerte sind also wie die Summen (S_j) binar kodierter Variablen *binomial* verteilt gemäß der im Kapitelabschnitt 8.2 eingeführten Gleichungen (8-1) und (8-3):

$$(11\text{-}32) \qquad \binom{n_j}{S_j} p_j^{S_j} (1 - p_j)^{(n_j-S_j)} = f(S_j) \, , \; p_j = \hat{\pi}_j$$

Der Buchstabe „f" steht hier als Abkürzung für „Wahrscheinlichkeitsfunktion". Der einzige formale Unterschied zur Gleichung (11-24) besteht in dem Faktor $\binom{n_j}{S_j}$. Wie wir in Kap. 8.2 gesehen haben, ergibt er sich aus der Tatsache, dass die Summe S_j aus verschiedenen Kombinationen (Sequenzen) von Individualpräferenzen hervorgegangen sein kann, wobei jede einzelne die Wahrscheinlichkeit $p^{S_j} (1 - p)^{(n_j-S_j)}$ besitzt.

Die Likelihoodfunktion erhalten wir wiederum, indem wir nicht nur für eine einzelne Summe S_j bzw. den Anteilswert p_j, sondern für die Gesamtheit der beobachteten Daten über alle n Wahlkreise j = 1, 2, ..., = 397 die gemeinsame Verteilung angeben:

$$(11\text{-}33) \qquad L = \prod_{j=1}^{n} \binom{n_j}{S_j} p_j^{S_j} (1 - p_j)^{(n_j-S_j)}$$

Der (natürliche) Logarithmus (abgekürzt: ln) daraus ist

$$(11\text{-}34) \qquad \ln(L) = \sum_{j=1}^{n} \left(\ln\binom{n_j}{S_j} + S_j \ln(p_j) \right) + \sum_{j=1}^{n} (n_j - S_j) \ln(1 - p_j)$$

Die Konstanten $\sum \ln \binom{n_j}{s_j}$ werden in den Ableitungen nach p gleich Null, sodass sie vernachlässigt werden können. Außerdem kann man die Faktoren S_j und $(n_j - S.)$ durch n_j dividieren, sodass man direkt die Anteilswerte $p_j = S_j/n_j$ bzw. $(1 - p_j) = (n_j - S_j)/n_j$ einsetzen kann. Zusätzlich substituieren wir für die Wahrscheinlichkeiten p_j die logistische Funktion (11-17), sodass wir wiederum eine logarithmische Likelihood-funktion erhalten, die Gleichung (11-30) entspricht; es werden lediglich die 1/0-ko-dierten Y-Werte durch die Anteilswerte p_i ersetzt:

$$(11\text{-}34a) \quad \ln(L) = \sum_{j=1}^{n} \left[p_j \ln \left(\frac{e^{\alpha + \beta x_j}}{1 + e^{\alpha + \beta x_j}} \right) + (1 - p_j) \ln \left(\frac{1}{1 + e^{\alpha + \beta x_j}} \right) \right]$$

Die technische Durchführung der logistischen Regressionsanalyse mit Hilfe des Programmsystems SPSS wird im folgenden Kapitelabschnitt 11.2.5 erläutert.

Erwähnt sei noch, dass man die MLM auch zur Schätzung der Regressionsparameter des linearen Regressionsmodells heranziehen kann. Die 1. Ableitungen der hierfür zu konstruierenden Log-Likelihood-Funktion nach den Parametern α und β, die den Ordinatenabschnitt und den (oder auch, im Falle der multiplen Regression, die) Steigungskoeffizienten repräsentieren, führen, wenn sie gleich Null gesetzt werden, zu den in Kapitelabschnitt 6.1 erläuterten Normalgleichungen.

11.2.5 Durchführung der logistischen Regression mit dem EDV-Programmpaket SPSS (Version 21)

Die logistische Regression kann in SPSS mit drei Prozeduren durchgeführt werden. Ihre Auswahl richtet sich nach den vorhandenen Daten. Sind Individualdaten vorhanden, bspw. über Personen im Wahlbezirk mit Angaben darüber, ob sie SPD gewählt haben und ob sie in der Industrie beschäftigt sind (solche Daten sind für diese Wahl nicht vorhanden), kommt der Befehl LOGISTIC REGRESSION in Frage. Liegen Daten in Form von Anteilen für Gebiete vor, wie in unserem Fall Prozentwerte der SPD-Wähler und der industriell Beschäftigten für jeden Wahlkreis, ist die Prozedur CLNR geeignet, die hier kurz besprochen wird. Liegen nicht die Prozentwerte, aber die ihnen zugrundliegenden absoluten Zahlen für die Gebiete (allgemeiner für Gruppen) vor, z. B. die Zahl der Wahlberechtigten insgesamt und die Zahl SPD-Wähler pro Wahlkreis, ist die Prozedur PROBIT geeignet.

Gehen wir zunächst vom vorliegenden Datensatz ZA8145_wdk_1912 aus, in dem die Prozentwerte der SPD-Wähler (Variable spd12p) und der industriell Beschäftigten (= Industrialisierungsgrad, Variable kbe07igp), für alle 397 Wahlkreise vorliegen (s. Abb. 4.2). Geschätzt werden sollen die Koeffizienten $\hat{\alpha}$ und $\hat{\beta}$ der logistischen Kurve in Gleichung (11-20) in Verbindung mit Gleichung (11-19), die an diese Daten am besten angepasst ist. Um die Koeffizienten zu schätzen, muss nach den vorherigen Ausführungen das Maximum der entsprechenden Log-Likelihood-Funktion, hier Gleichung (11-34a), bestimmt werden. Das geschieht mit einem numerischen Verfahren, das mit Startwerten für a und b beginnt und diese Werte solange verändert, bis das Maximum erreicht ist (aus technischen Gründen wird nicht das Maximum der Funktion (11-34a), sondern das Minimum der mit −1 multiplizierten Gleichung gesucht).

Die Prozedur CLNR kann ganz allgemein beliebige nichtlineare Beziehungen (Modelle) schätzen. Sie erwartet als Eingabe deshalb die Beschreibung des Modells (Unterbefehl PRED), Startwerte für seine Koeffizienten (Befehl MODEL PROGRAM) und die Minimierungsfunktion (Unterbefehl LOSS). Die Voreinstellung für die Minimierungsfunktion ist die Kleinste-Quadrate-Schätzung, so dass hier für die Maximum-Likelihood-Methode die Gleichung (11-34a) eingegeben werden muss. Im Hinblick auf das Modell (11-17) ist zu berücksichtigen, dass der Zahlenbereich eines Computers beschränkt ist. Ist etwa der Industrialisierungsgrad 70%, müsste im Zähler die Zahl e^{70} berechnet werden, die dafür i. A. zu groß ist. Deshalb werden zunächst die Prozentwerte (für SPD und Industrialisierungsgrad) in Anteilswerte (spdant und indant) umgerechnet, indem sie durch 100 geteilt werden:

COMPUTE spdant = spd12p/100.
COMPUTE indant = kbe07igp/100.

Bevor die Modellfunktion eingegeben werden kann, müssen die Startwerte für die Koeffizienten a und b bestimmt und eingegeben werden. Sie sind i. A. nicht besonders kritisch, sollten jedoch nicht komplett von den erwarteten Endwerten abweichen, da sonst eventuell Nebenminima erreicht werden. Hier kann man z. B. eine normale (OLS-)Regression der Logits ln(p/(1 − p)) = ln(spdant/(1-spdant)) auf den Industrialisierungsanteil indant durchführen, die die Werte a = −2.96 und b = 4.82 ergibt. Die Startwerte werden wie folgt eingegeben:

MODEL PROGRAM a=−2.96 b=4.82.

Als nächstes werden die Modell-Funktion (hier mit dem Variablennamen pred_ versehen) und die Maximierungsfunktion (hier loss_) eingegeben:

COMPUTE pred_= EXP(a+b*indant)/(1+EXP(a+b*indant)).   (s. (11-20))
COMPUTE loss_ = −spdant*LN(pred_) − (1 − spdant)*LN(1 − pred_).   (s. (11-34a))

Erst dann folgt der eigentliche Befehl für die nichtlineare Regression:

CNLR spdant
  /PRED pred_
  /LOSS = loss_
  /BOOTSTRAP
  /SAVE PRED.

Der Unterbefehl /BOOTSTRAP veranlasst die Ausgabe der geschätzten Koeffizienten und ihrer Standardfehler, die nach der sog. *Bootstrap*-Methode geschätzt werden müssen. /SAVE PRED erzeugt eine neue Variable, in der für jeden Wahlkreis die mit diesen Koeffizienten vorhergesagten Anteile an SPD-Wählern gespeichert werden, z. B. um eine Grafik wie Abb. 11.10 erzeugen zu können.

Die hier mit dieser Prozedur ermittelten Standardfehler der Koeffizienten (1,43 für a = −2,16 und 0,41 für b = 3,44) sind in gleicher Weise zu interpretieren wie bei der linearen Regression. Konfidenzintervalle für die Koeffizienten, die ebenfalls in der dort beschriebenen Weise konstruiert werden, werden mit ausgegeben. Eine Teststatistik für die Anpassungsgüte (wie den Determinationskoeffizient R^2 bei der linearen Regression) liefert CLNR nicht; sie lässt sich jedoch aus anderen Angaben errechnen (zur Beschreibung einiger dieser Testverfahren s. Aldrich/Nelson 1984, S. 55 ff.; Kühnel et al 1989, S. 61 ff.). Weitere Subkommandos der Prozedur, mit denen u. a. das numerische Iterationserfahren gesteuert werden kann, sind dem SPSS-Manual zu entnehmen.

Aus den vorliegenden Daten kann man absolute Zahlen der SPD-Wähler berechnen. Wenn absolute Zahlen vorliegen, kann man dieselben Koeffizienten auch mit der Prozedur PROBIT erzeugen, die neben der Probit-Funktion auch die logistische Funktion benutzen kann. Da die Prozentzahlen von CLNR unter Berücksichtigung der Gewichtung der Wahlkreise mit den jeweiligen Wahlberechtigten wbr12abs verwendet wurden, werden die absoluten Zahlen spdabs berechnet durch

COMPUTE spdabs = wbr12abs*spd12p/100.

Im PROBIT Kommando muss diese Zahl als Teil (OF) von der Gesamtzahl angeben und die unabhängige(n) Variable(n) (hier der Industrialisierungsgrad indant) hinter WITH aufgeführt werden. Da als Voreinstellung die unabhängigen Variablen logarithmiert werden, muss das durch den Unterbefehl /LOG = NONE unterbunden werden. Um die Logit-Funktion (11-20) anstelle der Probit-Funktion als abhängige Variable auszuwählen, muss /MODEL = LOGIT angegeben werden:

PROBIT spdabs OF wbr12abs WITH indant
/MODEL = LOGIT
/LOG = NONE.

Es ergeben sich dieselben Koeffizienten, aber die Standardfehler weichen erheblich ab, weil sie nicht über die Bootstrap-Methode geschätzt werden und die verwendeten Daten (absolute Zahlen) erheblich andere Größenordnungen haben. Die Ausgabe enthält einen Chi^2-Anpassungstest für die Modellgüte, der jedoch nur als Vergleichsgröße sinnvoll ist, wenn man mehrere Modelle mit unterschiedlichen Regressorvariablen schätzt. Aus diesen Gründen wurde hier das allgemeinere Programm CLNR ausführlicher behandelt.

Der vorgegebene Wendepunkt der logistischen Funktion beim Ordinaten-Wert 0,5 (s. Abb. 11.9a, 11.9b) schließt anders skalierte s-förmige Anpassungskurven aus. Betrachtet man das Streudiagramm Abb. 6.1 zwischen SPD-Stimmenanteilen und Industrialisierungsgrad unvoreingenommen im Hinblick auf einen Wendpunkt einer solchen Funktion, scheint eher ein Wert um 0,3 angemessen. Um ein solches Modell an die Daten anzupassen, muss man sich von den üblichen Voraussetzungen der logistischen Funktion lösen. Man könnte z. B. zulassen, dass die logistische Funktion so skaliert wird, dass sie nur zwischen 0 und einem zu bestimmenden Wert c, 0 < c < 1, verläuft (s. Gleichung 11-35).

$$(11\text{-}35) \quad \pi = c \cdot \frac{e^{\alpha+\beta x}}{1 + e^{\alpha+\beta x}}$$

An diesem Beispiel kann man erneut verdeutlichen, dass die Anwendung eines statistischen Modells, d. h. die Anpassung einer bestimmten Funktion an die Daten, immer bestimmte theoretische Voraussetzungen impliziert, die man sich bewusstmachen sollte. Hier würde man mit einer veränderten Skalierung von c < 1 ein Modell vorgeben, das auf der Annahme beruht, dass auch unter der Bedingung höchster Industrialisierung für die SPD mit einem (durchschnittlich) maximalen Stimmenanteil von weniger als 100 % (c · 100) zu rechnen ist.

Ein solches Modell kann man ebenfalls mit dem CNLR-Kommando berechnen:[131] Als Startwert für c nehmen wir das Doppelte des per Augenschein ermittelten Wendepunktes und berechnen die Startwerte für a und b wie oben mit der (OLS)-Regression der skalierten Logits c · (ln(p/(1 – p)) = ln(spdant/(1 – spdant))):

```
MODEL PROGRAM a = –1.78 b = 2.89 c = 0.6.
COMPUTE pred_ = c*(EXP(a+b*indant)/(1+EXP(a+b*indant))).
CNLR spdant
    /PRED pred_
    /SAVE PRED
    /BOOTSTRAP.
```

Die Anpassung führt zu der nicht-linearen Regressionsfunktion (11-35) mit a = – 4,1, b = 13,3 und c = 0,5.

Abb. 11.12 stellt diese Funktion dar. Sie hat ihren Wendepunkt bei einem Stimmenanteil von 0,25 = 25% und gibt die Gestalt der Punktwolke besser wieder als Abb. 11.10. Aber jeder geschätzte Punkt auf der Kurve stellt nun nicht mehr die indi-

---

131 Hierbei benutzen wir die Standardeinstellung und verzichten auf die Angabe einer Loss-Funktion nach (11-34a), die hier wg. des Schätzalgorithmus zum Ausschluss vieler Daten aus der Analyse führt, aber recht ähnliche Ergebnisse bringt.

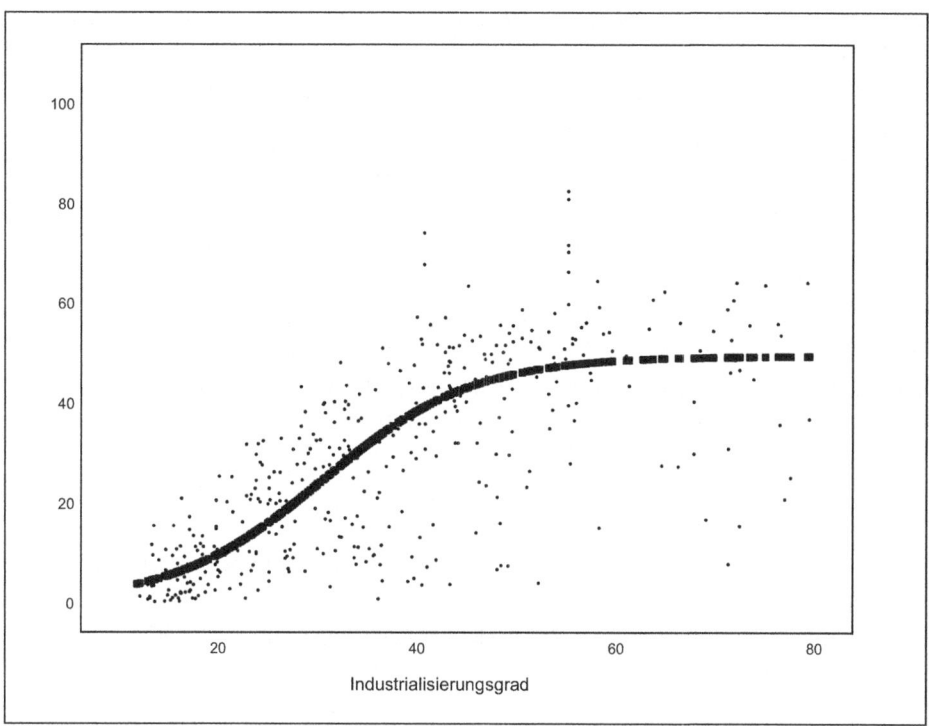

Abbildung 11.12   Skalierte logistische Funktion (S-förmige Linie) angepasst an die empirischen Daten SPD-Stimmenanteil (Punkte, Anteile in % dargestellt) und Industrialisierungsgrad, vgl. Abb. 6.1. (Quelle: eigene Darstellung)

viduelle Wahrscheinlichkeit einer SPD-Wahl, sondern den zu erwartenden Anteil an SPD-Stimmen für den jeweiligen Industrialisierungsgrad dar. Der maximale Erwartungswert liegt bei 50 % ($c = 0,5$).

Literatur

Aldrich, John H., Forrest D. Nelson. 1984. *Linear probability, logit and probit model*. Sage University Paper 45. Beverly Hills u. a.: Sage.

Andreß, Hans-Jürgen, Jacques A. Hagenaars, Steffen M. Kühnel. 1997. *Analyse von Tabellen und kategorialen Daten. Log-lineare Modelle, latente Klassenanalyse, logistische Regression und GSK-Ansatz*. Berlin u. a.: Springer.

Erbring, Lutz. 1989. Individuals writ large: An epilogue on the „ecological fallacy". In *Political Analysis*, Vol. 1, hrsg. J. A. Stimson, 235–269. Ann Arbor: Michigan University Press.

Friedrich, Robert J. 1982. In defense of multiplicative terms in multiple regression equation. *American Journal of Political Science* 26: 797–833.

Hanushek, Eric A., John E. Jackson. 1977. *Statistical methods for the social scientists.* New York: Academic Press.

Hensher, David A., Lester W. Johnson. 1981. *Applied discrete choice modelling.* New York: Routledge (Neuauflage: 2019).

Hummell, Hans J. 1972. *Probleme der Mehrebenenanalyse.* Stuttgart: Teubner.

Jagodzinski, Wolfgang, Erich Weede. 1981. Testing curvi-linear propositions by polynomial regression with particular references to the interpretation of standardized solutions. *Quality and Quantity* 15: 447–463.

Kühnel, Steffen, Dagmar Krebs. 2018. *Statistik für die Sozialwissenschaften:* Grundlagen, Methoden, Anwendungen. Reinbek: Rowohlt (8. Auflage).

Kühnel, Steffen, Wolfgang Jagodzinski, Michael Terwey. 1989. Teilnehmen oder boykottieren: Ein Anwendungsbeispiel der binären logistischen Regression mit SPSSx. *ZA-Information* 25: 44–75.

Langer, Wolfgang. 2009. *Mehrebenenanalyse.* Eine Einführung für Forschung und Praxis. Wiesbaden: VS Verlag für Sozialwissenschaften.

Linder, Arthur, Willi Berchtold. 1976. *Statistische Auswertung von Prozentzahlen. Probit- und Logitanalyse mit EDV.* Basel u. Stuttgart: Birkhäuser.

Rahn, Wendy M., John E. Transue. 1998. Social trust and value change: The decline of social capital in American youth, 1976–1995. *Political Psychology* 19: 545–565.

Schlittgen, Rainer. 2012. *Einführung in die Statistik.* Analyse und Modellierung von Daten. München, Wien: Oldenbourg (12., überarbeitete Auflage).

Stolzenberg, Ross M. 1979. The measurement and decomposition of causal effects in nonlinear and nonadditive models. In *Sociological Methodology 1980,* hrsg. Karl F. Schuessler, 459–488. San Francisco u. a.: Jossey-Bass.

Stoto, Michael A., John D. Emerson. 1983. Power transformations for data analysis. In *Sociological Methodology 1983–1984,* hrsg. Samuel Leinhardt, 126–168. San Francisco u. a.: Jossey-Bass.

Thome, Helmut. 2010. Violent crime (and suicide) in Imperial Germany, 1883–1902: Quantitative analyses and a Durkheimian interpretation. *International Criminal Justice Review* 20: 5–34.

Tufte, Edward R. 1974. *Data analysis for politics and policy.* Englewood Cliffs, N. J.: Prentice Hall.

Glossar zu Kapitel 11

Effektkoeffizient: Gibt im Rahmen der logistischen Regressionsanalyse an, um welchen Faktor sich die → *Odds* der abhängigen Variable Y ändern, wenn die Werte der jeweiligen unabhängigen Variable X sich um eine Einheit verändern. Ein Effektkoeffizient von „1" bedeutet, dass X keinen Effekt auf Y ausübt; ein Koeffizient größer „1" zeigt einen positiven, ein Koeffizient kleiner 1/größer 0 zeigt einen negativen Effekt an. Bei einem Vergleich der Stärke positiver und negativer Effekte ist der jeweilige Kehrwert des negativen Effekts als Vergleichsgröße heranzuziehen

Elastizität: Steigungskoeffizient, der sich ergibt, wenn ein Exponentialmodell per Logarithmierung in ein lineares Regressionsmodell überführt worden ist. Er gibt unmittelbar den prozentualen (positiven oder negativen) Anstieg der Werte der abhängigen Variable an, der zu erwarten ist, wenn auch die unabhängige Variable proportional (nicht absolut) um 1 Prozent (also um den Faktor 1,01) wächst.

Logistisches Regressionsmodell: beruht auf einer Funktionsform, mit der eine nichtlineare, mehr oder weniger steil verlaufende S-förmige Beziehung zwischen der abhängigen und der oder den unabhängigen Variablen besteht. Sie wird auch als „Logit-Regression" bezeichnet und ist vor allem anwendbar, wenn die abhängige Variable in Form einer 0/1-kodierten Dummy-Variablen oder allgemeiner in Form einer mehrkategorialen nominal oder ordinal skalierten Variablen oder auch (im Falle aggregierter Daten) in Form von Anteils- oder Prozentwerten gegeben ist. Siehe auch → *Probit-Regression*

Logits: das logarithmierte Verhältnis der Ausprägungshäufigkeiten (→ *Odds*) einer nominal oder ordinal skalierten abhängigen Variablen, siehe → *logistisches Regressionsmodell*

Log-Likelihood-Funktion: Verteilungsfunktion, deren Maximierung der Schätzung der Parameter des → *logistischen Regressionsmodells* zugrunde liegt

Odds: Im Rahmen der logistischen Regressionsanalyse (→ *Logistisches Regressionsmodell*) vollzogene Konstruktion der kategorial kodierten abhängigen Variablen, bei der die Häufigkeit der interessierenden Kategorie (im Falle von Dummy-Variablen der mit 1 kodierten Kategorie) ins Verhältnis gesetzt wird zur Häufigkeit, mit der diese Kategorie nicht realisiert (mit 0 kodiert) worden ist. Das Verhältnis der absoluten Häufigkeiten ist gleich dem Verhältnis der relativen Häufigkeiten, also der entsprechenden Anteilswerte: $p/(1-p)$

Probit-Regression: ähnelt als nicht-lineares Regressionsmodell dem → *logistischen Regressionsmodell*, setzt dabei aber nicht die → *Log-Likelihood-Funktion*, sondern die Verteilungsfunktion der Standardnormalverteilung ein, was die S-förmige Beziehung zwischen der kategorial kodierten abhängigen und der oder den unabhängigen Variablen steiler ausrichtet

Stichwortverzeichnis

© Springer Fachmedien Wiesbaden GmbH, ein Teil von Springer Nature 2021
H. Thome und V. Müller-Benedict, *Statistische Methoden für die Geschichtswissenschaften*,
https://doi.org/10.1007/978-3-658-30954-1

Kapitelspezifische Glossarbegriffe

Die jeweiligen Kapitel sind mit K1, … ,K11 angegeben

© Springer Fachmedien Wiesbaden GmbH, ein Teil von Springer Nature 2021
H. Thome und V. Müller-Benedict, *Statistische Methoden für die Geschichtswissenschaften*,
https://doi.org/10.1007/978-3-658-30954-1

Literatur (Gesamtverzeichnis)

Achen, Christopher H. 1982. *Interpreting and using regression.* Sage University Paper 29. Beverly Hills u. a.: Sage.

Aldrich, John H., Forrest D. Nelson. 1984. *Linear probability, logit and probit model.* Sage University Paper 45. Beverly Hills u. a.: Sage.

Allison, Paul D. 1977. Testing for interaction in multiple regression. *American Journal of Sociology* 83: 144–153.

Althauser, Robert P. 1971. Multicollinearity and non-additive regression models. In *Causal models in the social sciences,* hrsg. Hubert M. Blalock, 453–472. Chicago: Aldine Publishing Company.

Andreß, Hans-Jürgen, Jacques A. Hagenaars, Steffen M. Kühnel. 1997. *Analyse von Tabellen und kategorialen Daten. Log-lineare Modelle, latente Klassenanalyse, logistische Regression und GSK-Ansatz.* Berlin u. a.: Springer.

Arbuckle, James L. 2006. *AMOS 7.0 User's Guide.* SPSS, Chicago.

Asher, Herbert A. 1983. *Causal modelling.* Sage University Paper 3. Beverly Hills u. a.: Sage.

Bauer, Franz J. 2004. *Das „lange" 19. Jahrhundert.* Profil einer Epoche. Stuttgart: Reclam.

Beck, Nathaniel, Jonathan Katz. 1995. What to do (and not to do) with time-series cross-section data. *American Political Science Review* 89: 634–647.

Belsley, David A., Edwin Kuh, Roy E. Welsch. 1980. *Regression diagnostics. Identifying influential data and sources of collinearity.* New York u. a.: Wiley.

Benninghaus, Hans. 2005. *Einführung in die sozialwissenschaftliche Datenanalyse.* München: Oldenbourg (7. Auflage).

Berk, Richard A. 1983. An introduction to sample selection bias in sociological data. *American Sociological Review* 48: 386–398.

Berk, Richard A. und C. Ray Subhash. 1982. Selection biases in sociological data. *Social Science Research* 11: 352–398.

© Springer Fachmedien Wiesbaden GmbH, ein Teil von Springer Nature 2021
H. Thome und V. Müller-Benedict, *Statistische Methoden für die Geschichtswissenschaften,*
https://doi.org/10.1007/978-3-658-30954-1

Berry, William D. 1984. *Nonrecursive causal models*. Sage University Paper 37. Beverly Hills u. a.: Sage.

Berry, William D., Stanley Feldman. 1985. *Mult iple regression in practice*. Sage University Paper 50. Beverly Hills u. a.: Sage.

Best, Heinrich. 1986. *Struktur und Handeln parlamentarischer Führungsgruppen in Deutschland und Frankreich 1848/49*. Habilitationsschri ft. Universität zu Köln (Veröffentlichung unter neuem Titel: Best 1990).

Best, Heinrich. 1990. *Die Männer von Bildung und Besitz. Struktur und Handeln parlamentarischer Führungsgruppen in Deutschland und Frankreich 1848/49*. Düsseldorf: Droste-Verlag.

Blalock, Hubert M. 1960. *Social Statistics*. New York u. a.: McGraw-Hill.

Blalock, Hubert M. 1971. Causal inferences, close d populations, and measures of association. In *Causal models in the social sciences*, hrsg. H. M. Blalock, 139–151. Chicago: Aldine.

Bollen, Kenneth A. 1989. *Structural equations with latent variables*. New York u. a.: Wiley.

Bortz, Jürgen, Christof Schuster. 2010. *Statistik für Human- und Sozialwissenschaften*. Berlin, Heidelberg: Springer (7. überarb. Auflage).

Bortz, Jürgen, Gustav A. Liener, Klaus Boehnke. 20 08. *Verteilungsfreie Methoden in der Biostatistik*. Heidelberg: Springer Medizin Verlag.

Brambor, Thomas, William R. Clark, Matt Gouldner. 2006. Understanding interaction models. Improving empirical analysis. *Political Analysis* 14(1): 63–82.

Bundeszentrale für politische Bildung. 1985. *Datenreport 1985*, hrsg. in Zusammenarbeit mit dem Statistischen Bundesamt und dem Sonderforschungsbereich 3 der Universitäten Frankfurt und Mannheim.

Bühner, Markus, Matthias Ziegler. 2009. *Statistik für Psychologen und Sozialwissenschaftler*. München u. a.: Pearson Studium.

Clauß, Günter, Heinz Ebner. 1995. *Grundlagen der Sta tistik für Psychologen, Pädagogen und Soziologen*. Frankfurt a. M.: Harri Deutsche Verlag.

Davis, James A. 1971. *Elementary survey analysis*. Englewood Cliffs, N. J.: Prentice-Hall, Inc.

Diaz-Bone, Rainer. 2019. *Statistik für Soziologen*. München: UVK Verlag (5., überarb. Auflage).

Diekmann, Andreas. 2007. *Empirische Sozialforschung*. Reinbek: Rowohlt (seit der erweiterten Neuauflage von 2007 sind die Auflagen in den folgenden Jahren nicht weiter überarbeitet worden).

Dietz, Bernhard, Christopher Neumaier, Andreas Rödder (Hrsg.). 2014. *Gab es den Wertewandel? Neue Forschungen zum gesellschaftlich-kulturellen Wandel seit den 1960er Jahren*. München: Oldenbourg.

Durkheim, Emile. 1983 [1897]. *Der Selbstmord*. Frankfurt a. M.: Suhrkamp (3. Aufl. 1990).

Döring, Nicola, Jürgen Bortz. 2016. *Forschungsmethoden und Evaluation in den Sozial- und Humanwissenschaften*. München: Oldenbourg (5., überarb. Auflage).

Erbring, Lutz. 1989. Individuals writ large: An epilogue on the „ecological fallacy". In *Political Analysis*, Vol. 1, hrsg. J. A. Stimson, 235–269. Ann Arbor: Michigan University Press.

Esser, Hartmut, Klaus Klenovits, Helmut Zehnpfennig. 1977. *Wissenschaftstheorie,* Band 1: Grundlagen und Analytische Wissenschaftstheorie. Stuttgart: Teubner.

Fienberg, Stephen E. 2007. *The analysis of cross-classified categorical data.* New York: Springer (reprint der 2. Auflage von 1980, erschienen in MIT Press, Cambridge, Mass.).

Friedrich, Robert J. 1982. In defense of multiplicative terms in multiple regression equation. *American Journal of Political Science* 26: 797–833.

Greene, William H. 1993. *Econometric analysis.* New York u. a.: Macmillan.

Greenfield, Patricia M. 2013. The changing psychology of culture from 1800 through 2000. *Psychological Science.* 24: 1722–31.

Grohmann, Heinz. 1990. Die Entwicklung der statistischen Datenproduktion und der amtlichen Statistik. In *Historische Statistik in der Bundesrepublik Deutschland,* hrsg. N. Diederich, E. Hölder, A. Kunz, 10–21. Band 15 der Schriftenreihe Forum der Bundesstatistik, hrsg. vom Statistischen Bundesamt. Stuttgart: Metzler-Poeschel.

Guilford, Joy P. 1954. *Psychometric methods.* New York u. a.: McGraw-Hill.

Hanushek, Eric A., John E. Jackson. 1977. *Statistical methods for the social scientists.* New York: Academic Press.

Hartung, Joachim, Bärbel Elpelt, Karl-Heinz Klösener. 1986. *Statistik. Lehr- und Handbuch der angewandten Statistik.* München, Wien: Oldenbourg.

Hays, William L. 1973. *Statistics for the social sciences.* London u. a.: Hilt, Rinehart & Winston (2. Auflage).

Hellevik, Ottar. 1988. *Introduction to causal analyses. Exploring survey data by crosstabulation.* Oxford: Norwegian University Press.

Hensher, David A., Lester W. Johnson. 1981. *Applied discrete choice modelling.* New York: Routledge (Neuauflage: 2019).

Hildebrand, David K., James D. Laing, Howard Rosenthal. 1977. *Analysis of ordinal data.* Sage University Papers 8. Beverly Hills u. a.: Sage Publications.

Hirtenlehner, Helmut, Stephen Farrall, Johann Bacher. 2013. Culture, institutions, and morally dubious behaviors: Testing some core propositions of the institutional-anomie theory. *Deviant Behavior* 34: 291–320.

Holm, Kurt. 1977. *Die Befragung 5.* Pfadanalyse, Coleman-Verfahren. München: Francke, UTB.

Hummell, Hans J. 1972. *Probleme der Mehrebenenanalyse.* Stuttgart: Teubner.

Hurwitz, Harold. 1983–1990. Demokratie und Antikommunismus in Berlin nach 1945. Köln: Verlag Wissenschaft und Politik (mehrere Bände).

Jagodzinski, Wolfgang, Erich Weede. 1981. Testing curvi-linear propositions by polynomial regression with particular references to the interpretation of standardized solutions. *Quality and Quantity* 15: 447–463.

Jarausch, Konrad H., Gerhard Arminger, Manfred Thaller. 1985. *Quantitative Methoden in der Geschichtswissenschaft.* Darmstadt: WBG.

Johnson, Eric A. 1995. *Urbanization and crime.* Germany 1871–1914. Cambridge: Cambridge University Press.

Jöreskog, Karl G. 2001. *LISREL 8.Users references guide.* Lincolnwood: Scientific software international.

Kendall, Maurice K., Alan Stuart, J. Keith Ord. 1987. *Kendall's advanced theory of statistics,* Vol. 1. London: Ch. Griffin (5. Auflage).

Kenny, David A. 1979. *Correlation and causality.* New York u. a.: Wiley.

Kim, Jae-On, G. Donald Ferree. 1981. Standardization in causal analysis. *Sociologcial Methods & Research* 10: 187–210.

King, Gary. 1986. How not to lie with statistics: avoiding common mistakes in quantitative political sicence. *American Journal of Political Science* 30: 666–687.

Klein, Thomas. 2016. *Sozialstrukturanalyse. Eine Einführung.* Weinheim, Basel: Beltz-Juventa (2. Auflage).

Kmenta, Jan. 1971. *Elements of econometrics.* New York: Macmillan.

Knoke, David, Peter J. Burke. 1980. *Log-linear models.* Sage University Paper 20. Beverly Hills u. a.: Sage.

Kocka, Jürgen. 1990. Die Bedeutung historischer Statistikdaten für die Geschichtswissenschaft. In *Historische Statistik in der Bundesrepublik Deutschland,* hrsg. N. Diederich, E. Hölder, A. Kunz, 22–26. Band 15 der Schriftenreihe Forum der Bundesstatistik, hrsg. vom Statistischen Bundesamt. Stuttgart: Metzler-Poeschel.

Kocka, Jürgen. 2011. Historische Sozialwissenschaften zu Anfang des 21. Jahrhundert. In *Arbeiten an der Geschichte.* Gesellschaftlicher Wandel im 19. Und 20. Jahrhundert, hrsg. J. Kocka, 78–93. Göttingen: Vandenhoeck u. Ruprecht.

Krämer, Walter. 2009. *So lügt man mit Statistik.* München: Piper.

Kühnel, Steffen, André Dingelstedt. 2019. Kausalität. In *Handbuch Methoden der empirischen Sozialforschung,* Bd. 2, hrsg. N. Baur, J. Blasius, 1401–1412. Wiesbaden: Springer Fachmedien (2. Auflage).

Kühnel, Steffen, Wolfgang Jagodzinski, Michael Terwey. 1989. Teilnehmen oder boykottieren: Ein Anwendungsbeispiel der binären logistischen Regression mit SPSSx. *ZA-Information* 25: 44–75.

Kühnel, Steffen, Dagmar Krebs. 2018. *Statistik für die Sozialwissenschaften.* Grundlagen, Methoden, Anwendungen. Reinbek: Rowohlt (8. Auflage).

Kühnel, Steffen, Michael Terwey. 1990. Einflüsse sozialer Konfliktlinien auf das Wahlverhalten im gegenwärtigen Vierparteiensystem der Bundesrepublik. In *Blickpunkt Gesellschaft. Einstellungen und Verhalten der Bundesbürger,* hrsg. W. Müller, P. Ph. Mohler, B. Ergbslöh, M. Wasmer, 63–94. Opladen: Westdeutscher Verlag.

Langer, Wolfgang. 2009. *Mehrebenenanalyse.* Eine Einführung für Forschung und Praxis. Wiesbaden: VS Verlag für Sozialwissenschaften.

Latcheva, Rossalina, Eldad Davidov. 2019. Skalen und Indizes. In *Handbuch Methoden der empirischen Sozialforschung,* Band 2, hrsg. N. Baur, J. Blasius, 893–905. Wiesbaden: Springer VS (2. Auflage).

Liebetrau, Albert M. 1983. *Measures of association.* Sage University Paper 32. Beverly Hills u. London: Sage Publications.

Linder, Arthur, ' Willi Berchtold. 1976. *Statistische Auswertung von Prozentzahlen. Probit- und Logitanalyse mi t EDV.* Basel u. Stuttgart: Birkhäuser.

Litz, Peter. 1997. *Statistische Methoden in den Wirtschafts- und Sozialwissenschaften.* München: Oldenbourg.

Maddala, G . S. 1992. *Introduction to econometrics.* New York: Macmillan (2. Auflage).

Marsden, Peter V. 1981. Conditional effects in regression models. In *Linear models in social research,* hrsg. P. V. Marsden, 97–116. Beverly Hills, London: Sage.

Miller, Michael K., Frank L. Farmer. 1988. Substantive nonadditivity in social science research. A note on induced collinearity and measurement and testing on effects. *Quality and Quantity 2:* 22.1–237.

Mood , Alexander M., Franklin A. Graybill; Duane C. Boes. 1974. *Introduction to the theory of statis tics.* New York u. a.; McGraw Hill.

Müll e r-Benedict, Volker. 2011. *Grundkurs Statistik für Sozialwissenschaften.* Wiesbaden: Springer V S (5. Auflage).

Mü ller-Benedict, Volker. 2015. Bildung und Wissenschaft. In *Deutschland in Daten,* hrsg. Thomas Rahlf, 60–73. Bonn: Bundeszentrale für politische Bildung.

Norusis, Marija J. 2012. *IBM SPSS Statistics 19 Guide to Data Analysis.* London: Pearson (von SPSS autorisierte, ausgezeichnete Einführung, trotz älteren Datums weiterhin gültig).

Opp, Karl-Dieter, Peter Schmidt. 1976. *Einführung in die Mehrvariablenanalyse.* Grundlagen der Formulierung und Prüfung komplexer sozialwissenschaftlicher Aussagen. Reinbek: Rowohlt.

Osterhammel, Jürgen. 2011. *Die Verwandlung der Welt.* Eine Geschichte des 19. Jahrhunderts. München: Beck.

Pfeifer, Andreas, Peter Schmidt. 1987. *LISREL. Die Analyse komplexer Strukturgleichungsmodelle.* Stuttgart, New York: Gustav Fischer Verlag.

Pindyck, Robert S., Daniel L. Rubinfeld. 1981. *Econometric models and econometric forecasts.* New York u. a.: McGraw-Hill (2. Auflage).

Quatember, Andreas. 2005. Das Signifikanz-Relevanz-Problem beim statistischen Testen von Hypothesen. *ZUMA-Nachrichten 57:* 128–150.

Rahlf, Thomas. 1998. Deskription und Inferenz. Methodologische Konzepte in der Statistik und Ökonometrie. *Historical Social Research/Historische Sozialforschung,* Supplement No. 9, S. 235–262.

Rahlf, Thomas. 2015. Einleitung. In *Deutschland in Daten,* hrsg. Thomas Rahlf, 5–12. Bonn: Bundeszentrale für politische Bildung.

Rahn, Wendy M., John E. Transue. 1998. Social trust and value change: The decline of social capital in American youth, 1976–1995. *Political Psychology* 19: 545–565.

Reinecke, Jost. 2014. *Strukturgleichungsmodelle in den Sozialwissenschaften.* München: Oldenbourg (2. Auflage).

Reynolds, Henry T. 1977a. *Analysis of nominal data.* Sage University Paper 7. Beverly Hills u. London: Sage Publications.

Reynolds, Henry T. 1977b. *The analysis of cross-classifications*. New York: Free Press.

Rosenberg, Morris. 1968. *The logic of survey analysis*. New York u. London: Basic Books.

Schlittgen, Rainer. 2012. *Einführung in die Statistik*. Analyse und Modellierung von Daten. München, Wien: Oldenbourg (12., überarbeitete Auflage).

Schmierer, Christian. 1975. Tabellenanalyse. In *Die Befragung 2*, hrsg. K. Holm. München: Francke-UTB.

Schnell, Rainer, Paul B. Hill, Elke Esser. 2018. *Methoden der empirischen Sozialforschung*. München: Oldenbourg (11., erweiterte Auflage).

Scholz, Volker. 2014. Die Zählung und die Erfassung der Bevölkerung in ihrer historischen Entwicklung. Vom römischen Imperium bis zur 1871. *Statistisches Monatsheft Baden-Württemberg* 2: 45–53.

Schröder, Wilhelm H. 1986. *Sozialdemokratische Reichstagsabgeordnete und Reichstagskandidaten, 1998–1918. Biographisch-statistisches Handbuch*. Handbücher zur Geschichte des Parlamentarismus und der politischen Parteien, 2. Düsseldorf: Droste. Siehe auch die Datenbank BIOKAND im GESIS-Parlamantarierportal: http://zhsf.gesis.org/biokand.htm sowie http://www.bioparl.de.

Siegel, Sidney. 1956. *Nonparametric statistics for the behavioural sciences*. New York u. a.: McGraw-Hill.

Solt, Frederick, Yue Hu, Kevan Hudson, Jungmin Song, Dong „Erico" Yu. 2016. Economic inequality and belief in meritocracy in the United States. *Research & Politics* 3(4): 1–7.

Somers, Robert H. 1968. An approach to multivariate analysis of ordinal data. *American Sociological Review* 33: 171–177.

Southwood, Kenneth E. 1978. Substantive theory and statistical interaction: Five models. *American Journal of Sociology* 83: 1154–1203.

Stolzenberg, Ross M. 1979. The measurement and decomposition of causal effects in nonlinear and nonadditive models. In *Sociological Methodology 1980*, hrsg. Karl F. Schuessler, 459–488. San Francisco u. a.: Jossey-Bass.

Stoto, Michael A., John D. Emerson. 1983. Power transformations for data analysis. In *Sociological Methodology 1983–1984*, hrsg. Samuel Leinhardt, 126–168. San Francisco u. a.: Jossey-Bass.

Thome, Helmut. 1985a. *Wertorientierungen und Parteipräferenzen in der Berliner Wählerschaft. Ein Forschungsbericht*. Presse- und Informationsstelle der Freien Universität Berlin.

Thome, Helmut. 1985b. Wandel zu postmaterialistischen Werten? Theoretische und empirische Einwände gegen Ingleharts Theorie-Versuch. *Soziale Welt* 36, 27–59.

Thome, Helmut. 1989. Grundkurs Statistik für Historiker. Teil 1: Deskriptive Statistik. *Historical Social Research/Historische Sozialforschung*, Supplement 2.

Thome, Helmut. 1990. Grundkurs Statistik für Historiker, Teil II. *Historical Social Research/Historische Sozialforschung*. Supplement No. 3.

Thome, Helmut. 2002. Kriminalität im Deutschen Kaiserreich, 1883–1902. Eine sozialökologische Analyse. *Geschichte und Gesellschaft* 28(4): 519–553.

Thome, Helmut. 2005a. Wertewandel in Europa aus der Sicht der empirischen Sozialforschung. In *Die kulturellen Werte Europas,* hrsg. H. Joas, K. Wiegand, 386–443. Frankfurt a. M.: Fischer.

Thome, Helmut. 2005b. *Zeitreihenanalyse.* Eine Einführung für Sozialwissenschaftler und Historiker. München, Wien: Oldenbourg.

Thome, Helmut. 2007. Explaining the long-term trend in violent crime. A heuristic scheme and some methodological considerations. *International Journal of Conflict and Violence* 1: 185–202.

Thome, Helmut. 2010. Violent crime (and suicide) in Imperial Germany, 1883–1902: Quantitative analyses and a Durkheimian interpretation. *International Criminal Justice Review* 20: 5–34.

Thome, Helmut, Christoph Birkel. 2007. *Sozialer Wandel und Gewaltkriminalität.* Deutschland, England und Schweden im Vergleich, 1950 bis 2000. Wiesbaden: Verlag für Sozialwissenschaften.

Thome, Helmut, Steven F. Messner. 2014. Guest editorial: Methodological issues in longitudinal analyses of criminal violence. *International Journal of Conflict and Violence* 8: 191–198.

Thome, Helmut, Stephan Stahlschmidt. 2013. Ost und West, Nord und Süd: Zur räumlichen Verteilung und theoretischen Erklärung der Gewaltkriminalität in Deutschland. *Berliner Journal für Soziologie* 23(3-4): 441–470.

Tufte, Edward R. 1974. *Data analysis for politics and policy.* Englewood Cliffs, N. J.: Prentice Hall.

von Wright, Georg H. 1974. *Erklären und Verstehen.* Frankfurt a. M.: Athenäum.

Waller, Lance A., Carol A. Gotway. 2004. *Applied spatial statistics for public health data.* New York: Wiley.

Wehler, Hans-Ulrich. 1973. *Geschichte als Historische Sozialwissenschaft.* Frankfurt a. M.: Suhrkamp.

Wehler, Hans-Ulrich. 1975. *Modernisierungstheorie und Geschichte.* Göttingen: Vandenhoeck & Ruprecht.

Wilson, Thomas P. 1968. A proportional-reduction-in-error interpretation for Kendall's tau-b. *Social Forces* 47: 340–342.

Wilson, Thomas P. 1970. A critique of ordinal variables. *Social Forces* 49: 432–444.

Wonnacott, Thomas H., Rolnald J. Wonnacott. 1972. *Introductory Statistics.* New York: Wiley.

Wooldridge, Jeffrey M. 2003. *Introductory Econometrics.* A Modern Approach. Mason (Ohio): Thompson (2. Auflage).

The manufacturer's authorised representative in the EU is Springer
Nature Customer Service Centre GmbH, Europaplatz 3, 69115 Heidelberg,
Germany. If you have any concerns regarding our products, please
contact ProductSafety@springernature.com

Printed and bound by CPI Group (UK) Ltd, Croydon, CR0 4YY

24/04/2026

02096347-0005